D1618591

Andreas Hafer / Wolfgang Hafer

Hugo Meisl
oder: Die Erfindung des modernen Fußballs
Eine Biographie

Hugo Meisl, 1933.

Andreas Hafer
Wolfgang Hafer

Hugo Meisl

oder:
Die Erfindung des modernen Fußballs

Eine Biographie

VERLAG DIE WERKSTATT

Bibliografische Information der Deutschen Bibliothek:
Die Deutsche Bibliothek verzeichnet diese Publikation in der
Deutschen Nationalbibliografie; detaillierte bibliografische Daten
sind im Internet über http://dnb.ddb.de abrufbar.

Copyright © 2007 Verlag Die Werkstatt GmbH
Lotzestraße 24a, D-37083 Göttingen
www.werkstatt-verlag.de
Alle Rechte vorbehalten
Satz und Gestaltung: Verlag Die Werkstatt, Göttingen
Druck und Bindung: Westermann Druck Zwickau

ISBN 978-3-89533-561-7

Inhalt

Vorwort 9

KAPITEL 1: Vergessen – vergangen – vorüber? Eine Einleitung
Eine Zeitreise 13
Der moderne Fußball 16
Die europäische Perspektive 18

KAPITEL 2: Böhmische Dörfer oder: Aus der Tiefe des Raumes
Die Herkunft 19
War Hugo Meisl Tscheche? 20

KAPITEL 3: Wiener Melange
Deutsche und Tschechen in Böhmen 23
Der Umzug nach Wien 25
Das Leben in der Metropole 26
Frühe Fußballbegeisterung in Wien 33

KAPITEL 4: Der Bankbeamte
Berufsausbildung fern von Wien 39
Der ungeliebte Beamtenposten 41

KAPITEL 5: Und ewig lockt der Ball
Der Schiedsrichter Hugo Meisl 45
Hugo Meisl und die Amateure 49
Hugo Meisl und der ÖFV 53
Hugo Meisl und das Nationalteam 58
Jimmy Hogan 59
Das olympische Fußballturnier Stockholm 1912 62
Verbandskapitän Hugo Meisl 63

KAPITEL 6: »Serbien muss sterbien« – Hugo Meisl im Ersten Weltkrieg
Der Kriegsausbruch 67
Der Marschbefehl 69
Überlebenskampf auf dem Krn 70
Als Presseoffizier in Wien 73
Nachwirkungen 75

KAPITEL 7: Der Neubeginn 77
Zurück im zivilen Leben 78
Das Neue Wiener Sportblatt 79
Die Stadion GmbH 82

KAPITEL 8: »Das schickt sich nicht«
Familie Hugo Meisl 85
Emmy 102

KAPITEL 9: Funktionär und Visionär
»Dem besten Freunde des ungarischen Fußballes …« 105
Die Wiener Schule 106
»Hovet hälsade sin kejsare« – Das Wiener Ringcafé 109
»Der unpopulärste Verein Wiens« – Hugo Meisls Intermezzo bei den Amateuren 111
»Verfechtung der reinen Sportidee« – Meisl und die Krise des Verbandes 115
»Der beste Amateurismus ist ein reicher Vater« –
Meisl und die Professionalisierung 119

KAPITEL 10: Die internationale Bühne 127
»Il creatore e l'animatore di questa Coppa Europa Centrale« –
Hugo Meisl und der Mitropa-Cup 132
»Eine revolutionäre Anzettelung« – Hugo Meisl und der Internationale Cup 148

KAPITEL 11: Hugo Meisl und die FIFA
Prolog 153
Die FIFA und die »leidige Amateurfrage« 160
Die Krakauer Verschwörung 163
Ein fauler Kompromiss 165
Meisl und die Weltmeisterschaft 168
»Das unglückliche Jahr 1929« 172
Ein Muster ohne Wert – Die Weltmeisterschaft 1930 176
Hugo Meisl soll FIFA-Generalsekretär werden – aber er will nicht! 178

KAPITEL 12: Der Bundeskapitän
»Verbandskapitän Hugo Meisl stellte folgende Mannschaft auf« 183
»Genug für heute!« – Der Bundeskapitän als Trainer 186
Der Bundeskapitän als Taktiker 190
Das W-M-System 190
Hugo Meisl und das W-M-System 192
Die Taktik des Wunderteams 193
Zweckmäßigkeit contra Schönheit 195
»Herr Meisl toastierte« – Der Bundeskapitän als Diplomat und Spielerbetreuer 198
»Die Unsrigen« – Die Nationalmannschaft als Identitätsstifter 201
»Berühmte Sportleute zu Hause« – Meisl und die Medien 204

KAPITEL 13: Das Wunderteam 217
Die Katastrophe von Nürnberg 218
Nie wieder Sindelar? 220
Das Schmieranski-Team 222
Das Ensemble und sein Dirigent 224
»Ein Triumph der höheren Taktik« 226
Der neidische Nachbar 227
Die Baseler Exhibition 228
Österreich wird Europameister 229
Das Jahrhundertspiel – London, 7. Dezember 1932 234
    Die Vorgeschichte 234
    Die Vorbereitung 237
    Exkurs: Eine wundervolle Freundschaft 238
    Das Spiel 246
Die Klimax 252
Der Niedergang 253
Die zweite Reise auf die Insel 258
    Die Vorbereitung 258
    Das Spiel in Glasgow 263
    Arsenal gegen Wien 265
    Das Nachspiel 267

KAPITEL 14: Die WM 1934 – Der Duce lässt siegen
Das Vorspiel 271
Die Vorbereitung 274
Die Spiele 278
Das Nachspiel 284
»Die Elf Teufel« 291

KAPITEL 15: Die letzten Jahre – der letzte Triumph
Weiterwursteln im Ständestaat 293
Silbermedaille für das Amateur-Team Österreich 296
Das iberische Abenteuer 298
Spätes Meisterstück. Der Sieg über England 300
In den Fängen der Politik 303

KAPITEL 16: Tod eines Fußballreisenden 305
Hugo Meisls letzter Weg 311
Das Erbe 314

Anhang
Kurzbiographie Hugo Meisl 321
Ausgewählte Texte von Hugo Meisl:
    Der FIFA-Kongress in Prag (1925) 322

  Soll die Fußball-Weltmeisterschaft wiederholt werden? (1934) 323
  Zweckfußball (1935) 325
Länderspiel-Statistik der österreichischen Nationalmannschaft
unter Hugo Meisl 1919–1937 327
Österreichische Meisterschaft 1911–1938 340
Mitropa-Cup-Endspiele 1927–1937 341
Internationaler Cup (Europa-Cup) 1927–1938 341

Anmerkungen 342
Literatur- und Quellenverzeichnis 372
Register der Personen 377
Register der Vereine und Verbände 380
Die Autoren 383
Bildnachweise 383

Vorwort

Wir haben unseren Großvater nie kennen gelernt; denn als wir zur Welt kamen, war er schon lange tot. Trotzdem war er ständig zugegen. Wir wuchsen auf mit Geschichten über Hugo Meisl, unsere Großmutter wurde niemals müde zu erzählen, wie sie sich kennen lernten, damals, unsere Tante berichtete von Auslandsreisen, die sie an der Seite ihres Vaters unternehmen durfte, nach Ungarn, nach Italien, zur Weltmeisterschaft 1934, und dass er in Pressekonferenzen zwanglos in sechs Sprachen parlierte. Und auch unsere Mutter erzählte uns immer wieder von einer unvergesslichen Länderspiel-Reise mit ihrem Vater nach Ungarn, als man sie hofierte wie eine kleine Prinzessin, von Spaziergängen, bei denen ihr Vater unaufhörlich gegrüßt wurde; jeder kannte ihn, jeder verehrte ihn, man sonnte sich in seiner Prominenz. Und jedes Mal, wenn in irgendeiner Zeitung sein Name erwähnt wurde, erblühte unsere Mutter vor Stolz und trug uns den Artikel vor. Hugo Meisl war also immer noch nicht vergessen.

Trotzdem war nicht zu übersehen, dass der Ruhm des »Vaters des Wunderteams« zunehmend verblasste. Gerade in Wien begann, was Hugo Meisl betraf, eine eigentümliche Amnesie um sich zu greifen, die vor allem unseren Onkel Herbert fast zur Verzweiflung trieb. Er fühlte sich als Stammhalter besonders dem Andenken seines Vaters verpflichtet und kämpfte verzweifelt gegen das Vergessen an. So organisierte er auf eigenes Risiko ein Hugo-Meisl-Turnier für internationale Jugendmannschaften, das ihn – und nicht nur ihn – fast völlig ruinierte, weil die Sponsoren absprangen; so kämpfte er unverdrossen dafür, dass in Wien eine Straße nach seinem Vater benannt werden sollte – seit 1989 gibt es im Bezirk Favoriten einen Hugo-Meisl-Weg. Und so setzte er sich – leider vergeblich – dafür ein, dass das Prater-Stadion in Hugo-Meisl-Stadion umbenannt wurde.

Auch wir trugen uns als gelernte Historiker seit Längerem mit dem Gedanken, unseren sagenumwobenen Großvater dem Vergessen zu entreißen. Allein, andere Projekte erschienen uns zunächst wichtiger.

So dauerte es noch viele Jahre, bis wir endlich den Entschluss fassten, das Leben unseres berühmten Großvaters wissenschaftlich zu erforschen. Auslöser waren zwei in den Jahren 2001 und 2003 erschienene kurze Biografien, die zwar endlich Hugo Meisls Bedeutung für den Fußballsport angemessen würdigten, was uns natürlich freute, die aber andererseits einige so grundlegende Fehler und Irrtümer enthielten, dass wir uns schnell einig waren: Da muss etwas geschehen. Und zwar schnell, denn die noch lebenden Zeitzeugen waren bereits hochbetagt. Und so begaben wir uns auf eine Spurensuche, deren Ergebnis hiermit zu besichtigen ist.

Für die Hilfe bei dieser Spurensuche möchten wir uns bei folgenden Personen besonders bedanken:

▶ An erster Stelle zu nennen ist natürlich unsere Mutter *Helga Hafer, geb. Meisl,* die dafür sorgte, dass ihr längst gestorbener Vater für uns eine von klein auf vertraute Person blieb. Sie teilte uns viele wichtige Beobachtungen und Erlebnisse mit und versorgte uns mit wichtigen Dokumenten und Fotografien vor allem aus dem privaten Bereich.

▶ Im gleichen Atemzug zu nennen ist unsere Tante, *Dr. Martha Meisl*, die immer noch in derselben Wohnung im Karl-Marx-Hof lebt, die Hugo Meisl im Jahre 1930 mit seiner Familie bezogen hatte; hier fanden wir zahlreiche Erinnerungsstücke und Dokumente, ganz zu schweigen von den persönlichen Erinnerungen, die unsere Tante uns mitteilte.

▶ Wichtige Informationen zur Familiengeschichte erhielten wir von Hugo Meisls ältester Nichte *Dr. Ilse Scherzer*, die in den 1930er Jahren rechtzeitig nach Israel emigriert war und nach dem Krieg nach New York übersiedelte, wo sie heute ein Appartement in Manhattan bewohnt und uns in bemerkenswerter geistiger Frische und unverfälschtem Wiener Dialekt Auskunft gab.

▶ Nicht mehr befragen konnten wir unseren Onkel *Herbert Meisl*, der leider bereits 1993 gestorben ist. Unser Dank gilt an seiner Statt seinem Sohn, der ebenfalls den Namen *Herbert Meisl* trägt und uns Material zur Verfügung stellte.

▶ Wir danken dem Bürgermeister der Gemeinde Malešov in der Tschechischen Republik, der uns zu dem Grab unserer Ururgroßeltern führte, und dem *Archivar der Stadt Světlé nad Sázavou, Jaroslav Vála*, für seine Recherchen zum Aufenthalt der Famlie Meisl in dieser Stadt.

▶ Unser ganz besonderer Dank gilt *Herrn Ingenieur Bernhard Widi von der Bank Austria*, der uns mit grenzenloser Hilfsbereitschaft bei unseren Recherchen unterstützte, uns unbürokratisch Einblick in Hugo Meisls Personalakte verschaffte und uns zu völlig neuen und überraschenden Erkenntnissen verhalf.

▶ Bedanken möchten wir uns außerdem bei *Herrn Ernst Szöke aus Wien*, der für uns wertvolle Recherchen in seinem Privatarchiv über die Frühzeit des österreichischen Fußballs unternahm; bei *Frau Christa Bühler vom FIFA-Archiv in Zürich*, die uns immer wieder prompt, zuverlässig und stets freundlich mit Material versorgte; *Herrn Georg Stefan Troller*, der ein wunderbares Buch über das intellektuelle Kaffeehausmilieu der Wiener Juden in der Zwischenkriegszeit geschrieben hat (»Das fidele Grab an der Donau«) und uns einige Hinweise zur Massenwirksamkeit des Fußballs im Wien der 1930er Jahre lieferte; *Herrn Ole Karlsson, Sportjournalist aus Schweden*, der sich intensiv mit Hugos Bruder Willy beschäftigt hat, uns einige wichtige Hinweise zu Hugo Meisls Beziehungen nach Schweden lieferte und uns vor allem einen höchst informativen Beitrag eines schwedischen Zeitzeugen des Wunderteams zukommen ließ.

▶ Wir danken Herrn *Horst Krämer* für die sachkundige Übersetzung eines Beitrags aus dem Schwedischen ins Deutsche; *Herrn Nandor Sekula* für die Übersetzung eines Briefes an den ungarischen Fußballverband ins Ungarische, auf den wir leider niemals eine Antwort erhielten; Frau *Iveta Frivaldszky-Ulrychová*, die es uns durch ihre Übersetzungen aus dem Deutschen ins Tschechische und umgekehrt ermöglichte, wesentliche Informationen über die Familie von Hugo Meisl in Böhmen zu gewinnen.

▶ Ebenfalls danken wir *Dr. Heidrun Homburg* (Basel/Freiburg), die lange Zeit im FIFA-Archiv in Zürich recherchiert hatte und uns wichtige Hinweise gab, die wir bei einem langen Gespräch im Café Schiesser in Basel vertiefen konnten; *Prof. Dr. Gillmeister* (Köln) für zahlreiche Recherche-Tipps bei einem guten Glas Rotwein, *Dr. Kevin Cawley*, der als Archivar der University of Notre Dames (Indiana) uns mit Informationen über Emmy Schossberger versorgte, *Prof. Dr. Nikolaus Lobkowitz* (Eichstätt) und *Prof. Dr. Ernan McMullin* (Philadelphia) für Hinweise in Bezug auf Emmy Schossberger, *Dr. Wilma Iggers* (Buffalo/Göttingen) und *Prof. Dr. Patrick Barwise* (London), von denen wir einiges Interessante über ihren Onkel bzw.

Großvater Dr. Ignaz Abeles erfuhren. Wir bedanken uns ferner bei *Norman Fox* (London), der uns in Bezug auf Jimmy Hogan einige Hinweise gab, *Prof. Dr. Pierre Lanfranchi* (Barverion di Mugello) für seine Hinweise auf die Bedeutung Hugo Meisls für die Geschichte des Fußballs in Italien und *Prof. Dr. Michael John* (Linz) für seine Auskünfte zur Geschichte des jüdischen Sportes in Österreich.

▶ Unser Dank gilt auch all den freundlichen *Mitarbeitern und Mitarbeiterinnen der Nationalbibliothek in Wien, des Militärarchivs in Wien und des dortigen Stadt- und Landesarchivs,* sowie den *Mitarbeitern der Zentralbibliothek der Sporthochschule Köln* für die Bereitwilligkeit, mit der sie uns Einblick in den Nachlass Willy Meisls gewährten.

▶ Von Unbekannt zu Unbekannt danken wir *Herrn Anton Egger* aus Wasendorf, der in mühevoller Kleinarbeit eine umfangreiche Dokumentation der österreichischen Fußball-Länderspiele und Nationalspieler von 1902 bis 1992 zusammengestellt hat. Seine Angaben erwiesen sich als fast immer gewissenhaft recherchiert und dienten uns als wertvolle Arbeitshilfe.

▶ Schließlich danken wir *Herrn Prof. Dr. Gerhard Fichtner* (Tübingen) für seine leider ergebnislos verlaufenen Recherchen hinsichtlich einer wie auch immer gearteten Bekanntschaft zwischen Hugo Meisl und seinem Berggassennachbarn Sigmund Freud. Wäre schön gewesen.

Andreas Hafer
Wolfgang Hafer

Schorndorf und Frankfurt am Main, im Februar 2007

Hugo Meisl, 1934.

KAPITEL 1

Vergessen – vergangen – vorüber?
Eine Einleitung

>»…der sogenannte natürliche Tod ist immer
> der im günstigsten Zeitpunkt eingetretene.«
> (Thomas Bernhard: Der Untergeher)

Eine Zeitreise

Wir begeben uns mit dem Zug auf eine Zeitreise nach Wien.

Vom Westbahnhof aus könnten wir mit der ehemaligen Stadtbahn am Gürtel entlang nach Heiligenstadt fahren, aber wir ziehen es vor, die Mariahilfer Straße hinunterzulaufen, trinken einen kleinen Braunen im ehrwürdigen Café Ritter, wandern dann beschwingt der alten Wiener Silhouette entgegen, erreichen die prachtvolle Ringstraße und besteigen den D-Wagen, die Straßenbahn-Linie D wie Donau, die seit vielen Jahrzehnten hinausfährt bis nach Heiligenstadt und Nussdorf, den Ring entlang, über das Schottentor, vorbei an der legendären Berggasse, wo Sigmund Freud lebte und der Österreichische Fußballbund seinen Sitz hatte, nicht weit vorbei am prachtvollen Liechtenstein-Palais, kurzer Halt am Franz-Josef-Bahnhof und dann immer die Heiligenstädter Straße entlang, bis rechts ein mächtiger langgestreckter burgähnlicher Bau erscheint: der Karl Marx Hof. Wir steigen aus, gehen unter einem Torbau hindurch zur Stiege 13, steigen die Treppe hinauf zum ersten Stock.

Und dort an der Tür befindet sich ein Klingelschild, auf dem steht: *Meisl*.

In der Tat: Wir stehen vor der Wohnung, die Hugo Meisl 1930 mit seiner Familie bezogen hatte, und hier lebt immer noch, seit über 75 Jahren, seine Tochter Dr. Martha Meisl.

Wir läuten, uns öffnet eine alte Dame und wir fühlen uns plötzlich um 75 Jahre zurückversetzt. Direkt gegenüber dem Eingang hängt ein großes Schwarz-Weiß-Foto, aufgenommen im Jahre 1931 im Berliner Grunewaldstadion, ein Mannschaftsfoto des »Wunderteams«, Martha Meisl kann die Namen alle noch aufzählen. Unter dem Bild steht unter der Überschrift »Zur Erinnerung an ehrenvolle Tage im Frühjahr 1931« in großen schwarzen Buchstaben: »Österreich – Schottland 5:0 und Österreich gegen Deutschland 6:0« – als sei es gestern gewesen.

Wir betreten die Wohnung. Die Dielen knarren ein wenig, ob sie bei Hugo auch schon geknarrt haben? Links geht es zur Küche, über dem Tordurchgang gelegen, der 1934 durch Artilleriebeschuss schwer beschädigt worden war, gleich rechts ist das Kinderzimmer, in dem die drei Kinder lebten, seitwärts vom schmalen dunklen Flur eine kleine Kammer, in der Poldi wohnte, das Dienstmädchen. Dann gelangen wir durch einen hellen Durchgangsraum mit durchgetretenem Parkett und schwer beladenen Bücherregalen in das Wohnzimmer. Hier fällt der Blick sofort auf einen mächtigen steinernen Adler, der auf einem wuchtigen Art-Deco-Schreibtisch aus einem hellen rötlichen Holz thront.

Über dem Schreibtisch an der Wand das große Gemälde einer schönen jungen Frau: Maria Meisl, Hugos Ehefrau. Wir drehen uns um und sehen eine Vitrine voller Pokale, einen Porzellanfußballer in portugiesischem Dress, der mit dem Ball unter dem Arm empört jede Schuld abstreitet, Gedenkteller, Aschenbecher, was eben so anlässlich eines Länderspieles überreicht wurde. Und in der Ecke gegenüber ein Geschenk der Österreichischen Spielerunion für Hugo Meisl zum 50. Geburtstag: ein in Bronze ausgeführter großer Gedenkteller mit Meisls Profil als Relief.

Kaum etwas hat sich hier verändert in den letzten 75 Jahren. Die Schäden durch den Bürgerkrieg 1934, als die Heimwehr auch diese Wohnung beschoss, sind natürlich längst behoben, im Zweiten Weltkrieg blieb die Wohnung unbeschädigt, und auch später wurde lediglich in der Küche eine Badenische eingebaut, abgetrennt durch einen Duschvorhang. Ansonsten stehen wir in einem original Wiener Gemeindebau der 1920er Jahre.

Hier also hatte er jahrelang gelebt, der legendäre Vater des österreichischen »Wunderteams«, eigentlich recht bescheiden, denken wir und erinnern uns, dass er zu seiner Zeit zu den ganz großen Berühmtheiten Wiens gehörte.

Vergessen, vergangen, vorüber. Heutzutage wissen einer privaten Umfrage zufolge[1] nur noch weniger als zehn Prozent der sportinteressierten Wiener, wer Hugo Meisl war.

Spricht man heute über Österreichs Fußballlegenden, dann mag mancher an Hans Krankl denken, der dem Fußballzwerg Österreich 1978 zu einem unerwarteten, in Wiens Heurigenlokalen, Beisln, Kaffeehäusern und Sozialbauten heftig gefeierten, letztlich aber folgenlosen 3:2-Sieg über die ideenlosen deutschen Piefkes verhalf, mancher auch an den ewig grantelnden Ernst Happel, dem es als einzigem österreichischen Trainer gelang, mit seiner Mannschaft – nicht einer österreichischen allerdings, sondern einer deutschen, dem Hamburger SV – den europäischen Pokal der Landesmeister zu erringen, damals in Athen, was möglicherweise aber doch eher an der Mannschaft gelegen haben mag, denn nicht Ernst Happel schoss das einzige Tor, sondern Felix Magath, der wiederum kein Österreicher, sondern ein Franke war und später ein grantelnder Trainer wurde.

Vielleicht fällt auch dem einen oder anderen der Name Max Merkel ein, eine eher skurrile Erscheinung in der deutsch-österreichischen Trainerlandschaft, dem immerhin etwas gelungen war, was in der deutschen Bundesliga bis heute einmalig blieb, nämlich innerhalb eines Jahres seine Mannschaft – den 1. FC Nürnberg – erst zur Deutschen Meisterschaft und dann in den Abstieg zu führen.

All dies sind aber eher Anekdoten am Rande des wirklich bedeutenden Fußballgeschehens der letzten 50 Jahre, in denen die Musik eben nicht in Österreich spielte, abgesehen von einem dritten Platz bei der WM 1954 in der Schweiz. Eher schon im Gedächtnis geblieben ist jenes unsägliche Spiel zwischen Deutschland und Österreich bei der WM 1982 in Spanien, als man sich ehrgeizlos den Ball zuschob, ängstlich bedacht, nur das Ergebnis zu halten, denn mit dem 1:0 für Deutschland war man bereits sicher qualifiziert für die Zwischenrunde – dafür flogen die bedauernswerten Algerier trotz Punktgleichheit wegen des schlechteren Torverhältnisses raus.

Und betrachtet man die jüngste Fußballgeschichte Österreichs, wird es geradezu zappenduster. Zu Buche stehen da Blamagen wie ein 0:5 gegen Israel 1999, gar ein katastrophales 0:9 gegen Spanien im gleichen Jahr oder ein 0:5 gegen die Türkei bei der Qualifikation zur WM 2002. Mittlerweile rangiert Österreich in der FIFA-Rangliste auf einem schmachvollen 63. Platz.[2]

Worauf kann da ein österreichischer Fußballgourmet noch stolz sein? Etwa auf einen Verein, der sich zeitweise nach einer Zigarettenmarke nannte, Memphis Austria? Oder auf einen, der von einem Energy-Drink-Hersteller vereinnahmt wurde, Red Bull Salzburg?

Man mag es kaum glauben. Aber das war mal völlig anders. Es gab eine Zeit, da war im Fußball Österreichs Nationalmannschaft mehrere Jahre lang das Maß aller Dinge, das Brasilien der späten 1920er und frühen 1930er Jahre, mit einer Mannschaft, die 14 Spiele hintereinander ungeschlagen blieb, dabei reihenweise Kantersiege einfuhr, 5:0 gegen Schottland, 8:1 gegen die Schweiz, 8:2 gegen Ungarn und gleich hintereinander weg 6:0 und 5:0 gegen – jawohl – Deutschland! Erst in England endete diese Serie in einem bis heute legendären Spiel mit einem unglücklichen 3:4; aber dafür hielt man sich vier Tage später gleich mit einem 6:1 gegen die Belgier schadlos. Auswärts, wohlgemerkt!

Diese Mannschaft verschaffte dem nach dem Ersten Weltkrieg zum Kleinstaat verstümmelten Österreich ein neues Selbstbewusstsein, eine neue nationale Identität, eine neue Großmachtstellung auf einem gänzlich unkriegerischen Gebiet durch die Kreation einer Spielweise, die gekennzeichnet war durch hohe Intelligenz und unvergleichliche Eleganz. Der Vater dieser Mannschaft, das ist unbestritten, war ein Wiener Jude namens Hugo Meisl.

Aber seltsam. Dieses »Wunderteam«, wie es damals genannt wurde, ist in der Erinnerung der Österreicher eigentümlich verblasst. Gerade mal der Name des legendären Mittelstürmers Matthias Sindelar mag den Fußballkundigen noch einfallen. Aber sonst? Was ist mit dem Kopf diese Mannschaft, dem geistigen Vater dieses Teams? Was ist mit Hugo Meisl? Hugo Meisl war in den 1920er und 1930er Jahren einer der prominentesten Österreicher überhaupt. Es wird berichtet, dass in Wien 1932 innerhalb von Minuten eine Straße schwarz war vor Menschen, weil sich herumgesprochen hatte, dass Hugo Meisl dort zu einer Hochzeit geladen sei. Alle wollten ein Autogramm von ihm.[3]

Und heute? Fast nichts. Es gibt zwar inzwischen einen Hugo-Meisl-Weg, weit draußen im X. Bezirk, ganz in der Nähe des Autobahnknotens Inzersdorf, wo nichts, aber auch gar nichts in Beziehung zum Namenspatron steht.[4] Aber ansonsten? Kein Denkmal auf dem Heldenplatz oder wenigstens vor dem Stadion, kein Hugo-Meisl-Platz, keine Hugo-Meisl-Allee, kein Hugo-Meisl-Haus, keine Hugo-Meisl-Gedächtnis-Stätte, ja noch nicht einmal eine Hugo-Meisl-Gedächtnis-Plakette weist am Karl-Marx-Hof in Wien-Heiligenstadt darauf hin, wer hier einmal gewohnt hatte. Selbst als es darum ging, das Wiener Prater-Stadion umzubenennen, wählte man nicht etwa Hugo Meisl, der dort mit seinem Wunderteam die größten Erfolge des österreichischen Fußballs feiern konnte als Namenspatron, sondern – den ewigen Grantler Ernst Happel, und wir fragen uns verblüfft: Wieso?

Aber wir wollen nicht verzagen. Seit den 1990er Jahren rückte der Fußball immer stärker in den Fokus kulturgeschichtlicher Untersuchungen, auch in Österreich und insbesondere in Wien, weshalb dort einige sehr lesenswerte Bücher auch über jene Epoche entstanden, in der Hugo Meisl die entscheidende Figur im Österreichischen Fußballbund war.[5] Einen weiteren Schub bekam die Beschäftigung mit dieser Zeit anlässlich des hundertjährigen Bestehens des österreichischen Fußballverbandes im Jahre 2004. Die Presse ließ in Rückblicken die große Zeit des Wiener Fußballs wieder aufleben, es erschienen reich bebilderte und schön ausgestattete Erinnerungsbände, in denen die dominierende Rolle Hugo Meisls wieder lebendig wurde. Inzwischen wurde Hugo Meisl sogar schon zum Helden eines biografischen Romans[6], der freilich recht großzügig Fakten, Vermutungen und reine Erfindung in bunter Mischung darbietet, wie etwa eine in keiner Weise belegte Freundschaft mit dem ersten Außenminister und späteren Präsidenten der Tschechoslowakei Edvard Beneš.

Und so kam es, dass, als der ÖFB 2004 zur Wahl des bedeutendsten österreichischen Trainers aller Zeiten aufrief, Hugo Meisl immerhin auf den zweiten Platz gewählt wurde. Hinter – na wem schon? Ernst Happel natürlich.

Der moderne Fußball

Detlev Claussen hat sein Buch über den berühmten ungarischen Fußballer und späteren Trainer Béla Guttmann »Weltgeschichte des Fußballs in einer Person« genannt. Man könnte analog unsere Biografie auch »Europäische Geschichte des Fußballs in einer Person« nennen, wir haben uns dennoch für einen anderen Untertitel entschieden: »Die Erfindung des modernen Fußballs«. Denn tatsächlich hat Hugo Meisl bei der Herausbildung der Strukturen des modernen Fußballbetriebs eine ganz entscheidende Rolle gespielt, teilweise sogar regelrecht Pionierarbeit geleistet, wie noch zu sehen sein wird

Seitdem sich der Fußball um 1900 herum den Kontinent erobert hatte, entwickelten sich ganz allmählich jene Strukturen, die wir als »modern« bezeichnen können. Insbesondere in den 1920er und 1930er Jahre erfolgte der entscheidende Modernisierungsschub. Dementsprechend teilte der verdienstvolle Chronist der Entwicklung des österreichischen Fußballsportes, Leo Schidrowitz, die Entwicklung des österreichischen Fußballs analog zur üblichen Gliederung der europäischen Geschichte in »Altertum«, »Mittelalter« und »Neuzeit« ein. Und diese »Fußballneuzeit« lässt er Mitte der 1920er Jahre beginnen.

Dabei war Fußball Teil einer umfassenderen Sportbewegung, die prinzipiell, zum Leidwesen etwa der deutschtümelnden Turner, mehr oder weniger offen international angelegt war, häufig mit einer anglophilen Komponente und entsprechender Terminologie. Sport wurde zu einer Lebensform, die in hohem Maße zu einem Kriterium der Selbstwahrnehmung von Menschen jener Jahre wurde, zu einem Objekt identitätsstiftender Projektionen, zu denen auch die Idee der Modernität gehörte, nicht umsonst galt England am Ausgang des 19. Jahrhunderts als ein Modell für Fortschritt und Toleranz.

Hinzu kommt ein weiterer Aspekt, der in unserem Zusammenhang von besonderer Bedeutung ist: Die gesellschaftliche Modernisierung ging einher mit dem allmählichen gesellschaftlichen Aufstieg der Juden,[7] sie waren es, die wesentliche Neuerungsprozesse in Wirtschaft und Kultur trugen. So ist nicht verwunderlich, dass in der ersten Hälfte des 20. Jahrhunderts überall in Europa gerade viele Juden von dem »jungen«, modernen von England geprägten Fußball fasziniert waren und entscheidend an seiner Entwicklung mitwirkten, es war ein Feld, in dem sie sich bewähren und soziale Anerkennung erringen konnten.[8] Hugo Meisl ist hierfür nur ein Beispiel, erinnert sei nur an Walter Bensemann, den Begründer des *Kicker*, an Carl August Wilhelm Hirschman, den ersten Generalsekretär der FIFA, oder auch an den heute fast völlig vergessenen Dr. Ignaz Abeles, der vom Ende des 19. Jahrhunderts bis in die 1920er Jahre hinein eine der einflussreichsten Persönlichkeiten im österreichischen Fußball war.

Was aber Hugo Meisl aus dieser Schar bedeutender Zeitgenossen heraushebt, liegt – neben seinen bemerkenswerten Erfolgen als Teamchef – an dem, was wir als »Erfindung des modernen Fußballs« bezeichnen. Im Wesentlichen charakterisieren den modernen Fußballbetrieb drei Aspekte: seine Qualität als Massenspektakel, seine Kommerzialisierung und seine organisatorische und spielkulturelle Internationalität. Die besondere Leistung Hugo Meisls bestand darin, dass er als einer der Ersten diese völlig neuartige Eigenwirklichkeit des modernen Fußballs wahrnahm und ihre Entfaltung vorantrieb.

Der Sporthistoriker Pierre Lanfranchi untersuchte diesen Modernisierungsprozess in den 1920er und 1930er Jahren anhand der mitteleuropäischen Entwicklung und arbeitete drei wesentliche Tendenzen heraus: die Entstehung einer Form des *turismo sportivo*, also einer

Kultur von Schlachtenbummlern, die ihre Mannschaften nicht nur bei Heimspielen unterstützten, sondern sie bis in weit entfernte Orte zu Spielen begleiteten, die Popularisierung des Fußballs durch Zeitungen, Radio und Werbung, damit verbunden die Ökonomisierung des Fußballbetriebes und schließlich die wachsende Bedeutung des Fußballs für die Politik bis hin zur politischen Instrumentalisierung sowie – als ein besonderes Spezifikum dieser Zeit – zur Anpassung des internationalen Fußballbetriebes »an die diplomatischen Beziehungen zwischen den Staaten«.[9]

Was die Popularisierung des Fußballs betrifft, zeigen Roman Horak und Wolfgang Maderthaner sehr anschaulich am Beispiel des Wiener Fußballs in der Zwischenkriegszeit, wie der Fußball damals zum modernen Massenspektakel wurde,[10] eingebunden in den Unterhaltungsbetrieb einer Gesellschaft, in der Dienstleistungen dieser Art immer wichtiger wurden und vor allem einer immer größeren Gruppe von Menschen geboten werden mussten und konnten, nicht zuletzt, weil sie durch Arbeitszeitverkürzungen über mehr freie Zeit verfügten.

Für entsprechende Strukturen des Fußballbetriebes gab es zwar manche Vorbilder in anderen Bereichen, dennoch mussten sie in spezifischer Weise für den Fußball erst gefunden, eben bisweilen auch erfunden werden. Es musste Männer geben, die die entsprechenden Formen institutioneller und spielerischer Kulturen entwickelten. Hugo Meisl war einer von ihnen, sicher einer der einflussreichsten in den 1920er Jahren. Er setzte schon früh, vor den meisten anderen, auf den Fußball als europäisches Phänomen (über Europa hinaus indes ging sein pragmatischer Blick kaum), und damit war er von der Vision eines wirklich europäischen Fußballs überzeugt.

Mit der Einführung des Profifußballs in Österreich, ein beispielhafter und gleichzeitig in dieser Beispielhaftigkeit auch beispielloser Vorgang auf dem europäischen Kontinent, schuf Hugo Meisl die ökonomischen Grundlagen für den Fußballsport als Massenphänomen. Er trug dazu bei, den Fußball in professionelle internationale Strukturen einzubetten, angefangen mit der Reform der FIFA, über die Schaffung der Weltmeisterschaft (wobei Hugo Meisl eigentlich immer mehr eine Europameisterschaft wollte), bis hin zur Organisierung von europäischen Wettbewerben für Vereins- und Nationalmannschaften (dem Mitropa-Cup für Vereinsmannschaften und dem Internationalen Cup für Nationalmannschaften). Erst in diesem Kontext konnte sich eine eigene »Fankultur«, wie man heute sagen würde, entfalten, eben der *turismo sportivo*. Nicht zuletzt stand Meisl auch für eine Spielkultur, die »Wiener Schule«, die Teil eines internationalen Taktikdiskurses war, der davon handelte, wie man erfolgreichen und zugleich attraktiven Fußball spielen lassen konnte.

Modern war Hugo Meisl aber auch in dem Sinne, dass er die Autonomie des Sportes gewahrt wissen wollte. Er vertrat damit ein zukunftsweisendes Gegenmodell zur ideologischen Aufladung etwa des »deutschen Turnens« (wozu auch die Tendenz zum Ausschluss jüdischer Mitglieder aus Sportverbänden zählte) oder zur parteipolitischen Orientierung des Arbeitersports[11] – obwohl er den Sozialdemokraten politisch durchaus nahe stand. Diese »neutrale Praxis«, wie Matthias Marschik es formulierte,[12] machte es möglich, Fußball als Bereich wahrnehmen zu lassen, den die Menschen als Ort von Unterhaltung, Begeisterung und Ablenkung annehmen können, und ihn doch gleichzeitig in die moderne Gesellschaft einzubinden. Unvermeidlicherweise war allerdings dadurch der Fußball auch offen für allerlei Begehrlichkeiten, sei es seine wirtschaftliche Vermarktung, sei es seine politischen Instrumentalisierung, der sich auch Meisl als »Botschafter« Österreichs nicht immer entziehen konnte.

Die europäische Perspektive

Dabei kämpfte Hugo Meisl nicht alleine, es gehörte zu seinen besonderen Fähigkeiten, Beziehungsnetze aufzubauen, die zu erheblichen Teilen auf persönlichen Freundschaften beruhten. Diese Netze erstreckten sich über ganz Europa, denn Hugo Meisl war seinem ganzen Wesen nach Europäer, der über die Enge nationalstaatlicher Konzeptionen hinausstrebte. Dabei hatte er angesichts des politischen Umfelds kein leichtes Spiel: Die 1920er und 1930er Jahre waren in Europa durch die Herausbildung faschistischer Diktaturen oder zumindest autoritär geführter Staaten (Italien, Ungarn, Litauen, Deutschland, Österreich, Portugal, Estland, Lettland, Bulgarien, Polen, Spanien, Rumänien) gekennzeichnet, deren totalitärste und aggressivste Variante, der deutsche Nationalsozialismus, direkt in die Katastrophe des Zweiten Weltkrieges führte. Es gehörte zur besonderen Tragik Hugo Meisls, dass er seine Ideen in einer Welt umzusetzen bemüht war, deren internationale politische Strukturen kaum lebensfähig waren und am Ende zerbrachen. Sein Denken war von der Internationalität der Sportbewegung geprägt, von einem gleichberechtigten, friedlich konkurrierenden und sich gegenseitig anregenden europäischen Sportverkehr. Stattdessen wurde das Denken in Europa mehr und mehr von autoritären Chauvinismen beherrscht, da machte auch Österreich keine Ausnahme.

Der Zweite Weltkrieg bedeutete auch für den europäischen Fußball eine tiefe Zäsur. Diejenigen, die Hugo Meisls Namen oft nur noch vom Hörensagen her kannten, prägten das Bild des Wiederaufbaus des europäischen Fußballsportes in den 1950er Jahren. Dennoch ist unübersehbar, dass die von Hugo Meisl erarbeiteten Strukturen den Neuanfang erleichterten. Die FIFA konnte im Wesentlichen in den bewährten Formen weiterarbeiten, die Meisl mit erkämpft hatte. Der Profifußball setzte sich in ganz Europa durch, und die von ihm »erfundenen« und organisierten Wettbewerbe blieben Vorbilder, auf die sich die Europapokalwettbewerbe und selbst die Europameisterschaften seit den 1960er Jahren stützten. Er war seiner Zeit voraus und blieb dadurch über seine Lebenszeit hinaus wirksam.

Hugo Meisl hatte sich Fußball als internationale Angelegenheit vorgestellt, insbesondere als europäische. Nur allmählich kam diese europäische Perspektive nach dem Zweiten Weltkrieg wieder in Gang. Die Gründung der UEFA war Ausdruck dieser neuen europäischen Dynamik, allerdings nun in einem Europa, das zerrissen war, mitten hindurch durch die alte Mitropa-Cup-Gemeinschaft. Dass Hugo Meisl erst seit den 1990er Jahren eine gewisse Wiederentdeckung beschieden ist, mag vielleicht auch damit zusammenhängen, dass sich erst jetzt, nach dem Fall des Eisernen Vorhanges, wieder jene europäische Perspektive eröffnete, die Hugo Meisl vor sich sah, das Europa, durch das er unermüdlich reiste und dessen Sprachen er zum größten Teil beherrschte. Das Netz seiner Eisenbahnfahrten, von Wien nach Talinn und Krakau, nach Madrid und Porto, von Wien nach Prag, Berlin und Stockholm und Helsinki, nach Zagreb und Bukarest, nach Amsterdam und Neapel, von Wien nach Warschau, nach Paris und London, Glasgow und Budapest beschreibt seinen sportlichen und seinen geistigen Horizont, eben das ganze Europa.

Hugo Meisl wird also wiederentdeckt, nicht nur von seinen Enkelsöhnen. Und so kommt das Beste zum Schluss: Mittlerweile ist Hugo Meisl auch bei der FIFA wieder unter der Prominenz vertreten: Anlässlich der Fußball WM 2006 veröffentlichte die FIFA eine Internetseite, in der unter anderem auch die zehn berühmtesten Fußballtrainer aller Zeiten vorgestellt wurden. Einer dieser zehn ist – nein, nicht Ernst Happel – sondern Hugo Meisl. Es gibt also doch noch historische Gerechtigkeit. Und irgendwann wird sie auch Österreich erreicht haben.

KAPITEL 2
Böhmische Dörfer
oder: aus der Tiefe des Raumes

Die Herkunft

Etwa sieben Kilometer entfernt von dem malerischen mittelalterlichen Bergarbeiterstädtchen Kutná Hora (früher: Kuttenberg), circa 70 km östlich von Prag, liegt der kleine Ort Malešov (früher Maleschau). Hier, mitten in Böhmen[13], erblickte am 16. November 1881 Hugo Meisl als Sohn jüdischer Eltern das Licht der Welt[14], als ältestes von sechs Kindern, von denen übrigens auch der jüngste Sohn Wilhelm (Willy) als Sportjournalist zu Weltruhm gelangen sollte.[15]

Hugos Vorfahren waren schon seit mehreren Generationen in dieser Gegend ansässig. Sein Vater Ludwig Meisl stammte aus dem etwa 20 Kilometer entfernten Pabjenic. Dort hatten dessen Eltern, Barbara (tschechisch: Barbora) Stein und Wilhelm Meisl, am 15. Juni 1858 geheiratet und sich niedergelassen; auch Wilhelm war bereits als Kaufmann tätig. Durchaus möglich, dass zu den Vorfahren der Meisls auch der legendäre Mordechai Meisl gehörte, ein Finanzier Kaiser Rudolfs II., der von 1600 bis 1611 in Prag residierte. Mordechai Meisl starb bettelarm, die äußerst mangelhafte kaiserliche Schuldentilgung trieb ihn in den Ruin.[16]

Ludwig Meisl war das, was man damals einen feschen Mann nannte, hochgewachsen, schlank und mit einem mächtigen Schnurrbart ausgestattet. Er trat in die Fußstapfen seines Vaters, absolvierte eine kaufmännische Lehre und wurde ein so tüchtiger Textilkaufmann, dass er mit 22 Jahren eine Familie gründen konnte. Wie das damals so üblich war und sich auch gehörte, lernte er seine künftige Frau, Karoline Mauthner, nicht etwa beim Tanz oder im Kaffeehaus kennen, sondern durch Vermittlung eines Schiduchs, eines jüdischen Heiratsvermittlers also.

Karoline Mauthner war vermutlich eine gute Partie, denn im Besitz ihrer Familie befand sich das bedeutendste Textilunternehmen Böhmens.

Dieses Unternehmen wurde im 19. Jahrhundert von Karolines Vater Abraham und dessen Bruder Isaak Mauthner gegründet, die sich beide als außerordentlich erfolgreiche Unternehmer erwiesen. Nach Abrahams frühem Tod nahm Isaak dessen Familie in seinem Haushalt auf und führte die Geschäfte alleine weiter. Sein Nachfolger wurde sein Sohn Isidor, unter dem das Unternehmen derart expandierte, dass er schließlich als »der Textilbaron von Europa« bezeichnet wurde und von Kaiser Franz-Joseph das Adelsprädikat angeboten bekam – für einen jüdischen Untertan eine ganz außergewöhnliche Ehre. Die Sache hatte allerdings einen Haken: Das Angebot galt nur unter der Bedingung, dass Isidor sich taufen lassen würde. Vor die Wahl gestellt zwischen Ehre und Ehrung, zeigte Isidor Charakter: Er lehnte dieses unmoralische Angebot dankend ab.

Auf den Fortgang der Geschäfte hatte das übrigens keinen Einfluss, im Gegenteil, die Mauthners entwickelten sich mit der Zeit zu einer der mächtigsten und reichsten Industriellenfamilien ganz Österreichs, stiegen auch noch im österreichischen Salzkammergut bei Bad Aussee in den Salzabbau ein und bezogen eine riesige Wohnung am Schottenring in Wien.

Ihren Stammsitz hatten die Mauthners in der Nähe von Königgrätz an der Elbe, einem Ort mit historischer Bedeutung, und tatsächlich hatte die kleine achtjährige Karoline Mauthner, die Cousine des großen Isidor, dort 1866 zusammen mit ihrer besten Freundin mit eigenen Augen der berühmten Schlacht zwischen Österreichern und Preußen zugeschaut. Noch Jahrzehnte später erzählte sie immer wieder ihren Enkelkindern von diesem Abenteuer, als die Preußen mit ihren modernen Zündnadelgewehren die Österreicher niedermähten und sie damit endgültig aus dem Deutschen Bund verdrängten. Und wie währenddessen ihre Familie daheim fast verrückt vor Sorge wurde, nicht weil die Preußen gesiegt hatten, sondern weil die kleine Karoline nicht heimkam.

15 Jahre später, am 15. Februar 1881, wurden Ludwig Meisl und Karoline Mauthner ein Paar und heirateten im Ort Böhmisch Skalitz, dem heutigen Česk Scalice bei Nachod, und siedelten sich dann in Maleschau bei Kuttenberg an. Die Ehe war sehr fruchtbar, denn Karoline gebar innerhalb der nächsten 14 Jahre sechs Kinder: Hugo, Rosa, Anna, Elisabeth (Elsa), Leopold (Poldi) und Wilhelm (Willy).

Hugo war der Erstgeborene, er kam pünktlich neun Monate nach der Hochzeit, am 16. November 1881, auf die Welt. Man kann sich vorstellen, mit welchem Stolz es den Vater erfüllt haben muss, dass ihm gleich ein Stammhalter geschenkt wurde; am 23. November 1881, sieben Tage nach der Geburt, fand den Regeln gemäß die rituelle Beschneidung statt, und damit war Hugo Mitglied der jüdischen Gemeinde. Ludwig hatte große Pläne mit seinem Erstgeborenen, er sollte Kaufmann werden wie er und sein Vater Wilhelm, oder besser noch: ins Bankgeschäft einsteigen. Aber bekanntlich sollte alles anders kommen.

War Hugo Meisl Tscheche?

Es mag überraschen, dass zwar Hugo Meisl ohne Zweifel zu den wirkungsmächtigsten Österreichern in der Zwischenkriegszeit zählte, es aber durchaus umstritten ist, ob er überhaupt Österreicher war. Genau genommen sei er Tscheche gewesen, liest man immer wieder,[17] schließlich sei er in Tschechien geboren und habe, so wird zumindest behauptet, als Muttersprache Tschechisch gesprochen.[18]

In der Tat liegt Maleschau, Hugos Geburtsort, unbestreitbar mitten in der heutigen Tschechischen Republik. Damals hieß das Land allerdings Böhmen und war ein Teil Österreichs. Im Jahre 1867 war die Habsburger Donaumonarchie in zwei Reichsteile aufgeteilt worden, das Kaiserreich Österreich und das Königreich Ungarn. Der seit 1848 regierende österreichische Kaiser Franz Josef wurde zusätzlich zum ungarischen König gekrönt und symbolisierte somit die Zusammengehörigkeit der beiden Länder. Das Flüsschen Leitha, das von Süden kommend bei Pressburg in die Donau mündet, wurde zum Namensgeber der beiden Reichsteile: Österreich, das diesseits der Leitha lag, wurde offiziell als Zisleithanien bezeichnet und Ungarn, jenseits der Leitha gelegen, als Transleithanien. Das Gebiet des heutigen Tschechien – die Provinzen Böhmen und Mähren also – wurde dabei dem österreichischen Teil der österreichisch-ungarischen Doppelmonarchie zugeordnet, im Gegensatz zur Slowakei, die nun zu Ungarn gehörte.

Geburtsurkunde von Hugo Meisl.

Demzufolge ist zumindest eines klar: Staatsbürgerlich gesehen war Hugo Meisl ganz ohne Zweifel gebürtiger Österreicher, denn eine tschechische Staatsbürgerschaft gab es damals überhaupt noch nicht.

Richtig ist allerdings auch, dass Hugo Meisl seitens der K.u.K.-Behörden noch bis zu seinem 36. Lebensjahr als Böhme geführt wurde, mit Heimatrecht im Ort Pabjenic, dem Herkunftsort seines Vaters. Aus diesem Grund musste Hugo Meisl auch sein »Einjähriges« und die anschließenden Militärübungen in Böhmen ableisten. Erst Anfang 1918 gelang es ihm als hochdekoriertem Weltkriegsoffizier, sein Heimatrecht nach Wien zu verlegen.[19]

Und wie war das mit der tschechischen Muttersprache? Zwar ist vielfach belegt, dass Hugo Meisl im Tschechischen ebenso zu Hause war wie im Deutschen. So wird immer wieder berichtet, dass er später im Familienkreise übergangslos ins Tschechische wechselte, wenn er mit seiner Frau, deren Eltern ebenfalls aus Böhmen stammten, über Dinge reden wollte, die nicht für die Ohren der Kinder bestimmt waren.[20] Auf der anderen Seite wissen wir aber auch, dass seine Mutter Karoline aus einer deutsch-jüdischen Familie stammte; zu ihrer näheren Verwandtschaft gehörte vielleicht sogar der berühmte Sprachphilosoph und Schriftsteller Fritz Mauthner (1849-1923). Hugos Muttersprache – ganz wörtlich genommen – war somit zweifelsfrei Deutsch.

Auch Ludwig Meisl selbst war deutschsprachig, wie nahezu alle böhmischen Juden. Man bedenke zudem die Wahl der Vornamen bei den Meisls: Hugos Großvater trug stolz den preußischen Vornamen Wilhelm, den später auch Ludwigs jüngster Sohn erhielt, und wenn mitten in einem von einem Sprachenstreit aufgewühlten Böhmen Eltern ihren Sohn mit dem alten germanischen Vornamen Hugo versehen, zeigt das sehr deutlich, welcher Sprachgemeinschaft sie sich zugehörig fühlten. Davon abgesehen, lässt sich bei einem Vergleich der gewählten Vornamen deutlich erkennen, dass die jüdischen Meisls im Gegensatz zu den jüdischen Mauthners offenbar deutlich um Assimilation bemüht waren, ein Weg, den Hugo später fast bis zur letzten Konsequenz weitergehen sollte.

Wie war es also wirklich? Tatsächlich waren die Mauthners und die Meisls deutschsprachig. Im ländlichen Maleschau und in den anderen böhmischen Orten, in denen die Meisls die nächsten Jahre lebten, wurde jedoch überwiegend Tschechisch gesprochen, in den Schulen, die Hugo besuchte, war Tschechisch Unterrichtssprache. Der kleine Hugo wuchs daher von Anfang an zweisprachig auf, was ganz nebenbei sicher seine auffällige Sprachbegabung prägte und vielleicht sogar dafür verantwortlich ist, dass Hugo Meisl sich später so selbstverständlich auf internationalem Parkett bewegte. Besagter Fritz Mauthner schildert diese Sprachenvielfalt anschaulich in seinen Lebenserinnerungen: Ein Jude »lernte damals genau genommen drei Sprachen gleichzeitig: Deutsch als die Sprache der Beamten, der Bildung, der Dichtung und seines Umgangs; Tschechisch als die Sprache der Bauern und der Dienstmädchen, als die historische Sprache des glorreichen Königreichs Böhmen; ein bisschen Hebräisch als die heilige Sprache des Alten Testaments und als die Grundlage für das Mauscheldeutsch, welches er von Trödeljuden, aber gelegentlich auch von ganz gut gekleideten jüdischen Kaufleuten seines Umganges oder gar seiner Verwandtschaft sprechen hörte. Der Jude, der in einer slawischen Gegend Österreichs geboren war, musste gewissermaßen zugleich Deutsch, Tschechisch und Hebräisch als die Sprachen seiner ›Vorfahren‹ verehren.«[21]

Die Frage, welcher Nationalität Hugo Meisl nun wirklich angehörte, erledigt sich so ganz von selbst. Die Antwort lautet: Er wuchs in Böhmen auf, sprach Deutsch, sprach Tschechisch, betete auf Hebräisch, er war Böhme, er war Jude und er wurde ein leidenschaftlicher Wiener, kurz, er war das typische Kind der multinationalen K.u.K.-Monarchie. Seine nationale Zugehörigkeit klärte sich erst nach dem Zerfall der Monarchie.

Und da war er definitiv ein Österreicher.[22]

KAPITEL 3
Wiener Melange

Deutsche und Tschechen in Böhmen

Man liest gelegentlich, die Familie Meisl sei nach Wien gezogen, als Hugo sechs Jahre alt war.[23] Aber in diesem Alter dachte Hugo wahrscheinlich im Traum noch nicht daran, dass er einmal in Wien leben würde. Vielmehr wurde er in einem kleinen Städtchen in Böhmen eingeschult, in Světlé nad Sázavou, wohin seine Eltern kurz zuvor gezogen waren, und lernte dort mit böhmischen Buben und Mädeln auf Tschechisch sein Einmaleins.

Das war übrigens erst seit 1880 möglich, denn erst in diesem Jahr wurde Tschechisch neben Deutsch als Amtssprache zugelassen, ein erster großer Erfolg der tschechischen Bestrebungen, die Unabhängigkeit zu erlangen oder zumindest als drittes Staatsvolk in der Monarchie neben Österreich und Ungarn anerkannt zu werden.

Tatsächlich waren ja die Tschechen bei der Reichsteilung von 1867 übergangen und in ihrem Nationalstolz tief verletzt worden. Immerhin war Franz Josef nicht nur Kaiser von Österreich und König von Ungarn, sondern auch König von Böhmen. Was hätte also näher gelegen, als den Böhmen die gleiche Autonomie zu gewähren wie den Ungarn? Aber bis zum Ende der Habsburger Monarchie wurde trotz heftigster Auseinandersetzungen den Tschechen diese Autonomie verweigert. Warum?

Man muss zugunsten der Reichsregierung einräumen, dass es einfache Lösungen in diesem Fall nicht gab, denn Böhmen war immerhin zu über 40 Prozent deutschsprachig und hatte traditionell außerordentlich enge Verbindungen zum deutschen Kulturraum. Man muss sich nur daran erinnern, dass Prag die Stadt war, in der die erste *deutsche* Universität gegründet wurde, dass dort zeitweilig sogar der deutsche Kaiser residierte oder dass einige der bedeutendsten deutschen Dichter und Schriftsteller aus Prag stammten, man denke nur an Rainer Maria Rilke, Franz Kafka oder Franz Werfel – und auch der bereits erwähnte große Sprachphilosoph Fritz Mauthner war gebürtiger Böhme.

Der erste Präsident des Deutschen Fußball-Bundes lebte ebenfalls in Prag. Der aus Neuwied stammende Mediziner Dr. Ferdinand Hueppe, der bereits in seiner Jugend zusammen mit englischen Jugendlichen dem Lederball hinterhergerannt war und später zu einem bedeutenden Forscher am Robert-Koch-Institut in Berlin und bei der Firma Fresenius in Wiesbaden wurde, war 1889 zum Professor an der altehrwürdigen deutschsprachigen Karls-Universität in Prag berufen worden. Dort übernahm der sportbegeisterte Hochschullehrer den Vorsitz eines Fußballclubs, dessen Name seinerseits zum Programm wurde: des Deutschen Fußball Club Prag. Dieser Verein hatte sich Ostern 1896 vom Sportclub Regatta abgespalten und zählte – was sich heute geradezu bizarr anhört – zumindest zu seinen Anfangszeiten fast ausschließlich deutschnational gesinnte jüdische Studenten zu seinen Mitgliedern. Dieser Verein, der jahrelang zu den besten des Kontinents gehörte, scheint sich zumindest in den Anfangsjahren als Speerspitze des Deutschtums empfunden zu haben. So berichtet M. J. Leuthe über eine Begegnung in Prag zwischen dem Wiener Cricket and Football Club, der sich damals überwiegend aus Engländern zusammensetzte und dem DFC am 6. Dezember 1896:

»Die Prager gaben diesem Kampfe den Anstrich einer nationalen Kraftprobe zwischen Engländern und Deutschen. Sie postierten am Eingang des Spielplatzes einen Werkelmann [Leierkastenmann], der ununterbrochen die ›Wacht am Rhein‹ herunterleierte. Sie wollten sich anscheinend durch diese hinreißenden Töne aufpulvern lassen, verfehlten jedoch die beabsichtigte Wirkung, da der tschechische Teil der Zuschauer die Melodie als ›Provokaze‹ hinnahm und den Werkelmann verprügelte.«[24]

Bei der Gründungsversammlung des Deutschen Fußball-Bundes (DFB) führte an Hueppe, der bereits bei den Olympischen Spielen 1896 in Athen als Kampfrichter teilgenommen hatte, kein Weg vorbei. Und so wurde ein Bürger des zu Österreich gehörenden Prags im Jahre 1900 zum ersten Präsidenten des DFB gewählt.[25]

Und damit nicht genug: Der Deutsche Fußball-Club Prag gelangte tatsächlich – wenn auch aufgrund dubioser Ereignisse kampflos[26] – bis ins erste Endspiel um die *Deutsche* Fußballmeisterschaft im Jahre 1903, war jedoch nach einer auf der Reeperbahn hemmungslos durchzechten Nacht konditionell so angeschlagen, dass die Mannschaft im Endspiel gegen den VFB Leipzig sang und klanglos mit 2:7 unterlag.

Ein *Deutscher* Fußball-Club *Prag* im Endspiel zur *Deutschen* Meisterschaft? Nichts symbolisiert besser die Schroffheit, mit der sich damals Deutsche von Tschechen in Böhmen abgrenzten. Tatsächlich gab es bereits seit dem Jahre 1901 einen Fußballverband in Böhmen, den Česky Fotbalovy Svaz *27*, aber dem traten nur tschechische Vereine bei. Die deutschsprachigen Clubs Böhmens schlossen sich allerdings zunächst nicht etwa einem österreichischen Verband an, sondern bildeten wiederum eine eigene Organisation, den Deutschen Fußball-Verband für Böhmen (DFVfB), der sich anfangs nicht nach Österreich, sondern nach Deutschland orientierte. Am weitesten ging dabei der DFC Prag: Er wurde 1900 reguläres Mitglied des DFB. Allerdings durfte der DFC keine Spieler für die deutsche Nationalmannschaft stellen, da sie nicht die deutsche Staatsangehörigkeit besaßen. Erst mit dem Beitritt des DFB zur FIFA im Jahre 1904 wurde dieser eigentümliche Zustand beendet, denn der in diesem Jahr gegründete Fußballweltverband verlangte in seinen Statuten nationale Verbände. Der DFC Prag wurde somit 1904 Mitglied des Österreichischen Fußballverbandes (ÖFV), der im nächsten Jahr der FIFA beitrat, gehörte auch dort zu den besten Teams, stellte regelmäßig Spieler für die österreichische Fußball-Nationalmannschaft ab und bildete bei den Olympischen Spielen 1912 mit nicht weniger als fünf Spielern den Kern des österreichischen Nationalteams.

Auch die beiden besten tschechischen Teams Sparta Prag und Slavia Prag waren zunächst 1904 und 1905 in den ÖFV aufgenommen worden. Eine Beteiligung an der österreichischen Nationalmannschaft stand für sie jedoch niemals zur Diskussion, ihr Ziel war vielmehr eine eigenständige tschechische Mitgliedschaft in der FIFA mit einer eigenen Nationalmannschaft, ganz im Sinne des sich seit dem Ende des 19. Jahrhunderts immer heftiger regenden tschechischen Nationalgefühls, das sich nach der Jahrhundertwende auf gutem Wege zum Ziel wähnte.

Nachdem nämlich über Jahrhunderte hinweg die Deutsch-Österreicher in Böhmen und Mähren die Herrschaftselite gestellt, das Land unter sich aufgeteilt und die deutliche Mehrheit in den Städten gebildet hatten, begann sich dies seit der Mitte des 19. Jahrhunderts zu ändern: Der tschechische Bevölkerungsanteil in den Städten nahm zu, damit das nationale Selbstbewusstsein, was wiederum zu heftigen Konflikten mit den Deutschböhmen führte. Im Jahre 1883 waren erstmals im böhmischen Landtag mehr Tschechen als Deutsche vertreten, und die Deutschen fühlten sich zunehmend bedrängt. So schaukelten sich der tschechische und der deutsche Nationalismus immer weiter hoch. Das österreichische (cisleithanische) Parlament in Wien war zeitweise vollkommen lahmgelegt, weil radikale tschechische Abgeordnete durch Endlosreden oder durch Krawallaktionen, bei denen Trompeten, Pfeifen und gewaltige Ratschen eingesetzt wurden, jeden geordneten Parlamentsbetrieb verhinderten.[28]

Kein Wunder, dass dieser Konflikt auch im Fußballsport ausgetragen wurde. 1906 erzielten die Tschechen einen wichtigen, wenn auch nur kurzfristigen Etappensieg: Der tschechische Fußballverband wurde zur Empörung der Österreicher von der FIFA als »böhmischer Verband« aufgenommen! Allerdings sorgten die Vertreter des ÖFV – darunter auch Hugo Meisl – bereits im Jahre 1908 beim FIFA-Kongress in Wien dafür, dass der Beschluss wieder aufgehoben wurde[29]. Die FIFA konnte sich dem Argument nicht verschließen, dass Böhmen staatsrechtlich gesehen keine selbstständige Nation darstellte, also laut FIFA-Statuten auch nicht Mitglied dieser Organisation der nationalen Fußballverbände sein konnte. Die Tschechen durften daher zu ihrer Enttäuschung weder am Fußballwettbewerb der Olympischen Spiele in London 1908 noch in Stockholm 1912 teilnehmen und boykottierten ihrerseits den Spielverkehr mit Österreich – durchaus ein Verlust, denn bis dahin hatten Matches gegen die spielstarken Teams von Slavia und Sparta Prag zu den Saisonhöhepunkten der Wiener Vereine gehört; vor allem Slavia galt jahrelang als spielstärkste Mannschaft der gesamten Monarchie.[30] Erst gegen Ende des Ersten Weltkrieges veränderte sich die Situation insofern, als die österreichische Statthalterei in Prag den Cesky Svaz 1916 kurzerhand aufgelöst hatte, Slavia und etwas später Sparta Prag gezwungenermaßen wieder dem ÖFV beitraten[31] und Slavia 1917 sogar einige Nationalspieler für die österreichische Nationalmannschaft stellte – was den Spielern allerdings seitens vieler Tschechen sehr übel genommen wurde.[32]

Auch nach der Auflösung der Donau-Monarchie dauerte es noch einige Jahre, bis sich die Verhältnisse wieder zu normalisieren begannen. Die neu geschaffene Tschechoslowakei schloss sich nach dem Ersten Weltkrieg dem Beschluss der Siegermächte an, zu den Kriegsgegnern, also Deutschland, Österreich und Ungarn, keinerlei Sportbeziehungen zu pflegen.[33] So nahm am olympischen Fußballturnier in Antwerpen im Jahre 1920 nur eine tschechische Mannschaft teil, Deutschland, Österreich und Ungarn durften dagegen nicht antreten.

Erst nach und nach entwickelte sich wieder ein reger Spielbetrieb zwischen tschechischen und österreichischen Mannschaften. Der erbitterte Nationalitätenstreit zwischen tschechischen und deutschen Böhmen eskalierte später in der Annexionspolitik der nationalsozialistischen deutschen Reichsregierung und endete im Jahre 1945 mit der Vertreibung der Sudetendeutschen aus der Tschechoslowakei.

Der Umzug nach Wien

Soweit wir wissen, hatte die Familie Ludwig Meisl unter diesem tschechisch-deutschen Nationalitätenstreit nicht zu leiden. Auch von antisemitischen Ausfällen erfuhren wir nichts. Die Meisls passten sich ihrer tschechischen Umgebung an und gingen ruhig ihren Geschäften nach. Hugo besuchte tschechische Schulen, bis er im Jahre 1893 nach Wien zog.

Allerdings alleine.

Das überrascht. Ein Bub von zwölf Jahren wird alleine nach Wien geschickt, in die brodelnde Metropole des Vielvölkerstaates? Wieso?

Die Erklärung ist einfach. Ludwig Meisl hatte, wie erwähnt, mit seinem Erstgeborenen große Pläne. Die Voraussetzung dafür war aber – davon war er zu Recht überzeugt – eine gute Schulbildung. Auf der anderen Seite zogen die Meisls geschäftsbedingt mehrmals um, bis sie schließlich in dem kleinen Ort Swetla an der Sazawa (Světlé nad Sázavou), etwa 30 km südlich von Kuttenberg, sesshaft wurden. Ludwig hatte dort eine sehr einträgliche Brückenmaut gepachtet und betrieb zusätzlich weiterhin weiträumig seinen Textilhandel. Ludwig verdiente gutes Geld für seine damals siebenköpfige Familie, aber die Schule in Swetla bot keine Bildungschancen, die dem Ehrgeiz Ludwigs bezüglich seines Sohnes Hugo angemessen waren.

Als Hugo elf oder zwölf Jahre alt war, reiste daher Ludwig Meisl mit seinem Ältesten nach Wien, meldete ihn dort bei einer höheren Handelsschule an, mietete ihm ein Zimmer bei guten Freunden und beschwor seinen Sohn, seiner Familie keine Schande zu machen, immer brav zu sein und fleißig zu lernen.

Wir wissen nicht, wie sich Hugo dabei fühlte. Aber alles spricht dafür, dass ihm durchaus nicht bange vor der großen Stadt war und er seine neuen Freiheiten weidlich genoss. Denn schon bald trafen die ersten Beschwerden bei den Meisls in Swetla ein. Hugo schwänze den Unterricht. Hugo spiele immer nur Fußball und habe dabei schon etliche Fensterscheiben zertrümmert.[34]

Der Vater war bekümmert, schrieb ermahnende Briefe an Hugo, die wenig bewirkten. Aber es war nicht daran zu denken, Hugo nach Swetla zurückzuholen. Hier gab es keine Handelsschule, und schließlich sollte aus Hugo etwas Ordentliches werden! Auf der anderen Seite kam vorerst aber auch nicht ein Umzug der gesamten Familie nach Wien in Frage: Schließlich lebten Ludwigs betagte Eltern in Hrabešín, nicht weit entfernt von Světla und Malešov, und die Maut stellte zudem eine solide Einnahmequelle dar, die man nicht ohne Not aufgab.

Als jedoch im Jahre 1895 nach der Mutter auch Ludwigs Vater gestorben war (die Gräber von Wilhelms Eltern Ludwig und Barbora befinden sich wohlgepflegt auf dem jüdischen Friedhof von Maleschau), sah die Lage anders aus. Und so übergab Ludwig nach kurzem Überlegen die Maut seiner Schwester (die sie dann wiederum ihrem Sohn übertrug)[35] und zog im gleichen Jahr mit seiner gesamten Familie nach Wien.

Das Leben in der Metropole

Diese Entscheidung wurde sicherlich dadurch erleichtert, dass die Meisls beileibe nicht die Einzigen waren, die sich damals auf den Weg zur Hauptstadt machten. Im Gegenteil. Zu der Zeit fand ein regelrechter Exodus aus Böhmen in Richtung Wien statt. Die Zahl der böhmischen Einwanderer ging in dieser Epoche in die Hunderttausende, sodass im Jahre 1910 bereits fast die Hälfte aller Wiener tschechische Wurzeln hatte![36]

Die Ursache dafür lag in der außerordentlich liberalen Nationalitätenpolitik der kaiserlichen Verwaltung, die seit 1867 den verschiedenen Völkerschaften – vor allem auch den Juden – volle Gleichberechtigung und Freizügigkeit zugestand. So entwickelte sich Wien seit der Mitte des 19. Jahrhunderts von einer eher beschaulichen, nahezu rein deutschsprachigen Residenzstadt zu einer dynamischen mitteleuropäischen Metropole, einem Schmelztiegel mit einem brodelnden Völkergemisch, zu einer mehrfachen Millionenstadt, in der vor allem Tschechen, aber auch Slowaken, Polen, Ukrainer, Rumänen, Ungarn, Slowenen, Kroaten und Italiener sowie eine erhebliche Zahl jüdischer Zuwanderer zusammen und nebeneinander lebten – ein Vielvölkergemisch, in dem vor allem die Juden in kurzer Zeit einen prägenden Einfluss auf das kulturelle und wissenschaftliche Leben gewannen.

Das lag vor allem daran, dass diese Wiener Juden von einem ganz enormen Bildungsbewusstsein geprägt waren. Man muss sich nur einige Zahlen betrachten: 1912 stellte die jüdische Bevölkerung – bei einem Bevölkerungsanteil von etwa zehn Prozent – jeden dritten Wiener Gymnasiasten! Nimmt man alle Arten höherer Schulen, lag der Anteil jüdischer Schüler sogar bei fast 50 Prozent![37] Ein weiteres Beispiel: Im Jahre 1913 waren mehr als 40 Prozent der Wiener Medizinstudenten Juden.[38]

Entsprechend bedeutende Leistungen vollbrachten Wiener Juden zu dieser Zeit. Man denke nur an Sigmund Freud und die Psychoanalyse, an Arnold Schönberg und die Zwölftonmusik, an Arthur Schnitzler, der den ersten inneren Monolog verfasste, lange vor James Joyce. In Wien praktizierten die besten Ärzte der Welt, hier wurden – nicht zuletzt durch großzügige Aufträge jüdischer Unternehmer – die zeitgenössische Architektur entscheidend geprägt und der Jugendstil geboren, entscheidende Modeströmungen nahmen hier ihren Ausgang, kurz: Wien war damals eine der aufregendsten und anregendsten Metropolen der Welt, mit der sich wohl nur Paris messen konnte, das damals auch kaum größer und bedeutender war.

Die Schattenseite dieser Entwicklung war allerdings, dass Wien zu einer der am dichtesten besiedelten Städte der Welt wurde. Um den alten Stadtkern wucherten ringförmig Vororte mit endlosen Reihen karg ausgestatteter enger Mietskasernen – den berüchtigten Bassenas, wobei die engen Wohnungen, die über keine eigenen sanitären Einrichtungen verfügten, auch noch in einer geradezu aberwitzigen Weise überbelegt waren, bis hin zu mehreren Schlafschichten. Kein Wunder, dass beispielsweise in Ottakring (XVI. Bezirk) im Jahre 1886 ein Drittel der Neugeborenen im ersten Lebensjahr starb und die Tuberkulosehäufigkeit fünfmal so hoch war wie in der Innenstadt.[39] Besonders die Industrie-Arbeitervororte Favoriten im Süden (X. Bezirk) und Floridsdorf (XXI. Bezirk) jenseits der Donau im Norden Wiens bildeten eine triste Mischung aus Industrieanlagen, Gleiskörpern, Brachland und aus dem Boden gestampften Zinskasernen, die den Buben nur eine einzige sinnvolle Freizeitbeschäftigung bieten konnten: das bis zur völligen Erschöpfung betriebene Fußballspiel auf irgendeiner holprigen Freifläche. Als Ball diente ein zusammengenähter Stoffballen, das legendäre *Fetzenlaberl*, das die Spieler zu einer besonders leichtfüßigen Ballbehandlung zwang, denn jeder feste Weitschuss hätte unvermeidlich die Auflösung des Balles und damit das Ende des Spiels zur Folge gehabt. Gefragt waren daher Zähigkeit, Wendigkeit, virtuose Ballbehandlung und eine gehörige Portion Schlitzohrigkeit, um zum Ziel, zum »Goal« zu gelangen. Kein Wunder, dass hier die Wiege der legendären Wiener Fußballschule lag.[40]

Bemerkenswert ist, dass Wien trotz des enormen Zuzugs von Tschechen und anderen Völkerschaften eine deutschsprachige Stadt blieb, immerhin hatten kurz nach der Jahrhundertwende 103.000 der registrierten Einwohner Wiens eine »böhmisch-slowakische Umgangssprache«, das waren etwa sechs Prozent der Gesamtbevölkerung der Stadt.[41] Dies lag vor allem an dem enormen Assimilationsdruck, den der seit 1897 regierende Wiener Bürgermeister Karl Lueger ausübte, der mit allen Mitteln jede Art von Mehrsprachigkeit in Wien zu verhindern versuchte und dabei von einem ungehemmten und offen geäußerten Hass auf Tschechen und Juden angetrieben wurde. Er befand sich dabei durchaus im Einklang mit einem Großteil der deutschstämmigen Einwohnerschaft Wiens, der sich bedroht und benachteiligt sah durch den massenhaften Zuzug aufstiegshungriger, arbeitsuchender Zuwanderer. Kein Wunder, dass im Wiener Biotop auch eine ganze Reihe obskurer rechtsextremer Organisationen gediehen mit Ansichten, die letztlich den Nährboden boten für die Weltanschauung eines in Linz aufgewachsenen, später weltberühmt gewordenen Wiener Asylbewohners aus Braunau am Inn, dessen Namen wir nicht zu nennen brauchen, der im Übrigen aber ein vorzüglicher Opernkenner und einer der glühendsten Anhänger des jüdischen Komponisten und Dirigenten Gustav Mahler war.[42]

Als deutschsprachige, nicht orthodoxe Juden hatten die Meisls, als sie 1895 ihren Wohnsitz nach Wien verlegten, nur geringe Anpassungsschwierigkeiten – wenn man einmal davon absieht, dass sie aus einer beschaulichen böhmischen Kleinstadt in die damals sechstgrößte Stadt der Welt zogen. Als sie kamen, lebten dort bereits 118.000 Juden, eine Zahl, die bis 1910 noch weiter bis auf 175.000 stieg – und zwar Glaubensjuden, was bedeutet, dass die Zahl der Wiener mit jüdischer Abstammung noch erheblich größer war.[43]

Mindestens jeder zehnte Wiener war jüdischer und fast jeder zweite böhmischer Abstammung, Wien stellte damit die größte tschechische und nach Warschau und Budapest auch die drittgrößte jüdische Gemeinschaft Europas. Die Meisls waren als böhmische Juden somit geradezu der Prototyp des Wiener Zuwanderers. Im Gegensatz zu den meisten Einwanderern hatte sie allerdings nicht blanke materielle Not nach Wien getrieben. Zwar musste Ludwig Meisl auf die Einnahmen aus der Maut verzichten. Er betrieb jedoch weiterhin einen schwunghaften Textilhandel, der ihn auf seinen Geschäftsreisen bis nach Polen führte.[44]

Als wohlhabender Kaufmann legte Ludwig Meisl großen Wert darauf, eine Wohnung außerhalb des II. Bezirkes – der Leopoldstadt – zu finden, wo ein Großteil der ärmeren Juden Wiens lebte, mit denen er – wie viele assimilierte besser gestellte Wiener Juden – möglichst wenig zu tun haben wollte. So zog man zuerst in die Hetzgasse 11, eine sehr enge Wohnung, die aber den Vorzug hatte, im gut bürgerlichen 3. Bezirk Landstraße zu liegen. Dort kam am 26. Dezember 1895 das sechste Kind auf die Welt, der dritte Sohn, der gemäß einer alten jüdischen Tradition den Namen seines zwei Jahre zuvor verstorbenen Großvaters Wilhelm erhielt. 1896 zog man ein paar Straßen weiter in eine etwas komfortablere Wohnung in der Pfarrwiesengasse 11, ebenfalls im ruhigen Beamtenbezirk Landstraße gelegen.

Durch die Geburt des kleinen Wilhelm, der nur Willy genannt wurde, waren die Wohnverhältnisse aber so beengt geworden, dass Ludwig im folgenden Jahr jenseits des Donaukanals eine großzügige Vier-Zimmer-Wohnung in der Franzensbrückenstraße 22 mietete, die nun zwar im 2. Bezirk lag, aber außerhalb des eigentlichen Judenviertels in einem großzügigen Neubaugebiet am Rande des Praters, einem großen Wiener Parkgelände zwischen Donaukanal und Donau. Dort sollten Ludwig und Karoline Meisl bis zu ihrem Lebensende wohnen bleiben.

In dieser Wohnung herrschten reges Leben und bald auch wieder drangvolle Enge, denn die in einer jüdische Familie üblichen engen Familienbande brachten es mit sich, dass sich dort neben der achtköpfigen Familie Ludwig Meisl auch noch dauerhaft diverse Tanten und Nichten aufhielten, die letztlich alle vom Ertrag der Arbeit Ludwigs lebten.[45]

Das ging so lange gut, wie Ludwig bei guter Gesundheit blieb und seine anstrengenden Geschäftsreisen erfolgreich absolvieren konnte. Im Jahre 1903 traf er allerdings eine folgenschwere Entscheidung. Er wollte endlich aus dem Schatten der Mauthners treten und selbst

Unternehmer werden. So beendigte er seine Tätigkeit für die Österreichischen Textilwerke AG (vormals Isaac Mautner & Sohn)[46] und erwarb die Mehrheit an der Hofspinnerei und Bindfadenfabrik AG in Pielachberg bei Melk an der Donau[47]. Allein, die Fabrik erwies sich offenbar als Pleiteunternehmen, und so musste Meisl bereits Ende 1905 die Spinnerei mit hohen Verlusten wieder abstoßen.

Damit begann eine finanzielle Talfahrt, die noch durch die an sich sehr erfreuliche Tatsache beschleunigt wurde, dass seine drei reizenden Töchter nacheinander heirateten, was Ludwig jedes Mal ein kleines Vermögen kostete. Und das war noch gar nichts gegenüber den »freundlichen Zuwendungen«, die er gegenüber den entscheidenden Funktionsträgern beim Militär leisten musste, damit seine Söhne Hugo und Leopold zum verkürzten »einjährigen« Militärdienst zugelassen wurden, der die Offizierslaufbahn eröffnete,[48] »auf eigene Kosten«, wie es in den Militärakten heißt. Kein Wunder also, dass bereits zum Zeitpunkt der Einstellung Hugo Meisls in die Länderbank am 17. April 1906 von dem einstigen Wohlstand der Kaufmannsfamilie Meisl so wenig übrig geblieben war, dass in dessen neu angelegter »Diensttabelle« bezüglich der Vermögensverhältnisse seines Vaters trocken vermerkt wird: »bescheiden«.[49]

Seinerzeit übte Ludwig Meisl immerhin noch eine Tätigkeit als Disponent in Diensten der Firma Isaac Mautner & Sohn aus. Als er jedoch diese Stelle schließlich aufgeben musste, wurde seine finanzielle Situation immer trostloser, so dass Hugo mit seinem Einkommen zunehmend den Haushalt seiner Eltern mitfinanzieren musste. Als Hugo Meisls Beamtenbezüge nach seiner Einberufung zur Armee zum 29. Dezember 1914 auf die Hälfte reduziert worden waren, wie es damals üblich war, bedeutete dies für Hugos Eltern daher eine echte existenzielle Gefährdung.[50] Ludwig Meisl sah daher keine andere Möglichkeit, als sich brieflich mit folgenden Zeilen an die Länderbank zu wenden:

Löbl.
Kaiserl. Kön. Priv.
Oesterreichische Länderbank
Wien

Der ergebenst Unterzeichnete als Vater seines im Felde stehenden Sohnes k. k. Reserve Lieutenant Hugo Meisl bittet höflichst um Erhöhung der gekürzten Bezüge gemäß des Zirkulars vom 29. Dezember 1914.
Ergebenst Unterfertigter erlaubt sich behufs Berücksichtigung seines Ansuchens anzuführen, er habe alle 3 Söhne im Felde, ersterer habe erst sein Matura abgelegt, ein zweiter ist seit 2 Jahren Privatbeamter und hat seit Kriegsbeginn seine bis nun geringen Bezüge verloren, währenddessen dessen ältester Sohn Hugo Meisl seit einer Reihe von Jahren den gesammten Haushalt bestritt, da Ergebender bereits seit Jahren seinen früher ausgeübten Posten als Reisender zufolge vorgerückten Alters verloren hat und krankheitshalber nichts verdient.
Zudem der ergebenst Unterfertigte bittet sein Ersuchen im Namen seines Sohnes tunlichst zu berücksichtigen, da sonst dessen Familie in Not geraten wird, zeugend dafür ergebenst.

Ludwig Meisl
Wien II Franzensbrückenstraße No. 22

Familie Ludwig Meisl um 1900. Hintere Reihe: links Hugo, rechts Ludwig Meisl, vordere Reihe: Anna, Elsa, Karoline Meisl (geb. Mauthner), Willy, Rosa, Leopold (Poldi).

Die Länderbank stellte sofort Recherchen an und kam zu dem Ergebnis, dass »die materiellen Verhältnisse der Familie Meisl sehr ungünstige sind und dass die von Meisl senior gemachten Gesuchsangaben auf Wahrheit beruhen«.[51] Und so wurde am 22. Januar 1915 Ludwig Meisl brieflich mitgeteilt, dass die Reduktion der Bezüge seines Sohnes ab sofort von 50 auf 25 % verringert sei.

Aus besseren Zeiten stammt ein eindrucksvolles Foto der Familie Meisl. Ganz wie es dem Zeitgeist entsprach, sitzt die Mutter Karoline im Zentrum des Bildes, hinter ihrer linken Seite steht Ludwig Meisl, ein großer Mann mit einem eindrucksvollen Schnurrbart, rechts hinter ihr, deutlich kleiner als der Vater, aber mit einem ausgesprochen selbstbewussten Blick, der etwa 20-jährige Hugo. Die drei Schwestern sitzen im Vordergrund, Rosa, die Älteste, geboren 1884, trägt einen gemusterten Kragen und hält in der Hand einen Fächer, als ob sie gleich zum Opernball gehen wollte. Neben ihr sitzt ihre Anfang 1886 geborene Schwester Anna. Bei der jüngsten Schwester Elisabeth, genannt Elsa (geboren 1889) und den beiden jüngeren Brüdern, dem 1892 geborenen Poldi und Willy (1895) fällt der filigrane Schnitt der Gesichter auf. Tatsächlich ist offenkundig, dass die drei Älteren nach der Mutter gerieten, während die drei Jüngeren eher dem Vater ähnelten.

Wir sehen eine wohlsituierte bürgerliche Familie, die voller Optimismus in die Zukunft blickt. Aber was wurde aus Hugos Geschwistern?

Rosa eröffnete mit ihrem Mann Siegmund Ernst in Wien ein florierendes Galanteriegeschäft und bekam zwei Töchter, die rechtzeitig nach New York emigrieren konnten, Tochter Ilse starb dort 1973, während Trude erst im Jahre 2004 im Alter von fast 97 Jahren verstarb.

Rosa selbst und ihr Mann wurden dagegen von den Nazis deportiert und ermordet, obwohl die beiden Töchter bereits alle erforderlichen Ausreiseformalitäten erledigt und bezahlt hatten.

Anna heiratete den Kaufmann Ernst Rosenzweig und bekam ebenfalls zwei Kinder. Ihnen gelang rechtzeitig die Flucht nach Kolumbien. Dort lebte bis zum Jahre 1997 der Sohn Paul, während die Tochter Franziska (Franzi) in die USA heiratete und heute noch dort lebt.

Elsa ehelichte den Kaufmann Rudolf Freund und bekam zwei Kinder; ihre jüngere Tochter Ilse heiratete 1934 Aron Scherzer, einen überzeugten Zionisten, der nur bereit war, sie zu heiraten, wenn sie mit ihm unverzüglich nach Palästina übersiedeln würde. So packte Ilse – zum völligen Unverständnis ihres Onkels Hugo, der im Zionismus nur eine sektiererische Dummheit sah – tatsächlich ihre Sachen und siedelte 1935 nach Tel Aviv über. Nach dem Anschluss Österreichs durch die Nazis gelang es ihr, die Mutter und ihre Schwester Lilly nach Palästina zu holen. Für ihren Vater kam dagegen jede Hilfe zu spät, ihm gelang zwar die Flucht nach Jugoslawien, er wurde dort aber ins Lager verschleppt und ermordet. Lilly starb 1993 in Tel Aviv, während Ilse, mittlerweile 93-jährig, in New York lebt.

Der vielseitig begabte Leopold, unter anderem ein erfolgreicher Schwimmer, wurde zunächst Kaufmann wie sein Vater, heiratete und bekam zwei Söhne, führte aber ein recht unstetes und haltloses Leben und verstand sich selbst in erster Linie als Kunstmaler. Ihm gelang 1938 die Flucht vor den Nazis in die Sowjetunion, zusammen mit seinem älteren Sohn Erich, während sein jüngerer Sohn Willy nach Frankreich floh, sich der französischen Resistance anschloss und sich danach im südfranzösischen Beziers niederließ, wo er im Jahr 2002 verstarb. Leopolds letzter gesicherter Aufenthalt war in Lemberg in Polen, dann wurde er im Lemberger Ghetto von den Nazis ermordet. Von Erich gibt es keine Spuren mehr, er soll als Soldat in der Roten Armee gekämpft haben, vielleicht ist er gefallen.

Der jüngste Bruder Hugos, Willy, 14 Jahre jünger als er, war ein hochbegabter Mann, der in geradezu überwältigender Weise jegliches antisemitisches Klischee ins Absurde verkehrte: Nicht nur, dass er sein Jurastudium glänzend absolvierte und mit einer Promotion abschloss, sondern der schlanke, hochgewachsene Willy war ein überragender Sportler, der sich nicht nur zum ausgezeichneten Schwimmer, Boxer und Tennisspieler entwickelte, sondern sogar sowohl im Tor der österreichischen Fußball-Nationalmannschaft stand als auch dem österreichischen Wasserball-Nationalteam angehörte. Er galt vor seiner Emigration 1934 nach England als bedeutendster Sportjournalist im deutschsprachigen Raum und geriet dann, wie so viele prominente jüdische Zeitgenossen, nach dem Krieg weitgehend in Vergessenheit.

Im Gegensatz zu Hugo war Willy politisch ausgesprochen engagiert und bemühte sich in seinen zahlreichen Büchern vor allem und bis zum Schluss um die gebührende Anerkennung der Leistungen jüdischer Sportler[52], bis er schließlich im Jahre 1968 vereinsamt im Tessin starb.[53]

Und die Eltern? Ludwig Meisl lebte noch bis zum Jahre 1931; ihm gelang es nach dem Krieg, seine finanzielle Situation so weit zu verbessern, dass er schließlich nach seinem Tode ein kleines Vermögen hinterlassen konnte, das allerdings auf Grund dubioser Vorgänge in dunklen Kanälen verschwand. Über seine Wesenszüge gibt es widersprüchliche Informationen, überwiegend wird er als recht unzugänglich und autoritär geschildert. Ganz anders dagegen die Erinnerung an Karoline: Eine warmherzige, freundliche kleine Frau sei sie gewesen, trotz ihres schweren Leidens, dem sie schließlich 1932 erlag. Das gemeinsame Grab von Ludwig und Karoline befindet sich im jüdischen Teil des Zentralfriedhofes, ganz am Ende, dort, wo die Gräberreihen aufhören.

Doch zurück zur Jahrhundertwende. In kaum einer anderen europäischen Stadt lebten so viele Juden wie in Wien. Aber in kaum einer anderen europäischen Stadt gab es auch einen so heftigen Antisemitismus wie dort, der zudem noch vom populistischen Bürgermeister Karl Lueger nach Kräften geschürt und instrumentalisiert wurde. Der nahm sich zwar in erster Linie die armseligen galizischen Ostjuden aufs Korn, die oft noch in traditioneller Tracht und mit Schläfenlocken herumliefen, mit denen die assimilierten Wiener Juden, die sich zum Teil längst von der jüdischen Religion gelöst hatten, überhaupt keine Gemeinsamkeit empfanden. Trotzdem schützte das auch sie nicht vor antisemitischen Anpöbeleien. So hielten es bereits in den Jahren 1886 und 1888 die österreichischen Turnvereine für geboten, »›undeutsche‹ und vor allem jüdische Elemente aus den eigenen Reihen zu eliminieren«[54], ebenso musste jeder Aufnahmekandidat einen Nachweis in »völkischem Wissen« erbringen.[55]

Es ist daher alles andere als ein Zufall, dass ausgerechnet hier in Wien der Zionismus seinen Ausgang nahm und dass in Wien 1909 der erfolgreichste zionistische Sportverein Europas gegründet wurde, die Hakoah, deren Fußballer, Ringer, Schwimmer, Wasserballer und Leichtathleten in den 1920er und 1930er Jahren österreichische Meistertitel in Serie abräumten und dadurch in einer Öffentlichkeitswirksamkeit, wie man sie sich nur wünschen konnte, das antisemitische Klischee einer plattfüßig einherschleichenden minderwertigen Rasse bloßstellten. So schrieb der jüdische Schriftsteller Friedrich Torberg, selbst ein erfolgreicher Wasserball-Nationalspieler: »Ich hatte das unschätzbare Glück, als Zeuge von Hakoah-Siegen aufzuwachsen, zusammen mit der Hakoah groß zu werden. Ich hatte das unschätzbare Glück, mich niemals – keine einzige Sekunde lang – meines Judentums ›schämen‹ zu müssen. Wofür hätte ich mich denn schämen sollen? Dafür, dass die Juden mehr Goals schossen und schneller schwammen und besser boxten als die anderen? Ich war ein Kind, als ich das alles zu merken begann. Und ich war von Kindesbeinen an stolz darauf, Jude zu sein.«[56]

Es darf allerdings nicht verschwiegen werden, dass der Zionismus auch unter den Wiener Juden selbst äußerst umstritten war. Seitdem in der Habsburger Monarchie ebenso wie im Deutschen Reich die Juden nahezu volle Gleichberechtigung erlangt hatten, traten im Selbstverständnis vor allem der besser gestellten Juden Religion und Rasse immer mehr in den Hintergrund; stattdessen wuchsen patriotische Gefühle dem Staat gegenüber, der Gleichberechtigung und Aufstiegschancen gewährte. Ein typisches Beispiel hierfür ist der bereits erwähnte jüdische Fußballverein aus Prag, der sich den programmatischen Titel *Deutscher Fußballclub* gab. Die zionistischen Bestrebungen mussten diesen Juden als geradezu widersinnige Selbstausgrenzung erscheinen, die die angestrebte gesellschaftliche Integration in Frage stellte.

Kein Wunder, dass sich diese Fronten innerhalb des Wiener Judentums auch im Sport widerspiegelten: War die Hakoah der Verein der Zionisten, die sich selbstbewusst als Juden präsentierten und abgrenzten, so waren die Amateure, später in Austria umbenannt, der Verein der assimilierten Juden – wie etwa der Meisls. Durften bei Hakoah nur Juden Mitglied werden, kannten die Amateure keinerlei derartige Einschränkungen. Lag die Basis der Hakoah in einem kampfkräftigen Anhang, der auch bereit war, sich für seine Mannschaft zu prügeln, so stützten sich die Amateure auf zahlungskräftige Sponsoren, die dem liberalen Judentum entstammten. Entsprechend ausgeprägt war die gegenseitige Abneigung, die mitunter sogar auf der Straße lautstark ausgetragen wurde.[57] Auch Hugo Meisl äußerte sich recht abfällig über die Hakoah[58], und seine Nichte Ilse berichtet heute noch von heftigen Diskussionen mit Hugo über den Zionismus, den er entschieden ablehnte.

Immerhin lässt dieser offen ausgetragene Konflikt erkennen, dass sich die Wiener Juden sicher fühlen konnten, es gab offenbar keine Bedrohung, die sie zusammenrücken ließ. Tatsächlich vermittelte alleine schon ihre große Zahl den Wiener Juden einen gewissen Schutz: Man war nicht allein, man konnte sich in einem großen gemeinsamen Kreis bewegen, man hatte Einfluss, und man konnte noch darauf setzen, dass die staatlichen Organe gegen antisemitische Pamphlete und Übergriffe streng vorgingen.[59]

Trotzdem wurde das Leben auch der Meisls wie das aller Juden stets begleitet von jenem alltäglichen »gemütlichen« Antisemitismus, den Friedrich Torberg resigniert als »integralen Zug des österreichischen Wesens«[60] kennzeichnete. Nichts bestätigt den tragischen Wahrheitsgehalt dieser Diagnose besser als die Tatsache, dass selbst Hugos eigene Kinder gelegentlich gedankenlos solche Sprüche nachplapperten. So wird im Familienkreis erzählt, eines von Hugos Kindern habe auf die Frage des jüdischen Vereinsarztes der *Austria*, Dr. Emanuel Schwarz, wo sie denn ihren Urlaub verbringen würden, geantwortet: »Sonst fahren wir ja immer nach Hinterstoder. Aber diesmal nicht. Da sind so viele Juden.«[61]

Frühe Fußballbegeisterung in Wien

Auf Wunsch seines Vaters besuchte Hugo eine Handelsschule, denn er sollte, wie erwähnt, Bankbeamter werden. Ob Hugo diese Perspektive als seinen Lebenstraum verstand, lässt sich erheblich bezweifeln; er hat jedenfalls mehrfach die Schule gewechselt, weil er immer wieder in Konflikt mit der Schulobrigkeit geriet; schlimmer noch: Zum fassungslosen Entsetzen seines Vaters brach Hugo die Schulausbildung ab, er bolzte lieber.[62]

Hugos Hauptinteresse lag schon sehr früh bei dieser faszinierenden neuen Sportart, mit der sich englische Gärtner, die in den Rothschild'schen Gartenanlagen angestellt waren, ihre Freizeit vertrieben und die so einfach wirkte: Man brauchte nur mit dem Fuß gegen einen Ball zu treten. Dafür musste man nicht besonders groß oder stark oder schnell sein – also genau das Richtige für den schmächtigen Hugo, der daher mit größter Begeisterung jede Gelegenheit nutzte, um Fußball zu spielen.

Hinzu kam etwas Weiteres: Wie bereits in der Einleitung angedeutet, umgab Fußball wie all die anderen aus England importierten Sportarten wie Tennis, Hockey oder Cricket das Flair jugendlicher Modernität; gerade Fußball hatte zudem einen durchaus provokativen Aspekt, provokativ, nicht nur weil er ausländisch war, angelsächsisch, um genau zu sein, sondern seiner »Wildheit« wegen, ohne vorgeschriebene Bewegungsmuster wie etwas das Turnen, reizvoll für jeden Jugendlichen, der gegen Koventionen rebellieren wollte, aber ganz besonders für einen jungen Juden, der sich wehren wollte gegen väterliche Autorität und latenten Antisemitismus.

Im Jahre 1895 – also mit 14 Jahren – wurde er Mitglied des 1894 gegründeten Vienna Cricket and Football Clubs – übrigens nicht zu verwechseln mit dem Vienna Football Club, der genau zwei Tage früher gegründet wurde und sich daher stolz First Vienna Football Club nennen durfte und darf.

Die Entscheidung für die Cricketer hatte für Hugo – im unmittelbaren Sinne des Wortes – ganz naheliegende Gründe, denn die Jesuitenwiese, der Sportplatz der Cricketer, befand sich auf dem Pratergelände, also in fußläufiger Nähe zu den verschiedenen Wohnungen der Meisls im III. und II. Bezirk, etwa dort, wo später 1931 das Prater-Stadion entstehen sollte, das heute den Namen Ernst Happels trägt. Die Vienna dagegen kickte weit draußen im vornehmen Döbling an der Heiligenstädter Straße, und heute noch spielt dieser Verein dort im eigenen Stadion an der Hohen Warte.

Ab diesem frühen Zeitpunkt hing Hugos Herz an den Cricketern, aus denen 1911 unter seiner tätigen Anteilnahme die Amateure hervorgingen (nicht ohne Stolz – allerdings auch nicht ganz zu Recht, wie wir noch sehen werden), bezeichnete sich Meisl noch Jahre später in einem Brief an seinen Freund Herbert Chapman als der Gründer des Vereins[63]), die sich dann schließlich 1926 den bis heute vertrauten Namen Austria Wien gaben, weil nach der Einführung des Profi-Fußballs im Jahre 1924 – übrigens entscheidend vorangetrieben durch unseren Hugo Meisl – der Name *Amateure* denkbar unpassend erschien.[64]

Hugo befand sich damals in guter Gesellschaft – und zwar durchaus wörtlich genommen –, denn das Fußballspiel praktizierten damals fast nur Angehörige des Bildungsbürgertums, Studenten, Geschäftsleute, sogar Aristokraten.[65] So spielten beim ältesten Wiener Fußballverein Vienna die Großindustriellen August Wärndorfer und Dr. Paul von Goldberger[66], beim Grazer ATRV stürmte ein Graf von Platen[67], und sogar zwei Erzherzöge finden sich in den Spielerlisten[68]. Das mag zunächst überraschen, denn man ist gewohnt, Fußball eher den Unterschichten zuzuordnen. Aber damals hatten die unteren Schichten zu so einem Zeitvertreib überhaupt keine Muße, sie mussten den Tag nutzen, um ihren Lebensunterhalt zu bestreiten. Erst ab den 1920er Jahren, nachdem deutliche Arbeitszeitverkürzungen durchgesetzt worden waren, begann sich Fußball zum typischen Arbeitersport zu wandeln, in Wien erkennbar am kometenhaften Aufstieg der Admira aus dem Arbeitervorort Floridsdorf (XXI. Bezirk), die, im Jahre 1912 noch drittklassig, ab Mitte der 1920er Jahre zu den stärksten Mannschaften Wiens gehörte.

Hinzu kam, dass es in Wien ein viel geringeres Akzeptanzproblem gegenüber dem Fußball gab als etwa in Deutschland. So hatten die Wiener auch keinerlei Probleme damit, die englische Fußballterminologie zu übernehmen; Goal, Corner und Score gingen ihnen ganz selbstverständlich von den Lippen, während der DFB sich unter dem Druck der deutschtümelnden Öffentlichkeit bald genötigt sah, die Fußballsprache einzudeutschen.[69] Die Pioniere des Fußballsports hatten in Deutschland ohnehin mit heftigem Widerstand der mächtigen Turnvereine zu kämpfen[70], bis hin zu der legendären Beschimpfung dieses Sports als »Fußlümmelei« und »Stauchball«.[71] Demgegenüber gab es im multikulturellen und weltoffenen Wien viel geringere Vorbehalte gegen diese neue englische Sportart[72], die Ende des 19. Jahrhunderts die männliche Wiener Jugend zu erobern begann. So konnte man, wie ein Redakteur des *Neuen Wiener Journals* 1922 rückblickend schrieb, »schon 1898 oder 1899 (…) über keine Wiese gehen, ohne Gefahr zu laufen, unversehens einen Fußball an den Kopf oder in die Magengegend zu bekommen.«[73]

Der Fußball hatte seine eigene Dynamik entwickelt. Dem entsprach eine starke Zunahme der Zahl der Vereine. Waren es 1897 nur sieben Fußballvereine in Wien, so stieg ihre Zahl bis zum Jahr 1900 auf 45.[74]

Allerdings bildeten die Mittelschulen – die höheren Schulen also – eine Ausnahme: Sie verboten ihren Schülern ausdrücklich, an vereinsmäßig organisierten Fußballspielen teilzunehmen.[75] Der Grund dafür lag laut Willy Schmieger, selbst Mittelschullehrer – und als solcher nach österreichischem Brauch stets als Professor tituliert – vor allem in den dramatisch nachlassenden schulischen Leistungen Fußball spielender Schüler, die sogar dem Fußball zuliebe die Schule schwänzten.[76] Eine Rolle spielte aber auch die Sorge um die sehr reale Verletzungsgefahr, der sich die Schüler bei diesem Sport aussetzten, denn anfangs waren die Übergänge zwischen Fußball und Rugby durchaus fließend, kräftiges Rempeln galt als normales Kampfverhalten, der Ball wurde möglichst kräftig mit der Fußspitze nach vorne gebolzt, man musste also jederzeit damit rechnen, »abgeschossen« oder zu Boden geschleudert zu werden. Dagegen schützten sich die Spieler anfangs mit regelrechten Rüstungen, die ihrerseits aber wieder Verletzungen verursachen konnten. Den Ball mit dem Kopf zu spielen, war zwar nicht direkt verboten, aber völlig unüblich und galt eher als Missgeschick, allein schon wegen der damals noch üblichen Fußballmützen.[77]

Kann man von daher die Haltung der Schulen durchaus verstehen, scheinen doch auch noch andere Motive für das Verbot eine Rolle gespielt zu haben. So schreibt etwa Hugos Bruder Willy Meisl mit erkennbarem Zorn: »Noch um 1900 herum wurden Mittelschüler mit Schande von der Schule gejagt, weil ein Professor sie auf einer Wiese, in mangelhafter Bekleidung, herumtollen gesehen hatte. Die Gerechtigkeit gebietet festzustellen, dass einer dieser Sportmärtyrer mit einer Karzerstrafe davonkam, zu der ihn die blinde Justitia im Gnadenwege verdonnerte, denn er war der Einzige gewesen, dessen Sittlichkeit offenbar noch in so hohem Grade vorhanden war, dass er seine Knie nicht, wie die anderen ruchlosen Sportgenossen, entblößt hatte.«[78] Da Willy um 1900 erst gute vier Jahre alt war, kann der Bericht wohl kaum auf eigenen Erfahrungen beruhen. Ist hier also womöglich von seinem älteren Bruder Hugo die Rede?

Wie auch immer, Mittelschüler, die ihrer Fußballleidenschaft frönen wollten, mussten sich schon einiges einfallen lassen, um nicht einen Schulverweis zu riskieren. So berichtet Willy Schmieger von einem hochtalentierten fußballbegeisterten blonden Wiener Mittelschüler mit dem Decknamen »Albert«, der sich allen Problemen dadurch zu entziehen versuchte, dass er zu den Spielen seiner Mannschaft – es handelte sich immerhin um die renommierte Vienna – mit schwarzer Perücke und angeklebtem schwarzen Vollbart erschien.[79] Über den dauerhaften Erfolg dieser Camouflage wird nichts berichtet, immerhin wissen wir aber, dass besagter »Albert«, der in Wirklichkeit Franz Juraczek hieß und die Währinger Realschule besuchte,[80] dem Fußball treu blieb, Nationalspieler wurde, sich zu einem der besten Mittelstürmer Österreichs entwickelte und später mit nachlassender Grundschnelligkeit auch als Verteidiger seinen Mann stand. Auch Hugo Meisl musste bekanntlich wegen seiner Fußballverrücktheit seine Schulausbildung abbrechen. Aber das konnte ihn nicht beirren. Und so sah man, nachdem Ludwig Meisl seinem Ältesten zum 1. September 1898 eine Anstellung bei J. Simon in Wien verschafft hatte, unter dem Datum vom 15. November den knapp 17-jährigen Hugo Meisl als linken Läufer der *Cricketer* in der Qualifikation zum Challenge-Cup gegen den WAC.[81] Das spricht zweifellos für ein gewisses fußballerisches Talent, denn jahrelang war diese Mannschaft eine Art englischer Herrenclub, in den nur widerwillig Einheimische aufgenommen wurden. Der schnauzbärtige Torwart Rudi Wagner, ein gebürtiger Sachse, und Max Johann Leuthe, der sich auch gerne Mac John nennen ließ – und bei besagtem Spiel übrigens für den WAC antrat – gehörten zu den wenigen, denen dies gelang und die daher zu den ersten Heroen der Wiener Fußballszene gehörten.[82] So berichtete der spätere Fußballprofi Alexander Poppovich: »Leuthe war mein Ideal, und ich konnte nicht genug Zeit aufbringen, um mir seine Spezialitäten, wie das plötzliche Umdrehen im Lauf oder die Fabrikation einer besonders hohen ›Kerze‹, anzueignen.«[83]

Im Team vom 15. November 1898 standen außer Meisl nur noch zwei weitere Wiener, den Rest stellten englische Spieler. Der junge Meisl befand sich also offenbar vor einer aussichtsreichen Fußballer-Karriere.[84] Aber da schlug das Schicksal zu – in Gestalt seines begreiflicherweise zutiefst besorgten Vaters, der Hugo eines Tages im Jahre 1899 ernsthaft zur Rede stellte. Berichten zufolge entwickelte sich dabei folgender Dialog:[85]

Ludwig: Hugo, so kann das nicht weitergehen. Wie stellst du dir denn deine Zukunft vor? Du kannst doch nicht immer nur Fußball spielen. Wovon willst du denn leben?

Hugo (begeistert): Na, vom Fußball!

Ludwig (entsetzt): Was für ein Schmarrn! Vom Fußball will er leben! Du wirst niemals vom Fußball leben können!

Hugo: In England lebt ein Haufen Leute vom Fußball!

Ludwig (schnappt nach Luft): Sind wir in England? Schlag dir das aus dem Kopf. Du lernst bittschön einen gescheiten Beruf!

Und so schickte er Hugo im Sommer 1899 fort aus Wien, fort von dieser verderblichen Fußballsucht, hin zu den Realitäten des Lebens und des Broterwerbs. Hugo verbrachte nun – worauf noch näher eingegangen wird – mehrere Jahre zur weiteren kaufmännischen Ausbildung in Triest, Venedig und Paris, sah dort keine Möglichkeit mehr zu fußballerischer Betätigung und verschenkte resigniert seine Fußballschuhe an seinen älteren erfolgreichen Freund Max Johann Leuthe.[86] Immerhin berichtet Leuthe später von zwei sehr erfolgreichen Spielen gegen eine Soldatenmannschaft, bei denen seine *Ramblers* insgesamt 13 Tore erzielten, »wobei der Löwenanteil an den erzielten 13 Goals mir gebührte, oder vielmehr meinen prächtigen Backeln, die mir Hugo Meisl aus Triest hatte zukommen lassen«.[87]

Ludwigs Hoffnungen auf einen Sinneswandel bei seinem Sohn wurden freilich nur zum Teil erfüllt. Zwar widmete dieser sich, so erinnert sich seine ältere Tochter an Erzählungen Hugo Meisls, in Triest sportlich gesehen wirklich nicht mehr dem Fußball, sondern wurde ein leidenschaftlicher Billardspieler, wohl gab es auch eine Liebschaft in Triest, aber trotzdem hielt er engen Kontakt mit Leuthe, der später bei der Gründung der Amateure noch eine wichtige Rolle spielen sollte. So blieb Hugo, was die Entwicklung des Wiener Fußballsports betraf, jederzeit auf dem Laufenden. Auch darüber, dass die »Wiener« offenbar allmählich zu einem eigenen Fußballstil kamen. Max Leuthe erinnerte sich später daran, dass erstmalig (in einem Spiel gegen die Städteauswahl Berlins) »die Kombinationstaktik nach Wiener Muster« mit Erfolg angewandt wurde, und sprach in diesem Zusammenhang von der »Wiener Schule«.[88]

Als Hugo nach mehrjährigem Auslandsaufenthalt ab Januar 1904 wieder in der Heimat lebte, schaffte er sich sofort neue Fußballschuhe an, durfte gelegentlich in der ersten Mannschaft der Cricketer spielen und war sogar dabei, als man in Prag sensationell die Sparta besiegte.[89] Außerhalb der Saison fand man ihn während der Sommermonate in verschiedenen »wilden« Mannschaften, wie den Ramblers oder den Vienna Wanderers, in denen sich Spieler aus verschiedenen Vereinen die spielfreie Zeit vertrieben.[90] Dass es sich dabei um weit mehr als um bloße Freizeitkicker handelte, macht eine Erläuterung des ersten Wiener Fußballchronisten Felix Schmal aus dem Jahre 1903 deutlich: »Die Fußballmannschaft der Ramblers wird aus den besten Spielern der Wiener erstclassigen Clubs zusammengesetzt und trägt hauptsächlich außerhalb der eigentlichen Saison (Juni bis Mitte September und Januar bis März) Wettspiele aus. Die Matches der Ramblers haben den Zweck, dem Fußballsport größere Verbreitung zu verschaffen, weshalb zur Austragung derselben vorzugsweise Städte

Die Vienna Ramblers um 1904. Hinten links Rudi Wagner, daneben Teddy Shires, ganz rechts Heinrich Kohn; kniend links Richard Bugno, sitzend links Hugo Meisl, in der Mitte Max Johann (Mac John) Leuthe.

in der Provinz und solche Orte, wo der Fußballsport noch nicht festen Fuß gefasst hat, gewählt werden. Die Ramblers spielen auch gegen schwächere Mannschaften und sehen dabei hauptsächlich auf ein akademisches Siel ohne Ausnützung der Körperkraft oder arrangieren auch dort Matches, wo noch keine Mannschaft besteht.«[91]

Aus dem Jahre 1904 existiert ein Mannschaftsfoto, bei dem uns Hugo fröhlich und breit entgegengrinst[92], ein sympathischer junger Mann von 23 Jahren, lässig hingelagert, ganz entspannt im Hier und Jetzt, umgeben von einigen der prominentesten Fußballern Österreichs, wie dem schnauzbärtigen Rudi Wagner und dem drahtigen Max Johann Leuthe, die zwei Jahre später ihre große Karriere als Wiener Fußballpioniere beenden sollten, dem langen englischen Ur-Cricketer Teddy Shires, der bereits 1902 aus geschäftlichen Gründen nach Budapest übersiedelt war[93] und hier noch einmal mit seinen alten Kameraden gegen den Ball trat, sowie dem bulligen Heinrich Kohn und dem schnellen Richard Bugno, beides aktuelle Nationalspieler. Vieles, wie beispielsweise die Anwesenheit Teddy Shires', spricht dafür, dass das Foto am 11. September 1904 entstand, als die Saison durch ein Spiel der Vienna Ramblers gegen die Budapest Ramblers eröffnet wurde; das Spiel endete 3:3. Die Anwesenheit Hugo Meisls in diesem illustren Kreis zeigt, dass er offenbar immer noch zu den besten Spielern Wiens gehörte – und es verwundert nicht, dass Meisl bereits ein Jahr später eine immer wichtigere Rolle im organisierten österreichischen Fußball übernehmen sollte.

Ehemaliges Verwaltungsgebäude der Länderbank Wien (Bank am Hof).

KAPITEL 4
Der Bankbeamte

Berufsausbildung fern von Wien

Am 30. Juni 1899 beendete Hugo seine praktische Ausbildung bei der Firma Simon in Wien. Den ganzen Juli über konnte er sich dann wieder seiner Lieblingsbeschäftigung widmen, dem Fußball, dann aber wurde es ernst.

Sowohl Österreich als auch Ungarn verfügten damals noch über einen direkten Zugang zum Mittelmeer: Ungarns Hochseehafen hieß Fiume, heute unter dem Namen Rijeka der wichtigste Hafen Kroatiens. Und Österreichs Tor zur Welt bildete die bedeutende Hafenstadt Triest, die bereits seit über 500 Jahren zu Österreich gehörte, und zwar – das sei am Rande doch erwähnt – nicht durch einen kriegerischen Akt, sondern weil im Jahre 1383 die Bürger der Stadt die Habsburger um Schutz vor den raubgierigen Venezianern baten.

Dort hatte Ludwig Meisl bei Geschäftsfreunden, den Gebrüdern L. und G. Brod, für seinen Sohn Hugo eine Stelle besorgt. Am 1. August 1899 trat dort der knapp 18-jährige Hugo seine Stelle an und lernte mehr oder weniger das große Einmaleins des Kaufmannes. Vor allem aber bewährte sich dort zum ersten Mal seine ganz außergewöhnliche Sprachbegabung. Triest war eine nahezu vollständig italienischsprachige Stadt, und Hugo lernte diese Sprache mit einer solchen Vollendung, dass die Italiener ihn bis zu seinem Lebensende fast als einen Landsmann betrachteten. Berichten zufolge genoss Hugo Meisl in den 1930er Jahren bei den italienischen Fußballern nahezu grenzenlose Verehrung: Sie jubelten, sobald sie ihm begegneten, und ließen es sich niemals nehmen, ihn zu einem ausführlichen Fachgespräch einzuladen; gelegentlich verspätete Meisl sich dabei sogar für die eine oder andere wichtige Sitzung.[94]

Am 1. November 1900 beendete Hugo seine Anstellung bei den Gebrüdern Brod und kehrte für eine Woche nach Wien zurück, wo er endlich wieder Gelegenheit fand, mit seinen Freunden dem Fußballspiel zu frönen.

Doch schon wenige Tage später, am 10. November, war er wieder in Triest, diesmal mit einer Anstellung bei der Firma L. Luzzatto & Figlio. Am 19. Januar 1901 beendete Meisl diese Anstellung und kehrte nach Wien zurück.

Was Hugo in den folgenden acht Monaten trieb, lässt sich nicht mit letzter Sicherheit belegen, seine Personalakte schweigt sich hierzu aus. Sehr vieles spricht allerdings dafür, dass er diese Zeit für eine ausführliche Englandreise nutzte. Nur so sind seine perfekten Englischkenntnisse zu erklären, die er drei Jahre später bei der Aufnahmeprüfung für die Länderbank attestiert bekam, ebenso ist nur so zu erklären, dass sich Meisl wenige Jahre später bereits erfolgreich als Vermittler von Freundschaftsspielen gegen englische Spitzenteams betätigen konnte. Eine solche Vermittlertätigkeit setzte persönliche Kontakte voraus, und die waren offenbar im Jahre 1901 geknüpft worden.

Am 30. September 1901 trat Hugo Meisl beim Militär an, um sein vom Vater teuer erkauftes »Einjähriges« abzuleisten. Tatsächlich kennzeichnete diese militärische Ausbildung für die gehobenen Kreise die Klassenunterschiede in der österreichischen Monarchie. Nur wer die Matura abgelegt hatte, genoss das Privileg dieser verkürzten Ausbildung, die zudem auch den Weg zur Offizierslaufbahn eröffnete und in aller Regel frei von Schikanen war. Allerdings konnte die fehlende Matura durch genügend Geldmittel kompensiert werden, indem man als »einjährig Freiwilliger auf eigene Kosten« einrückte – wie Hugo Meisl, der, wie es in den Militärakten verzeichnet ist, nur »zwei Jahre Handelsakademie ohne Matura und die Befähigungsprüfung absolviert« hatte.[95]

Ganz anders erging es den Rekruten jedoch, wenn die materiellen Umstände ihnen nur den Besuch der Volksschule ermöglichten. Volle zwei Jahre mussten sie den Kasernenhofdrill ertragen, waren den Schikanen menschenverachtender, arroganter Ausbilder wehrlos ausgesetzt. Rudolf Bican, ein Bruder von Hugos späterer Frau Maria und Spieler bei den Cricketern, zerbrach fast an diesen Torturen.

Hugo brachte es im Laufe seines Dienstjahres zum Korporal und wurde am 1. Oktober 1902 als Feldwebel der Reserve entlassen.[96] Damit war seine Dienstzeit freilich nicht vollständig abgeleistet. Der Dienstleistung als Einjähriger folgten zehn Jahre Reservedienst im stehenden Heere und anschließend noch zwei Landwehrjahre, was bedeutete, dass er bis 1913 fast jedes Jahr zu Reserveübungen einrücken musste. Immerhin stieg er während dieser Zeit bis zum Leutnant der Reserve auf.

Am 1. Oktober 1902 begann er seine neue Anstellung, nämlich bei der Firma Redlich & Berger in Wien. Eine Tätigkeit, die ihm immerhin 1.560 Kronen im Jahr einbrachte, ein durchaus nicht schlechtes Eingangsgehalt, wenn es auch im Jahre 1903 um 140 Kronen reduziert wurde.[97]

Bereits acht Monate später begab sich Hugo Meisl auf seinen zweiten längeren Auslandsaufenthalt. Ab 1. Juni 1903 arbeitete er für sieben Monate in Paris bei der Firma S. Chartet. Damit war die Lehrzeit beendet. Er sprach nun neben Deutsch, Tschechisch, Italienisch und Englisch auch noch perfekt Französisch.

Hugo wäre gerne länger in Paris geblieben, aber dem stand wieder einmal sein Vater entgegen. Ludwig Meisl hatte nämlich in der Zwischenzeit die Mehrheit an der Hofspinnerei und Bindfadenfabrik AG in Pielachberg bei Melk an der Donau erworben. So musste Hugo ab dem 1. Januar 1904 direkt nach seiner Rückkehr aus Paris nun einen Posten in der dortigen Buchhaltung übernehmen. Hugo dürfte darüber wenig erfreut gewesen sein, denn einen herberen Kontrast als den zwischen der Metropole Paris und dem Provinznest Pielachberg bei Melk kann man sich kaum vorstellen, und die Situation wurde nur geringfügig erträglicher durch die Tatsache, dass ihn dort gelegentlich seine Fußballfreunde Max Johann Leuthe und Charley Stanfield im geräumigen Meislschen Landhaus besuchten. Tatsächlich nutzte Hugo jede Gelegenheit, um ins etwa 50 Kilometer entfernten Wien auszubrechen, um sich seiner eigentlichen Leidenschaft, dem Fußball, zuzuwenden.

Hugo wird daher nicht allzu unglücklich gewesen sein, als sich herausstellte, dass die Spinnerei ein Verlustgeschäft war. Ende 1905 gab Ludwig Meisl das Unternehmen endgültig auf, zog mit seiner Familie wieder nach Wien und bemühte sich, für Hugo eine neue, seiner Ausbildung angemessene Stelle zu finden.

Der ungeliebte Beamtenposten

Am 16. März 1906 wurde Hugo Meisl von der Österreichischen Länderbank für den 27. März um halbzehn zu einer aufwändigen sechsstündigen Aufnahmeprüfung eingeladen. Dieses Kreditinstitut war 1880 zunächst als Tochter einer Pariser Bank gegründet worden, hatte sich aber bereits 1882 als K. k. privilegierte Österreichische Länderbank selbstständig gemacht und zwei Jahre später einen beeindruckenden Neubau in der Hohenstaufenstraße 3, in der Nähe des Schottenrings bezogen. Heute wird dieses Gebäude wegen seiner repräsentativen Wirkung vom österreichischen Außenministerium genutzt.

Im Verlauf der Prüfung musste Hugo einen deutschen Musterbrief entwerfen und anschließend fehlerfrei und formvollendet ins Englische, Französische und Italienische übersetzen. Diesen Teil der Prüfung bewältigte er exzellent. Für sein deutsches Konzept erhielt er ein »sehr gut«, ebenso für das gestochen saubere Schriftbild. Die Übersetzungen wurden jeweils mit »gut« benotet.

Ganz anders sah es allerdings mit dem kaufmännischen Teil aus: In Rechnen und Buchhaltung reichte es lediglich zu einem mageren »genügend«, die gleiche Note erhielt er auch in der mündlichen Prüfung, so dass die gesamte Prüfung nur mit »genügend« bewertet wurde.

Trotzdem erhielt Hugo Meisl die Stelle, schließlich suchte man vor allem einen sprachgewandten Fremdsprachenkorrespondenten für ausländische Bankgeschäfte. Und so trat Hugo, ganz wie Papa es gewünscht hatte, am 17. April 1906 eine sichere, allerdings anfangs nicht besonders gut bezahlte Stelle als Bankbeamter bei der Österreichischen Länderbank an. Das Anfangsgehalt betrug 800 Kronen zuzüglich einem Quartiergeld von 320 Kronen und einer *remuneration* (Gratifikation) von 100 Kronen, insgesamt also für das Jahr 1.220 Kronen. Das war nicht viel Geld, wenn man bedenkt, dass das Existenzminimum, für das keine Steuern erhoben wurden, damals bei 1.200 Kronen jährlich lag[98] und Hugo Meisl bei seiner früheren Anstellung schon 1.400 Kronen verdient hatte. Allerdings stieg Meisls Einkommen kontinuierlich an, im Jahre 1908 ist bereits von 2.000 Kronen die Rede,[99] und betrug im Jahre 1914 insgesamt 3.650 Kronen. Mit diesem Geld musste er allerdings, wie bereits erwähnt, seine Eltern mit finanzieren.

Trotz des edlen Ambientes muss Hugo seine Banktätigkeit gelegentlich als Fron empfunden haben, sein Herz gehörte erkennbar weiter dem Runden, das ins Eckige muss. Leider existieren keine Beurteilungen aus der Zeit vor dem Ersten Weltkrieg. Aber die Eintragungen in seiner Personalakte nach seiner Rückkehr an den Arbeitsplatz nach Kriegsende sprechen eine deutliche Sprache: Am 28. Oktober 1920 erhielt Meisl eine mündliche Abmahnung »wegen Nachlässigkeit im Dienste«, und in seiner Beurteilung finden wir am Ende des Jahres die geradezu vernichtende Formulierung: »Unter ständiger Anleitung verwendbar.«

Dazu muss man wissen, dass Meisl sich am 10. November 1919 »für 8 – 10 Wochen Krankheitsurlaub« hatte gewähren lassen und erst am 19. Januar 1920 seinen Dienst wieder antrat. So richtig schwer kann diese Krankheit aber nicht gewesen sein, denn am 9. November war er noch fit genug, um in Budapest die österreichische Nationalmannschaft zu betreuen; das Spiel ging übrigens 2:3 verloren. Und auch in den folgenden Wochen entwickelte er genügend Schwung und Energie, um am 22. Dezember 1919 mit Maria Meisl die Ehe zu schließen und seine erste Tochter Martha zu zeugen, die dann am 30. September 1920 das Licht der Welt erblickte.

Allerdings muss man zu Meisls Ehren erwähnen, dass sich Ende 1921 die Bemerkung findet: »In der Arbeitsweise ist eine auffallende Besserung eingetreten.« Ab 1922 wird Meisl regelmäßig als »flinker, routinierter Beamter« gekennzeichnet, obwohl er sich auch in diesem Jahr einen vierwöchigen Krankheitsurlaub genehmigen ließ.

1924 findet sich dann wieder eine Abschwächung dieses positiven Urteils: »Routinierter Beamter, durch anderweitige Interessen stark abgelenkt.«

Worum es sich bei diesen »anderweitigen Interessen« handelte, wird deutlich, wenn man sich allein für dieses Jahr 1924 einmal Meisls Einsätze im Dienste des Fußballs betrachtet: Abgesehen von seiner regulären Vorstandstätigkeit für den ÖFB steckte Meisl bis zum Hals in den organisatorischen und rechtlichen Vorbereitungen für die kommende Profiliga, für die er verantwortlich zeichnete, vertrat den ÖFB beim FIFA-Kongress in Paris, beobachtete dort mehrere Spiele des olympischen Turniers und betreute die Nationalmannschaft zudem bei nicht weniger als zehn Länderspielen, darunter Auswärtsspielen in Genua, Zagreb, Budapest und Barcelona. Da blieb nicht mehr allzu viel Zeit für seine beruflichen Obliegenheiten.

Im gleichen Jahr versuchte die österreichische Regierung, die galoppierende Inflation in Österreich zu stoppen, indem sie den Druck von Banknoten zeitweise stilllegte und die Bankkredite radikal verteuerte, um die Geldmenge zu senken, eine Maßnahme, die natürlich die Bankgeschäfte weitgehend zum Erliegen bringen musste. Die Operation glückte insofern, als es tatsächlich gelang, die Inflation zu beenden. Am 1. Januar 1925 wurde die Krone durch den Schilling als neuer stabiler Währung ersetzt. Allerdings hatte diese radikale Maßnahme schwerwiegende Auswirkungen auf die Wirtschaft. Die Geldverknappung senkte die Produktion und traf die Banken ins Mark. Massenentlassungen waren die Folge, sogar der Staat musste über hunderttausend Beamte entlassen.

Kein Wunder, dass am 27. September 1924 die Bank auch Hugo Meisl, der, wie geschildert, nicht zu den eifrigsten Angestellten gehört hatte, von allen Arbeiten freistellte und ihn zum 1. April 1925 schließlich in Pension schickte – »im Zuge der Reduktion des Beamtenkörpers«, wie es hieß, im Alter von nicht einmal 44 Jahren.[100]

Auch wenn dies natürlich für Hugo Meisl finanzielle Einbußen mit sich brachte, war er über diese Pensionierung nicht wirklich unglücklich. Letztlich war es ihm bei der Bank ergangen wie Franz Kafka bei seiner Versicherungsanstalt: Vom Vater in einen ungeliebten Beruf hineingedrängt, war er nun auf diese Form des Broterwerbs angewiesen, die ihn aber nach seinem Empfinden doch nur daran hinderte, sich mit dem zu beschäftigen, was ihn wirklich interessierte. Aber so wenig, wie Kafka Zeit seines Lebens von der Schriftstellerei leben konnte, so wenig konnte Hugo Meisl von der Fußballerei leben, denn hier verlief alles ehrenamtlich, man war im tiefsten Sinne des Wortes Amateur. Erst im Laufe der 1920er Jahre sollte sich das langsam ändern, aber auch dann waren die Zuwendungen seitens des ÖFB trotz aller Erfolge so geringfügig, dass Hugo Meisl davon niemals seine Familie und seinen durchaus aufwändigen Lebensstil hätte finanzieren können. Vielmehr wurde mehr und mehr seine journalistische Tätigkeit für zahlreiche in- und ausländische Zeitungen, die er übrigens allesamt in der jeweiligen Landessprache verfasste, zu seiner Haupteinnahmequelle.

Aber wir greifen vor. Tatsächlich muss man – alles in allem gesehen – die Geduld der Vorgesetzten mit Hugo Meisl bewundern, denn wenn man sich den Umfang der Tätigkeiten Hugo Meisls für den ÖFV/ÖFB betrachtet, fragt man sich geradezu, wie er denn noch seine eigentlichen Aufgaben als Bankbeamter bewältigen konnte, zumal er sich auch noch

Identitätskarte vom Fremdenblatt für Hugo Meisl (1913).

am 28. November 1913 die Nebenbeschäftigung als Redakteur des Fremdenblattes bewilligen ließ.[101] Insofern dürfte es sich um bloße Legendenbildung handeln, wenn behauptet wird, »für den Fußball opferte Hugo Meisl eine mögliche Bankerkarriere und damit viel Geld«.[102] Das größere Opfer brachte wohl eher die Länderbank.

Hugo Meisl, 1907.

KAPITEL 5
Und ewig lockt der Ball

Der Schiedsrichter Hugo Meisl

Hugo Meisl hatte während der ganzen Zeit seiner Auslandsaufenthalte engen Kontakt zum Wiener Fußballgeschehen gehalten, und so war er auch zur Stelle, als 1904 der Österreichische Fußballverband (ÖFV) gegründet wurde. Er war noch immer ein junger Mann, gerade mal 23 Jahre alt, aber persönlich bereits so weit gereift, dass ihm klar geworden war, dass er trotz aller Begeisterung als Fußballspieler keine Zukunft hatte. Sein besonderes Talent lag nicht im Passen, sondern im Aufpassen, nicht im Treten, sondern im Auftreten, nicht im Kämpfen, sondern im Regeln und Schlichten – kurz: Hugo Meisl war ein begnadeter Schiedsrichter.

Die Bedeutung eines Schiedsrichters gerade in diesen Anfangzeiten des organisierten Fußballspielbetriebes kann gar nicht hoch genug eingeschätzt werden. Nicht jedem waren die Regeln vollständig vertraut, weder den Zuschauern noch gelegentlich auch den Spielern. Um so wichtiger war eine unbestechliche, regelkundige Autorität, die den Zuschauern wie den Spielern das Gefühl vermittelte, die Kontrolle über das Spielgeschehen sei in guten Händen und der Ablauf des Spieles folge klaren und unparteiischen Entscheidungen.

Und so machte Hugo Meisl Karriere als Referee: Bereits im Oktober 1904 taucht der Name Hugo Meisl erstmals als Schiedsrichter auf. In der Ausgabe No. 44 vom 27. Oktober der deutschen Zeitschrift *Sport im Wort* lesen wir:

»*Wien, 23. Oktober*

(...) Ein Qualifikationsspiel um die erste Klasse hatte der Oesterreichische Fussball-Verband dem Athletikclub Viktoria vorgeschrieben; er focht das Spiel gegen den Sportclub Währing als den besten Club der zweiten Klasse aus (...) Als der strenge und gerechte Schiedsrichter Meisl (Cricketer) abpfiff, hatte die Viktoria mit 3:1 einen verhältnismäßig leichten Sieg errungen.«[103]

Nach diesem Lob hatte Meisl bereits so einen guten Ruf als Schiedsrichter, dass er im Dezember 1904 für das Top-Spiel Wiener AC gegen Sparta Prag eingesetzt wurde; die beiden Mannschaften, die zu den besten der Monarchie gehörten, trennten sich 3:3. 1905 wurde er Schriftführer beim Österreichischen Fußballverband, begleitete am 5. März die Wiener Auswahl nach Berlin, wo es übrigens eine 1:3 Niederlage setzte und übernahm im ÖFV die Zuständigkeit für Schiedsrichterfragen. Im Jahre 1906 hatte seine Stimme in Schiedsrichterkreisen bereits ein solches Gewicht, dass er gemeinsam mit seinem Kollegen Holly einen regelrechten Schiedsrichterstreik ausrufen konnte. Anlass waren – damals bereits! – heftige Ausschreitungen auf dem Platz und den Tribünen, die mehrmals zu Spielabbrüchen führten.[104]

Am 17. März 1907 leitete er in Budapest das Endspiel im Challenge Cup – eine Art Meisterschaft der K.u.K.-Monarchie – zwischen MTK Budapest und Slavia Prag und pfiff dann am 5. Juli 1907 mit 26 Jahren sein erstes Länderspiel; Österreich gewann gegen Ungarn 3:1, und die Gäste hatten offenbar nichts daran auszusetzen, dass ein Einheimischer das Spiel leitete.

Zudem arbeitete Meisl im Auftrag des ÖFV im gleichen Jahr auch noch an einer Reform des Schiedsrichterkollegiums: Nicht alle Schiedsrichter waren hinreichend regelkundig, es erwies sich also als notwendig, Schulungen durchzuführen, die Leistungen der Schiedsrichter zu kontrollieren und die Zulassung von Schiedsrichtern durch den ÖFV zu regeln.

Damit nicht genug: Der 26-jährigen Meisl gehörte – offenbar auch wegen seiner vielfältigen Sprachkenntnisse – 1907 bereits zur österreichischen Delegation für den FIFA-Kongress in Amsterdam, eine Funktion, die er dann die nächsten 30 Jahre ausfüllen sollte. Da er schon mal da war, pfiff er in Amsterdam auch gleich noch das Spiel einer holländischen Auswahlmannschaft gegen die belgische Vereinsmannschaft von Union St.-Gilloise; der damalige holländische Schiedsrichter H.A.M. Terwagt erinnerte sich Jahre später, dass er eigentlich als Unparteiischer vorgesehen war, aber eine Viertelstunde vor Spielbeginn habe Hugo Meisl drängend gebeten, das Spiel pfeifen zu dürfen.[105] Seine Sprachfähigkeiten waren sicher auch ausschlaggebend dafür, dass er im Jahre 1911 in eine Kommission (der unter anderen auch der Holländer Hirschmann angehörte) gewählt wurde, die im Auftrag der FIFA überprüfen sollte, ob die Regeln des International Boards auch richtig übersetzt wurden.[106]

Bekannte Schiedsrichter:
Fred Wright und Hugo Meisl (um 1910).

Regelbuch für Fußballschiedsrichter, verfasst von Hugo Meisl.

Die Arbeitsbelastungen nahmen zu. Im Februar 1908 muss er erstmals die Notbremse ziehen und »demissioniert« wegen »zu großer anderweitiger Inanspruchnahme«[107] aus dem Schiedsrichterkollegium.

In den folgenden Jahren tauchte daher Hugo Meisl nur noch selten als Schiedsrichter auf. Im 1911 erschienen Fußballjahrbuch von Felix Schmal posiert Hugo Meisl zusammen mit einem Kollegen auf einem Foto mit dem Untertitel: »Zwei bekannte Schiedsrichter. Fred Wright und Hugo Meisl.«[108] Auch begleitete er das österreichische Nationalteam zu den Olympischen Spielen 1912 in Stockholm, leitete dort die Begegnung zwischen Italien und Finnland[109] und erhielt dafür als Anerkennung einen silbernen Becher überreicht.[110] Am Rande sei erwähnt, dass die italienische Nationalmannschaft von Vittorio Pozzo betreut wurde, der ein kurzes Intermezzo in dieser Funktion gab, bevor er (nach einem weiteren Kurzgastspiel im Jahre 1924) von 1929 bis 1948 zum legendären Trainer der italienischen Nationalmannschaft wurde, der Italien zweimal zum Weltmeistertitel führte. Pozzo erinnerte sich, dass Meisl während des Spieles mit allen Spielern seiner Mannschaft italienisch sprach und am Ende ihn beiseite nahm und erklärte, dass das Amt des Verbandskapitäns das schwierigste und undankbarste sei, das man sich vorstellen könnte, worauf Pozzo versprach, er denke nicht im Traume daran, ein solches Amt auf Dauer auszuüben.[111]

Weiterhin besorgte Meisl die Publikation der offiziellen Fußballregeln, so etwa in dem besagten Fußballjahrbuch von Felix Schmal oder auch im *Illustrierten Sportblatt* im Jahre 1913.[112] Mag es auch zum Teil der allgemeinen Praxis der Zeit geschuldet sein, in der man durchaus nichts dabei fand, Länderspiele durch Heimschiedsrichter pfeifen zu lassen, so ist es doch bemerkenswert, dass Hugo Meisl im Jahre 1913 ein Meisterschaftsspiel der Amateure, die er ja selbst mit begründet hatte und deren Schriftführer er war, gegen den WAF leitete. Noch kurioser nach heutigen Maßstäben erscheint dieser Vorgang, wenn man bedenkt, dass in der Mannschaft der Amateure sein eigener Bruder Willy als Torwart und sein enger Freund Victor Lowenfeld (übrigens auch ein Mitkonkurrent bei seiner späteren Frau Maria) spielten.[113] Man hatte offensichtlich größtes Vertrauen in Meisls Fairness.

Auch nach dem Ersten Weltkrieg war Meisl als Schiedsrichter aktiv, allerdings fast nur noch in besonderen und wichtigen Spielen; einige Jahre fungierte er als Obmann des Schiedsrichterkollegiums, ein Amt, das er aber im Oktober 1924 aufgab,[114] allerdings holte ihn zu Beginn der 1930er Jahre sein offenbar hohes Ansehen als Schiedsrichter noch einmal ein.

Wieder einmal waren die Schiedsrichter in starke Kritik geraten: Es ging um Disziplinlosigkeiten der Spieler, der Funktionäre und die mangelnde Einheitlichkeit der Regelauslegung.[115] Offenbar wurden die dafür verantwortlichen Funktionäre der Sache nicht mehr Herr. Im Herbst 1933 wurde der Vorsitzende des Schiedsrichterausschusses Heinrich Müller beurlaubt, und dessen Stellvertreter Leopold Grois meldete sich krank. Hugo Meisl wurde daraufhin, neben seinen vielen Funktionen, die er ohnehin schon ausfüllte, am 18. Oktober 1933 »auf die Dauer der [...] Beurlaubung des Vorsitzenden des Schiedsrichterausschusses [...] und der Erkrankung des Stellvertreters«, wie die offizielle Verlautbarung des ÖFB kundtat, zum Schiedsrichterausschuss-Vorsitzenden gewählt. Aus dem weiteren Inhalt der Verlautbarung des ÖFB kann man dann wohl schließen, dass es weniger um eine kurzzeitige, formale Vertretung zweier bewährter Funktionäre ging, sondern darum, die unter deren Amtsführung entstandenen Missstände aufzuarbeiten und abzustellen: »Der Schiedsrichterausschuss unter der provisorischen Leitung des Verbandskapitäns wird alles unternehmen, um die klaglose Abwicklung der laufenden Meisterschaft zu gewährleisten, die erforderlichen Reorganisationen durchzuführen und insbesondere auf die stete Belehrung und Fortbildung der Schiedsrichter bedacht zu sein.«[116]

Ein Ergebnis der Tätigkeit Meisls war die Einberufung eines Schiedsrichtertages, um die Regelauslegung zu vereinheitlichen. »Mit dem diesbezüglichen Referat wurde Hugo Meisl betraut.«[117] Und für die Rolle, die Meisl in der öffentlichen Wahrnehmung spielte, ist auch bezeichnend, wie zum Beispiel der *Sport-Montag* reagierte: »Das wird sich jetzt bestimmt zum Guten wenden, da Bundeskapitän Meisl die Sache in die Hand nimmt und die Schiedsrichter zu ihm vollstes Vertrauen haben. [...] Durch die Übernahme der Führung durch den alten ›Pfeifenmann‹ Meisl erscheint nunmehr die Gewähr gegeben, dass die Schiedsrichter zu einheitlicher Regelauslegung veranlasst werden und durch ständige Schulung ihre Qualität gehoben wird.«[118]

Ansonsten war der Sportdiplomat Hugo Meisl nach dem Krieg vor allem dann als Schiedsrichter zur Stelle, wenn sich mit dieser Tätigkeit ein sportpolitischer Fortschritt erzielen ließ. So pfiff er im Jahre 1922 die Begegnung zwischen der Schweiz, die sich dem Sportboykott der Siegermächte gegen Österreich verweigert hatte, und Italien, das als erste »Siegermacht« den Boykott gegen Österreich aufgehoben hatte.

Ein Jahr darauf beschloss der englische Fußballverband, wieder in das internationale Fußballgeschehen zurückzukehren. Die FA war am 23. April 1920 verärgert aus der FIFA ausgetreten, weil einige Länder, vor allem die Schweiz und Schweden, den geforderten Sportboykott gegen die Kriegsverlierer Deutschland, Österreich und Ungarn nicht mitmachen wollten. Nun vereinbarte man für den 21. Mai 1923 mit Schweden ein Länderspiel in Stockholm. Frage war nun, wer dieses wichtige Spiel pfeifen sollte. Die Schweden brachten vorsichtig ihren alten Freund Hugo Meisl ins Spiel. Der Vorstand der FA war empört: »Der ist doch Österreicher!« Aber nun machte sich Geoffrey Forster von den London Corinthians, dem legendären englischen Amateurverein, der regelmäßig den Stamm der englischen Nationalmannschaft stellte, zu Meisls Fürsprecher. Meisl sei zwar in der Tat Österreicher, »aber«, fügte er hinzu: »Meisls sportliche Auffassung ist in vielen Punkten englischer als die vieler Engländer.«[119]

Da konnten die Gentlemen nur beschämt nicken, das Eis war gebrochen, der Spielverkehr zwischen Mannschaften der ehemaligen Kriegsgegner wurde langsam wieder zur Normalität.

Hugo Meisl und die Amateure

In den ersten Jahren bildeten die Wiener Fußballclubs hinsichtlich Vereinsleitung, Anhängerschaft und Aktiven eine relativ homogene Schicht. Fußball war eine rein bürgerliche Veranstaltung, die Zugehörigkeit zu einem bestimmten Verein resultierte eher aus lokalen Zufälligkeiten, was dazu führte, dass ein Spieler wie Max Johann Leuthe, einer der frühen Wiener Fußballheroen, mal für die Cricketer und mal für den *WAC* antrat.[120] Um unerwünschtes Publikum fernzuhalten, wurde auch schon mal, wie im April 1897 im Falle der Vienna, der Eintrittspreis von 10 auf 20 Kreuzer verdoppelt[121], man blieb lieber unter sich.

Dieser Zustand begann sich im ersten Jahrzehnt des 20. Jahrhunderts zu ändern. In den Arbeitervorstädten wurde Fußball zunehmend populärer; in gleichem Maße wurden die dort beheimateten Vereine zusehends konkurrenzfähiger. Besonders deutlich wird dieser Vorgang am Beispiel des Arbeiterklubs Rapid: War man noch bis Mitte des ersten Jahrzehnts regelmäßig mit zweistelligen Niederlagen gegen die Traditionsvereine nach Hause geschickt worden, begann nun die Rapid langsam zu einer ernsthafte Konkurrenz für die bürgerlichen Clubs heranzuwachsen. Und als im Jahre 1911 endlich eine Wiener Liga eingeführt worden war, hieß der erste Meister folgerichtig Rapid Wien.

Überhaupt bedeutete die Einführung der Wiener Liga eine Zäsur, die dem österreichischen Fußballsport entscheidenden neuen Schub verschaffte: Die Öffentlichkeit zeigte zunehmend Interesse an dieser Sportart, die Zeitungen lieferten ausführliche Berichte, die Zuschauerzahlen explodierten geradezu. So galten beispielsweise im Jahre 1903 beim Städtespiel Wien gegen Budapest 3.000 Zuschauer als bemerkenswert hohe Zahl, im Jahr darauf kamen zum gleichen Spiel sogar nur 2.000 Zuschauer, Ostern 1911 dagegen bereits 7.000 und am 5. November des gleichen Jahres besuchten nicht weniger als 25.000 Zuschauer das Länderspiel Österreich – Ungarn.[122]

Zugleich formierten sich die großen Wiener Fußballclubs zunehmend zum sozialen Bezugspunkt bestimmter gesellschaftlicher Gruppen, die hier ihre emotionale Heimat fanden

Mannschaft der Cricketer (um 1908). In der Mitte Victor Löwenfeld, Verehrer der späteren Frau Meisl.

und sich zum Teil heftig befehdeten, ein Phänomen, das vor allem nach dem Ersten Weltkrieg die Wiener Fußballszene entscheidend prägen sollte.

Besonders deutlich wurde das beim grün-weiß gekleideten Sportklub Rapid aus dem Vorort Hütteldorf (XV. Bezirk), gegründet 1898, dem Verein der Arbeiter und der kleinen Leute, der die Wiener Liga in den ersten Jahren ihres Bestehens beherrschte. Sein Anhang war wegen seiner vorbehaltlosen Parteinahme bis hin zu Handgreiflichkeiten gefürchtet, klassenkämpferischer Impetus war hier ebenso zu finden wie auch antisemitische Hasstiraden, insbesondere, wenn es gegen die »Judenclubs« Hakoah und Amateure ging.

Ganz anders der vornehme First Vienna Football Club von 1894, die blau-gelbe Vienna, der älteste Wiener Fußballverein aus dem Nobelviertel Döbling (XIX. Bezirk) mit dem 1922 fertiggestellten riesigen Stadion an der Hohen Warte. Hier, im traditionellen Club des Großbürgertums, legte man noch Wert auf gute Manieren.

Der 1896 gegründete noble WAC wiederum, der Wiener Athletiksport-Club, der im I. Bezirk residierte, hatte 1901, 1903 und 1904 den Challenge-Cup gewonnen, war somit Anfang des Jahrhunderts bestes Fußball-Team Wiens, verfügte über den größten Fußballplatz im Prater – dort, wo später das Prater-Stadion gebaut wurde – und galt als der Wiener Aristokratenclub.

Im Fußballklub Hakoah, gegründet 1909, dem ersten Meister der Profiliga 1925, der stolz den Davidstern auf der Brust trug, sammelten sich die zionistischen Juden Wiens. Spiele der Hakoah sorgten regelmäßig für volle Kassen. Der Verein konnte sich auf seine zahlreichen Anhänger verlassen, die ihn bei Heimspielen begeistert unterstützten; bei Auswärtsspielen allerdings war die Mannschaft vor allem nach dem Krieg oft üblen antisemitischen Hassausbrüchen ausgesetzt. So schrieb die *Wiener Morgenzeitung* 1923 von einem »Terror des sich antisemitisch gebärdenden Wiener Publikums«, berichtete von »Schimpforgien, in denen das Wort ›Saujud‹ immer wiederkehrte«, und zitierte schließlich eine gut gekleidete Zuschauerin mit dem Ausruf: »Es ist ja kein Wunder, wenn der ausgefressene Schieberjud unsere Leute umschmeißen kann!«[123] Aufgrund dieser Vorfälle erwog der Vorstand der Hakoah 1923 ernsthaft, nicht mehr an der Meisterschaft teilzunehmen.[124] Klugerweise entschloss man sich dann aber zur Flucht nach vorne, indem man sich so verstärkte, dass man 1925 Wiener Meister wurde.

Slavia – ursprünglich Roter Stern – wiederum war der Verein der böhmischen Zuwanderer, die an ihrer tschechischen Identität festhalten wollten. Auch dieser Verein behielt bis weit in die 1930er Jahre hinein seine Erstklassigkeit.

Der Wiener Sportklub Admira aus dem Arbeitervorort Floridsdorf (XXI. Bezirk), gegründet 1905, wuchs nach dem Ersten Weltkrieg zum zweiten großen Wiener Vorortverein neben Rapid heran und wurde ab Mitte der 1920er Jahre zu einer der stärksten Wiener Mannschaften.

Und der violette Wiener Amateur-Sportverein war – zumindest was die Vereinsführung und die Anhängerschaft betraf – der Verein der Schöngeister, der Intellektuellen, des aufgeklärten, liberalen Wiener Judentums – kurzum: der Verein der Wiener Kaffeehauskultur. Genau der richtige Platz also für einen Mann wie Hugo Meisl.

Dieses Image wuchs dem Wiener Amateur Sportverein allerdings erst zu, als er sich von den altehrwürdigen Cricketern abgetrennt hatte. Der Vienna Cricket and Football Club war kurz nach dem First Vienna Football Club ebenfalls im Jahre 1894 gegründet worden. Bereits ein Jahr später wurde der 14-jährige Hugo Mitglied dieses Vereins, für den er, soviel wir wissen,

Team des Amateur-Sportclubs auf dem Dornbacher Sportplatz (1911).

immerhin zweimal in der ersten Mannschaft spielen durfte: im Jahre 1898 als Läufer gegen den WAC und 1904 als Rechtsaußen gegen Slavia Prag. Auch während der Jahre, die Meisl im Ausland verbrachte, hielt er seinem Verein die Treue, ließ sich von Max Johann Leuthe auf dem Laufenden halten, und im Jahre 1904 finden wir Meisl auf einem immer wieder abgebildeten Foto gut gelaunt im gestreiften Fußballdress im Kreise berühmter Fußballspieler.

Kurz darauf hängte Meisl die Fußballschuhe an den Nagel und begann seine neue Karriere als Schiedsrichter und Funktionär. Er arbeitete jedoch nicht nur für den ÖFV, sondern leistete auch – selbstverständlich ebenfalls ehrenamtlich – für die Cricketer als Schriftführer seine Dienste. Und so sehen wir im Jahre 1906 Hugo Meisl anlässlich der Verabschiedung der beiden prominenten Fußballer Rudi Wagner und Max Johann Leuthe auf einem Foto erneut im Kreise der Cricketer, diesmal aber in korrekter schwarzer Kleidung mit Rock und Hut.[125]

Es wird Meisl daher nicht leichtgefallen sein, sich zu entscheiden, als um 1910 der Konflikt zwischen den Fußballern und der Vereinsleitung zunehmend eskalierte, bis er schließlich zur Sezession führte.

Spaltungen waren in der Wiener Fußballszene vor 1914 nichts Neues. Bezeichnenderweise waren davon vor allem diejenigen Vereine betroffen, in denen die Fußballabteilung nur eine untergeordnete Rolle spielte. So gab es beim noblen Wiener Athletik Sportclub (WAC) im Jahre 1911 einen regelrechten Aufstand der Fußballsektion gegen die Vereinsführung, die den Fußballern nur eine Mitgliedschaft zweiter Klasse ohne Stimmrecht zugestand, während die Fechter und Turner im Verein das Sagen hatten. Die Forderung der Fußballer nach Stimmrecht in der Generalversammlung, Anteil an der Klubverwaltung und Wahl der Sektionsleitung durch die Mannschaft wurde von der Leitung des WAC verständnislos abgeschmettert. Unmittelbarer Auslöser für die Revolte der Fußballabteilung waren allerdings weniger demokratische Anmutungen, sondern der schnöde Mammon. Der Verein hatte den Spielern zugemutet, zu einem Spiel in Graz in der dritten Klasse anzureisen. Nicht, dass den Fußballern die Holzklasse zu unbequem gewesen wäre! Aber üblicherweise bekam man damals die zweite

Klasse bezahlt, fuhr mit der dritten Klasse und behielt die Differenz als kleines Zusatzeinkommen.[126] Diese Knauserigkeit des durchaus wohlhabenden Vereins brachte erst das Fass zum Überlaufen. Bis auf den prominenten Nationalspieler Studnicka verließ die gesamte erste Mannschaft den Verein und gründete unter Führung des rechten Mittelläufers Dr. Josef Frey den Wiener Associations Fußballclub (WAF),[127] der sofort in die neu gegründete erste Wiener Liga aufgenommen wurde und die erste Saison 1911/1912 mit einem dritten Platz beendete – vor dem WAC. In der Saison 1913/14 wurde der WAF sogar Meister.

Ähnliches galt für den Vienna Cricket and Football-Club. Auch hier gab es zunehmende Konflikte zwischen Clubleitung und Mitgliedern, zwischen Ausschuss und Mannschaften, die letztlich ihre Ursache ebenfalls darin hatten, dass die Fußballsektion ihre Interessen nicht angemessen vertreten sah. Am 20. Oktober 1910 trafen sich daher einige Funktionäre und fast die gesamte erste Mannschaft in der Urania, um einen neuen Fußballclub zu gründen. Nach einigen Debatten einigte man sich auf den Vereinsnamen »Wiener Cricketer«, der am 29. Oktober 1910 im Vereinsregister eingetragen wurde. Als Vereinsfarbe wurde Violett bestimmt, als Vereinslokal wählte man das später legendäre Wiener Ringcafé am damaligen Kaiser-Wilhelm-Ring, das zuvor bereits jahrelang als Tagungsraum des ÖFV gedient hatte; zum Vereinspräsident wurde der bekannte Sportjournalist Erwin Müller vom *Sporttagblatt* gewählt, von dem noch öfter zu hören sein wird, Sektionsleiter wurde Hugo Meisls alter Freund M. J. Leuthe.

Hugo Meisl selbst hielt sich dagegen zunächst aus der Angelegenheit heraus, die ihm wohl nicht ganz geheuer war.[128] Zu Recht, wie sich zeigte, denn nach kurzem Bedenken erhob der Vorstand des Vienna Cricket and Football Club vehementen Einspruch gegen die Verwendung seines Namens für den neuen Verein und verweigerte auch den Spielern die Freigabe. Der Hintergrund dieser Weigerung ist wohl in der Tatsache zu suchen, dass der Vienna-Präsident Dr. Abeles – der auch Vizepräsident des ÖFV war – für die Saison 1911/1912 eine Wiener Meisterschaftsliga mit einer »Punktekonkurrenz nach englischem Muster« organisiert hatte, um das erlahmende Publikumsinteresse wiederzubeleben.

Es war klar, dass die »neuen« Cricketer nur dann eine Überlebenschance hatten, wenn sie an dieser ersten Liga teilnehmen konnten. Also musste man sich einigen. Dies geschah in der Weise, dass der neue Verein sich nunmehr Wiener Amateur-Sportverein (WAS) nannte und den Cricketern einen finanziellen Ausgleich leistete. Am 15. März 1911 trat der Wiener Amateur Sportverein dem Österreichischen Fußballbund bei und wurde – ebenso wie die »alten« Cricketer – in die oberste Spielklasse eingeteilt. Die Wahl des Namens Amateure sollte übrigens durchaus nicht etwa programmatisch auf eine besonders strikte Einhaltung der Amateurregeln verweisen – was ja auch eine Scheinheiligkeit sondergleichen gewesen wäre -, sondern lediglich ganz dem Wortsinne nach betonen, dass man diesen Sport mit besonderer Hingabe als Liebhaberei betreibe.

Nun, wo klare Verhältnisse herrschten, war auch Hugo Meisl bereit, sich diesem neuen Club anzuschließen. Als Schiedsrichter und ÖFV-Funktionär war er bereits so prominent, dass er sofort in den Vorstand des Vereins aufgenommen wurde, dessen Geschicke er die nächsten Jahre maßgeblich mitbestimmen sollte. Gleich im Jahre 1911 organisierte Meisl das Engagement des prominenten englischen Profiteams der Blackburn Rovers, die in der Saison 1911/1912 englischer Meister wurden, und bewies erneut seine großen organisatorischen Fähigkeiten auf internationaler Vereinsebene. Der Vereinsvorstand der Rovers schenkte übrigens

Wiener Amateur-Sportclub in Turin. Links von der Luxuskarosse der knapp 18-jährige Willy Meisl mit Vereinsmaskottchen im Arm (1914).

dem Kettenraucher Hugo Meisl zu diesem Anlass ein silbernes Zigarettenetui mit eingravierter Widmung, das sich bis heute im Familienbesitz befindet. Ebenso arrangierte der italienerfahrene Hugo Meisl im folgenden Jahr Gastspiele der Amateure in Turin, die zwei Jahre später wiederholt wurden, und legte damit den Grundstein für einen regen sportlichen Austausch mit dem italienischen Fußballverband.

Die erste Saison der zehn Mannschaften umfassenden ersten Wiener Liga beendeten die Amateure übrigens nicht sonderlich erfolgreich, sie landeten auf einem enttäuschenden achten Platz und entgingen nur knapp der Relegation.

Der spätere Aufstieg der Amateure zu einem europäischen Spitzenteam (unter dem Namen Austria) war zu diesem Zeitpunkt noch in keiner Weise absehbar. Zwar verbesserte sich die Mannschaft in der folgenden Saison auf den vierten Platz, wurde danach aber wieder Fünfter und blieb bis zum Ende der Monarchie ein mittelmäßiges Mitglied der ersten Liga.

Erst nach dem Ersten Weltkrieg, als Meisl, einigermaßen gesund aus dem Felde zurückgekehrt, die Leitung der Fußballsektion bei den Amateuren übernahm, begann für diesen Verein die große Zeit. Aber dazu später mehr.

Hugo Meisl und der ÖFV

Dass der Österreichische Fußballverband erst im Jahre 1904 gegründet wurde, mag auf den ersten Blick als ein erstaunlich später Zeitpunkt erscheinen, denn die meisten nationalen Fußballverbände Europas waren zu dieser Zeit längst entstanden, der Deutsche Fußball-Bund bestand beispielsweise seit 1900, in Italien war ein erster italienischer Fußballverband (Federazione Italiano del Football, FIF) sogar schon 1898 gegründet worden, und auch in der Monarchie gab es bereits seit 1901 den tschechischen Fußballbund (Cesky Fotbalovy Svaz, CFS) und die Ungarische Fußball-Union (Magyar Labdarúgó Szövetség, MLSZ).[129]

Aber so schlafmützig, wie es scheint, waren die Österreicher gar nicht, denn der ÖFV war nicht der erste Versuch, einen gemeinsamen Verband zu gründen. Bereits im Jahre 1899 war unter Führung des rührigen Engländers M. D. Nicholson, ehemals Profi bei Westbromwich Albion und nun Mitbegründer der Vienna, das »Komitee zur Veranstaltung von Fußballwettspielen« gebildet worden, dessen größte Leistung das Engagement der Oxonians aus Oxford war. Das Oxforder Studententeam trat in Wien zweimal an, einmal gegen eine einheimische Mannschaft und einmal gegen eine Auswahl der vermeintlich besten Fußballer Wiens, darunter sieben Engländer. Beide Spiele gewann die Amateurmannschaft der Universität Oxford zweistellig – das erste mit 15:0 und das zweite immerhin auch mit 13:0. Die Wirkung war nachhaltig: Erstmals bekamen die Wiener eine Vorstellung von dem, was tatsächlich Fußball *spielen* bedeutete. Die Oxonians demonstrierten, wie man einen Gegner durch kluge Raumaufteilung, geschicktes Stellungsspiel und schnelle Kombinationen an die Wand spielen kann. Man kann daher mit einigem Recht diese beiden Lehrspiele als eigentlichen Beginn des Wiener Fußballs betrachten,[130] denn die Wiener erkannten, dass »ihre« Engländer, die mit ihrem körperbetonten Spiel bisher als das Maß aller Dinge galten, der Eleganz und Spielintelligenz der Oxonians nichts entgegenzusetzen hatten, und so nahmen die einheimischen Fußballer zusehends das Heft selbst in die Hand.

Damit war zudem auch ein größeres Interesse seitens des Publikums und der Presse erwacht, und so wurde am 4. Januar 1900 das »Komitee« zu einem festeren Verband umgestaltet, der unter dem Namen Österreichische Fußball-Union eine Dachorganisation aller österreichischen Vereine bilden sollte. Die erste Präsidentschaft übernahm wiederum Nicholson.

Sehr schnell jedoch wurde die Union einer ersten Zerreißprobe unterstellt. Die Cricketer fühlten sich 1901 in einem Spiel gegen den WAC benachteiligt, es kam zu Schlägereien im Zuschauerraum, die Polizei musste eingreifen, und als die Union das Spielergebnis von 1:1 anerkannte, erklärten die Cricketer empört ihren Austritt aus dem Verband. Zwar kam es 1902 zu einer Aussöhnung mit der Union, aber bereits im Jahre 1903 war es nun die Vienna, die sich zurückzog, weil sie der Meinung war, ein Regelverstoß sei nicht angemessen geahndet worden. Als die Union für den 11. Oktober 1903 ein Städtespiel gegen Budapest ansetzte, weigerten sich Cricketer und Vienna, dafür Spieler abzustellen. Das war der offene Bruch. Am 18. März 1904 gründeten die beiden ältesten Wiener Fußballvereine in der Wohnung des Vienna-Präsidenten Hermann Schönaug in der Grinzinger Straße 86 den Österreichischen Fußball-Verband (ÖFV), dem sich nach und nach auch die anderen Vereine anschlossen.[131] Am 1. Oktober 1904 löste sich schließlich die Österreichische Fußball-Union auf.[132]

Auffällig ist die Dominanz der Vienna in den Anfangszeiten des Verbandes, denn man traf sich nicht nur in der Wohnung des Vienna-Präsidenten, sondern auch als Sekretär fungierte ein Vienna-Mann namens Karl Jünger. Der ÖFV tagte in den ersten Jahren regelmäßig im Wiener Ringcafé, eben jenem Kaffeehaus am Stubenring – der damals noch Kaiser-Wilhelm-Ring hieß – das später als Stammcafé Hugo Meisls und Symbol der Wiener Fußball-Kaffeehauskultur zu legendärem Ruhm gelangen sollte.[133] Erster Schriftführer des Verbandes war niemand anders als eben jener damals knapp 23-jährige Hugo Meisl.[134] Angeblich soll sogar der gesamte Schriftverkehr des Verbandes über Meisls Privatadresse gelaufen sein.[135] Jedenfalls stürzte er sich alsbald voller Eifer in die erste schwere Debatte, die den ÖFV erschütterte – es ging um den Professionalismus, ein Thema, das den nationalen und internationalen Fußballsport noch jahrelang beschäftigen sollte.

Bereits Anfang 1905 war im *Sport-Tageblatt* ein offenes Plädoyer für das Berufsspielertum zu lesen gewesen, das mit dem Resümee endete, »es werde in Wien erst dann wirklich erstklassige Spieler geben, wenn man es zu waschechten Profis gebracht habe«.[136] Der ÖFV schien dieser Sichtweise durchaus zuzuneigen, denn im Februar 1905 verzichtete man auf einer Verbandssitzung auf einen Amateurparagrafen, »weil sonst Geschenke höchstens heimlich gemacht würden«.[137] Jeder wusste, dass die Bezahlung von Spielern gang und gäbe war. So hatte bei der Vienna der Geschäftsmann Julius Sinek die Leitung übernommen, über den es heißt: »Sinek war ausschließlich Geschäftsmann und er wollte am Fußballsport verdienen. Er brauchte daher gute Spieler und bezahlte sie dafür.«[138] Und auch der WAC wurde ganz offen vom Geschäftsmann Robert Deutsch gesponsort.[139]

Diese pragmatische Haltung hatte jedoch keinen langen Bestand. Bereits im März wurde das Thema erneut diskutiert, und nun wurde, offensichtlich mit Rücksicht auf die angestrebte Mitgliedschaft in der FIFA, die bei diesem Thema eine ganz klare Linie vorgab, in Paragraf 29 der Satzung des ÖFV unmissverständlich bestimmt: »In Verbands – Mannschaften dürfen nur Amateure spielen.«[140] Auch der Begriff des Professionals wurde durch Meisls Schiedsrichterkollegen, den späteren Sportjournalisten Erwin Müller sehr rigoros gefasst: »Berufsspieler ist der, der aus der Ausübung des Sportes materiellen Nutzen zieht.«[141] Vergeblich hatte sich der junge Hugo Meisl mutig zu Wort gemeldet und vorsichtige Fürsprache für den Profi-Fußball gehalten. Er beantragte auf der Vorstandssitzung, »dass man den Vereinen gestatte, vorübergehend in Not geratene Spieler zu unterstützen«.[142] Umsonst. Der ÖFV schloss sich der von der FIFA bestimmten Haltung an und verbot grundsätzlich das Berufsspielertum.[143]

Damit begann eine jahrelange Heuchelei, denn längst waren die Zeiten vorbei, als die Aktiven noch Mitgliedsbeiträge zahlen und alle Kosten selbst tragen mussten. Es waren nicht zuletzt finanzielle Gründe, die beispielsweise zur Abspaltung des WAF vom WAC und der Amateure von den Cricketern führten.

Natürlich waren materielle Zuwendungen an die Spieler längst gängige Praxis. Aber offiziell nahm man das nicht zur Kenntnis.

Der 23-jährige ÖFV-Schriftführer Hugo Meisl ließ sich von dieser Heuchelei offenbar nicht verdrießen, vielleicht war ihm auch schon bewusst, dass die Zeit für ihn arbeiten würde. Und tatsächlich sollte er knapp 20 Jahre später maßgeblich an der Einführung einer österreichischen Profiliga beteiligt sein.

Zunächst aber wurde er in den nächsten Jahren für den Verband immer unentbehrlicher. Zum einen gehörte er bereits damals zu den fähigsten und regelkundigsten Schiedsrichtern des Landes und wurde sehr schnell zum stellvertretenden Vorsitzenden des Schiedsrichterkollegiums gewählt, im Jahre 1907 erhielt Meisl sogar den Auftrag zur Reformierung des Schiedsrichterkollegiums.

Hinzu kam, dass es in der Wiener Fußballszene zu dieser Zeit »kaum Integrationsfiguren mit Organisationstalent« gab, wie es Matthias Marschik formulierte[144] – außer eben Hugo Meisl. Bereits im Jahre 1905 lieferte er beeindruckende Beispiele dieses Organisationstalents, indem er Gastspiele englischer Fußballmannschaften organisierte, zunächst von Amateur-

FIFA-Kongress 1910 in Mailand. Sechster von links FIFA-Präsident Woolfall, rechts daneben Generalsekretär Hirschman und der Präsident des gastgebenden italienischen Verbandes Bosisio; Fünfter von rechts Hugo Meisl.

teams wie den Pilgrims, die immerhin den WAC mit 10:1, die Cricketer mit 7:1 und den Grazer AK mit 9:2 besiegten. Im gleichen Jahr gelang es Meisl sogar, mit dem FC Everton und den Tottenham Hotspurs zwei englische Profimannschaften zu engagieren. Everton besiegte Vienna mit 4:0 und eine Wiener Auswahl mit 4:2, Tottenham schlug das Wiener Auswahlteam sogar mit 6:0. Dann kam der Höhepunkt: Am 7. Mai 1905 arrangierte Hugo Meisl ein Demonstrations-Match zwischen beiden englischen Vereinen, das vor der für damalige Verhältnisse enormen Kulisse von 10.000 beeindruckten Wienern stattfand. Der FC Everton gewann übrigens mit 2:0. Auch in den folgenden Jahren betätigte sich Hugo Meisl erfolgreich als Spielevermittler, auch deutsche, Schweizer, italienische, tschechische und ungarische Vereine nutzten seine Kontakte.[145]

Zudem vereinigte Hugo Meisl in seiner Person umfassende Fremdsprachenkenntnisse mit ausgeprägtem diplomatischen Geschick. Und so reiste er im Jahre 1907 mit 26 Jahren erstmals für den ÖFV zu einem FIFA-Kongress nach Amsterdam, lernte sehr schnell, sich auf internationalem Parkett zu bewegen, und als 1908 die FIFA zu Ehren des 60. Thronjubiläums Kaiser Franz Josephs in Wien tagte, errang er seinen ersten diplomatischen Erfolg: Gemeinsam mit dem ÖFV-Vizepräsidenten Ignaz Abeles setzte er nach langen Debatten durch, dass der ÖFV alleine das Recht beanspruchen konnte, alle österreichischen – und damit auch böhmischen – Fußballmannschaften zu vertreten. Damit wurde zur Empörung der Tschechen die 1906 beschlossene und 1907 bestätigte Aufnahme des tschechischen Verbandes in die FIFA wieder aufgehoben, auch die bereits angemeldete Teilnahme an den Olympischen Spielen in London blieb den tschechischen Fußballern damit verwehrt.

Österreich verzichtete übrigens aus Geldmangel.

Dieser FIFA-Beschluss stürzte den ÖFV in eine ernste Krise. Die tschechischen Vereine weigerten sich, wieder dem ÖFV beizutreten. Vielmehr gründeten sie einen Gegenverband zum ÖFV, dem sich unter anderem auch eine Reihe damals zweitklassiger Wiener Vereine – darunter immerhin Hertha, Hakoah und Slovan – anschlossen, die sich im ÖFV nicht hinreichend repräsentiert sahen.[146] Organisatorische Schwierigkeiten, unvereinbare Interessengegensätze und nicht zuletzt Geldmangel ließen jedoch die Rebellion innerhalb weniger Monate zusammenbrechen. FIFA und ÖFV gingen aus diesem Konflikt gestärkt hervor.

Im Gegensatz zu seinem Vorgänger, der Fußball-Union, war es dem ÖFV also erfolgreich gelungen, sich gegenüber den Einzelinteressen der Vereine als Gesamtverband durchzusetzen. Bereits 1906 hatte der Fußball-Chronist Felix Schmal lobend geäußert: »Anzuerkennen ist die Tätigkeit des Fußball-Verbandes, der seit zwei Jahren über die Wiener Vereine mit starker Hand regiert.«[147]

In den folgenden Jahren verbreitete sich das Interesse an Fußball, das sich bis dahin im Wesentlichen auf Wien und Prag konzentriert hatte, auf die übrige Monarchie. Das machte allerdings eine neue Struktur des Verbandes erforderlich, der bisher im Wesentlichen eine allein von den Wiener Vereinen bestimmte Veranstaltung gewesen war.

Am 11. Dezember 1910 wurde daher der ÖFV umorganisiert zu einem Fußball-Dachverband mit vier Unterverbänden[148]:
▷ dem Niederösterreichischen Fußballverband mit Sitz in Wien mit 59 Vereinen,
▷ dem Deutsch-Böhmischen Fußballverband (Prag) mit 23 Vereinen,
▷ dem Deutsch-Alpenländischen Fußballverband (Steiermark, Kärnten, Tirol, Oberösterreich, Salzburg) mit Sitz in Graz mit 13 Vereinen,
▷ dem Polnischen Verband (Krakau) mit 12 Vereinen[149].
▷ Elf weitere Vereine blieben direkt dem ÖFV unterstellt.

Im Jahre 1913, nachdem der Verband über Jahre hinweg in verschiedenen Kaffeehäusern getagt hatte, zuletzt in seinem Clubcafé, dem Kaiser-Café im I. Bezirk in der Krugerstraße,[150] war der ÖFV schließlich so weit konsolidiert, dass er endlich ein eigenes Verbandsheim in der Annagasse 7 in Wien beziehen konnte. Zum ersten Mal erhielt der Verband einen bezahlten Sekretär, einen Herrn Gussmann. Bei dieser Gelegenheit wurde Hugo Meisl gleichermaßen zum Präsidenten des Schiedsrichterkollegiums des Niederösterreichischen Fußballverbandes gewählt, als auch zum Beisitzer des ÖFV.

Von weitaus größerer Bedeutung für die Entwicklung des österreichischen Fußballsports war jedoch ein anderer Beschluss.

Jahrelang hatte es in Österreich keinerlei geregelte Fußballmeisterschaft gegeben. Das lag vor allem daran, dass die führenden Wiener Vereine es viel interessanter und lukrativer fanden, gegen prominente ausländische Vereine anzutreten als gegen einheimische Konkurrenz. Stattdessen gab es in Österreich eine vom ÖFV festgelegte Einteilung der Mannschaften in Klassen, in denen alle Mannschaften zweimal gegeneinander spielen mussten, ohne aber dabei sich auf eine Punktewertung einzulassen. So waren in der ersten Klasse neben den großen Wiener Vereinen auch die drei Prager Clubs und ab 1911 sogar Krakau vertreten. Überlegungen, aus dieser Klasse eine gemeinsame Liga der Kronländer zu formen, wurden jedoch nicht weiter verfolgt. Die Gründe formulierte Hugo Meisl in einem ausführlichen Artikel folgendermaßen:

»Meisterschaftsspiele sind die Basis, auf welcher sich jeder Sport zur Höhe entwickelt. Aber es bestehen in allen anderen Ländern, wo Fußballmeisterschaften ausgetragen werden, für diese Institution viel günstigere Verhältnisse als bei uns in Österreich. Nirgends, weder in Deutschland, noch in England, Niederlande, Belgien, Ungarn etc haben die führenden Vereine nur annähernd so große Opfer für die Schaffung und Erhaltung ihrer Sportplätze zu bringen wie in Österreich

und gerade in Wien (…) Ferner wird im Auslande, obwohl zumeist viel ungünstigere klimatische Verhältnisse vorherrschen, den ganzen Winter hindurch gespielt, was bei uns fast unmöglich ist. Sowohl der Spieler als auch das Publikum ist für einen Aufenthalt auf einem Sportplatze an einem Sonntagnachmittage im Winter schwer zu haben. Ein kleiner Teil huldigt dem Wintersport, die große Masse sitzt im Kaffeehause (…) Wenn auch der Fußball ein Sport des Volkes sein, demnach allen Schichten geboten werden soll, ihn auszuüben, und wenn auch Meisterschaftsspiele dem Sport am besten die Wege zur Popularität ebnen, so ist die Einführung obligater Meisterschaftskämpfe der angeführten Umstände wegen in Österreich, ganz besonders aber in Wien, vorläufig undurchführbar.«[151]

Wie man sieht, hielt Meisl selbst in Wien einen Meisterschaftsbetrieb für unvernünftig. Wie schon in der Debatte über den Professionalismus zeigt sich auch hier Hugo Meisl als nüchterner Pragmatiker, der idealisierten Vorstellungen skeptisch gegenüber steht. Auch wenn Meisl später immer wieder – und nicht zu Unrecht – als Visionär bezeichnet wurde, so war er doch alles andere als ein Träumer. Er sah nüchtern die Realitäten. Allerdings sollte er in diesem Falle letztlich nicht Recht behalten.

Denn nach jahrelangen vergeblichen Ansätzen gelang es dem Niederösterreichischen Fußballverband im Jahre 1911 unter Führung von Dr. Abeles, einen regelmäßigen Meisterschaftsbetrieb einzuführen. Es wurden vier Ligen mit jeweils zehn Mannschaften gebildet, alle Vereine einer Liga hatten zweimal gegeneinander zu spielen, Sieger wurde die Mannschaft mit den meisten Punkten. Damit war der erste Schritt getan zu einer Entwicklung, die nach dem Krieg zum phänomenalen Aufstieg des Wiener Fußballs zur dominierenden Position in Europa führen sollte.

Hugo Meisl und das Nationalteam

Im Jahre 1911 war Hugo Meisl 30 Jahre alt und bereits zu einer der führenden Personen des ÖFV herangewachsen. Er war einer der besten Fußballexperten des Verbandes, zudem vom internationalen Parkett der FIFA-Kongresse nicht mehr wegzudenken (schon im Juni war Meisl auf dem FIFA-Kongress in eine Kommission gewählt worden, die zu überprüfen hatte, ob die Regeln des International Board richtig übersetzt sind.)[152]. Schließlich war er 1911 auch noch in den Vorstand des neu gegründeten Amateur-Sport-Vereins eingetreten und wurde dadurch mitspracheberechtigt bei der Aufstellung der Nationalmannschaft.

Dazu muss man wissen, dass über die Aufstellung der österreichischen Nationalmannschaft damals nicht eine einzelne Person im Namen des ÖFV entschied, sondern ein Komitee, das sich aus Vertretern aller Vereine der Wiener Fußballliga zusammensetzte. Dieses Verfahren verlief, wie man sich denken kann, überaus zeitraubend und nervtötend. Jedes Mitglied versuchte, entweder die Bedeutung seines Vereins dadurch zu fördern, dass dieser möglichst viele Nationalspieler stellte oder – ganz im Gegenteil – seine Spieler möglichst aus Spielverpflichtungen für das Nationalteam herauszuhalten, um sie für lukrative Einsätze im Verein verfügbar zu haben. Resultat dieses Geschachers war, dass nur selten in der Nationalmannschaft wirklich die besten Spieler vertreten waren.

Dies wäre nicht weiter schlimm gewesen, wenn das Team wenigstens überzeugende Leistungen gezeigt hätte. Aber genau daran mangelte es entschieden. Nun drängte jedoch die Zeit. Man hatte den Beschluss gefasst, ebenso wie Ungarn zu den Olympischen Spielen in Stockholm 1912 eine Fußballmannschaft zu schicken. Allerdings stand man nun vor dem Problem, mit welcher Mannschaft man größtmögliche Ehre für Österreich einlegen könnte.

In dieser Situation zeigte sich wieder einmal Hugo Meisls besonderes diplomatisches Geschick. Ohne irgendwelche weitergehenden Ansprüche in Richtung eines Teamchefs zu erheben, erreichte er, dass er maßgeblichen Einfluss auf die Aufstellung und Vorbereitung der Mannschaft nehmen konnte. Bereits 1905 war Meisl erstmals als »Reisebegleiter« für das Spiel Berlin gegen Wien im Einsatz gewesen, seine Hauptaufgabe war gewesen, sich um die Unterkunft und das Geld zu kümmern.[153] Am 5. November 1911 fungierte er erneut als »Reiseleiter«, diesmal nicht nur für die Wiener Stadtauswahl, sondern für das österreichische Nationalteam, das in Budapest ein Länderspiel auszutragen hatte. Obwohl der offizielle Status des Reisebegleiters noch einigermaßen verschwommen ist, scheint Meisl doch schon im Jahre 1911 als die Persönlichkeit im Österreichischen Fußballverband wahrgenommen worden zu sein, die auch für die Berufung in die Nationalmannschaft zuständig war. Jedenfalls legt das ein im Januar 1912 veröffentlichtes Gedicht nahe, das, wenn auch der Vorlage – dem Gretchenmonolog aus Goethes Faust – an Sprachgewalt nicht ganz ebenbürtig, doch so aufschlussreich erscheint, dass es hier zitiert sei: Ein sehr konkretes Fußballgedicht über einen frühen Fußballstar.[154]

Mein Ruh ist hin, / Mein Herz ist schwer, / Ich finde sie nimmer / Und nimmer mehr.
Wo ich ihn nicht seh' / Zahl' ich kein Entree / Das ganze Match / Ein leerer Quatsch.
Sein Outeinwurf, / Sein' edle Gestalt / Seine Dribbeltricks / Seines Rempelns Gewalt
Sein sicherer Stopp / Und ach, sein Schuß! / Den Meisl bitt ich: / Ins Team er muß.

Tatsächlich übernahm Hugo Meisl zu diesem Zeitpunkt die Verantwortung für die Vorbereitung des Nationalteams auf das olympische Turnier.

Jimmy Hogan

Als am 5. Mai die Österreicher nach einem insgesamt sehenswerten Spiel gegen Ungarn am Ende nur ein glückliches 1:1 erreicht hatten, war Hugo Meisl klar, dass schnell etwas Einschneidendes passieren musste, denn es waren nur noch sechs Wochen Zeit. Er fragte daher seinen englischen Schiedsrichterkollegen James Howcraft, der dieses Spiel gepfiffen hatte, um Rat.[155] Der erklärte ihm unverblümt, dass die Österreicher vor allem einen kompetenten Trainer bräuchten, und hatte auch gleich einen fähigen Kandidaten zur Hand: seinen Freund und Landsmann, den 28-jährigen James »Jimmy« Hogan, der bereits als Coach der Holländer Länderspielerfahrung gesammelt hatte.

Howcrafts Tipp war ein Glücksfall sondergleichen, denn durch Jimmy Hogan, der ab diesem Zeitpunkt bis zu Meisls Tod eng mit ihm und der österreichischen Nationalmannschaft verbunden blieb, wurde bereits 1912 die Grundlage für den phänomenalen Aufstieg der Wiener Fußballkultur gelegt, bis hin zum »Wunderteam« und den großen internationalen Erfolgen der Wiener Fußballclubs in den 1930er Jahren.

Jimmy Hogan[156] wurde am 16. Oktober 1882 in Nelson in Lancashire geboren, war also ziemlich genau ein Jahr jünger als Meisl. Die Wurzeln seiner Ahnen lagen, wie bei so vielen Industriearbeitern in England, in Irland; eine Folge dieser Herkunft war übrigens, dass Hogan ein sehr gläubiger Katholik war. Bald entdeckte man sein fußballerisches Talent, seine Fußballkarriere führte ihn über seinen Heimatclub (The Lancashire Combination Club), dort noch als Halbprofi im Jahre 1900, über so renommierte Vereine wie Rochdale, Burnley schließlich nach Fulham und wieder zurück nach Burnley. 1908 wechselte er zum ersten Mal zu einem erstklassigen Club, den Bolton Wanderers in die erste englische Division. Schon im Jahre 1910 begann seine Karriere als Trainer in Niederlande, er kehrte aber noch zweimal kurz zu den Bolton Wanderers als Spieler zurück.

Seine eigentliche Trainerkarriere begann in Wien. Während des Ersten Weltkrieges verlor Jimmy Hogan 1915 sein Übungsleiteramt,[157] gemäß der offiziellen Begründung nicht wegen seines englischen Passes, sondern aus Geldmangel.[158] In Wirklichkeit wurde er als Angehöriger einer Feindnation behandelt, darum auch für einige Zeit interniert, später, nach Fürsprache einiger einflussreicher Freunde, unter Auflagen zwischen Oktober 1916 und März 1917 nach Ungarn abgeschoben, wo er dann als Trainer in Budapest arbeitete. Der MTK-Spieler und spätere Trainer der ungarischen Nationalmannschaft, Béla Guttman, erinnerte sich an die Zeit unter Hogan mit den Worten: »Er brachte uns alles bei, was wir über Fußball wissen.«[159]

Nach Kriegsende kehrte Hogan zurück nach England, konnte dort aber nicht recht Fuß fassen, denn er galt – übrigens nicht zum letzten Mal in seinem Leben – als Verräter, da er nicht in der britischen Armee gedient hatte. Hogan betreute dann Mannschaften in Bern und Lausanne, wurde Trainer des DFB, gab sogar auf Deutsch ein Fußballtrainingsbuch heraus[160], trainierte unter anderem auch die Fußballmannschaft von Dresden mit dem berühmten Hofmann (auch der junge Helmut Schön, später Bundestrainer des Weltmeisters von 1974, lernte ihn dort kennen). Anschließend ging er als Trainer nach Paris, übrigens auf Vermittlung von Meisl, dann nach Lausanne. In den 1930er Jahren kehrte Hogan nach England zurück, wurde Manager bei Fulham, allerdings nicht mit sehr großem Erfolg, wurde im Jahr 1935 wieder nach Wien geholt als Trainer für die Olympischen Spiele, wo er die österreichischen Amateure zu einer sensationellen Silbermedaille führte. Anschließend führte ihn sein Weg wieder zurück nach England, wo er zunächst Aston Villa betreute. Er starb im Jahre 1974 im Alter von 91 Jahren.[161]

Die besonderen Beziehungen, die Hogan und Meisl verbanden, lassen sich vielleicht in zwei Zitaten zusammenfassen. So schrieb Hogan über Meisl nach dessen Tod: Er war »der größte Mann, den ich jemals im Fußball getroffen habe. […] Ich hatte großen Respekt vor Herbert Chapman, aber ich habe niemals im Fußball einen Mann wie Hugo Meisl getroffen. Er kannte von jedem Land, in dem Fußball gespielt wurde, dessen besondere Art und Weise Fußball zu spielen.«[162] Und wenige Jahre zuvor schrieb Hugo Meisl an seinen Freund Herbert Chapman über Hogan: »Sie wissen vielleicht, dass ich ihn (Jimmy Hogan) auf den Kontinent geholt habe und dass ich mein Bestes gab, ihm jede mögliche Unterstützung während seiner Aufenthalte in Österreich, Ungarn, der Schweiz und Deutschland zu geben. Ich habe ihn auch deshalb zum Trainer berufen, weil ich auf dem ganzen Kontinent unser vollstes Vertrauen und unsere Wertschätzung für ihn demonstrieren wollten. Ich hatte deswegen einigen Ärger[163], aber Sie wissen es, lieber Mr. Chapman, Freundschaft und persönliche Zuneigung überwinden alle Schwierigkeiten.«[164] Noch viel später erschienen vor allem in England Meisl und Hogan, wenn auch nicht ganz zu Recht, geradezu als eine Art von Doppel, wie Laurel und Hardy oder Pat und Patachon: »Die österreichische Mannschaft«, schrieb Terence Delaney noch 1963, »eine der besten Nationalmannschaften, die es je gab, wurde durch den vereinigten Fußballverstand und die Begeisterung von zweien der größten Denker im Fußball geschaffen – der Manager Hugo Meisl und der Trainer Jimmy Hogan.«[165]

Hogan war schon deshalb von so großer Bedeutung für den österreichischen, sprich Wiener Fußball, weil er eine sehr eindeutige Präferenz für die schottische Spielart hatte, »the old Scottish game«, wie er es nannte: »Die schottische Art, Fußball zu spielen, vereinigte individuelle Fähigkeiten mit solidem Mannschaftsspiel und Tempowechsel im Spiel. Schottland war die Bastion des kunstfertigen Fußballspiels, das auf präzisem Passspiel beruhte. Es war der Ort, an dem talentierte kleine Spieler [wie Hogan selber einer war] wie Könige behandelt wurden. Er fühlte sich wohl bei ihnen.«[166] So beschreibt Norman Fox die Liebe Hogans zum schottischen Fußball. Nüchterner gesagt, beruhte diese Art des Spieles darauf, den Ball laufen zu lassen, also Pässe zu spielen, dadurch für die Spieler freie Räume zu gewinnen, von denen sie profitieren konnten. Kurz: ein Kurzpassspiel, bei dem der Ball flachgehalten wird und die Spieler lernen müssen, sich so freizustellen, dass sie durch einen einfachen flachen Pass angespielt werden können.

Interessant ist auch, dass Hogan und Meisl schon in dieser frühen Zeit die Rolle des *centre half* hervorhoben, der gewissermaßen in einer zentralen Anspiel- und Verteilungsfunktion agieren sollte, eben im Mittelfeld, aber durchaus offensiv, während die fünf Stürmer vorne im Wesentlichen auf einer Linie spielen sollten. Hogan trainierte in seiner Wiener Zeit die Olympia-Auswahl zweimal die Woche und war daneben damit beschäftigt, Wiener Vereine zu trainieren, unter anderem auch die Amateure. Norman Fox berichtet von Trainingszeiten zwischen 5.50 und 7.30 Uhr morgens, um zu zeigen, wie ausgebucht Hogan war. In Wirklichkeit dürfte es sich um notwendige Ausweichzeiten handeln, denn zu den normalen Tageszeiten mussten die Spieler arbeiten: Vom Professionalismus konnte noch keine Rede sein.

Die Zusammenarbeit zwischen Spielern und Hogan scheint zunächst nicht konfliktfrei gewesen zu sein; zu Beginn übernahm Hogan allzu sehr das englische Trainingssystem, wenig mit dem Ball, viel Körperarbeit, erarbeitete dann aber, offenbar in enger Zusammenarbeit mit Meisl, ein der Wiener Mentalität eher angepasstes Trainingsprogramm mit sehr vielen technischen Übungsteilen, mit sehr viel Betonung auf dem Üben der Ballbehandlung, »making friends with the ball«, nannte Hogan das. Hugos Bruder Willy meinte sogar in einem Rückblick, dass Jimmy Hogan erst in Wien »entdeckte, wie primitiv die britischen Trainingsmethoden wären«, und dass er »mit Hugo zusammen (…) einen besseren Übungsablauf« erarbeitet hätte, »wahrscheinlich das erste moderne Trainingsprogramm im Fußball«.[167] Wesentlich, so heißt es, soll auch für den Erfolg Hogans bei den Spieler gewesen sein, dass er einen Ratschlag Meisls befolgte und den Spielern die technischen Übungen alle selbst vormachte.

Dies war die Geburtsstunde jener Spielweise, die man später als *Scheiberln* bezeichnete und die als besonderes Merkmal der Wiener Spielweise in den 1920er und 1930er Jahren gilt. Tatsächlich handelte es sich dabei im Wesentlichen um eine Variante des schottischen Kurzpassspiels, allerdings um eine besonders kunstvolle, denn beim »Scheiberln« ging es darum, den Ball möglichst »einen halben Zentimeter unter der Grasnarbe« zu halten, ein extremes, schnelles Flachpassspiel also, das den Gegner verwirren musste.

Bald zeigten sich die ersten Erfolge dieser neuen Fußballphilosophie: In einem Vorbereitungsspiel schlug man sogar die Tottenham Hotspurs mit 1:0. Man schien also auf einem guten Weg für eine erfolgreiche Olympia-Teilnahme zu sein. Aber es hätte nicht der Tradition des Wiener Fußballs entsprochen, wenn jetzt alles glatt gegangen wäre.

Das olympische Fußballturnier Stockholm 1912

Im Verlauf der Vorbereitung hatte sich ein Kader von 22 Spielern herausgebildet, der für die Olympiateilnahme gemeldet wurde. Um nun die endgültige Stammelf festlegen zu können, setzte der ÖFV kurz vor der Abreise ein Testspiel an. Und da passierte es. Der WAF hatte ausgerechnet für den gleichen Tag ein Spiel in Budapest vereinbart und bestand nun auf der Teilnahme seiner Nationalspieler. Damit war der ursprüngliche Olympia-Kader mit einigen der stärksten Spieler Österreichs geplatzt. Hugo Meisl und der ÖFV mussten blitzschnell umdisponieren. Nunmehr stellten der DFC Prag mit fünf, Rapid Wien mit vier und der Wiener Sportklub mit drei Spielern das Gerüst der Mannschaft. Aber das war immer noch nicht alles. Zu allem Unglück verletzten sich beim Training auch noch drei Spieler, sodass letzten Endes nur zwölf gesunde Spieler für das Turnier zur Verfügung standen.[168]

Trotzdem begann das Turnier äußerst vielversprechend. Im ersten Spiel am 29. Juni 1912 hieß der Gegner Deutschland, und das Spiel entwickelte gleich zu Beginn eine besondere Dramatik: Der deutsche Torwart Albert Weber verletzte sich beim Stand von 1:0 für die Deutschen bei einem Einsatz so schwer, dass er nicht weiterspielen konnte. Das war eine entscheidende Schwächung, denn die Österreicher ließen nicht zu, dass ein Ersatztorwart eingesetzt werden durfte, sodass ein Feldspieler das Tor hüten musste. Die dezimierten Deutschen wurden mühelos mit 5:1 vom Platz gefegt.

Allerdings reichte das noch lange nicht zum Olympiasieg. Denn der Spielplan war brutal, gleich am nächsten Tag mussten die Österreicher gegen die favorisierten Holländer antreten und unterlagen unglücklich mit 1:3, womit sie bereits keine Chance mehr auf eine olympische Medaille hatten. Jimmy Hogan beklagte sich nach dem Spiel darüber, dass dem ersten Tor der Holländer eine Abseitsstellung und einem anderen Tor ein Handspiel vorausgegangen sei, überhaupt sei Österreich die bessere Mannschaft gewesen.[169] In der Trostrunde wurden Italien mit 5:1 und Norwegen mit 1:0 geschlagen, aber zwei Tage nach dem großen Sieg über Italien folgte ein ernüchterndes 0:3 in einem hitzigen Spiel gegen Ungarn – eben ein echtes Derby, dem noch viel weitere folgen sollten.[170] Als kleines historisches Bonmot sei hierzu vermerkt, dass es bei diesem K.u.K.-Derby auch auf den Rängen lautstark und mit nationaler Symbolik zuging: Hier die Ungarn mit ihrer Trikolore und dort die Österreicher mit ihrer Nationalfahne in den Farben schwarz und gelb – den Farben der Habsburger.

Hugo Meisl selbst schloss während seines Aufenthaltes in Stockholm, bei dem er auch als Schiedsrichter das Spiel Italien gegen Finnland leitete (Resultat: 3:2 für Finnland), das Land der Gastgeber derart ins Herz, dass er unverzüglich Schwedisch lernte – und zwar, sprachbegabt wie er war, gleich wieder so perfekt, dass er ab dann regelmäßig Artikel im *Svenska Dagbladet* und in *Dagens Nyheter* veröffentlichen konnte. Auch dass er seine zweite Tochter auf den Namen Helga taufen ließ, war eine deutliche Referenz an sein geliebtes Schweden.

Hugo verband seit den Olympischen Spielen von Stockholm eine lebenslange Freundschaft mit Birger Nilsson, einem der führenden Köpfe des vornehmen AIK Stockholm und des schwedischen Eishockey-Verbandes, außerdem Manager des Stockholmer Olympiastadions[171]. Birger Nilssons Sohn Tore hielt sich auf Vermittlung Hugo Meisls 1933 fast ein Jahr lang in Wien auf, um dort journalistisch zu arbeiten und zugleich ordentlich Deutsch zu lernen. Untergebracht war er bei der Familie von Hugos Schwester Elsa, deren Tochter Ilse heute noch gelegentlich von dem gutaussehenden blonden Tore schwärmt.[172] Tore entwickelte sich zu einem der führenden schwedischen Sportjournalisten, veröffentlichte einen Beitrag über das »Wunderteam«[173] und wurde Vorstandsmitglied beim führenden schwedischen Verlagshaus Bonniers. Er starb im Jahre 1997 im Alter von 82 Jahren.[174]

Verbandskapitän Hugo Meisl

Auch nach den Olympischen Spielen fungierte Meisl weiterhin als »Reisebegleiter«, war wohl nicht ganz ohne Einfluss auf die Mannschaftsaufstellung, aber jedenfalls nicht von Amts wegen mit dieser betraut. In dieser Eigenschaft erlebte er am 3. November 1912 ein schmähliches 0:4 gegen Ungarn in Budapest und am 22. Dezember 1912 in Genua gemeinsam mit Oberrechnungsrat Reschauer einen verregneten 3:1-Auswärtssieg gegen die allerdings damals noch zweitklassigen Italiener.[175] Meisl scheint vor allem aufgrund seiner perfekten Italienischkenntnisse an der Reise teilgenommen zu haben, jedenfalls wird berichtet, dass beim Abendempfang nach dem Spiel Reschauer eine Rede auf Deutsch und Meisl eine auf Italienisch hielten.[176] Allerdings war es Hugo Meisl, der im Namen des Fußballverbandes in einem längeren Artikel im *Illustrierten Sportblatt* zu einer Kritik in der *Wiener Sonn- und Montagszeitung* an den Vorbereitungen der Verbandsführung für dieses Fußballländerspiel gegen Italien Stellung nahm und darin die laufenden Maßnahmen verteidigte.[177]

Am 27. April 1913 verlor Österreich erneut gegen Ungarn, diesmal in Wien mit 1:4. Schon 1912 war das System der Mannschaftsaufstellung heftig kritisiert worden, vor allem wegen des Einflusses der unterschiedlichen Vereine, und im *Illustrierten Sportblatt* war schon die Forderung nach einem Verbandskapitän erhoben worden, der für die Mannschaftaufstellung zuständig sein sollte.[178] Diese »vernichtende Niederlage« – so der Sportjournalist Willy Schmieger – brachte das Fass aber zum Überlaufen. Die Presse kritisierte heftig die Aufstellung der österreichischen Mannschaft: »An der Wurzel muss das ganze System der Verbandsautorität angefasst und reformiert werden«,[179] hieß es in der *Allgemeinen Sportzeitung*, »der österreichische Fußballsport braucht keinen Hofkriegsrat, sondern einen tüchtigen Generalstabschef!«, schrieb das *Illustrierte Sportblatt*[180], und man forderte energisch nach Vorbild der Ungarn »die Wahl eines mit unumschränkter Vollmacht ausgestatteten Verbandskapitäns«.[181] Im Mai gab der ÖFB nach, allerdings konnte man sich nicht dazu durchringen, die Verantwortung allein Hugo Meisl zu überlassen. Vielmehr stellte man ihm ein beratendes – und natürlich auch kontrollierendes – Gremium zur Seite, das aus den Herren Schönecker (Rapid), Dr. Frey (WAF) und Dr. Fischl (DFC Prag) bestand.[182]

Die Mannschaft aufzustellen und angemessen vorzubereiten, blieb dennoch auch weiter ein schwieriges Unterfangen. Ein Hindernis bildeten zum Beispiel die bereits erwähnten Egoismen der Vereine, die ihre Spieler je nach momentaner Interessenlage entweder protegierten oder vorenthielten, offenbar auch nicht immer körperlich angemessen vorbereiteten (diese Missachtung des Verbandes führte denn auch zu einem – zeitweiligen – Rücktritt des Verbandspräsidenten Dr. Abeles[183]). Nicht zuletzt aus diesen Gründen finden wir bis 1914 eine erhebliche Fluktuation in der Nationalmannschaft. So standen im Länderspiel gegen Italien am 15. Juni 1913 – dem ersten Länderspiel, für das Meisl verantwortlich zeichnete – nicht weniger als fünf neue Spieler im Team; 10.000 neugierige Zuschauer waren gekommen, um die neue Mannschaft zu beobachten. Sie sahen jedoch nur ein mäßiges Spiel, das die Österreicher gegen die schwachen Italiener mit 2:0 gewannen. Im nächsten Länderspiel am 26. Oktober in Budapest liefen vor 30.000 Zuschauern sogar sieben neue Spieler für Österreich auf. Allerdings verlor Österreich auch dieses Mal gegen Ungarn mit 3:4, nachdem man schon 1:4 zurückgelegen hatte.

Der Status des Verbandskapitäns bedeutete auch keine vollständige Autonomie. Wie begrenzt die »Vollmacht« des neuen Verbandskapitäns Hugo Meisl tatsächlich war, mag folgendes Beispiel aus dem *Wiener Fremdenblatt* illustrieren – offenkundig verfasst von Hugo Meisl selbst, der ja seit 1913 Mitarbeiter dieser Zeitung war. Es ging um die Mannschaftsaufstellung für ein Länderspiel gegen Ungarn, das am 3. Mai 1914 in Wien stattfinden sollte.

»*Hierauf*«, so das *Fremdenblatt*, »*nahm Verbandskapitän Meisl das Wort und berührte nochmals in großen Zügen die missliche Lage, in die das Auswahlkomitee durch die Verletzungen der Spieler Kuthan und Bauer gekommen ist. Meisl schlug dem Verbandsvorstand folgende Repräsentativmannschaft vor: Phlak, Tekusch I, Dittrich, Tekusch II, Brandstetter, Chrenka, Neumann, Fischera, Braunsteiner,*[184] *Merz, Heinzl. – Ersatzleute: Mayringer, Prohaska, Urban.*

Über diese projektierte Zusammenstellung entwickelte sich eine lebhafte Debatte. Phlak wurde einstimmig akzeptiert. [Vorstandsmitglied] *Schenkl erklärte, er möchte gern Urban, der als einer der besten Verteidiger Wiens gilt, im Team sehen.* [Vorstandsmitglied] *Feßler betonte die Tatsache, dass Dittrich wochenlang infolge beruflicher Verhinderung nicht trainieren konnte und sich Dittrich nach seiner eigenen Aussage derzeit nicht stark genug fühle, in einem Länderkampf seinen ganzen Mann stehen zu können.* [Vorstandsmitglied] *Mauthner richtete an den Verbandskapitän die Anfrage, warum er Urban nicht berücksichtigt habe. Meisl erwiderte, dass man gegen Ungarn nur solche Spieler in erster Linie berücksichtigen müsse, die über eine besondere Schnelligkeit und Energie verfügen, Eigenschaften, die besonders den von ihm vorgeschlagenen Fullbacks in hohem Maße zukommen. Mauthner bemerkte sodann, er brächte Urban nur dann in Vorschlag, wenn man auch Rumbold ins Team einstellen würde. Mauthner begründete sein Ansicht damit, dass Urban – Rumbold das beste Backpaar Wiens sind, sich glänzend verstehen und die bisher mäßigen Leistungen Urbans in Teamkämpfen nur darauf zurückzuführen wären, dass Urban auf seinen bewährten Partner verzichten musste. Nach Beendigung der Debatte lagen dem Vorstand folgende fünf projektierte Fullback-Kombinationen vor: Tekusch – Dittrich, Tekusch – Urban, Rumbold – Urban, Swatosch – Urban, Tekusch Swakosch. Die Kombination Tekusch – Dittrich erhielt keine Stimme, für Tekusch – Urban waren sieben, für Rumbold – Urban vier, für Swatosch – Urban fünf und für Tekusch – Swakosch sechs Delegierte. Somit wurde die Kombination Tekusch – Urban zum Beschluss erhoben.*

Bezüglich der Halfreihe erklärte [der Verbandspräsident] *Dr. Abeles, er habe von Leuten, die Chrenka genau kennen (anscheinend W.A.C.-Mitglieder – die Red.) gehört, man halte Chrenka für zu langsam, um gegen den schnellen ungarischen Flügel Meszaros – Horvath reüssieren zu können. Nach einer längeren Debatte, die sich hauptsächlich um die Frage drehte, ob man Tekusch II oder den Prager Cimera wählen sollte, wurde die vom Kapitän vorgeschlagene Läuferreihe angenommen. Tekusch II erhielt sieben Stimmen.*

Die projektierte Stürmerreihe fand eine Reihe von Gegenvorschlägen. So bemerkte [Vorstandsmitglied] *Netreffa, es sei gewiss nicht von Vorteil, die besten Shooter der Mannschaft auf die Flügelposten zu stellen. Netreffa beantragte, Heinzl in die Verbindung, Merz ins Zentrum und Braunsteiner auf den rechten Flügel zu stellen. Als Linksaußen proponierte Netreffa Studnitzka und betonte, dass man sich von einem Flügelpaar Fischera – Studnitzka viel versprechen könnte. Schönecker wollte Braunsteiner im Zentrum, an Stelle Neumann jedoch Krzal auf dem*

Linksaußenposten sehen. Meisl bemerkte, dass nach Bauer wohl in erster Linie Little in Betracht kommen müsste. Little ist jedoch, ebenso wie Bauer verletzt. Krzal sei gegen Ungarn durch sein leichtes Gewicht zu sehr im Nachteil. Mauthner gab die Anregung, Schwarz, der bisher in allen Teamspielen einen gute Figur machte, nicht außer Rechnung zu lassen. Schenkl erhob die vom Verbandskapitän vorgeschlagene Stürmerreihe zum Antrage. Bei der Abstimmung waren für die Kombination Neumann – Fischera – Braunsteiner – Merz – Heinzl acht Delegierte, für Krzal – Fischera – Merz – Heinzl – Braunsteiner ein und für Krzal – Fischera – Braunbsteiner – Merz – Heinzl ebenfalls ein Delegierter.

Eine Anfrage, warum man Mayringer als Ersatzmann für die Stürmerkette nominiert habe, beantwortete Meisl dahin, dass Mayringer sowohl rechts als auch links spielen könne, was wohl für einen Ersatzmann in erster Linie in Betracht käme.«[185]

Die Lebhaftigkeit der Debatte über die Mannschaftsaufstellung im Vorstand des Fußballverbandes ist natürlich beeindruckend. Aber man kann sich vorstellen, wie schwer es sein musste, unter diesen Umständen einen festen Länderspiel-Kader aufzubauen.

Das Spiel wurde übrigens 2:0 gewonnen, und Meisl äußerte sich nach dem Spiel sehr zufrieden, er lobte insbesondere, dass die Mannschaft »das scharfe Tempo« glänzend durchgehalten habe. Was die Aufstellung der Mannschaft anbelange, »so erscheint es überflüssig, nach einem erfolgreichen Spiele darüber zu sprechen. Jedenfalls hat sich, von einzelnen schwachen Momenten abgesehen, diese körperlich schwere Mannschaft gegenüber den sieggewohnten Ungarn vollauf bewährt«.[186] Das *Illustrierte Sportblatt* kommentierte durchaus euphorisch und lobte die »verblüffende Zusammenarbeit der elf Einzelspieler, das gegenseitige Sichverstehen, das eine so eindrucksvolle Kombination herbeiführte, wie sie schwerlich jemals von einem österreichischen Team [...] gezeigt wurde.«[187]

Dieser Sieg war alles andere als ein Zufall. Zum einen kann man hier ein erstes Ergebnis der Trainingsarbeit Hogans sehen, zum anderen aber auch das Resultat systematischer Aufbauarbeit Meisls. Er hatte durchgesetzt, dass vor einem Länderspiel Trainingseinheiten und Probespiele gegen eine B-Mannschaft durchgeführt wurden.[188] Hugo Meisl selbst analysierte ein solches Probespiel im *Fremdenblatt* Es ging dabei um einen Test für das Länderspiel gegen Italien am 11. Januar 1914 in Mailand (es endete 0:0). Der frühe Zeitpunkt des Probespiels (22. Dezember) zeigt, wie gründlich die Vorbereitung verlief. Meisl verwies in dem Artikel darauf, dass das Testspiel erneut den Beweis erbracht habe, »dass der Erfolg von elf repräsentativen Spielern nicht von der Aufstellung allein, vielmehr von der einheitlichen Arbeit der gesamten Mannschaft abhängig« sei. Entsprechend kritisierte er, dass es nicht möglich sei, »unsere maßgebenden Vereinsfaktoren zu bewegen, ihre für internationale Ehren befähigten Spieler zu einem systematischen Training zu bewegen«, was dazu führe, dass die Mannschaften »nicht eingespielt« seien. Entsprechend rechtfertigte er die Veranstaltung von Probespielen, die die Vereinsoberen mit Skepsis betrachteten. Denn, so Meisl, »das Einspielen von Mannschaftsteilen und des gesamten Team obliegt dem Verbande, welcher repräsentative Länderwettkämpfe veranstaltet«.[189]

Das gewonnene Spiel gegen Ungarn war im Übrigen das letzte Länderspiel vor dem Krieg (sieht man einmal ab von einem Städtespiel von Wien gegen Berlin im Juni), und das erste, das Österreich gegen Ungarn überhaupt gewann, und schließlich noch ein letztes Mal ein gesellschaftliches Ereignis besonderer Art, denn dem Spiel wohnte eine erlesene Schar der K.u.K.-Führung bei, unter anderem Fürst Otto Windisch-Grätz und Graf Rudolf Colorado-Mannsfeld, dessen Enkeltochter später mit einer der Töchter Meisls die Schulbank drücken sollte.

So blickte Meisl denn recht zuversichtlich den nächsten Olympischen Spielen entgegen, die 1916 in Berlin stattfinden sollten, zumal es ihm gelang, Jimmy Hogan, der in Wien mittlerweile sowohl bei den Amateuren als auch bei der Vienna als Übungsleiter arbeitete[190], als Trainer für die Nationalmannschaft zu gewinnen.[191]

Aber dann brach der Erste Weltkrieg aus, die Spieler wurden zum Kriegsdienst eingezogen, den manche von ihnen nicht überlebten, auch Hugo Meisl wurde im Alter von 33 Jahren zur Armee einberufen; Hogan ging nach seiner Internierung als Trainer zu MTK Budapest.

Damit war zunächst die weitere Entwicklung des Wiener Fußballsports abgeschnitten.

KAPITEL 6
»Serbien muss sterbien« – Hugo Meisl im Ersten Weltkrieg

Der Kriegsausbruch

Seitdem Hugo Meisl die Beamtenstelle an der Österreichischen Länderbank erhalten und sich als Schiedsrichter und Fußballfunktionär einen Namen gemacht hatte, befand er sich in einem stetigen Aufstieg. Sein Gehalt bei der Länderbank wuchs ebenso wie sein sportliches Renomee; als international bekannter Schiedsrichter, als FIFA-Delegierter und als Verbandskapitän des ÖFV kam er in den Genuss zahlreicher Auslandsaufenthalte, die ihm, kontaktfreudig und kompetent wie er war, vielfältige Freundschaften mit ausländischen Kollegen einbrachten, die oft alle Zeiten überdauerten. So hätte es eigentlich immer weitergehen können.

Aber dann geschah am 28. Juni 1914 jenes unselige Attentat in Sarajewo auf den österreichisch-ungarischen Thronfolger Erzherzog Franz Ferdinand, und damit wurde alles anders.

Dieser Anschlag kam allerdings nicht wirklich überraschend. Der Balkan hatte sich nach dem Zerfall der türkischen Herrschaft zu einem explosiven »Pulverfass« entwickelt, in dem sich Serbien, Bulgarien, Griechenland, Rumänien, Italien und Österreich um die Aufteilung der

Hugo Meisl als »Einjähriger« in Böhmen (1901).

türkischen Erbmasse stritten. Dabei verfolgte Serbien mit russischer Unterstützung panslawistische Pläne im Sinne eines alle serbischen Siedlungsgebiete umfassenden Staates mit Zugang zur Adria. Diese Pläne durchkreuzte Österreich zur grenzenlosen Verbitterung der Serben im Oktober 1908 durch die Annexion Bosniens und der Herzegowina. Ab diesem Zeitpunkt war ein kriegerischer Konflikt zwischen beiden Ländern nur eine Frage der Zeit. Der Anschlag auf den Thronfolger heizte den ohnehin vorhandenen Hass gegen die Serben in der österreichischen Öffentlichkeit weiter an bis hin zu der eingängigen, wenn auch sprachlich nicht ganz einwandfreien Forderung »Serbien muss sterbien«. Diese Stimmung nutzte die

Regierung, um den brüchigen Zusammenhalt des Reiches zu festigen. Was eignete sich dazu besser als ein gemeinsamer Feind? Obwohl es keinen eindeutigen Beweis dafür gab, dass die serbische Regierung irgendetwas mit dem Attentat zu tun hatte, richtete daher Österreich an die serbische Regierung ein Ultimatum, dessen Erfüllung die teilweise Aufgabe der eigenen Souveränität beinhaltet hätte. Serbien lehnte ab, und so erklärte Österreich-Ungarn am 28. Juli 1914 diesem Land den Krieg und verkündete am 31. Juli die Generalmobilmachung. Damit begann sich eine verhängnisvolle Kette von Bündnisverpflichtungen in Gang zu setzen, die schließlich Europa in einen verheerenden europäischen Krieg stürzte, der das Ende einer ganzen Epoche bedeutete.

Wie erwähnt, hatte Hugo Meisl seinen »einjährigen« Militärdienst vom 1. Oktober 1901 bis zum 30. September 1902 im Infanterieregiment Rupprecht von Baiern Nr. 43 abgeleistet und verließ den Dienst als Reserveoffizier.[192] Er scheint ein durchaus »guter« Soldat gewesen zu sein, die Beurteilungen seiner Dienstvorgesetzten waren durchweg positiv Bei seiner Entlassung wird ihm ein »ganz fester Charakter« bescheinigt, mit »guten Geistesgaben, mit guter Auffassung«, er kenne »seine Dienstobliegenheiten sehr gut, führt einen Zug geschlossen und im Gefechte sehr gut«. Vor allem wird hervorgehoben, dass er »gegen Höhere achtungsvoll und bescheiden« sei, gegen »Niedere freundlich.«[193] Man bescheinigt ihm mithin auch Führungsqualitäten, die zu weiteren Aufgaben qualifizierten. Neben diese Qualitäten erfahren wir aus diesen Listen auch etwas über sein Aussehen: Demnach war er *dunkelblond*, hatte *braune* Augen, eine *gebogene* Nase, einen *proportionierten* Mund, ein *ovales* Kinn, ein *längliches* Gesicht, hatte die Schuhgröße 16 und war 164 cm groß. Als besondere Qualitäten wird ihm bescheinigt, dass er stenografieren konnte und ein sehr guter Turner, Schwimmer und Radfahrer war.[194]

Nach seinem einjährigen Dienst folgten in regelmäßigem Turnus Einberufungen zu Waffenübungen, die er im Übrigen in böhmischen Regimentern ableistete, da er militärisch seinem Heimatort Paběnic zugeordnet war, dem Geburtsort seines Vaters. So verbrachte er in den Jahren 1903, 1905, 1908, 1911 und 1913 jeweils vier Wochen bei solchen Waffenübungen, zunächst bei dem Infantrieregiment Nr. 64, ab 1911 beim Landwehrinfantrieregiment Nr. 12 in Časlau. Ausdrücklich wird in den Militärakten festgehalten, dass die Regimentssprache Böhmisch war, was auch nur dem Umstand entsprach, dass Meisl zu diesem Zeitpunkt noch das böhmische Heimatrecht besaß.[195] Von der Waffenübung im Jahre 1912 wurde er »enthoben«;[196] wir nehmen an, dass seine Aufgaben für den österreichischen Fußball in Hinblick auf die Olympischen Spiele dafür ausschlaggebend waren. Seine Vorgesetzten waren weiterhin zufrieden. Hervorgehoben wurden seine Sprachkenntnisse, »Böhmisch«, Deutsch und Italienisch beherrschte er demnach schriftlich und mündlich »vollkommen«. Allerdings wurde auch angemerkt, dass er keine Kenntnisse der rumänischen Sprache hatte. Im Dezember 1907 war er (mit Wirkung vom 1. Januar 1908) zum Leutnant in der Reserve »bei Belassung in [seiner] gegenwärtigen Einteilung« ernannt worden.[197] Ein geschätzter Offizier also, über den im Beurteilungsbericht von 1913 neben seinen militärischen Qualitäten auch erwähnt wird: »Ein guter Kamerad, bewegt sich gerne im Kreise der Offiziere.«

Der Marschbefehl

Ob diese Bemerkung ein Hinweis darauf ist, dass Meisl gerne Soldat war, sei dahingestellt, wie auch unklar bleiben muss, ob er gern oder gar mit Begeisterung in einen Krieg ziehen wollte. Aber nach der Kriegserklärung der österreichischen Regierung blieb ihm ohnehin keine Wahl mehr. Am 23. August 1914 rückte der knapp 33-jährige Hugo Meisl – ebenso wie seine jüngeren Brüder – zum Militärdienst ein,[198] eine, wie fast alle dachten, kurze Episode, denn dass Serbien innerhalb weniger Wochen besiegt sein würde, galt als ausgemacht.

Schon am 27. August erreichte Hugo Meisl Laibach (also Lubljana) als vorläufigen Standort seines Regimentes und wurde als Proviantoffizier dem Landsturm Marsch-Bataillon Nr. 29 zugeteilt. Mit diesem nahm er an der Offensive gegen Serbien teil. Während dieses Feldzuges, schon am 1. November 1914, wurde er zum Oberleutnant ernannt. Ansonsten haben wir keine Informationen über Meisls Einsatz im serbischen Feldzug. Über seinen weiteren Einsatz liegen indes Berichte aufgrund eines Kriegsalbums vor, das der Major A. Hausmanninger für sein Bataillon – das 2. Feldbataillon des K.u.K.-Infanterieregimentes Wilhelm I. Dt. Kaiser und König von Preußen Nr. 34 – zusammengestellt hatte,[199] denn im Dezember 1914 wurde dieses Bataillon dem Kommando der 15. Gebirgsbrigade zugeordnet, dem Hugo Meisl inzwischen angehörte.

Demnach war Hugo Meisl schon am 10. Dezember (nach einer kurzen Episode bei der 16. Gebirgsbrigade, die offenbar aufgelöst wurde), wiederum als Proviantoffizier, zur 15. Gebirgsbrigade versetzt worden, die schon in Brčko lag. Damit war für ihn der serbische Feldzug beendet. Die Brigade blieb bis Ende Mai in Brčko und war dort unter anderem an der Errichtung eines Brückenkopfes an der Save beteiligt, also an der Sicherung des bosnischen Gebietes.

Leopold, Hugo und Willy Meisl als dekorierte Weltkriegsoffiziere.

Aus dieser Zeit stammt auch das berühmte Foto von Hugo Meisl hoch zu Pferd, noch kaum dekoriert, das wohl zum ersten Mal im *Illustrierten Sportblatt* am 16. April 1915 abgedruckt worden ist.[200] In der gleichen Ausgabe der Zeitung wird auch darüber berichtet, dass alle drei Brüder Meisl im Felde stünden: »Oberleutnant Hugo Meisl, der bekannte Schiedsrichter, Leutnant Leopold Meisl, der sich als Schwimmer einen Namen gemacht hat und der mit der großen ›Silbernen‹ ausgezeichnet wurde, und Willy Meisl, der Torwächter der Austria, der erst kürzlich eingerückt ist.«[201]

Überlebenskampf auf dem Krn

Der Kriegseintritt Italiens auf Seiten der Entente im Mai 1915 veränderte erneut die Situation grundlegend, denn die Italiener verfolgten das Ziel, mit einer machtvollen Offensive die von ihnen beanspruchte Halbinsel Istrien zu erobern. Damit drohte Österreich-Ungarn die Gefahr, von seinen wichtigsten Hafenstädten abgeschnitten zu werden; die Front auf der Balkanhalbinsel wäre kaum noch zu halten gewesen.

Den Italienern gelang es allerdings nur wenige Kilometer weit bis zum Fluss Isonzo (slowenisch: Soča) vorzudringen, der in den Julischen Alpen entspringt, entlang dem steilen Gebirgshang nach Süden fließt und nordwestlich von Triest in die Adria mündet. Diesen Gebirgshang und dessen weit über 2.000 Meter hohen Berggipfel – darunter vor allem der 2245 m hohe Krn, der eine beherrschende strategische Bedeutung besaß – nutzten die Österreicher als natürliche Festung, gegen die die Italiener in nicht weniger als zehn blutigen und verlustreichen Schlachten anrannten, ohne jemals wirklich nennenswerte Erfolge zu erzielen – eine grauenvolle Parallele zu den Massenschlächtereien zwischen Deutschen und Franzosen um Verdun. Erst die elfte Schlacht im Oktober 1917 brachte eine gewisse Entscheidung, als es den Österreichern mit deutscher Hilfe gelang, die italienischen Stellungen zu überrennen und bis vor Venedig vorzudringen.

Nach Beginn der Angriffe wurde auch Hugo Meisls Brigade gegen die neue Bedrohung am 18. Mai 1915 an der Isonzofront in Stellung gebracht, um den Nachschub nach Bosnien gegen die angreifenden italienischen Verbände zu sichern. Bis Juli blieb die Brigade in der Gegend von Santa Lucia auf einem Hügel mit der Wallfahrtskirche Sveta (Santa) Maria stationiert. Auch das *Illustrierte Sportblatt* berichtet im Juni, dass Hugo Meisl, »der Verbandskapitän des OeFV [...] gegenwärtig als Oberleutnant an der italienischen Grenze« liege.[202] Man beachte, dass in einem ersten Bericht des Sportblattes Hugo Meisl noch als Schiedsrichter genannt wurde!

Im Juli und September 1915 unternahm die italienische Armee die beiden ersten Versuche, die Front zu durchbrechen; es gelang ihr allerdings nur, bei Tolmin einen Brückenkopf östlich des Isonzo zu besetzen. Hugo Meisl Einheit wurde bei diesen Kämpfen um Tolmin eingesetzt und dann weiter hoch in die Berge der Julischen Alpen auf den Krn verlegt. Für den Rest des Krieges stellte die Brigade zusammen mit einem anderen Regiment die Infanteriebesatzung aller Abschnitte im Krn-Gebiet.

Nach der zurückgeschlagenen Juli-Offensive erhielt das Regiment eine allerhöchste Belobigung, die allein schon ihrer Wortwahl wegen verdient, wiedergegeben zu werden:

»Das Armee-Oberkommando hat die Berichte über die glänzenden Leistungen des 4. Baons des Inf.-Rgts. Nr. 53 in den Kämpfen im Krn-Gebiete anfang Juli l. J. an die Militärkanzlei Seiner Majestät geleitet.

Seine k.u.k. Apostolische Majestät geruhten, diese Berichte mit Allerhöchster vollster Befriedigung zur Kenntnis zu nehmen und mich zu beauftragen, dem Bataillon bekannt zu geben, dass der Allerhöchste Herr die Meldung über die heldenmütige, den Traditionen der braven 53er würdigen Haltung dieses hervorragenden Bataillons mit Stolz und Freude vernommen haben. Seine Majestät entbieten den Helden vom Krn Allerhöchst ihren Dank und Gruß.

Es gereicht mir zur besonderen Freude, diesem ehrenden Befehle Unseres Allerhöchsten Kriegsherrn nachzukommen.

Erzherzog EUGEN m. p., Generaloberst.«[203]

Meisl hatte sich als Soldat bewährt. Sein Vorgesetzter, Generalmajor Heinrich von Wieden, begründete mit starken Worten einen Antrag zur Verleihung der Bronzenen Militärmedaille am Bande des Militärverdienstkreuzes, dem sog. Signum Laudis, also eine allerhöchste belobende Anerkennung Meisls: »[Meisl] *steht seit Kriegsbeginn im Felde. War im serbischen Feldzuge zuerst Proviantoffizier des Landsturmbaions Nr. 29, dann heuer der 16. Geb. Brig. seit Dezember 1914 Proviantoffizier der 15. Geb. Brig. Hat sich sowohl im serbischen wie im italienischen Feldzug ganz besonders bewährt, sowohl bei den schwierigen Verhältnissen während der Offensive in Serbien, als auch bei der Versorgung der Truppen am Krn war durch seine aufopfernde und vordenkende Versorgung die Verpflegung der Truppen stets eine klaglose. Ein sehr tüchtiger Offizier, der sich ganz dem Wohle des Dienstes widmet und immer allerhöchsten Anzeichen besonders würdig ist.*«[204] Am 3. Februar 1916 wurde sie ihm denn auch verliehen.

Im Frühjahr 1916 unternahmen die italienischen Truppen eine erneute Offensive – mittlerweile die fünfte. Von den heftigen Kämpfen war auch die Besatzung des Krn betroffen. In einem deutschen Erinnerungsbuch an den »Völkerkrieg« steht über diese Schlacht zu lesen: »*Von Flitsch bis Tolmein klammerten sich die Italiener auf das Ostufer des Isonzo, an jenen Gebirgskamm, dessen fünf Gipfel der Javorcek, Lipnik, Brata, Krn und Mrzli Brh bilden. Auch hier blockierte der Höhenschnee ihre eingesprengten Unterkünfte, schwemmte durch die Schneeschmelze mit Bergrutschen und Lawinen die Blockhütten, Klettersteige und Drahtseilaufzüge, die Patrouillen, Essenträger und Hilfsmannschaften fort. So konnte der Gegner erst Ende März 1916 wieder den Versuch wagen, zu den österreichisch-ungarischen Feldschanzen am Krn aufzusteigen. Der Empfang war nicht eben freundlich und überzeugte die italienische Mobilmiliz, dass die k.u.k. Maschinengewehre in der Gletscherkälte nicht eingefroren waren.*«[205]

Die Kämpfe zogen sich bis Juni 1916 hin. Der k. k. Heeresbericht stellte für den 27.Mai 1916 lapidar fest: »Am Monte Sief und Krn wurden feindliche Angriffe abgeschlagen.«[206] Und für den 25. Juni: »An der küstenländischen Front scheiterten feindliche Angriffe am Krn.«[207] Auf eine entsprechend sorgenvolle Nachfrage seiner späteren Frau wegen dieser Kämpfe schrieb Hugo Meisl zurück, er sei »glücklicherweise bei dem ärgsten Rumpeln nicht beteiligt« gewesen und sei »nach wie vor auf 2.000 m Höhe«.[208] Die Gefechte flackerten allerdings immer wieder auf. Im August gab es erneut heftige Kämpfe, bei denen es den Italienern gelang, die Stadt Görz zu erobern und sogar den Gipfel des Krn zu besetzen,[209] ohne jedoch die Österreicher aus ihren etwas unterhalb gelegenen Stellungen vertreiben zu können. Die Italiener griffen daher zu einer Methode, die auch in den Dolomiten mehrfach mit schrecklichen Folgen angewandt wurde, auch natürlich von den österreichischen Truppen: Sie trieben Stollen unter die feindlichen Stellungen, um sie mit Hilfe von Dynamit in die Luft zu jagen. Am Krn wurde ein solcher »Minenstollen« im August 1916 kurz

Hugo Meisl mit seiner »Mannschaft« auf dem Krn (vermutlich Winter 1916).

vor der Vollendung entdeckt und anschließend gesprengt, Lebensrettung möglicherweise auch für Hugo Meisl.[210]

Bei alledem muss man sich vergegenwärtigen, dass Gefahren nicht nur von den italienischen Soldaten drohten, sondern auch von der lebensfeindlichen Natur im Hochgebirge. Einige Fotos aus dem Nachlass Hugo Meisls vermitteln einen gewissen Eindruck von den Härten und Strapazen dieses Einsatzes. Ein offenbar im Sommer entstandenes Foto zeigt eine nahezu vegetationslose Hochgebirgslandschaft mit einigen eher improvisiert wirkenden Gebäuden auf einem Hochplateau. Weitere Fotos zeigen Hugo Meisl vor seiner stahlbehelmten Truppe, dahinter tief verschneite Unterstände, Dächer, von denen lange Eiszapfen herabhängen, Kanonen in einsamer Gebirgslandschaft.

Erfrierungen waren alltäglich, der Nachschub musste mühselig unter Lebensgefahr über schmale, vereiste Gebirgspfade herangeschafft werden, und vor allem gegen Ende des Winters stellten Lawinenabgänge für die Soldaten eine mindestens ebenso große Bedrohung dar wie die eigentlichen Kriegshandlungen. Und so kam es, dass Hugo Meisl einer der Soldaten war, der eine Kriegsauszeichnung erhielt für ein Heldentum, das nicht auf dem Töten von Menschen, sondern auf der Rettung von Menschenleben beruhte: In seinem Antrag für die Belobigung schildert der zuständige Offizier, wiederum General von Wieden den Vorfall. »*Tapferes und aufopferndes Verhalten gelegentlich des Lawinenunglücks am Bopatin am 7. III. 1916. Auf den Eintritt des Lawinenunglücks stellte sich Oblt. Meisl sofort an die Spitze einer Rettungsexpedition, griff, die neuerliche Lawinengefahr nicht achtend, initiativ in die Bergungsaktion ein, wodurch es nach kürzester Zeit gelang, von den 40 Verschütteten 35 lebendig zu bergen. Nur diesem energischen Eingreifen des braven Offiziers ist es zuzuschreiben, dass so viele Menschen gerettet werden konnten.«*[211]

Am 9. August (auch die Mühlen der Militärbürokratie mahlen langsam) wurde ihm das Verdienstkreuz verliehen, dieses Mal in Silber. Der Vollständigkeit halber muss noch erwähnt werden, dass Meisl am 25. August 1917 auch das Militärverdienstkreuz III. Klasse mit der Kriegsdekoration III. Klasse mit Schwertern verliehen wurde.[212] Diesmal, das erweist die Begründung, war es eine Belobung für rein militärische Verdienste: »*Für tapferes Verhalten und vorzügliche Dienstleistung vor dem Feinde. Als Proviantoffizier und gleichzeitig auch als Leiter der Alp. Rettungsstationen hat er in den schweren Wintermonaten dieses Jahres in beiden Eigenschaften hervorragendes geleistet. Als infolge starker Abgänge beim Baon I/61* [eine hübsche Umschreibung für Tod und Verkrüppelungen] *Offz.Mangel eintrat, meldete er sich freiwillig zum Frontdienste. Als Kmdt. des Absch.III hat er während der Zeit vom 20./1 – 8./5.17 und besonders während der letzten zwei großen Stürme derart hervorragend gearbeitet, dass die auf Grund früherer Erfahrungen zu erwartenden Verluste nicht eingetreten sind und dass er auch seine Mannschaft vor Erfrierungen und sonstiger Erkrankungen zu erhalten im Stande war. Als Soldat hat er seinen Untergebenen stets ein glänzendes Beispiel von Mut und Ausdauer gegeben, und auch selbst einige nur wegen Ungunst der Terrainverhältnisse nicht positiven Erfolg ergebenden Patr[iotischen]. Unternehmungen geleitet. – Er ist in jeder Hinsicht einer Allerhöchsten Auszeichnung würdig.«*[213]

Abgesehen von regelmäßigen Heimaturlauben – von zwei kürzeren Heimaturlauben im Juni und August 1916 berichtete Hugo Meisl seiner zukünftigen Frau in einem Brief[214] – scheint Hugo Meisl zumindest den allergrößten Teil seiner Kriegszeit auf dem Krn zugebracht zu haben. Das ergibt sich auch aus Erzählungen, an die sich die Töchter erinnern.

Ausdrücklich ist in einer Qualifikationsbeschreibung aus dem Jahre 1917 notiert, dass Hugo Meisl an der 11. Isonzoschlacht teilgenommen hat[215], die mit der Offensive der Italiener am 17. August 1917 begann und mit dem endgültigen Scheitern dieser Offensive am 12. September endete. Sie war eine der blutigsten Schlachten an der Isonzofront, fast eine Million Soldaten waren auf beiden Seiten beteiligt, und mehr als 200.000 starben oder wurden verwundet. Nur am Rande sei erwähnt, dass ausgerechnet in dieser 11. Isonzoschlacht der Vater von Meisls späterem Wunderteamstar Mathias Sindelar gefallen ist, genau am 20. August, also recht früh zu Beginn dieser Schlacht.[216] Meisl überlebte das Inferno am Isonzo; bis zum Ende des Krieges wurde die Stellung gehalten, mit der bitteren Pointe, dass im Friedensvertrag von Saint Germain die ganze Region dennoch von Österreich abgetrennt und zwischen Italien und dem neu geschaffenen Jugoslawien aufgeteilt wurde.

Als Presseoffizier in Wien

Es ist nicht vollkommen klar, wie lange Meisl wirklich auf dem Krn geblieben ist. Am 1. November 1917 wurde er zur 3. Gebirgsbrigade versetzt.[217] Möglich, dass er an der Offensive gegen Italien Ende 1917 zumindest zeitweise beteiligt war, denn dieser anfangs erfolgreiche Angriff führte zur Auflösung der Isonzo-Front, zu deren Absicherung die Stellungen im Krn-Gebiet gedient hatten. Freilich enthalten weder das Kriegsarchiv in Wien noch das Militärarchiv in Prag Hinweise zu der weiteren militärischen Laufbahn von Hugo Meisl, möglicherweise sind die entsprechenden Unterlagen des 3. Gebirgskommandos verschollen.

Sicher ist lediglich, dass er im Laufe des Jahres 1918 zum Hauptmann befördert wurde. Außerdem sind auf der Todesanzeige Meisls neben den drei bereits angesprochenen Auszeichnungen für Tapferkeit noch das Karl-Truppenkreuz und eine Verwundetenmedaille erwähnt.[218] Diese muss er nach dem 29. Januar 1918 erhalten haben, allerdings ist über die Art der Verletzung nichts überliefert, auch seine Töchter erinnern sich nur vage daran, dass er verwundet war.

Das letzte Zeugnis seines Militärdienstes liegt in Form einer Qualifikationsbescheinigung vor, wie sie regelmäßig erstellt wurde, um die »Karriere« der Soldaten zu dokumentieren. Diese letzte Bescheinigung[219] ist in zweifacher Hinsicht bemerkenswert: Zum einen wird auf diesem Schein als Meisls »Profession« »Bankbeamter, Redakteur« – statt wie bisher nur »Bankbeamter« – angegeben, und zum anderen dokumentiert die Bescheinigung, dass Hugo Meisl nun das Heimatrecht nicht mehr in Pabjenic, sondern in Wien hatte. Das lässt den Schluss zu, dass er nun seinen Dienst in Wien verrichtete, und zwar im journalistischen Bereich. In diesem Zusammenhang ist ein Brief sehr aufschlussreich, den ein gewisser Arthur Baar[220] im September 1918 – also noch während des Krieges – an Hugo Meisl schrieb:[221]

»Sehr geehrter Herr Hauptmann! Vor allem ersuche ich mir wegen der Behelligung nicht böse zu sein, wenn ich Ihnen neuerlich die Bitte vorbringe, für mich im Pressequartier zu intervenieren. Herr Oberleutnant Reich hat mir versprochen im Frmdbltt die notwenigen Schritte zu übernehmen, doch kann er diese nur im Einvernehmen mit Ihnen vornehmen. Ich brauche Ihnen wohl nicht zu versichern, dass es für mich direkt katastrophal wäre, von Wien wegzumüssen, da u.a. meine mühsam aufgebaute Existenz in Trümmern gehen würde. Daher klammere ich mich an das mir von Ihnen gegebene Versprechen und bitte Sie nochmals wegen dieser meiner Behelligung nicht ungehalten zu sein. […] Arthur Baar.«

Hugo Meisl war demnach offensichtlich in Wien stationiert, und zwar im Pressequartier mit engen Beziehungen zum *Fremdenblatt*, für das er ja bereits vor dem Krieg gearbeitet hatte. Darüber, welche Funktion er dort ausübte, kann man nur mutmaßen. Presseoffizier? Auswertung der Presse des feindlichen Auslandes? Womöglich Propagandaabteilung? Dafür spricht, dass sich im Nachlass Hugo Meisls ein Notizbuch aus dem Jahre 1918 befindet, in dem zahlreiche Übersetzungen von Artikeln aus französischen, englischen und holländischen Zeitungen vom Sommer 1918 niedergeschrieben sind, nebst offenbar aus der Feder Meisls stammenden Texten, die nach Inhalt und Form nur als Propagandatexte zu verstehen sind, wie zum Beispiel dieser: *»Die ungeheuren Blutopfer der letzten vier Jahre haben keinen Platz im Gedankenkreise der englischen Kriegshetzer, sie führen den Krieg, um nach demselben befreit vom Mitbewerber Deutschlands, größeren Nutzen aus ihrer Wirtschaftpolitik zu ziehen. Die Bürger der Mittelmächte sollen wirtschaftliche Heloten Englands werden.«*

Am 16. Oktober 1918 war die Tschechoslowakische Republik gegründet worden, Meisls ursprüngliche Heimat hatte sich selbstständig gemacht, am 11. November ersuchte die österreichische Regierung zusammen mit Deutschland um den Waffenstillstand, und am 12. November wurde die Republik Deutsch-Österreich proklamiert.

Am 3. Dezember 1918 schließlich meldete sich Meisl offiziell zurück, als Bankbeamter in der Länderbank, als Funktionär beim österreichischen Fußballverband und schon am 1. Januar 1919 als Mitherausgeber einer Sportzeitung – und als weiterer Herausgeber fungierte eben jener Arthur Baar (offenbar hat Hugo Meisl also Arthur Baar im September 1918 helfen können). So hat der Krieg wenigstens eine Freundschaft begründet.

Nachwirkungen

Seinen Kindern hat Hugo Meisl nur wenig über den Krieg berichtet. Er hat wohl erzählt, dass die Kämpfe gegen die Serben furchtbar waren, er berichtete vom Hass der dortigen Bevölkerung und der brutalen Reaktion des österreichischen Armee gegenüber Zivilisten, die mit der serbischen Armee zusammengearbeitet hatten. Ein Foto aus dem Kriegsalbum zeigt einige Soldaten des Regiments (unter ihnen aber nicht Hugo Meisl) vor zerstörten Häusern von »Verrätern«, wie es in der Bildunterschrift heißt. Den Einsatz im Krn-Gebiet hat er demgegenüber als nicht ganz so furchtbar geschildert. Er berichtete seinen Kindern später (vielleicht nur leicht übertrieben), dass er im Grunde die Jahre, die er auf dem Krn verbracht hatte, nicht von den Skiern heruntergekommen sei.

Hugo Meisl als hochdekorierter Weltkriegsoffizier.

Hugo Meisl scheint den Krieg als ein Erlebnis empfunden zu haben, dem nichts Positives abzugewinnen war.[222] Obwohl er einigen Grund gehabt hätte, über Heldentaten zu berichten – immerhin zeigt ihn eines seiner letzten Kriegsfotos als einen mit vier Orden behängten hochdekorierten Offizier, schwieg er sich weitgehend über seine Kriegserlebnisse aus, und zwar offensichtlich, weil ihn die Allgegenwart des Todes zutiefst erschüttert hatte. Deutlich wird das noch viele Jahre später im Kondolenzschreiben an die Witwe von Herbert Chapman im Jahre 1934. Angesichts des Todes seines Freundes erinnerte er sich in offenkundiger Erschütterung daran, dass er »vier Jahre an der Front gewesen und dort mehrfach knapp dem Tode entronnen sei«.[223]

Eine tiefe Verehrung verband ihn mit einem seiner Vorgesetzten, dem Generalmajor Heinrich von Wieden. Er teilte seinen Kindern seine Bewunderung für diesen Kriegsoffizier des Öfteren mit, und als es daran ging, dass seine Töchter Tanzunterricht nehmen sollten, war es eine Selbstverständlichkeit, dass sie in der Tanzschule angemeldet wurden, die von Lilly von Wieden, also der Tochter des Herrn von Wieden, im III. Bezirk geleitet wurde.[224] Verbindungen zu Kriegskameraden, abgesehen zu dem bereits genannten Arthur Baar, scheint Hugo Meisl dagegen nicht sonderlich gepflegt zu haben. Zwar ist ein freundschaftlicher Brief eines Kriegskameraden namens Anton Hutter an Hugo Meisl überliefert, in dem dieser auch geduzt wird,[225] aber weitere Hinweise auf diese Person lassen sich in den Überlieferungen nicht finden.

Eine Art Nachklang der Kriegserlebnisse mag man schließlich in solchen Überlegungen finden, wie sie Hugo Meisl im Zusammenhang mit dem Fußballturnier der Olympischen Spiele von 1928 in Amsterdam anstellte: »Hätte der Weltkrieg die Jugend der zentraleuropäischen Staaten nicht so schwer körperlich und moralisch in Mitleidenschaft gezogen, ganz besonders aber nicht die Jugend der meisttalentierten Fußballzentren des europäischen Festlandes, so wäre es sehr wahrscheinlich nie so weit gekommen, dass den mehr oder weniger gut geleiteten – damit soll natürlich nur die rein fußballistische Leitung gemeint sein – europäischen Nationalverbänden bereits zwei Fußballolympiaden nur das Nachsehen übrig blieb.«[226]

Franzensbrückenstraße 22, Wohnung der Familie Ludwig Meisl.

KAPITEL 7
Der Neubeginn

Der Krieg war vorbei, Hugo Meisl konnte endlich die Uniform ausziehen. Aber was war das für eine Welt, in die er zurückkehrte? Die glanzvolle, traditionsreiche Monarchie war verschwunden, so vollständig verschwunden, dass sogar Adelstitel nicht mehr öffentlich geführt werden durften. Das mächtige Habsburger Imperium war in seine Einzelteile zerfallen, die Metropole Wien, jahrhundertelang das pulsierende Zentrum eines der mächtigsten Reiche Europas, fand sich nun plötzlich wieder als überdimensionierter Wasserkopf eines Kleinstaates, in dem Hunger und Elend regierten.

Zugleich aber wurde dieser Verfall des Alten, dieses scheinbare Versinken Österreichs in der Bedeutungslosigkeit, begleitet von der Dynamik einer neuen Epoche, die vor allem in Wien deutlich wurde.

Am 1. Januar 1922 war Wien, bis dahin Hauptstadt Niederösterreichs und daher auch Sitz des NÖFV, zu einem eigenständigen Bundesland erhoben worden. Die Wahl des neuen Wiener Landesparlaments erbrachte einen überwältigenden Erfolg der Sozialdemokraten, die sich nun daranmachten, Wien in ihrem Sinne umzugestalten. Dazu gehörte vor allem die Beseitigung der vielbeschriebenen Wohnungsnot durch den Bau umfangreicher Sozialwohnungsbauten, insgesamt wurden es bis zum Jahr 1934 nicht weniger als 61.175 Wohneinheiten,[227] die allesamt einen für die damaligen Verhältnisse erstaunlichen Standard aufwiesen, wie beispielsweise eine serienmäßige Innentoilette. Berühmtestes Bauwerk dieser Art war der Karl-Marx-Hof in Heiligenstadt, nicht ohne demonstrative Absicht direkt unterhalb des Nobelviertels Döbling und gegenüber dem Stadion an der Hohen Warte angelegt, so dass die Zuschauerströme von der Stadtbahnstation Heiligenstadt durch die Tore des Karl-Marx-Hofes hindurch zum Stadion gelenkt wurden.[228] Ab dem Jahr 1930 sollte hier auch die Familie Hugo Meisl wohnen. Finanziert wurden diese sozialen Leistungen durch ein mit dem Namen des Finanzstadtrats Hugo Breitner verbundenes System von Steuern, unter denen die gnadenlos eingetriebene Vergnügungssteuer auch den Fußballvereinen viele Sorgen bereiten sollte.

Nicht nur dieses beispielhafte Wohnungsbauprojekt sorgte für internationales Aufsehen, auch in kultureller Hinsicht war das Wien der 1920er und 1930er Jahre nach wie vor eine der aufregendsten und anregendsten Städte der Welt, sowohl in der Medizin als auch in der Musik sprach bald alle Welt von einer *Wiener Schule* – und bald sollte dies auch im Fußballsport gelten, denn nach dem Ende des Ersten Weltkrieges wurde Wien von einer Fußballbegeisterung ohnegleichen erfasst, Vereine schossen aus dem Boden: Im Jahre 1920 gab es in Wien bereits 182 Vereine mit 37.000 Spielern.[229] Bis zu 300.000 Wiener machten sich sonntags auf die Beine, um ein Meisterschaftsspiel ihrer Mannschaft zu erleben, was immer wieder den öffentlichen Nahverkehr zum Erliegen brachte[230]. Im Jahre 1922 besuchten 40.000 Zuschauer ein Liga-Spiel zwischen Rapid und dem Sportklub,[231] doch den absoluten Zuschauerrekord erlebte Wien am 15. April 1922, als nicht weniger als 100.000 Zuschauer das Länderspiel gegen Italien sehen wollten. 65.000 fanden offiziell Einlass, weitere 20.000 drängten sich hinein, sodass schließlich etwa 85.000 Menschen die riesige Hangtribüne des Stadions an der Hohen Warte füllten, um unter akuter Lebensgefahr – das Erdreich hielt teilweise den Massen nicht stand und rutschte ab – ein letztendlich enttäuschendes 0:0 zu erleben. Fußball wurde zum gesellschaftlichen Ereignis, und Fußballspieler stiegen auf zu Massenidolen und Medienstars, vorneweg der Rapid-Torjäger Josef Uridil mit dem vielsagenden Ehrennamen »der Tank«, ein stämmiger junger Mann, dessen robuste, zielstrebige Spielweise Anfang der 1920er Jahre die Massen dermaßen begeisterte, dass zu seinen Ehren ein flotter Foxtrott mit dem Titel »Heute spielt der Uridil« komponiert und regelmäßig auf dem Rapid-Platz intoniert wurde. Und mehr noch, Uridil erhielt sogar eine tragende Rolle in einem Spielfilm namens »Pflicht und Ehre« übertragen, der in Wien in 23 Kinos gleichzeitig lief.[232]

Die außergewöhnliche Dynamik des österreichischen – und das hieß damals immer: des Wiener – Fußballsports führte fast zwangsläufig zur Entwicklung des Profi-Fußballs und einer Spielkultur auf höchstem Niveau, eben der *Wiener Schule,* die schließlich im legendären *Wunderteam* kulminieren sollte; eine Entwicklung, die aufs Engste mit dem Namen Hugo Meisl verbunden ist und zweifellos ohne ihn in einer solchen Form auch nicht stattgefunden hätte. Aber es sollte nicht vergessen werden, dass Hugo Meisl nicht vorrangig Trainer war, das war er auch, sondern eine Fülle von Funktionen auf sich vereinigte. Nach seinem Tod formulierte das *Sport-Tagblatt* mit Ahnung des durch den Tod Meisls eingetretenen Verlustes: »Er war der Verbandskapitän. Man hat von ihm auch vorwiegend als von dem Verbandskapitän gesprochen, es hieße aber, seine Bedeutung unterschätzen, wenn man gerade diese Funktion als die wichtigste seines Arbeitsgebietes bezeichnete. Sie war nur die auffälligste […]«[233]

Zurück im zivilen Leben

Hugo Meisl kehrte, wie es scheint, einigermaßen reibungslos aus dem Krieg kommend wieder dorthin zurück, wo schon vor Kriegsbeginn sein Platz gewesen war: Am 3. Dezember 1918 trat er – nunmehr 37-jährig – seinen Dienst bei der Länderbank wieder an. Zum ersten Januar 1919 erhielt er die übliche Gehaltserhöhung auf nunmehr insgesamt 5.250 Kronen im Jahr, die am 1. Juli nochmals auf insgesamt 5.700 Kronen angehoben wurde.[234]

Allerdings fühlte Hugo Meisl sich offenkundig durch seinen Bankposten weder zeitlich hinreichend ausgelastet noch inhaltlich angemessen ausgefüllt, er steckte voller Tatendrang, und so wurde das Jahr 1919 für ihn ein Jahr voller Neuanfänge: Zunächst zog er aus der elterlichen Wohnung in der Franzensbrückenstraße 22 aus und mietete sich im 3. Bezirk eine kleine Wohnung in der Fasanengasse 49. Anschließend stürzte er sich regelrecht in neue Projekte: Er wurde Zeitungsherausgeber, er wurde Unternehmer, er wurde Vereinsvorsitzender und – er heiratete. Und bis in die Heiratsurkunde hinein wird deutlich, dass er seine Zukunft nicht primär in seiner Arbeit für die Bank sehen wollte. So gab er auf dem Trauschein zunächst als Beruf lediglich »Journalist« an, erst nachträglich, mit anderer Schrift hineingezwängt, vielleicht auf Grund von Vorhaltungen von Freunden oder gar dem Trauungsbeamten, wurde dem Journalisten »und Bankbeamter« hinzugefügt.[235]

Aber der Reihe nach.

Das Neue Wiener Sportblatt

Am 1. Januar 1919 wird die Leserschaft des *Neuen Wiener Sportblatts* mit folgenden Zeilen begrüßt:

»Ich habe mit heutigem Tag die Leitung des ›Neuen Wiener Sportblattes‹ übernommen. Zum ersten Male seit meiner zwanzigjährigen sportlichen Betätigung trete ich an die Spitze eines Fachblattes. Mein Programm bleibt auch unter den gegenwärtigen und künftigen Verhältnissen unverändert: Gerechte, streng sachliche, der Veredelung des Sportes dienende Kritik und Propagierung des deutschösterreichischen Sportes im Allgemeinen und des mir am nächsten gehenden Fußballsportes im Besonderen.

Allen alten und jungen Freunden, die mir ihre Unterstützung in meinen ideellen Bestrebungen leihen wollen, sage ich im Voraus meinen sportskameradschaftlichen Dank.

Hugo Meisl«

Neues Wiener Sportblatt, 1. Jänner 1919, Titelseite mit Editorial von Hugo Meisl.

Hugo Meisl verfügte bereits über einige journalistische Erfahrung, immerhin hatte er vor dem Krieg bereits für das *Fremdenblatt* geschrieben; im Nachlass Hugo Meisls befindet sich ein entsprechender Ausweis. Seinen Einstieg in die Leitung des *Neuen Wiener Sportblattes* hatte Hugo Meisl in der vorausgegangenen Ausgabe vom 25. Dezember 1918 vorbereitet, wo er eine ausführliche programmatische Erklärung mit dem Titel »Unsere Zukunft« veröffentlicht hatte.[236]

In diesem Beitrag wird zunächst Meisls ganze Wut und Enttäuschung über den verlorenen Weltkrieg offenbar, und zwar offenkundig aus der Perspektive eines frustrierten Weltkriegsoffiziers: »*Wir wurden ausgehungert, schlecht geführt und am Schluss verraten, besiegt wurden wir nicht. Und wenn auch die Zeit des blutigen Kampfes hoffentlich vorüber ist, so tragen wir, die Übergangsgeneration, doch dieses Bewusstsein, nicht der Kraft, sondern dem Hinterhalt erlegen zu sein, in uns und es wird uns helfen, dem geeinigten Deutsch-Österreich eine kraftvolle Jugend heranzuziehen…*« Worauf beziehen sich wohl Meisls Anspielungen? Wer hatte Österreich »am Schluss verraten«? Meisl meinte sicher nicht die Sozialdemokraten, denen er zumindest damals sehr nahe stand. Vielleicht war dies auf die Tschechen gemünzt, die noch während des Krieges quasi Hochverrat begingen, indem sie am 28. Oktober 1918 die Tschechoslowakische Republik proklamierten. Und von welchem »Hinterhalt« spricht Meisl, dem man schließlich erlegen sei? Meisl konnte offenbar davon ausgehen, dass die Leser wussten, was gemeint war. Der Konsens lautete: Im Felde unbesiegt, aber verraten… Die Parallelen zur deutschen Dolchstoßlegende sind verblüffend, allerdings richtet sich Meisls Attacke nicht gegen die Demokratie, ganz im Gegenteil.

Meisl hält sich bei den obskuren Schuldzuweisungen nicht lange auf. Er setzt der Heimtücke der Politik die Ehrlichkeit und Friedensliebe des Sportlers gegenüber: »*Wir und auch die Sportsleute des Auslands haben den Krieg nie gewollt. Dies darf man ruhig erklären. Deshalb wird dem Sport auch beim Wiederaufbau des internationalen Verkehrs, bei der Wiedererwerbung des internationalen Gefühls, eine große Aufgabe zufallen und er wird vielleicht wertvolle Pionierarbeit für unseren auswärtigen Handel leisten können. Er wird viel zur Wiederherstellung der früheren guten Beziehungen beitragen und wir müssen trachten, dass neben der Internationale der Sozialdemokratie, neben der der Wissenschaft und der des Kapitals eine Internationale des Sports entsteht, die Einfluss und Bestand hat.*«

Hiermit skizziert der eben erst aus dem Krieg heimgekehrte Hugo Meisl bereits Ende 1918 eine Vision, die er von nun an mit Leidenschaft und größter Konsequenz bis zu seinem Lebensende verfolgen wird und die ihn antreiben sollte bei der Verwirklichung von Mitropa-Cup, Europa-Cup und Weltmeisterschaft: der Sport als friedlicher und fairer Wettstreit der Völker. Typisch für Meisls Pragmatismus ist allerdings, dass er dieses hehre Ideal sofort mit einem sehr realen und praktischen Nutzen unterfüttert: internationale Sportbeziehungen als »Pionierarbeit« für den internationalen Handel. Genau vierzehn Jahre später sollte diese Vision Meisls auf geradezu verblüffende Weise bestätigt werden, als der *Kicker* schrieb, »*dass Österreichs Fußballmannschaft in England mehr für ihr Vaterland getan habe als die diversen Kommissionen, Expeditionen, die mit finanzpolitischen Geschäften betraut, über den Kanal geleitet wurden.*«[237]

Meisl geht in seinem Artikel aber noch einen Schritt weiter: Im entschiedenen Gegensatz zu der verbreiteten Ansicht, Sport sei in erster Linie eine Vorstufe zur militärischen Ertüchtigung, fordert er, die Förderung des Sportes sollte auch zugleich den Untertanengeist vertreiben und die Jugend zu friedliebenden Demokraten erziehen: »*Zuerst muss der Sport in die Schulen eindringen und den letzten Rest von Duckmäusertum, Engbrüstigkeit und Ungesundheit hinausfegen. Vergesst nicht, dass der Sport das beste und edelste Erziehungsmittel ist, besonders in einer Demokratie.*« Damit stellt sich Meisl trotz der eigentümlichen Anfangspassage entschieden auf die Seite der gesellschaftlichen Reformkräfte, die in Wien seit 1918 eine neue Zeit eingeläutet hatten.

Der im August 1918 gegründete Verlag des *Neuen Wiener Sportblattes*, Untertitel: *Zeitschrift für alle Zweige des Körpersports* hatte seinen Sitz zunächst im IX. Bezirk in der Nußdorfer Straße 4/5; im März 1919 zog die Redaktion dann in die Obere Donaustraße 43, Mezzanin um, an der Augartenbrücke gelegen, nicht im Zentrum der jüdischen Leopoldstadt, jedoch im II. Bezirk, wenn auch ganz am Rand. So war diese Zeitung auch alles andere als ein zionistisches Organ, obwohl Meisls Mitherausgeber Arthur Baar, der später einen Prachtband über die Hakoah schreiben sollte, überzeugter Zionist war. Vielmehr berichtete die Zeitung sachlich, umfassend und durchaus unterhaltsam über wichtige Sportereignisse vorwiegend, aber nicht nur im Fußball, vorwiegend, aber nicht nur in Wien, aufgelockert durch zahlreiche Fotos und Karikaturen. Zudem brachte der Verlag auch noch eine eigene Bücherreihe heraus, so erschienen im Jahre 1920 »25 Jahre Fußball« von Max Johann Leuthe und Willy Meisls Erstlingswerk »Das A-B-C des Fußballspieles« – das sich sogleich als Bestseller erwies.

Hugo Meisl gewann unter anderem Max Johann Leuthe als Redakteur, dem er feste Rubriken zur Verfügung stellte. Zum einen füllte ab Mitte 1919 Leuthe die Zeitung unter dem Titel »Ein Vierteljahrhundert Fußballsport« in vielen Fortsetzungen mit Erinnerungen aus seinem Fußballerleben, zum anderen bewies er aber auch sein zeichnerisches Talent mit kommentierten Karikaturen unter dem Titel »In Wort und Bild durch die Sportwelt«. Auch Willy Schmieger schrieb für das Blatt, und Dr. Willy Meisl sammelte hier umfangreiche journalistische Erfahrung, teils mit satirischen Beiträgen, teils mit flammender Agitation für den Professionalismus, den Bau eines Stadions oder für die Einhaltung von Regeln und Satzungen im Fußball. Die meisten Beiträge stammten allerdings aus der Feder Hugo Meisls selbst, teils unter Namensnennung, teils unter dem Pseudonym *Tityrus*, teils aber auch anonym, wenn es um Berichte aus dem Verband ging.

Die ersten Beiträge Meisls haben stark appellativen Charakter und beschränken sich durchaus nicht auf fußballinterne Angelegenheiten. Vielmehr kommt er immer wieder auf die Forderung zurück, dem Sport im neuen demokratischen Staat die ihm gebührende Anerkennung zu gewähren. So verweist er in der zweiten Ausgabe, für die er verantwortlich zeichnet, auf das Beispiel des »Nichtmilitärstaates« England, wo der Sport umfassende gesellschaftliche Anerkennung genieße, im Gegensatz zu den Verhältnissen in der österreichischen Monarchie, wo Sportler oft zu Versteckspielen gezwungen gewesen seien, um nicht in der Schule oder auf der Arbeit Ärger zu bekommen. Der Artikel endet mit dem flammenden Aufruf:

»*Weg also in der demokratischen Republik mit den alten stumpfsinnigen Vorurteilen, mit jedem Zwang der Sportbeflissenen zur Geheimnistuerei. Die Zeit der Pseudonyme, der Unterdrückung von Sportsleuten in Büro und Werkstatt und der Mittelschüler mit falschen Bärten ist vorbei.*«[238]

Man spürt in diesen Worten regelrecht, mit welchem Elan Hugo Meisl Anfang 1919 an seine redaktionelle Tätigkeit ging. Das Ergebnis war beeindruckend: Nicht nur das Niveau der Beiträge war beachtlich, zumal nicht nur über Fußball, sondern auch andere Sportarten berichtet wurde, auch die Ausstattung der Zeitung. Jede Ausgabe verfügte über Fotos in erstaunlicher Qualität, wurde also offensichtlich im aufwändigen Offsetdruckverfahren hergestellt. Kein Wunder, dass die Zeitschrift, die insgesamt nur dreieinhalb Jahre lang erschien, nämlich Mitte 1918 bis Ende 1921, wegen allzu hoher Herstellungskosten ihr Erscheinen einstellen musste.

Meisl selbst hatte sich bereits Anfang Mai 1921 als Herausgeber zurückgezogen, ein Vorgang, der völlig geräuschlos vor sich ging, kein Abschiedseditorial, noch nicht einmal ein redaktioneller Vermerk weist auf Meisls Ausstieg hin, ab der Ausgabe vom 7. Mai ist lediglich sein Name aus dem Impressum verschwunden. Gab es redaktionelle Meinungsverschiedenheiten? Konflikte mit dem bekennenden Zionisten Arthur Baar? Eher ist anzunehmen, dass es Ärger mit der Bank wegen der Nebentätigkeit gab. Offensichtlich hatte Hugo Meisl sich von seinem Arbeitgeber keine Genehmigung erteilen lassen, zumindest ist in seinen Akten nichts darüber zu finden, ganz im Gegensatz zu seiner Tätigkeit für das *Fremdenblatt*, für die eine Genehmigung aus dem Jahre 1913 vorliegt.[239] Zudem hatte Meisl ohnehin seine Arbeit für die Bank zunehmend vernachlässigt. So erhielt er am 28. Oktober 1920 eine Abmahnung durch seinen Vorgesetzten Natzler »wegen Nachlässigkeit im Dienste« und zum Jahresende die vernichtende Beurteilung »Unter ständiger Anleitung verwendbar«.[240] Meisls Posten war daher akut gefährdet, und das war umso bedrohlicher, als Meisl inzwischen eine Familie gegründet hatte. Er blieb allerdings bis zum Schluss dem Sportblatt verbunden und veröffentlichte weiterhin Beiträge in der Zeitung, so etwa eine Artikelserie über die Skandinavienreise der österreichischen Nationalmannschaft im Sommer 1921.[241]

Die Stadion GmbH

Am 1. Februar 1920 erscheint im *Neuen Wiener Sportblatt* auf Seite 4 mit der großformatigen Annonce einer neugegründeten Sportartikelfirma namens STADION. Stutzig macht die Adresse des Unternehmens: Wien II, Obere Donaustraße 43, Mezzanin – unter gleicher Anschrift erschien auch das *Neue Wiener Sportblatt*.

Hugo hatte also im gleichen Haus, in dem sich der Verlag befand, eine weitere Erwerbsquelle eröffnet, eben das Unternehmen Stadion GmbH, zweifellos eine gute Idee, denn in Wien erfasste die Popularität des Fußballs immer weitere Kreise.

Beteiligt an dieser Firma waren als Geschäftsführer neben Hugo Meisl noch Artur Baar und Sigmund Wertheimer. Die Firma expandierte zunächst, 1922 wurde das Angebot auf die Herstellung von Sportschuhen und Fußbällen erweitert. 1925 endete diese erfolgreiche Zeit, die Firma ging in Liquidation, die drei Geschäftsführer Meisl, Baar und Wertheimer stiegen aus, und die Firma wurde endgültig im Februar 1926 aus dem Handelsregister gelöscht.[242] Nicht ganz klar ist, woher das Geld für diese GmbH kam. Da sie später in das Haus neben

Annonce der Sportartikelfirma STADION im Neuen Wiener Sportblatt vom 1. Februar 1920.

Vom Fuße bis zum Kopf mein Sohn – bekleidet dich das „Stadion".

Karikatur zu den Produkten der Stadion GmbH von J. M. Leuthe im Neuen Wiener Sportblatt 1920.

das Wohnhaus von Hugos Vater umzog, ist nicht auszuschließen, dass auch dieser in irgendeiner Weise beteiligt war.[243]

Zurück in das Jahr 1919: Die etwas ungewöhnliche Namenswahl des Unternehmens war durchaus Programm: Das *Neue Wiener Sportblatt* betrieb seit der Redaktionsübernahme durch Hugo Meisl eine energische Kampagne für den Bau eines Stadions. So finden wir Anfang 1919 auf Seite drei folgenden Aufruf:

»*Deutschösterreichische Sportsleute!*
Wichtiger als alle Zukunftsbauten ist ein Stadion! Eine gesunde Generation bedarf keiner Spitäler. Eine unerlässliche Pflegestätte für eine kräftige deutschösterreichische Jugend ist ein Stadion!«[244]

Mag auch die genannte Begründung für die Priorität eines Stadionbaues reichlich gewagt erscheinen, so wird doch deutlich, wie sehr sich die Zeitung und damit Hugo Meisl dem Kampf für ein Wiener Stadion verschrieben hatten. Was lag näher, als der Sportartikelfirma diesen programmatischen Namen zu geben: Wer bei der Stadion GmbH einkaufte, bekannte sich damit zum Ziel des Stadionbaues, bekam gute Ware und setzte zugleich ein propagandistisches Zeichen! Was wollte man mehr?

Das Geschäft florierte, bald wurde der Platz zu eng, und so bezogen die Meisls Ende März 1921 in der Franzensbrückenstraße 24 – also neben der Wohnung des Vaters von Hugo Meisl – neue geräumige Geschäftsräume mit Schaufenster und »Gassenladen«.[245]

So tanzte Meisl nach dem Krieg auf mehreren Hochzeiten: Bei der Bank ging er seinem Broterwerb nach, im Verlag erledigte er umfangreiche redaktionelle Arbeiten, und zudem sorgte er mit seinen Mitgeschäftsführern für einen schwunghaften Handel der Stadion GmbH. Aber das reichte ihm noch nicht. Im Sommer 1919 übernahm er auch noch die Leitung des Wiener Amateur Sportvereins, und auch im Verband machte Meisl dort weiter, wo er vor dem Krieg aufgehört hatte: Als am 31. August 1919 Niederösterreich gegen eine süddeutsche Auswahl schmählich mit 0:4 verloren hatte, musste der bisherige Betreuer Retschury zurücktreten, und Meisl wurde wieder als Verantwortlicher der österreichischen Nationalmannschaft eingesetzt. Bis zum 24. Januar 1937 sollte Hugo Meisl diese Funktion eines Verbandskapitäns des ÖFB nun ohne weitere Unterbrechung behalten.

Mag sein, dass sich Meisl damit etwas übernommen hatte, denn am 10. November 1919 ließ er sich einen acht- bis zehnwöchigen Krankenurlaub gewähren, den er allerdings zur Regelung einer höchst bedeutsamen privaten Angelegenheit nutzte: Er heiratete.

KAPITEL 8

»Das schickt sich nicht«[246]

Familie Hugo Meisl

Maria Bican um 1910.

Erst spät, im Alter von 38 Jahren heiratete Hugo Meisl. Nicht, dass er vorher keine Frauenbekanntschaften gehabt hätte, so gibt es zum Beispiel Nachrichten über eine sehr intensive Liebschaft während seines Aufenthaltes in Triest, aber es dauerte doch relativ lange bis zur Eheschließung. Es ist müßig darüber zu spekulieren, was die Gründe dafür gewesen sein mögen, sicher hat auch eine Rolle gespielt, dass Hugo 1914 in den Krieg ziehen musste. Wie auch immer, am 22. Dezember 1919 schloss Hugo die Ehe mit Maria Bican, bei ihren Brüdern war sie schlicht das »Mizzerl«, in seinen Briefen redete Hugo sie in der üblichen Wiener Koseform »Mizzi« an. Ihre Familie stammte – der Familienname lässt es erahnen – ebenso wie Hugo aus Böhmen, allerdings wurde sie bereits in Wien geboren, im Jahre 1891, und hatte als kleines Mädchen sogar schon mal Kaiser Franz Joseph einen Blumenstrauß überreichen dürfen. Dennoch sprach sie fließend Tschechisch, wenn auch nicht so perfekt wie ihr späterer Mann.

Marias Vater, ein durchaus erfolgreicher Kaufmann, besaß eine Papierhandlung im Zentrum Wiens, am Hohen Markt, die Einnahmen reichten aus, um sieben Kinder zu ernähren. Maria absolvierte die Handelsschule, spielte in ihrer Jugend Hockey und entwickelte sich zu einer bildhübschen jungen Frau. Trotzdem meinte es das Schicksal mit ihr nicht allzu gut, denn als sie 20 Jahre alt war, starb ihre Mutter, und Maria musste sich nun als einzige Tochter um den Haushalt und ihre Geschwister – allesamt Brüder – kümmern.

So blieb sie noch lange Zeit unverheiratet. Dabei lebte sie durchaus nicht zurückgezogen, ganz im Gegenteil. Ihre beiden älteren Brüder Alois und Rudolf waren als aktive Fußballer Mitglieder bei den Cricketern; Alois war 1911 sogar, gemeinsam mit Hugo Meisl, Vorstandsmitglied der neu gegründeten Amateure;[247] sie waren es wohl auch, die ihre Schwester dort einführten. Schon bald nahm Maria regen Anteil am Vereinsleben, verpasste kaum ein Spiel, organisierte Club-Abende und kümmerte sich um das gesellschaftliche Leben des Vereins. So hatte Maria auch eine große Schar von Verehrern, noch heute finden sich in ihrem

»Cricketer« bei der Siegesfeier. Vorne mit Zigarette Victor Loewenfeld, im Hintergrund Dritter von rechts in halbwegs korrekter Kleidung Hugo Meisl (1908).

Nachlass Dutzende von Verehrerbriefen und entsprechenden Ansichtskarten aus der Zeit vor dem Ersten Weltkrieg, nicht wenige auch von Fußballern der Cricketer, unter ihnen auch der Nationalspieler Victor Loewenfeld.

Eine der Ansichtskarten aus dem Jahre 1910 (Bild: Wien, Akademie der Bildenden Künste) stammt von dem Schiedsrichter Fred Wright an »Fräulein Mizzi Bican, Wien VIII, Lerchenfeldersraße 44«: »Beste Grüße. Constantin Haller. Fred Wright. Hoch Cricket FC!« Deutlicher Hinweis auf Marias Verbindung zu den Cricketern.

Bei den Cricketern hat sie auch Hugo Meisl kennen gelernt, und das schon vor dem Krieg. Die Töchter erinnern sich der Erzählungen über diese lange Bekanntschaft vor der Heirat, stets mit Distanz, versteht sich, wie es sich eben schickte. Erhalten haben sich aber auch vier Postkarten aus den Jahren 1911, 1912, 1913 und 1916 sowie ein Brief ebenfalls aus dem Jahre 1916. Diese fanden sich in einer kleinen Kiste mit Erinnerungen Marias an ihren Mann, darunter auch Postkarten aus späteren Zeiten, Briefe aus Arosa. Bemerkenswerterweise keine Briefe aus der Zeit vor 1914. Hat Hugo keine geschrieben? Oder haben sie sich nur nicht erhalten?

Die erste Postkarte schrieb Meisl im Sommer 1911 während einer seiner Waffenübungen. Abgebildet sind auf der Vorderseite die Kasernen seiner Garnison in Milowitz; der Text ist nicht sehr aufschlussreich: »Beste Waffenübungsgrüße entbietet Hugo Meisl«. Sehr vertraut kann Hugo Meisl noch nicht mit Mizzi gewesen sein. Auch wenn man berücksichtigt, dass Mizzi mit ihrem Vater ganz frisch umgezogen war, von der Lerchenfelderstraße im VIII. Bezirk in einen Neubau in der Krieglergasse im III. Bezirk, beste mittelbürgerliche Wohngegend also, so erstaunt doch, dass Hugo wohl nur eine ungefähre Ahnung von ihrer Anschrift hatte: »III Krugelgasse, Ecke Weissgärberlände«.

Die Postkarte von 1912 ist mit dem Poststempel vom 8. Juli versehen und enthält eine Erinnerungsmarke an die Olympischen Spiele, die vom 29. Juni bis zum 22. Juli 1912 in Stock-

Ansichtskarte Hugo Meisls an Maria Bican von den Olympischen Spielen in Stockholm, 1912.

holm stattfanden. Überraschenderweise ist sie aber nicht in Stockholm abgestempelt, sondern in Kopenhagen am 8. Juli. Auch das Bild auf der Vorderseite zeigt den Gefion- Brunnen in Kopenhagen. Offenbar schickte Meisl seine Karte während der Rückreise von den Olympischen Spielen am 7. oder 8. Juli (die Fußballolympiade war für Österreich ja schon am 5. Juli beendet). Er richtete seine Karte an »Fräulein Mizzi Bican, Wien III Krieglergasse«. Immerhin kannte er jetzt den genauen Namen der Straße, allerdings noch nicht die Hausnummer. Sein Text ist wiederum eher auf das Notwendigste beschränkt: »Ferngrüße sendet allseits Hugo Meisl.« Und trotz des kurzen Textes braucht man nicht zu zweifeln, dass hinter dieser Postkarte hahnenhaftes Imponiergehabe steckte: Aus Kopenhagen, einem Ort, von dem Maria bestenfalls träumen konnte, von den Olympischen Spielen, von denen Mizzi nur in der Zeitung etwas lesen konnte. Wir zweifeln auch nicht, dass Mizzi diese Karten imponiert haben, sonst hätte sie sie nicht aufgehoben. Ein Jahr später schickt er die nächste Postkarte aus Dänemark, auch dann wusste er nicht die Hausnummer von Mizzi. Das Bild auf der Vorderseite zeigt einen Ausblick vom »Skodsborg Badehotel«, ist in Kopenhagen am 2. Juni abgestempelt und enthält gleichermaßen einen etwas nichtssagenden Text: »Ferngrüße entbietet Hugo Meisl.« Aber allein der Anlass für diesen Fernaufenthalt, den Mizzi gewiss kannte, dürfte ihr Eindruck gemacht haben: Hugos Teilnahme am FIFA-Kongress in Kopenhagen.

Es lässt sich also recht wenig über die Art der Bekanntschaft aussagen, die Hugo zu diesem Zeitpunkt zu Maria pflegte, außer eben, dass er ihr imponieren wollte, und das ist natürlich auch von Bedeutung. Der Feldpostbrief vom 27. Juli 1916 ist da schon etwas aussagekräftiger. Schon der Anlass, nämlich die besorgte Nachfrage von Mizzi zu Meisls Befinden nach der Isonzoschlacht vom Frühsommer 1916, lässt eine nähere Beziehung annehmen. Er teilt in diesem Brief mit, dass er zwar schon Anfang Juli im Urlaub in Wien bei seinen Angehörigen war, dann aber kurzfristig telefonisch wieder zurück ins Feld gerufen wurde. Offenbar wollte er damit erklären, warum er Maria nicht besucht hatte, kündigt aber gleich auch an, dass er hoffe, Ende August seinen Resturlaub anzutreten, und dass er sich »wirklich sehr freuen« würde, sie bei dieser Gelegenheit zu sehen. Dann aber wird er wirklich intim, er berichtet davon, dass ihm sein Kamerad Knapp »so halb und halb die Sache von Franz«, dem Bruder von Maria Bican, erzählt habe, und beschreibt seine freundschaftliche Sorge

Maria Bican, um 1919.   Hugo Meisl, um 1919.

um sie: »*Sie Arme haben wirklich mehr als genug mitgemacht. Wie ist das alles gekommen und was geschieht jetzt? Hat diese gelinde gesagt Dummheit von Franz[248] doch wie Knapp meinte geschäftliche Nachteile für Ihren Vater zur Folge? Es ist einfach unglaublich. Hat einer schon das Glück zu leben, bereitet er seinen Angehörigen solche Sorgen. Mit meinen zweiten Bruder [gemeint ist wohl Willy], der unmenschlich viel mitmachen musste, ist's ähnlich. Bleiben Sie diesmal in Wien? Otto gleichfalls? Zu besondren Sorgen ist doch für Sie kein Anlass, ändern lässt sich ja nichts mehr, nur vielleicht kommen auch für Sie einmal angenehmere Tage. Bedenken Sie die Lage sovieler hunderttausender Mädchen und Frauen. Sind Sie bitte nicht böse, wenn ich Sie ersuche, mir gelegentlich, wenn Sie nichts zu tun haben, einige Zeilen besonders über Ihr Befinden zu schreiben und für Ihre allfreundschaftliche Teilnahmen nochmals besten Dankes verbleibe ich mit herzlichen Grüßen an Sie und Ihre Angehörigen Ihr ergebner Hugo Meisl, Oblt. Beiliegend ein Blumengruß von meiner Umgebung.*«

Ein durchaus vertraulicher Ton wird in diesem Brief angeschlagen, man ist sich offensichtlich näher gekommen, auch die Hausnummer stimmt inzwischen, man war sich möglicherweise sogar einig: Wenn Hugo den Krieg überlebt, wird geheiratet. Das dauerte allerdings noch ein gutes Jahr. Erst musste Hugo seine beruflichen und persönlichen Angelegenheiten regeln, und so schlossen schließlich am 22. Dezember 1919 Hugo Meisl und Maria Bican die Ehe.

Das allerdings rief den geballten Zorn von Hugos Vater Ludwig Meisl hervor. Er lehnte diese Verbindung entschieden ab. Er war außer sich. Er war so verbittert, dass er es tatsächlich fertigbrachte, die Einladung zur Hochzeit seines Erstgeborenen auszuschlagen und bis zu seinem Lebensende jeden Kontakt mit Hugos Frau weitestgehend zu vermeiden. Denn Maria war zwar hübsch und häuslich. Aber sie hatte einen Mangel, der sie als Ehefrau in den Augen Ludwigs absolut disqualifizierte: Sie war keine Jüdin, sie war katholisch.

Zwar war Ludwig selbst keineswegs streng religiös, er bestimmte sogar, dass er nach seinem Tode verbrannt werden sollte – ein Verstoß gegen alle jüdische Orthodoxie. Aber eine

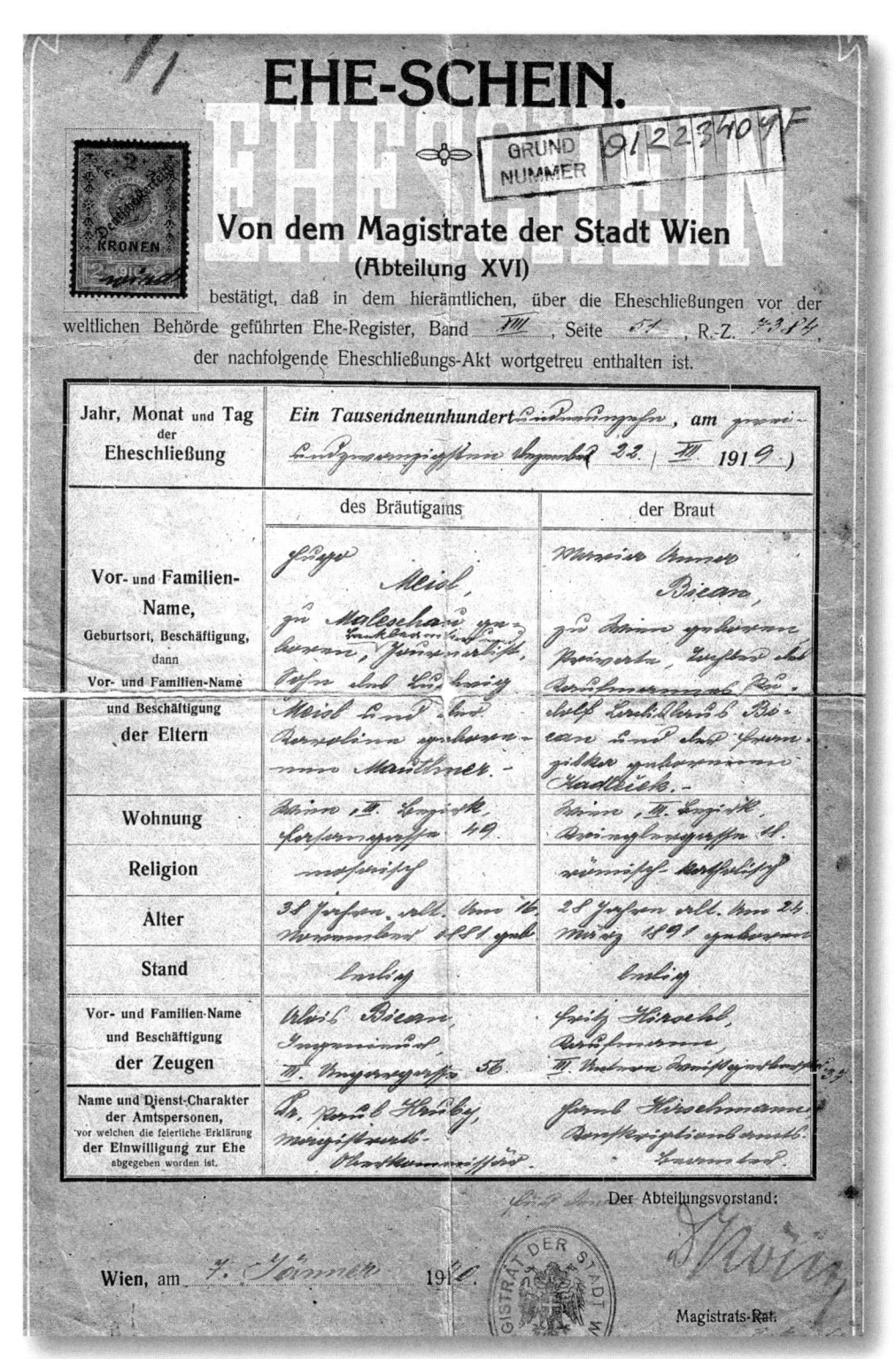

Heiratsurkunde Hugo Meisl – Maria Bican (1919).

Mischehe? Das ging denn doch entschieden zu weit, das war nichts weniger als vorsätzlicher Verrat an der Familie und allen Traditionen.

Und so feierten Hugo und Mizzi in kleinem Kreise eine einfache Wiener Hochzeit ohne reiche jüdische Verwandtschaft, Rabbi, Klezmer-Musik und zertretene Scherben. Tatsächlich verzichtete Hugo sogar auf eine Hochzeitskutsche, sondern fuhr mit seiner Braut per Straßenbahn zum Standesamt, nicht aus Geiz, sondern als Ausdruck seiner sozialistischen Gesinnung, wie es heißt.[249] So gibt es – man mag es kaum glauben – auch kein einziges Hochzeitsfoto von den beiden. Als Trauzeugen fungierten Mizzis Bruder Alois, Hugos Mitstreiter bei den Amateuren, und Fritz Hirschl, Kaufmann, Freund und ehemaliger Mitspieler von Hugo bei den Cricketern, Jude wie er, der überdies in unmittelbarer Nachbarschaft von Maria wohnte.[250]

Ludwig nahm Hugo diese Mesalliance sein Leben lang übel, aber wie so vielen assimilierten Wiener Juden bedeuteten Hugo die jüdischen religiösen Gebote nichts, mehr noch, er empfand den Katholizismus seiner Frau definitiv als Vorteil und legte entschieden Wert darauf, dass seine Kinder alle katholisch getauft wurden. »Damit sie es im Leben leichter haben«, wie er ausdrücklich erklärte.[251] Und tatsächlich rettete diese Entscheidung seinen drei Kindern nach dem Anschluss Österreichs an das nationalsozialistische Deutsche Reich womöglich tatsächlich das Leben. Vor diesem Hintergrund hätte man fast erwarten können, dass Hugo Meisl sogar konvertieren würde. Aber vor diesem letzten Schritt schreckte er denn doch zurück, vielleicht nur, weil ihm das zu umständlich gewesen wäre, vermutlich aber aus Rücksicht auf seine Mutter und seine Verwandtschaft, man denke dabei an seinen Großonkel Isidor, der lieber auf den Adelstitel verzichtete, als sich taufen zu lassen. Immerhin bestimmte Hugo Meisl in seinem 1934 verfassten Testament den jüdischen Ritus für seine Totenfeier und sein Begräbnis,[252] vielleicht ein Indiz dafür, dass sich bei ihm – wie bei vielen anderen assimilierten Juden Wiens in jener Zeit – das Verhältnis zum Judentum nach der Machtergreifung der Nationalsozialisten im nahen Deutschland und deren hemmungslosen antisemitischen Kampagnen verändert hatte.[253] So liegt er, der sich vom Judentum zeitweise weit entfernt hatte, letztlich doch auf dem jüdischen Teil des Zentralfriedhofs begraben, wo es doch seine Frau so gerne gesehen hätte, dass sein Ehrengrab auf dem großen katholischen Ehrenfriedhofsgelände angelegt worden wäre, neben all den anderen großen Österreichern, den Thonets, den Ressels, den Komponisten…

Zunächst scheint Maria zu ihrem Mann in die Fasanengasse gezogen sein, aber für nicht sehr lange, es mag das Heimweh Marias gewesen sein, vielleicht waren es auch finanzielle Gründe, jedenfalls zog das Paar wenige Wochen nach der Hochzeit in die Zweieinhalbzimmerwohnung der Bicans in der Krieglergasse im III. Bezirk. Dort bewohnten sie zusammen ein Zimmer, im Kabinett wohnten Marias Vater und ihr jüngster Bruder Otto, im Badezimmer (!) die Bedienstete Poldi, und das Wohnzimmer diente den gemeinsamen Mahlzeiten und den Besuchern.

Ein knappes Jahr später, am 30. September 1920, kam die Tochter Martha auf die Welt. Sie entwickelte sich zu einem eigenwilligen Kind, das zum Kummer seiner Mutter lieber las als aß, dann aber zu einem jungen Mädchen heranwuchs, das Hugo in den 1930er Jahren mit erkennbarem Stolz – wie auf vielen Fotos dokumentiert – auf seine Kongresse und Tagungen im Ausland mitnahm.

Als Martha gerade ihre Matura abgelegt hatte, wurde Österreich zur großen Begeisterung der allermeisten Österreicher in das nationalsozialistische Deutsche Reich eingegliedert. Das bedeutete für Martha, dass sie als Halbjüdin trotz ihrer Begabung ihr Studium nicht fortsetzen durfte; erst nach dem Krieg konnte sie schließlich in Germanistik promovieren und dann in den Schuldienst gehen. Sie erwarb sich große Verdienste um das Schultheater, bereiste fast die ganze Welt und unterrichtete nicht nur in Wien, sondern auch in der Türkei und in England.

Die zweite Tochter wurde am 15. März 1923 geboren. Aus alter Liebe zu Schweden gab Hugo ihr den urgermanischen Namen Helga. Sie war erheblich extrovertierter als ihre Schwester und wurde daher, nachdem sich ihre Eltern getrennt hatten, gelegentlich von ihrer Mutter als Botin eingesetzt, um vom Vater Zuwendungen zu erbitten. Helga kannte weder Furcht noch Schrecken, manipulierte an ihrem Ausweis herum, und so gelang es ihr sogar, 1940 am Reichs-Arbeitsdienst teilzunehmen. Sie verbrachte ein

Maria Meisl mit Tochter Martha und der neugeborenen Helga (1923).

durchaus glückliches Jahr in Schlesien unter lauter arischen deutschen Mädels, wurde nach der Matura dann zum Rechnen bei der Firma Heinkel eingesetzt, die ihr Entwicklungsbüro zwecks Konstruktion eines Düsenjägers, der Deutschland vor dem Untergang retten sollte, mittlerweile von Rostock nach Wien verlegt hatte, und verliebte sich dort in einen Diplomingenieur aus Hannover namens Xaver Hafer. Die Liebe blieb nicht ohne Folgen, auf unterschiedlichen abenteuerlichen Wegen schlugen sich der Diplomingenieur, Helga mit ihrer neugeborenen Tochter Brigitte und auch Maria nach Bayern durch, wo Helga und Xaver endlich heiraten durften. Xaver Hafer vollzog nach einigen harten Jahren in Hannover, wo zwei Söhne (die Autoren des vorliegenden Buches) geboren wurden, einen steilen beruflichen Aufstieg, der verbunden war mit mehreren Umzügen, unter anderem nach München, wo der dritte Sohn Mathias geboren wurde, mit dem Bau eines senkrecht startenden Überschall-Jets und schließlich mit einer Professur in Darmstadt.

Am 7. März 1925 kam endlich der ersehnte Sohn zur Welt – Maria hatte während ihrer Schwangerschaft sogar eine Pilgerfahrt nach Mariazell in der Steiermark unternommen, um einen Sohn zu erbitten. Hugo taufte ihn auf den Namen Herbert, nach dem bewunderten englischen Fußballmanager Herbert Chapman, der auch sein Taufpate wurde. Heute noch gibt es einen kleinen Fußballpokal, den Herbert Chapman seinem Patensohn zu seiner Taufe schenkte, mit der eingravierten Inschrift: »To Baby Herbert«.

Er lernte Feintäschner, aber ohne wirkliche Begeisterung für diesen Beruf, darum orientierte er sich nach der Lehre neu und arbeitete als Handelsvertreter, heiratete, bekam einen Sohn, dem er seinen Namen gab, geriet immer wieder in geschäftliche Schwierigkeiten, die zum Teil von seiner Gutmütigkeit herrührten, zum Teil aber auch von seinem inneren Zwang, als Sohn des großen Hugo Meisl etwas Bedeutendes auf die Beine stellen zu wollen. So organisierte er auf eigenes Risiko ein Hugo-Meisl-Turnier für internationale Jugendmannschaften, das ihn – und nicht nur ihn – fast völlig ruinierte, weil die Sponsoren absprangen. Herbert übersiedelte schließlich nach Budapest, wo er ein spätes Glück fand. Er starb dort 1993, ist aber neben seiner Mutter auf dem Sieveringer Friedhof in Wien begraben.

Auch nach der Geburt Herberts blieb die mittlerweile fünfköpfige Familie Meisl weiterhin in einem einzigen Zimmer in der Krieglergasse wohnen. Aus heutiger Sicht kaum zu verstehen, aber zum einen darf man nicht vergessen, dass zu dieser Zeit in Wien immer noch eine katastrophale Wohnungsnot herrschte. Und zum anderen muss man bedenken, dass Hugo trotz aller Ehrenämter über keine sonderlich beträchtlichen Einkünfte verfügte: Seit seiner Pensionierung am 1. April 1925 erhielt er nur noch 71,65 Prozent seiner bisherigen Bezüge als Bankbeamter der Zentral-Europäischen Länderbank in Höhe von 400 Schilling[254]; seine zeitaufwändigen Tätigkeiten für den ÖFB waren allesamt rein ehrenamtlich. Den Lebensunterhalt seiner Familie musste Hugo daher im Wesentlichen durch journalistische Arbeit bestreiten. Ab 1924 scheint Hugo Meisl sich für den Journalismus als Haupterwerbsmöglichkeit entschieden zu haben, denn im Frühsommer dieses Jahres schaffte er sich eine Schreibmaschine des damals führenden Herstellers Underwood an. Wie angespannt damals allerdings seine Vermögensverhältnisse waren, zeigt die Tatsache, dass er für den Kauf der Maschine einen Kredit aufnehmen musste.[255] Erst mit der Wahl zum Generalsekretär des ÖFB im Jahre 1927 verbesserte sich die finanzielle Situation.

Hugo Meisl mit Herbert auf dem Sportplatz (um 1935).

Es liegt auf der Hand, dass diese räumliche Enge zu besonderen Spannungen führen musste. Hugo versuchte sich dieser Situation zu entziehen, indem er auf Reisen oder ins Wiener Ringcafé ging, seine Frau wiederum hatte die ganze Last der Erziehung zu tragen und zudem noch Konflikte mit ihrem Vater oder ihrem haltlosen Bruder Otto auszuhalten, worüber sie sich wiederum bei Hugo beklagte, von dem sie sich im Stich gelassen fühlte. Die ganze Unhaltbarkeit der Situation wurde Hugo allerdings erst so richtig klar, als im Jahre 1929 Otto kurzerhand Kleidungsstücke von Maria, Hugo und seinem eigenen Vater im Pfandhaus versetzte, die der Vater dann wieder auslösen musste.[256]

Nun erst, wo es im wörtlichen Sinne ums eigene Hemd ging, betrieb Hugo die Wohnungssuche mit aller notwendigen Energie und fand 1930 tatsächlich eine geräumigere Wohnung (drei Zimmer, Kabinett) im neu erbauten Karl-Marx-Hof in Döbling.[257]

Damit ergab sich allerdings ein neues Problem: Denn so froh Mizzi auch war, endlich eine eigene Wohnung zu bekommen, so sehr stellte für sie dieses neue Heim und vor allem dessen Lage eine unerhörte Zumutung dar. Sie, die ein Stadtkind war, zunächst im VIII. Bezirk, in der Josefstadt, aufgewachsen, dann in der Krieglergasse, also im III. Bezirk, immer noch hinreichend stadtnah und bürgerlich, sie, die nur mit Handschuhen einkaufen ging, sollte hinausziehen aufs Land, in einen proletarischen Gemeindebau? Sie empfand das als einen unerträglichen sozialen Abstieg. Eine wichtige Kleinigkeit sollte man zudem nicht vergessen: Die Wohnung im Karl-Marx-Hof hatte nicht einmal ein Bad. Auch wenn das Bad in der Krieglergasse vom Dienstmädchen bewohnt worden war – es war immerhin vorhanden: Auch das erschien Maria als ein unbedingter Statusverlust. Zudem entrüstete sie die ländliche Umgebung (noch ihren Enkelkindern erzählte sie von ihrer Not). Dabei muss man bedenken, dass der Karl-Marx-Hof wirklich auf die grüne Wiese gestellt worden war, weit weg von aller großstädtischen Infrastruktur, umgeben von Wiesen und Gemüsegärten. Auch der Nähe der Hohen Warte (nur etwa 200 Meter muss man von der Wohnung zum Stadion laufen) konnte sie nichts abgewinnen. Hat Hugo die Wünsche und auch die Not seiner Frau nicht wahrgenommen, sie schlichtweg ignoriert oder hat Maria sich nicht getraut etwas zu sagen?

Der Umzug verzögerte sich bis in den Februar 1930. Im Frühjahr 1929 war Hugo Meisl lebensbedrohlich erkrankt, lag monatelang im Krankenhaus und einem Sanatorium und verbrachte schließlich den Dezember 1929 und den Januar 1930 in Arosa zur Kur. Das bedeutete, dass er bei den entscheidenden Vorbereitungen nicht anwesend war. Er schickte seiner Familie Briefe und Ansichtskarten aus den verschneiten Schweizer Bergen, teilweise mit Fotos von ihm, in Begleitung fescher, pelzbesetzter Damen.

Seine Briefe, die er an seine Frau aus Arosa schrieb, vermitteln einen Eindruck seiner psychischen Situation zu der Zeit. Sie handeln von seinen körperlichen Beschwerden, von

Hugo Meisl in Arosa, links die Ehefrau des italienischen Schiedsrichters Rinaldo Barlassina, rechts die Ehefrau des ungarischen Trainers von Grasshoppers Zürich, Dori Kürschner (Januar 1930).

schlaflosen Nächten, Verdauungsstörungen und Kehlkopfschmerzen, davon, dass er gewaltig an Gewicht zunahm, sie handeln von Lebensängsten und von Bekenntnissen der Läuterung: Die schwerste Krankheit seines Lebens und alle damit in Verbindung stehenden Ereignisse hätten in ihm »die Energie nach einer Wandlung erweckt«.[258]

Die Briefe beschreiben aber auch seine Zukunftshoffnungen, die sich insbesondere an die neue Wohnung knüpften. Es wird deutlich, wie sehr er die Schwierigkeiten seiner Ehe auf die Beengtheit der alten Wohnung schob, auf die Lebenssituation mit Schwager und Schwiegervater, und wie viel Hoffnungen er auf diesen Umzug setzte. »*Ich träume schon viel von der Zukunft und sehe in der neuen Wohnung eine bedeutende Besserung in jeder Beziehung.*«[259]

In seinen Briefen macht er Vorgaben zur Wohnungseinrichtung, äußert Wünsche über die Höhe und Form des Bücherschrankes (»*ich lege den Hauptwert auf einen recht lang gezogenen – schön verglasten – Bücherkasten*«[260]), über den Standort des Kamins, den dreiteiligen Schrank für die Kinder; er ermutigt seine Frau, eine Kredenz nach ihrem Geschmack zu kaufen, und gibt seiner Hoffnung Ausdruck, dass es die Kinder schön haben werden: »*Wie ich lese wird auch der Kahlenberg* [der sich in der Nähe des Karl-Marx-Hofes befindet] *wieder ausgebaut werden.*«[261] In den Briefen geht es auch um die Finanzierung der Wohnung, dabei wird deutlich, dass Meisl über keine Ersparnisse verfügte. Um die Neueinrichtung der Wohnung zu finanzieren, lieh er sich Geld beim ÖFB, das er anschließend sukzessive von seinem Gehalt zurückzahlte. Das führte aber auch dazu, dass insbesondere Maria eine Art Entmündigung erfuhr, weil sie für fast sämtliche Anschaffungen ein Einverständnis des Präsidenten des ÖFB, Dr. Eberstaller brauchte, nur kleinere Anschaffungen konnte sie selbst tätigen: »*Dr. Eb. muss deshalb in Allem entscheiden und die gesamte Verrechnung führen*«,[262] schrieb Hugo seiner Frau.

Ansonsten drängte er auf einen schnellen Umzug, denn wenn er aus Arosa Ende Januar zurückkomme, wünsche er in die neue Wohnung zu ziehen. »*Ich brenne danach von Dir zu hören, dass die Herrichtung der Wohnung solche Fortschritte gemacht hat, dass Du heute oder morgen den Rest erledigst um einzuziehen. Dann bin ich in der Schweiz nicht mehr zu halten und kehre heim.*«[263]

In seinem letzten Brief aus Arosa drückt sich noch einmal die ganze schwierige private Situation aus, in der Meisl sich befand, auch die Gefühlsverwirrungen, die sich auch in der nicht immer korrekten Syntax äußern:

»*Ich gebe Dir das feste Versprechen, dass es Dir und unseren Kindern unter den neuen Verhältnissen in jeder Beziehung besser gehen [wird], dass Du sorgenlos leben, und ohne Kummer und Kränkungen Deine Zeit sowie ich nur meiner Familie widmen wirst. Die schlaflosen Nächte gaben mir Veranlassung genug über alles, ganz besonders aber über Dich und unsere Kinder nachzudenken … Meine schwerste Krankheit des Lebens und alle damit im Zusammenhang stehenden Ereignisse haben in mir die Energie und eine Wandlung erweckt. Vielleicht war es etwas zu spät, und vielleicht ist es bedauerlich, dass erst das unglückliche Jahr 1929 mich aufrütteln und nicht Deine vieljährigen Klagen und Vorhalte, die mir ganz besonders in den letzten Monaten erklärlich wurden, erhören lassen mussten. Lasse uns mit dem Geschehenen abfinden. Sans arriere penser doch ohne an das Vergangene zu denken wollen wir ein neues Leben beginnen. Ich fühle meine nahen 50 und schwöre Dir, dass ich nie zuvor*[264] *um das Schicksal von Dir und unseren Kindern bedacht war. Die fortwährenden Leiden und das Altern gemahnen mich stetig an die Pflicht für Dich, Du aufrichtig und innigst geliebte, ja vergötterte Mizzi und für unsere Kinder zu sorgen.*

Hugo Meisl ist mit Familie auf Urlaub – zumindest für ein Foto (Payerbach, 1930).

Meine Gedanken und Pläne sind nicht mehr wie bisher dem Sporte, sondern nur auf Euer Wohl gerichtet. Nicht das Spiel England – Österreich und sonstige geborgene Projekte werden mir in Zukunft Befriedigung bieten, sondern in erster Reihe Dein und das Wohl unserer liebsten Kinder. Wenn Du, liebstes, gutes und treues Mizzerl die gleichen Gefühle hegst, so werde ich mit Gottes Hilfe doch gesund werden und ich werde auch in schlaflosen Nächten vor mir nur die vielleicht wenigen aber umso schöneren Jahre sehen.«[265]

Die letzte Zeile erscheint fast prophetisch, denn der damals 48-jährige Hugo Meisl lebte nach diesem Brief tatsächlich nur noch sieben Jahre. In dieser Stimmung verspricht er seiner Frau auch, für sie vorzusorgen durch Anlage eines Kontos in der Schweiz, auf das sie bei seinem eventuellen Ableben zurückgreifen konnte. Doch hat er dieses Konto offenbar nie angelegt.[266]

Die vergleichsweise geräumige Dreieinhalb-Zimmer-Wohnung im Karl-Marx-Hof, die die Meisls gemeinsam mit dem Dienstmädchen Poldi am 6. Februar 1930 bezogen, bot scheinbar die Chance für einen Neuanfang. Aber die Probleme lagen tiefer. Vielleicht konnte Meisls Ehe schlichtweg deshalb nicht gutgehen, weil Meisls tiefste Leidenschaft eben doch nicht seiner Familie, nicht seiner Frau, sondern dem Fußball galt. Ob als Schiedsrichter, ob als Funktionär, stets finden wir Hugo Meisl unermüdlich im Einsatz für den Fußball; für seine Familie brachte er weitaus weniger Zeit und Zuwendung auf, ein Sachverhalt, der auch seinen Zeitgenossen nicht entging, wie folgender Artikel aus dem *Kicker* vom Sommer 1930 dokumentiert:

»*Hugo Meisl ist auf Urlaub*

Das heißt, Hugo Meisl hat eine Sommerwohnung mit einem prächtigen Garten gemietet, er hat seine Gattin und seine drei reizenden Kinder in den kaum zwei Stunden von Wien entfern-

ten Ort geschickt, er erzählt jedermann von den Schönheiten der Umgebung, von der würzigen Gebirgsluft, von der idyllischen Ruhe unter den Obstbäumen, aber er erzählt nur davon und verbringt seine Tage im Fußballverband oder im Ringkaffee, wo die Luft auch nicht annähernd so würzig ist wie am Fuße der Rax, wo es keine Obstbäume und keine grünen Felder gibt, wohin sich aber doch alle Augenblicke irgendein Fußballbeflissener aus dem In- oder Auslande verirrt, vom Mitropacup oder anderen Leidensstationen des Fußballsports zu erzählen weiß, so dass Hugo immer zuhören und antworten muss, bis er auch wieder den Zug, der ihn diesmal ganz bestimmt nach Payerbach bringen sollte, versäumt. Hugo Meisl ist eben auf Urlaub.«[267]

Immerhin begleitete Mizzi nun ihren Mann einige Male auf Dienstreisen.

Hugo Meisl mit Frau auf dem Rigi bei Luzern (Frühling 1931).

Ein Foto aus dem Frühjahr 1931 zeigt sie mit Hugo und anderen auf dem Rigi über dem Vierwaldstättersee. Pfingsten 1931 nahm Hugo erstmals seine Frau mit zu einem FIFA-Kongress nach Berlin. Sie absolvierte gemeinsam mit der Ehefrau des Austria-Präsidenten und Mannschaftsarztes Dr. Immanuel (Michel) Schwarz ein Besuchsprogramm und nahm an Empfängen teil.

Bei dieser Gelegenheit entstand ein Foto, das »Frau Hugo Meisl« – so die Titulierung – in Gesellschaft von Freunden und Bekannten Hugos zeigt. Sie ist die einzige Frau in der Männerrunde und steht daher in der Mitte. Aber an ihrer Seite finden wir keineswegs Hugo, wie es sich gehört hätte, sondern zwischen sich und seine Frau hat Hugo den *Kicker*-Herausgeber Walter Bensemann und den ÖFB-Präsidenten Dr. Eberstaller geschoben.[268]

Nur wenig später kam es zu einem heftigen Zerwürfnis zwischen Hugo und seiner Frau. Hugo hätte die Möglichkeit gehabt, den Posten eines Generalsekretärs der FIFA in Zürich zu bekommen, zumindest hätte er sich mit großen Aussichten darum bemühen können. Eine gut

Stadtrundfahrt durch Berlin. Hinter dem Fahrer im Pelz: Maria Meisl, rechts neben ihr Frau Schwarz, dahinter einige Spieler der österreichischen Nationalmannschaft (1931).

Der *Kicker* und seine Gäste beim FIFA-Kongress in Berlin 1931. Von links: Müllenbach (*Kicker*-Redakteur), Johanson (Schweden), Fischer (Ungarn), Kartini (Deutschland), Maria Meisl, Bensemann (*Kicker*-Herausgeber), Eberstaller, Hugo Meisl, Fodor (Ungarn), Mauro (Italien), Barassi (Italien), Verdyck (Niederlande).

dotierte Stelle, eine standesgemäße Wohnung, vielleicht gar eine Villa am Züricher See, ein etwas weniger abwesender Ehemann, all diese Visionen tauchten vor Marias Augen auf – aber Hugo lehnte die Stelle ab.

Maria war außer sich vor Zorn und Enttäuschung, schrie Hugo an, er denke nur an sich und seinen Fußball,[269] und ab da war die Ehe wohl nicht mehr zu retten. Spätestens 1932 gab Hugo der Länderbank die Anweisung, seine Pension nicht mehr an seine Privatadresse, sondern an sein Büro auszuzahlen, zunächst in das Verbandsbüro in der Tegethoffstraße, später in die Berggasse.[270] Hugo kam immer seltener nach Hause, verbrachte seine Tage und bisweilen Nächte im Verbandsheim, wo er noch bis spät in die Nacht hinein zu arbeiten pflegte und seine zahlreichen Zeitungsartikel in verschiedenen Sprachen verfasste. Die restliche Zeit hielt er sich im Wiener Ringcafé am Stubenring auf, das zu seinem zweiten Wohn-, Arbeits- und Konferenzraum geworden war. 1933 war bereits von Scheidung die Rede.

Maria schrieb in ihrer Not einen Brief nach Berlin an Hugos Bruder Willy, der sich anlässlich eines Länderspieles mit Hugo in Prag getroffen und dort auch über dessen familiäre Probleme gesprochen hatte. Willy antwortete ihr am 23. September 1933: In seinem Brief versucht Willy, nicht Partei zu ergreifen, wohl aber Maria einen Rat zu geben: »*Lass dem Hugo Zeit. Sag in aller Ruhe und ohne Erbosung, dass Du in keine Scheidung einwilligst, wegen der Kinder und weil Du Dir klar darüber bist, dass auch rein wirtschaftlich und gesundheitlich die Belastung für Hugo so gross wär, dass ers kaum schaffen könnte. Eventuell mach Du ihm den Vorschlag, dass Ihr ein paar Monate getrennt leben wollt, um vielleicht so besser wieder zueinander zu finden. Kurz sei ruhig, wahr' die Würde der Frau und der Mutter, sei grosszügig und ich glaube, das wird sich lohnen*«. Und er macht ihr sogar ein wenig Hoffnung, dass sich die Beziehung wieder einrenken ließe: »*Lass ihm Zeit, komm ihm dadurch entgegen und lass Dich auf keinerlei Tratsch und Feindschaft ein. Wenn Du Dir die andern anschaust, die da klagen und richten gehen, dann sind sie nicht besser, meistens viel ärger. Glaub mir, Hugo hat ganz gutes Gefühl für Freundlichkeit und Vornehmheit. Man kann mehr damit erreichen, als mit Krach und Schimpfen*«.

Maria befolgte Willys Rat, kümmerte sich um ihre Kinder, ließ Hugo in Ruhe. Aber ein Jahr später zog Hugo endgültig aus der gemeinsamen Wohnung im Karl-Marx-Hof aus. Nach der Trennung leistete Hugo, der stets sehr großzügig war, beträchtliche monatliche Unterhaltszahlungen,[271] lehnte aber jeden Kontakt zu seiner Frau ab. So schickte Maria, als sie in finanzielle Schwierigkeiten gekommen war, ihre jüngere Tochter Helga zu ihrem Mann, um

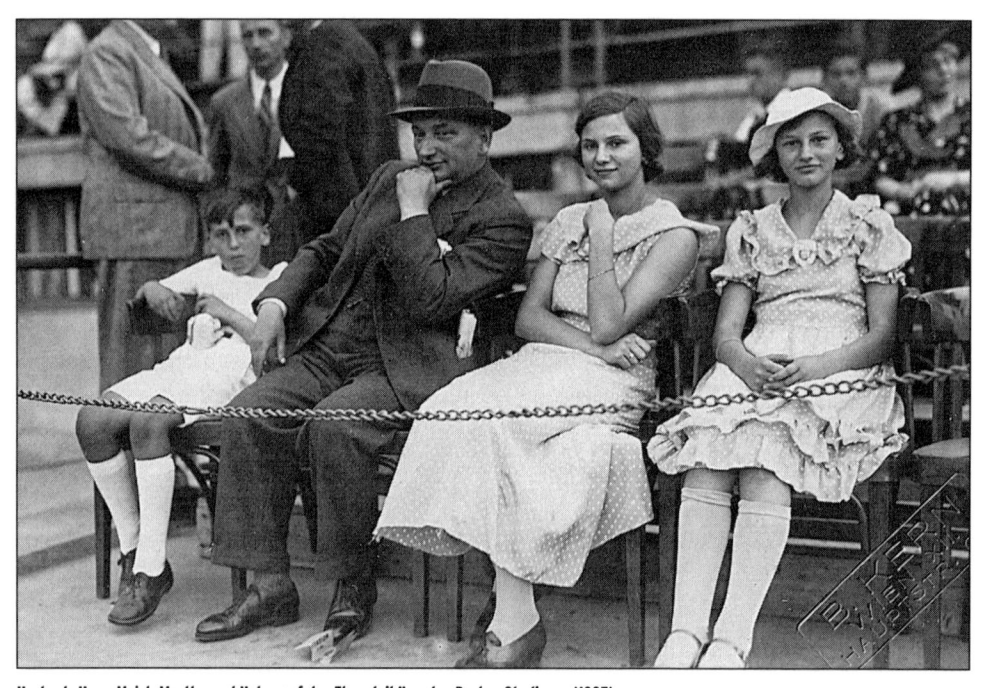

Herbert, Hugo Meisl, Martha und Helga auf der Ehrentribüne des Prater-Stadions (1935).

Durch Granatenbeschuss beschädigter Torbogen des Karl-Marx-Hofes. Links daneben im ersten Stock die Wohnung der Familie Meisl.

Geld zu besorgen. Hugo weigerte sich kategorisch, Helga könne alles haben von ihm, aber seine Frau bekomme bereits genug, das müsse reichen.[272] Postkarten und Ansichtskarten adressierte er nicht mehr an seine Frau, sondern an seine Kinder, vor allem an seine älteste Tochter Martha.[273] Sie war es auch, die er ab und zu auf Reisen mitnahm, Helga kam nur einmal in diesen Genuss.

Hinzu kamen gelegentliche gemeinsame Stadionbesuche – allerdings stets ohne Mizzi. Ansonsten hielt sich Hugo Meisl fern von der Familie. So auch – allerdings unfreiwillig –, als Anfang 1934 seine Familie in höchster Lebensgefahr schwebte.

Bundeskanzler Dr. Engelbert Dollfuß, von dem später noch öfter die Rede sein wird, hatte sich 1933, unterstützt von Mussolini, putschartig zum Diktator aufgeschwungen. Dollfuß träumte von einem parteilosen Ständestaat, das wichtigste Hindernis auf dem Weg dorthin war die Sozialdemokratie, der er einen unerbittlichen Kampf ansagte. Nachdem die Polizei am 11. Februar 1934 ein Parteiheim der Sozialdemokraten in Linz besetzt hatte, angeblich auf Suche nach Waffen, kam es am 12. Februar zu einem Aufstand der Sozialdemokraten, der sich zu einem Generalstreik und schließlich zu einem Bürgerkrieg ausweitete, auf dessen einer Seite die verschiedenen Organisationen der Arbeiterbewegung, die Schutzbündler, auf der anderen die Heimwehr und das Bundesheer standen. Besonders heftige Kämpfe tobten um den Karl-Marl-Marx-Hof, der schon allein des Namens wegen für beide Seiten höchsten Symbolcharakter besaß. Und genau hier wohnten bekanntlich die Meisls.

Auf den Hängen der Hohen Warte wurde schwere Artillerie postiert, die rücksichtslos den Wohnblock unter Feuer nahm. Zum Glück für die Meisls explodierte dabei eine Granate nicht, wie es gelegentlich so dramatisch behauptet wird, »direkt« in der Meisl'schen Wohnung,[274] aber immerhin etwa zehn Meter daneben, direkt im blauen Bogen. Dieser erlitt dadurch erhebliche Schäden, eine Wohnung wurde zerstört. Gekämpft wurde mit aller Brutalität. Hugos Tochter Helga ging an einer Hausecke vorbei zum Eingang ihres Treppenhauses, als sie bemerkte, wie ein Schutzbündler von einem Angehörigen der Heimwehr heimtückisch von hinten erschossen wurde. Dr. Gerö rief die Familie an und riet ihr, sämtliche Schränke vor die Fenster zustellen, zumindest in einem Zimmer, um sich gegen den Maschinengewehrbeschuss zu schützen. Dies taten die vier Meisls (Maria und die Kinder Martha, Helga und Herbert) sowie das Dienstmädchen Poldi auch, verschanzten sich hinter den Schränken im elterlichen Schlafzimmer, die Nacht auf dem Boden liegend. Für die Heimwehrler erschien diese Schrankräumaktion wohl als gezielte Provokation, die Fensterreihe wurde unter Beschuss genommen, die Fenster zerschossen, Schränke, Kleider und all das, was sich sonst noch in den Schränken befand, durch Gewehrsalven regelrecht durchsiebt.

Während der Beschießung der Meisl'schen Wohnung 1934 durchlöcherter Pokal (überreicht am 29.11.1931 zur Erinnerung an das Länderspiel Schweiz gegen Österreich).

Noch heute dokumentiert ein Pokal, der anlässlich des Spieles Österreich gegen die Schweiz am 29. November 1931 angefertigt wurde (Österreich siegte 8:1) den Ernst der Lage: Zwei Löcher künden von einem glatten Durchschuss. Am nächsten Morgen erschien die Polizei und forderte die Familie auf, die Wohnung zu verlassen mit dem Vorwurf, man hätte aus dieser Wohnung auf die Straße geschossen. Zunächst zog man zu Marias Vater, dann wurden die Kinder auf Familien aufgeteilt, Helga kam zum Beispiel zur Familie einer Schulfreundin. Diese Evakuierung dauerte etwa zwei Wochen, dann durfte die Familie zurückkehren. Unsere Großmutter hatte vorher die Wohnung besucht, gesehen, wie Heimwehrler mit Bajonetten Matratzen und Federdecken aufstachen, um angeblich nach Waffen zu suchen. Bei einem späteren Besuch war die Wohnung von Bewohnern der Stadt gut bevölkert (eine Wohnungstür existierte schon nicht mehr), die ihren Wäschebestand aufstocken wollten, auch manches andere sich einverleibten. Maria wurde mit der Frage, was sie hier zu suchen hätte, aus der Wohnung geworfen, da half ihr auch nicht die Bemerkung, dass es schließlich ihre Wohnung sei.

Die Tatsache, dass die Meisls in dem umkämpften Karl-Marx-Hof wohnten, zog sogar Schaulustige dorthin. Das *Sport-Tagblatt* berichtete über das Vorspiel zum Spiel der Austria am 18. Februar im Stadion Hohe Warte: *»Ein Menschenstrom ergoss sich am Sonntag in das Gebiet der Hohen Warte, aber nur wenige, die die massiven Torbogen des Karl-Marx-Hofes passierten, schlugen den Weg zu dem Sportplatz Viennas ein; sie umkreisten die vielverzweigte Wohnanlage, um die durch die Beschießung entstandenen Schäden in Augenschein zu nehmen. Auch der weitaus geringere Teil der Neugierigen, die der fußballerischen Ereignisse wegen zur Hohen Warte gepilgert waren, nahm die Gelegenheit wahr, den Schauplatz der blutigen Ereignisse abzustreifen, und dabei wurde die Wahrnehmung gemacht, dass die Gerüchte, die vom Einsturz mehrere Teile des Riesenbaues meldeten, eine maßlose Übertreibung darstellten. Erst als man dem Objekt nahe kam, in dem die Wohnung des Verbandskapitäns gelegen ist, zeigten sich schwere*

Schäden. Der sogenannte ›Blaue Hof‹, der von dem Trakt flankiert ist, in dem sich Hugo Meisls Heim befindet, hatte durch Artilleriefeuer stark gelitten, aber auch dort scheint keine Einsturzgefahr zu bestehen.«[275]

Die Regierung blieb siegreich, Dollfuß hatte sein Projekt *Austrofaschismus* endgültig durchgesetzt, die Arbeiterbewegung war ausgeschaltet, Österreich ging endgültig einer neuen Ordnung entgegen, die sich allerdings schon am 7. März 1933 angekündigt hatte, als es Dollfuß gelungen war, das Parlament faktisch zu entmachten.

Makabres Parallelereignis: Hugo Meisl hatte mit der österreichischen Nationalmannschaft in Italien sensationell mit 4:2 gesiegt. Die Dollfuß gewogene *Reichspost* konnte so von einem doppelten Erfolg berichten: »Die Revolte niedergekämpft«, »Österreichs Sensationssieg in Turin«, »Letzter Putsch und Untergang des Austromarxismus«, »Das neue Innentrio der Nationalmannschaft«, »Auflösung des Wiener Gemeinderates«, »Österreichs Wundermannschaft ist wieder da« und schließlich, wenigstens etwas Erfreuliches für Hugo Meisls Kinder: »Alle Schulen Dienstag geschlossen.«

Eigentlich wollte Hugo Meisl am 12. Februar im Triumph mit seiner Mannschaft vom Italienspiel nach Wien zurückkehren, wegen der Kämpfe wurde der Zug aber an der Grenze aufgehalten. Erst einen Tag später durfte er einreisen, erfuhr, was geschehen war, erkundigte sich wohl nach dem Befinden seiner Familie, suchte aber nicht mehr seine Wohnung auf, die ja gewissermaßen besetzt war, sondern nutzte offenbar die Gelegenheit, um endgültig die Trennung zu vollziehen. Er begab sich in das Verbandsheim, wo er zunächst unterkam, möglicherweise wohnte er auch eine kurze Zeit in einem Hotel und nahm sich wenig später eine Wohnung in bester Wiener Lage im I. Bezirk. Die Wohnung im Karl-Marx-Hof hat er wohl nie wieder betreten, jedenfalls erinnert sich keine seiner Töchter eines solchen Besuches. Seine Sachen hat er sich bringen lassen. Damit war das Band endgültig zerschnitten.

Eine mögliche Erklärung für diese harte Trennung mögen andere Schicksalsschläge dieser Zeit gewesen sein. Sein Vater starb 1931, seine Mutter 1932, vor allem aber erschütterte Hugo Meisl der Tod seines Freundes Herbert Chapman am 6. Januar 1934 bis ins Innerste. Hugo Meisl hatte immer voller Verehrung zu Herbert Chapman aufgeblickt, der für ihn der Inbegriff der englischen Fußballkultur war. Über viele Jahre hinweg hatte Chapman die Spielweise von Arsenal geprägt, eine Spielweise, für die Meisl höchste Bewunderung hegte. Zur beiderseitigen Freundschaft wandelte sich diese Bewunderung im Verlaufe eines intensiven Briefwechsels beider Fußballmanager, in dem sie das legendäre Länderspiel zwischen England und Österreich im Dezember 1932 vorbereiteten. Sprach man sich anfangs noch sehr förmlich mit Nachnamen an, wurde der Ton mit der Zeit immer vertraulicher. Schließlich adressierte Hugo seine Briefe nicht mehr an Mr. Chapman sondern an Mr. Herbert, so wie umgekehrt Chapman seine Briefe an Meisl mit Dear Mr. Hugo begann.

Mit großen Worten, einem geradezu sich dramatisch steigernden inhaltlichen Aufbau, drückt er der Frau von Herbert Chapman in einem Brief seine Trauer aus, allerdings nicht ohne Selbstmitleid: »*Ich war vier Jahre an der Front. Ich bin dort mehrfach knapp dem Tode entronnen. 1929 bis 1930 war ich gezwungen, elf Monate lang in einem Krankenhaus zu verbringen und mich schrecklichen Operationen zu unterziehen. Meine Krankheit begann genauso, nachdem ich mir auf dem Fußballplatz eine Erkältung zugezogen hatte [...]. Ich habe beide Eltern verloren und habe in letzter Zeit eine Reihe anderer Missgeschicke zu erleiden gehabt. Glauben Sie mir, verehrte Mrs. Chapman, der Tod des armen Herbert war der größte Verlust, den ich erlitten habe. Ich*

Mitropa-Cup-Konferenz 1934. Ganz rechts Hugo Meisl.

kann es nicht erklären, aber er war mehr als ein Bruder, mehr als ein Freund für mich.[...]Trotz meines Alters und meines alten Soldatenherzens weine ich seit Samstag wie ein Kind.«[276]

Wie sehr Hugo Meisl der Tod Chapmans getroffen hatte, lässt sich auch daran festmachen, dass Hugo Ende Januar 1934 ein Erinnerungsbuch an Herbert Champan anlegte, ein dickes Album mit Goldrand, in das er sorgfältig die gesamte Korrespondenz einklebte und schließlich auch eine Fülle von Zeitungsausschnitten aus England, Österreich und Frankreich, die nach dem Tod Chapmans über diesen berichteten.

Ein unglückliches Jahr 1934 also, Scheidung, Bürgerkrieg, der Tod Chapmans, dazu die Niederlage bei der Weltmeisterschaft in Italien, hinzu kamen Probleme beim Mitropa-Cup, die im Einzelnen noch geschildert werden. Es gibt ein Foto der Teilnehmer des Mitropa-Cup-Komitees im Juli des Jahres 1934.[277] Auf diesem Bild blicken alle in die Kamera, mehr oder weniger lächelnd, nur Hugo Meisl schaut weg, seinen Kopf auf die Hand stützend, er wirkt müde, ein wohl nicht überinterpretierter Eindruck.

Nicht zufällig setzte Hugo Meisl im September 1934 sein Testament auf. Dieses Dokument enthält neben den praktischen finanziellen Verfügungen auch Ansätze einer Lebensbeichte, die dokumentiert, dass Hugo Meisl durchaus auch unter der Trennung von seiner Familie litt. »Meine Gattin und meine Kinder mögen mir verzeihen, wenn ich ihnen durch meine Separierung ein Leid zugefügt habe. Wenn ich auch kein vorbildlicher Vater und wenn ich auch schwer gefehlt habe, so war ich doch allezeit ein opferfreudiger Familienerhalter, der auch stets auf das körperliche und kulturelle Wohl der Kinder bedacht war. Ich war meinen Kindern mit inniger Liebe zugetan. Ebenso fast 14 Jahre hindurch meiner Gattin.«[278]

Emmy

Insgesamt hatten Hugo und seine »Gattin« also 14 Jahre zusammengelebt, und es wären wohl trotz aller Entfremdung noch einige Jahre mehr geworden – schon der Kinder wegen –, wenn nicht ein besonderes Ereignis den Schnitt gefördert hätte: Hugo verliebte sich in eine junge jüdische Journalistin namens Emilie (Emmy) Schossberger. Die am 26. September 1905 in Budapest geborene Emmy, eine begeisterte und begabte Tennisspielerin, war nach ihrem Studium in Wien einer Zeitungsredaktion beigetreten und dort unter anderem auch für die Sportberichterstattung zuständig. Schon im Spätsommer 1933 hatte sich Hugo Meisl mit Hilfe seines Freundes Herbert Chapman (im Übrigen erfolgreich) bemüht, für Emmy eine Einreisegenehmigung nach England für eine Reise zu bekommen.²⁷⁹ Ob sie sich, geblendet von Hugos Prominenz, an ihn regelrecht »heranmachte«, wie von Hugos Angehörigen bisweilen unterstellt wird, bleibe dahingestellt. Tatsache ist, dass es Hugo mit Emmy so ernst war, dass er seine Frau in aller Form um ihre Einwilligung zur Scheidung bat. Da biss er allerdings auf Granit. »Kommt ja überhaupt nicht in Frage«, beschied sie ihm kurz und bündig, entsprechend dem Rat ihres Schwagers Willy.

Das änderte allerdings nichts daran, dass Hugo nun bis zu seinem Lebensende mit Emmy zusammenlebte, wenn auch offiziell Emmy weiterhin in der elterlichen Wohnung in der Gumpendorferstraße 5a/10 wohnte und auch Hugos Nichte Ilse Scherzer berichtet, dass Emmy ihr bei einem Besuch gesagt habe, sie würde abends immer nach Hause gehen. Ilse hat allerdings schon damals daran gezweifelt, aber das Privatleben von Emmy ging sie auch nichts an.

Emmy Schossberger (Mailand, 1934).

Tatsächlich begleitete, wie ein Foto beweist, Emmy Hugo Meisl sogar zu geselligen Treffen mit seinen ausländischen Fußball-Kollegen, die allerdings bis weit nach Hugos Tod nach wie vor Kontakt mit Maria Meisl hielten. So finden sich im Nachlass zahlreiche an Maria Meisl gerichtete Briefe von Sir Stanley Rous, Giovanni Mauro, Vittorio Gassmann und Peco Bauwens.

In seinem Testament widmet Hugo rührende Zeilen für Emmy. Er »*bittet*«, aus den ihm noch zustehenden Einkünften Emmy nach seinem Tode »*mindestens meinem 3-4-monatlichen Einkommen entsprechenden Betrag meiner Mitarbeiterin und mir bis zu meinem Tode treu zur Seite stehenden Emmy zu widmen. Sie war entgegen der mannigfachen Verleumdungen ein vornehmes Weib, das mir in vielen wichtigen Arbeiten und Unternehmungen äusserst wertvolle und erfolgreiche Hilfsdienste leistete. Frl. Emmy Schossberger verdient volle Hochschätzung und Berücksichtigung. [..] Jede ihr erwiesene Ehrung und Förderung möge als eine Ehrung meiner Person nach meinem Ableben erachtet werden. Mit diesem Wunsch erscheinen meine Gefühle der Dankbarkeit und Verehrung für diese Frau eindeutig gekennzeichnet.*«²⁸⁰

Wie sehr muss es seine Frau Maria getroffen haben, dass sie weiter auf dem »Land« unter Arbeitern leben musste, während ihr Mann sich mit Emmy in einem der nobelsten Quartiere des I. Bezirkes, in der Schottenbastei, einquartierte! Und damit nicht genug: Man trug sich sogar mit Plänen zum Erwerb einer Villa in Döbling! Dass daraus nichts wurde, lag wohl allein am frühen Tode Hugos, wodurch seiner Ehefrau diese letzte Stufe der Demütigung erspart blieb. Und so makaber es klingen mag: Eben dieser frühe Tod Hugo Meisls verschaffte Maria noch einen letzten Triumph. Da sie die Scheidung verweigert hatte, war sie es und nicht ihre Rivalin Emmy, die nun als trauernde Witwe Beileidsbekundungen aus aller Welt erhielt, es war Maria und nicht Emmy, die mit ihren Kindern an der Spitze des riesigen Trauerzuges einherschritt, und sie war es auch und nicht Emmy, die – verdientermaßen – in den Genuss

103

Geselliges Beisammensein des Mitropa-Cup-Komitees in einer Grinzinger Weinstube. Ganz rechts mit Zigarre Richard Eberstaller, links daneben Giovanni Mauro, im Hintergrund Emmy Schossberger.

materieller Zuwendungen seitens des ÖFB und der FIFA kam. Tatsächlich erinnert sich eine ihrer Töchter, dass ihre Mutter sich damit tröstete, dass Hugo jetzt ihr allein gehöre.

Und was wurde aus Emmy? Neben ihrer Tätigkeit als Journalistin arbeitete sie bis Dezember 1937 als Sprachlehrerin im italienischen Sprachseminar im I. Bezirk in Wien in der Seilergasse 22, fand dann noch eine Stelle als Fremdsprachenkorrespondentin und Direktionsassistentin beim Ronacher in Wien, wurde dort aber wegen ihrer jüdischen Abstammung am 26. April 1938 entlassen, »infolge der durch den Umbruch notwendig gewordenen Auswechslung des Personals«, wie es der Direktor des Etablissements zu formulieren beliebte.[281]

Nun blieb ihr nur noch die Flucht. Sie wandte sich zuerst nach Rom, wo sie aber als Jüdin angesichts der engen Beziehungen zwischen dem faschistischen Italien und Nazi-Deutschland auch nicht sicher war. Mit Hilfe eines Jesuiten von der Fordham University gelang es ihr dann in die USA zu kommen, bemerkenswerterweise gab sie dort ihre Religion mit »katholisch« an. Sie arbeitete 1940 in New York bei einem Verlag (Knickerbocker Publishing Company), anschließend für kurze Zeit für die Fordham University Press und gründete dann die University of Nebraska Press in Omaha, einen Verlag, für den sie 17 Jahre lang tätig war. Unter dem Namen Emily Schossberger wurde sie sogar 1944 Tennismeisterin von Nebraska. Dann suchte sie sich offenbar zu verändern, arbeitete kurze Zeit für die University of Chicago Press (1958), kehrte noch einmal für kurze Zeit, nun aber als »Assistant Director« zur Fordham University Press zurück und wurde 1960 schließlich Leiterin der University of Notre Dame Press im amerikanischen Bundesstaat Indiana; dort blieb sie bis zu ihrer Pensionierung im Jahre 1972.[282] Neben ihrer Verlagsarbeit übersetzte sie Bücher aus dem Ungarischen und dem Deutschen ins Englische, dafür erhielt sie 1968 sogar das österreichische Bundesverdienstkreuz. Sie starb am 15. Mai 1979 in Notre Dame an Krebs.[283]

KAPITEL 9
Funktionär und Visionär

»Dem besten Freunde des ungarischen Fußballes....«

Montag, der 16. November 1931. Im berühmten Wiener Kabarett »Simplizissimus« an der Wollzeile findet am Abend eine große Feier statt, veranstaltet von der Wiener Spielerunion, der Organisation der Wiener Berufsfußballer. Der Saal ist bis auf den letzten Platz gefüllt. Die legendären Leiter der Kleinkunstbühne, Karl Farkas und Fritz Grünbaum, geben eine »Festvorstellung« und gratulieren anschließend dem Jubilar: Es ist kein anderer als Hugo Meisl, der hier seinen 50. Geburtstag feiert. In einer Zwischenpause begibt sich Hans Seidl, der Präsident der Spielerunion, auf die Bühne, rühmt Hugo Meisl in einer kleinen Rede unter anderem als »denjenigen, der in Österreich den Edelfußball großgezogen habe«[284] und überreicht ihm dann eine große Bronzeplakette mit dem Reliefbild Hugos, die heute noch in der Meisl'schen Wohnung im Karl-Marx-Hof hängt.

Meisl ist gerührt, die Gäste applaudieren, und so neigt sich ein ereignisreicher Tag seinem Ende zu.

Zu Hugo Meisls Geburtstag quoll im Laufe des Vormittags sein Schreibtisch über von Glückwunschbriefen aus allen Ländern, in denen Fußball gespielt wird. Selbst eine Gruppe ungarischer Zeitungen, die ihn im Konflikt beider Verbände besonders übel attackiert hatten, schickte nun Meisl einen Glückwunsch mit der Anrede: »Dem besten Freunde des ungarischen Fußballs.« Der *Kicker* veröffentlichte eine seitenlange Eloge auf den Jubilar, die Tageszeitungen rühmten Meisl in den höchsten Tönen, Das kleine Blatt veröffentlichte eine Karikatur, die Meisl mit einer Generalsuniform ausstattete und titelte: »Der Jubilar Hugo Meisl, der gestern den Fünfziger erreichte, wird allgemein als ›Fußballgeneral‹ bezeichnet.«[285] Und die *Wiener Zeitung* schrieb: »Hugo Meisl ist eine der markantesten Persönlichkeiten des österreichischen und des internationalen Sportlebens«, und konstatierte dann kurz und bündig: »Der Fußballsport in Österreich verdankt Meisl seinen Aufstieg.«[286]

Ehrentafel für Hugo Meisl von der Spielerunion anlässlich seines 50. Geburtstags.

Tatsächlich befand sich Hugo Meisl zu seinem 50. Geburtstag auf dem Höhepunkt seiner Erfolge und seiner Popularität. Er hatte 1931 zwar den Posten eines FIFA-Generalsekretärs abgelehnt, aber die Reform der FIFA in seinem Sinne durchgesetzt, dem Profifußball zum endgültigen Durchbruch verholfen und den Weg zu den Fußballweltmeisterschaften geebnet; ohne ihn wären weder Mitropa-Cup noch der Internationale Cup denkbar gewesen, er galt als größte Fußballautorität des Kontinents, war die unbestrittene Führungsfigur im ÖFB, und auch als Bundeskapitän war ihm in diesem Jahr endlich der Durchbruch gelungen, die österreichische Nationalmannschaft galt als die beste der Welt und Meisl als Vater des Erfolges. Wie kam es dazu?

Die Wiener Schule

1929 stellte Hugo Meisl rückblickend fest: »Unsere Fußballschule ist dadurch entstanden, dass die Wiener Spieler und Fußballführer mit offenen Augen die Systeme der anderen Fußballvölker betrachteten, das Gute davon übernahmen, das Schlechte ablehnten. Das derart Gelernte wurde durch den Charme, die Leichtigkeit, das Spielerische und den Mutterwitz, die den Bewohnern der Donaustadt eigen sind, gekrönt.«[287]

Die Anfänge des Fußballspiels waren in Wien wie überall auf dem Kontinent geprägt durch die von englischen »Gastarbeitern« importierte Spielweise, deren gemeinsame Herkunft mit dem Rugby nicht zu übersehen war: Weite und hohe Schüsse sowie kräftiger Körpereinsatz waren die hervorstechenden Merkmale dieser athletischen, wenig eleganten Spielauffassung, die später mit dem Schlagwort *kick and rush* gekennzeichnet wurde. Erst ab dem ersten Jahrzehnt des 20. Jahrhunderts begannen sich die Wiener Fußballer langsam von ihren englischen Vorbildern zu emanzipieren. Entscheidenden Einfluss übte dabei der englische Trainer Jimmy Hogan aus, der 1912 von Hugo Meisl für die österreichische Olympiaauswahl engagiert wurde und anschließend mehrere Wiener Clubs trainierte. Hogan war entschiedener Anhänger des schottischen Kurzpassspiels, das künftig eines der charakteristischen Merkmale des Wiener Fußballs werden sollte. Diese Spielweise, auf wienerisch *Scheiberln* genannt, wurde ab den 1920er Jahren zur Perfektion entwickelt.

Hinzu kam eine weitere Besonderheit, die den Wiener Fußball auszeichnete: eine ganz außerordentliche Ballsicherheit, eine geradezu ans Artistische grenzende Technik – tatsächlich traten mehrere Wiener Fußballer, die in New Yorker Vereinen engagiert wurden, in Varietés als Balljongleure auf – und eine gewisse Schlitzohrigkeit, die überraschende Spielzüge ermöglichte.

All dies – und das charakterisiert ebenso die *Wiener Schule* – wurde nahezu ohne Körpereinsatz umgesetzt. Nicht, dass nicht gefoult worden wäre, ganz im Gegenteil, immer wieder ist in Berichten von »scharfer« Spielweise die Rede, von Spielern, die auf der Trage vom Platz geschleppt werden mussten. Aber das faire Rempeln im Kampf um den Ball war so gut wie unbekannt. Immer wieder geschah es daher bei Spielen im Ausland, dass die Wiener Fußballer vom körperbetonten Spiel ihrer Gegner überrascht waren. Hugo Meisl forderte daher sogar Anfang der 1930er Jahre die Trainer energisch auf, mit den Spielern das »faire Rempeln« zu üben, und erwartete zugleich von den Wiener Schiedsrichtern, künftig nicht mehr jeden Körperkontakt als Foul zu pfeifen.[288]

Die *Wiener Schule* war also charakterisiert durch perfekte Ballbeherrschung, schnelles Kurzpassspiel und eine Spielweise ohne Körpereinsatz, »gefällig, weich, geschnörkelt, elegant und augenfällig«, wie sie der Sportredakteur Emanuel Häussler 1924 beschreibt.[289]

Eine ähnliche Spielkultur wurde auch in den anderen beiden wichtigen Nachfolgestaaten der Monarchie gepflegt, nämlich in Ungarn und Tschechien, sodass sich auch – geographisch nicht ganz korrekt – der Begriff *Donaufußball* einbürgerte. Zwischen diesen drei führenden Fußballnationen fand ein sehr fruchtbarer Austausch statt, bei dem allerdings die Wiener in erster Linie von den Ungarn und nicht von den Tschechen profitierten. Zwar hatte in der Tat ein Großteil der Wiener Fußballer tschechische Wurzeln wie so viele Wiener, aber das Fußballspielen lernten sie allesamt in Wien. So äußerte sich zum Beispiel der tschechischstämmige Wunderstürmer Matthias Sindelar, dessen Spielweise angeblich von seiner ursprünglichen Heimat geprägt gewesen sein soll, noch im Jahre 1937 kategorisch ablehnend gegenüber der *mala ulica*, die als Inbegriff der tschechischen Art des Fußballspielens gilt, weil sie ihm viel zu umständlich erschien.[290] Dem entspricht auch, dass kaum ein tschechischer Fußballer zu einem Wiener Verein wechselte; ganz abgesehen davon verweigerte die Tschechoslowakei bis 1920 jeglichen Sportverkehr mit Österreich.

Ganz anders dagegen die Ungarn. Nach 1918 wurden die Wiener Vereine geradezu überschwemmt mit erstklassigen ungarischen Filigrantechnikern, die den Wiener Fußball entscheidend voranbrachten – bemerkenswerterweise überwiegend jüdische Spieler. In erster Linie zu nennen wären hierbei die Gebrüder Konrad und Alfred »Spezi« Schaffer, die von den Amateuren angeheuert wurden; auch Hakoah Wien konnte 1925 nur deshalb erster Wiener Profi-Meister werden, weil dieser Club sich mit nicht weniger als sechs ungarischen Spitzenspielern verstärkt hatte, darunter dem legendären Béla Guttmann.[291]

Die Grundlage für die Erfolgsgeschichte des Wiener Fußballes lag allerdings weder in Schottland noch in Ungarn, sondern in den armseligen Arbeitervorstädten Wiens.[292] Betrachtet man nämlich die soziale Herkunft der erstklassigen Wiener Fußballer nach dem Ersten Weltkrieg, so fällt auf, dass fast alle diese Ballartisten aus diesen Wiener Arbeiterbezirken stammten, in erster Linie aus Favoriten (X. Bezirk) und Floridsdorf (XXI. Bezirk).

Am Anfang war die Not. Man muss dabei nicht so weit gehen, wie die *Kicker*-Journalisten Müllenbach und Becker,[293] die diese körperlose, technisch brillante, aber wenig körperbetonte Spielweise mit den Notzeiten des Ersten Weltkrieges erklären. Für eine athletischere Spielweise habe aufgrund von Mangelernährung schlicht die Kraft gefehlt, vermuten sie und verweisen dabei beispielhaft auf Matthias Sindelar, der seinen Spitznamen »der Papierene« nicht zu Unrecht trug und zugleich die vollendete Inkarnation der *Wiener Schule* war. Tatsächlich war die Ernährungslage in Wien in den Kriegsjahren immer schlechter und nach dem Krieg gerade in den Arbeitervierteln geradezu katastrophal geworden. Auch Meisl klagte immer wieder über die schlechte Ernährung der Spieler, die bessere Leistungen verhinderte.[294] Seine Länderspielreisen nach Schweden und in die Schweiz wurden daher von den Spielern auch als dankbare Gelegenheit betrachtet, sich mal richtig satt zu essen. So berichtete Meisl 1921 aus Finnland: »Bei unseren Spielern machte sich die üppige Kost, die übermäßige Gewichtszunahme und der ungewohnt große Ball unangenehm bemerkbar.«[295] Im Klartext: Die ausgehungerten Wiener hatten sich in Skandinavien so dumm und dusselig gefressen, dass laut Meisl die Stürmer »sich im förmlichen Hofratstempo bewegten«.

Betrachtet man sich allerdings die zeitgenössischen Mannschaftsfotos, wirken die Spieler durchaus nicht sklerotisch. Allein Matthias Sindelar war ein dünner Hering, ansonsten blicken uns hier durchaus stämmige Burschen entgegen. Der Rapid-Stürmer Josef Uridil etwa, Liebling der Massen in der ersten Hälfte der 1920er Jahre, trug nicht umsonst den Spitznamen »der Tank«. Fotos zeigen einen untersetzten, alles andere als unterernährt wirkenden jungen Mann.

Bedeutsamer als die Ernährung mag gewesen sein, dass die Kinder und Jugendlichen in den Arbeitervorstädten Platz zum Spielen nur auf Gassen, Hinterhöfen und holprigem

Brachland fanden. Dabei besaß kaum ein Bub etwas so Wertvolles wie einen Lederball. Daher wurde mit allem gekickt, was rollte. Gummiball, Tennisball, ja selbst verschnürte Lumpenknäuel – das immer wieder erwähnte *Fetzenlaberl* – galten als durchaus spielbare Sportgeräte. Damit kräftig herumzubolzen, hätte überhaupt keinen Sinn ergeben. Der Ball wäre entweder viel zu weit geflogen – womöglich sogar in irgendeine Fensterscheibe – oder hätte sich schlicht in seine Bestandteile aufgelöst. Also musste man sich eine filigrane Technik zulegen, um das Raum-Spielgerät-Problem möglichst effektiv zu lösen, erfolgreiches Spiel war nur möglich durch tänzerische Eleganz, Geschmeidigkeit und ein schnelles Reaktionsvermögen. So schreibt die *Wiener Zeitung* am 12. Dezember 1937: »Ein Favoritner oder Floridsdorfer Bub, der sich frühzeitig für Fußball begeistert hat, ist dank der fast täglichen ungestörten Übung mit vierzehn, fünfzehn Jahren bereits ein vollendeter Ballkünstler mit reichen Erfahrungen in Kombination, Fouls und ›Schmäh‹.«[296] Nach der Einführung des Professionalismus bot sich diesen begabten Fußballartisten die Möglichkeit, ihr Können durch tägliches Training und häufige Wettkämpfe zu vervollkommnen, sodass Wien Ende der 1920er Jahre über mehrere Dutzend Fußballer verfügte, die zu den besten gehörten, die der Kontinent zu bieten hatte.

Aber auch diese Erklärung kann nicht völlig befriedigen. Ähnliche Bedingungen herrschten ja auch in den trostlosen Vorstädten Berlins oder im Ruhrgebiet, ohne dass sich dort eine vergleichbar kunstvolle und beschwingte Variante des Fußballspiels entwickelt hätte.

Was also hatte Wien, was anderen Brutstätten des Fußballs fehlte? Wir müssen uns hier mit skizzenhaften Mutmaßungen begnügen, die aber einige Plausibilität für sich haben.

Zunächst einmal fällt auf, dass sehr viele Wiener Spitzenfußballer tschechische Wurzeln hatten, auch wenn sie in Wien aufgewachsen waren; hier sei nur an Spieler wie Sindelar, Sesta oder Smistik erinnert. Der Wiener Fußball war auch ein Immigrantensport. Für die tschechischstämmigen Jugendlichen in den Arbeitervierteln, sozial wie ethnisch deklassiert, bot sich mit dem Fußball eine Art doppelter Aufstiegschance: soziale Anerkennung und ethnische Integration. Die Ausbildung einer eigenen spielerischen Subkultur mag diesem Aufstieg zugute gekommen sein. Und man mag sogar spekulieren, ob nicht die Tatsache, dass die kleine tschechische Nation im Fußball immer wieder eine hervorragende Rolle spielte, auf eine im Nationalcharakter verwurzelte besondere Begabung für diesen Sport schließen lassen könnte.

Eine weitere Überlegung gilt der Rolle des Judentums in Wien vor 1938; sein Einfluss auf die Alltagskultur Wiens kann gar nicht überschätzt werden.[297] Hierzu gehörte die Kaffeehauskultur ebenso wie die Freude am intellektuellen Diskurs, die Bereitschaft zum Experimentieren und eine allgegenwärtige wache Intelligenz.

Und noch ein letzter Faktor, der auch und gerade im Wiener Fußball nicht ohne Wirkung geblieben sein kann: Wien war die Stadt der Musik. Immer wieder wird dem Wiener Fußball eine zauberhafte Beschwingtheit attestiert, und nicht zufällig nennt der schwedische Sportjournalist Tore Nilsson seine Darstellung über das Wunderteam »laget som spelade fotboll i valstakt«, übersetzt also: Die Mannschaft, die im Walzertakt spielte.[298] Am sinnfälligsten wird dieser Zusammenhang wohl durch die wohl nur in Wien mögliche Tatsache, dass ein vielfacher Fußball-Nationalspieler (Gustav Wieser von den Amateuren) am Konservatorium Musik studierte und Hugo Meisl immer wieder gerne mit Dirigentenstab dargestellt wurde. Und die Franzosen sprachen von »Künstlern des runden Leders« und verglichen den österreichischen Fußball sogar mit der Musik Mozarts.[299]

Letzten Endes war allerdings die *Wiener Schule* kaum von der Art und Weise abzugrenzen, wie die Ungarn spielten. Der Begriff *Wiener Schule* war daher mehr als eine Beschreibung eines Fußballstiles, vielmehr wurde mit ihm offensichtlich eine wienerische Identität konstruiert, ein Bedeutungszuwachs für eine Stadt, die ihre politische Bedeutung weitgehend verloren hatte. Geradezu trotzig formulierte Die Zeitung *Sport-Montag* 1932 »Heute wird es niemand mehr leugnen, dass es eine ausgesprochene Wiener Schule gibt, die auf hohes technischen Können sich stützend, spielerisch elegant Terrain gewinnt und ausgesprochen offensiv mit allen fünf Stürmern zusammen, möglichst mit Einbeziehung der Deckung, vor allem des Mittelläufers, operiert.«[300]

Die *Wiener Schule* als Begriff wurde zu einem Exportartikel, von Wien hinaus in die Welt, bedeutsam als Balsam für die Seele des »armen Wien«, aber auch des »armen Österreichs«, allerdings auch dafür, dass Wiener Fußballvereine im Ausland das für ihr wirtschaftliches Überleben notwendige Geld verdienen konnten, wenn sie in ganz Europa als Repräsentanten der *Wiener Schule* auftraten: »Unsere Mannschaft spielt die bekannte Wiener Schule, die typischen Einfälle gepaart mit flacher Kombination«, schrieb der Vorstand des Sportklubs Wacker im Januar 1933 an den Manager von Arsenal London, Herbert Chapman, um sein Team für ein Engagement in England anzubieten.[301]

Entsprechend liebten es die österreichischen Zeitungen, ausführlich jene Kommentare ausländischer Zeitungen zu zitieren, die ihrer Begeisterung über den österreichischen Fußball und die *Wiener Schule* Ausdruck gaben. Mehr noch als damit die Wahrnehmung in Europa zu dokumentieren, trugen diese Zeitungen zu einer Form sich feiernder Selbstbestätigung bei. Dazu gehörte auch, immer wieder von der großen Nachfrage nach österreichischen Trainern im Ausland zu berichten, sei es im fernen Deutschland, aus dem mit Triumph berichtet wird, dass der Deutsche Meister Fortuna Düsseldorf, trainiert vom Wiener Altinternationalen Körner »beste Wiener Schule« demonstriere,[302] sei es auf kleinen Mittelmeerinseln (»Wiener Schule auf Malta«)[303] oder, alle antisemitischen Ressentiments vergessend, in Palästina.[304]

»Hovet hälsade sin kejsare«[305] – Das Wiener Ringcafé

»Wo ist Meisl? Wann kommt er? Es ist unerhört, dass er sich solange Zeit lässt!« – So klang es im Stammkaffee unseres Bundeskapitäns am vergangenen Montag und dieselben Fragen und Feststellungen vernahm man eben dort am Dienstag. Der große Kreis seiner Freunde und Verehrer war ungeduldig vor Neugierde. Was musste Hugo Meisl aber auch alles auf der umständlichen Fahrt mit Kraftwagen und Eisenbahn nach Innsbruck und dann nach Mailand erlebt haben? Überdies wusste er über das Länderspiel Italien gegen Schweden sicherlich auch Interessantes zu berichten. Und Meisl versteht so göttlich zu erzählen! Kein Wunder also, dass man dem Bundeskapitän seine Saumseligkeit übel ankreidete. Endlich am Mittwoch, als alles so schön und sensationshungrig im Stammkaffee in unmittelbarer Nähe des wärmespendenden Ofens versammelt war, erschien der Heißersehnte. Die Begrüßung war herzlich und laut. Meisl konnte sich zur Not noch den Überrock ausziehen und den Hut ablegen, als ihm schon entgegenkommend und einladend Stühle angeboten wurden. Meisl quittierte diese Huldigungen mit Anstand und nahm gemessen im stets wachsenden Kreis der Neugierigen Platz. Siehe da, auch Zeitungsschreiber tauchten auf! Sie spitzten die Ohren und ihre Bleistifte, setzten sich auf Sessel, die dem Bundeskapitän angetragen wurden, und nun konnte es losgehen. […][306]

Das Kaffeehaus, von dem in dieser satirisch wohl nur leicht übertriebenen Skizze aus dem Jahre 1924 die Rede ist, ist das Wiener Ringcafé. Kaffeehäuser waren in Wien die traditionellen Zentren der Kommunikation, das galt auch für den Sport. Viele Vereine hatten ihr Stammcafé, beim kleinen Braunen oder Schwarzen wurde heftig diskutiert über Spieler, Mannschaften und Taktik.

Das Wiener Ringcafé am Stubenring eignete sich für solche Zwecke besonders gut, denn es verfügte über mehrere große Räume. So fanden hier in den ersten Jahren die Verbandssitzungen des ÖFV statt und ebenso die Vereinssitzungen der Cricketer und später der Amateure. Auch nachdem der ÖFV, der sich seit 1918 ÖFB nannte, erst in der Annastraße, seit 1923 in der Taborstraße, dann in der Tegetthoffstraße und schließlich seit Oktober 1932 (der offizielle Einzugstermin war im Februar 1933) in der Berggasse eigene Räumlichkeiten bezogen hatte, blieb Hugo Meisl diesem Lokal treu. Wer ihn treffen wollte, tat gut daran, sich hierhin zu begeben und nicht etwa ins Verbandsheim, schon gar nicht in seine Privatwohnung, denn hier, so schien es fast, war sein eigentliches Zuhause.

Der schwedische Sportjournalist Tore Nilsson, den Meisl Anfang der 1930er Jahre unter seine Fittiche genommen hatte[307], beschreibt das Ringcafé sehr anschaulich folgendermaßen: »In jenem schlichten Ringcafé mit zerschlissenen Ledermöbeln zwischen wackeligen Kaffeehausstühlen schritten Kellner mit den obligatorischen Tabletts einher, mit einer Tasse Kaffee und einem Glas Wasser. Ein Mädchen, das in allen Kaffeehäusern Mizzi hieß, schwarze Kleidung, eine Schürze und ein gestärktes Leinendiadem trug, verkaufte Kuchen und belegte Brote.«[308]

Man sieht, der wohlhabende junge Schwede registrierte sehr deutlich die Ärmlichkeit dieses Lokals – immerhin war es ein Ringcafé! –, die allerdings auch kaum verwundern darf, denn, wie Nilsson ebenfalls sehr aufmerksam bemerkte, bestellten sich die Besucher bestenfalls eine Tasse Kaffee, mehr konnte sich kaum jemand leisten in diesen Zeiten der Massenarbeitslosigkeit, der tiefen wirtschaftlichen Depression, unter der Wien ganz besonders zu leiden hatte. Trotzdem und vielleicht gerade deswegen diskutierten die Besucher, wie Nilsson berichtet, nicht über die Wirtschaftslage, sondern fast ausschließlich über Fußball. Auch in den Zeitschriftenhaltern fanden sich überwiegend Sportzeitungen, die eifrig gelesen und diskutiert wurden. Schlagartig änderte sich die Situation aber, so Nilsson, wenn »ein kurzgewachsener, kräftiger Mann das Lokal betrat, seinen Bowler, den schwarzen Mantel und eine Krücke mit Silberknauf an die Garderobe hängte, sich eine Zigarette ins Mundstück steckte und einen ›Schwarzen‹ bestellte. Die Schachspieler blickten von ihrem Brett auf, an den Marmortischen kehrte Ruhe ein, und alle zusammen riefen ›Grüß Gott, Herr Verbandskapitän‹.« Nilsson kommentiert trocken: »Der Hof huldigte seinem Kaiser.«[309]

Zweierlei wird in dieser Darstellung sehr deutlich: Die Bedeutung des Fußballs für den öffentlichen Diskurs und die Verehrung Hugo Meisls als eine Art Ersatzkaiser. Der Grund hierfür liegt auf der Hand: Die Erfolge im Fußball waren das Einzige, was den Österreichern positive nationale Identität vermitteln konnte. »Was hatten wir denn sonst, worauf wir stolz sein konnten?«, kommentierte hierzu Georg Stefan Troller.[310] Nur im Fußball war die ehemalige Großmacht Österreich den anderen europäischen Nationen noch ebenbürtig, ja überlegen, und so gewann diese Sportart in Wien eine Bedeutung für den Alltagsdiskurs, die alle gesellschaftlichen Kreise umfasste und gerade in Zeiten großer wirtschaftlicher Not vielen Wienern den einzigen Halt gab.

In diesem Wiener Ringcafé also traf sich »Kaiser« Hugo täglich mit befreundeten Sportjournalisten, wie etwa dem knapp zehn Jahre älteren Redakteur Erwin Müller vom *Sporttagblatt*, der seinerzeit in diesem Lokal die Neugründung der Amateure angeführt hatte und sich nun besonders dadurch einen Namen machte, dass er zahlreiche kleine Anekdoten über Meisl in Umlauf brachte. Ebenso häufig hielt sich im Ringcafé Hugos erstes Fußballidol M.J. Leuthe auf, der unter anderem als Korrespondent für den *Kicker* schrieb; auch dessen Herausgeber Walter Bensemann suchte bei seinen häufigen Wien-Besuchen regelmäßig dieses Café auf, alleine schon, um sich mit Hugo Meisl auszutauschen, mit dem ihn eine enge Freundschaft verband. Im Gegensatz zu manchen anderen Sportführern kannte Meisl ja nicht die geringsten Berührungsängste gegenüber den Zeitungsmenschen, im Gegenteil, er betrachtete sich selbst als einer von ihnen. Aber auch Vereinsfunktionäre und Verbandsmitarbeiter gingen hier ein und aus, sodass die Zeitung *Der Montag* nicht ohne kritische Untertöne feststellte: »Beim Generalsekretär Hugo Meisl findet der Verkehr im Kaffeehaus statt.«[311]

Vollends zur Legende wurde dieses Ringcafé schließlich im Jahre 1931, als hier die Aufstellung des »Wunderteams« mit einer unnachahmlichen und legendären Geste öffentlich gemacht wurde: »Hier habt's ihr euer Schmieranskiteam.« Ein Jahr später war hier auch Tore Nilsson regelmäßig zu Gast und trug den Ruhm dieses Ortes bis nach Schweden. Das Wiener Ringcafé existiert längst nicht mehr, wie so viele andere Kaffeehäuser am Ring ist es verschwunden, dafür gibt es dort jetzt asiatische Delikatessen.

»Der unpopulärste Verein Wiens«[312] – Hugo Meisls Intermezzo bei den Amateuren

Hugo Meisl war von Anfang an den Cricketern eng verbunden, erst als Spieler, dann als Funktionär. 1907 war er Schriftführer dieses Vereins geworden, beteiligte sich dann 1910 an der Abspaltung der Amateure von den Cricketern und übernahm auch dort wieder eine führende Funktionärsposition. 1912 gelang es ihm als Sektionsleiter, Jimmy Hogan, der das Nationalteam auf die Olympischen Spiele in Stockholm 1912 vorbereitet hatte, anschließend als Trainer für die Amateure zu gewinnen, trainierte dann die Mannschaft kurze Zeit selbst recht erfolgreich, musste diesen Posten dann aber niederlegen, als er 1913 Verbandskapitän wurde. Dennoch muss er sich später immer wieder mit dem Vorwurf auseinandersetzen, in seiner Amtsführung eine allzu große Nähe zu den Amateuren zu zeigen, er sei, wie es ein Journalist so hübsch formulierte, »manchmal allzu violett angehaucht«.[313]

Nach dem Krieg wurde im Sommer 1919 Hugo Meisl erneut zum Sektionsleiter der Amateure berufen, bei denen er bejammernswerte Verhältnisse vorgefunden hatte. »*Bei dem heutigen Zustand unserer Ernährung und unserer Sportmaterialien ist es nicht möglich, erstklassige Leistungen zu vollbringen*«,[314] schrieb er und machte sich daran, dem Verein ein unverkennbares sportliches Profil zu verschaffen. Dazu gehörte vor allem eine Verstärkung durch geeignete Spieler. Dabei gelang ihm mit dem Engagement des ungarischen Brüderpaares Kalman und Jenö Konrad, zweier begnadeter Filigrantechniker vom MTK Budapest, ein Glücksgriff sondergleichen.[315] Denn erst die Eleganz und Spielübersicht dieser beiden Spieler ermöglichte es, dass jenes präzise, schnelle Kurzpassspiel, dessen Grundlagen bereits Jimmy Hogan ab 1912 gelegt hatte, hinfort den Stil der Amateure und der späteren Austria prägte und sich zu jener Fußballphilosophie entwickelte, die später weltweit als *Wiener Schule* und *Walzerfußball* gefeiert wurde. »Kein Fremder«, so schwärmte ein Redakteur des *Sport-Telegraf* im Rückblick »hat aber zur Schaffung der Wiener Schule so viel beigetragen wie die Brüder Konrad.«[316] Dazu gehörte angeblich auch der Grundsatz: »Tore nie gewaltsam schießen«[317], ein Motto, das später Matthias Sindelar, der Mann, der mit dem Ball tanzte, in Vollendung demonstrieren sollte – in klarer Abgrenzung von den eher grobmotorischen Rapid-»Kanonieren« wie Josef Uridil oder später Franz »Bimbo« Binder, deren höchstes irdisches Glück darin zu bestehen schien, den Ball derart vehement ins Netz zu hämmern, dass es zerriss.

Der Erfolg ließ nicht auf sich warten. Waren die Amateure noch in der Spielzeit 1918/19 auf einem schwachen sechsten Platz gelandet, legten sie in der folgenden Saison unter Hugo Meisl eine sensationelle Serie hin und beendeten die Spielrunde nur aufgrund des schlechteren Torverhältnisses hinter Rapid mit dem 2. Platz. Unter der Überschrift »Was Energie vermag« schildert das *Neue Wiener Sportblatt* den Aufstieg der Amateure: »Mit Staunen hat das große Publikum jene Glanzsaison der Amateure gesehen, in der diese schwankendste Wiener Mannschaft knapp hinter Rapid lag, weil Hugo Meisl ihr Training leitete.«[318]

Zu dieser Mannschaft gehörte übrigens auch Hugos Bruder Willy, der mittlerweile zum Doktor der Jurisprudenz promoviert hatte. Seinen größten fußballerischen Erfolg feierte der 22-jährige im Frühling 1920 beim Pokalfinale gegen den Sportclub. Da sich Stammtorwart Walter »Jokl« Joachim gerade auf Urlaub befand, durfte Willy das Tor hüten. Das Spiel wurde mit 2:1 gewonnen, die Amateure feierten ihren ersten großen Erfolg. Dr. Willy Meisl zeigte dabei so überzeugende Leistungen, dass Hugo Meisl es wagen konnte, seinen Bruder in die Nationalmannschaft zum Länderspiel gegen Ungarn am 2. Mai 1920 zu berufen.[319] Dort machte dieser allerdings eine eher unglückliche Figur, denn beim ersten Tor der Ungarn hatte er den absolut haltbaren Fernschuss wegen der tief stehenden Sonne zu spät gesehen. Das Spiel endete 2:2, dieses Länderspiel blieb das einzige in Willys Spielerlaufbahn, der bald darauf seine Karriere beendete, beim schwedischen Club Hammarby IF – wohl von Hugo vermittelt – einen Trainerposten übernahm[320], anschließend seinerseits Sektionsleiter bei den Amateuren wurde, bevor er schließlich nach Berlin zum Ullstein Verlag ging und dort zu einem der bedeutendsten Wegbereiter des deutschsprachigen Sportjournalismus wurde.[321]

Interessanterweise scheint sich die Mannschaft der Amateure keiner sonderlichen Beliebtheit erfreut zu haben. So schrieb die *Arbeiterzeitung*: »Der Amateursportverein ist der unpopulärste Verein Wiens und besitzt fast keinen Anhang.«[322] Das war natürlich übertrieben, aber hinter dieser Bemerkung steckte doch ein wahrer Kern. Anlass für diese Attacke war das von potenten Geldgebern gesponserte Engagement der Konrad-Brüder, denen wenig später auch noch deren Landsmann »Spezi« Schaffer folgte, einer der besten – und teuersten – Fußballer seiner Zeit. Kein Wunder, dass solch eine zusammengekaufte Mannschaft Neid und Missgunst »proletarischer« Vereine wie Rapid provozieren musste, die auf keine finanzstarken Sponsoren zurückgreifen, sondern nur auf den eigenen Nachwuchs und die Unterstützung ihrer Fans setzen konnten. So schreiben Johann Skocek und Wolfgang Weisgram: »Rapid war – obwohl Teil der »Unpolitischen« im Verband – der proletarische Verein, dessen stilbildendes Merkmal der Wille und die Kampfkraft waren. Die Amateure hingegen waren der gutbürgerliche City-Club, […] dessen Spielstil mit Metaphern beschrieben wurde, die einem Benimmbuch für Tanzschullehrer entlehnt schienen.«[323]

Der Gegensatz zwischen Rapid und den Amateuren bzw. der Austria, wie der Fußballverein seit 1926 hieß,[324] hat so manche Autoren zu noch weitergehenden Vergleichen bewogen, bisweilen in die Unbestimmtheit tiefer Bedeutungskonstruktionen sich verlierend, so wie Matthias Marschik: »Rapid bleibt topografisch […] immer in Hütteldorf verankert, während die Austria symbolhaft für den ›rastlosen Juden‹ quer durch Wien zieht und nirgends und überall heimisch ist.« [325] Fast erscheint diese Bemerkung Marschiks wie eine Paraphrase auf eine Gegenüberstellung des deutschnationalen Willy Schmiegers in der *Illustrierten Österreichischen Sportzeitung* im Jahre 1928, der aus seinen Sympathien kein Hehl macht: Auf der einen Seite der SC Rapid, der »in der Bevölkerung« wurzelt und nie »den heimischen Boden vernachlässigt«, auf der anderen Seite die Austria, das »Team des Gagenfußballs, benebelt vom stickigen Kaffeehausdunst«.[326] Am Rande sei nur erwähnt, dass diese Bemerkung sich insbesondere auch gegen Meisl richtete.

Wie heftig diese Rivalität zwischen Rapid und den Amateuren bzw. Austria – die sich ja bis heute erhalten hat – ausgetragen wurde, zeigt mit aller Deutlichkeit eine Kampfschrift aus dem Jahre 1923 mit dem Titel »Das Kesseltreiben gegen Rapid«, verfasst von niemand anderem als dem später als Verfasser des Standardwerkes über die Geschichte des Fußballs in Österreich berühmt gewordene Leo Schidrowitz. Dort heißt es unter dem Titel »Neues Altes von der besten Mannschaft der Welt«:

»Mit großem Tam-Tam als Wiener-Amateur-Sportverein gegründet, wollte dieser Club von vorneherein höher eingeschätzt sein als die übrige Fußball spielende Plebs Wiens. Der gewisse gesellschaftliche Anstrich, den sich dieser Verein zu geben wusste, führte ihm auch bald jenen Anhang zu, der ihn heute noch charakterisiert. Die numerisch wohl verschwindende, finanziell aber recht leistungsfähige Gesellschaft aus dem Kai-Viertel, reichgewordene jüdische Kaufleute, die aber alles leichter verwinden können als mit den Juden der Hakoah in einen Topf geworfen zu werden. »Vornehm um jeden Preis« ist ihre Marke. Diese Vereinigung, die schon in ihrem Namen einen Affront gegen die übrigen Wiener Fußballvereine gelegt hat, wurde ihrem in alle Welt hinausposaunten Grundsatz des Amateurismus nur zu bald untreu. Ja, nicht nur das, mit einer Deutlichkeit, die anderwärts vergeblich gesucht werden wird, stellen die Amateure ihren ganzen Sportbetrieb nur auf die Fülle ihrer Brieftasche ein. Unfähig, aus eigener Kraft fähige Fußballer heranzubilden, haben sie eine unerhörte Geschicklichkeit darin bewiesen, sich die besten Spieler der anderen Wiener Clubs heranzuholen. So wurden Geyer und Köck vom W.A.C., Swatosch von Rapid ›übernommen‹ und so weiter in lieblicher Abwechslung die ganze Mannschaft durch. Als der Hunger nach fertigen Spielern im Inland nicht mehr gestillt werden konnte, gingen die famosen Amateure ein Stück weiter und brachten aus dem Ausland zusammen, was gut und teuer war. Die Brüder Konrad, die aus Budapest nach Wien gekommen waren, wurden der Hakoah abgejagt, dann wurden Schaffer und Wieser nach St. Veit gelotst. Die Amateure konnten sich dieses Treiben um so eher leisten, als ihre guten Beziehungen zum Fußballverband ihnen all das gefahrlos ermöglichten. Schon spricht man von Lohrmann, Müller und Willhöfer, die aus Süddeutschland akquiriert werden sollen. Ein solcher Verein ist es, der den Wiener Fußballsport repräsentieren will, ein solcher Club ist es, der es wagte, die Behauptung vom Terror Rapids in die Welt zu setzen. Allerdings verstanden es die Amateure seit eh und jeh (sic!) in geschicktester Weise gute Beziehungen zur Presse zu pflegen. Nur in Wien war der unglaubliche Zustand möglich, dass ein Dr. Willy Meisl zugleich Sektionsleiter der Amateure und Redakteur beim Sport-Tageblatt sein konnte.«[327]

Auslöser dieses Pamphlets war ein Liga-Spiel zwischen Austria und Rapid am 3. Juni 1923, bei dem es hoch herging und Rapid sich vom Schiedsrichter dermaßen verschaukelt fühlte, dass die Mannschaft erst nach einer halben Stunde zum Weiterspielen bewegt werden konnte.

Austria siegte schließlich mit 2:0, und Rapid erwog ernsthaft, den Schutzverband der Erstligavereine zu verlassen und sich nunmehr dem Verband der Arbeiter- und Soldatensportvereinigungen anzuschließen[328].

Tatsächlich waren die Amateure bzw. die spätere Austria kein Verein, der den eigenen Anhang ähnlich mobilisieren konnte wie etwa Rapid oder auch Hakoah, eher wohl ein willkommenes Hassobjekt für den gegnerischen Anhang, so dass die Heimspiele auf dem vereinseigenen Sportplatz in Ober St. Veit immer gut besucht waren. So kamen im März 1923 29.000 Zuschauer zum verbissenen Duell mit Hakoah, und im April 1923 drängelten sich beim Spitzenspiel gegen Rapid auf der Hohen Warte angeblich nicht weniger als 60.000 Besucher[329], zum großen Teil allerdings Rapid-Fans, die dem Amateure-Anhang die Hölle heiß machten. Denn im Gegensatz zu den rauen Burschen aus Hütteldorf hielten die Anhänger der Amateure durchaus Distanz. Sie freuten sich zwar über einen Sieg und über ein gutes Spiel, aber sich für ihren Verein zu schlagen, wäre ihnen nicht im Traum eingefallen.[330]

Die Erklärung dafür liegt auf der Hand. In gewisser Weise stimmte ja, was Schidrowitz so polemisch hervorhob: Der Verein bot zu wenig Identifikationsmöglichkeiten, er war der Club der bürgerlichen Intelligenz, der assimilierten Juden, was hatten die Massen damit zu schaffen? Auch wenn die Spieler sich zunehmend aus den proletarischen Vorstädten rekrutierten – Matthias Sindelar, der aus dem Arbeitervorort Favoriten stammte, ist dafür das leuchtendste Beispiel – so gab sich der Club doch alle Mühe, das Image eines kultivierten bürgerlichen Vereins zu pflegen. Und zwar von Anfang an. Als die Amateure im April 1912 eine Einladung nach Turin erhalten hatten, wo sie übrigens gegen Juventus unentschieden spielten und gegen den AC mit 5:3 gewannen, hatte ihnen am 25. März 1912 der Niederösterreichische Fußball-Verband einen ganz offensichtlich von Hugo Meisl vermittelten Reisezuschuss bewilligt, der mit dem »gesellschaftlichen Niveau« des Clubs begründet wurde.[331] Im Jahre 1920 hieß es demgemäß in einer Selbstdarstellung der Amateure: »Die Violetten repräsentieren eine eigene Marke im Wiener, ja im österreichischen Fußballleben. Sie waren nie das, was man eine ›harte‹ Mannschaft nennt, wohl weil ihr Verein lange Zeit in mindestens demselben Maße darauf bedacht war, Gesellschafts- wie Fußballclub zu sein. Die Mehrzahl der Spieler waren Intellektuelle, Studenten und Kaufleute. An der Spitze stand ganz unabsichtlich fast stets ein Doktor oder ein Professor.«[332] Und im März 1921 hob der damalige ÖFB-Präsident Ignaz Abeles anlässlich des zehnjährigen Vereinsjubiläums erneut hervor, dass sich die Anhängerschaft des Vereins »besonders aus den Kreisen der jugendlichen Intelligenz« rekrutierte.[333]

Von Anfang an war die *Violette Redoute*, eine Art Vereinsball der Amateure, an dem auch Hugo Meisls spätere Ehefrau Maria Bican tatkräftig mitwirkte, mit einem gehobenen gesellschaftlichen Anspruch versehen. 1924 heißt es hierzu: »Dieses Ballfest hat sich durch seine vornehme Gemütlichkeit zu einem der vornehmsten Tanzfeste des Wiener Karnevals herausgebildet«[334], und der Nationalspieler Karl Geyer schwärmte noch Jahrzehnte später: »Wir haben jedes Jahr die ›Violette Redoute‹ gehabt. Das war im feinsten Lokal Wiens, und dann haben wir noch einen ›Violetten Ball‹ gehabt. Schaun Sie, der Simpl war ja neben uns, neben dem Domkaffee, das Nachtlokal. Da war der Wiesenthal, die beiden, Hermann Leopoldi und wie hieß der zweite, Ferdinand, glaube ich, der Urgemünz, die Schauspieler waren alle bei uns, der Ossi Geiger mit seiner Frau, das ist ja ein Berühmter, und sein Bruder, der Gyula Geiger, also die haben bei uns verkehrt, die sind mit uns an einem Tisch gesessen.«[335]

Hintergrund dieses betont bürgerlichen Bezugsrahmens war die Tatsache, dass auf dem Rasen und den Tribünen zumindest in der Wahrnehmung des Publikums auch Klassenkämpfe ausgetragen wurden, bei denen es bisweilen wüst zuging. Immer wieder wird von Gewaltexzessen berichtet, bei denen die Zuschauer während eines Spiels derart aufeinander losgingen, dass Polizei eingesetzt werden musste. In der Saison 1919/20 mussten deshalb mehrere Spiele unter Ausschluss des Publikums ausgetragen werden.[336] Die Amateure versuchten sich also durch ihren bürgerlichen Habitus erkennbar von diesem rauen Umfeld der proletarischen Clubs zu distanzieren und positionierten sich mit ihrem Spielwitz und ihrer eleganten Spielweise in betontem Gegensatz zu der proletarischen Härte der Vorstadtclubs.

Trotz aller Erfolge sah sich Hugo Meisl allerdings bereits im Sommer 1920 gezwungen, seine führende Rolle bei den Amateuren abzugeben. Der Grund für Meisls Rückzug lag darin, dass er völlig überlastet war. Seine ehrenamtlichen Tätigkeiten für den ÖFB als Schiedsrichter, Verbandskapitän und FIFA-Delegierter kosteten viel Zeit, und bekanntlich musste er sich immer wieder Klagen seines Arbeitgebers anhören, er vernachlässige seine Arbeit. Zudem verlangte auch seine Familie ihr Recht, schließlich war Meisl seit einem dreiviertel Jahr verheiratet, und seine Frau erwartete im September 1920 ihr erstes Kind. Der Rückzug von den Amateuren war daher ein notwendiges Opfer, das offiziell damit begründet wurde, dass sich diese Tätigkeit nicht mit seinem Amt als Verbandskapitän vereinbaren lasse.[337]

In diesem einen Jahr allerdings war es Meisl gelungen, der Mannschaft der Amateure ein unverkennbares und erfolgreiches spielerisches Profil zu verleihen; erst mit dem Meisl'schen Intermezzo begann der stetige Aufstieg dieses Vereins zur europäischen Spitzenklasse in den 1930er Jahren.

»Verfechtung der reinen Sportidee«[338] – Meisl und die Krise des Verbandes

Nach dem Ersten Weltkrieg war auch beim ÖFB nichts mehr so, wie es war. Besonders in Wien hatte die Sozialdemokratie die breite Unterstützung der Bevölkerung, und das blieb auch im Sport nicht ohne Folgen. So wurde Anfang 1919 ein sozialdemokratischer Verband der Arbeiter- und Soldatensportvereinigungen (VAS) gegründet, dem auch die Freie Vereinigung der Arbeiterfußballvereine Österreichs (VAFÖ) angehörte. Während aber in den anderen Sportarten von vornherein die Arbeitersportvereine nichts mit den »Bürgerlichen« zu tun haben wollten, sah es im österreichischen Fußball anders aus, die Arbeiterfußballvereine der VAS traten der in Österreichischen Fußballbund (ÖFB) umbenannten Organisation bei und bildeten dort sehr bald die Mehrheit. Ihr Ziel war es, den ÖFB als Ganzes in die sozialistische Sportorganisation, die ASKÖ, zu überführen.[339]

Ein entscheidendes Hindernis bot dabei zunächst das hergebrachte Abstimmungsverfahren. Die erstklassigen Vereine, die sich gegenüber den Begehrlichkeiten des VAS in einem »Schutzbund« organisiert hatten, besaßen ein mehrfaches Stimmrecht, das dadurch begründet wurde, dass sie durch ihre Beiträge wesentlich zum Unterhalt des Verbandes beitrugen. Es gelang den Vertretern der Arbeitersportvereine nach langem Drängen tatsächlich, die »Großvereine« zum Verzicht auf dieses »undemokratische« Stimmrecht zu überreden. Anschließend sorgten die Arbeitervereine mit ihrer Mehrheit dafür, dass in allen Gremien ihre Parteigänger die bisherigen Vertreter der »bürgerlichen« Vereine nach und nach ablösten. Unter diesen Umständen sahen sich die damaligen Präsidenten des Österreichischen und des Niederösterreichischen Fußballverbandes, Dr. Abeles und Willy Schmieger, im Jahre 1922 schließlich zum Rücktritt von ihren Ämtern gezwungen.

Das bedeutete im Falle von Dr. Abeles das Ende einer Epoche: Er hatte seit 1907 als Vizepräsident des Verbandes die Geschäfte wesentlich bestimmt und seit 1910 den NÖFV und seit 1914 den ÖFV (nach 1918 ÖFB) geleitet. Selbst die Vermittlungsversuche Hugo Meisls, der sich im Dezember 1922 »erbötig« machte, »neuerliche Verhandlungen zur Beilegung des Konfliktes einzuleiten«[340] waren letztendlich nicht erfolgreich. Die entsprechende Notiz in den amtlichen Nachrichten des ÖFB dokumentiert schon in der Art der Formulierung die geringen Aussichten dieses Vermittlungsversuches: »Die Mitteilung, dass Herr Verbandskapitän Hugo Meisl die Vermittlerrolle zur Schlichtung der Streitfrage im N.F.V übernommen hat, wird zur Kenntnis genommen.«[341] Der von Meisl angesetzte Schlichtungstermin brachte vielleicht eine gewisse atmosphärische Verbesserung, am Rücktritt von Dr. Abeles konnte er nichts ändern. Nachfolger Dr. Abeles' wurde Siegfried Deutsch, ein Mann der Arbeitersportvereine.[342]

Auf diesem Weg waren die Vertreter der ASKÖ nach jahrelanger Ablehnung sogar bereit, 1924 die Bildung einer Profiliga – auf die noch näher einzugehen sein wird – zu akzeptieren, zumal man nach einiger Zeit kompromissloser Ablehnung erkannt hatte: »Der Spieler als Professional ist Arbeiter wie jeder andere. Es ist keine Schande, Arbeitslohn zu nehmen.«[343] Ganz in diesem Sinne wurde 1925 auch die »Spieler Union« gegründet – eine Art Gewerkschaft der Profi-Fußballer. Im ÖFB wurde nun je ein Referat für die Amateure und für die Berufspieler eingerichtet.

So kam es dazu, dass nach den Vorstandswahlen im Jahre 1925 nur noch Mitglieder der »Freien Vereinigung« in der ÖFB-Spitze vertreten waren. Neuer ÖFB-Vorsitzender wurde der sozialdemokratische Bezirksvorsteher von Simmering, Eduard Pantucek. Als einziges Nicht-Parteimitglied im Vorstand blieb Hugo Meisl übrig, der in beiden Lagern hohe Anerkennung genoss, als Anhänger der Sozialdemokraten galt[344] und zum Schriftführer gewählt wurde. Wir können durchaus davon ausgehen, dass sich Meisl seiner Rolle zwischen den Fronten bewusst war. Er war der Einzige, der vermitteln konnte, so wie im September 1924, als der Streit zwischen den Profivereinen und der Verbandsführung wegen der zukünftigen Rolle der ersten Amateurliga eskalierte: »Der Verbandskapitän Hugo Meisl übernimmt die Vermittlerrolle, und allem Anschein nach wird die VAS-Gruppe einlenken.«[345]

Trotz der Bemühungen Meisls war nach diesem Durchmarsch der Sozialdemokraten die Situation für die Vertreter der seit 1924 etablierten Profivereine auf Dauer unhaltbar geworden, denn bei diesen Mehrheitsverhältnissen war es ihnen praktisch unmöglich, ihre Interessen noch angemessen zu vertreten. Auf der anderen Seite gerieten auch die »Freien« unter Druck seitens der anderen Arbeitersportvereine, denen die Aufnahme in die Sozialistische Arbeitersport-Internationale versagt blieb, solange die Fußballer mit den »Bürgerlichen« zusammenarbeiteten. Insofern konnte die Sache nicht lange gutgehen.

Hugo Meisl selbst, der zu beiden Seiten enge Beziehungen pflegte, versuchte bis zuletzt, den Verband zusammenzuhalten, bis sich schließlich Anfang 1926 eine Farce abspielte, die auch ihm klar werden ließ, dass mit dem ÖFB in seiner jetzigen Verfasstheit kein Staat mehr zu machen sei. Was war geschehen?

Schauplatz Wien, Verbandsheim des ÖFB in der Taborstraße, der Vorstand tagt. Tagesordnungspunkt: Vorkonferenz der FIFA in Brüssel am 12. und 13. März 1926 zwecks Vorbe-

Dr. Ignaz Abeles (links) und Hugo Meisl (um 1923).

reitung ihrer Jahrestagung in Rom, wo seit drei Jahren Mussolinis Faschisten herrschen, die jegliche legale Opposition und vor allem auch die deutsche Minderheit in Südtirol zu unterdrücken suchten. Dies hatte Mussolini kurz zuvor in einer Rede nochmals deutlich gemacht.[346] Wie soll sich der ÖFB, vertreten durch Präsident Pantucek und seinen internationalen Sekretär Hugo Meisl, verhalten?

Vorstandsmitglied Dr. Gruder stellt den Antrag, »die Delegierten des ÖFB mögen bei der Vorbesprechung in Brüssel den Antrag stellen, den Konferenzort für die Tagung der FIFA in Rom in die Stadt eines anderen Landes zu verlegen, da in Rom die Redefreiheit nicht gewährleistet erscheint«. Anschließend an diesen Antrag setzt ein Herr Feldmann noch einen darauf. Er regt an: »Die Delegierten des ÖFB sollen die bei dem FIFA-Kongress vertretenen Verbände auffordern, auf ihre Regierungen den entsprechenden Einfluss zu nehmen, um diese zur ehebaldigen Ratifizierung der Washingtoner Konvention über den Achtstundentag zu veranlassen.« Und das Protokoll ergänzt: »Diese Anregung erhebt Herr Dr. Jölles zu seinem Antrag.«[347]

Hugo Meisl ist entsetzt, ihm ist klar, dass diese hochpolitischen Anträge eine Provokation für das Neutralitätsprinzip der FIFA darstellen, dass der erste Antrag sogar die Sportbeziehungen des ÖFB ernsthaft gefährden kann. Meisl versucht den Beschluss zu verhindern, er beschwört die Versammlung, »dass die politischen Beweggründe der Sozialdemokraten nicht die sportlichen Erwägungen und Beziehungen behindern dürften, dass die Sportverbände wie in aller Welt, so auch in Rom völlig unpolitische Organisationen seien«.[348] Ohne Erfolg. Meisl bemüht sich, das Schlimmste abzuwenden, indem er vorschlägt, die Forderung dadurch zu relativieren, dass »Herr Bezirksvorsteher Pantucek in Brüssel versuchen soll, einen oder den anderen Verband für die Anträge des ÖFB zu gewinnen«,[349] ein Vorschlag, der verhindern soll, dass Österreich mit der Provokation Italiens allein hervortritt und sich dadurch international isoliert. Vergeblich. Meisl stößt auf taube Ohren und verliert die Abstimmung mit 18 gegen drei Stimmen; die Gegenstimmen stammten von ihm, dem Vertreter der ersten Liga Tasch und dem Vertreter des niederösterreichischen Verbandes Karniol.[350]

Dieser Beschluss löste eine innere Revolte im ÖFB aus, die entscheidenden Personen der Liga, wohl auch Hugo Meisl, hatten wahrscheinlich im Moment der Abstimmung endgültig innerlich beschlossen, den Verband zu verlassen und einen unpolitischen zu gründen. Auch die nicht-sozialdemokratische Wiener Presse kommentierte den Beschluss sarkastisch. So erschien in der *Wiener Sonn- und Montagszeitung* eine Glosse unter dem Titel: »Erzittere, Mussolini! Der Dr. Gruder, der wird's Dir zag'n.« Darin wirft der Autor dem ÖFB vor, schlicht sich lächerlich zu machen und wundert sich über die Motive: »Vielleicht will man nur dem armen Hugo eine Reise verpatzen, weil er nach Rom niemanden aus dem Vorstand mitnehmen will.« Ernsthafter verweist der Autor darauf, dass der Vorstand, wenn er schon politisch handeln wollte, auch Maßnahmen gegen Horthys Ungarn ergreifen müsste. Das ist alles ganz lustig, aber einen antisemitischen Schlenker kann sich der Journalist dann doch nicht verkneifen: »Wer seid ihr edle deutschen Recken mosaischer Konfession und international-sozialdemokratischer Weltanschauung, dass ihr so schrecklich Südtirol an Mussolini rächet?«

Wie sich Hugo Meisl in Brüssel schließlich verhalten hat, geht aus dem Sitzungsprotokoll nicht hervor.[351] Auf einer Vorstandssitzung nach der Brüsseler Konferenz berichtet Hugo Meisl laut Protokoll nur über Differenzen vor allem mit dem ungarischen Delegierten wegen der Professionalismusfrage, findet aber volle Unterstützung beim Vorstand. Geradezu euphorisch stellt dieser fest: »Der Vorstand des ÖFB verkennt nicht die großen Schwierigkeiten und Unannehmlichkeiten, denen insbesondere der internationale Sekretär Hugo Meisl bei der Verfechtung der reinen Sportidee oft begegnen musste und voraussichtlich auch in Zukunft begegnen wird. Deshalb votiert der ÖFB seinem internationalen Sekretär das vollste Vertrauen und gibt der Hoffnung Ausdruck, dass Herr Meisl auch in Zukunft im Interesse des reinen Sportgedankens die Beschlüsse des ÖFB mit dem gleichen Nachdruck vertreten wird wie bisher.«[352]

Hintergrund dieses Lobes war offenkundig die Tatsache, dass Meisl tatsächlich weisungsgemäß gemeinsam mit Pantucek den Antrag, den nächsten FIFA-Kongress nicht in Rom abzuhalten, in Brüssel vorgebracht hatte. Es geschah, was zu erwarten war: Der italienische Verband reagierte empört, brach alle offiziellen Kontakte zum ÖFB ab, ja mehr noch, der italienische Verband schloss mit all dem theatralischen Pathos, das den Faschisten zu eigen war, jedweden Sportverkehr mit Österreich für alle Zeiten aus und entfernte sogar aus dem Sitz des Fußballverbandes alle Wimpel, die an Begegnungen mit österreichischen Mannschaften erinnerten.[353]

Auch die FIFA reagierte pikiert. Sie nahm ein Beschwerdeschreiben der Wiener Profi-Vereine, in dem diese ziemlich unverblümt ein Eingreifen der FIFA fordern, um in Österreich einen unpolitischen Fußballverband zu ermöglichen,[354] zum Anlass, den ÖFB genauer zu kontrollieren.³⁵⁵ Der ÖFB sah sich durch die FIFA zu einem Rechtfertigungsschreiben genötigt, in dem auch dargelegt werden musste, warum sich die eigenen Profivereine gegen den Verband gestellt hatten.³⁵⁶

Die Tagung in Rom fand ohne den ÖFB statt, der die Veranstaltung offiziell boykottierte. Dennoch war der österreichische Fußball vertreten: 13 Wiener Profivereine hatten Delegierte entsandt, und anwesend war auch Hugo Meisl in seiner Funktion als Mitglied des technischen Ausschusses der FIFA. ³⁵⁷

Damit war die Spaltung faktisch vollzogen.

Die »Bürgerlichen« gründeten am 22. August 1926 den Allgemeinen Österreichischen Fußballbund, basierend auf den 25 Profivereinen und etwa 260 Amateurclubs, die sich dem neuen Fußballbund anschlossen. Erster Präsident des AÖFB wurde Dr. Richard Eberstaller. Der Verbandskapitän und internationale Sekretär des ÖFB, Hugo Meisl, vollzog diese Abspaltung mit. Ausschlaggebend für diese Entscheidung war ganz sicher, dass er erkannt hatte, dass der Verband sich durch seine politische Ausrichtung mehr und mehr international isolierte. Gerade die internationale Einbindung des österreichischen Fußballs bildete aber für den kosmopolitischen Meisl geradezu die Basis all seines Denkens und Handelns.

Seine Entscheidung wurde ihm dadurch gedankt, dass er mit der neu geschaffenen Stelle eines Generalsekretärs betraut wurde.³⁵⁸ Diese Position war nun nicht mehr ehrenamtlich, und das mit vollem Recht. Denn Hugo Meisl hatte seit 21 Jahren dem ÖFB seine Dienste zur Verfügung gestellt, ohne dafür auch nur einen Groschen zu verlangen, und dafür Arbeit und Familie vernachlässigt. Nach seiner Pensionierung im Jahre 1925 erhielt er von der Länderbank nur noch reduzierte Bezüge, auf der anderen Seite war nach der Geburt seines Sohnes Herbert seine Familie auf fünf Personen angewachsen, die versorgt werden wollten. Nun erhielt Hugo Meisl eine angemessene Bezahlung, stand dafür dem Verband uneingeschränkt zur Verfügung und leistete als Generalsekretär eine Herkulesarbeit, für die er elf Jahre später mit dem frühen Tod bezahlen sollte.

Eine seiner ersten Leistungen bestand darin, dass an Stelle des »alten« ÖFB der neu gegründete Allgemeine Österreichische Fußballbund bei der FIFA akkreditiert wurde³⁵⁹ und dass sämtliche Trophäen, die der Fußballverband bis dahin gewonnen hatte, in das Vereinsheim des neuen Fußballbundes kamen. Zugleich verzichtete der alte Verband, der ab 1. Juli als Verband der Amateurfußballvereine Österreichs (VAFÖ) weitergeführt wurde, auf das Namensrecht am ÖFB, worauf sich der AÖFB seinerseits ÖFB nennen durfte und forthin unter diesem Namen bei der FIFA geführt wurde.³⁶⁰ Immerhin erhielt der VAFÖ für beides eine nicht unerhebliche finanzielle Ausgleichszahlung.³⁶¹

»Der beste Amateurismus ist ein reicher Vater«³⁶² – Meisl und die Professionalisierung

Der gewaltige Aufschwung des Wiener Fußballsports nach dem Ersten Weltkrieg drückte sich nicht nur durch eine enorme Zunahme aktiver Spieler und neuer Vereine aus,³⁶³ sondern vor allem auch durch ein gewaltiges Publikumsinteresse mit Zuschauerzahlen, die heutigen österreichischen Vereinsfunktionären Tränen der Verzweiflung in die Augen treiben könnten. An manchen Sonntagen waren nicht weniger als 300.000 Wiener zu den Sportplätzen unterwegs.³⁶⁴ Das stellte nicht nur die Wiener Verkehrsbetriebe vor erhebliche Probleme, sondern auch den ÖFB, denn in dem Maße, wie Fußball zum Publikumsspektakel und Medienereignis wurde, spielte Geld eine immer größere Rolle: Zum einen mussten die Vereine, um mithalten zu können, ihre Spieler durch umfangreiches Training zu immer besseren Leistungen befähigen. Das aber war nur möglich, wenn sie nicht nebenher noch einen anstrengenden und zeitaufwändigen Beruf auszuüben hatten. Zudem spielte die Vereinstreue eine immer geringere Rolle. Kein Club konnte sich darauf verlassen, dass ein Spieler nur aus purer Liebe zu seinem Verein gegen den Ball trat. Gute Spieler konnten nur gehalten werden, wenn auch die finanziellen Bedingungen stimmten, denn um erfolgreich zu sein, waren alle Clubs bemüht, sich durch leistungsstarke Spieler verstärken. Das ging nicht ohne finanzielle Anreize; der zunehmende Starkult, für den der bereits erwähnte Rapid-»Tank« Uridil nur ein Beispiel ist,[365] ließ zudem für immer mehr junge Männer vor allem aus den Vorstädten den Fußball als realistische Möglichkeit erscheinen, zu Ruhm und Wohlstand zu gelangen.[366]

Hinzu kam noch ein weiterer Aspekt: Angesichts des enormen Publikumandrangs waren die Großvereine gezwungen, ihre Sportplätze zu Massenarenen auszubauen, die mehreren zehntausend Zuschauern Platz bieten konnten. Bis 1919 hatte die größte Sportanlage Wiens, der WAC-Platz im Prater, gerade einmal 20.000 Zuschauern gefasst. Nun begann überall ein Ausbau der Sportplätze. So wurde bereits im Juni 1920 in der Leberstraße die neue Sportanlage des Simmeringer Sportklubs eröffnet, in der sich am 9. November 1924 zum Länderspiel gegen Schweden nicht weniger als 40.000 Zuschauer drängelten.[367] Die Hakoah erweiterte ebenfalls 1920 ihren Sportplatz in der Krieau so weit, dass im November zum Spiel gegen Rapid 25.000 Zuschauer hineinpassten. Schon ein Jahr später sprengte die Vienna mit ihrem neuen Stadion an der Hohen Warte alle Dimensionen: Dieses damals größte Stadion des Kontinents war für etwa 60.000 Zuschauer angelegt; 1923 sollten hier zum Länderspiel gegen Italien sogar unglaubliche 85.000 Menschen Einlass finden. Kein Wunder, dass das *Sporttagblatt* von einer »grandiosen Sportarena« schwärmte und geradezu ehrfurchtsvoll berichtete: »In der Mitte ein smaragdgrüner englischer Rasenteppich, wohlgepflegt und samtweich. An der Fußseite eine die ganze Längslinie des Platzes deckende Tribüne. In die Lehnen, die vom Hügelwerk der Hohen Warte steil abfallen, sind Stufen geschlagen, und Sitzreihe hinter Sitzreihe steigt bis zum Rande des Abhanges, bis zu dem villenbedeckten Plateau der Hohen Warte empor.«[368] 1922 wurde der Rapid-Platz auf der Pfarr-Wiese in Hütteldorf so weit ausgebaut, dass im März 1922 zur Begegnung gegen den Sportklub 40.000 Menschen Einlass finden konnten. Die Amateure erweiterten ihren Sportplatz in Ober-St. Veit (Bezirk Hietzing) auf ein Fassungsvermögen von ca. 25.000 Plätzen, zum Derby gegen Hakoah fanden im April 1923 sogar 29.000 Zuschauer Einlass.[369] Auch die anderen Erstligaclubs bauten ihre Anlagen aus, wie Rudolfshügel in der Favoritener Isbarystraße, Wacker im Dreherpark, der Sportklub in Dornbach, Slovan auf dem Tschechischen-Herz-Platz und Hertha ganz in der Nähe von Slovan, ebenfalls in Favoriten.

Obwohl die Stadt Wien den Vereinen beim Stadionausbau entgegenkam und auch der ÖFB Zuschüsse gewährte, bedeuteten diese Ausbauten dennoch eine enorme finanzielle Belastung der Vereine, die nur durch eine zunehmende Kommerzialisierung des Sports zu meistern war. Dennoch war der Widerstand gegen den offenen Professionalismus auch nach 1920 national und international ungebrochen.

Paradoxerweise fand der ursprünglich der englischen Aristokratie entstammende Amateurgedanke in Österreich seine heftigsten Verfechter ausgerechnet in den Organen der Arbeiterbewegung. Im gleichen Maße, in dem Fußball zum Publikumsmagneten wurde, zum Medienereignis und somit zu einem Bestandteil der sich in den 1920er Jahren dynamisch entfaltenden Unterhaltungsindustrie,[370] stieg die Abscheu der Arbeiterbewegung über diese in ihren Augen immer mehr zur rohen Zirkusveranstaltung pervertierenden Sportereignisse. Diesem Spektakel stellte man das eigene Sportideal gegenüber, das anstelle des bezahlten Publikumsspektakels auf Fairness, Solidarität und Breitensport setzte. Andererseits sollte man nicht übersehen, dass die hohe Arbeitslosigkeit der 1920er Jahre auch den Gedanken reifen lassen konnte, durch die Professionalisierung des Fußballs zumindest einer größeren Zahl von Fußballspielern eine reguläre Beschäftigung anzubieten. Jedenfalls erinnern sich die Töchter Hugo Meisls an Überlegungen ihres Vaters, die in diese Richtung gingen.

Damit standen sich im ÖFB zwei Lager mit völlig entgegengesetzten Interessen gegenüber: Auf der einen Seite die »unpolitischen« Großvereine, zu denen übrigens auch »proletarische« Clubs aus den Arbeitervorstädten gehörten wie Rapid, Admira oder Wacker. Und auf der anderen Seite Vereine, die sich den Idealen der Sozialdemokratie verpflichtet fühlten und im ÖFB eine deutliche Mehrheit bildeten.[371]

Das Thema selbst war spätestens seit 1919 auch im Österreichischen Fußballbund auf der Tagesordnung. In dem *Neuen Wiener Sportblatt*, also jener Zeitung, die Hugo Meisl mit herausgab, lässt sich nachlesen, dass schon im Winter 1919/20 der Verband »einen mächtigen Anlauf« zu Lösung der Amateur- und Professionalfrage unternommen habe, der aber doch wohl im Sande verlief.[372] Im September berichtet die Zeitung sogar von einem Komitee, dem Hugo Meisl natürlich angehörte, das mit Kollegen aus Deutschland und Ungarn Vorschläge zur Lösung dieser Frage vorlegen sollte.[373] Auch diese Vorschläge wurden nicht entscheidungsreif ausgearbeitet. Die Bewegung zur Professionalliga kam ins Stocken, der Verband schob das Problem vor sich her.

In dieser Situation sahen sich die »unpolitischen« Vereine gezwungen, ihre Interessen auf eigene Faust durchzusetzen: Im Jahre 1923 kündigten sie geradezu handstreichartig die Gründung einer Profiliga an und forderten Interessenten auf, bis zum 1. Juni 1924 ihre Teilnahme an der Profiliga bekannt zu geben.[374] Hintergrund dieses Druckes dürften vor allem juristische Probleme gewesen sein: Die Vereine galten als gemeinnützig und genossen daher Steuerfreiheit; allerdings wusste jeder, dass die Spieler mehr oder weniger versteckt bezahlt wurden, ein klarer Verstoß gegen die Gemeinnützigkeit. Angesichts der Tatsache, dass gerade in Wien die Finanzbehörden besonders scharf jede Möglichkeit suchten, zusätzliche Steuereinnahmen zu erzielen, bestand bei den großen Fußballclubs offensichtlich die akute Sorge, wegen Steuerhinterziehung belangt zu werden,[375] vor allem, nachdem mittlerweile die regierenden Sozialdemokraten auch den ÖFB beherrschten. Da half nur die Flucht nach vorne.

Der Verband wurde somit vor vollendete Tatsachen gestellt, reagierte aber, nachdem Hugo Meisl offenkundig seine diplomatischen Fähigkeiten und guten Beziehungen zu beiden Seiten spielen ließ, bemerkenswert flexibel, indem man alles unternahm, die Profiliga in den ÖFB zu integrieren. Meisl hatte sich auf dem FIFA-Kongress in Paris 1924 gewissermaßen grünes Licht für die Einführung einer Profiliga geholt und dabei diesen Umstand noch im Sinne seiner eigenen Vorstellungen interpretiert, indem er die Öffentlichkeit wissen ließ, »dass er nun im Auftrag der FIFA die Organisierung des einzuführenden Berufsspielertums in die Hand zu nehmen habe«.[376] Es wurde eine Kommission unter Leitung von Hugo Meisl gebildet, die ein entsprechendes Statut ausarbeiten sollte.[377] Dieses Gremium – und das heißt vor allem Hugo Meisl – musste nun unter enormem Zeitdruck den Rahmen für etwas gestalten, was es auf dem Kontinent bisher noch nicht gab: Ein Regelwerk für einen professionellen Fußballbetrieb. Bemerkenswert ist immerhin, dass die Kommission mit Hilfe eines umfangreichen Fragebogens die Vorstellungen der beteiligten Vereine eruierte, um sie in sein Konzept aufzunehmen.[378] Das reduzierte nicht den Umfang der Aufgabe, gab aber doch eine gewisse Rückendeckung. Meisl arbeitete bis zur Erschöpfung, im August erkrankte er an Leberschwellungen und musste sich für einige Wochen zur Sommerfrische bei Tulln zurückziehen. Die Ärzte führten die Erkrankung auf »Arbeitsüberbürdung und Überreizung« zurück. Obwohl er sich offenbar selbst während dieses »Urlaubes« anfallende Arbeiten, die dringend erledigt werden mussten, von einem Verbandsmitarbeiter zu seinem Aufenthaltsort bringen ließ, führte Meisls Krankheit zu »Stockungen in der Behandlung der Professionalfrage«[379], so dass das Konzept erst mit einmonatiger Verspätung erstellt wurde. Immerhin: Das Regelwerk für die Profiliga war gelungen, wenn auch mit einigen Geburtsfehlern.

Im September 1924 startete die erste Profiliga des Kontinents ihren Spielbetrieb in Form einer zweiklassigen Konkurrenz, in der ausschließlich Wiener Vereine vertreten waren. Damit war allem internationalen Widerstand zum Trotz der Bann gebrochen. In den nächsten Jahren bildeten sich Profiligen auch in Ungarn, in der Tschechoslowakei, in Spanien, Frankreich und Italien. Erster Profi-Meister Österreichs wurde übrigens die Hakoah, die sich mit einigen ungarischen Spielern verstärkt hatte, vor den Amateuren, die sich 1926 in Austria umbenannten.[380]

Dabei war Hugo Meisl, der ja keineswegs ein Träumer, sondern ein realistischer Kenner der Materie war, durchaus kein begeisterter Verfechter einer Profiliga gewesen. In erster Linie ärgerte ihn die Heuchelei des Systems versteckter Zuwendungen, das Meisl als »Schmutzamateurismus« bezeichnete[381] und in seiner Zeit als sportlicher Leiter der Amateure zu Genüge kennen gelernt – und selbst praktiziert hatte. Nun ging es ihm um Sauberkeit im Fußballsport und um optimale Bedingungen, diesen Sport auszuüben; die geschäftlichen Interessen – weder die der Vereine, noch die der Spieler – interessierten ihn nur peripher. Einen Hinweis auf die Position Meisls gibt eine Äußerung aus dem Jahre 1919: »In England verwenden die Vereine die Einnahmen zur Verbesserung der Sportplätze, bei uns wird das Geld den Spielern in die Tasche gestopft, ohne dass damit dem Sport gedient wäre.«[382] »Ohne dass damit dem Sport gedient wäre« – mit diesem Satz ist Meisls eigentliches Motiv mit aller Klarheit beschrieben. Er wollte die Bedingungen für den Fußballsport verbessern; Fußball als Mittel zur Bereicherung war ihm zuwider; noch zehn Jahre später kämpfte Meisl vehement in der FIFA gegen Überlegungen, Fußballvereine den Profitinteressen von Geschäftsleuten auszuliefern, ebenso sorgte er dafür, dass nach Einführung des Profifußballs die Einnahmen der Spieler nach oben limitiert wurden.

Dieser Haltung blieb Meisl auch in den folgenden Jahren treu. Im Mai 1924 erläuterte er auf einer Versammlung der sozialdemokratischen »Freien Vereinigung«, warum er sich für die Einführung des Professionalismus einsetzte:[383] Eine reine Amateurmeisterschaft sei mittlerweile unmöglich, »weil dafür das System verdeckter Zuwendungen schon zu weit gediehen sei«, nur ein Profi-Betrieb könne hier klare Verhältnisse schaffen. Dennoch, so versuchte Meisl die Befürchtungen vor kapitalistischen Abenteuern zu zerstreuen, dürfe man den Profi-Fußball nicht sich selbst überlassen, da »ein reiner Professionalismus ebenso unmöglich in breiterem Maße sich erhalten könne«, denn ihm würde »die Betätigungsbasis und damit die wirtschaftliche Kraft fehlen. […] Das Berufsspielertum, dessen Entstehung, Entwicklung oder Abschaffung, war immer und wird auch in Zukunft mit den wirtschaftlichen Verhältnissen in

Zusammenhang stehen.«[384] Auch hier wird deutlich, dass Hugo Meisl die Einführung des Professionalismus nur aus rein pragmatischen Gründen und nicht ohne – berechtigte – Skepsis betrieb. Zudem kam er den Sozialdemokraten entgegen, indem er immer wieder betonte, dass der Professionalismus eben eine Notlösung sei, eine Notwendigkeit in den bestehenden Verhältnissen oder, in Meisls Worten: »Das Berufsspielertum ist sicherlich kein sportlicher Idealzustand für ein Fußball-Land. Wie glücklich wären wir alle, wenn die Fußballer aller Klassen in einem ernsten Berufe stünden, Fußball nur zum Vergnügen betrieben.«[385] Pragmatismus und Zustimmung zu einer, wenn auch sehr vorsichtigen Kapitalismuskritik verschafften ihm zumindest zunächst das Vertrauen der Sozialdemokraten, die sich überdies dem Argument nicht verschließen konnten, dass man die Realitäten zur Kenntnis nehmen müsse und ein ehrlicher Berufsfußball allemal besser sei als ein verkappter Scheinamateurismus.

Die vorsichtige Akzeptanz der sozialdemokratischen Zeitungen wich aber relativ bald einer immer massiver werdenden Kritik. Schon das Scheitern der Bemühungen des VAS, die Arbeiter-Amateurvereine durch eine gemeinsame Meisterschaft in direkte sportliche Konkurrenz zu den Profivereinen zu bringen (Meisls Diplomatie hatte einen Kompromiss möglich gemacht, der sich letztendlich als vorteilhaft für die Professionalvereine erwies), schuf beträchtlichen Unmut, der sich noch steigerte, als offenbar wurde, dass durch die Konstruktion der Profiliga die Arbeiteramateurvereine ins sportliche Abseits gerieten, mehr noch: ein immer geringeres Publikumsinteresse fanden. Selbst die Arbeiter strömten zu den Spielen der Profiligen. Nicht einmal die Erhöhung der Eintrittspreise zu den Fußballspielen der Professionals, der der VAS vielleicht nicht ohne den Hintergedanken zugestimmt hatte, um damit Zuschauer aus dem Profibereich zugunsten der Amateurspiele abzuziehen, brachte das gewünschte Ergebnis.[386] Und natürlich war für die der Sozialdemokratie nahestehenden Zeitungen der Hauptbuhmann bald ausgemacht: Hugo Meisl. Die *Arbeiterzeitung* formulierte entsprechend unverblümt: »Wir halten die Wirksamkeit des Hugo Meisl gewiss für ein Übel, und der Anlass seines Verschwindens wäre darum ganz gleichgültig – wenn er nur verschwände«.[387]

Was blieb, war hilflose Verzweiflung der Sozialdemokraten über den Erfolg des Profifußballs bei den Arbeitern Wiens, wie sie sich im Kommentar zu einem Fußball-Länderspiel in Jahre 1929 gegen Italien Bahn brach: »60.000 Menschen haben im roten Wien an einem Sonntag mehr als 100.000 Schilling dem bürgerlichen Sport geopfert, um sich durch 90 Minuten die faschistischen Rohheiten der Mussolini'schen Propagandaburschen bieten zu lassen.«[388]

Auf der anderen Seite war auch die bürgerliche Presse nicht durchgängig auf Meisls Seite. Insbesondere das *Illustrierte Sportblatt* ließ kaum ein gutes Haar an Meisls Tätigkeit, insbesondere nicht an dem von Meisl »geschöpften« Professionalismus.[389] Hervor tat sich dabei vor allem Willy Schmieger, noch immer wegen seines Scheiterns im Verband frustriert, sei es im *Illustrierten Sportblatt* oder in den deutschnationalen *Wiener Neuesten Nachrichten*. »Das ganze System unseres Berufsspielertums ist faul, von Grund auf faul«,[390] stellte er lapidar fest.

Gerade Schmiegers Polemiken offenbaren, dass Hugo Meisl zwischen die Fronten geraten war, eine Lage, aus der er nie wieder wirklich herauskam.

Dennoch, in der Mehrheit der öffentlichen Wahrnehmung war er der Mann, der mit der Profiliga mitten im hoffungsarmen Österreich ein zukunftsweisendes Erfolgsmodell geschaffen hatte, das die Massen faszinierte und bewegte.[391] So schrieb Fritz Gstaltner 1925 voller Optimismus: »Der Wiener Professionalismus marschiert, die Besucherziffern zeigen an, dass das Publikum fast noch mehr Interesse aufbringt als in der abgelaufenen Saison und so wird sich der wagemutige Schritt unseres Verbandskapitäns, des Initiators der großen sportlichen Tat, segensreicher für den heimischen Fußball gestalten als die Versuche, den Massen mit allen erdenklichen Kniffen einen Amateurbetrieb vortäuschen zu wollen.«[392]

Damit hatte Gstaltner, was die sportliche Entwicklung betrifft, ohne Zweifel Recht. Nur wenige Jahre später hatte sich unter diesen professionellen Bedingungen die Leistungsfähigkeit und Spielfertigkeit der österreichischen Fußballer derart gesteigert, dass die Weltöffentlichkeit über den Zauberfußball des »Wunderteams« nur noch staunen konnte, das 1932 auch den Internationalen Cup, den Vorläufer der heutigen Europameisterschaft der Nationalmannschaften, gewann. Ebenso dominierten die Wiener Clubs das Geschehen in der Champions League der Zwischenkriegszeit, dem Mitropa-Cup: 1927 und 1928 verlor Rapid noch die Finalspiele, aber 1930 holte man sich dann den Cup, ein Jahr später kam es sogar zu einem rein Wiener Finale in dem die Vienna gegen den WAC gewann, 1933 war es dann die Austria, die die Trophäe holte, im Jahr darauf stand der nächste Wiener Club im Finale, nämlich die Admira, 1935 schied die Austria im Halbfinale aus, nachdem sie zuvor mit einem 5:2 in Mailand einen ihrer glanzvollsten Siege gefeiert hatte, gewann aber im folgenden Jahr den Pokal zum zweiten Mal. Das heißt, zwischen 1927 und 1936 standen nicht weniger als fünf verschiedene Wiener Clubs insgesamt siebenmal im Endspiel, und viermal wurde der Cup gewonnen. Nichts dokumentiert deutlicher, auf welcher Breite die Wiener Profi-Liga europäischen Spitzenfußball produzierte.

Problematischer sah es – ganz wie Meisl es vorausgesehen hatte – mit der finanziellen Seite der Veranstaltung aus. Natürlich war es genau genommen ein Irrsinn, in einer einzigen Stadt, auch wenn sie voller Fußballverrückter steckte und so groß war wie Wien, eine Liga mit 13 erstklassigen Profclubs, zu denen nochmals eine entsprechende Zahl zweitklassiger Vereine kamen, aufzuziehen. Als im Dezember 1925 erstmals Bilanz gezogen wurde, konnten lediglich Hakoah, die Amateure, Vienna und Rapid einigermaßen zufrieden sein, sie hatten jeweils Bruttoeinnahmen zwischen 200.000 und 300.000 Schillingen zu verbuchen. Bei Slovan oder Hertha waren es dagegen nur etwa 40.000 Schillinge, von den Vereinen der zweiten Liga sowie der dritten Liga, die sich im Herbst 1925 zusätzlich gebildet hatte, ganz zu schweigen.[393]

Hinzu kam noch ein weiteres Problem: die »Lustbarkeitssteuer« des Finanz-Stadtrates Hugo Breitner. Wie bereits beschrieben wurde, gehörte es zum Konzept der Wiener Stadtverwaltung, ihre sozialen Leistungen, vor allem den Wohnungsbau, durch rigoros bei »den Besitzenden« eingetriebene Kommunalsteuern zu finanzieren. Eine Haupteinnahmequelle bildete die Vergnügungssteuer (Lustbarkeitssteuer), und da nun die Fußballclubs zu Unternehmen geworden waren, deren Veranstaltungen zweifellos dem Vergnügen dienten, wurden ihnen gnadenlos entsprechende Abgaben abgefordert, die sich zusammen mit anderen Abgaben schließlich auf nahezu 50% der Einnahmen beliefen.[394]

Die finanzielle Situation der Clubs gestaltete sich dadurch teilweise dramatisch. Dies galt sogar für die eher wohlhabende Austria: Die monatlichen Personalkosten betrugen 9.000 Schilling, davon fast 7.000 Schilling Spielergehälter. Das gesamte Monatsbudget belief sich auf 31.000 Schilling, denen aber nur 28.000 Schilling Einnahmen gegenüberstanden. Gleichwohl wurden unnachgiebig die Steuerabgaben eingetrieben. So wurden am 7. März 1926 8.000 Schilling der Einnahmen aus einem Spiel gegen Rapid gepfändet.[395] Bis zum Oktober 1926 hatten sich so mehr als 100.000 Schilling Schulden angehäuft, die Vereinsführung sah sich dadurch gezwungen, die Spielergehälter auf 250 Schilling im Monat zu senken. Dennoch war nach der Saison 1930/31 die Austria praktisch bankrott. In dieser Situation, im November 1930, bekundete Slavia Prag Interesse an Sindelar.[396] Der Spieler war schon zu Vorverhandlungen nach Prag gereist, als Hugo Meisl, »der, so schlecht er für sich selbst zu sorgen versteht, für andere Leute immer Zeit und Gehirnschmalz übrig hat«[397] in alter Verbundenheit eine breite Hilfsaktion startete. Der Vereinspräsident Viktor Hahn verzichtete auf Forderungen in Höhe von fast 70.000 Schillingen,[398] andere Gläubiger folgten seinem Beispiel, den entscheidenden Beitrag leistete allerdings ein Schweizer Freund Hugo Meisls: ein »bekannter Schweizer Großindustrieller«,[399] nämlich der schwerreiche Präsident von Grasshoppers Zürich, Escher, der mit mindestens 14.000 Schilling Soforthilfe einsprang[400] und dafür das goldene Ehrenzeichen des ÖFB erhielt.

Schlimmer erging es allerdings ärmeren Vorstadtclubs wie dem SC Simmering oder dem Brigittenauer AC, die keine reichen Gönner hatten und in ihren Schulden zu ersticken drohten. Die alten Cricketer mussten bereits 1925 den Vergleich anmelden[401]; 1931 ging die Hertha, der frühere Verein Sindelars, in Konkurs.[402] Auch in den folgenden Jahren wurde die Situation nicht besser, 1935 wies die Bilanz des vornehmen WAC 16.000 Schilling Schulden auf;[403] der Floridsdorfer AC stieg im gleichen Jahr aus der ersten Liga ab, weil er nur noch mit einer Reservemannschaft antreten konnte, die erste Mannschaft hatte wegen »Gagenrückständen« den Dienst verweigert.[404]

Im Programm des Länderspiels Österreich gegen Ungarn am 24. April 1932, das übrigens 8:2 endete, wurde folgende aufschlussreiche Bilanz der österreichischen Profi-Vereine (bei insgesamt 244 Spielern in den erstklassigen Vereinen) veröffentlicht:[405]

Lustbarkeitssteuer	433.024.92
Fürsorgeabgabe	37.718.62
Wohnbausteuer	9.207.49
Wasserzuschläge	4.623.69
Bodenwertabgabe	2.878.86
Warenunisatzsteuer	31.427.74
Körperschaftssteuer	9.817.34
Lohnabzugsteuer	10.722.96
Krankenkassa	63.267.46
Unfallversicherung	3.599.70
Heilungskosten	9.843.77
Medikamente	3.793.44
Verbandssteuern	17.364.55
Gagen für Spieler	772.732.55
Löhne für Angestellte	81.702.64
Platzwart	27.928.00
Kassierer, Billetteure	26.166.50

Man sieht auf den ersten Blick, welche immense Steuerlast die Vereine zu tragen hatten und welche Verluste eingespielt wurden. Zur Rettung des Profifußballs wurden daher von Hugo Meisl regelmäßig »Nothilfespiele« organisiert. So liest man in der letzten Ausgabe des *Kicker* des Jahres 1931: »Am 10. Januar finden in Süddeutschland Nothilfespiele statt.

In Nürnberg zum Beispiel misst sich Admira Wien mit einer Nürnberg-Fürther Städteelf. Für dasselbe Datum sucht eine Austria-WAC-Kombination mit Hiden, Sindelar und weiteren vier Internationalen ein Städtespiel. Ich denke hierbei an Augsburg, vielleicht auch das sportfreudige Straubing oder Regensburg. Interessenten werden gebeten, sich postwendend an den österreichischen Generalsekretär Hugo Meisl, Wien I, Tegetthoffstraße 3, zu wenden«[406].

So ging es Jahr für Jahr weiter. Ende 1933 wurde Meisl erneut bei der Wiener Verwaltung vorstellig. Er wies auf die Bedeutung der fußballerischen Erfolge für Österreich hin und auf die kommende Weltmeisterschaft, die von den Vereinen erneut Opfer verlangte, und erreichte endlich ab 1934 eine gewisse Erleichterung: Die Lustbarkeitssteuer wurde gestaffelt, so dass bei geringen Einnahmen nur 10, 15 oder 20 Prozent der Einnahmen fällig waren.[407] Eine wesentliche Verbesserung der Situation der Vereine trat dadurch allerdings noch lange nicht ein, denn die eigentliche Problematik dieser Steuer bestand darin, dass sie den Umsatz besteuerte und nicht den Gewinn.

Am 31. März 1935 wurde in Paris ein Städtespiel ausgetragen, dessen Reinertrag mithelfen sollte, »die finanzielle Notlage der Ligavereine zu beheben«.[408] Die ständige Geldnot zwang die Clubs zu ausgedehnten und kräftezehrenden Gastspielreisen im Ausland. Diese Tourneen bargen allerdings auch ihre Risiken, wie das Beispiel Hakoah zeigt: Dieser Club, der sich seinerseits 1924 durch sechs angeworbene ungarische Spieler verstärkt hatte, verlor auf zwei USA-Tourneen 1926 und 1927 praktisch die gesamte Mannschaft, die sich nach und nach von New Yorker Soccer Teams anheuern ließ, zu denen übrigens auch noch Kalman Konrad von der Austria stieß[409].

Wenn der Wiener Profi-Fußball gerettet werden sollte, musste also eine weitere Einnahmemöglichkeit her. Heutzutage würde man an Einnahmen aus Trikotwerbung oder aus Fernsehübertragungen denken. Diese Möglichkeiten existierten damals jedoch noch nicht einmal in der Phantasie. Haupteinnahmequelle waren und blieben die Eintrittskarten. Also mussten Veranstaltungen entwickelt werden, die die Zuschauermassen herbeiströmen ließen. Die Lösung war schnell gefunden: ein internationaler Pokalwettbewerb der besten Clubs Europas, durch den die Sommerpause ausgefüllt und zugleich die Clubkassen aufgefüllt werden sollten.

KAPITEL 10
Die internationale Bühne

Im Jahr 1922 formulierte Hugo Meisl eine bemerkenswerte These: Die Entwicklung des Fußballs werde im Wesentlichen durch den internationalen Spielverkehr bestimmt:

»*Ich will damit keineswegs über die Meisterschaftsinstitution den Stab brechen, im Gegenteil, sie ist im maßvollen Rahmen heute noch eine Notwendigkeit; aber Tatsache ist, dass für den Klassefortschritt in Dänemark, Prag und Budapest die intensiven Begegnungen mit den besten Teams des Auslandes, ganz besonders mit jenen Großbritanniens, ausschlaggebend waren. Von den kontinentalen Mannschaften lernte man die Eigenarten der Spielweise der verschiedenen Nationen, und von den Briten, insbesondere von den Berufsspielern, Kunst, Stil und alle Feinheiten des Fußballspieles kennen. Während nun in den Nachkriegsjahren den Ungarn und uns gar keiner oder nur ein geringer internationaler Betrieb ermöglicht wurde, konnten die tschechischen Fußballer in dieser Hinsicht, namentlich durch deren Teilnahme an den internationalen Turnieren, insbesondere an der letzten Antwerpener Olympiade, wesentlich davon profitieren.*«[410]

Die nationalen Meisterschaften sind »noch« nötig, im »maßvollen Rahmen«. Man muss diese Bemerkungen zweimal lesen, um ihre ganze Ungeheuerlichkeit nachzuvollziehen. Aber

Hugo Meisl 1930 in Florenz; Erster von links: der italienische Nationaltrainer Vittorio Pozzo.

sie sind wohl der Schlüssel zum Verständnis der Tätigkeit Meisls, enthalten sie doch seinen Grundansatz, seinen grundlegenden Zugang zum Fußball. Fußball ist eine internationale Angelegenheit. Hugo Meisl drängte hinaus, der nationale Rahmen war zu eng. Das mag sicher auch damit zusammenhängen, dass der nationale Rahmen Österreichs ganz besonders eng war, fußballerisch gesehen reichte er, genau genommen, nur vom Kahlenberg bis nach Schwechat und von der Donau bis zum Lainzer Tiergarten oder, wie es das *8-Uhr-Blatt* etwas fußballbezogener ausdrückte: »von der Simmeringer Heide bis nach Grinzing und von der Floridsdorfer Spitz bis auf den Laaer Berg«.[411] Aber dennoch steckt dahinter Grundsätzlicheres. Hugo Meisl, der böhmische Jude, der in die wahrhaft polyglotte Großstadt Wien kam, fühlte sich genau in dieser polyglotten Welt zu Hause. Schon vor dem Ersten Weltkrieg war er Europa mit der Bahn abgefahren, liebte Italien über alles, bewunderte ebenso die Engländer, fühlte sich in der Schweiz daheim, und es gab kaum ein Land, in dem er sich lieber aufhielt als in Schweden. Und natürlich beherrschte er die zu Europa gehörenden Sprachen. Fußball war eine internationale Angelegenheit, keine nationale, schon gar keine nationalistische.

So pflegte er auch den freundschaftlichen Umgang zu den bestimmenden Persönlichkeiten des europäischen Fußballs, in welchem Land sie sich auch befanden. Dabei mögen seine engen Beziehungen zu Herbert Chapman und Vittorio Pozzo, der ihn als seinen besten ausländischen Freund bezeichnete,[412] eine ganz besondere Rolle gespielt haben.

Diese drei Persönlichkeiten entwickelten, jede auf ihre Weise, Mannschaften, die die Fußballwelt prägten. Herbert Chapman trainierte mit Arsenal die beste europäische Vereinsmannschaft, Hugo Meisl betreute das spielerisch überwältigend starke Wunderteam, und Vittorio Pozzo formte die Weltmeistermannschaften von 1934 und vor allem von 1938, die dann wirklich einen überragenden Fußball spielte und mit fairen Mitteln Weltmeister wurde. Und vielleicht war es wirklich so, wie es Antonio Papa und Guido Panico überliefern, dass man sich regelmäßig zu vertraulichen Gesprächen in einem kleinen Londoner Hotel traf, wo die »drei geistigen Köpfe des internationalen Fußballs mehr als eine Seite der Fußballgeschichte geschrieben haben«.[413]

Im Rahmen seiner offiziellen Tätigkeit für den ÖFB verwirklichte Hugo Meisl seine internationalen Ideen, die noch vorgestellt werden. Aber mehr noch war er ein begnadeter Kommunikator, und so gelang es ihm, internationale Fußballbeziehungen zu knüpfen, die bald weit über Wien hinausgingen. Zu diesem Knüpfen der Fußballbeziehungen gehörte, dass Hugo Meisl von Anfang an eine wichtige Rolle dabei spielte, internationale Fußballbegegnungen zu arrangieren.

Meisl selbst berichtete voller Stolz, dass er von Beginn seiner Tätigkeit im Verband (also seit 1905) bemüht war, Kontakte zum englischen Fußball zustande zu bringen: »Meiner Freundschaft mit dem inzwischen pensionierten Generalsekretär des englischen Verbandes [Wall] ist es zu danken, dass englische Trainer, Schiedsrichter und Mannschaften nach Wien kamen, dass während eines Vierteljahrhunderts der österreichische Verband stets sofort von Regeländerungen als erster in Kenntnis gesetzt wurde und dass schließlich 1930, nach einer Pause von 21 Jahren, eine englische Nationalmannschaft wieder in Wien gastierte.«[414] Und wie im Falle Englands waren es stets persönliche Freundschaften, die es ihm ermöglichten, die internationalen Beziehungen im Fußball zu entwickeln.

So war es seine Freundschaft mit Vittorio Pozzo, den er bei den Olympischen Spielen in Stockholm kennen gelernt hatte, die zu den ersten internationalen Auftritten der Amateure und der österreichischen Nationalmannschaft in Italien Ende des Jahres 1912 führten.[415]

Ebenso gelang es ihm nur durch persönliche Rücksprache bei seinem Freund, dem Arsenal-Manager Herbert Chapman, den er am 15. April 1926 in London traf, im gleichen Jahre für Rapid und die Amateure ein Gastspiel von Arsenal zu arrangieren; briefliche Kontaktaufnahmen und Gespräche am Rande einer FIFA-Konferenz waren zuvor gescheitert.[416] In den frühen 1930er Jahren vermittelte er Spiele von Sheffield Wednesday in der Schweiz, um seinen Schweizer Freunden einen Gefallen zu tun. Als seine Bemühungen im Jahr 1933 aufgrund der generellen Ablehnung von Auslandsaufenthalten englischer Vereine in diesem Jahr durch den Vorstand der FA gescheitert waren, begründete er seine sehr persönliche Enttäuschung in einem Brief an Chapman mit der enttäuschten Erwartung seiner Schweizer Freunde: »I am sorry indeed that owing to the decision of your board [...] my Grasshoppers friends are not able to enjoy the game in the presence of a record crowd in Zürich.«[417]

Fachliche Kompetenzen und Engagement begründeten Meisls Ruf auf dem Parkett des internationalen Fußballs, seine persönlichen, meist freundschaftlichen Beziehungen zu fast unzähligen Sportlern und Funktionären ermöglichten ihm im internationalen Sportverkehr gestaltend zu wirken. Davon profitierten auch die österreichischen Vereinsmannschaften. Das lässt sich im Detail an einem Tagebuch Meisls nachvollziehen, in dem Teile der Korrespondenz mit den Präsidenten und Vorstandsmitgliedern von Vereinen aufbewahrt sind, die als Gegner österreichischer Mannschaften für Freundschaftsspiele in Frage kamen.

In einem Brief vom 14. Dezember 1932 bietet Meisl zum Beispiel dem Generalsekretär des Fußballclubs von Mulhouse verschiedene österreichische Vereine als Spielpartner an.

Er verweist in seinem Brief auf die große Nachfrage nach österreichischen Vereinen als Spielpartner, auf das große Renommee vor allem der drei »bonne equipes profs autrichiennes« Admira, Austria und Hakoah, verweist auf den voraussichtlich großen Zuschauerzuspruch, den ein Spiel gegen diese Mannschaften hervorrufen würde, also auf den finanziellen Erfolg, der sich daraus ergäbe, und kommt dann auf die Vorzüge der einzelnen Mannschaften zu sprechen:

»*F.C.Admira, champion d'Autriche 1932 et vaicqueur de la Coupe 1932. 7 internationaux dont la celèbre aile gauche internationale Schall et Vogel.*[418]

F.C.Hakoah. Equipe faisant partout le maximum de recette.[419]

Austria: 11 internationaux dont les célèbre Sindelar, Nausch, Mock, Gall, Viertl et Graf.«[420]

Dann kommt er in dem Brief auf die Zeiträume und Preise zu sprechen, in denen und für die die Mannschaften zu Spielen zur Verfügung stünden:

»*31/XII 1932 / 2. Janvier 1933: Austria frs. 6000.- Indemnité*

1.Janvier / 7 ou 8 Janvier: Hakoah frs. 14.000.- Indemnité

12 février et toutes autres dates: Admira frs. 6000 ou 12000.- !!«[421]

Interessant ist dieser Brief aus einigen Gründen. Zum einem weil er einen Einblick in die Praxis der Spielevermittlung gibt, zum anderen weil deutlich wird, dass Hugo Meisl sich hier als Spielevermittler (wahrscheinlich in seiner Funktion als fremdsprachenkundiger Generalsekretär) betätigte, schließlich, dass dieses Angebot und weitere in dem Tagebuch befindliche nach dem Spiel in England an der Stamford Bridge geschrieben wurden. Meisl half so mit, die Erfolge der Nationalmannschaft zugunsten der Wiener Vereine zu vermarkten.

Bemerkenswert ist schließlich, welche Vereine betreut wurden: Admira, Austria und Hakoah. Erstaunlich ist vor allem die Nennung von Hakoah, denn diese spielte im aktuellen Geschehen der österreichischen Liga keine herausragende Rolle mehr. Hier dürfte der jüdische Hintergrund förderlich gewesen sein, so war Hakoah offenbar der lukrativste Verein.

Im August 1934 führte Hugo Meisl briefliche Verhandlungen mit italienischen Funktionären über die Austragung zweier Freundschaftsspiele der Admira in Florenz (am 18. September) und Mailand (am 23. September) im Anschluss an das zweite Mitropa-Cup-Finale, das Admira am 9. September in Bologna zu bestreiten hatte (und verlor).[422]

Im Nachlass findet sich auch eine kurze Notiz über einen Brief, in dem der Vorstand des Fußballclubs SS Catania sich einverstanden erklärt hat, gegen den F.C. Wien ein Freundschaftsspiel zu absolvieren.[423]

Interessant ist auch, dass sich in den von Meisl verfertigten Abschriften ein Brief des Präsidenten des FC Barcelona an den Präsidenten von Admira findet. Da wohl nicht davon auszugehen ist, dass Meisl die gesamte Korrespondenz von Admira führte, kann man annehmen, dass Meisl hier schlicht als Übersetzer fungierte, denn natürlich war der Brief aus Barcelona in Spanisch abgefasst.[424] Darin wurden als mögliche Spieltage der 23. und 25. Dezember 1934 oder der 25. und 26. Dezember vorgeschlagen. Da der Verein nicht reagierte, wiederholte der spanische Club, diesmal in Italienisch (!), das Angebot. Eine weitere Briefabschrift enthält die Absage und die durch Meisl vermittelte Entschuldigung von Admira, dass man nicht gleich auf das Angebot reagiert habe, man sei gerade in der unmittelbaren Reisevorbereitung für das Mitropa-Cup-Endspiel in Bologna (am 9. September) gewesen: »… due giorni prima della nostra partenza per Bologna …«[425]

So geht es weiter: Der Vorstand von Olympique Lille bittet Hugo Meisl, nun mit offiziellem Titel angeschrieben, »le Secretaire Général de la Federation de Football Association«, die meisterschaftsfreien Termine mitzuteilen, an denen es Lille möglich sei, Freundschaftsspiele gegen »les clubs de votre pays« durchzuführen.[426] Offenbar einigt man sich auf ein Spiel am 16. Dezember (1934), wobei der Name des österreichischen Vereins unklar ist.[427] Schließlich meldet sich am 28. November 1934 die Federacion Castellana de Futbol in Madrid mit einem Vorschlag zu einem Städtespiel zwischen Madrid und Wien in Madrid am 15. Mai 1935. Ein Projekt, das nicht zustande kommt.[428] Bemerkenswert immerhin, dass auch dieser Brief in der Landessprache, in diesem Falle also in Spanisch, abgefasst wurde. Man geht davon aus, dass man in Wien Spanisch lesen kann.

Die Wiener Vereine wussten, was sie an Meisl hatten. So wie es in einer Zeitung heißt: »Hugo Meisl ist schwer zu erreichen. Er wird, da bekannt wurde, dass er zur Mitropa-Cup-Konferenz und dann zu den Olympischen Spielen fährt, dicht umlagert von einigen Vereinsführern, die dringend seiner Intervention bedürfen, um das Sommerprogramm ein wenig aufzuputzen.«[429]

Diese Rolle Meisls, die er im Grunde schon vor dem Krieg sich erworben hatte und nach dem Krieg ziemlich unverändert fortsetzte, schuf natürlich Neider und damit Konflikte. In diesem Zusammenhang ist eine eigenartige Geschichte ganz aufschlussreich, die sich im Jahre 1922 abspielte. David Weiss, der im Zusammenhang mit Fußballveranstaltungen in den 1920er und 1930er Jahren des Öfteren auftaucht (in der Zeitung wird er als »Sportmanager« bezeichnet), organisierte eine Fußballreise nach Südamerika und suchte im mitteleuropäischen Raum Mannschaften, die Interesse daran hatten. Er sprach auch die Spieler der Wiener Amateure an, unter anderem auch den Bruder von Hugo, Willy Meisl, und alle waren Feuer und Flamme. Südamerika! Schönes Wetter, heraus aus der Wiener Tristesse. Da scheint Hugo Meisl interveniert und mit vielen, wenn nicht mit allen Mitteln dieses Projekt zum Scheitern gebracht zu haben. Er begründete das damit, dass er die Spieler vor einem

Abenteuer schützen wolle, dessen Konsequenzen sie gar nicht absähen. Insbesondere drohe ihnen der Verlust ihrer Arbeitsplätze (1922 war die Profiliga ja noch weit entfernt), außerdem ginge es nur um Geschäftemacherei von David Weiss. Interessant wird diese an sich unerhebliche Geschichte, weil David Weiss, dem sich das *Illustrierte Sportblatt* als williges Sprachrohr gerne zur Verfügung stellte (es ging ja gegen Meisl), massive Vorwürfe erhob:[430] Meisl habe das Projekt hintertrieben mit einer Mischung von Lügen, falschen Aussagen, intriganten Tricks, nur um zu verhindern, dass ein solches internationales Projekt ohne seine Mitwirkung zustande komme. Über Wochen hinweg rauschte der Blätterwald und wirbelte Staub auf, bis nach Deutschland, wo sogar der *Kicker* darüber berichtete, wie das *Illustrierte Sportblatt* mit Genugtuung meldet.

Es kommt hier wirklich nicht darauf an, die Glaubwürdigkeit dieser Argumente zu überprüfen, das können wir auch gar nicht, weil wir ja nur die gegenseitigen Positionen und Vorwürfe kennen; entscheidend in unserem Zusammenhang ist das in dem Vorwurf enthaltene Wahrnehmungsmuster gegenüber Meisl, das von dem *Illustrierten Sportblatt* massiv vorgetragen wird. Es geht um die Vorwürfe der Omnipotenz, der Machtkonzentration, der Zentralisierung von Entscheidungskompetenzen und auch ein wenig der Verschlagenheit, die Hugo bis zum Ende begleiten werden. Ein weiteren Akzent bekommt diese Angelegenheit, weil, wie festgestellt, auch Willy Meisl an den Vermittlungen beteiligt war und sich von seinem Bruder auf den Schlips getreten fühlte, was er, seinen Fähigkeiten entsprechend, in einem ironischen Artikel mit einem hübschen Wortspiel abhandelte:

»*Die Sache hat viel Staub aufgewirbelt, und auch Streusand. In Wien beschimpfte Weiß Hugo Meisl in einem langen Artikel, den dieser mit einem noch längeren erwiderte. Der Tenor von Weiß' zu lang geratenem Brief war: Hätte Hugo Meisl die Sache gemanagt, wäre sie nicht gescheitert. Der Bariton von Hugo Meisls zu lang geratenem Brief war: Mir darf man für Managements kein Geld bieten. [...] Die Sache wäre vorüber, aber es gibt auch im Reiche Amateure, die gerne fremde Splitter richten, statt eigene Balken zu schlichten. Schließlich war ich es, der die Amateure zu diesem Reiseprojekt brachte [...]. Ich schmeichle mir selbst nach strengem Begriffe Amateur zu sein, aber ich sehe nichts darin, interessante, für mich, Sport und Vaterland sehr, sehr wertvolle Reisen zu unternehmen, und auch dem Klub dabei Geld zu erwerben.[..] Die Amateure haben einen Platz mit Schulden gebaut. Der Platz freut sie, die Schulden drücken sie. Diese und nicht den Platz wollen sie los werden. Die Amateure sind nächst der Vienna der am schlechtesten gemanagte Wiener Klub und ich hätte ihren Finanzen durch eine sportlich so epochale Sache gerne geholfen. Vorüber.*«[431]

Gelegentlich gab es auch Vorwürfe wegen Hugo Meisls internationaler Tätigkeit. Konkret wurde der Verdacht geäußert, er nutze seine Stellung aus, um im Interesse bestimmter Vereine ganze Spiele ins Ausland zu verschieben. Anlass für solche Verdächtigungen waren beispielsweise Ereignisse in Folge seines Coups zur Sanierung der Austria im Jahre 1930, die er wesentlich mit Hilfe eines Schweizer Kapitalgebers bewerkstelligte, namentlich mit dem Geld seines Freundes und Gönners Escher, dem Präsidenten der Grasshoppers Zürich.

Die Zeitung *Sport-Montag* deckte in diesem Zusammenhang einen kleinen Skandal auf; offenbar hat Meisl, so behauptet wenigstens die Zeitung, mangels Geldes für die Rückzahlung der Darlehen seiner Schweizer Freunde, eine Gegenleistung ganz besonderer Art versprochen, nämlich die Austragung des ersten Mitropa-Cup-Finales des Jahres 1931 zwischen der Vienna und dem WAC in Zürich, wo dieses Spiel auch tatsächlich über die Bühne ging.[432]

»Il creatore e l'animatore di questa Coppa Europa Centrale«[433] – Hugo Meisl und der Mitropa-Cup

Coupe de l'Europe Centrale (Mitropa-Pokal).

Dr. Josef Gerö, der von 1927 bis 1938 Präsident des Wiener Fußballverbandes war und nach dem Krieg Präsident des ÖFB wurde, gab im Rückblick anlässlich der versuchten Neubelebung des Mitropa-Cups nach dem Zweiten Weltkrieg einen kurzen Überblick zur Entstehungsgeschichte dieses Wettbewerbs und des damit eng verbundenen Zentraleuropäischen Cups für Nationalmannschaften:

»Es war im Jahre 1926, als die Vienna, die im Zenith ihres Könnens und Ruhmes stehende Prager ›Slavia‹ wieder einmal auf der ›Hohen Warte‹ empfing. Ein sportlicher Leckerbissen, die Begegnung zwischen zwei Spitzenmannschaften und würdigen Vertretern des österreichischen und tschechischen Spitzensports – aber die Anteilnahme des Sportpublikums an dieser Veranstaltung war ausgeblieben: 3.000 Zuschauer hatte die ›Hohe Warte‹ an diesem Spielnachmittag zu verzeichnen gehabt.

Dass dieser Misserfolg nicht nur die Vereins-, sondern auch die Verbandsfunktionäre beeindruckte, war selbstverständlich und ›bei einem Gulasch‹ beim Kremslehner nach dem Spiel warf Direktor Hans Fischer, von der Simmeringer Waggonfabrik, damals Vizepräsident von Rapid und durch seine geistige Regsamkeit einer der wertvollsten Verbandsmitarbeiter, in die allgemeine ›Es-muss-was-g'schehn‹-Stimmung das Stichwort ›Was geschehen müsste‹. Es sei eben eine Konkurrenz zu schaffen, an der die mitteleuropäischen Spitzenmannschaften sich beteiligen sollten und in der es um eine wertvolle Trophäe gehen müsse.

Dieser in der Unterredung zwischen Hans Fischer und mir, als dem damaligen Präsidenten des Wiener Verbandes, aufgeworfene und in seinen Grundzügen ausgesponnene Gedanke wurde schon am nächsten Tag weiter verfolgt. Hugo Meisl, der Generalsekretär der Verbände,[434] arbeitete den Grundgedanken von Kremslehner weiter aus, Dr. Fodor vom ungarischen Verband, der auf der Durchreise zufällig in Wien weilte sowie die tschechischen Verbands- und Vereinsfunktionäre Valousek und Major Tesar, die die Slavia begleitet haben, traten zu einer ersten Besprechung zusammen – und aus einem winzigen Samenkorn wurde die große Mitropa-Cup-Konkurrenz.«[435]

Auch wenn an einigen Details des Berichtes von Gerö gewisse Zweifel angebracht sind[436], so lässt er doch eines deutlich erkennen: Der primäre Impuls zur Gründung des Mitropa-Cups entsprang keineswegs idealistischem Gedankengut im Sinne einer völkerverbindenden Idee des Sports, sondern nüchternen wirtschaftlichen Erwägungen. Die Profimannschaften Österreichs, der Tschechoslowakei und Ungarns brauchten Einnahmen. Die Freundschaftsspiele alter Prägung waren offenbar nicht mehr attraktiv genug. Der Meisterschaftswettbewerbsgedanke, der ja schon auf den nationalen Ebenen die Spiele zwischen den Vereinen zu erfolgreichen Veranstaltungen gemacht hatte, sollte auf die europäische Ebene übertragen werden.

Und noch etwas Zweites wird in dem Bericht deutlich, nämlich dass die Keimzelle des Cups in den Beziehungen innerhalb des alten K.u.K.-Imperiums lag.[437] Mag auch die alte Monarchie längst von der Landkarte verschwunden gewesen sein, mochten sich die österreichischen, ungarischen und tschechoslowakischen Verbände, Vereine und Zuschauer auch gelegentlich noch so wütend bekämpfen, verblüffend deutlich wird immer wieder, dass für diese drei Länder der geographische Raum der alten Monarchie das gemeinsame Bezugssystem für ihre Sportbeziehungen blieb, für den man nun den Begriff »Zentraleuropa«[438] oder auch »Mitteleuropa« benutzte. Nichts kennzeichnet diese Wahrnehmung mehr als die Selbstverständlichkeit, mit der die alte Hauptstadt Wien zum organisatorischen Zentrum des zu schaffenden Wettbewerbs wurde.

Die Idee eines mitteleuropäischen Cup-Wettbewerbes für Vereinsmannschaften kursierte allerdings schon erheblich länger, als der Bericht Dr. Gerös vermuten lässt. Schon 1923 gab es ziemlich konkrete Pläne für die Realisierung eines solchen Mitteleuropa-Cups.[439] Als die treibenden Kräfte werden die Herren Fodor, Stigeti (Ungarn), Laufer und Schönecker (Österreich) genannt. Es fällt auf, dass Meisl in dieser Aufzählung fehlt. Kaum anzunehmen, dass er als internationaler Sekretär des ÖFB in solche Überlegungen nicht einbezogen war. Vielmehr erleben wir auch hier wieder Meisl als geduldig abwartenden »Realpolitiker«. Offensichtlich gab er damals diesem Projekt keine Chancen, weil die Tschechen nicht beteiligt waren. Das sah zwei Jahre später schon ganz anders aus: Schon im Februar 1925 hatte der ungarische Verbandsfunktionär Dr. Fodor die Idee einer Meisterschaft der jeweils besten drei oder vier Vereine von Ungarn, Österreich und der Tschechoslowakei entwickelt, wesentlich um den Professionalmannschaften dieser Länder eine ökonomische Überlebensgrundlage zu bieten.[440] Inwieweit die anderen Verbände darauf reagierten, ist nicht klar. Jedenfalls wurde ein ähnliches Konzept im November 1925 konkreter formuliert und in die Öffentlichkeit getragen: »Auf Veranlassung der Sparta [aus Prag] haben die vier großen [tschechischen] Vereine Sparta, Slavia, Viktoria Zizkov und D.F.C. eine Besprechung abgehalten, wobei die finanziell nicht sehr günstige Situation im Mittelpunkt der Diskussion stand. Es wurde der Plan gefasst, die führenden Vereine Österreichs und Ungarns zu einer Meisterschaft von Mitteleuropa einzuladen. Es kämen die Vereine Amateure, Hakoah, Vienna, Rapid, MTK [Budapest], FTC [Budapest], Ujpest und Vasas in Betracht, und die Prager haben berechnet, dass, wenn diese ›Schlagerspiele‹ nur von 20.000 Zuschauern besucht würden, die Kosten gedeckt wären. Dieser Plan hat in Prag großen Beifall gefunden, und man will unbedingt mit den Nachbarländern diesbezüglich verhandeln.«[441]

Ganz offensichtlich war durch die Einführung des Professionalismus sowohl in Ungarn als auch in der Tschechoslowakei ein hinreichender ökonomischer Druck entstanden, um die alte Fußball-Hassliebe zu Österreich zu überwinden. Auf Seiten Österreichs musste dieser Vorschlag umso mehr auf Gegenliebe stoßen, als bis in die Mitte der 1920er Jahre weder England noch Frankreich bereit waren, Mannschaften aus dem Weltkriegsgegner Österreich als Spielpartner zu akzeptieren. Schlimmer noch: Seit Einführung des Professionalismus hatte der große Nachbar Deutschland den Spielverkehr mit dem ÖFB abgebrochen.[442]

Die Idee lag somit spätestens seit der Einführung von Profiligen in den drei Ländern in der Luft. Und wer auch immer als Erster diesen Einfall gehabt haben mag – ob beim Gulasch,

133

beim Heurigen oder im Kaffeehaus: Unbestreitbar ist, dass es ohne Hugo Meisl diesen Pokal schlichtweg nicht gegeben hätte. Das sahen seine internationalen Zeitgenossen vielleicht sogar klarer als seine Wiener Kollegen: »… Meisl, che é stato il creatore e l'animatore di questa Coppa Europa Centrale«, schrieb 1934 der Präsident des Fußballclubs von Bologna: »Meisl, der der Schöpfer und die treibende Kraft jenes Zentraleuropäischen Pokals war«.[443] Im gleichen Sinne konstatierte die ungarische Zeitung *Nemzeti Sport* vom 1. Juni 1927: »Die Idee des Mitropa-Pokals stammt von Hugo Meisl.«[444]

Der Weg von der Idee zur Realisierung war allerdings mühselig. Ein allererstes Treffen fand am 28. Februar 1926 in Budapest zwischen Hugo Meisl und einem ungarischen und einem tschechischen Verbandsfunktionär statt.[445] Man war sich schnell einig, dass zuallererst mit der FIFA verhandelt werden musste, wenn man nicht den Bruch mit dieser Organisation riskieren wollte. Auf dem FIFA-Kongress in Rom wurde daher im Juni 1926 der Plan vorgestellt. Die Reaktion war kühl, immerhin sollte der Pokal nicht unter Obhut der FIFA, sondern durch ein eigens zu schaffendes Komitee organisiert werden. Aber immerhin, die Herren der FIFA vermieden es, die Durchführung eines solchen Cups zu verbieten, und so begann Hugo Meisl umfangreiche diplomatische Aktivitäten zu entfalten.

Im Herbst waren die Vorbereitungen so weit gediehen, dass am 27. Oktober 1926 in Prag am Rande des Fußballländerspiels Tschechoslowakei gegen Italien eine erste Konferenz stattfinden konnte, an der neben den Vertretern Österreichs und der Tschechoslowakei auch die der Verbände Ungarns und Italiens teilnahmen.[446] Die Vertreter dieser vier Länder beschlossen die Austragung eines Mitteleuropäischen Cups für Vereinsmannschaften und die Projektierung eines Internationalen Cups für Nationalmannschaften. Zugleich wurde der organisatorische Rahmen bestimmt: Die Leitung sollte ein Mitropa-Cup-Komitee ausüben, dessen Präsident jedes Jahr neu zu wählen war und dessen laufenden Geschäfte ein Geschäftsführer ausüben sollte. Erster Präsident wurde der tschechische Vertreter Bednar, Geschäftsführer – und damit eigentlicher Leiter und Organisator des Wettbewerbs – wurde Hugo Meisl. Der Mitteleuropäische Cup wurde mithin von Wien aus dirigiert, genauer gesagt, vom Schreibtisch Hugo Meisls im Verbandsheim des ÖFB, ein Amt, das Meisl viel Ehre, aber noch viel mehr Arbeit und Ärger einbringen sollte.

Nachdem der FIFA-Kongress im Juni 1927 in dem Wettbewerb offiziell seinen Segen gegeben hatte, trafen sich die interessierten Verbände am 15. und 16. Juli 1927 in Venedig, auf den ersten Blick eine erstaunliche Ortswahl, nahm Italien am Mitteleuropa-Cup doch gar nicht teil, wohl aber – und das ist die Erklärung – an dem gleichzeitig organisierten Internationalen Cup für Nationalmannschaften, über den noch zu berichten sein wird.

Darüber hinaus war die Wahl Venedigs zum Veranstaltungsort dieser Doppelkonferenz natürlich auch ein Politikum, denn Mussolini hatte großes politisches Interesse an guten Beziehungen vor allem zu Österreich und Ungarn. Ungarn hatte gerade im Jahre 1927 einen Freundschaftsvertrag mit Italien abgeschlossen,[447] tatsächlich ist dabei die zeitliche Nähe zu der Konferenz in Venedig frappierend.[448] 1930 folgte ein Vergleichs- und Schiedsvertrag zwischen Österreich und Italien und 1932 auf der Konferenz von Stresa eine Art Zollgemeinschaft der Staaten Italien, Ungarn und Österreich.

Hilfreich war zudem die Tatsache, dass der »neue« ÖFB mit dem alten von Sozialdemokraten geführten österreichischen Fußballverband, der 1926 den FIFA-Kongress in Rom boykottiert hatte und dafür von den Faschisten mit dem Abbruch aller Sportbeziehungen bestraft wurde, nichts mehr zu tun hatte. Der neue ÖFB- Generalsekretär und alte Italienfreund Hugo Meisl gab sich alle Mühe, den Bruch zu kitten. Mit Erfolg, es gelang ihm geschickt, die Italiener einzubinden. So lud er den italienischen Verband zur Teilnahme am Internationalen Cup ein, kam dem Geltungs- und Repräsentationsbedürfnis der Faschisten entgegen, indem er Venedig als Tagungssort für die konstituierende Konferenz wählte, und sorgte dafür, dass ein Italiener (Feretti) zum ersten Präsidenten des für den Nationenwettbewerb zuständigen Europa-Cup-Komitees gewählt wurde.

Zum Dank für Meisls diplomatische Bemühungen erhielt er eine Audienz bei Mussolini, und dieser überreichte ihm dabei ein Foto, das er für Hugo Meisl mit eigener Hand signierte, datiert am 5. September 1927.

Widmung Benito Mussolinis für Hugo Meisl vom 5. September 1927.

Schon am 6. November 1927 fand in Bologna das nächste Länderspiel zwischen Italien und Österreich statt, übrigens als Auftaktspiel der Coppa Internationale. Auch weiterhin zeigte sich Mussolini den österreichischen Fußballern freundlich gesonnen, so empfing der »Duce« am 13. November 1928, nach dem Länderspiel Österreichs in Italien, die österreichische Fußballnationalmannschaft im Palazzo Chigi, unterhielt sich mit den Spielern auf Deutsch und ließ ihnen als Andenken Fotos der Stadt Rom überreichen.[449] Erkennbar beeindruckt schildert Kicker-Herausgeber Bensemann die Szenerie: »Auf vier Uhr hatte man uns in den Palazzo Chigi bestellt, zum Empfang bei dem Ministerpräsidenten: Dr. Eberstaller, Direktor Tiefenbacher, Hugo Meisl, Professor Pelikan aus Prag, John Langenus und Frau, Tandler, Kurz, den Schreiber dieser Zeilen und etwa zehn Führer des italienischen Fußballsports, darunter Feretti, Graziani, Mauro und Zanetti. Wir brauchten nicht lange zu warten, bis wir durch eine Reihe von Zimmern in einen schönen Gobelinsaal geführt wurden, in dessen Mitte Mussolini im Gespräch mit Arpinati stand. Der Unterstaatssekretär erklärte augenscheinlich die Umstände des Spieles und die Personen, die sich eingefunden hatten. Der Duce stand kerzengerade im Gehrock und gestreiften Hosen, aus seinem etwas fahlen Antlitz leuchtete ein Paar durchdringende Augen. Erst sprach er einige Worte italienisch, dann fragte er Kurz und Tandler auf deutsch: ›Wie hat es Ihnen in Rom gefallen? Ich hoffe, Sie waren zufrieden mit Ihrem Besuch und mit der römischen Sonne.‹ Dann sagte er wörtlich zu Arpinati: ›Due due, una bella partita‹ und machte eine ironische Handbewegung (2:2, ein schönes Spiel). Dann kam er auf uns zu und reichte jedem einzelnen Ausländer die Hand. Vor Hugo Meisl blieb er stehen, lachte laut und freundlich und sagte auf italienisch: ›Den kenne ich gut; mago di calcio‹ (den Fußballzauberer). Nachdem er noch einige ganz knappe Sätze über den Wert des Sportes gesagt hatte, verabschiedete er sich durch Händedruck und bei den anwesenden Italienern durch kurzen Fascistengruß. Damit war die Zeremonie zu Ende.«[450]

Man spürt in Bensemanns Worten deutlich die ehrfürchtige Bewunderung, die er offenbar empfunden hatte, im Nachhinein schwer nachvollziehbar, denn dass an diesen Händen Blut klebte, muss allen Beteiligten bekannt gewesen sein. Aber auch Hugo Meisl sonnte sich gerne in der Gunst des italienischen Faschistenführers, der immerhin, wie auch diese Szene bezeugt, keine Vorbehalte im persönlichen Umgang mit Juden hatte.[451]

Schließlich wurde Hugo Meisl im März 1930 vom italienischen König sogar zum *Cavaliere ufficiale della corona d'Italia*, also zum Ritter der italienischen Krone ernannt. Dahinter standen gewiss der italienische Fußballverband und, nach der Lage der Dinge, auch Mussolini. Entsprechend wurde diese Auszeichnung mit Meisls Wirken »für den Ausbau und die Vertiefung der österreichisch-italienischen Fußballsportbeziehungen« begründet.[452] Damit waren neben den Länderspielen natürlich auch die von Meisl initiierten europäischen Pokalwettbewerbe gemeint.

Tatsächlich war man auch auf Seiten des italienischen Fußballverbandes sehr stolz auf diese europäischen Pokalwettbewerbe, die für italienische Beobachter geradezu konstitutiv für den Aufstieg des italienischen Fußballs waren. So beschrieben Giuseppe Zanetti, der damalige Sekretär des italienischen Fußballverbandes, und Giuseppe Tornabuoni in ihrem Buch über das Fußballspiel es als Glücksgriff, als »via felicamente intrapresa«, sich direkt nach dem Ersten Weltkrieg den mitteleuropäischen Ländern, namentlich Österreich und Ungarn zugewandt zu haben,[453] denn dort wurde der europäische Spitzenfußball entwickelt, von dem Italien lernen konnte. Mehr noch sei man stolz darauf, dazuzugehören, ein Teil einer Gemeinschaft zu sein, die als Gruppe in der FIFA Gehör fände.[454] Und für diese Gemeinschaft wären die Cupwettbewerbe der stärksten Mannschaften Europas von zentraler Bedeutung, denn diese Gemeinschaft würde überhaupt erst befestigt in den wilden Auseinandersetzungen um den Internationalen Cup.[455] Im Zentrum dieser Gemeinschaft wie auch dieser Auseinandersetzungen stand Hugo Meisl. So dürfte es keine bloße Floskel gewesen sein, wenn Zanetti als handgeschriebene Widmung in das Exemplar seines Buches, das er Hugo Meisl geschenkt hat, schrieb: »All'amico Ugo Meisl, benemerito del calcio mondiale.«[456]

Aber zurück zur Doppel-Konferenz von Venedig, auf der neben Gastgeber Italien auch die Fußballverbände von Österreich, Ungarn, der Tschechoslowakei sowie der Schweiz, Rumänien und Jugoslawien vertreten waren. Erstes Ziel war festzulegen, wer überhaupt neben den Profilclubs der drei »Kernländer« am Wettbewerb teilnehmen sollte. Die Italiener hatten ihre Teilnahme auf später verlegt (sie waren dann ab 1929 dabei), die Rumänen wurden mangels Spielstärke auf später vertröstet, die Schweizer sahen für ihre Vereine mangels Profis keine Erfolgschancen und beschlossen, nur am Nationenwettbewerb teilzunehmen; stattdessen durften die Jugoslawen mitmachen – möglicherweise eher aus sporttaktischen Gründen, um »den zu dieser Zeit noch bestimmenden kroatischen gegen den serbischen Unterverband zu stärken«.[457]

Auch die Deutschen hätte man gerne im Boot gehabt: »Einstimmig war der Wunsch aller Kongressteilnehmer, die beiden besten deutschen Mannschaften am mitteleuropäischen Cup participieren zu sehen«, schrieb Walter Bensemann 1927 anlässlich eines Treffens in Wien.[458]

Aber der Boykott-Beschluss des DFB verhinderte diese Bereicherung des Wettbewerbs. Damit wurde der Mitropa-Cup zu einem Wettbewerb der Vertreter des kontinentalen Profifußballs, der zugleich deren Zusammenhalt fördern sollte.

Am 16. Juli wurden die Gruppen für den Mitropa-Cup ausgelost. Teilnehmen sollten der jeweilige Landesmeister sowie ein zweiter Landesvertreter. Bei den Österreichern war dies der Landespokalsieger. Die Konkurrenz sollte im K.-o.-System mit Hin- und Rückspiel ausgetragen werden, über das Weiterkommen sollte bei Punktgleichheit das Gesamttorverhältnis entscheiden, auch das Finale sollte in zwei Endspielen ausgetragen werden.

Die Konferenz endete mit »einem glanzvollen Bankett am Lido«.[459] Man hatte auch allen Grund zu feiern. Zumindest in Venedig. Denn während man in Venedig verhandelte und feierte, herrschte nach einem politisch motivierten Skandalurteil Aufruhr in Wien, der Justizpalast brannte, und der christlichsoziale österreichische Bundeskanzler Ignaz Seipel hatte wohl persönlich angeordnet (zumindest zugelassen), dass die Polizei den Befehl erhielt, von der Schusswaffe Gebrauch zu machen. 89 Menschen wurden getötet, 1.057 verwundet.[460] Zum ersten Mal erlebte Meisl eine politische Katastrophe in Wien von Italien aus.

Im August 1927 begannen die Spiele um den Mitropa-Cup, und die Erwartungen an diesen Wettbewerb wurden vollauf bestätigt. Die Fußballanhänger nahmen ihn an und kamen wahrhaftig in Massen in die Stadien. In einer Wiener Sportzeitung war 1928 entsprechend zu lesen: »Der Mitropa-Cup hat den beteiligten Vereinen Admira und Rapid große sportliche und finanzielle Vorteile gebracht, aber auch die Eifersucht der anderen Klubs erregt [...].«[461]

Andererseits waren die Spiele auch Anlass zum Ausleben nationaler Gefühle, die nicht selten zu Tumulten und Ausschreitungen führten,[462] erstmals am 13. November 1927, als vor 40.000 Zuschauern auf der Hohen Warte das Cup-Finalrückspiel zwischen Rapid und Sparta Prag stattfand. Sparta hatte das Hinspiel mit 6:2 gewonnen, Rapid musste nun, angetrieben von einem fanatischen Publikum, das Unmögliche versuchen, nämlich mit mindestens fünf Toren Differenz zu gewinnen. Was folgte, war ein Spiel, von dem Walter Bensemann schrieb, er könne sich nicht erinnern, »in den 40 Jahren meiner Fußballpraxis eine üblere Holzerei gesehen zu haben, als Rapid und Sparta in der zweiten Hälfte dieses denkwürdigen Kampfes vorführten«.[463] Es kam zu heftigen Ausschreitungen der Wiener Zuschauer, Bensemann schrieb erkennbar angewidert vom »Terror einer fanatisch erregten, sportlich undisziplinierten Menge«.[464] Rapid siegte schließlich mit 2:1, Sparta erhielt unter ohrenbetäubendem Gepfeife und Gejohle den Pokal überreicht und musste unter Polizeischutz in Sicherheit gebracht werden.

Die Empörung war groß, vor allem natürlich in Prag, aber auch ein Redakteur der ungarischen Zeitung *Sporthirlap* ergriff Partei für die tschechischen Opfer und wusste auch gleich, wer schuld war: Hugo Meisl natürlich:

»*Wenn wir aber das Gesindel, das jedes menschliche Gefühl ablegte, verurteilen, müssen wir auch an den blutigen Sonntag auf der Hohen Warte erinnern. Wir meinen, dass die Revolution nicht in einigen Minuten geschah, dass die Meuterei des Publikums schon früher und anderswo ihre Wurzeln hat. Dieser Skandal entstand durch die Übertreibungen und durch die sanguinische Treiberei des materiellen Gewinns. Wir kennen das Vorspiel des Mitropa-Pokals und die Machinationen Hugo Meisls und seiner Genossen, den ungarischen Fußball um seinen materiellen Gewinn am Endspiel zu bringen. Die Wellen um die Pokal-Affäre drangen als Gifttropfen ins Blut des Wiener Publikums ein, und es hielt die Eroberung des Pokals für eine nationale Angelegenheit.*«[465]

Vorausgegangen war eine Entscheidung des Mitropa-Ausschusses unter Vorsitz von Hugo Meisl, einem Protest von Sparta Prag gegen die Mitwirkung des Spielers Kalman Konrad auf Seiten Hungaria Budapests stattzugeben und damit nach zwei Unentschieden in den Spielen zwischen Prag und Budapest Prag zum Sieger zu erklären. Diese Entscheidung nahmen die ungarischen Delegierten zum Anlass, demonstrativ die Mitropa-Konferenz in Pressburg (Bratislava) am 13. Oktober 1927 zu verlassen und einen Boykott der Konkurrenz anzukündigen:[466] Von »schweren Anklagen« gegen Hugo Meisl war da die Rede, und »schweren Hinterhältigkeiten«, die er begangen haben soll.[467] Tatsächlich fand die Mitropa-Cup-Konferenz am 11. November 1927 in Budapest ohne offizielle Vertreter des ungarischen Verbandes statt, allerdings boten die Ungarn dennoch einen Gastgeber auf, nämlich Dr. Fodor, einen guten Freund Meisls, der aber offiziell nur als Repräsentant seines Vereines auftrat. Somit schien der Fortbestand des Mitropa-Cups – kaum, dass er begonnen hätte – akut gefährdet, denn nach den Ausschreitungen vom 13. November hatte der tschechische Verband seinerseits einen Boykott gegen österreichische Mannschaften ausgesprochen. Letztlich beruhigten sich die Gemüter jedoch wieder, zumal der Cup seinen hohen ökonomischen Nutzen für die klammen Vereine bewiesen hatte. Auf der Konferenz in Budweis am 3. Januar 1928 wurde die Angelegenheit endgültig beigelegt;[468] dass vor allem Hugo Meisl bei der Vermittlung eine herausragende Rolle gespielt hatte, wird daran deutlich, dass er im März 1928 zum Ehrenmitglied von Sparta Prag ernannt wurde.[469]

Auch die Ungarn waren schnell wieder versöhnt: Geradezu rührend sind die Dankesworte, die der ungarische Verband 1930 übermittelte, kaum dass Meisl seine Arbeit nach seiner langen Krankheit wieder aufgenommen hatte. »*Nehmen Sie unseren besten Dank entgegen für den wertvollen und unschätzbaren Dienst, den Sie uns bei der Erledigung der zwischen der Tschechoslowakei und unserem Verband bestandenen Angelegenheit im Interesse des Friedens geleistet haben. Wir waren fest der Überzeugung, dass Ihre wertvolle und hochgeschätzte Person und Ihre Intervention diese Angelegenheit auf den Weg der friedlichen Lösung bringen wird. Wir haben uns auch nicht getäuscht. Jetzt nach Erledigung des Falles drücken wir Ihnen den Dank im Namen des ganzen ungarischen Fußballsportes aus, wir werden Ihre wertvolle Hilfe niemals vergessen.*«[470]

Milde gestimmt hatte die Ungarn womöglich nicht zuletzt die Tatsache, dass in den Jahren 1928 und 1929 ihre Vereine Ferencvarosi TC Budapest und Ujpesti TE den Pokal gewannen.

Auf der Mitropa-Cup-Konferenz im September 1928 in Wien beschloss man, auf die jugoslawischen Vereine zu verzichten, die in den Vorrunden 1927 und 1928 sang- und klanglos ausgeschieden waren.[471] Auf dem üblichen Gruppenfoto während der Konferenz sind die jugoslawischen Vertreter schon gar nicht (mehr) anwesend.[472] Es gab vor allem ökonomische Gründe, die für diesen Schritt sprachen: Die jugoslawischen Vereine zogen zu wenige Zuschauer an, ihre Spielstärke war zu gering, die Reisen nach Jugoslawien zu teuer. War man von mitteleuropäischer Seite davon ausgegangen, dass als Gegner für den Mitropa-Cup sich vor allem das relativ nahe gelegene »Agram« (also Zagreb) qualifizieren würde, so waren es für die erste Runde des Mitropa-Cups Mannschaften aus »Spalato« (das heutige Split) und Belgrad gewesen. Entsprechend kommentierte die *Reichspost*: »Die Zuziehung Jugoslawiens hat sich weit einfacher angesehen, als sie in Wirklichkeit ist, da man vor allem mit der Teilnahme Agramer Vereine rechnete, und die Möglichkeit, nach Spalato fahren zu müssen, nicht ernstlich bedachte.«[473]

Konferenz 1928 in Wien

Von links nach rechts stehend: Engel (Österreich), F. Scheinost (Č. S. R.), Hugo Meisl (Österreich), G. Zanetti (Italien), Ing. H. Fischer (Österreich), K. Gassmann (Schweiz), Dr. H. Fodor (Ungarn). Sitzend: Prof. Dr. Pelikan (Č. S. R.), M. Feretti (Italien), Anton Johanson (Schweden), Avv. Giov. Mauro (Italien), Arpad Kenyeres (Ungarn).

Mitropa-Cup-Komitee 1928.

Zunächst war davon die Rede, an deren Stelle »süddeutsche oder Schweizer Vereine zu dieser Konkurrenz heranzuziehen«.[474] Daraus wurde jedoch nichts. Die Süddeutschen, vor allem den 1. FC Nürnberg, der traditionell gute Kontakte nach Prag und Wien unterhielt, hätte man schon gerne dabei gehabt, allerdings stand dem der Boykott des DFB gegen Profi-Verbände im Wege: Der DFB erlaubte nur sogenannte »Lehrspiele« gegen Profiklubs, aber keine offiziellen Wettspiele. Die Schweizer wiederum galten letztendlich als zu schwach, als dass sie den Wettbewerb hätten bereichern können. Stattdessen gelang es auf der nächsten Sitzung am 3. Februar 1929 in Budapest Hugo Meisl, die Italiener für die Teilnahme zu gewinnen, ein Schritt, der zu einer enormen Aufwertung des Wettbewerbs führte.

Was allerdings blieb, waren die Probleme nationaler Emotionen. Nicht nur die Zuschauer trugen dazu bei, sondern auch die Funktionäre, die mitunter eine mimosenhafte Empfindlichkeit zelebrierten, die geradezu skurrile Züge annahm. So verbot beispielsweise 1928 der ungarische Schiedsrichterverband seinem Schiedsrichter Ivancsics das Mitropa-Cup-Spiel Gradjanski Agram gegen Victoria Zivkov in Prag zu leiten, weil für diese Begegnung ursprünglich der Italiener Gama vorgesehen war, der aber dann das notwendig gewordene Entscheidungsspiel zwischen Hungaria und Rapid leiten sollte. »Das«, so die Ungarn, »sei eine schwere Beleidigung für die ungarischen Schiedsrichter.«[475] Die Ungarn fühlten sich als zweite Wahl behandelt!

Auch der Wettbewerb des Jahres 1929, an dem nun erstmals – wenn auch erfolglos – italienische Mannschaften teilnahmen, war geprägt durch eine böse Auseinandersetzung zwischen dem ungarischen Verband und dem Mitropa-Cup-Komitee, in dessen Verlauf die ungarischen Delegierten erneut das Komitee boykottierten. In der Sache selbst (es ging um die Wertung eines Spieles) konnten sich die Ungarn schließlich durchsetzen. Bemerkenswert ist vor allem die Unversöhnlichkeit, mit der dieser Konflikt auf Funktionärsebene ausgetragen wurde. Es ist durchaus plausibel anzunehmen, wie Leo Schidrowitz das tat, dass die Schärfe dieser Auseinandersetzung auch eine Folge davon war, dass die diplomatisch ausgleichende Kompetenz Hugo Meisls nicht zur Verfügung stand, um die Wogen zu glätten.[476] Er verbrachte den größten Teil des Jahres 1929 im Krankenhaus und im Sanatorium und kehrte erst im Februar 1930 an seinen Arbeitsplatz zurück. Kaum genesen, wurde er auf der Mitropa-Cup-Konferenz am 9. März 1930 in Triest wiederum zum Sekretär gewählt, wobei er offenbar auch in der Zeit seiner Abwesenheit formell dieses Amt innegehabt hatte.[477]

Und bald schon hatte Meisl wieder einen schweren Konflikt zu regeln. 1930 gelang es dem AS Ambrosiana Mailand mit dem 20-jährigen Stürmerstar Giuseppe Meazza, sich gegen Ujpesti TE in drei Spielen durchzusetzen und ins Halbfinale vorzudringen, wo man auf Sparta Prag traf. Bereits das Hinspiel erlebte Ausschreitungen italienischer Zuschauer, die zu einer Welle nationaler Empörung in Prag führten. Das Rückspiel fand zudem unter politisch aufgeheizter Atmosphäre statt: Die Faschisten hatten kurz zuvor in Triest vier Slowenen hingerichtet. Der italienische Fußballverband fürchtete um die Sicherheit seiner Spieler und erwog eine Absage. Ein Ausstieg der Italiener aus dem Cup drohte. Meisl versuchte zu vermitteln. Die *Reichspost* berichtete dramatisch, als ginge es um die Verhinderung eines Krieges: »Seit gestern spielt ununterbrochen der Draht zwischen Wien – Rom – Prag.[478] Mussolini persönlich schaltete sich ein, und er entschied letztendlich, dass das Spiel stattfinden konnte. Sparta siegte mit 6:1, die 32.000 Zuschauer waren versöhnt.

Das Finale, eine Neuauflage der Skandalspiele von 1927, wurde anschließend gegen Rapid Wien verloren, das im dritten Anlauf 1930 endlich den Pokal holte. Allerdings ging die Meisterfeier auch dieses Mal nicht störungsfrei vor sich: Wegen der schlimmen Vorkommnisse vor drei Jahren hatte die Polizei untersagt, den Pokal bereits auf dem Spielfeld zu überreichen. Dies geschah dann in einem kleinen Saal, allerdings ohne Beteiligung der Mannschaft von Sparta: Sie durfte angeblich nicht ihren Zug verpassen.[479]

Eine neue Belastung für den Fortbestand des Wettbewerbs gab es auf einer Konferenz in Mailand am 21. und 22. Februar 1931, bei der heftig um die Art und Weise der Fortsetzung des Mitropa-Cups gestritten wurde. Die Italiener vor allem waren mit dem Terminplan unzufrieden und schlugen vor, den Mitropa-Cup in Form eines Turniers durchzuführen, bei dem alle Spiele an einem Ort stattfinden sollten, Vorbild sollte der im Juni und Juli 1930 in Genf durchgeführte *La Coupe de Nations* sein, der als eine Art Europa-Meisterschaft für Vereinsmannschaften ausgetragen wurde. Teilnehmer waren die Landesmeister aus Österreich (Vienna), Ungarn, Tschechoslowakei, Deutschland, Italien, Spanien, Belgien, Frankreich, Niederlande und der Schweiz. Der Austragungsmodus war im Prinzip ein K.-o.-System, freilich mit Modifikationen, da ja nicht acht, sondern zehn Mannschaften teilnahmen. Wesentlich für den Vorbildcharakter war auch die Dauer des Turniers, es begann am Samstag, den 28. Juni 1930, und endete schon acht Tage später, am 6. Juli, übrigens mit einem Sieg des ungarischen Meisters Ujpest, Zweiter wurde Slavia Prag und Dritter Vienna (ein Triumph des Mitropa-Cups, was

Rapid Wien, Mitropa-Cup-Sieger 1930.

auch in Wien so gesehen wurde). In diesem Zeitraum wurden an einer einzigen Spielstätte, dem Servette-Stadion, insgesamt 15 Begegnungen ausgetragen, das Finale war das vierte Spiel der beiden Finalisten.[480]

Ungarn schloss sich dem italienischen Wunsch an, vielleicht eine Geste der Solidarität, die ganz von oben, also von Horthy verordnet wurde. Für Österreich, besser gesagt Wien (und eigentlich auch für Budapest) hätte dieser Vorschlag nur Nachteile gebracht, denn bei so vielen Spielen in so kurzer Zeit wären erhebliche finanzielle Ausfälle zu befürchten gewesen. Aber Meisl wollte die Italiener nicht verprellen. So griff er zum letzten Mittel: Er erklärte seinen Rücktritt.

Er war, so berichtet der Korrespondent der *Reichspost*, Otto Howorka, »trotz aller Bemühungen zu einer Weiterführung der Geschäfte nicht zu bewegen«.[481] Und Meisls Einsatz war erfolgreich. Die Italiener zogen ihren Plan zurück, auf der Mitropa-Cup-Konferenz in Wien am 25. und 26. April 1931 einigte man sich auf die Sommermonate als Austragungszeitraum der Spiele und behielt ansonsten die bisherige Form des Cup-Wettbewerbes bei. Hugo Meisl hatte sein Ziel erreicht, zog seinen Rücktritt zurück und wurde als Sekretär des Komitees einstimmig wiedergewählt.[482]

Die Italiener blieben, wie auch die Ungarn.

Die Einigkeit während der Wiener Konferenz ging so weit, dass man am Ende der Konferenz Vorabsprachen hinsichtlich des anstehenden FIFA-Kongresses traf, so dass die am Mitropa-Cup teilnehmenden Verbände sich bei ihren Anträgen der Unterstützung ihrer Mitropa-Cup-Mitstreiter sicher sein konnten. Nebenbei wurde auch noch der Internationale Cup für Amateure abgehandelt und Rumänien in diesen Wettbewerb aufgenommen.[483]

In dieses Bild allgemeiner Harmonie passt die Tatsache, dass in diesem Jahr der Mitropa-Cup bemerkenswerterweise ein reines Wiener Finale erlebte, das der First Vienna FC gegen den WAC gewann, wobei das Hinspiel vor 20.000 Zuschauern in Zürich ausgetragen wurde. Dies wurde offiziell als Werbung für den Wiener Fußball und den Mitropa-Cup deklariert, durchaus möglich, dass es sich auch um eine Gegenleistung handelte für die Unterstützung notleidender Wiener Clubs durch wohlhabende Züricher Freunde Hugo Meisls.

Die nächste Mitropa-Cup-Konferenz fand am 20. und 21. Februar in Triest 1932 statt. Wieder musste sich Meisl mit allem diplomatischen Geschick gegen einen italienischen Vorstoß wehren: Der italienische Verband wollte vier Teilnehmer pro Verband, ein Vorschlag, der in modifizierter Form von den Ungarn mitgetragen wurde. Meisl fürchtete eine »Verwässerung« und dadurch eine sinkende Attraktivität des Wettbewerbs. Es gelang ihm, die Ungarn von diesem Vorschlag abzubringen und so das alte System durchzusetzen. Wohl mit Recht kommentierte das *Sport-Tagblatt:* »Ein diplomatischer Erfolg Österreichs«[484] – und das heißt nichts anderes als ein diplomatischer Erfolg Meisls, dem es offensichtlich wieder gelang, trotz aller Auseinandersetzungen eine konstruktive Atmosphäre herzustellen: »In privaten Besprechungen wurden noch verschiedene gemeinsame Fragen, auch solche, die die FIFA betreffen, eingehend erörtert und die Übereinstimmung der Ansichten der Länder festgestellt.«

Vielleicht wegen dieser positiven Entwicklung der Konferenzen zog Hugo Meisl kurz nach Beginn des Mitropa-Cup-Wettbewerbes des Jahres 1932 eine optimistische Zwischenbilanz: »Jedenfalls zeigt der bisherige Verlauf des Mitropa-Cups, dass diese Konkurrenz, unbeschadet aller Schwierigkeiten, berufen erscheint, in diesen schweren Zeiten ein doppelt schätzbarer Magnet für das Publikum zu sein.«[485]

Ein Magnet allerdings, der auch die heftigsten Leidenschaften mobilisieren konnte, wie sich bald wieder zeigen sollte. Im Halbfinale standen sich im Juli 1932 Juventus Turin und Slavia Prag gegenüber. Schon beim Hinspiel in Prag gab es üble Szenen, die Italiener wollten sich mit ihrer 0:4-Niederlage nicht abfinden und verlegten sich auf schwere Fouls, woraufhin der aufgebrachte Prager Trainer eigenhändig einen unfairen Italiener verprügelte; nach weiteren Fouls der Turiner stürmte das Publikum den Platz, und nur unter Polizeieinsatz konnte das Spiel zu Ende gebracht werden. Noch schlimmer das Rückspiel: In einer aufgeladenen Atmosphäre wurde beim Stande von 2:0 für Mailand der Prager Torwart Planicka von einem Stein getroffen. Eine Viertelstunde lang versuchten Ärzte, den Bewusstlosen wieder spielfähig zu machen, dann verließen die Spieler der Slavia den Platz und waren nicht mehr bereit, das Spiel fortzusetzen.[486] Hasserfüllte gegenseitige Vorwürfe in den Zeitungen folgten dem Eklat, natürlich begleitet von Ausstiegsdrohungen aus dem Mitropa-Cup durch die beiden Verbände. Im Juli, August und September 1932 wurden vom Mitropa-Cup-Komitee drei Konferenzen in Wien, Budapest und Klagenfurt abgehalten, bei denen die beiden Parteien sich unter Moderation von Hugo Meisl an einen Tisch setzten, um zu einer Lösung des Streites zu gelangen.

Meisl war in einer schwierigen Lage: Laut Cup-Regeln hätte das Spiel für die abbrechende Mannschaft mit 0:3 gewertet werden müssen. Damit wäre Slavia, die das Hinspiel mit 4:0 gewonnen hatte, im Finale und Mailand ausgeschieden. Für die Italiener eine unerträgliche Zumutung. So fand Meisl einen – vielleicht etwas faulen – Kompromiss: Das Mitropa-Cup Komitee schloss beide Vereine aus dem laufenden Mitropa-Cup-Wettbewerb aus und erklärte Bologna Sportiva, das im anderen Halbfinale Vienna Wien knapp ausgeschaltet hatte, am grünen Tisch zum Sieger der Konkurrenz.

Der Skandal um das Spiel Turin gegen Prag überschattete die weiteren Maßnahmen zur Durchführung des Pokals. Die frustrierten Ungarn, deren erfolgsgewohnten Mannschaften 1931 und 1932 bereits in der ersten Runde ausgeschieden waren, äußerten Zweifel, ob man den Pokal überhaupt weiterführen solle, zumal durch ihn andere internationale Fußballspiele an Attraktivität verloren hätten.[487] Auch die Italiener scheinen offenbar bereit gewesen zu sein, den Mitropa-Cup aufzugeben, jedenfalls schloss der Außenminister seinen Bericht über die Vorfälle bei den Spielen Turin gegen Prag mit der Überlegung, dass zwar der Wettbewerb sportlich gesehen durchaus beachtlich sei, dass es aber doch nationale Empfindlichkeiten gebe, die über den sportlichen Erwägungen stehen könnten.[488]

Auf der Wiener Konferenz im Januar 1933 wurde erneut die Erweiterung des Teilnehmerfeldes des Mitropa-Cups auf drei oder vier Mannschaften pro Verband angesprochen, Meisl wehrte sich weiterhin gegen eine Verwässerung und auch gegen ein Überangebot an Fußballspielen, trotz massiver Forderungen der italienischen Delegation. Meisl konnte sich noch einmal durchsetzen, der Pokal wurde auch 1933 nach dem bisherigen Muster ausgetragen. Auch die Ungarn, die 1933 wieder allesamt in der ersten Runde ausschieden, entschieden sich fürs Weitermachen. Und was Hugo Meisl besonders gefreut haben wird: Sieger des Jahres 1933 wurde am 8. September der FK Austria Wien, der eine 1:2-Auswärtsniederlage in Mailand vor der grandiosen Kulisse von 58.000 begeisterten Zuschauern im Praterstadion durch einen 3:1-Heimsieg wettmachen konnte. Alle drei Tore schoss übrigens Matthias Sindelar.

Dennoch gab es für Hugo Meisl auf der nächsten Konferenz im Herbst 1933, die wieder in Wien stattfand, wenig Grund zur Freude. Wieder stand die Erweiterung des Teilnehmerkreises auf der Tagesordnung.[489] Inzwischen war die Meinungslage eindeutig, die teilnehmenden Verbände wollten vier Teilnehmer pro Nation, selbst Österreich stand diesem Vorschlag nun positiv gegenüber.

Erneut stellte Hugo Meisl sein Amt zur Disposition. Vielleicht ein letzter, geradezu erpresserischer Versuch, sich durchzusetzen. Vielleicht aber war es Meisl auch wirklich ernst damit. Die enorme Gewaltbereitschaft der Zuschauer, das unsportliche Auftreten vieler Mannschaften, das ständige Hin und Her von Boykottdrohungen und die teilweise infamen Presseattacken konnten an ihm nicht spurlos vorübergegangen sein. Und jetzt wurde er, der Macher, auch noch in einer zentralen Frage überstimmt! Tatsächlich vermeldete ein Journalist der Zeitung *Sport-Montag*, dass Meisl »mitropacupmüde« sei und weg wolle, womöglich ins Ausland, wo mindestens zwei große Verbände ihm Angebote gemacht hätten.[490] Letztlich entschied sich Meisl aber fürs Weitermachen und widerrief seine Rücktrittsankündigung im Vorfeld der Konferenz von Budapest am 22. Oktober 1933.

Dennoch scheint er seinen Glauben an die Sinnhaftigkeit des Cups zunehmend verloren zu haben. Kein Wunder, wenn man bedenkt mit welchen Empfindlichkeiten vor allem seitens der ständig gekränkten ungarischen Funktionäre Meisl immer wieder zu kämpfen hatte. So hatte er im Sommer 1934 einen Brief des Schweizer Verbandes betreffs eines tschechischen Spielers und dessen Freigabe für Sparta Prag erhalten; helle Empörung in Ungarn: Wieso sei der Brief nicht sofort an sie weitergeleitet worden? Es könnte ja sein, dass irgendwann eine ungarische Mannschaft im Mitropa-Cup auf Sparta Prag stoßen könnte! Mag diese Beschwerde schon eigenartig anmuten, so macht einen die damit verknüpfte Drohung geradezu fassungslos: Die Ungarn erklärten kurzerhand, sich deshalb in Zukunft von Österreich abwenden zu wollen.[491]

Geradezu als Versuch, Meisl zu trösten, erscheint in diesem Zusammenhang jener bereits eingangs kurz zitierte Brief des Vereinspräsidenten von Bologna vom September 1934, der nach dem siegreichen Finale seiner Mannschaft gegen Admira an den Österreichischen Fußballbund ermutigend schrieb, dass allen kleinen Katastrophen zum Trotz das Spiel Admira gegen Bologna in der sportlich hervorragenden Weise, in der es durchgeführt worden war, die Lebensfähigkeit des Mitropa-Cups bewiesen habe:

»*Damit hat das Spiel die Auffassungen jener Zeitungen widerlegt, die die Meinung vertraten, dass der Mitteleuropäische Cup eine Quelle der Gewalt und der Streitigkeiten wäre, während das in so sportlicher Weise ausgetragene Spiel Admira – Bologna gezeigt hat, wie nützlich er für den Fortschritt des Fußballs ist, weil nach allgemeiner Übereinstimmung die besten Mannschaften Europas sich miteinander messen und damit in den beteiligten Ländern zu einem hohen Standard des Fußballs beitragen. Aber vor allem will ich meinen Dank und meine Bewunderung in diesem Jahr ganz besonders Cavalliero Meisl ausdrücken, der gleichermaßen diesen Pokal aus der Taufe gehoben hat wie er ihn am Leben erhält und seine stete Anteilnahme dadurch beweist, dass er immer zugegen ist, wenn es erforderlich ist.*«[492]

Allerdings ist es kein Wunder, dass der Mann guter Laune war: Schließlich hatte Bologna den Pokal gewonnen, den Gegner Admira Wien im Rückspiel sogar mit 5:1 deklassiert. Die Wiener Presse sah die Situation dagegen – und vielleicht genau aus dem gleichen Grund – wesentlich kritischer, der Kommentator der *Reichspost* konstatierte: »Der Mitropacup ist gegenwärtig auf einem Punkt angelangt, der seine Weiterführung oder zumindest Wiederholung kaum wünschenswert erscheinen lässt. Sportlich wurde aus dem Bewerb heuer ja fast gar nichts herausgeholt, statt völkerverbindender Werbetätigkeit im Zeichen des Sportes gab es Feindschaften und Zwischenfälle, endlose Konferenzen […], Spielerausschlüsse und Krawalle […].«[493] Diese Lagebeurteilung ist durchaus nachvollziehbar, im Gegensatz zu der etwas absurden Bemerkung, die dann folgt: »Die oberste Leitung des Mitropacups hat schon genug Spesen gekostet, ohne sonderliches dafür zu leisten.« Eine in ihrer Bosheit kaum zu überbietende Unterstellung: Ausgerechnet Meisl, der regelrecht aufgerieben wurde durch endlose Querelen und Konferenzen, ohne dafür auch nur annähernd finanziell entschädigt zu werden, musste sich unterstellen lassen, er sein ein träger Spesenritter! Und dies, obwohl nur ein Mann wie Meisl überhaupt in der Lage war, diesen Pokalwettwewerb trotz aller Intrigen, Ausschreitungen und diplomatischen Verwicklungen erfolgreich zu betreiben! Denn trotz aller offenkundigen Missstände war der Mitropa-Cup nach wie vor ein Publikumsrenner: Die Cup-Wettbewerbe von 1934 hatten 505.000 Zuschauer gesehen, 161.000 davon allein in Österreich.[494]

Trotz aller Attacken warf Meisl nicht die Brocken hin, sondern ging mit erstaunlichem Schwung in die Offensive: Er legte im März 1935 einen weit in die Zukunft weisenden Reformplan vor:

»*Als Generalsekretär des Mitropacupkomitees habe ich mich in letzter Zeit mit der Frage der Neugestaltung dieses Wettbewerbes befasst, denn es hat sich gezeigt, dass diese Konkurrenz den geänderten Verhältnissen, die vor allem wirtschaftlicher Natur sind, nicht mehr ganz entspricht. Es gibt in Österreich, Ungarn und der Tschechoslowakei kein großzügiges Mäzenatentum mehr und die Vereine, die am Mitropacup teilnehmen, haben für denselben aus eigener Kraft oft sehr einschneidende und finanziell weittragende Vorbereitungen zu treffen, die mit einem großen Risiko verbunden sind. Sie können für die Zeit des Cups im voraus keine Auslandsabschlüsse täti-*

gen, sie müssen oft teure Spielererwerbungen durchführen und wenn es das Pech will, werden alle diese Opfer umsonst gebracht, wenn der Verein in der ersten oder zweiten Runde ausscheidet. Das sind zweifellos Mängel, die dem Wettbewerbe in seiner heutigen Form anhaften, der so nicht mehr für eine dauernde finanziellen Hilfe für die Klubs wird. Nun will ich dafür eintreten, dass der Mitropacup in Mitropacupmeisterschaften umgewandelt wird. Dieselben sollen von Anfang Juni bis Ende Juli durchgeführt werden.[…] Von jedem Lande Österreich, Ungarn, Tschechoslowakei, Italien, nehmen die vier ersten Vereine an der Mitropameisterschaft teil, eventuell kommt als vierter Teilnehmer auch der Cupsieger des betreffenden Landes in Betracht. Gespielt wird in zwei Gruppen, die durch das Los ermittelt werden. […] Da die Sonntage als Termine nicht ausreichen, würde auch eine volle Runde am Mittwoch oder Donnerstag gespielt werden. Die Sieger in beiden Gruppen tragen dann zwei Endspiele um den Titel ›Mitropameister‹ aus. […].«[495]

Obwohl Meisl versuchte, durch Gespräche mit den Vereinen und den Vertretern der verschiedenen Verbände, insbesondere dem Italiener Mauro, für seine Idee zu werben,[496] half alles nichts: Weder auf der Wiener Mitropa-Cup-Konferenz im März 1935 noch auf der Mitropa-Cup-Konferenz am 18. April in Mailand wurde über den Vorschlag eine Entscheidung getroffen, man vertagte ihn, und dabei blieb es.[497] Der Plan war wohl zu revolutionär, erst etwa 60 Jahre später sollte er durch den Champions-League-Spielmodus, den Meisl mit seinem Projekt vorweggenommen hatte, verwirklicht werden. Ein gewisser Trost mag für Meisl gewesen sein, dass »seine« Austria am 16. Juni in einem der besten Spiele ihrer Geschichte mit einem wieder einmal überragenden Sindelar in Mailand mit 5:2 siegte und dass die italienischen Zuschauer den Darbietungen der Wiener auf offener Szene Beifall zollten. Es gab also doch noch Fairness und unverbissene Freude am Sport auf den Rängen. Das Finale bestritten allerdings Ferencvárosi Budapest, das die Austria im Semifinale ausgeschaltet hatte, und Sparta Prag. Sparta siegte im entscheidenden Rückspiel vor 56.000 Zuschauern in Prag mit 3:0, nachdem im Hinspiel Budapest vor 34.000 Zuschauern mit 2:1 gewonnen hatte. 90.000 Zuschauer in beiden Finalspielen, im Halbfinale in Wien 55.000 Zuschauer – der Mitropa-Cup war allen negativen Begleiterscheinungen zum Trotz nach wie vor ein Publikumsmagnet.[498]

Kein Wunder, dass nun auch die Schweizer zu diesen Fleischtöpfen strebten. Obwohl Hugo Meisl trotz aller freundschaftlichen Beziehungen zu den Grasshoppers Zürich damit nicht einverstanden war, wurde auf der Mitropa-Cup-Konferenz in Budapest am 20. Juli 1935 beschlossen, ab dem Jahr 1936 die Teilnehmerzahl um vier Mannschaften aus der Schweiz zu erweitern, die in einer Qualifikationsrunde gegen die jeweiligen Meisterschaftsvierten der anderen Teilnehmerländer antreten sollten.[499]

In einem Interview mit dem *Sport-Telegraf* am 12. Juli 1936 sprach sich Meisl denn auch kategorisch gegen die Weiterführung des Mitropa-Cups aus. Insgesamt, so Hugo Meisl »muss ich aufrichtig bekennen, dass ich persönlich gegen die weitere Austragung des Mitropacupbewerbes bin, falls nicht, der Struktur aller beteiligten Verbände entsprechend, Änderungen getroffen werden, die die Gesundung dieser Konkurrenz in die Wege leiten.«[500] Unmittelbarer Anlass für diese Aussage war, dass im Juni die Schweizer Vereine allesamt in der Qualifikation ausgeschieden waren; den Qualifikationsspielen zwischen den Grasshoppers und der Austria wohnten jeweils nur etwa 7.000 Zuschauer bei, bei den anderen Spielen war es ähnlich. Ein Debakel.

In einem Zeitungsartikel am 13. Juli legte Meisl noch einmal seine Position dar, im Ton moderater als das Interview, aber in der Sache unverändert. Demnach habe sich der Mitropa-

Cup grundsätzlich zwar sportlich und finanziell bewährt, trotz aller Streitigkeiten. Allerdings, habe gerade der finanzielle Erfolg, der große Besuch der Spiele dazu geführt, dass »dem goldenen Kalb gehuldigt« worden sei und »es denn schließlich nicht mehr zu vermeiden war, dem Drängen der vielen, die sich ebenfalls ein Plätzchen an der Sonne ergattern wollten, nachzugeben«. So war es nach Meisl zu einer Teilnehmerzahl von 20 Vereinen gekommen, und das habe sich schon im ersten »Versuchsjahr« nicht bewährt. Die Erweiterung des Teilnehmerfeldes habe die finanziellen Möglichkeiten der Zuschauer überfordert, denn »wir sind arm«, und in dieser Situation sind Fußballanhänger nur dann bereit, ihr Geld für Eintrittskarten auszugeben, wenn »sensationelle Veranstaltungen« geboten werden. »Aber wenn Sonntag für Sonntag die gleichen Sensationen geboten werden, verlieren sogar die glühendsten Anhänger die Lust [...].« Und schließlich findet er deutliche Worte für die Ausuferungen der Disziplinlosigkeit und fordert die Reduzierung der Zahl der Teilnehmer auf zwei pro Land: In seinen eigenen Worten:

»Fußball ist und bleibt ein Kampfsport! Darum häufen sich auch bei der begreiflichen Gier der Vereine nach Geld und der Spieler nach Prämien die Kampfmomente, Erregung und Chauvinismus und ungenügende Schiedsrichterleistungen tragen das ihre dazu bei. Ganz zu vermeiden sind selbstverständlich in unserem prächtigen Fußballsport auch solche Entgleisungen nicht, sie können aber durch entsprechende Maßnahmen verringert, der Kampf- und Spielwert dennoch in vollem Umfang aufrecht erhalten werden. Nebst gründlicher Vorbereitung der Organisation, der Schulung von Schiedsrichtern und Linienmännern, in disziplinärer Hinsicht auch der Spieler, ist vor allem aber die Herabsetzung der Teilnehmerzahl auf je zwei der entsprechenden Länder [...] erforderlich. Der Monat Juli muss unbedingt, um so mehr als die Meisterschaft in vielen Ländern schon Anfang August beginnt, für Spieler, Publikum und alle Fußballbeflissene eine Ruhe- und Entspannungspause bedeuten und zur Sommerruhe freigegeben werden.« Und dann wird Meisl geradezu prophetisch: *»Wenn es einmal möglich sein wird, eine zentraleuropäische Konkurrenz in der Art des Cupwettbewerbes oder einer mitteleuropäischen Meisterschaft in die Fußballbetriebe der mitteleuropäischen Länder derart einzubauen, dass einzelne Runden im Herbst und im Frühjahr durchgeführt werden können, dann wird auch einer Beteiligung von vier und mehr Vereinen nichts mehr im Wege stehen.«* [501]

Am 6. und am 9. September 1936 holte sich die Austria zum zweiten Mal den Pokal, diesmal mit dem knappsten aller möglichen Ergebnisse, nämlich einem Gesamtergebnis von 1:0 gegen Sparta Prag. Nichtsdestoweniger hatten insgesamt etwa 100.000 Zuschauer beide Begegnungen gesehen, davon allein 58.000 das Rückspiel in Prag, das durch ein Tor von Camillo Jerusalem entschieden wurde.

Vielleicht nicht zuletzt wegen der Tatsache, dass weder Zuschauerzuspruch noch sportliche Ergebnisse ihren hohen Erwartungen entsprochen hatten, waren die Italiener bei der nächsten Konferenz offen für Reformen, ganz im Sinne Meisls. Auch der italienische Verband war nun plötzlich für eine Reduzierung der Teilnehmerzahl. Eine Karikatur des *Sport-Montag* verdeutlicht diese neue Konstellation: »Vaccaro zu Meisl: Ihr Adoptivkind ist zu dick geworden! Wenn es nicht abnimmt, ist es mit unserer Liebe aus.«[502] Auf der Mitropa-Cup-Sitzung in Prag am 31. Oktober wurde das Teilnehmerfeld neu geregelt, gemäß eines Antrages Italiens, wie Meisl in einem Artikel betonte.

Zunächst einmal wurde die Zahl auf 16 reduziert, je drei aus den vier »alten« Teilnehmerländern, zwei aus der Schweiz und je einem aus Rumänien und Jugoslawien, die nun also für

Mitropa-Cup-Karikatur.

Abmagerungskur notwendig
CURA DIMAGRANTE
ISTITUTO DI BELLEZZA
E' TROPPO PESANTE!
COPPA EUROPA

Die italienische Presse kritisiert heftig den Mitropacupbewerb und verlangt die Einschränkung auf zwei Teilnehmer pro Land.

Vaccaro zu Meisl:
„Ihr Adoptivkind ist zu dick geworden! Wenn es nicht abnimmt, ist es mit unserer Liebe aus."

würdig befunden wurden, im Konzert der Großen mitzuspielen. In einem Kommentar sprach Meisl von der »Vernunft«, die gesiegt habe. Tatsächlich hatte Meisl wieder ein diplomatisches Meisterstück vollbracht. Er hatte in der Sache Recht behalten, sich letztlich durchgesetzt, den notwendigen Druck aber den Italienern überlassen.

Damit hätte nun der Wettbewerb in ruhigeres Fahrwasser steuern können, wenn nicht wieder von ganz anderer Seite neues Ungemach gedroht hätte. Der ungarische Verband kündigte an durchzusetzen, dass in Zukunft bei Abstimmungen jedes Land nur noch mit einer Stimme abstimmen dürfe. Das war ein Affront gegen Meisl, denn allein Österreich hatte zwei Stimmen: die des Verbands und die des Generalsekretärs Meisl. Tatsächlich sollte diese Forderung Ungarns auf der nächsten Mitropa-Cup-Generalversammlung abgestimmt werden. Wollten die Ungarn damit Meisl indirekt kaltstellen? Sollte dies der Fall gewesen sein, so ging diese Attacke auf geradezu makabre Weise ins Leere. Denn Hugo Meisl erlebte die nächste Generalversammlung nicht mehr.

Allerdings bedeutete Hugo Meisls Tod nicht das sofortige Ende des Wettbewerbs. Auch 1937 wurde der Pokal ausgespielt, wieder gab es skandalöse Ereignisse: Als es beim Spiel Admira Wien gegen FC Genua 1897 zu antifaschistischen Demonstrationen kam, verbot die italienische Regierung kurzerhand die Austragung des Rückspiels. Ohne Hugo Meisls diplomatische Fähigkeiten reagierte das Mitropa-Komitee mit kläglicher Hilflosigkeit: Statt zu versuchen, die Wogen zu glätten, schloss man einfach beide Teams vom Wettbewerb aus. Aber auch ansonsten nahm der Wettbewerb für die Wiener eine recht deprimierende Wendung: Die Austria, der Cup-Verteidiger, erlebte im Halbfinale gegen Ferencvarosi Budapest nach einem 4:1-Hinspielsieg im Rückspiel mit 1:6 ein schweres Debakel. Letztlich war nicht mehr zu übersehen, dass der Wiener Fußball langsam ausblutete: Bereits im Januar 1937 hatten zwei französische Journalisten vorgerechnet, dass man mit den in Frankreich spielenden Österreichern eine personell besser besetzte österreichische Auswahlmannschaft bilden könnte als in Österreich selbst.[503]

1938 war es mit dem Mitropa-Cup dann ohnehin so gut wie vorbei. Mit dem »Anschluss« Österreichs war die hinter dem Mitropa-Cup stehende Idee eines friedlichen Mitteleuropas von den Nazis erledigt worden. Die Fortsetzung des Wettbewerbes war nur noch ein Art Nachklang, 1938 nahmen noch je vier Mannschaften aus Italien, der Tschechoslowakei und Ungarn sowie je zwei Mannschaften aus Rumänien und Jugoslawien teil, 1939 nur noch je zwei Mannschaften der Gründernationen (bemerkenswerterweise auch zwei Mannschaften aus Prag, trotz deutscher Besetzung) und je eine aus Rumänien und Jugoslawien. Und kaum glaublich, sogar 1940 begann man den Mitropa-Cup auszuspielen, das Finale fiel dann aber doch der verschärften Kriegssituation zum Opfer.

Die Versuche auf Seiten der CSSR und Österreichs, den Wettbewerb nach dem Zweiten Weltkrieg neu zu beleben, kamen über wenig beachtete Veranstaltungen nicht hinaus. Die Zukunft gehörte den von der UEFA organisierten europäischen Pokalwettbewerben für Landesmeister und Pokalsieger. Eine europäische Liga, die der Visionär Hugo Meisl zumindest für den mitteleuropäischen Raum anstrebte, gibt es immer noch nicht. Dafür aber eine Champions League, die auf erstaunliche Weise dem Teilnehmermodus des Mitropa-Cups ähnelt.

»Eine revolutionäre Anzettelung«[504] – Hugo Meisl und der Internationale Cup

Ging es beim Mitropa-Cup vor allem um das Erschließen neuer Finanzquellen für die Profi-Vereine Zentraleuropas, so sieht das für den gleichzeitig auf der Prager Konferenz 1926 projektierten Internationalen Cup anders aus. Natürlich waren attraktive Länderspiele auch eine willkommene Einnahmequelle für die Verbände, die damit ihre Organisation festigen und professioneller gestalten konnten, wovon nicht zuletzt auch Hugo Meisl als hauptamtlicher Generalsekretär des ÖFB profitierte. Trotzdem wäre es abwegig, ihm materielle Interessen bei der Verwirklichung des Nationenwettbewerbs zu unterstellen. Vielmehr ging es ihm dabei vor allem um die sportliche Aufwertung der Länderspiele, denn immer wieder musste er als Verbandskapitän erleben, dass die Clubs ihre teuren Spieler nur ungern für die Nationalmannschaft abstellten, wofür sie ja keinerlei Entschädigung erhielten.

Meisls zweites Interesse lag auf dem Feld der Diplomatie: Es sollten enge Beziehungen geknüpft werden zwischen den verschiedenen nationalen Verbänden, und hier hatte tatsächlich der Gedanke an die völkerverbindende Wirkung des Sportes seinen Platz. Hugo Meisl wollte eine Europameisterschaft, an der prinzipiell alle europäischen Verbände beteiligt werden sollten.[505] Eine solche Meisterschaft war im Übrigen dem pragmatischen Hugo Meisl viel naheliegender als eine Weltmeisterschaft, deren Durchführung angesichts der damaligen Verkehrsverhältnisse problematisch sein musste. Für den Modus einer solchen Europameisterschaft sah Meisl Hin- und Rückspiele in den teilnehmenden Ländern vor und keine Meisterschaftsrunde, die nur in einem teilnehmenden Land ausgetragen wurde. Der Grund dafür war wiederum höchst pragmatisch: Es ging darum, die Stadien zu füllen.

Aber bis es so weit war, musste noch ein hartes Stück Überzeugungsarbeit geleistet werden. Die Planung dieses Nationenwettbewerbes wurde parallel zum Mitropa-Cup vorangetrieben, mit größerer Zurückhaltung allerdings, weil man besondere Rücksicht auf die FIFA nehmen musste, die ja für internationale Turniere von Auswahlmannschaften zuständig war. Immerhin wurde auf der schon angesprochenen Konferenz in Prag im Oktober 1926 ein Vorbereitungskomitee gewählt, das die möglichen Regelungen für einen solchen Wettbewerb ausarbeiten sollte, natürlich in Wien und unter Leitung Hugo Meisls.⁵⁰⁶ Und man legte eine einheitliche Linie über das weitere Vorgehen in dieser Frage fest. Damit war die Europameisterschaft auf den Weg gebracht.

Die FIFA reagierte auf diese Pläne allerdings sehr kühl, hatte man doch gerade mit den ersten Überlegungen hinsichtlich einer Fußball-Weltmeisterschaft begonnen. Nach der Konferenz in Prag gab es daher von Seiten der Verbandsvertreter Englands, Frankreichs, Belgiens und der Niederlande negative Reaktionen. Die *Reichspost* berichtete, die FIFA würde insgesamt »die Prager Konferenz als eine revolutionäre Anzettelung missgünstig kommentieren«.⁵⁰⁷ Entsprechend wurde auf dem FIFA-Kongress in Paris im Dezember 1926 die Zustimmung für die Durchführung des in Prag projektierten Wettbewerbes verweigert.

1927 wurde auf dem FIFA-Kongress in Helsinki ein entscheidender Fortschritt erreicht, nicht zuletzt deshalb, weil Meisl mit dem Franzosen Henry Delaunay einen wichtigen Mitstreiter für die Idee eines europäischen Nationen-Wettbewerbs gefunden hatte. Schon im Februar 1927

Der vom ehemaligen tschechoslowakischen Ministerpräsidenten Dr. Anton Svehla gestiftete Pokal für den Europacup-Wettbewerb.

formulierten die beiden einen Vorschlag für eine solche Europameisterschaft.⁵⁰⁸ Die FIFA griff nun den Plan auf und setzte einen Ausschuss ein, der eine solche Europameisterschaft planen solle. Diesem Ausschuss gehörte von den in Prag versammelten Verbänden neben dem Schweizer Bonnet und dem Italiener Zanetti auch Hugo Meisl an.⁵⁰⁹ Schließlich erteilte die FIFA die Genehmigung für eine Europameisterschaft der Nationalmannschaften in Form eines internationalen Cups; allerdings war die von Meisl angestrebte »große« Lösung einer wirklichen europäischen Meisterschaft nicht durchsetzbar. Stattdessen wurde eine Art mitteleuropäischer Wettbewerb geschaffen, an dem neben Österreich die Verbände Italiens, der Schweiz, der Tschechoslowakei und Ungarns teilnahmen.⁵¹⁰ Die erste »offizielle« Konferenz der teilnehmenden Verbände konnte am 16. Juli 1927 in Venedig durchgeführt werden, einen Tag nach der Konferenz über den Zentraleuropäischen Cup für Vereine – und mit dem gleichen Personal.⁵¹¹

Man vereinbarte, die Meisterschaft in einem Zeitraum von zwei Jahren in Form einer losen Folge von Länderspielen auszutragen, die für diesen Cup gezählt wurden. Daneben wurde ein ähnlicher Wettbewerb für Amateurmannschaften ins Leben gerufen.⁵¹² Immerhin erhielt dieser Wettbewerb eine gewisse – auch politische – Aufwertung dadurch, dass der ehemalige tschechoslowakische Ministerpräsident Dr. Anton Svehla es sich nicht nehmen ließ, höchstpersönlich einen Pokal aus Kristallglas für den Sieger zu stiften, weswegen der Wettbewerb auch als *Svehla-Cup* firmierte.⁵¹³ In der Presse wurde der Pokalwettbewerb im Übrigen in aller Regel als *Europacup* bezeichnet – und wohl auch so verstanden.

Wie schon beim Mitropa-Cup verzichtete Österreich mit Hugo Meisl auf die prestigeträchtigen Ämter des Präsidenten und Vizepräsidenten des ersten Europacup-Komitees. Und es war sicher auch eine symbolische Geste, dass ein Italiener, Mario Feretti, zum ersten Präsidenten dieses Komitees gewählt wurde: Italien, das im Mitropa-Cup noch außen vor blieb, wurde auf diese Weise in das Projekt eingebunden, auch vielleicht eine Geste des Dankes, dass die Italiener zumindest am Nationenwettbewerb teilnahmen. Die Position des Sekretärs, dem die eigentliche Arbeit obliegen sollte und der damit auch alles in seinen Händen hatte, erhielt hingegen wiederum Hugo Meisl.

Zweifellos war diese Wahl zum Sekretär des Komitees eine Bestätigung der überragenden Bedeutung Meisls bei der Konzipierung und Durchsetzung dieses Cup-Wettbewerbs. Dies wird noch deutlicher dadurch, dass Wien zum Sitz des Komitees gewählt wurde. Auch für den Internationalen Cup der Nationalmannschaften gilt also, was wir bereits für den Mitteleuropäischen Cup der Vereinsmannschaften feststellten: Die Schaltzentrale befand sich in Wien, im Verbandsheim des ÖFB in der Tegethoffstraße, am Schreibtisch Hugo Meisls. Nicht nur der österreichische, sondern auch der mitteleuropäische Fußball zentrierte sich um Hugo Meisl – oder wie es Hugo Meisl fünf Jahre später in einem Brief an seinen Freund Herbert Chapman ausdrückte, wenn auch schon etwas Leiden an der Last erkennbar ist: »Ich bin für die gesamte Organsiation und, unglücklicherweise, für die gesamte Arbeit in Österreich und den mitteleuropäischen Ländern zuständig.«[514]

Bis 1938 wurden drei Nationen-Wettbewerbe durchgeführt, von denen Italien den ersten und den dritten vor Österreich gewann, das im zweiten Durchgang siegreich blieb. Ob dieser Wettbewerb als Erfolg zu werten ist, wird gelegentlich bestritten.[515] Ungünstig war ohne Zweifel, dass sich die Veranstaltung über zwei bis drei Jahre hinzog und nicht in einem Endspiel kulminierte, sondern auf einer nüchternen Punktewertung basierte. Trotzdem waren diese Spiele, zumindest was die Zuschauerzahlen in Österreich betrifft, offenkundig populär: Während beispielsweise am 10. Oktober 1926 zum Länderspiel gegen die Schweiz nur 19.000 Zuschauer gekommen waren (das Spiel endete übrigens 7:1), waren es zwei Jahre später, als das Spiel gegen den gleichen Gegner nunmehr zur Pokalrunde zählte, bereits 40.000 Zuschauer, die ein 2:0 Österreichs sahen. Noch mehr Zuschauer kamen zu den »Klassikern«: 50.000 am 1. April 1928 beim Spiel gegen die Tschechoslowakei, 60.000 am 7. April 1929 gegen Italien, 52.000 einen Monat später gegen Ungarn. Und dies zu einer Zeit, als von einem *Wunderteam* noch keine Rede war! Im Siegerjahr 1932 lockte dann das Spiel gegen die Schweiz, die zuvor Ungarn sensationell mit 3:1 besiegt hatte, sogar 55.000 Zuschauer an. Das Publikum war allerdings so verwöhnt von den Leistungen seiner Zauber-Mannschaft, die im letzten Heimspiel davor Ungarn mit 8:2 deklassiert und das Hinspiel gegen die Schweiz in Basel mit 8:1 gewonnen hatte, dass der sichere 3:1-Sieg über die Schweiz, der praktisch den Sieg im Cup bedeutete, durchaus nicht bejubelt wurde. Im Gegenteil! Die verwöhnten Wiener Zuschauer verabschiedeten ihre Mannschaft mit Pfiffen und Schmährufen.

Ein weniger verwöhnter österreichischer Fußballfan von heute dürfte es kaum fassen können: Da gewinnt das kleine Österreich gegen die stärksten Mannschaften des Kontinents durch einen klaren Sieg die »Europameisterschaft« – und trotzdem werden Mannschaft und Trainer ausgepfiffen!

Den folgenden Pokalwettbewerb gewann Italien 1935. Das Abschlussspiel Italien gegen Ungarn am 24. November in Mailand war auf Grund der Tabellensituation ein echtes Endspiel. Es endete mit einem Unentschieden, was den Italienern zum Gesamtsieg reichte. Ein sportlicher Erfolg, aber natürlich war nicht zu erwarten, dass sich die Politik aus einem solchen Wettbewerb heraushalten würde, bestimmt nicht Mussolinis Faschisten, und schon gar nicht, wenn es Siege zu feiern galt.

So war dieses Spiel tatsächlich eingebettet in eine Propagandaveranstaltung des faschistischen Dreibundes Italien, Österreich, Ungarn, und die faschistische Presse feierte es ganz offen als »politisches und patriotisches Ereignis«.[516] Die italienischen Zeitungen berichteten entsprechend mit großer Aufmachung darüber, wer alles auf der Ehrentribüne saß, neben den ganzen Honoratioren der faschistischen Bewegung, einschließlich »contessa Edda Ciano-Mussolini«, den ungarischen Vertretern eben auch »Ugo Meisl e il dottore Eberstaller«.[517] Nicht genannt werden Delegierte aus den anderen Teilnehmerländern Tschechoslowakei und Schweiz, obwohl sie offenbar anwesend waren.[518]

Meisl äußerte sich in einem anschließenden Interview sehr positiv über die Veranstaltung und plauderte auch über die Zukunft des Pokals, stellte sogar in Aussicht, dass der Pokal in Zukunft Mussolini-Pokal heißen könnte. Dazu kam es aber nicht, vielleicht auch deswegen, weil dieser Name für die beteiligten Tschechen und Schweizer kaum zumutbar gewesen wäre.

Die nächste Serie der »Internationalen Meisterschaft« wurde zwar noch begonnen (für Österreich mit einem Spiel gegen die Tschechoslowakei am 22. März 1936 in Wien), aber nicht mehr beendet, weil die politischen Realitäten dem sportlichen Wettbewerb den Boden entzogen: Italien näherte sich nach 1936 mehr und mehr dem nationalsozialistischen Deutschland an, das im März 1938 erst Österreich, und nur zehn Monate später Böhmen und Mähren besetzte. Die Politik hatte Fakten geschaffen, und so bekamen die hoffnungsvollen Sätze Hugo Meisls, die er in Mailand sprach, rückblickend eine schreckliche Doppelbödigkeit: »Der Sonntag bildete jedenfalls einen bedeutungsvollen Markstein in der Geschichte des internationalen Fußballsports, und Österreich hat daran seinen schätzbaren Anteil.«[519]

Vollkommen gestorben war der Internationale Cup jedoch nicht. Nach dem Zweiten Weltkrieg wurde er wiederbelebt und firmierte ab 1956 als *Dr.-Gerö-Gedächtnispokal*. Er fristete zwar im geteilten Europa nur ein Schattendasein, immerhin aber gingen aus dieser Neuauflage letztendlich die Europameisterschaften der UEFA hervor.

Im Juni 1954 war Hugo Meisls alter Mitstreiter Henri Delaunay erster Generalsekretär der neu gegründeten UEFA geworden. Delaunay ging alsbald daran, den gemeinsam mit Hugo Meisl 1927 bei der FIFA vergeblich eingebrachten Plan einer Europameisterschaft voranzutreiben. Tatsächlich wurde ab 1958 (mit dem ersten Finale im Juli 1960 in Paris) die Europameisterschaft realisiert, die seitdem alle vier Jahre stattfindet, wenn auch nach einem anderen Modus als der Internationale Cup. Delaunay erlebte die Verwirklichung seines und Meisls Traums nicht mehr, er starb am 9. November 1955, aber heute noch trägt der bei der Europameisterschaft vergebene Pokal seinen Namen.

Hugo Meisls Anteil an diesem Wettbewerb allerdings ist vergessen.

Hugo Meisl (1. Reihe, ganz links) auf dem FIFA-Kongress 1932 in Stockholm. In der vorderen Reihe außerdem zu erkennen: der Italiener Mauro (3. v. l.), der schwedische Verbandspräsident Johanson und FIFA-Präsident Jules Rimet (5. und 6. v. l.) sowie Dr. Ivo Schricker (3. v. r.), der auf diesem Kongress zum FIFA-Generalsekretär gewählt wurde. Der *Kicker,* der das Foto druckte, kennzeichnete mit Zahlen seinen Herausgeber Walther Bensemann (1) sowie die deutschen Delegierten Eduard Kartini (2) und Dr. Peco Bauwens (3).

KAPITEL 11
Hugo Meisl und die FIFA

Prolog

Berlin, 13. August 1936. In Krolls Festsälen trifft sich während der Olympischen Spiele die FIFA zu ihrem 23. Kongress. In einer feierlichen Eröffnung begrüßt der DFB-Präsident Linnemann den deutschen Reichssportführer v. Tschammer und Osten und die Delegation des deutschen olympischen Komitees, darunter auch ein smarter junger Mann namens Reinhard Heydrich, knapp fünfeinhalb Jahre später Leiter der Wannsee-Konferenz, auf der die Vernichtung aller europäischen Juden – wie beispielsweise Hugo Meisl – beschlossen und organisiert wurde. Anschließend begrüßt laut Protokoll Reichssportführer v. Tschammer und Osten Monsieur Rimet, den FIFA-Präsidenten, herzlich und verweist auf die völkerverbindende Bedeutung des Fußballsports; Jules Rimet lobt nun seinerseits die vorzügliche Organisation der Olympischen Spiele und eröffnet die Tagung. Er richtet ein herzliches Willkommen an die zahlreich erschienenen Delegierten und hebt nun einen Namen besonders hervor: Hugo Meisl.

Der Generalsekretär und Bundeskapitän des ÖFB Meisl wird nach vorne gebeten. Rimet überreicht ihm unter brausendem Beifall eine silberne Platte als Anerkennung dafür, dass er seit 30 Jahren an allen Kongressen teilgenommen hatte. Meisl dankt mit bewegten Worten.[520] Ob auch die Nazi-Delegation dieser Ehrung eines Juden applaudierte, ist nicht überliefert, jedoch durchaus möglich, schließlich hatten die Nazis sich für die Zeit der Olympischen Spiele Mäßigung auferlegt, um der Weltöffentlichkeit ein positives Deutschlandbild zu vermitteln – nicht ohne Erfolg.

Diese öffentliche Ehrung mitten in der Hauptstadt Nazi-Deutschlands sollte Meisls letzter FIFA-Auftritt sein, kein halbes Jahr später war er tot, was ihm – makabre Pointe – die Flucht vor eben diesen Nazis ersparte.

Blicken wir zurück. 30 Jahre lang hatte sich Meisl auf dieser Bühne bewegt und wurde zu einem Meister der Diplomatie, der seine Verhandlungen auf Deutsch, Französisch, Englisch, Italienisch, Tschechisch, bald auch auf Schwedisch und Spanisch, zur Not sogar auch noch auf Ungarisch führen konnte. Bis auf Deutsch und Tschechisch »flogen« ihm diese Sprachen allerdings trotz aller Sprachbegabung durchaus nicht zu, wie man gelegentlich lesen kann[521], vielmehr wandte Meisl sehr viel Zeit und Mühe für diesen Spracherwerb auf. So erinnert sich seine Tochter Helga daran, dass er 1936 auf einer Reise nach Budapest, an der sie teilnehmen durfte, bewusst eine Fahrt mit der Donaudampfschiffahrt-Gesellschaft buchte. Meisl beauftragte einen Begleiter damit, sich um seine Tochter zu kümmern, verzog sich in seine Kabine und nutzte die zweitägige Dampferfahrt, um seine Kenntnisse des Ungarischen so weit aufzubessern, dass er dann die Begrüßungsrede fließend in der Landessprache halten konnte. Ebenso finden sich in seiner Bibliothek zahlreiche Sprachführer für Französisch, Schwedisch und Spanisch, zudem nahm Meisl regelmäßig spanischen Sprachunterricht.[522]

Seit Mitte der 1920er Jahre hatte Hugo Meisl eine bestimmende Rolle bei der FIFA gespielt, ein Sachverhalt, der bis heute in den einschlägigen Darstellungen viel zu wenig gewürdigt wird, möglicherweise deshalb, weil sich Meisl stets weigerte, ein formelles Amt in der FIFA einzunehmen. Schon 1924, so Meisl, habe er dem Drängen der Delegierten auf dem FIFA-Kongress in Paris widerstanden, sich zum Vizepräsidenten der FIFA wählen zu lassen, auch auf die »einmütige Wahl« als FIFA-Vertreter in den International Board habe er verzichtet und schließlich auch abgelehnt, den Wünschen Italiens, Ungarns, der Türkei, Polens »und vieler anderer Nationen« zu folgen und sich 1925 auf dem Kongress in Prag statt Hirschmann als Sekretär wählen zu lassen.[523]

Dennoch war es immer wieder Hugo Meisl, der vor allem seit Mitte der 1920er Jahre die richtungsweisenden Debatten und Beschlüsse der FIFA initiierte, vorantrieb und damit die Grundlagen legte für die heutige Struktur und Bedeutung dieser Organisation. Es war Hugo Meisl, der gegen heftigen Widerstand die Öffnung der FIFA für den Profifußball durchsetzte, er war es auch, der erstmals europäische Pokalwettbewerbe – wiederum gegen den Willen vieler FIFA-Mitglieder – organisierte, Hugo Meisl war auch eine treibende Kraft bei der Durchsetzung und Organisation einer offenen Fußball-Weltmeisterschaft, und – nicht zuletzt – Hugo Meisl war es auch, der den strukturellen Wandel der FIFA vom amateurhaften Honoratiorenclub zu einer professionell geführten Sportorganisation entscheidend vorantrieb. Aber der Reihe nach.

In Erscheinung trat Meisl bei der FIFA erstmals im Jahre 1907 im Alter von nur 26 Jahren und hatte, wie bereits berichtet, gleich ein Problem zu lösen, dessen Bedeutung weit über rein sportliche Belange hinausreichten. Es ging um Böhmen.

Pfingsten 1906 hatte die FIFA in Bern getagt. Vertreten waren erstmalig England und Österreich, das 1905 der FIFA beigetreten war, sowie Frankreich, Deutschland, Österreich, Ungarn, Niederlande, Belgien, Italien, die Schweiz – und Böhmen.[524] Obwohl Böhmen und Mähren staatsrechtlich gesehen Teile Österreichs waren, war es dem tschechischen Verband gelungen, seine Aufnahme in die FIFA durchzusetzen. Man verwies mit Erfolg auf Großbritannien, dem auch gesonderte Vertretungen für England, Schottland, Wales und Irland zugestanden worden waren. Der österreichische Vertreter leistete kaum Widerstand, womöglich wollte er als Neuling nicht gleich unangenehm auffallen. Und England konnte ja wohl kaum gegen eine Regelung protestieren, die den eigenen Status wiedergab. Die Tschechen feierten die FIFA-Mitgliedschaft als ersten Schritt in die Unabhängigkeit, die Österreicher waren aus dem gleichen Grund höchst besorgt.

Ein Jahr später wurde zu Pfingsten 1907 in Amsterdam der ÖFV durch seinen neu gewählten Vizepräsidenten Dr. Ignaz Abeles vertreten, begleitet nunmehr vom ÖFV-Schriftführer Hugo Meisl. Der trat auch schon als Wortführer der österreichischen Delegation auf und verlangte in ihrem Namen den Ausschluss der böhmischen Verbände.[525] Zwar konnte man die Rücknahme des Aufnahmebeschlusses nicht unmittelbar erreichen, aber hinter den Kulissen gingen die Verhandlungen weiter, und eine gewisse Vorentscheidung war bereits mit der Wahl des nächsten Kongressortes getroffen worden, nämlich Wien, auch wenn diese Wahl eine Art Verbeugung vor dem 60-jährigen Thronjubiläums Kaiser Franz Josefs darstellte.[526]

Auf dem Wiener Kongress von 1908 konnten nun Abeles und Meisl darauf verweisen, dass der tschechische Verband schon deshalb kein FIFA-Mitglied sein dürfe, weil er keine Nation vertrete, sondern nur den tschechischen Teil, nicht aber die Gesamtheit der böhmischen Fußballvereine. Zudem sei Böhmen staatsrechtlich ein Teil Österreichs und verfüge im Gegensatz zu

Ungarn über kein eigenes Parlament. Als die Argumente immer noch nicht bei allen Delegierten verfingen, verknüpfte man sie im Zusammenspiel mit den Vertretern des Deutschen Fußballbundes mit der Drohung, dass alle deutschen und österreichischen Regionalverbände (insgesamt 38), die im Prinzip staatsrechtlich den gleichen Status repräsentierten wie der böhmischen Verband, zum Beitritt zur FIFA bewegt werden sollten. Die Deutschen und Österreicher hätten dann die FIFA völlig dominiert.[527] Dieser Logik konnte sich die FIFA nicht mehr verschließen, sie nahm den alten Beschluss zurück, den Tschechen blieb bis 1918 eine eigene Mitgliedschaft verwehrt. Die Olympischen Spiele von Stockholm 1912 sahen daher nur ein ungarisches und ein österreichisches Team, das noch unter den Habsburger Farben schwarz-gelb antrat.

Ironie der Geschichte: Nach dem Krieg war die Situation umgekehrt. Das Internationale Olympische Komitee hatte beschlossen, die »Mittelmächte« Deutschland und Österreich von den Olympischen Spielen in Antwerpen 1920 auszuschließen.[528] Davon profitierte die »Siegermacht« Tschechoslowakei, die bis ins Endspiel des Fußballturniers vordrang. Dort zeigten sich die Tschechen allerdings wenig vom olympischen Gedanken beseelt. Als ihr Endspielgegner Belgien das 2:0 schoss, fühlten sie sich vom Schiedsrichter verschaukelt, verließen beleidigt das Feld und bekamen dafür die Silbermedaille aberkannt.

Wie politisch aufgeheizt die Situation damals war, zeigte sich auf der gleichzeitig stattfindenden FIFA-Konferenz in Antwerpen 1920: Bereits 1919 hatten die »Siegermächte« einen umfassenden Sportboykott gegen die Mittelmächte durchgesetzt. Die neutralen Länder, vor allem die Schweiz und Schweden, hatten dagegen nicht einsehen wollen, wieso trotz Friedensverträgen und neuen demokratischen Institutionen die »Mittelmächte« immer noch geschnitten werden sollten, und erklärten, dass sie sich an diesen Beschluss nicht halten würden. In Antwerpen brachten nun England und Frankreich einen Antrag ein, wonach diese Verbände, die gegen die »Verliererstaaten« Sportkontakte aufnähmen, gleichfalls boykottiert werden sollten. Das ging den meisten Verbänden nun wirklich zu weit, und so konnten sich England und Frankreich mit diesem Antrag nicht durchsetzen.[529] England trat daraufhin beleidigt aus der FIFA aus.[530]

Obwohl Österreich ebenso wie Ungarn und Deutschland zu dieser FIFA-Konferenz nicht eingeladen worden war[531], reiste Hugo Meisl dennoch nach Antwerpen. Er wollte die Gelegenheit nutzen, vor allem zu den Fußballverbänden der neutralen Länder Kontakt aufzunehmen und dadurch die internationale Isolierung aufzubrechen. Das war allerdings nicht ganz einfach. So wurde Meisl beispielsweise, als er im Stadion ein Spiel des olympischen Turniers besuchen wollte, von einem belgischen Funktionär mit den Worten: »Österreicher sind in Belgien unerwünscht!«, barsch des Stadions verwiesen. Lediglich die Intervention seines schwedischen Freundes und Kollegen Anton Johanson verhinderte, dass Meisl gleich wieder abreisen musste.[532] Der Schiedsrichterkollege von Meisl, H.A.M. Terwogt, erinnerte sich nach Meisls Tod, dieser habe bei seiner Ankunft in Antwerpen »einen gebrochenen Eindruck« gemacht, habe bei den Belgiern offenbar ohne Erfolg »schüchtern« angeklopft und sei anschließend zu den Holländern gekommen, »die wir im Weltkrieg zu den Neutralen zählten. Er fand bei uns auch ein williges Ohr und große Sympathien. Da blühte Meisl förmlich auf, wurde wieder lebhaft und trat mit allerlei interessanten Ideen hervor.«[533]

Mag sein, dass der Affront der Belgier Meisl zusätzliche Sympathien bei den »Neutralen« verschaffte.[534] Jedenfalls endete seine Mission erfolgreich: Ein Spiel gegen Schweden im Frühjahr 1921 in Wien, ein solches in St. Gallen gegen die Schweiz und sogar eine

»Hoch Schweden«. Titelseite des *Neuen Wiener Sportblattes* vom 26. März 1921.

Sommerreise nach Skandinavien mit Spielen in Schweden und Finnland waren fest vereinbart worden;[535] zugleich festigten sich dabei die freundschaftlichen Beziehungen Meisls zu Schweden, die dazu führten, dass diese skandinavische Sommerreise in den nächsten Jahren mehrfach wiederholt wurde.[536] Der Vorstand des Österreichischen Fußballbundes war über diesen Erfolg so begeistert, dass er einstimmig noch nachträglich für Meisl die 10.000 Kronen genehmigte, die die Reise gekostet und die Meisl offenbar selbst vorgeschossen hatte.[537] Mit diesem Verhandlungsergebnis war ein Bann gebrochen, die Isolierung des österreichischen Fußballs, sogar des österreichischen Sports insgesamt begann zu bröckeln. Meisl fungierte in Antwerpen erstmals als »Außenminister« des ÖFB, eine Position, die, wie man an der Finanzierung der Reise sieht, zunächst auf halb privater Basis ruhte, später aber von Meisl ganz offiziell als »internationaler Sekretär« des ÖFB ausgeübt wurde.

Am 26. März zeigt das Titelblatt des *Neuen Wiener Sportblattes* eine fröhliche Kinderschar, die eine große schwedische Fahne schwenkt, an der die Aufschrift angebracht ist: »Hoch Schweden!« Daneben stehen ein blonder Mann im schwedischen Dress – offenbar Delegationsleiter Anton Johansson – und der ebenso kahlköpfige wie kurzbehoste Hugo Meisl, der ein riesiges ÖFV-Wimpel in der Hand hält. Im Hintergrund grüßt der Stephansdom.

Anlass ist das Länderspiel gegen Schweden am 27. März 1921. »Die Freude, welche die Schweden den Wienern durch ihr Kommen bereitet hatten«, kommentierte das *Neue Wiener Sportblatt*, »strahlte wieder auf sie zurück. Wohl noch keiner Mannschaft ward in Wien ein solcher Empfang bereitet.«[538] Und auch andere Zeitungen ergingen sich in Dankeshymnen. Selbst das so meislkritisch eingestellte *Illustrierte Sportblatt* schloss in seinen Dank an die »schwedischen Sportsbrüder« Hugo Meisl mit ein, »dessen Bemühungen in erster Linie das Zustandekommen des Spieles zu danken ist«.[539] Tatsächlich unternahmen die dankbaren Wiener alle Anstrengungen, den Schweden den Aufenthalt möglichst angenehm zu machen, Vizebürgermeister Emmerling veranstaltete einen offiziellen Empfang, knapp 40.000 Zuschauer strömten in die Simmeringer Haid, in- und ausländische Politiker und Funktionäre füllten die Ehrenloge. Das Spiel – übrigens wieder mit einem Ball von Meisls Stadion GmbH durchgeführt⁵⁴⁰ – endete 2:2, obwohl die Österreicher deutlich überlegen waren. Den diplomatisch durchaus wünschenswerten Ausgleich für die Schweden besorgte Österreichs Torwart Ostricek selbst, der so ungeschickt in einen Schuss seines Verteidigers Blum lief, dass der Ball ins eigene Tor prallte. Das Publikum ertrug das Missgeschick mit Gleichmut und trug am Schluss den verblüfften Schiedsrichter Boas auf den Schultern vom Platz. Boas revanchierte sich für diese Ehrenbezeugung mit den freundlichen Worten: »Mit solchem Spiel wären die Österreicher in Antwerpen im Spaziergang ins Finale gekommen.«

Und Meisls diplomatische Arbeit war weiterhin erfolgreich. Es belegt den großen persönlichen Anteil Meisls an der Überwindung des Boykotts, dass er von den Verbänden der Schweiz und Italiens schon im Sommer 1921 eingeladen wurde, das Spiel Schweiz gegen Italien am 6. November 1921 in Genf zu leiten, was er dann auch mit Erfolg tat.⁵⁴¹

Als erste »Siegermacht« war Italien bereit, den Boykott zu beenden – die guten Kontakte Meisls nach Italien, vor allem seine freundschaftlichen Beziehungen zu Vittorio Pozzo, zeigten ihre Früchte.⁵⁴² Nachdem der italienische Verband bereits 1921 eine Italien-Tournee der Amateure genehmigt hatte⁵⁴³, lud er am 15. Januar 1922 Österreich zu einem Länderspiel in Mailand ein, das mit einem diplomatisch wünschenswerten 3:3 endete. Die Zeitungen in Wien waren sich der politischen Bedeutung des Spieles natürlich bewusst. So konnte man im *Sport-Tagblatt* lesen: »Nicht ein gewöhnliches Länderspiel ist es also, das hier ausgespielt wird, sondern der Kampf bedeutet den Anfang einer neuen Ära im Sport, die praktische Ausweitung des Versöhnungsgedankens, […]« – aber, auch wenn nur gewissermaßen an zweiter Stelle, auch die Anerkennung des hohen Leistungsstandards des österreichischen Fußballs.⁵⁴⁴

Die österreichische Nationalmannschaft in Genua. Erste Reihe Dritter von rechts Dr. Josef Gerö, Reihe dahinter rechts Hugo Meisl, links österreichische Nationalspieler (1924).

Ebenfalls 1921 akzeptierte auch der tschechische Verband Sportkontakte zu Österreich, die im Herbst 1922 durch ein Städtespiel Prag gegen Wien (das Prag mit 6:4 gewann) gefestigt wurden. Wie emotionsgeladen diese Beziehungen allerdings waren, zeigte sich, als sich am 19. August 1923 beim nächsten Städtespiel die Spieler wüst beschimpften. Um die Beziehungen nicht zu gefährden, sperrte der ÖFB gemäß der Forderung des tschechischen Verbandes die Spieler Brandstätter und Wieser für Spiele in der Wiener Liga.[545] Es sollte noch bis zum 24. Mai 1925 dauern, bis anlässlich des FIFA-Kongresses in Prag das erste offizielle Länderspiel zwischen der Tschechoslowakei und Österreich stattfinden konnte.[546] Die Tschechen siegten mit 3:1, und spätestens ab dann bestanden zwischen beiden Verbänden engste Sportbeziehungen, die – auch wegen der Einführung des Professionalismus in beiden Ländern – in der Folge eine enorme Dynamik entwickelten, die in gemeinsame Projekte wie den Mitropa-Cup und den Internationalen Cup mündete.

Am 19. Mai 1922 kam mit dem FA-Pokalfinalisten Westham United erstmals nach dem Krieg wieder eine englische Mannschaft nach Wien, allerdings nur, um gegen die Hakoah anzutreten, die als zionistischer Club in England einen Sonderstatus genoss.[547] Das Spiel endete 1:1, das »Rückspiel« gewann Hakoah ein Jahr später in London sogar sensationell mit 5:0. Aber der Widerstand des englischen Verbandes gegen normale Sportbeziehungen zu Österreich war noch lange nicht gebrochen. Willy Meisl erinnerte sich, dass es Hugo Meisl »dank seiner vorsichtigen Diplomatie und die Bande seiner Freundschaften mit den meisten führenden britischen Fußballfunktionären, nicht zuletzt mit Frederick Wall, gelungen war, die starre englische Haltung etwas zu mildern.«[548] Auf das erste Länderspiel gegen England musste Österreich indes bis zum Jahre 1930 warten, als auf der Hohen Warte vor 61.000 Zuschauern Österreich und England sich mit einem torlosen Unentschieden trennten. Das nächste Aufeinandertreffen dieser Nationalmannschaften sollte freilich zur Legende werden. Aber davon später.

Am 19. April 1925 waren schließlich die Franzosen bereit, die Sportbeziehungen zu Österreich wieder aufzunehmen. In Paris zeigten sich die Österreicher allerdings dem französischen Nationalteam gegenüber dermaßen überlegen, dass Meisl seine Mannschaft zu diplomatischer Zurückhaltung auffordern musste. Österreich führte zur Pause bereits mit 3:0, das Publikum zeigte sich nicht sonderlich erfreut. Meisl spürte, dass eine hohe Niederlage die patriotischen Franzosen überhaupt nicht amüsieren würde und schärfte seiner Mannschaft in der Pause ein, höchstens noch ein Tor zu schießen, ansonsten sich aber auf »schönes Spiel zu verlegen«.[549] Oder in den Worten von Hugo Meisl: »Noch ein Goal und dann Exhibition«[550], noch ein Tor also, ansonsten aber nur Demonstration von Technik und Spielwitz. Genau so kam es, erst kurz vor Spielende schob Cutti (Amateure) noch einen Abpraller ins Netz. Angeblich wollte Meisl sich auf diese Weise für den doch recht freundlichen Empfang in Paris bedanken, nur, so geht die Legende, der österreichische Torwart verstieß gegen die Absprache und hielt sogar einen angeblich von Blum absichtlich verschuldeten Elfmeter. Meisl soll getobt haben, heißt es.

Einen Rückschlag brachte allerdings das olympischen Fußballturnier in Paris vom 25. Mai bis zum 9. Juni 1924. Zwar gab es im Gegensatz zu 1920 keinen offiziellen Ausschluss bestimmter Länder mehr, aber den Deutschen war seitens der Franzosen unverblümt nahegelegt worden, nicht teilzunehmen, da für ihre Sicherheit nicht garantiert werden könnte. Wie sollte sich Österreich angesichts dieser Brüskierung des alten Schicksalsgenossen verhalten? Immerhin hatte man die Einführung des Professionalismus extra auf die Zeit nach den Olympischen Spielen verlegt, um nicht die Teilnahmeberechtigung zu verlieren! Für Willy Schmieger, deutschnational wie er war, war die Sache klar: Er verlangte in einem Leitartikel »ein ganz primitives Gefühl der Wohlanständigkeit gegenüber dem einstigen Bundesgenossen«, das über »alle kleinlichen Eigengelüste den Sieg« davonzutragen habe. Gleichzeitig kritisierte er scharf die Eisläufer, die »unter allen Umständen« beabsichtigten, zur Winterolympiade nach Chamonix zu fahren, was einem Preisgeben »der großen allgemeinen Sache« gleichkäme.[551]

Einem solchen Appell ans Ehrgefühl mochte sich der ÖFB nicht widersetzen. Man erklärte sich solidarisch mit Deutschland und verzichtete, was dem sozialdemokratisch dominierten ÖFB allerdings nicht allzu schwer fiel, da er ohnehin den »bürgerlichen« Olympischen Spielen nicht viel abgewinnen konnte; viel stärker fokussierte sich das Interesse auf die erste Arbeiterolympiade, die im Jahre 1925 in Frankfurt am Main stattfinden sollte. Aber auch die Vereine trauerten der Absage nicht sonderlich nach, denn sie verspürten nur geringe Lust, während der laufenden Meisterschaft drei Wochen lang auf ihre besten Spieler zu verzichten. In der Wiener Presse hatte man entsprechend den Eindruck, dass weniger die Argumente einer Solidarisierung mit Deutschland entscheidend gewesen seien als geschäftliche Interessen, und formulierte, wie zum Beispiel in der *Wiener Sonn- und Montagszeitung*: »Die famosen Verband- und Vereinsmacher, die in ihrer grenzenlosen Greislerpolitik niemals so einig waren, wie darin, nicht nach Paris zu gehen, weil es dort nichts zu verdienen gibt.«[552] Damit habe man den »Propagandaeffekt« einer solchen Veranstaltung bewusst gering geachtet und sei verantwortlich für zunehmende Zuschauerrückgänge.

Wie Verbandskapitän Meisl selbst mit dieser Entscheidung umging, wissen wir nicht. Wir wissen nur, dass Österreich reelle Chancen auf einen Olympiasieg gehabt hätte, denn immerhin hatte 1924 das Nationalteam nacheinander eine ganze Reihe von Olympiateilnehmern besiegt: Italien schlug man in Genua Anfang des Jahres mit 4:0, Jugoslawien im Februar in Zagreb mit 4:1 und unmittelbar vor den Olympischen Spielen siegte man am 20. Mai über Rumänien mit 4:1 sowie einen Tag später über Bulgarien mit 6:0.

Hugo Meisl hielt sich während des olympischen Turniers in Paris auf, konnte die Mannschaft Uruguays beobachten und schickte seiner Ehefrau sogar eine Ansichtskarte, auf der diese Mannschaft abgebildet war – ein Gruppenbild mit »Schwarzer Perle«, dem dunkelhäutigen Mittelfeld-Dirigenten José Andrade.[553] Aber selbst als vier Jahre später Uruguay in Amsterdam erneut das olympische Turnier gewonnen hatte – Österreich war dieses Mal mit seinen Profis von vornherein nicht zugelassen[554] –, ließ Meisl kaum ein gutes Haar an den gefeierten Südamerikanern: In einem Artikel für den *Kicker* spricht er von »taktischen Schwächen der Uruguayer wie Mangel an Übersicht, an Stellungsvermögen«, kritisiert »übertriebene Dribblings«; mehr noch: Borjas, der Mittelstürmer Uruguays könne »was Technik, besonders aber was Taktik anbelangt, den Klassenmittelstürmern Zentraleuropas vom Schlage unseres Fritz Gschweidl nicht das Wasser reichen«. Und damit ist Meisl bei seinem Thema:

»*Die Südamerikaner, und damit sind im Allgemeinen nur die Uruguayer, Argentinier und teilweise auch die Brasilianer gemeint, verfügen über die körperlich und technisch tüchtigeren Einzelspieler. Das ist alles. Deshalb vermochte sich auch noch keine der führenden südamerikanischen Klubteams gegen die tüchtigsten Vereinsmannschaften des europäischen Kontinents durchzusetzen (…) Aber auch mit der Nationalelf haben die Uruguayer die volle Ebenbürtigkeit der Tschechoslowaken und Österreicher rückhaltlos anerkannt. Zu irgendwelchen krampfhaften Lobhudeleien ist daher kein Grund vorhanden. Hätte der Weltkrieg die Jugend der zentraleu-*

Uruguay, Sieger des olympischen Fußballturniers 1924 in Paris. Hintere Reihe in der Mitte: Mittelfeldstar Andrade (Ansichtskarte Hugo Meisl an Maria Meisl, 1924).

ropäischen Länder nicht so schwer körperlich und moralisch in Mitleidenschaft gezogen, ganz besonders aber nicht die Jugend der meisttalentierten Fußballzentren des europäischen Festlandes, so wäre es sehr wahrscheinlich nie so weit gekommen, dass den mehr oder weniger gut geleiteten – damit soll natürlich nur die rein fußballistische Leitung gemeint sein – europäischen Nationalverbänden bereits in zwei Fußball-Olympiaden nur das Nachsehen übrig blieb. Durch den Erfolg 1924 in Paris aufgemuntert, hatten sich nebst Argentinien, Chile und Mexiko, auch Brasilien, Peru und Bolivien die längste Zeit mit der Absicht getragen, ihr Glück bei einer solchen Fußball-Olympiade in Europa zu versuchen. Man weiß ja jenseits des großen Wassers sehr gut, dass dank der Kurzsichtigkeit und Unaufrichtigkeit der Europäer gerade die besten Fußballer wegen der leidigen Amateurfrage nicht mittun. Die zentraleuropäischen und die spanischen Berufsspieler hatten ja den Südamerikanern einen gehörigen Respekt abgerungen (…) Unmittelbar vor Eintritt in den olympischen Wettbewerb mussten die Argentinier in einem einwandfreien Kampfe eine 1:4-Niederlage gegen den FC Barcelona einstecken (…).«[555]

Deutliche Worte, aus denen man klar vernehmbar zwei Themen heraushört, die Meisl umtreiben und seine Arbeit bei der FIFA jahrelang prägten: die, wie Meisl es formuliert, »leidige Amateurfrage« und die Forderung nach einer offenen Fußballweltmeisterschaft.

Die FIFA und die »leidige Amateurfrage«

Aus heutiger Sicht, wo millionenschwere Transferzahlungen und astronomische Spielergehälter mit einem Achselzucken zur Kenntnis genommen werden, lässt sich kaum noch nachvollziehen, in welchem Maße die Frage der offenen Bezahlung von Fußballspielern vor allem in den 1920er Jahren die Gemüter erhitzte. Jahrelang war dies eines der beherrschenden Themen der FIFA-Tagungen, vergiftete internationale Sportbeziehungen und spaltete nationale Verbände.

Hintergrund dieser Debatte war die Tatsache, dass man sich nur sehr schwer von der aristokratischen Vorstellung lösen mochte, dass Sport eine edle Liebhaberei sei, deren Ausübung keinesfalls mit Geld beschmutzt werden dürfe. Wem diese Haltung verschroben erscheinen mag, sei daran erinnert, dass das Internationale Olympischen Komitee noch bis in die 1960er Jahre verbissen auf dieser Haltung beharrte. Viele Österreicher denken heute noch mit Zorn und Schmerz daran, dass ihr einstiges Idol Karl Schranz, seinerzeit einer der besten Skifahrer der Welt, noch im Jahre 1968 kurzfristig von den Olympischen Spielen in Sapporo ausgeschlossen wurde, weil sein Amateurstatus angezweifelt wurde. Auch der Deutsche Fußball-Bund gab seinen jahrzehntelangen Widerstand gegen den Profi-Fußball erst Mitte der 1960er Jahre auf.

Nur in England gab es bereits seit den 1880er Jahren bezahlte Fußballspieler. Sie spielten in ihrer eigenen Profiliga, stammten fast ausschließlich aus der Arbeiterschaft und wurden anständig dafür bezahlt, dass sie täglich trainierten und für ihren Verein in den Spielen die Knochen hinhielten. Aber das war die Ausnahme. Als Vorbild für Europa diente nach wie vor der edle Amateurismus englischer Eliteclubs wie der London Corinthians, ein von Fairness und Ritterlichkeit durchtränkter Verein von wohlhabenden Eliteschulabsolventen, deren Verständnis vom Sport als reiner Liebhaberei so radikal war, dass man es für unwürdig erachtete, an einem regulären Ligawettbewerb teilzunehmen. Gleichwohl konnte aber diese Mannschaft bis ins 20. Jahrhundert hinein den besten englischen Profclubs Paroli bieten.

Nach dem Ersten Weltkrieg nahm der Fußballsport in ganz Europa einen enormen Aufschwung, und überall ergab sich zwangsläufig dasselbe Problem, nämlich die versteckte Bezahlung der Spieler, von der jeder wusste, die aber gleichwohl gegen die FIFA-Statuten verstieß. Eigentlich ein unhaltbarer Zustand, den die Verbände aber gleichwohl einem offenen Professionalismus nach englischem Muster vorzogen. Professionalismus, das klang nach nackter Geldgier, nach Zirkusveranstaltung; da hing man lieber weiter der Illusion an, dass die Fußballer letztendlich doch vor allem aus Liebe zum Sport und zu ihrem Verein gegen den Ball traten, zumal dies für die Vereine auch noch den Vorteil hatte, dass sie aufgrund ihrer Gemeinnützigkeit in den meisten Ländern Steuerfreiheit genossen.

So fand bereits 1920 eine Konferenz statt, an der die Verbände von Deutschland, Österreich, Ungarn und der Tschechoslowakei teilnahmen. Es wurde beschlossen, »das Berufsspielertum mit den schärfsten Mitteln zu bekämpfen«, was laut Willy Schmieger nichts anderes bedeutete, als »gar nichts zu tun und alles beim Alten zu lassen«.[556]

Im Jahre 1921 sandte der damalige FIFA-Sekretär Hirschman ein Rundschreiben an die Verbände, das für den kommenden Kongress in Genf ankündigte, dass die »Möglichkeit der Einführung des offenen Berufsspielertums besprochen« werden solle.[557] Tatsächlich stand das Thema »Beschlussfassung über die Möglichkeit der Einführung des offenen Berufsspielertums« auf Punkt 1 der Tagesordnung.[558] Das Ergebnis war allerdings niederschmetternd. Die Deutschen waren erst gar nicht erschienen, die Franzosen hielten chauvinistische Reden, die Engländer wollten ohnehin mit der FIFA nichts mehr zu tun haben.[559]

Einen neuen Anlauf gab es im Mai 1924 bei der Konferenz in Paris. Die Engländer waren wieder dabei, ebenso Deutschland und Österreich,[560] und die Österreicher hatten beschlossen, eine Profiliga einzuführen. Nun musste Meisl zusehen, auf dem Kontinent Unterstützung zu finden, damit Österreich nicht isoliert dastand. Sollte er in dieser Hinsicht auf Deutschland gehofft haben, dem zuliebe man auf die Teilnahme am olympischen Turnier verzichtet hatte, so musste er eine herbe Enttäuschung erleben: Der DFB distanzierte sich scharf und erklärte sogar Spiele gegen Profi-Mannschaften für unerwünscht.[561] Da half auch nichts, dass schon im September 1924 eine Delegation aus Deutschland nach Wien reiste, um, wie es der Vorsitzende des DFB Blaschke ausdrückte, die ganze Sache mit dem Professionalismus einmal gründlich »mit ihren Herren, namentlich mit ihrem ja so vorbildlich arbeitenden Bundeskapitän Meisl« durchzusprechen«.[562] Der einzige Erfolg bestand darin, dass die FIFA die Existenz von Profis mit dem hübschen Beschluss »Die Spieler sind entweder Amateure oder Professionals«[563] akzeptierte, den Professionalismus also nicht mehr ausdrücklich verbot. Immerhin folgten dem Schritt Österreichs, das im September 1924 mit einer Profiliga startete, 1925 die Ungarn, 1926 die Tschechen, 1932 die Franzosen; zudem hatten seit 1926 die Spanier das »offene Berufsspielertum« eingeführt, das heißt, die Vereine durften ihren Spielern zahlen, so viel (oder wenig) sie wollten;[564] ein System, wie es die Italiener schon seit Jahren praktizierten und das Meisl zornig als »wilden Professionalismus« bezeichnete.[565]

Auf dem FIFA-Kongress in Prag 1925 ging Österreich nochmals in die Offensive. Man beantragte eine entschiedene Verurteilung des »Scheinamateurismus«, der in allen europäischen Ländern praktiziert wurde, auch im besonders exponiert gegen die Professionalisierung kämpfenden Deutschland – und zwar mit gutem Grund: Die FIFA hatte es den einzelnen Ländern freigestellt, den Amateurstatus zu definieren, Folge waren zahlreiche Abwerbungen Wiener Spieler durch ausländische »Amateur«-Clubs, die den Neuzugängen dadurch professionelle Einkünfte verschafften, dass sie die Spieler in gut bezahlten Pseudo-Arbeitsstellen unterbrachten und zudem ihnen für jedes Spiel gut dotierte Verdienstausfalls-Entschädigungen zahlten.

Meisls kämpfte mit großem persönlichen Einsatz. Er habe, berichtet die *Reichspost*, »die ganze Macht seiner Persönlichkeit für die reinliche Scheidung« eingesetzt, und »seine temperamentvollen Äußerungen wurden von der Mehrzahl der Delegierten wohl auch innerlich als zurecht erkannt«[566], »er gebrauchte starke Worte, scheute vor Drohungen nicht zurück«,[567] aber er fand keine Mehrheit, der Opportunismus siegte. Beschlossen wurde der Vorschlag des französischen Delegierten Delaunay, sich weiter an die bestehenden Amateurrichtlinien zu halten und es jedem Landesverband zu überlassen, die Frage der Entschädigungen für Verdienstausfälle im eigenen Verband zu regeln. Die offizielle Haltung lautete: »Die Einführung des Professionalismus bildet kein geeignetes Mittel, um den Amateurgedanken zu stärken und zu fördern.«

Immerhin erreichte Meisl, dass die FIFA internationale Fußballbeziehungen zwischen Staaten mit und ohne Professionalismus zuließ, in einer Resolution die Wünschbarkeit eines freien Sportverkehrs festschrieb und eventuelle Boykottmaßnahmen nur den einzelnen Verbänden zugestand. Damit war eine Isolierung Österreichs im internationalen Fußballsportverkehr vermieden, Deutschland blieb tatsächlich der einzige Verband, der zu solchen Boykottmaßnahmen griff.

Ungelöst blieb jedoch das mit der unterschiedlichen Amateurauslegung verbundene Problem der Spielerabwerbung. Österreich verlor in steigendem Maße Spieler vor allem nach Italien.[568] Aber Meisls Antrag, Spieler für ein Jahr zu sperren, die in einen anderen Verband hinüberwechselten, bekam keine Mehrheit.

Der FIFA-Kongress in Prag endete somit insgesamt unerfreulich für den ÖFB; Meisl hatte offenbar den Einfluss der FIFA bzw. deren Delegierten überschätzt und die faktische Macht der einzelnen Verbände, denen die Delegierten ja verpflichtet waren, unterschätzt. Dabei war er in Prag bereits eine der dominierenden Persönlichkeiten der FIFA. *Die Reichspost* schilderte das ganz anschaulich: »Endlich kommt Sekretär Hirschman zu Wort. Er, unser Meisl und der Schwede Johanson sind hier tonangebend und spielen die erste Geige. Meisl will eine internationale Kontrollkommission für den Professionalismus, und als er gefragt wird, wie er das machen will, antwortet er schlagfertig: ›Machen wir es nur, dann wählen Sie mich dorthin, das Übrige überlassen Sie mir. Wo ich etwas kontrolliere, dort können die anderen Herren ruhig schlafen.‹«[569]

Vor dem ÖFB-Vorstand kommentierte Meisl das Ergebnis der Prager Versammlung erstaunlich gelassen: Eine wirkliche Entscheidung in der Amateurfrage sei ohne England ohnehin nicht zu finden gewesen, und England sei dem Kongress ferngeblieben, weil man zu Recht erwartet haben, dass dort die einzelnen Verbände erst einmal ihre Standpunkte austauschen würden, eine Lösung sei aber auf dem Wege, Frankreich habe schon Bewegung gezeigt, und um Frankreich scharten sich die südländischen Verbände, und so sehe er die Zukunft optimistisch.[570]

Frustriert muss Meisl trotzdem gewesen sein, zumal er in manchen Wiener Sportzeitungen lesen musste, wie die Häme kübelweise über ihn ausgeschüttet wurde, allen voran in dem *Illustrierten Sportblatt*, das in einem Artikel unter dem Titel »Die Prager Komödie. Wozu ist die ganze FIFA nütze?«[571] in einer perfiden Doppelstrategie einerseits sich über die FIFA lustig machte (»die ganze FIFA ist ein Schwindel«, ihre Existenz verdanke sie bloß »einem dringenden Bedürfnis der Herren Hirschman und Meisl«), andererseits Meisl taktisches und diplomatisches Versagen vorwarf. Dabei waren die Vorgänge auf dem Kongress für Meisl ohnehin ärgerlich genug, zum Beispiel das Verhalten der Delegierten der Tschechoslowakei, mit denen vor dem Kongress eine klare Absprache getroffen worden war, die dann aber umfielen und gegen den Antrag von Meisl stimmten, ebenso war er sehr enttäuscht, dass er keine Unterstützung von der Schweiz erhalten hatte; selbst die Schweden, auf die Meisl so gesetzt hatte, enthielten sich der Stimme.

Hugo Meisls ganzer Ärger machte sich einige Wochen später in einem ausführlichen Artikel für die Zeitung *Der Montag* Luft: Er geißelte die allgemeine Heuchelei, insbesondere die Praxis der systematischen Spielerabwerbungen vor allem durch Deutschland und Italien, die zwar offiziell dem Amateurismus huldigten, aber in Wirklichkeit unter der Hand ihre Gelder bezahlten. Bei den Olympischen Spielen seien, noch »während auf dem Spielfeld um die olympischen Lorbeeren gerungen wurde, […] in den Brieftaschen, selbstverständlich im Umkleideraum, die Dollarverträge nach Kiel und Hamburg bereits gut aufgehoben« gewesen. Dies führe zu einer Verzerrung des internationalen Spielbetriebes zu Lasten derer, die, wie Österreich, einen geregelten Professionalismus hatten. Und es führe dadurch zu einer ernsthaften Bedrohungen des internationalen Sportbetriebes und zu einer Beschädigung jener Organisation, die für diesen Sportbetrieb verantwortlich sei, die FIFA.[572]

Die Krakauer Verschwörung

In der FIFA rumorte es. Gerüchte wurden verbreitet, wonach die Verbände der Länder Belgien, Finnland, Schweiz, Schweden, Ungarn und Österreich, die bei der Amateurfrage in Prag in der Minderheit blieben, zusammen mit England einen eigenen Weltfußballverband gründen wollten,[573] um den Amateurbegriff in der Weise neu zu regeln, dass jeder Spieler, der irgendeine Form der Zuwendung für seine sportliche Tätigkeit erhält, zum Profi erklärt würde – eine alte Forderung der Engländer, die endlich für Ehrlichkeit gesorgt hätte.

Tatsächlich traf sich am 1. November 1925 Hugo Meisl anlässlich eines Fußballländerspieles zwischen Polen und Schweden mit Vertretern der Verbände aus Schweden (Johanson), Italien (Mauro), der Tschechoslowakei (Cejnar) und Polen (Cetnarowsky) in Krakau. Diese Veranstaltung wurde fast legendär, wozu die Teilnehmer selber, vielleicht in voller Absicht, erheblich beigetragen haben. »Entweder«, so kommentierte das *Prager Tagblatt*, hüllten sich die Teilnehmer in Schweigen, oder ließen, »wie es der Wiener Meisl tat, verwirrende Interviews veröffentlichen«.[574] Nach Berichten der ungarischen Sportzeitung *Nemzeti Sport* soll auf dieser Krakauer Konferenz die Einberufung eines europäischen Fußballkongresses nach Brüssel noch im Dezember diesen Jahres beschlossen worden sein, der die offenbar gewordenen Probleme der FIFA zum Thema haben sollte. Angeblich wurde auf dieser Konferenz auch der Austritt der beteiligten Länder aus der FIFA diskutiert, wozu der schwedische Verbandsvertreter Johanson neigte, während Meisl eine eher gemäßigte Position eingenommen haben soll. Meisl hat sich mit seiner Position, wie die Einberufung der Brüsseler Konferenz beweist, durchgesetzt. Am Ende wurde Meisl beauftragt, mit Ungarn Kontakt aufzunehmen, um dessen Position abzuklären.[575]

Auch Willy Meisl schrieb im fernen Berlin zur FIFA-Frage einen Artikel in der *B.Z. am Mittag*:

»Hinter den Kulissen des internationalen Fußballsports herrscht die konzentrierteste Intrigenatmosphäre, die man sich vorstellen kann. […] Der Stein des Anstoßes ist die Amateurfrage. Auf dem Prager Kongress setzte sich die deutsch-französische Partei für weite Spannung des Paragraphen ein und durch. Die Opposition zog verärgert ab, da aber auch Großbritannien, auf dem Kongress selbst nicht anwesend […] darauf drängte, endlich Amateurordnung zu machen und […] sein Ultimatum stellte: Entweder wirkliche Amateurfußballer und England mit in der FIFA, oder die bisherige Heuchelei aber ohne England[576], nahm die ganze Angelegenheit einen kritischen Fortgang, der geradezu in erfreulichen Fortschritt auszuarten begann. Der FIFA-Vorstand erklärte nämlich plötzlich dem internationalen Olympischen Komitee, dass beim Olympischen Fußballturnier nur Amateure teilnahmeberechtigt seien, und zwar definierte der FIFA-Vorstand selbst für diesen Sonderfall den Fußballamateur durchaus gegensätzlich zu den Prager Beschlüssen und durchaus im Sinne der damaligen Opposition. Diese hinwiederum kam in Krakau zusammen, und es verlautete, dass man Anton Johanson, den schwedischen Verbandsführer, zum neuen FIFA-Präsidenten machen und Hugo Meisl, den österreichischen Verbandskapitän, das Sekretariat übertragen will, das jetzt der nicht sehr deutschfreundliche Hirschman (Niederlande) verwaltet.«[577]

Tatsächlich, so spottete Willy Meisl, träfe sich der FIFA-Vorstand am 17. Dezember in Paris, um zu beschließen, »welche Notmaßnahmen zur Rettung der Mandate – Pardon, zur Rettung des reinen und idealen Fußballsportbetriebes am geeignetesten wären«. Willy Meisl prophezeite nur eine Alternative, entweder die FIFA beschließt einen wirklichen Amateurismus, was de facto in den meisten Ländern gleichzeitig zu einem klaren Professionalismus führen würde, oder die FIFA würde gesprengt.

Beides geschah nicht. Stattdessen erntete Meisl Häme aus der Heimat, insbesondere von dem schon öfters erwähnten *Illustrierten Sportblatt*: »Meisl möchte gern Fifa-Sekretär werden, um alle Macht in seine Hände zu bekommen.« Schreibt das Blatt und fährt fort:

»*Meisl wünscht die Fifa zu einem Instrument zu machen, um sich dann gegen den deutschen Fußballbund zu wenden, weil dieser die Spiele gegen die Berufsmannschaften nicht genehmigt und die Interessen der Wiener Vereine schädigt. […] So ist der Kampf Meisls gegen die Fifa im Grunde genommen nur ein Kampf gegen den deutschen Fußballbund.*«[578] Hier unterstellt man Meisl also viel Taktieren und viel Aufwand für doch ein relativ kleines Ziel. Und man sollte den Artikel noch länger zitieren, weil er doch manches über die verächtliche Stimmung verrät: »*Wie unser Nachbarland* [sic!] *Niederlande über Meisl denkt, zeigen holländische Sport- und Tageszeitungen mit aller Deutlichkeit […]. Es heißt dort, ›dass Herr Meisl aufs neue seine hölzerne Rosinante bestiegen hätte, um mit seinem Pappdeckelspieß gegen das Fifa-Gewölbe Sturm zu laufen‹. Meisl fährt bekanntlich völlig im englischen Fahrwasser. Dazu sagen die Holländer: ›Es ist zu närrisch, die Österreicher, Tschechen, Polen usw. als getreue Vasallen Englands unter Führung von Don Quichotte Hugo vorgehen zu sehen. Er, Meisl kann doch nicht verlangen, dass Dänemark, Amerika, Belgien, Chile, Niederlande und viele andere mehr, die sich für das Getue nicht im geringsten interessieren, daran gehen müssen, Österreich zuliebe zu organisieren und gerade nach Meisls Rezept. Es ist ein bisschen viel verlangt, dass sich die gesamte Fifa nach den anormalen Verhältnissen der noch recht kranken zentral-europäischen Balkanstaaten richten soll. Das möge der Fifa-Kongress den Herren Meisl und Genossen möglichst deutlich unter die Nase reiben.‹*«

Ob »*das Nachbarland Niederlande*« wirklich so dachte, sei dahingestellt – zumindest der holländische Verband stand nämlich auf Seiten Meisls –, vor allem ging es dem Blatt darum, sein eigenes sportpolitisches Süppchen zu kochen, nämlich den noch nicht ganz aufgegebenen Kampf gegen den Profifußball im Allgemeinen, vielleicht auch den persönlichen Kampf Willy Schmiegers gegen Hugo Meisl im Besonderen. Insofern ist auch das Resümee des *Illustrierten Sportblattes* für die Konferenz von Krakau eindeutig: »*Eine ordentliche Hetz und ein ausgesprochenenr Jux war die Konferenz in Krakau.*«

Freilich, wenn man das Ergebnis betrachtet, kann man dem schwer etwas entgegenhalten, denn ein wirklicher Erfolg war diese Konferenz tatsächlich nicht.

Ein fauler Kompromiss

Stattdessen traf man sich am 12. und 13. März 1926 in Brüssel zu einer Tagung, die die in Rom geplante Konferenz vorbereiten sollte.

Hugo Meisl hatte gehofft, hier das Amateurproblem endlich in seinem Sinne lösen zu können. Was er am wenigsten brauchen konnte, waren dabei Nebenkriegsschauplätze, die potenzielle Verbündete verschrecken konnten. Genau dies geschah jedoch durch die bereits erwähnten Anträge des sozialdemokratisch geführten ÖFB gegen den Konferenzort Rom und für die Unterstützung des Achtstundentages. Mag sein, dass dies der Grund war, warum der ungarische Delegierte Fodor – entgegen Absprachen in Pressburg und Budapest – nicht für Meisls Vorschlag der »reinlichen Trennung« stimmte. Noch nicht einmal der Kompromissvorschlag der Schweiz, wonach Amateuren »nur« der Lohnausfall ersetzt werden dürfe, fand eine Mehrheit, die Abstimmung endete im Patt: 6:6. »Umfaller« wie Ungarn und Belgien, auch die Schweiz standen gemeinsam mit den Hardlinern aus Deutschland, Luxemburg und Portugal gegen Österreich, England, Italien, Schottland, Niederlande und die Tschechoslowakei. Frankreich enthielt sich der Stimme.[579]

Es schloss sich eine lange Diskussion an über die von Österreich gewünschten Karenzzeiten bei Spielerwanderungen. Immerhin konnte Meisl für Österreich hier einen kleinen Teilerfolg verbuchen. Spieler, die von einem Landesverband in einen anderen übertraten, sollten demnach im neuen Verband nur dann lizenziert werden, wenn beide Verbände zustimmten.[580] Man muss aber bedenken, dass die Beschlüsse erst auf dem Kongress in Rom endgültig verabschiedet werden konnten, und auf dem fehlte ja Österreich entsprechend seines Boykottbeschlusses.

Wie Hohn musste es Meisl erscheinen, dass ihm auf der nach Brüssel stattfindenden Vorstandssitzung des ÖFB für sein hervorragendes Auftreten in Brüssel gedankt wurde: »Hugo Meisl wurde für seine Teilnahme an der Brüsseler Konferenz bzw. seine Tätigkeit dort der Dank und das Vertrauen des Ö.F.B. ausgesprochen, am Montag reist der Verbandskapitän nach England, jedoch nicht im Auftrage des Verbandes, sondern als Unterhändler der Ligavereine.«[581] Man beachte: Meisl reist nicht im Auftrage des Verbandes, sondern als Unterhändler der Ligavereine, die gerade erst sich so vehement bei der FIFA über den ÖFB beschwert hatten! Offensichtlich beginnt sich Meisl vom ÖFB abzusetzen und neu zu orientieren.

Der ÖFB boykottierte den Kongress in Rom, Italien hatte seinerseits sämtliche Fußballsportkontakte zum österreichischen Verband abgebrochen, aber natürlich war Hugo Meisl in Rom und nahm an dem FIFA-Kongress teil, wenn naturgemäß auch nicht als österreichischer Delegierter, sondern als Mitglied der technischen Kommissionen, insbesondere als stellvertretender Vorsitzender des Schiedsrichterausschusses. Dort ließ er seine Kontakte spielen, versuchte andere von seiner Haltung zu überzeugen, allein, als Nicht-Delegierter durfte Meisl keine Vorschläge einbringen und in entscheidenden Fragen auch nicht mitstimmen. Die Schweiz brachte eine modifizierte Fassung ihres Antrages von Brüssel ein. Ihr Vorschlag lautete nun, dass die Vergütung für Lohnausfälle für Amateurspieler untersagt sei, aber, da kommt der Haken, ausgenommen in ganz genau umschriebenen Fällen, die von jedem Verband festgelegt würden, wobei Voraussetzung sei, dass »der volle Lohn nie vergütet werden soll und die Vergütung nie so erfolgen darf, dass der Spieler verführt würde, den Sport der Arbeit vorzuziehen.«[582] Immerhin musste jeder Landesverband sein Reglement der FIFA zur Prüfung vorlegen. Der Vorschlag wurde angenommen. Einen Tag nach dem Kongress kommentierte Meisl nicht ohne Sarkasmus, dass mit dem Beschluss faktisch das Ende des »football for gentlemen« bestimmt worden sei,[583] also des wirklichen Amateurfußballs, denn Zahlungen an die Spieler wurden damit eindeutig legalisiert.

Damit war die Amateurismus- bzw. Professionalismusdebatte für einige Zeit vom Tisch. Der Schweizer Vorschlag löste das Problem nicht wirklich, aber er war in der Lage, die Gemüter zu beruhigen. Immerhin akzeptiert er die gleichberechtigte Existenz von Amateuren und Profis.[584]

Wohl im Sinne Meisls dürfte es auch gewesen sein, dass der Kongress in Rom in Hinblick auf die Olympischen Spiele klar und deutlich formulierte, dass ein Lohnersatz für Teilnehmer des olympischen Fußballturniers nicht statthaft sei. Damit übernahm der Kongress die Sprachregelung, die vom Exekutivkomitee der FIFA gefunden worden war und auch der Position Englands entsprach. Allerdings sollte alsbald zum maßlosen Ärger der Engländer von dieser Regelung wieder abgewichen werden, wie wir noch darstellen werden.

Der Streit um den Professionalismus war damit noch lange nicht beendet. Immerhin wurde aber auf dem FIFA-Kongress vom 4. bis 6 Juni 1927 die Forderung nach Ausgrenzung der Professionalisierungsländer, wie sie vor allem der DFB betrieb, endgültig zu den Akten gelegt. Die FIFA erklärte sich explizit zur Fußballorganisation der Amateure und der Professionals. So wurde die zu schaffende Weltmeisterschaft eindeutig als Weltmeisterschaft aller Landesverbände der FIFA bezeichnet, das heißt sowohl der Amateur- wie der Professionalverbände.[585] Demgegenüber wurde für die anstehenden Olympischen Spiele in Amsterdam der Amateurstatus der Fußballer, der zur Teilnahme berechtigte, den Vorstellungen Meisls entsprechend eindeutig definiert.[586]

Nun preschte allerdings der Vertreter der USA vor und verlangte eine völlige Freigabe des Fußballs für unternehmerische Interessen. Das wiederum ging nun selbst den exponierten Verfechtern des Profifußballs zu weit. Der englische Delegierte A. Kingscott verurteilte die Ausbeutung des Fußballs durch »one man's clubs« und verwies darauf, dass das Geld, das mit Fußball verdient würde, auch wieder in den Fußball zurückfließen müsse, allerdings »after paying a reasonable dividend on the advanced capital«.[587] Meisl bestand darauf, dass der Sport im Mittelpunkt zu stehen habe und er nicht »Spekulanten und ihren Zirkusmanieren« ausgeliefert werden dürfe.[588]

In diesem Sinne erklärte der tschechische Delegierte Prof. Pelikan auf der Konferenz von Amsterdam 1928 im Namen der drei Professionalländer Tschechoslowakei, Ungarn und Österreich, dass die drei Länder in der Professionalismusfrage zusammenstünden und sich diesbezüglich auch mit England solidarisierten. Hintergrund dieser Solidaritätserklärung war der kurz zuvor erfolgte Austritt Englands aus der FIFA, das des ewigen Professionalismus-Streits überdrüssig geworden war.[589]

Der DFB musste erkennen, dass er mit der Hoffnung, das kleine Österreich – und damit den Virus des Professionalismus – isolieren zu können, auf ganzer Linie gescheitert war – nicht zuletzt wegen der geschickten Diplomatie Hugo Meisls. Im März 1928 waren Meisl und ÖFB-Präsident Eberstaller nach Berlin zu Gesprächen über die zukünftigen Fußballsportbeziehungen gereist.[590] Meisl erklärte die Absicht, auf dem FIFA-Kongress in Amsterdam 1928 den Boykott Deutschlands gegen die zentraleuropäischen Länder zur Sprache zu bringen.[591] Das wirkte. Tatsächlich fanden daraufhin am Rande des Kongresses Gespräche zwischen Deutschland und den drei zentraleuropäischen Ländern statt, woraufhin die Anträge gegen Deutschland zurückgezogen wurden.[592] Der DFB fand sich bereit, wieder Spiele zwischen deutschen und österreichischen Mannschaften zuzulassen, allerdings – in einem letzten Versuch, das Gesicht zu wahren – nur in Einzelfällen. Angesichts dieser immer noch zögerlichen Haltung platzte einigen regionalen Organisationen endgültig der Kragen. Der mitgliederstarke Süddeutsche Fußballverband, der ja im Januar 1929 in den Genuss eines mit 5:0 gewonnenen Spieles gegen Wien gekommen war, forderte ultimativ, den Spielverkehr mit Österreich unbeschränkt freizugeben.[593] Am 10. Dezember schloss sich der Norddeutsche Sportverband dieser Forderung an.[594] Im Februar 1930 war der Boykott, der 1925 in Hannover beschlossen worden war, endgültig aufgehoben[595] und der Weg frei für zwei denkwürdige Länderspiele zwischen Deutschland und Österreich im Jahre 1931. Aber dazu später.

Zunächst einmal wurde nachgetreten. Der diplomatische Erfolg Meisls ließ manchen Herrenmenschen die Fassung (oder die Maske) verlieren. So scheute sich der renommierte deutsche Sportjournalist Ernst Werner, Redakteur der angesehenen Berliner Sportzeitung *Fußball-Woche* 1928 nicht, Meisl rassistisch anzupöbeln: *»Im Plenum ist Hugo Meisl, der Wiener Jude, mit der Geschmeidigkeit seiner Rasse und ihrem zersetzenden Sinn einer der größten*

Kartenmischer. Er und der deutsche Fußballführer Felix Linnemann – zu Hause ein geschätzter Kriminalist – sind die stärksten Gegensätze, die man sich denken kann. Der eine ein Vertreter des krassen Geschäftemachens mit Fußball, der andere ein Apostel des Amateurismus.«[596] Später wurde Linnemann zu einer Art Apostel des NS-Terrors und war verstrickt in den Massenmord vor allem an Sinti und Roma. Das ist aber eine andere Geschichte. [597]

Zunächst einmal führte sich dieser »Apostel des Amateurismus« – eine Formulierung, die vielleicht sogar gewisse kritische Distanz erkennen lässt – in der Tat immer wieder wie ein eifernder Exorzist auf. Bereits Ende 1921 hatte ein gewisser Sepp Herberger eine einjährige Spielsperre aufgebrummt bekommen, weil er ein Handgeld in Höhe von 10.000 Reichsmark (heute etwa 50.000 Euro) angenommen hatte.[598] Nach seinem Wechsel zu Tennis Borussia Berlin war Herberger schlauer: Der Verein besorgte ihm für ein fürstliches Gehalt eine Stelle bei einer Bank. So machten es alle, und wenn man sich nicht allzu ungeschickt anstellte, wurde es toleriert. Aber wehe, es flossen direkte Zahlungen, dann traf Verein und Spieler der Bannstrahl des DFB. Prominentestes Opfer wurde im Jahre 1930 die Mannschaft von Schalke 04, die für ein ganzes Jahr gesperrt wurde; der Schatzmeister des Vereins sah seine bürgerliche Existenz bedroht und beging Selbstmord.[599] Zwar beantragte der Westdeutsche Fußballverband, unterstützt von Peco Bauwens,[600] am 28. September auf dem DFB-Bundestag »den Berufsfußballsport offiziell einzuführen«[601], der Antrag wurde jedoch mehrheitlich abgelehnt, und nach der Machtübernahme der Nazis 1933 hatte der Profifußball in Deutschland keine Chance mehr, galt er doch nun als typisch jüdische Geschäftemacherei.

So beharrte der DFB noch bis 1963 auf dem Scheinamateurismus, der eine ganze Reihe seiner begabtesten Spieler ins Ausland vertrieb, ja man lobte sogar die idealistische Treue eines Fritz Walter, der hochdotierte Auslandangebote ablehnte und lieber daheim auf dem »Betzenberg« weiterkicken wollte.[602] Erst als der deutsche Fußball international deutlich an Boden verlor, bequemte man sich auch beim DFB zur Anerkennung der Realitäten und ging als letzte größere Fußball-Nation an die Einführung einer Profiliga.

Meisl und die Weltmeisterschaft

Angeblich hatte Hugo Meisl bereits im Jahre 1906 dem FIFA-Generalsekretär Hirschman in einem Brief vorgeschlagen, eine Weltmeisterschaft abzuhalten.[603] Ob sich der Holländer von diesem Brief eines ihm völlig unbekannten jungen Mannes – sofern er überhaupt geschrieben wurde – sonderlich beeindrucken ließ, darf man wohl bezweifeln, zumal in der FIFA bereits im Jahre 1905 konkrete Pläne für ein internationales Turnier entwickelt worden waren. Dabei sollten Ungarn und Österreich mit Italien und der Schweiz in der zentraleuropäischen Gruppe spielen. Indes, der Plan scheiterte, kein einziges der 15 vorgesehenen (ausschließlich europäischen) Länder signalisierte Interesse.[604] Die FIFA verfolgte diese Pläne daher nicht weiter, sondern beschloss, künftig im Rahmen der Olympischen Spiele ein Fußballturnier auszutragen. Allerdings war bereits 1924 klar geworden, dass die strengen Amateurbestimmungen des IOC kein erstklassiges olympisches Fußballturnier mehr zulassen würden. 1928 spitzte sich die Situation weiter zu: Die holländischen Veranstalter der Olympischen Spiele von Amsterdam erklärten dem IOC unverblümt, dass sie auf die Einnahmen durch ein attraktives Fußballturnier angewiesen seien, das allerdings mit reinen Amateurmannschaften nicht möglich sei. Tatsächlich akzeptierte das IOC die heftig umstrittene Entschädigung für den Verdienstausfall und ermöglichte damit die Zulassung der Scheinamateure zum Turnier.⁶⁰⁵ Dies wiederum empfanden die Länder mit Profi-Verbänden, die eine klare Abgrenzung zum Amateurismus vollzogen hatten, als Affront. Die Engländer erklärten wütend über den Verrat am Amateurgedanken ihren Austritt aus FIFA, der tschechische Vertreter erklärte, dass sein Land durchaus bereit wäre, ein echtes Amateurteam zu schicken, wenn er der Überzeugung gewesen wäre, dass auch die anderen Nationen ebenso verfahren würden, und Hugo Meisl wies süffisant darauf hin, dass 75 Prozent der Spieler, die in Amsterdam antreten würden, finanziell besser gestellt seien als 75 Prozent der Berufsspieler Zentraleuropas.⁶⁰⁶

Somit fehlten bei diesem Turnier wieder einmal einige der stärksten Mannschaften, das Turnier taugte daher weniger denn je zu einem echten Leistungsvergleich. Hugo Meisl erläuterte dies mit aller Deutlichkeit: »Im Jahre 1924 in Paris waren es noch 24 Verbände, die ein aktives Interesse für den olympischen Wettbewerb bekundet hatten. In Amsterdam, wie gesagt, nur mehr 18 und von zumindest einem Drittel dieser Teilnehmer weiß ich es ganz bestimmt, dass sie sich nie wieder zu einer Beschickung, wenigstens insolange als die bisherigen Voraussetzungern keine einschneidende Veränderung erfahren, entschließen werden.«⁶⁰⁷

Einzige Lösung des Problems war also die Organisation einer eigenen FIFA-Weltmeisterschaft, an der die besten Nationalmannschaften der Welt – egal ob Amateure oder Profis – teilnehmen durften. Wieder einmal war es Hugo Meisl, der für den notwendigen Schwung sorgte, diesmal durch eine kalkulierte Provokation. Verärgert über die Schwerfälligkeit der Fußballweltorganisation in der Amateur-Frage organisierte er »kurzerhand« (in Wirklichkeit in mühsamer diplomatischer Kleinarbeit) über die Köpfe des FIFA-Vorstandes hinweg den Internationalen Cup, an dem Österreich, Ungarn, die Tschechoslowakei, die Schweiz und Italien teilnahmen, ob Profi oder nicht, spielte dabei keine Rolle – eine deutliche Ohrfeige für die FIFA. Fünf so wichtige Verbände konnte die FIFA nicht ausschließen, ein Verbot dieser Veranstaltung hätte aber andererseits die FIFA gesprengt. Also blieb dem Vorstand nur die Flucht nach vorn, ganz im Sinne Hugo Meisls. Noch im Jahre 1926 wurde eine Kommission zur Vorbereitung eines Weltmeisterschafts-Turniers gebildet, der die Herren G. Bonnet (Genf), H. Delaunay (Paris), M. Ferretti (Novi Ligure), F. Linnemann (Berlin) und – natürlich – Hugo Meisl (Wien) angehörten – und wieder erkennt man das immer gleiche Muster: Den Vorsitz mit all seinen repräsentativen Aufgaben überlässt Meisl auch hier gerne einem anderen, diesmal dem Schweizer Bonnet; er aber, der Macher, sitzt wieder an den wichtigen Hebeln: Sekretär der Kommission wird Hugo Meisl. Die Kommission trifft sich am 5. Februar in Zürich.

Die Kommission erarbeitete drei Vorschläge, der erste, den Meisl ausgearbeitet hatte, zielte auf einen europäischen Wettbewerb für alle Verbände, also Amateure und Professionals, der zweite, von Delaunay vorgebracht, hatte eine Weltmeisterschaft zum Inhalt, an der auch außereuropäische Verbände teilnehmen konnten und die alle vier Jahre stattfinden sollte. Der letzte Vorschlag, den der deutsche Delegierte Linnemann entwickelt hatte, sah eine doppelte Weltmeisterschaft vor, eine für Amateure im Rahmen Olympischer Spiele, eine andere für die Professionals.⁶⁰⁸ Offenbar einigte man sich darauf, beim nächsten FIFA-Kongress einen gemeinsamen Vorschlag zu präsentieren. Ergebnis war ein Kompromiss: Meisl konnte sich zwar nicht mit seiner Beschränkung auf Europa durchsetzen, wohl aber mit seiner Forderung, eine solchen Wettbewerb für Amateure und Professionals gleichermaßen zu öffnen. Am 5. Juni 1927 trug er – was seine besondere Rolle in der Kommission kennzeichnet – das Beratungsergebnis auf dem FIFA-Kongress vor: Das Turnier sollte offen sein für die besten

Auswahlteams jedes Mitgliedslandes, egal ob Amateure oder Professionals, es sollte im Jahre 1930 stattfinden, der Austragungsort wäre noch von der FIFA festzulegen.[609] Meisl erläuterte nochmals, warum er ein solches Turnier für wünschenswert hielt: Die zentraleuropäischen Länder hätten den Professionalismus eingeführt, um klare Verhältnisse zu schaffen (»in order to make their conditions cleaner«); allerdings seien nun ihre Amateure recht schwach und würden erst in einigen Jahren stärker werden.[610]

Damit war der Rahmen vorgegeben. Zu einer Abstimmung kam es nicht, weil die Vorschläge den Verbänden nicht rechtzeitig zugestellt worden sind, ein Fehler des FIFA-Sekretariats, also Hirschmans, und es blieb ungeklärt, ob es ein Versehen war oder er die Weitergabe absichtlich verzögert hat.[611]

Ein Jahr später traf sich der FIFA-Kongress in Amsterdam. Der tschechische Vertreter F. Scheinost verwies nahezu wortgleich zu den Ausführungen Hugo Meisl vom Vorjahr darauf, dass die tschechischen Amateure nach der Einführung des Professionalismus nun zu schwach seien für eine Teilnahme an den Olympischen Spielen und somit sein Verband geradezu bestraft würde für seine Ehrlichkeit. Er sollte aber ein Recht haben, sich mit seinen stärksten Spielern mit den anderen Nationen zu messen. Er plädierte daher für eine Weltmeisterschaft, die für Amateure und für Professionals offen sein sollte.[612]

Das überzeugte. Die FIFA beschloss mit 23:5 Stimmen, im Jahre 1930 eine Weltmeisterschaft auszutragen, die für die Auswahlmannschaften aller Mitgliedsländer offen sein sollte. Hugo Meisl und mit ihm die Delegation Österreichs trug diese Entscheidung für eine Weltmeisterschaft mit. Gegen diesen Vorschlag stimmten die skandinavischen Länder (Dänemark, Finnland, Schweden und Norwegen) und Estland. Sie hatten kaum Probleme mit Scheinamateuren und waren daher mit den olympischen Turnieren immer recht gut gefahren, bei einer offenen Weltmeisterschaft konnten sie dagegen nur verlieren. Vielleicht aber auch hätten sie eine Europameisterschaft im Sinne der ursprünglichen Absichten Meisls vorgezogen. Deutschland dagegen enthielt sich seiner Stimme.

Nun wurde ein Vorbereitungskomitee ernannt, das aus den Herren H. Delaunay, F. Linnemann und Hugo Meisl bestand. Die erste offizielle Sitzung dieses Weltmeisterschaftausschusses wurde für den 8. September 1928 nach Zürich einberufen, nachdem sich Linnemann hatte überzeugen lassen, dass es sinnvoll wäre, die Angelegenheit relativ zügig anzugehen.[613] Meisl selbst setzte noch vor dem Treffen in Zürich am 1. September eine Besprechung in Wien an, bei der er sich mit seinen Verbandskollegen aus den mitteleuropäischen Ländern Ungarn, Tschechoslowakei, Italien und Jugoslawien traf, um eine gemeinsame Grundlage für die Besprechung in Zürich zu entwickeln.[614] »Es wurden die Richtlinien besprochen, nach denen diese Konkurrenz abgewickelt werden soll«, berichtet die *Reichspost*.[615] Einige dieser Richtlinien wurden konkretisiert: Selbstverständlich solle diese Meisterschaft Professionalmannschaften und Amateurmannschaften gleichermaßen offen stehen, die Einteilung der Gruppen wolle man der FIFA überlassen, und der Wettbewerb solle alle zwei oder vier Jahre stattfinden.

Am 19. Januar 1929 traf sich die Vorbereitungsgruppe in Genf. Nach dieser Konferenz war Meisl allerdings eher skeptisch, zumal Linnemann, der unsichere Kantonist, nicht erschienen war. Ein schlechtes Zeichen? »Die Organisation der Fußballweltmeisterschaften ist ungeheuer schwierig«, teilte Meisl einem Journalisten mit, »und ich weiß nicht, ob sie zu dem geplanten Termin 1930 schon abgehalten werden können.«[616] Allerdings seien in Genf auch schon mögliche Ausrichterländer diskutiert worden, neben Schweden und Italien noch Deutschland, Ungarn und Österreich. Tatsächlich hatte Schweden einen konkreten Finanzierungsplan für die Ausrichtung der Weltmeisterschaft vorgelegt, der »40 Prozent der Bruttoeinnahme für das veranstaltende Land und 60 Prozent für die Teilnehmer«[617] vorschlug. Hugo Meisl favorisierte allerdings offenkundig Italien, wie eine Woche später bekannt wurde: »Nach einer französischen Meldung soll Hugo Meisl Kenntnis von einem Plan Italiens haben, der bis in die kleinsten Einzelheiten die Abwicklung der ersten Weltmeisterschaft vorsieht und dabei erstklassige finanzielle Garantien bietet. Nach Meisls Ansicht sind die italienischen Vorschläge sehr interessant und verdienen, bekannt gegeben zu werden. Kein anderes Land könne einen ähnlichen Vorschlag machen.«[618] Allerdings mache sich gegen Italien »ein nicht zu verkennender Widerstand von Seiten Frankreichs und Belgiens bemerkbar, der nicht zu unterschätzen ist, da Frankreich alle südamerikanischen Staaten auf seiner Seite hat«.[619] Man sieht: Ganz so unpolitisch, wie Meisl die Fußballwelt gerne auffasste, war sie eben doch nicht. Immerhin hatte sich in Italien seit 1926 endgültig eine faschistische Diktatur etabliert.

Für Österreich sah Meisl dagegen aus finanziellen Gründen wenig Chancen, denn in irgendeiner Weise müssten die teilnehmenden Nationen an den Einnahmen beteiligt werden. Nach den Besprechungen im FIFA-Ausschuss versammelte Meisl seine Getreuen zu einer großen Konferenz am 16. und 17. Februar 1929 in Wien im Verbandsheim des ÖFB. Tatsächlich handelte es sich dabei um eine Art Europacupkonferenz, bei der die Vertreter Österreichs (Meisl), Ungarns, der Tschechoslowakei, Italiens und der Schweiz beteiligt waren. Auch Anton Johanson aus Schweden, der die Reisekosten übrigens selbst bezahlt hatte, kam hinzu. Meisl betrachtete sie als »entscheidende Konferenz« im Hinblick auf die Weltmeisterschaften, bei der die »Vertreter dieser Länder ein entsprechendes Aktionsprogramm für den Fifakongress und die Weltmeisterschaft beschließen werden«.[620] Tatsächlich wurden auf dieser Konferenz wegweisende Beschlüsse gefasst: Die Weltmeisterschaften sollten in einem Turnus von vier Jahren durchgeführt werden, die Qualifikation in nach geographischen Kriterien zusammengestellten Gruppen erfolgen und die teilnehmenden Verbände finanziell entschädigt werden.[621] Außerdem – und das ist wenig bekannt – ließ sich Hugo Meisl beauftragen, noch vor der entscheidenden Konferenz von Barcelona »einen kleinen Abstecher nach dem Balkan zu unternehmen – wo demnächst in Bukarest wieder ein Kongress abgehalten wird – um auch die dort versammelten Nationen für die in Wien gefassten Beschlüsse zu gewinnen und so mit einem gefestigten Block auf der nächsten Welt-Cup-Tagung zu erscheinen«.[622]

Tatsächlich gelang es Meisl, die für den 10. Mai angesetzte Konferenz in Bukarest bereits auf den 3. März vorzuziehen mit dem Ziel, dort eine Balkanmeisterschaft zu organisieren, die zugleich auch Bestandteil der Weltmeisterschaftsqualifikation sein sollte, so wie es die Wiener Beschlüsse vorsahen. Und ganz nebenbei erhofften die Jugoslawen von Meisl, dass er im Konflikt mit Italien vermitteln würde. »Dieser Tage soll endlich Hugo Meisl in Zagreb erscheinen«, hieß es, und: »Man erwartet Meisl in Zagreb mit großem Interesse.«[623] Keine Frage, Meisl genoss auf dem Balkan höchstes Ansehen.

Damit war alles auf gutem Wege und Meisl kurz vor dem Ziel seiner Wünsche, als es zur Katastrophe kam.

»Das unglückliche Jahr 1929«[624]

Seitdem Hugo Meisl 1927 zum Generalsekretär des ÖFB geworden war, stand er unermüdlich bis an den Rand der Erschöpfung im Einsatz. Er war ständig auf Reisen, sei es, um bei der FIFA den Schein-Amateurismus zu bekämpfen und die Einführung einer offenen Weltmeisterschaft voranzutreiben, sei es um an Mitropa-Konferenzen teilzunehmen, oder sei es, um seine Nationalmannschaft zu Spielen quer durch Europa zu begleiten. Dabei sollte man nicht vergessen, dass Reisen bei weitem unkomfortabler und zeitraubender war als heutzutage: Man reiste mit der ratternden und schaukelnden Bahn, oft tagelang, in engen, stickigen Abteilen, mit langen Haltezeiten an den Bahnhöfen. War Meisl nicht unterwegs, saß er bis spät abends kettenrauchend und kaffeetrinkend im Wiener Ringcafé oder in seinem Büro, kümmerte sich um die Cup-Wettbewerbe und die Angelegenheiten des ÖFB, organisierte Matches, korrespondierte mit der ganzen Fußballwelt und schrieb in mehreren Sprachen Artikel für international renommierte Zeitungen. Nicht genug mit diesen Belastungen: Meisl musste sich zudem immer wieder gehässige Attacken gefallen lassen, sei es seitens der Presse nach Misserfolgen der Nationalmannschaft, an denen natürlich immer er schuld war, sei es seitens der Mitropa-Cup-Partner, die bei jedem unliebsamen Vorkommnis sofort Sekretär Meisl unter Druck setzten.

Anfang 1929 hatte Meisl ein Auswahlspiel mit Süddeutschland vereinbart. Der Termin passte ihm wenig, aber was sollte er machen, Meisl war dem süddeutschen Verband dankbar dafür, dass er sich mit diesem Spiel demonstrativ vom DFB-Boykott gegen den österreichischen Profifußball absetzte. Unglücklicherweise wurde das Spiel zu einem Desaster für die Wiener: Auf schneebedecktem Boden verloren sie gegen eine Kombination aus Nürnberger und Fürther Spielern mit 0:5. Zu den näheren Umständen später mehr, zunächst nur so viel: Die Presse zerriss sich vor Häme, und im Mittelpunkt der Attacken stand natürlich Hugo Meisl. Insbesondere das den Sozialdemokraten nahestehende *Kleine Blatt* versetzte Meisl zwei Schläge dorthin, wo es am meisten wehtat: »Der Professionalismus blamiert sich«, titelte das Blatt und bezeichnete die Niederlage hämisch »als weiteren großen Schritt im Bergabmarsch des Professionalismus«.[625] Aber damit noch nicht genug, es wurden Meisl sogar auf übelste Weise eigennützige Interessen unterstellt: »Noch ist nicht bekannt, wie viel Mark die Führer der österreichischen Expedition auf die Hand bekommen haben…«, schrieb das Blatt. Nun konnte man Meisl alles Mögliche nachsagen, eines stand jedenfalls fest: Der Gedanke an persönliche materielle Vorteile war ihm ziemlich fremd. Nicht zufällig wohnte er mit seiner Familie im proletarischen Karl-Marx-Hof, während beispielsweise Präsident Eberstaller in einer repräsentativen Villa auf der Hohen Warte residierte. Diese bösartige Attacke auf seine persönliche Integrität nagte daher an Meisls Konstitution mindestens ebenso heftig wie der Ärger über die Niederlage.

Meisl wusste: Der einzige Weg, die Journaille zum Schweigen zu bringen, war der sportliche Erfolg. Obwohl bereits gesundheitlich angeschlagen, gönnte er sich keine Ruhe. Am 7. April 1929 ging es vor 52.000 Zuschauern auf der Hohen Warte gegen Italien. Von einer Grippe bereits stark geschwächt und fieberkrank, gab Meisl vom Krankenbett aus seiner Mannschaft die letzten taktischen Anweisungen. Mit bemerkenswertem Erfolg. Österreich siegte nach einer souverän geführten Partie mit 3:0 gegen einen ruppigen Gegner. Die *Reichspost* jubelte über eine »Glanzleistung« und eine »Rehabilitation für das 0:5 von Nürnberg«.[626]

Andererseits war dieses Spiel auch Anlass für eine wüste Kontroverse zwischen den Verbänden. Denn, wie Cante formulierte, es musste sich angesichts dieser Niederlage der »verletzte Stolz der Faschisten Luft machen«.⁶²⁷ Es war ein Spiel wirklicher oder erfundener Widrigkeiten, wobei die Italiener ein überhartes Spiel der Österreicher monierten und die »Flegelhaftigkeit« des österreichischen Publikums. Begonnen hatte das Spiel mit einem wirklichen Eklat, beim Abspielen der Nationalhymnen intonierte man statt der italienischen Hymne das Lied »Santa Lucia«; auch bei den Fahnen gab es Probleme, nach österreichischer Darstellung wurde die italienische Trikolore gehisst, aber vom Wind heruntergerissen, nach italienischer Darstellung war sie überhaupt nicht gehisst und gleich durch die ungarische ersetzt worden. Man erging sich in der italienischen Presse in üblen Beschimpfungen der Österreicher. Die österreichischen Offiziellen waren zwar bemüht, durch Äußerungen des Bedauerns den Attacken den Wind aus den Segeln zu nehmen, aber der faschistische Propagandaapparat war offenbar auf Konfrontationskurs getrimmt worden. Im Mai wurde diese Kampagne dann ganz abrupt abgebrochen, die politischen Ziele waren offenbar erreicht: Die sozialistische Regierung in Wien war hinreichend desavouiert. Bemerkenswert ist aber auch, dass die Sportpresse Italiens, die sich ja, gleichgeschaltet wie sie war, ebenfalls an den Angriffen gegen Österreich beteiligte, die spielerische Überlegenheit der Österreicher anerkannte. Und noch bemerkenswerter ist auch, dass Hugo Meisl überhaupt nicht mit den Vorwürfen in Zusammenhang gebracht wurde, im Gegenteil wurde seine Rolle positiv dargestellt.

So schrieb die italienische Zeitung *Lavore Fascista* am nächsten Tag, die Partie sei von vornherein verloren gewesen, weil der Sportverband »nicht imstande war, einen Generalsekretär von der Kompetenz und Tüchtigkeit des Wiener Zauberers Meisl zu finden.«⁶²⁸ Hugo Meisl erscheint nachgerade als der »gute« Österreicher. So beklagte ein Redakteur der faschistischen Parteizeitung in Triest die krankheitsbedingte Abwesenheit Meisls, der als »loyaler und glühender Freund Italiens« möglicherweise die auf dem Platz und auf den Rängen vorgefallenen Unmäßigkeiten hätte verhindern können.⁶²⁹ Ganz ähnliche Reaktionen gab es dann acht Jahre später, nach dem Tode Meisls, bei einem erneuten Skandalspiel zwischen Österreich und Italien, das der Schiedsrichter wegen fortgesetzter Unsportlichkeiten beider Mannschaften in der zweiten Halbzeit abbrach: Auch damals meinten Offizielle des italienischen Fußballverbandes, mit Meisl wäre das nicht passiert.

Die positiven Schlagzeilen aus Italien hätten Hugo Meisl mit größter Genugtuung erfüllt.

Aber zu diesem Zeitpunkt lag der »Zauberer« Meisl bereits mit hohem Fieber und einer beidseitigen Lungenentzündung im Spital, im Sanatorium Löw. Als sich eine schwere eitrige Rippenfellentzündung dazugesellte, wurde sein Zustand lebensbedrohlich. Die Ärzte sahen keine andere Möglichkeit, sein Leben zu retten, als ihm zwei Rippen zu entfernen. Nur sehr langsam begann sich Meisl von dieser schweren Erkrankung zu erholen. Am 24. April eilte Willy Meisl besorgt ans Krankenbett, der ÖFB gab die Meldung heraus »Befinden Meisls andauernd ernst«.⁶³⁰

Fotos aus dieser Zeit zeigen einen hohlwangigen, abgemagerten Mann mit tief liegenden Augen, der sich schwer auf zwei Krücken stützt. Am 5. Mai veröffentlicht das *Kleine Blatt*, das Meisl oft genug übel zugesetzt hatte, ein geradezu liebevoll gezeichnetes Porträt Hugo Meisls mit der Überschrift »Der Fußballkönig« und der Meldung, Meisl sei nach seiner Operation wieder auf dem Wege der Besserung.⁶³¹ Aber das sollte noch dauern. Er blieb fast ein

Hugo Meisl nach seiner Entlassung aus dem Krankenhaus (1929).

halbes Jahr in der Klinik. Wie nahe Meisl sich während der Anfangszeit seines Krankenhausaufenthaltes dem Tode gefühlt haben muss, zeigt sein Brief aus dem Jahr 1934 an die Witwe des soeben verstorbenen Freundes Herbert Chapman, des legendären Managers von Arsenal London: »1929 bis 1930 war ich gezwungen elf Monate in einem privaten Krankenhaus zu verbringen und musste mich fürchterlichen Operationen unterziehen. Meine Krankheit begann genauso, nachdem ich mich auf dem Fußballplatz erkältet hatte, und danach hatte ich eine beidseitige Lungenentzündung und eine Rippenfellentzündung, die zum Verlust von zwei Rippen führte.«[632] Offenkundig ist Hugo von den Parallelen erschüttert: Im Grunde dieselbe Krankheit, die er gerade noch überlebt hatte, führte zum Tode von Herbert Chapman.

Erst im September 1929 war Hugo Meisl so weit wiederhergestellt, dass er eine Kur im Sanatorium Guttenbrunn in Baden bei Wien antreten konnte,[633] wo seine Frau zeitweilig bei ihm wohnte, um ihn zu pflegen. Allerdings hielt es Hugo Meisl nicht lange in Baden. Fußball war sein Leben, er brauchte Fußball wie die Luft zum Atmen, und schon fuhr er zum Ärger seiner Frau im Herbst mit der Bahn nach Wien, besuchte ein Spiel im Pratersportplatz, das der WAC mit 13:2 gegen einen Verein mit dem schönen Namen »Bewegung 20« gewann, schaute im Verbandsheim vorbei und ließ sich nur mühsam davon abhalten, trotz strengsten ärztlichen Verbots gleich wieder seine Amtsgeschäfte zu übernehmen. Um Meisls vollständige Genesung zu gewährleisten, gab es nur einen Weg: Schweizer Freunde und Gönner hatten Meisl angeboten, ihm eine Kur in Arosa zu finanzieren. Alle Freunde, Dr. Schwarz voreweg, drängten Hugo eindringlich, dieses Angebot anzunehmen, Hugos alter Freund Leuthe brachte die Argumente auf den Punkt: »Er braucht eine solche Erholung, und die Seelenqualen, dem Ringcafé fernbleiben zu müssen, werden wohl durch den Umstand gemildert

Hugo Meisl mit dem ungarischen Trainer von Grasshoppers Zürich, Dori Kürschner (links), und dem italienischen Schiedsrichter Rinaldo Barlassina (rechts) in Arosa; verdeckt Mauro (Januar 1930).

werden, dass er gerade in der Schweiz die Möglichkeit hat, mit einigen unserer Fußballdiplomaten zusammenzukommen und fußballsportliche Tagesfragen zu erörtern. Italien ist auch nicht weit, Freund Mauro ist unschwer zu erreichen, und so werden in Arosa vielleicht wichtigere Angelegenheiten erledigt werden als auf einigen jener Konferenzen, die für die nächste Zeit angekündigt sind.«[634]

Hugo Meisl ließ sich überzeugen, und so verbrachte er die letzte Dezemberwoche und die erste drei Januarwochen zwecks vollständiger Genesung in dem Schweizer Höhenkurort Arosa. Schon die Anreise verrät, dass er weiterhin vor allem an Fußball dachte. Sie erfolgte über Zürich, wo er »selbstverständlich« Gast bei Jakob Schlegel war, dem damaligen Präsidenten des Schweizer Fußballverbandes. Am 27. Dezember 1929 traf er in Arosa ein und wohnte dort im Eden Hotel.

»Infolge Klimaveränderung hatte ich Atembeschwerden ...«, ist seine erste Meldung, aber auch, dass es ihm am nächsten Tag schon wieder besser gehe.

Er bekommt im Hotel ein Zimmer auf der Südseite. Dann kommt er aufs Geld zu sprechen, und aus der folgenden Bemerkung wird zweierlei deutlich: Zum einen bezahlt er den

Aufenthalt nicht selber, zum anderen könnte er ihn sich wohl auch gar nicht leisten. Also: »Natürlich ist es hier sehr schön, aber für eigenes Geld würde unser Simmering genügen. Alles ist halt 3 x so gross ebenso hoch und teuer.« Wie sehr die Fußballwelt an Hugo Meisl Anteil nahm, zeigt folgender Brief, den Hugo an seine Frau schrieb:

»*Dori Kürschner,*[635] *der so wie Mauro und Barlassina 2 Tage mit Frau hier war, und der sich im Auftrage meines Gönners, des Herrn Escher*[636] *geradezu rührend mir gegenüber benimmt, alles wird für mich bezahlt und extra noch Geld deponiert, damit ich mir ja nichts entgehen lasse, hat mir gerade vor einigen Minuten telefoniert und mir mitgeteilt, falls mir Arosa nicht behagt, dass sofort anderswo alles arrangiert werden kann, Mauro hat für mich in Capri alles reserviert.*«[637] Meisl aber wollte nicht: »*Ich möchte aber am liebsten wieder heim.*«

Tatsächlich erholte sich Meisl in Arosa sichtbar: Er nahm erheblich zu. Am 5. Februar 1930 konnte er schließlich nach elf Monaten seine Dienstgeschäfte wieder aufnehmen.[638]

Ein Muster ohne Wert – Die Weltmeisterschaft 1930

Als Meisl in die Tegetthoffstraße zurückkehrte, war aus der schlanken, sportlichen Erscheinung nun ein schwerer Mann geworden, der am Stock ging. Bald aber hatte Meisl aus seinem neuen Erscheinungsbild ein Markenzeichen gemacht: Er trat nur noch mit Stock und Bowler in Erscheinung, der Stock wurde bald, weil es so schön zum Bild vom Wiener Walzerfußball passte, als eine Art Dirigentenstab interpretiert.

Dennoch war Meisls Rückkehr an seinen Arbeitsplatz zunächst mit einer Niederlage verbunden. Denn während seiner Abwesenheit waren bereits die entscheidenden Weichen hinsichtlich der Weltmeisterschaft gestellt worden, und zwar ganz gewiss nicht in seinem Sinne. Am 17. und 18. Mai 1929 hatte sich die FIFA in Barcelona zur entscheidenden Sitzung getroffen, ohne Hugo Meisl, dem die Delegierten auf Vorschlag des Präsidenten Rimet ein Telegramm mit besten Genesungswünschen schickten.[639] Verhandelt wurden bereits Detailfragen. Dr. Pelikan vom tschechischen Verband wollte wissen, ob die Teilnahme verpflichtend sei. Nein, war die Antwort. Heftiger umstritten war allerdings die Frage, welche Spieler überhaupt in einer nationalen Auswahl spielen dürften. Müssen sie in diesem Land geboren sein, wie Herr Gomez aus Uruguay meinte? Signore Mauro aus Italien hielt dagegen: Einmal Italiener, immer Italiener, meinte er und spekulierte damit auf die zahlreichen fußballerisch begabten Söhne italienischer Auswanderer in Südamerika. Mit Erfolg, wie sich 1934 zeigen sollte.

Die entscheidende Frage aber war: Wo sollte das Turnier eigentlich stattfinden? In diesem Zusammenhang musste zunächst das Problem der Finanzierung geklärt werden. Man einigte sich darauf, dass das austragende Land die Kosten für die Organisation übernehmen sollte und eventuelle Gewinne auf die FIFA und die teilnehmenden Nationen verteilt werden sollten. Die Niederlande zogen daraufhin ihre Kandidatur zurück, Schweden verzichtete zugunsten von Italien. Die argentinische Delegation brachte nun Uruguay ins Spiel, verwies auf die sportlichen Erfolge dieses Landes, auf die Entwicklung des südamerikanischen Fußballs und vor allem darauf, dass im Jahre 1930 Uruguay den 100. Jahrestag seiner Unabhängigkeit feiere. Das wirkte. Ungarn zog zurück, und auch Mauro verzichtete, um, wie er sagte, seine tiefe Sympathie für dieses Land zu demonstrieren, in dem so viele Italiener arbeiteten und Fußball spielten. Auch die Spanier schlossen sich diesen Ausführungen an und erklärten, sie würden nur kandidieren, wenn Uruguay nicht akzeptiert werden sollte.[640]

Damit war eine Entscheidung gefallen, die offenbar eher aus dem Bauch heraus getroffen wurde, ohne sich über die Konsequenzen wirklich klar zu sein. Man mag spekulieren, ob in Anwesenheit Hugo Meisls mit seinem nüchternen Realitätssinn und seinen diplomatischen Fähigkeiten nicht anders entschieden worden wäre. Bei Lichte betrachtet war dieses Votum jedenfalls – vorsichtig formuliert – wenig durchdacht. Offenbar hatte sich niemand wirklich klar gemacht, was dieser Beschluss bedeutete: Ein Dutzend europäischer Nationalmannschaften sollte sich auf eine 13.000 Kilometer lange 18-tägige Schiffsreise nach Südamerika begeben! Allein die Reisezeit würde hin und zurück 36 Tage dauern, alles in allem wären also die Spieler und die Funktionäre über sieben Wochen unterwegs. Zwar sicherte Uruguay allen Teilnehmer finanzielle Unterstützung zu. Aber welcher Arbeitgeber wäre bereit, so viel Sonderurlaub zu gewähren? Welcher Verein wäre bereit, so lange Zeit auf seine besten Spieler – sein Kapital! – zu verzichten? Kaum ein europäisches Land hätte daher mit seiner besten Mannschaft antreten können. Selbst wenn nach dem »Schwarzen Freitag«, dem 20. Oktober 1929, nicht die globalen Finanzmärkte zusammengebrochen wären und damit ganz Europa in ein Massenelend gestürzt hätten, wäre eine Teilnahme daher nur für die wenigsten europäischen Länder realisierbar gewesen.

So äußerte sich auch Hugo Meisl im Februar 1930 enttäuscht und deprimiert in einem ersten Interview mit dem Journalisten Otto Howorka, der Meisl auf seiner Rückreise von Arosa im Zug abgepasst hatte: »›Uruguay‹? Wieder schüttelt Meisl so wie vor Monaten, als ich mit ihm darüber sprach, sein Haupt. ›Es wird nicht gehen, wir können nicht.‹«[641] Meisl stand mit dieser Ablehnung nicht allein, der Präsident des Schweizer Fußballverbandes, Jakob Schlegel, und das Vorstandsmitglied des italienischen Verbandes, Mauro, hatten ihm bei Krankenbesuchen in Arosa mitgeteilt hatten, dass weder die Schweiz noch Italien Interesse daran hätten, an der Weltmeisterschaft teilzunehmen. Auch die Engländer verzichteten, obwohl ihnen der Fußballverband Uruguays 350.000 Pfund für eine Weltmeisterschaftsteilnahme geboten hatte.[642]

Dennoch hätte es, was kaum bekannt ist, fast eine österreichische Beteiligung an der Weltmeisterschaft gegeben: Der Wiener Fußballclub Vienna bot ernsthaft an, seine Profimannschaft in den österreichischen Farben antreten zu lassen; eine durchaus schlaue Überlegung, denn so wären zum einen die teuren Berufsspieler beschäftigt gewesen, und zudem wäre der Verein in den Genuss der Prämie gekommen, die Uruguay jedem Teilnehmer garantiert hatte. Tatsächlich sondierte der Vienna-Vorstand in Uruguay, ob man dort eine solche Vertretung akzeptieren würde. Kein Problem, hieß es aus Montevideo, und so schaltete man schließlich sogar das Bundeskanzleramt ein, um auf den ÖFB entsprechenden Druck auszuüben.[643] Allerdings vergeblich. Auf der entscheidenden Sitzung des Vorstandes des ÖFB am 7. Februar 1930 war es denn auch offensichtlich Meisl, gerade wieder an seinen Arbeitsplatz zurückgekehrt, der sich entschieden gegen eine Teilnahme wandte.[644] Österreich könne nur durch eine Auswahlmannschaft vertreten werden und nicht durch einen einzelnen Verein, hieß es beim ÖFB.[645] Über die Motive für Meisls entschiedene Haltung kann man nur spekulieren; womöglich war auch Trotz gegenüber der Wahl des Ausrichterlandes im Spiel.

Damit aber nicht genug: Auf der verzweifelten Suche nach vorzeigbaren Teilnehmern erhielt nach der erzwungenen Absage der Vienna nunmehr Rapid eine Einladung aus Montevideo, als österreichische Vertretung an der Weltmeisterschaft teilzunehmen. Aber auch daraus konnte schon deshalb nichts werden, weil Rapid bereits eine Reihe von Freundschaftsspielen vereinbart hatte.[646]

So begaben sich im Sommer 1930 nur einige wenige europäische Fußballverbände auf die langwierige und beschwerliche Reise. Keine der führenden europäischen Fußballnationen war dabei, selbst Italien nicht, das doch seinerzeit die Entscheidung für Montevideo durch eine pathetische Geste massiv gefördert hatte. Insgesamt fanden sich trotz aller finanziellen Lockangebote nur 13 Teilnehmer ein, von denen lediglich zwei Länder, nämlich Uruguay und Argentinien als Endspielgegner des olympischen Turniers von 1928, der Weltspitze zuzurechnen waren. Dagegen erfüllten die vier europäischen Vertreter Frankreich, Belgien, Rumänien und Jugoslawien, die schließlich die lange Reise antraten, eher eine Alibifunktion, denn sie hatten nicht die geringste reelle Chance, das Turnier zu gewinnen.

Tatsächlich traten die Franzosen nur an, weil sie ihren FIFA-Präsidenten nicht im Stich lassen konnten, der auf einer demütigenden Bittstellerreise durch Europa fast nur Ablehnung erfahren hatte; immerhin hatte Rimet durch seinen persönlichen Einsatz erreicht, dass alle Spieler für die WM von ihren Arbeitgebern Sonderurlaub bekamen, der Trainer Barreau allerdings musste zu Hause bleiben. Die Belgier ließen sich vielleicht von dem wertvollen Pokal, den ihnen Uruguay für die Teilnahme schenkte, zur Teilnahme überzeugen. Die (damaligen) Fußballzwerge Jugoslawien und Rumänien sahen hier dagegen die einmalige Chance, sich international zu profilieren und aus dem Schatten der Großen herauszutreten. Der rumänische König persönlich hatte dafür gesorgt, dass sein Nationalteam von den jeweiligen Arbeitgebern freigestellt wurde.

Vor allem für Jugoslawien war diese WM ein Prestigeobjekt. Vor kurzem erst war dort der Verbandssitz vom kroatischen Zagreb ins serbische Belgrad verlegt worden, worauf die Kroaten ihre Spieler aus dem Nationalteam zurückzogen. Der Verband schickte nun eine rein serbische Mannschaft auf die Reise, die es den alten Erbfeinden von der ehemaligen K.u.K.-Monarchie (zu denen man auch die Kroaten zählte) zeigen wollte.[647] Kein Wunder, dass im Gegensatz zu den drei anderen europäischen Mannschaften, die erwartungsgemäß gleich in der Vorrunde auf der Strecke blieben, die hochmotivierten Belgrader bis ins Halbfinale vordrangen.[648]

Das Finale bestritten schließlich, wie nicht anders zu erwarten, Uruguay und Argentinien, wobei Uruguay vor 100.000 begeisterten Zuschauern mit 4:2 gegen Argentinien gewann.

Hugo Meisl soll FIFA-Generalsekretär werden – aber er will nicht!

Tragisch war die Angelegenheit ohne Zweifel für die Österreicher und ihren Verbandskapitän. Meisl hatte schließlich jahrelang zäh für die Weltmeisterschaft gekämpft und gerungen, und nun wurde ihm, wie schon 1924, wieder die Chance auf einen internationalen Erfolg aus den Händen gerissen.

Diese Enttäuschung mag die auffällige Heftigkeit erklären, mit der der wieder genesene Meisl auf dem nächsten FIFA-Kongress am 6. und 7. Juni 1930 in Budapest mit einem der ersten Redebeiträge die Arbeit des Exekutiv-Komitees attackierte.[649] Seine Kritik richtete sich gegen die unüberlegte Entscheidung für Montevideo, er beklagte die Unfähigkeit der FIFA, sich mit den britischen Verbänden zu arrangieren, ihn widerte an, dass in der Amateurfrage immer noch geheuchelt wurde, und er hielt den Vorstand der FIFA für uneffektiv und überbesetzt.[650]

Meisl forderte daher eine gründliche Reform der FIFA. Dann meldete sich der Italiener Mauro zu Wort, ein persönlicher Freund Meisls, und unterstützte seine Forderungen, ebenso wie der tschechoslowakische Vertreter Pelikan. Es wurde klar, dass sich hier eine mitteleuropäische Allianz gebildet hatte. Zur allgemeinen Überraschung schlug sich selbst Dr. Bauwens aus Deutschland auf Meisls Seite.[651] Nur Ungarn hielt sich als Gastgeber der Konferenz zurück.

Am Ende setzte Meisl die Bildung einer »Reorganisations-Kommission«, bestehend aus seinen Freunden Mauro (Italien), Dr. Pelikan (Tschechoslowakei), Johanson (Schweden) sowie Linnemann (Deutschland), durch, die bis 1932 einen Reformvorschlag für die FIFA ausarbeiten sollte.

Als Ergebnis kristallisierte sich der Vorschlag heraus, den FIFA-Kongress künftig nur noch alle zwei Jahre einzuberufen, das Exekutiv-Komitee mit seinen sieben Vizepräsidenten deutlich zu verkleinern und in Zürich ein Zentralsekretariat der FIFA[652] mit einem ständigen besoldeten Sekretär, der die Sprachen Englisch, Französisch, Deutsch und Italienisch oder Spanisch beherrschen sollte, einzurichten.

Für diesen Posten kam der seit 1906 amtierende C. A. W. Hirschman nicht mehr in Frage. Er hatte leichtsinnigerweise das gesamte FIFA-Vermögen, angeblich etwa 130.000 Gulden[653], in Wertpapieren angelegt, die nach dem Schwarzen Freitag praktisch wertlos geworden waren: Ende 1929 belief sich das Vermögen der FIFA auf gerade mal 512,39 Gulden![654] Der niederländische Verband erklärte sich in Anerkennung der Verdienste Hirschmans bereit, die Einnahmen zweier Länderspiele der FIFA als Schadensersatz zur Verfügung zu stellen. Damit konnte die FIFA wenigstens ihre laufenden Geschäfte weiter betreiben.

Die Entscheidung über eine neue Struktur der FIFA musste auf dem Kongress in Berlin am 22. Mai 1931 fallen. Schon im Vorfeld hatten sich die Länder des Mitropa-Cups getroffen, um im Hotel Esplanade »eine taktische Vorbesprechung« abzuhalten.[655] Besprochen wurde wohl in erster Linie der angesprochene zum FIFA-Kongress eingebrachte Antrag. Das FIFA-Präsidium sah seine Pfründe, zumindest aber seine Vizepräsidenten-Titel gefährdet; immerhin genossen die Vorstandsmitglieder das Privileg einer Erste-Klasse-Fahrkarte inklusive entsprechendem Schlafwagenabteil sowie zehn Dollar Tagesgeld.[656] So traf man sich schon am 21. Mai, also noch vor Beginn des eigentlichen Kongresses, zu einer Sitzung, um über den Antrag der Kommission zu beratschlagen, und beschloss einmütig, dem Kongress die Ablehnung zu empfehlen.[657]

Aber der Zug war nicht mehr aufzuhalten. Eine personelle Umstrukturierung des Vorstandes war ohnehin nötig geworden, weil zwei der Vizepräsidenten, der Italiener Feretti und der Schweizer Bonnet, wohl altershalber abgedankt hatten. Für sie wurden dann Mauro und Pelikan gewählt. Ein erster Teilerfolg für die Erneuerer, immerhin gehörten beide dem »Mitropa-Block« an. Auch kam man während des Kongresses den Reformern insofern entgegen, als man von nun an ein ständiges Sekretariat einrichten wollte.

Wer sollte Sekretär werden? Das Exekutivkomitee zog zunächst ernsthaft in Erwägung, Hirschman künftig als bezahlten Sekretär einzustellen, allerdings die Hälfte seines Einkommens zur Tilgung der Schulden zu verwenden. Mauro und Pelikan lehnten diesen etwas abenteuerlichen Gedanken jedoch kategorisch ab.[658]

Für dieses Amt drängte sich stattdessen angesichts seines erwiesenen Organisationstalentes, seiner internationalen Erfahrung und seiner Sprachkenntnisse ein Mann geradezu auf: Hugo Meisl. Zudem war er mit den Herren Mauro, Dr. Pelikan und Johanson bestens befreundet. Und so berichtete die *Reichspost* zuversichtlich, dass man »bereits mit Sicherheit damit« rechnete, »dass Hugo Meisl die Stelle eines ständig bezahlten Sekretärs annehmen wird.«[659] Etwas skeptischer sah das allerdings Meisls engerer Freundeskreis. So schrieb Meisls alter Freund M.J. Leuthe in einem Beitrag für den *Kicker*:

»*Meisls Wahl zum FIFA-Sekretär, das heißt, seine bevorstehende Wahl zum FIFA-Sekretär, beschäftigt die Gemüter seiner Freunde auf das Lebhafteste und alle zerbrechen sich darüber den Kopf, ob er sich von Wien, von seinen Wiener Freunden, dem Ringcafé usw. tatsächlich loslösen und in die Schweiz oder in eine andere Stadt, wenn sich die FIFA für eine solche entschiede, übersiedeln werde. Dabei befasst man sich aber noch gar nicht mit der Frage einer eventuell notwendig werdenden Nachfolgerschaft und gerade diese Tatsache beweist, dass man an die Übersiedlung nicht recht glaubt. Meisl ist kein Jüngling mehr und er ist so mit Wien und dem Wiener Sport verknüpft, dass man ihm nicht die Kraft zutraut, sich im entscheidenden Moment von all diesen Bindungen loszulösen. Man kann sich ja auch in diesem Punkt irren, aber auf jeden Fall ist die Frage, ob Meisl wirklich das FIFA-Sekretariat übernimmt, erst dann entschieden, bis er an seinem neuen Bestimmungsort eintrifft.*«[660]

Auf dem FIFA-Kongress wurde keine Entscheidung getroffen. Das Exekutivkomitee formulierte lediglich am 5. Juli 1931 in Paris Anforderungen für einen neuen, ständigen Sekretär. Der Kandidat müsse flexibel sein, denn er müsse ein einjähriges Provisorium mitmachen, er müsse akzeptieren, dass der provisorische Sitz des Sekretariats Amsterdam sei (wo Hirschman lebte) und erst dann (bis zu 1. Juni 1932) ein definitiver Sitz bestimmt werde. Seine vorläufige Amtszeit betrüge fünf Jahre bei einem Gehalt von 250 Dollar monatlich im ersten Jahre und 3.600 Dollar jährlich für die folgenden fünf Vertragsjahre.[661]

Abgesehen davon, dass für Meisl ein einjähriges Provisorium in Amsterdam wenig verlockend erscheinen konnte, musste bereits die Tatsache, dass das Exekutivkomitee die Stelle sozusagen ausschrieb, Meisl wie ein Affront vorkommen. Sollte er jetzt etwa ein Bewerbungsschreiben aufsetzen? Vielleicht gar seine Sprachkenntnisse prüfen lassen? Wiederum formuliert M.J. Leuthe diese Haltung sehr anschaulich:

»*Die FIFA schreibt ja eine Art Konkurrenz für diese Stelle aus und es ist nicht anzunehmen, dass Hugo Meisl in einen solchen Wettbewerb eintreten wird. Die Zahl der prominenten Fachleute, die für eine solche Stelle in Betracht kommen, ist so gering, dass man sie, ihre Fähigkeiten und ihre Ansprüche zu Genüge kennt und auch ohne Wettbewerb eine Wahl treffen könnte. Man wird es ja begreiflich finden, wenn ein Theater die Stelle eines Choristen, eines zweiten Geigers oder eines Sitzanweisers im Konkurrenzwege vergibt, aber es ist nun einmal nicht üblich, erste Tenöre auf eine solche Weise ausfindig zu machen und Hugo Meisl hält sich, freilich nicht mit Unrecht, im Sport für einen ersten Tenor.*«[662]

Tatsächlich lehnte es Meisl ab, sich um die Stelle zu bewerben – zum fassungslosen Entsetzen seiner Frau, die ihre letzte Chance entschwinden sah, das proletarische Ambiente des Karl-Marx-Hofes mit einer standesgemäßen Villa zu tauschen.

Möglich, dass Meisls Entscheidung auch durch die Erkenntnis bestimmt war, dass er mit seinem temperamentvollen, manchmal auch ungeduldigen Wesen in einer solchen auf Ausgleich bedachten Position fehl am Platze gewesen wäre. Er war in Krakau dabei gewesen, wo es fast zu einer Revolte gegen die FIFA gekommen wäre. Er hatte sich in der Professionalismus-Debatte eindeutig positioniert. Er hatte mit dem Internationalen Cup die FIFA überrumpelt. Das weckte nicht nur Sympathien. Möglicherweise spürte er daher deutliche

Vorbehalte einiger Mitglieder gegen ihn, man denke nur an den jahrelangen Kleinkrieg mit den Deutschen. Aber vielleicht muss man gar nicht so weit gehen. Vielleicht wollte Meisl einfach nur nicht seine Nationalmannschaft aufgeben, das soeben geborene Wunderteam? In Wien war er der unbestrittene starke Mann beim ÖFB, der Mann, der die Fäden beim Mitropa-Cup und beim Internationalen Cup zog. Und schließlich war Wien seine Heimat, hier war er populär – was sollte er im spröden Zürich, wenn er im Ringcafé oder in der Berggasse Hof halten konnte?

Meisl entschied sich für sein heimatliches Biotop. »Nehmt's doch den Dr. Schricker«, schlug er vor, und so geschah es. Nachdem sich Meisl und Schricker »schon vor einigen Monaten in freundschaftlichster Weise in Wien miteinander beraten«[663] hatten, war die Entscheidung gefallen. Auf der Generalversammlung des ÖFB im Vorfeld des FIFA- Kongresses in Stockholm im Jahre 1932 ließ Hugo Meisl, wahrscheinlich um allen immer noch in Wien kursierenden Gerüchten entgegenzutreten, deutlich machen, dass im »Vordergrund der Kandidatur für den Posten des neuen Generalsekretärs der Fifa nicht Hugo Meisl, sondern der Deutsche Dr. Schricker« stehe.[664] Am 10. November trat Hirschman, der 25 Jahre lang diesen Posten ehrenamtlich ausgefüllt hatte, als Generalsekretär ab, und Dr. Ivo Schricker wurde durch das Exekutivkomitee zum provisorischen Nachfolger ernannt.

Der Elsässer Dr. Ivo Schricker (1877 – 1962), ein enger Freund des *Kicker*-Herausgebers Walter Bensemann, war bereits seit 1927 Vizepräsident im Vorstand der FIFA und im Gegensatz zu Meisl niemals durch kontroverse Redebeiträge aufgefallen, sondern durch ein sehr zurückhaltendes, ausgleichendes Wesen. Tatsächlich führte Schricker sein Amt bis zu seinem Ruhestand im Jahre 1950 integer, umsichtig und diplomatisch, ohne sich von einer Seite – vor allem den Nazis – vereinnahmen zu lassen.

Der Berliner Kongress hatte für Hugo Meisl eine Art Zäsur gebildet. Die großen Schlachten auf den FIFA-Kongressen waren geschlagen. Die aufregenden Dinge passierten für Meisl nun auf anderen Feldern.

Der Kongress 1932 in Stockholm vollzog im Wesentlichen lediglich die Reformen, die 1931 auf den Weg gebracht worden waren: Beschlossen wurde die Einrichtung eines Generalsekretariat in Zürich mit einem bezahlten FIFA-Generalsekretär (Dr. Ivo Schricker) und eigenem Büro (in der noblen Bahnhofsstraße), die Reduzierung des Vorstandes auf zwei statt sieben Vizepräsidenten (dafür aber zusätzlich sechs weitere Vorstandsmitglieder, von denen eines für die Finanzen zuständig war) – und auch ein weiterer Wunsch Hugo Meisls wurde erfüllt: FIFA-Kongresse sollten nur noch alle zwei Jahre stattfinden; offizielle Begründung: um Kosten zu sparen, inoffiziell fühlte sich Meisl wohl hinreichend durch die Mitropa-Cup-Kongresse ausgelastet.

In den folgenden Jahren hielt sich Meisl, was die FIFA betraf, auffallend zurück. Seine Forderungen waren weitgehend durchgesetzt worden, die FIFA hatte eine professionelle Struktur bekommen, damit war das Thema für ihn erledigt. Meisl hatte sich als streitbarer, engagierter Fußballfunktionär einen Namen gemacht, trieb die FIFA-Delegierten geradezu vor sich her, aber er ließ sich nicht in die Organisationsstruktur der FIFA einbinden. Er blieb lieber außerhalb der engeren Leitungsstruktur der FIFA, nicht einmal in das Präsidium ließ er sich wählen.

Meisl war in manchen technischen Ausschüssen tätig, in unterschiedlichen Arbeitsgruppen, beriet die Franzosen, nachdem sie beschlossen hatten, den Professionalismus einzuführen[665], übernahm 1934 die Leitung des technischen Komitees für die Fußball-Weltmeisterschaft in Italien und war immer dort, wo es etwas zu bewegen galt. Ein besonderes Schlaglicht auf sein enormes Ansehen als unbestechlicher Schiedsrichter bei den nationalen Verbänden wirft ein Vorgang kurz vor Meisls Tod:

Es ging um einen belgischen Spieler namens Raymond Braine, der einen Vertrag bei Sparta Prag unterschrieben hatte, gleichzeitig aber auch in seinem alten Verein FC Beerschoot antrat und daraufhin von Sparta gesperrt, ja sogar aus der Tschechoslowakei ausgewiesen wurde. Beide Vereine fühlten sich im Recht und wandten sich an die FIFA. Aber weder FIFA-Präsident Rimet wurde als hinreichend unparteiisch eingeschätzt noch der anschließend vorgeschlagene Mauro. Hugo Meisl dagegen wurde von beiden Parteien freudig als Schlichter akzeptiert, und so reiste Meisl Anfang 1937 nach Zürich, um die Akten zu studieren und das Problem zu regeln. Mit Erfolg. Meisl fand für die Affäre, die europaweit Wirbel verursacht hatte, eine Lösung, die beide Parteien zufrieden stellte.[666]

Man sieht, bis zum Ende seines Lebens stand Meisl für die internationalen Sportbeziehungen im Einsatz. Sein Hauptaugenmerk richtete Meisl allerdings zunehmend auf seine Tätigkeit als Bundeskapitän, und hier gelangen ihm Erfolge, die ihn endgültig zur Legende werden ließen.

KAPITEL 12
Der Bundeskapitän

»Verbandskapitän Hugo Meisl stellte folgende Mannschaft auf«

Während sich vor dem Ersten Weltkrieg die österreichische Nationalmannschaft im Wesentlichen aus Wienern und Pragern zusammengesetzt hatte (einmal war auch ein Spieler aus Teplitz dabei), war der österreichischen Fußball nach 1918 völlig auf Wien fokussiert. Länderspiele fanden ebenso selbstverständlich in der Hauptstadt statt, wie auch die Nationalteams sich ausschließlich aus Vereinen der Hauptstadt rekrutierten, denn schließlich spielten in der Hauptstadt die mit Abstand besten Mannschaften des Landes. Nicht, dass es nicht auch anderswo Fußballclubs gegeben hätte, aber diese waren, international gesehen, völlig bedeutungslos.[667] Bis in die 1960er Jahre hinein kamen sämtliche österreichischen Meister und Nationalspieler ausschließlich aus Wien. Erstmals wurde 1965 mit ASK Linz ein Verein aus der »Provinz« Meister.

Etwas verwirrend ist allerdings die Tatsache, dass die österreichische – also Wiener – Nationalmannschaft in dreierlei Gestalt auftrat: Entweder nämlich als *österreichische Nationalmannschaft*, als *Auswahl Niederösterreichs* (bis 1922) oder ab 1922 nach der Erhebung Wiens zum Bundesland als Vertretung des Wiener Fußballverbandes, die allerdings, um die Verwirrung perfekt zu machen, in alter Gewohnheit oft als Auswahl Niederösterreichs bezeichnet wurde. Unter welchem Etikett das Team aber auch antrat: Das Personal war jeweils weitgehend dasselbe.

Nach Einführung des Berufsfußballs begannen sich die Verhältnisse langsam auszudifferenzieren. Die Wiener Stadtauswahl wurde zunehmend als B-Elf betrachtet, die gelegentlich sogar zeitgleich mit dem Nationalteam internationale Begegnungen austrug. So traten beispielsweise am 13. September 1931 neben der Nationalmannschaft, die die Deutschen mit 5:0 deklassierte, gleichzeitig auch noch zwei Wiener Stadtmannschaften zu Auswärtsspielen in Agram (Zagreb) und in Pressburg (Bratislava) an. Dennoch empfand man in Wien Spiele der niederösterreichischen bzw. Wiener Auswahl durchaus als vollwertige Ländespiele: So kamen 1921 nicht weniger als 50.000 Zuschauer auf die Hohe Warte zum Spiel gegen Süddeutschland, 1923 waren es beim gleichen Gegner sogar unglaubliche 60.000. Als 1929 Wien gegen Süddeutschland 0:5 verlor, war dies in Wien eine nationale Katastrophe, und zum Rückspiel in Wien, das übrigens 4:0 gewonnen wurde, kamen nicht weniger als 45.000 Zuschauer!

Wenig überraschend, dass die Verbände gemeinsam im gleichen Büro residierten – erst in der Annastraße, dann in der Taborstraße und in der Tegetthoffstraße und schließlich seit Meisls Geburtstag 1932 in der Berggasse (auch wenn die offizielle Eröffnung des Verbandsheims in der Berggasse erst im Februar 1933 erfolgte); ebenso war für alle Auswahlmannschaften immer die gleiche Person zuständig, nämlich der vom ÖFB eingesetzte Bundeskapitän, der zugleich in Personalunion auch den Posten eines Kapitäns des niederösterreichischen bzw.

des Wiener Verbandes inne hatte. Dies war seit 1913 bis zu seiner Einberufung im September 1914 Hugo Meisl gewesen.

Auch während des Ersten Weltkrieges wurden Länderspiele ausgetragen, insgesamt immerhin 21, davon allerdings nicht weniger als 18 gegen Ungarn sowie drei gegen die Schweiz; kein einziges dagegen erstaunlicherweise gegen das verbündete Deutschland;

Die Mannschaftsaufstellungen besorgte nach der Einberufung Hugo Meisls im September 1914 wie ehemals der Verband, die Betreuung der Teams übernahm Heinrich Retschury. Auch nach Kriegsende blieb es zunächst dabei. So liest man im März 1919 bezüglich des Länderspiels Österreich gegen Ungarn: »Das österreichische Team für das Länderwettspiel Österreich – Ungarn ist in der heutigen Sitzung folgendermaßen aufgestellt worden[…]«[668] Die Verantwortung für die Mannschaftsaufstellung wurde allerdings immer mehr auf Retschury übertragen, so im Juni 1919 für ein Spiel Wien gegen Berlin.[669] Bei den Vorstandswahlen des ÖFB wurde er schließlich im August offiziell zum Verbandskapitän ernannt, Hugo Meisl ließ sich dagegen nur als Delegierter in den Vorstand des Reichsverbandes wählen.[670]

Warum er Retschury den Vortritt ließ, kann man nur mutmaßen. Vielleicht war Meisl ganz zufrieden mit seiner Position bei den Amateuren, die er gerade durch das Engagement der Konrad-Brüder zum Spitzenteam zu formen begann. Vielleicht hatte er auch keine Lust, sich weiterhin – wie vor dem Krieg – vom Vorstand in die Mannschaftsaufstellung hineinreden zu lassen.[671] Immerhin war er aus dem Krieg als hochdekorierter Offizier heimgekehrt, der gewohnt war, volle Verantwortung für seine Leute zu tragen. Vielleicht wollte Meisl daher einfach abwarten, wie sich andere blamieren, um dann um so unangefochtener die Position auszuüben.

Falls dies sein Plan gewesen sein sollte, so war er glänzend gelungen. Denn die Ära Retschury nahm sehr schnell ein jähes Ende. Das Spiel Niederösterreich gegen Süddeutschland am 31. August 1919 geriet zum absoluten Debakel: Die von Retschury aufgestellte Mannschaft verlor zu Hause in Wien sang- und klanglos mit 0:4. Retschury geriet massiv in die Kritik: Ihm wurde eine »verfehlte Aufstellung«[672], eine »zusammengeflickte« Mannschaft[673] vorgeworfen, immerhin hatte er auf die beiden besten Spieler Uridil und Wieser verzichtet. Mehr noch: Das frustrierte Publikum randalierte und nahm den ungarischen Schiedsrichter Szüsz aufs Korn, der schließlich von der Polizei in Sicherheit gebracht werden musste.

Das ÖFB-Auswahlkomitee bei der Arbeit. Von links: Schmied, Schönecker, Meisl.

Retschury trat daraufhin zurück, und der Vorstand konnte nun nicht umhin, Hugo Meisl zu bitten, wieder die Position des Verbandskapitäns zu übernehmen.[674] Um allerdings die Form zu wahren, bekam Meisl wieder einen Beirat beigesellt, dem Schönecker, Schmied und Retschury angehörten.[675]

Der Erfolg gab Meisl Recht. Am 30. September stellte er die Mannschaft für das Länderspiel gegen Ungarn auf, und tatsächlich wurde das Spiel am 2. Oktober 1919 in Wien vor 25.000 Zuschauern mit 2:0 gewonnen – der erste Sieg gegen diesen Gegner nach vier aufeinanderfolgenden Niederlagen in den Jahren 1918 und 1919.

Mit diesem Erfolg im Rücken gewann Meisl zunehmend freie Hand gegenüber dem Verband und dem Beirat. Zwar wurde im Juli 1920 der Verbandskapitän noch »ersucht, die Mannschaftsaufstellung für das Spiel am 29. August Niederösterreich gegen Süddeutschland dem Sekretariat vorzulegen«,[676] aber schon am 12. September heißt es im *Wiener Sporttagblatt*: »Der Verbandskapitän hat die Mannschaft für das Spiel gegen Deutschland festgelegt.«[677] Seitdem ist es keine Frage mehr, wer die Mannschaft aufstellt, ab nun heißt es: Der Verbandskapitän nominiert! Oder: Der Verbandskapitän »hat in der Vorstandssitzung die offizielle Aufstellung des Teams bekannt gegeben«.[678] Und der Verband trug zu einer weiteren Rückenstärkung seines Verbandskapitäns gegenüber den Vereinen bei. Er beschloss, dass Spieler, »auf die der Verbandskapitän reflektiert«, die zum Beispiel aus beruflichen Gründen zu einem Auswärtsspiel der Auswahlmannschaft nicht mitfahren können, in dieser Zeit auch keine Meisterschaftsspiele für ihre Vereine absolvieren dürfen.[679]

Welch dominante Rolle Meisl bereits zu diesem Zeitpunkt im ÖFB spielte, charakterisiert eine Karikatur von Max Johann Leuthe im *Neuen Wiener Sportblatt* vom 14. Februar 1920. Hugo Meisl steht in detailgetreu gezeichneter Generaluniform am Bahnhof und nimmt sozusagen die Parade der Spieler ab. Im Arm hält er einen großen Behälter mit der Aufschrift »Masel toff«, dem traditionellen jüdischen Glücksspruch also. Ganz anders wird die Rolle des damaligen ÖFB-Präsidenten Dr. Ignaz Abeles beschrieben: Eine Art »Mutter der Kompanie« im Nonnengewand, die den Spielern Aufbaunahrung auf den Weg gibt.

Man sollte allerdings auch nicht vergessen, dass Meisls Position als Verbandskapitän in der ersten Hälfte der 1920er Jahre nicht unumstritten war. Dazu trugen gewiss persönliche Animositäten bei, etwa bei Retschury, der nur widerwillig seinen Platz Meisl überlassen hatte; wichtiger waren in dieser Hinsicht noch die Streitigkeiten innerhalb des Verbandes, durch die natürlich auch die Person Meisls zur Disposition gestellt wurde. So wird berichtet, dass bei den Wahlen des ÖFB-Vorstandes zum Verbandskapitän 1922 Hugo Meisl sich nur mit

»Die Abreise unseres Teams«. Karikatur von Max Johann Leuthe.

einer äußerst knappen Mehrheit gegen einen (bürgerlichen) Gegenkandidaten durchsetzen konnte.[680] Unübersehbar ist allerdings auch, dass Meisl seine Position im Verband stetig zu stärken vermochte, bis er in der Rolle des Verbandskapitäns unverzichtbar wurde – auch nach der Spaltung des Verbandes im Jahre 1926.

Von außen mochte dies als durchaus angenehmer Posten empfunden werden. Nicht ohne Neid stellte später Walter Bensemann im Ausblick auf das zweite Länderspiel zwischen Österreich und Deutschland im Jahre 1931 in Wien fest: »Die österreichische Elf zusammenzustellen, ist ein Kinderspiel gegenüber den Fragen, die an Deutschland herantreten. Erstens versteht niemand auf dem Kontinent so viel von Fußball wie der Hugo Meisl, zweitens hat er fast immer eine glückliche Hand, und drittens kann er an ein und demselben Sonntag sämtliche Leute, um die es sich handelt, persönlich anschauen und vergleichen. Es darf auch nicht vergessen werden, dass die Presse, die er zu behandeln versteht, fast immer mit ihm geht.«[681]

Letzteres konnte Bensemann allerdings nur formulieren, weil er im fernen Nürnberg saß und vielleicht bei gelegentlichen Begegnungen mit Meisl im Ringcafé einen allzu freundlichen Eindruck vom Wiener Sportjournalismus gewann. Tatsächlich musste Meisl oft genug heftige, auch gehässige und persönliche Kritik seitens der Presse über sich ergehen lassen.

»Genug für heute!« – Der Bundeskapitän als Trainer

War Hugo Meisl Trainer? Für die FIFA heute ist das recht klar. Wir haben bereits in der Einleitung festgestellt, dass in einer FIFA-Umfrage aus dem Jahre 2004 Hugo Meisl als einer der zehn bedeutendsten Trainer in der Geschichte des Fußballs genannt wird. Wie aber hat man sich Hugo Meisl als Trainer vorzustellen? Seine offizielle Rolle im Österreichischen Fußballbund war schließlich die eines Verbandskapitäns, dessen entscheidende Aufgabe die Betreuung der Nationalmannschaft war, wozu zunächst in erster Linie die Zusammenstellung der Mannschaft gehörte.[682]

Mit der Zeit wurden seine Aufgaben allerdings umfassender. Das hing damit zusammen, dass Fußball als Spiel mit der Zeit komplexer wurde; es entwickelte eigene Strukturen, die hohe Anforderungen an taktische, körperliche und auch mentale Kompetenzen der Spieler stellten, die zu optimieren wiederum eine zielgerichtete und qualifizierte Trainingsarbeit notwendig machte. Betreuung der Mannschaft musste zunehmend mehr umfassen als Personalpolitik. Hugo Meisl wuchs in diese Rolle hinein, und in den 1920er Jahren galt er unbedingt auch als Fachmann in Fragen des Trainings.

Immerhin hatte er auch einige Erfahrungen als Trainer in Vereinsmannschaften. Erinnert sei an sein Intermezzo bei der Wiener Austria in der Saison 1919/20, in der er die Mannschaft auf einen sensationellen zweiten Platz führte. Nicht zuletzt diese Erfahrung erfolgreicher Trainerarbeit veranlasste ihn, immer wieder auf das mangelhafte Training in den Vereinen hinzuweisen, das insbesondere zu körperlichen Defiziten der Nationalspieler beitrug. Vielleich auch, um es es sich und anderen zu beweisen, zögerte Meisl nicht, im Dezember 1924 bei der Vienna »als sportlicher Berater« einzusteigen, nicht nur, um den in Not geratenen Verein zu sanieren, sondern dabei zugleich die Trainingsmethoden zu verbessern.[683] Meisl blieb bescheiden: »Wenn ich durch Systematisierung des Trainings und Förderung der Disziplin zur Verbesserung des Sportbetriebes sowie zu reichhaltiger Gestaltung des Frühjahrsprogrammes etwas beigetragen habe, so gereicht mir dies zu großer Genugtuung. Von irgendwelcher Sanierung meinerseits kann also nicht gesprochen werden.«[684] In manchen Zeitungen wurde ihm dieser Einsatz aber übel genommen, von Ämterhäufung war die Rede, vor allem aber auch von Interessenkonflikten hinsichtlich des doppelten Engagements in Verband und Verein.

Man berief Hugo Meisl als Referenten, als der ÖFB im Februar 1928 in Zusammenarbeit mit der Spielerunion einen Trainerkurs einführte, um Fußballern die Möglichkeit zu geben, sich in Vereinen und Verbänden als Trainer zu betätigen. In Form von Vorträgen sollte »theoretisch und praktisch nicht nur das Fußballspiel, sondern auch die Körperkultur im Allgemeinen und im Zusammenhang mit dem Fußballsport im Besonderen gelehrt« werden.[685]

Im März 1933, auf dem Höhepunkt seines Ansehens auch als Trainer, hielt Meisl einen Vortrag über die »Aufgaben des Fußballtrainers«. Zentral in seinen Ausführungen war die Absage an jede Art mechanischen, einheitlichen Trainings für alle Spieler. Demgegenüber forderte er ein abwechslungsreiches Trainingsprogramm (»der Trainer muss erfinderisch sein«), das überdies individuell auf jeden einzelnen Spieler abgestimmt ist:

»Der Trainer muss den Blick dafür haben, wie er jeden einzelnen Spieler zu behandeln hat, um seine Kondition zu fördern. Nicht jedem Spieler schlägt es gut an, dreimal in der Woche zehn Runden zu laufen. Manchmal verträgt es nur einmal, ein anderer wird durch kürzere Distanzen fit. Sollen die Leute gerne trainieren, so darf der Trainer die Übungen nicht mechanisieren, er muss sie abwechslungsreich gestalten.« Zudem fordert Meisl eine stark psychologische Herangehensweise: »Nur wenn der Trainer sich jedem einzelnen Spieler widmet, ihn studiert, ihm beisteht, ihm auch für sein Privatleben ein beratender, teilnehmender Freund ist, wird er sein Vertrauen gewinnen. Nur so wird die Gruppe der Spieler zur Familie vereinigt, die eine Mannschaft auch kameradschaftlich darstellen soll. Die Betätigung des Trainers außerhalb des Spielfeldes ist daher viel umfangreicher als die auf dem Fußballplatz. Denn der Spieler wird auf dem Rasen viel mehr leisten, wenn er empfindet, dass man sich um ihn, um ihn auch als Mensch kümmert.« Das führt so weit, dass sich nach Meisl der Trainer auch Gedanken über den Lebenswandel der Spieler machen muss: »Trotzdem die Ehe für den Berufsfußballer sich als sehr vorteilhaft erweist, muss der Trainer darauf Einfluss nehmen, dass die jungen Burschen in der Zeit ihrer sportlichen Entwicklung sich nicht frühzeitig in die Netze der holden Weiblichkeit verstricken.«

Dann fordert Meisl von einem guten Trainer ein hohes Maß an Kenntnissen der physischen Seiten des Körpers: Er »muss von der Sportmassage so viel verstehen wie der Berufsmasseur, er muss mit der Anatomie vertraut sein [...]«, und schließlich spricht er leidvolle Dinge an: Ein Trainer »muss die Kritik der Presse ertragen und bei allen Äußerungen sehr vorsichtig sein. Ein Trainer, der seiner Aufgabe voll ganz gerecht werden will, muss ein moralisches Vorbild sein und sich immer fort und fort bilden.«[686]

Auch zwei Jahre später formuliert Meisl nochmals, die Hauptaufgabe eines kreativen Trainings solle sein, »den Spielern die Freude zum Lederball« zu vermitteln: »Nicht nach starrer Schablone soll trainiert werden, sondern dem improvisierten Einfall muss möglichst breiter Raum zur Entfaltung gelassen werden.«[687]

Zumindest theoretisch erwies sich Meisl als kompetenter Trainer, und es besteht kein Zweifel, dass er seine Vorstellungen auch in der Praxis umsetzte. Die Trainingsarbeit im Einzelnen führten allerdings unter seiner Aufsicht spezielle Übungsleiter durch, die der ÖFB engagierte. Vor dem Krieg hatte diese Aufgabe Jimmy Hogan übernommen, nach 1918 arbeiteten verschiedene Trainer für den ÖFB, so etwa Ende der 1920er und Anfang der 1930er Jahre

Karl Kurz, zur WM 1934 in Italien Franz Hansl, später Edi Bauer, zu besonderen Gelegenheiten auch immer wieder mal Jimmy Hogan.

Die Trainingsarbeit der Nationaltrainer war noch mehr als heute auf relativ kurze Zeitabschnitte begrenzt, weil es zum Beispiel für Österreich außer der WM 1934 kein länger andauerndes Turnier mit längerer Vorbereitungszeit gab. Gewisse Ausnahmen bildeten die Reisen nach Skandinavien in den 1920er Jahren, die beiden Reisen nach Großbritannien 1932 und 1933 sowie die Reise nach Spanien und Portugal im Jahre 1936. Was konnte Trainingsarbeit in diesem Zusammenhang bedeuten?

Im Allgemeinen ließ Meisl einige Tage vor einem Länderspiel mindestens 22 Akteure sich versammeln und ein Probespiel der geplanten A-Mannschaft gegen ein B-Team durchführen, das einerseits Aufschluss über die Form der Spieler gab, andererseits Meisl ermöglichte, in das Spiel einzugreifen, um einige taktische Überlegungen kundzutun. Schon 1912 äußerte er sich, damals noch ohne den Status des Verbandskapitäns, aber schon zuständig für die Auswahlmannschaft, zu diesen Übungsspielen, dass dieses »in allen erstklassigen Fußball spielenden Ländern betriebene und bewährte Trainingssystem« am besten geeignet sei, »die Kombination der einzelnen Teile der Mannschaft, sowie auch das gesamte Team vorteilhaft zu beeinflussen.«[688]

Diese Sichtungsspiele entwickelten sich ab 1932 zu einer gezielten Nachwuchsarbeit. Als am 20. März gegen Italien gleichzeitig eine A-Mannschaft in Wien und eine B- Mannschaft in Rom antraten, standen in dem B-Team fast ausschließlich junge talentierte Nachwuchsspieler, wie Mock, »Wudi« Müller (der dann allerdings für den verletzten Schall in der A-Mannschaft spielte) und Sesta,[689] den Meisl bald als Verteidiger in das Wunderteam für Blum einbaute (zum ersten Mal im Spiel gegen die Tschechoslowakei am 22. Mai 1932, in dem er eine hervorragende Leistung bot).[690]

Ansonsten beinhalteten die Vorbereitungen auf Länderspiele Trainingseinheiten wie taktische Übungen von Spielzügen, Schusstraining, einige Konditionsübungen mit Sprint- und Ausdauerelementen und schließlich, fast obligatorisch, warme Bäder und Massagen im Dianabad, ab und zu Regenerationstage im Sanatorium Gutenbrunn in Baden bei Wien, dort, wo sich Hugo Meisl von seiner Krankheit im Jahre 1929 erholte.[691]

Im Ausland wuchs sein Ansehen als Trainer, vor allem nach den überragenden Erfolgen des Wunderteams. So wurde er vom italienischen Verband im Mai 1933 als Referent eingeladen, er sollte auf einem Trainerkurs über Spielsysteme und Taktik referieren.[692] Meisl selbst sprach von mehreren Vorträgen, die er an der *italian school for coaches and trainers* hielt.[693] Im folgenden Jahr finden wir Meisl im Juni vor dem Spiel Ungarn gegen England, das Ungarn 2:1 gewann, im Haus des ungarischen Verbandes. Er hielt für die ungarische Auswahlmannschaft einen »Vortrag mit taktischer Schulung«.[694]

Wie sehr Hugo Meisl selbst in Österreich mehr und mehr als Trainer zum Mythos wurde, kennzeichnet folgender Text aus dem *Sport-Telegraf*, gewissermaßen dem Organ zur Hebung des positiven Österreich-Gefühls im Sport, speziell im Fußball. »Hugo trainiert das Team«, heißt der Artikel und zeigt, zu welchen poetischen Ergüssen ein Sportjournalist fähig war (übrigens handelt es sich um das Abschlusstraining vor der Reise nach Spanien und Portugal im Januar 1936):

»*In der Arena des Stadions ist's seltsam still: Kein Mensch ist zu sehen, kein Lüftchen regt sich, man fühlt sich dem Großstadtgetriebe weltenfern entrückt. Die strahlende Sonne – bei den Trai-*

nings Hugo Meisls gibt's immer strahlende Sonne – hat den Reif an den Gräsern des Spielfeldes zum Schmelzen gebracht und in Milliarden funkelnder Wassertröpfchen verwandelt. Erst nach geraumer Zeit wird diese Idylle durch die Teamspieler unterbrochen, die aus ihrer Kabine herausgestürmt kommen. Die Übungen werden diesmal auf das neben der Hauptkampfbahn befindliche Traingsfeld verlegt; den Weg dahin helfen drei Fußbälle verkürzen, die die Spieler präzise von einem zum anderen wandern lassen, so wie sie's schon als Buben auf der Straße gemacht haben, wenn der Kampfplatz, der erreicht werden musste, in größerer Entfernung von der heimatlichen Gass'n lag. [...] Das Training wird mit Einschießen begonnen. Dass Vogl, Binder, Bican, Hahnemann und Hanreiter unheimlich scharfe Schüsse produzieren, erregt weiter kein Aufsehen, denn das ist ja selbstverständlich. Als aber Havlicek eine solche Bombe vom Stapel lässt – noch dazu mit dem linken Fuß – dass sein Konkurrent, der Peter [der Torwart], Mühe hat, den Ball zu meistern, werden ihm von sämtlichen Kollegen bewundernde ›Aaaahs‹ gespendet [...].

Endlich erscheint ER [sic!], Hugo Meisl, in majestätischer Haltung, lässt seinen Feldherrnblick über seine Mannen schweifen und der herrliche Anblick – nämlich der der grünen Wiese, des blauen Himmels und der strahlenden Sonne – entlockt ihm folgende Begrüßungsrede: ›Es ist der schönste Beruf, was ihr habts!‹

Unter der Leitung von Jimmy Hogan und Luigi Hussak werden dann einige taktische Züge geübt; Meisl begnügt sich mit der Rolle des stillen Zuschauers. Als aber Hogan gar nicht aufhören will mit seinem ›rechter Läufer passt zum Linksverbinder, Linksverbinder läuft in die Feldmitte und gibt dann den Ball zum Mittelstürmer, der unterdessen nach außen gelaufen ist‹, sagt Meisl: ›Jimmy, what do you think about twenty minutes on twice side?‹ Und Jimmy – obwohl er anscheinend die Absicht hatte, den ganzen Vormittag ›rechter Läufer passt linkem Verbinder‹ spielen zu lassen – findet, dass dieser Gedanke nicht übel sei, worauf Hugo Meisl zwei Mannschaften aufstellt. [...]

Der Schlachtenlenker

›Kampf um den Ball gibt es nicht‹, erklärt Meisl, ›die Übung besteht darin, dass gelaufen und gepasst wird. Das Match dauert nur zwanzig Minuten, es kann sich jeder ganz ausgeben.‹ Das Spiel beginnt und nun ist Meisl ganz Feldherr, der mit weithinschallender Stimme die Aktionen dirigiert: ›Nicht den Ball in die Luft wirbeln, am Boden halten! Schärfer passen, aber mit reinem Stoß! Ja, gut war's! Diese Aktion war richtig‹, lobt er Hahnemann, der von rechts den Linksaußen Vogl mit weitem Pass in Front gebracht hat. ›Halt! Halt! Was hast du denn dir dabei gedacht!‹, schreit er gleich darauf und stürzt drohend auf einen Läufer zu, der den Ball dem im dichtesten Kampfgetümmel stehenden Mittelstürmer zugespielt hatte, statt dem freistehenden Flügel. ›Mit dem Pitschigogerln erreicht man nichts, der überspielte Gegner kann sofort wieder eingreifen. Durch einen Pass über 20 oder 25 Meter wird er aber vollkommen ausgeschaltet.‹ [...]

›Schießen! Schießen!‹ ermuntert Meisl den Bican, der vor Peters [Platzer] Gehäuse elegant herumdribbelt. ›Schneller abgeben! Nicht schlafen! Nicht herumstehen! Alles macht Bewegung, schaut's euch den Jimmy an! Lauft ihr mit 54 Jahren noch so, wie er läuft.‹ Team A entwickelt unterdessen eine erdrückende Überlegenheit. ›Da spielen ja Neune gegen Fünfe?‹ meint Meisl. ›Wir rennen eben mehr‹, rühmt sich der lange Willibald [Schmaus] seines Fleißes. Er ist aber auch wirklich in ausgezeichneter Form und stellt Zischek und Hahnemann vollkommen kalt. Sesta gibt kein Pardon und schießt drei Tore für ›A‹, dem ›B‹ nur eines durch Vogl gegenüberstellen kann.

›Also Schluss‹, sagt Meisl nach knappen zwanzig Minuten, ›und morgen um 1/2 10 Uhr hat alles im Verbandsheim zu sein.‹ [...] Meisls Schlusszeichen hat eine überraschende Wirkung: die

Spieler werden noch einmal so lebendig wie vorher und jeder hat nun das Verlangen, dem Peter ein Bummerl zu schießen; da dieser aber nicht so leicht zu schlagen ist, beginnt neuerlich ein heftiges Bombardement, das erst endet, als der Ball arretiert wird.«[695]

Bei aller Poesie: Man merkt, wie arm der ÖFB ausgestattet war. Zwar funkeln Milliarden von Wassertropfen, aber es gab nur drei Fußbälle.

Der Bundeskapitän als Taktiker

Immer wieder war bereits von der *Wiener Schule* und vom *Donaufußball* die Rede, dabei ist genau genommen überhaupt nicht klar, wie man sich die Spielweise der österreichischen Nationalmannschaft genau vorzustellen hat. Filmaufnahmen, die überliefert sind, sind derart zerstückelt, dass ihre Aussagekraft nur sehr gering ist. Die meisten Zeitzeugen (und infolgedessen die gesamte Literatur zu dem Thema) überliefern genau genommen nur Allgemeinplätze. So heißt es etwa in einem Selbstempfehlungsschreiben des Sport-Clubs Wacker, er spiele die »Wiener Schule«, also »die typischen Einfälle, gepaart mit flacher Kombination«.[696] Die Österreicher beherrschten also offensichtlich das Flachpassspiel perfekt und hatten Spielwitz. Und weiter?

Grundsätzlich kann man davon ausgehen, dass sich die Spielweise der Nationalmannschaft nicht grundlegend unterschied von der Art und Weise, in der Wiener Vereine spielten. Sicher tendierte Rapid dazu, robuster zu spielen als die Admira oder die Austria (und das war kein unwesentlicher Unterschied), aber auch Rapids System basierte auf der alten 2–3–5 Spieleraufstellung und eben dem legendären flachen Kombinationsspiel, wenn auch vielleicht weniger auf den »typischen Einfällen«.

Mit der *Wiener Schule* wurde und wird also nur eine Grundausrichtung der Spielweise gekennzeichnet, die aber natürlich im Laufe der Zeit gewissen Veränderungen unterworfen war, die sich aus der Entwicklung des Fußballs vor allem nach dem Ersten Weltkrieg ergaben.

Insbesondere die Neuformulierung der Abseitsregel im Jahre 1925, der zufolge nicht mehr drei, sondern nur noch zwei Spieler zwischen angespieltem Spieler und Torlinie notwendig waren, um das Abseits aufzuheben,[697] spielte in diesem Zusammenhang eine bedeutende Rolle. Damit war nämlich das über Jahrzehnte eingespielte Gleichgewicht zwischen Angriff und Verteidigung zugunsten des Angriffs verändert worden.

Das W-M-System

Es war Herbert Chapman, der wohl als Erster diese Veränderung in spieltaktischer Hinsicht konsequent umsetzte und als Manager von Arsenal London ein Spielsystem entwickelte, das der neuen Abseitsregel entsprach. In diesem System war die neue Position des *third back*, des dritten Verteidigers entscheidend, der im Zentrum der Abwehr stand. Für ihn fand man in England vielsagende Bezeichnungen wie *policeman, barrier, stopper* oder *fence*[698], die seine Rolle deutlich umschreiben. Mit dem *third back* war nicht nur eine entschiedene Verstärkung der Defensive erreicht worden, sondern als Konsequenz mussten sich auch die Aufgaben der anderen Spieler verändern, zumal die Position des offensiven Mittelläufers eben zugunsten des *third back* aufgegeben worden war. Die beiden Verteidiger, bis dahin für die Halbstürmer zuständig, waren nun den beiden Außenstürmern zugeordnet, während die Halbstürmer nun von den Außenläufern gedeckt wurden. Das bedeutete faktisch, dass die Außenläufer sich zurückzogen, sie spielten kurz vor dem *third back*, so dass die Abwehrreihe die Form eines M hatte. Daraus ergab sich auch eine neue Rolle der Halbstürmer, die nun, schon um die entstandene Lücke im Mittelfeld zu schließen, zurückgezogen wurden, so dass die Angriffsreihe ein W bildete, während das Mittelfeld durch das Rechteck der beiden Halbstürmer und der beiden Außenläufer gebildet wurde. Es entstand das legendäre W-M-System, das in den 1920er Jahren im deutschsprachigen Raum aber stets als W-System bezeichnet wurde. Eine wesentliche Folge dieses Systems war auch die fast vollständige und konsequente Umstellung auf Manndeckung.

Dieses von Chapman als Grundschema entwickelte taktische Konzept wurde von ihm entsprechend seiner Vorstellung von Fußball noch in besonderer Weise interpretiert. So bevorzugte er direktes Attackieren. »Sein Motto lautete: ›Je schneller man zum gegnerischen Tor kommt, desto weniger Hindernisse wird man vorfinden.‹ Da war kein Platz für ein trickreiches Spiel für die Galerie. […] Er lehnte die traditionelle Rolle der Außenstürmer ab, die Linie langzugehen und dann den Ball nach innen zu flanken, stattdessen wollte er, dass die Außenstürmer die Innenverteidiger angriffen und direkt aufs Tor gingen.«[699] Seine Interpretation war überdies besonders defensiv. Er erwartete von seinen Stürmern, immer in die Abwehr zurückzugehen, wenn diese unter Druck stand, umgekehrt hatte der *third back* praktisch keine offensiven Aufgaben und durfte sich nur in Ausnahmefällen, etwa bei einem Rückstand der eigenen Mannschaft, in den Angriff einschalten.

Chapmans Konzept hatte, so könnte man es zusammenfassen, das vorrangige Ziel, kein Tor zuzulassen und den Gegner durch ein massiertes Mittelfeld am Aufbau eines Angriffes zu hindern, um dann durch schnelle Konter sehr direkt und mit großer Dynamik die leeren Räume durch lange Pässe überbrückend vor das gegnerische Tor zu kommen. Willy Meisl zitiert Chapman mit dem Satz: »*Wenn es uns gelingt, den Gegner davon abzuhalten, ein Tor zu schießen, so haben wir einen Punkt sicher. Wenn es uns dann noch gelingt, irgendwie ein Tor zu schießen, haben wir beide Punkte.*«[700] Biermanns und Fuchs' paradox formulierter Leitspruch für dieses System, »Verteidigung ist der beste Angriff«, trifft den Kern der Spielweise wohl präzise.[701]

Wie wirkungsvoll dieses System war, bewies Arsenal, das unter Chapman den englischen Fußball jahrelang beherrschte, was natürlich auch daran lag, dass es Herbert Chapman gelungen war, unter Einsatz erheblicher finanzieller Mittel die richtigen Spieler für die richtigen Positionen zu verpflichten. Jedenfalls machte das Spielsystem Schule, in ganz Europa gingen Vereine und Nationalmannschaften dazu über, das Spielsystem Chapmans zu übernehmen und, teilweise sehr schematisch, zu kopieren, zum Beispiel die deutsche Nationalmannschaft. Selbst Italien wurde mit einer leicht veränderten Variante dieses Systems, dem *metodo*, 1934 Weltmeister.[702]

Allerdings war dieses System wenig attraktiv, es zielte auf Effektivität, wie es auch Chapman selber formulierte: »Ich will den bestmöglichen Fußball, aber […] er muss zweckgerichtet sein, er muss effektiv sein.«[703] Jimmy Hogan, der ganz entscheidend an der Herausbildung des kreativen Flachpass- und Kombinationsspieles der *Wiener Schule* beteiligt gewesen war, war deshalb ein »erbitterter Gegner der W-Formation, durch die der aufbauende Fußball in einen zerstörerischen verwandelt« werde.[704] Aber auch er konnte sich nicht der Tatsache verschließen, dass das W-System der entscheidende Bezugspunkt für alle Entwicklungen taktischer Konzepte zumindest im europäischen Fußball geworden war.

Hugo Meisl und das W-M-System

Hugo Meisl stand in einer besonderen Verantwortung, man erwartete von ihm einen erfolgreichen Fußball, also Siege der österreichischen Nationalmannschaft. Anderseits musste er Rücksicht nehmen auf die Tradition der *Wiener Schule*, umso mehr, als diese in der Öffentlichkeit geradezu zu einem Symbol österreichischer Identität hochstilisiert wurde, aber auch weil »seine« Spieler in dieser Tradition aufgewachsen und geschult waren.

Natürlich war auch Hugo Meisl schon mit der Einführung der neuen Abseitsregel klar, dass das Fußballspiel in taktischer Hinsicht verändert werden musste. Schon im Oktober 1925 formulierte er erste Konsequenzen, die im Wesentlichen darauf hinausliefen, die Dynamik des Spieles zu erhöhen, was, wie er formulierte, »allerdings besonders Ausdauer und Schnelligkeit erfordere«.[705] Meisl hatte immer schon betont, dass Fußball ein »Kampfspiel« sei, das nur »mit Energie und Ausdauer gepaart«[706] zum Erfolg führen könne. Nun forderte er klar die Abkehr vom »körperlosen« Spiel. Ihm war im Ausland aufgefallen, dass das »faire Rempeln« (mit angelegten Armen) längst zu einer gängigen Zweikampfpraxis geworden war, nur in Österreich und Ungarn betrachteten die Schiedsrichter dies immer noch als Regelwidrigkeit. Meisl forderte daher ein regelrechtes Rempel-Training, um weiterhin international mithalten zu können[707]. »Fußball muss wieder Kampfsport werden«,[708] erklärte er im April 1929 vor dem schweren Länderspiel gegen Italien.

Aber offenbar dachte er, zumindest zunächst, nicht daran, das Spielsystem grundsätzlich zu ändern, weder in der Verteilung der Spielerpositionen, noch in der grundlegenden Art des Kombinationsspieles. Vielleicht war er zu sehr gebunden an die *Wiener Schule*, vielleicht fehlte ihm auch in diesem Punkt der revolutionäre Blick. Allenfalls dachte er an Veränderungen taktischer Spielzüge. So empfahl er für den Angriff »ein steiles, schnelles Durchspielen«.[709] Es mag sein, dass die große Bewunderung, die er für Herbert Chapman hegte, auch damit zusammenhing, dass ihm die Kühnheit imponierte, mit der dieser das Spielsystem grundlegend verändert hatte.

Allerdings war Hugo Meisl dadurch in Zugzwang geraten, denn zahlreiche europäische Länder, insbesondere Deutschland und Italien, hatten das defensive W-M-System übernommen. Wenn der österreichische Fußball weiterhin seinen europäischen Spitzenstandard halten wollte, konnte er dieser Herausforderung im Rahmen des alten Wiener Spielsystems nur durch die Steigerung der Schnelligkeit und der körperlichen Robustheit begegnen. Insofern mag die ständige Ermahnung Meisls, schneller zu spielen, sowie seine stete Bewunderung der körperbetonten Spielweise der Engländer Ausdruck der Notwendigkeiten sein, dem veränderten Spielsystem gerecht zu werden. Dem könnte auch die von Wunderteam-Spieler Leopold Hoffmann berichtete Trainingsanweisung Meisls entsprechen: »Ausschießen, Flügel einsetzen, macht's kane Tanz, ka Scheiberlg'spiel.«[710]

Das heißt aber noch nicht, dass er »englisch« spielen lassen wollte, vielmehr schwebte ihm wohl eher vor, das Wiener System durch diese Eigenschaften noch überlegener zu machen.[711] Dementsprechend ließ er nie einen Zweifel an der *Wiener Schule* und stellte dabei auch ein gewisses Selbstbewusstsein zur Schau: »In taktischer Hinsicht«, erklärte Meisl in einem Zeitungsinterview im Jahre 1934, »haben wir die Briten schon überflügelt, in technischer Hinsicht sind wir, wenn wir von der Technik des Schießens absehen, zumindest ihnen gleichrangig. Dagegen überragen die britischen Spieler die unseren an Körperkraft, Gewicht, Konstitution, Härte und auf dem Gebiet der Schießkunst.«[712]

Und ganz im gleichen Sinne formuliert er im gleichen Jahr in einem Interview: »*Wenn uns ein den Engländern ähnliches Spielermaterial zur Verfügung stünde, dann würde ich eine Modernisierung unserer Spielweise in Richtung des britischen schwungvollen Kraftfußballs in gewisser Beziehung für vorteilhaft halten. Bei unserem heutigen Spielermaterial, beziehungsweise dessen physischer Grundlage, wäre jedoch eine derartige Spielreform kaum von Erfolg begleitet. Auf dem Gebiete der Kraft und des Schwunges sind jedoch die Engländer unerreichbar. Wenn wir also rivalisieren wollen, müssen wir auf andere Art trachten, unsere Klasse zu verbessern. Rascheres Starten, größere Entschlussfähigkeit vor dem Tore und erhöhte Schusssicherheit, das sind die Grundzüge unserer Bemühungen, die Klasse unseres Fußballs zu heben. Im Prinzip bleiben wir bei unserer bisherigen Spielauffassung, die sich ja gut bewährt hat.*«[713]

Die Taktik des Wunderteams

Schlüsselideen Meisls für eine taktische Konzeption waren also Angemessenheit gegenüber Spieltraditionen und »Spielermaterial« sowie Flexibilität hinsichtlich taktischer Vorgaben. In diesem Sinne wäre es natürlich Unsinn anzunehmen, dass Meisl nicht auch bereit gewesen wäre, Elemente anderer Spielsysteme zu übernehmen.

Tatsächlich ist eine solche Veränderung taktischer Positionen zumindest bei jener Mannschaft festzustellen, die als »Wunderteam« in die Geschichte einging. Diese Mannschaft scheint nicht mehr in der klassischen 2-3-5-Formation gespielt zu haben, auch wenn Meisl der äußeren Form nach immer an ihr festhielt, sondern in einer Art 2-2-1-2-3-System. Der Mittelläufer hatte eine sehr flexible Position und war damit ein Schlüsselspieler des Wunderteams, meist war dies Smistik, später Nausch. Es wird sogar berichtet, dass er mit der Abschirmung des gegnerischen Mittelstürmers betraut gewesen sei.[714] Andererseits war der Mittelläufer entscheidend für die Verteilung der Bälle in der Offensive. Die beiden Verbindungsstürmer spielten im Wunderteam zurückgezogener und stellten, nicht unähnlich dem W-M-System, eine Verstärkung des Mittelfeldes dar, um sich dann aber in schnellen Spielaktionen in den Angriff einzuschalten. Ihre Aufgaben im System des Wunderteams waren freilich nicht ganz vergleichbar mit der Rolle, die Chapman den Halbstürmern zudachte, die als Verbindungsglieder zwischen dem defensiven Mittelfeld und dem Sturm enorme Wege zurücklegen mussten. Meisls System war offensiver, der Aktionsradius der Halbstürmer blieb entsprechend kleiner, die Bewegung nach vorne erfolgte nicht durch lange Pässe, sondern nach wie vor durch ein gepflegtes, schnelles Kurzpassspiel. Erst Mitte der 1930er Jahre sprach Meisl von einem System mit einem »fliegenden vierten Half«[715], dem die Zukunft gehöre, und bezog sich damit auf eine noch grundsätzlicher veränderte Rolle der Verbindungsstürmer. Offenbar ging seine Idee dahin, die Zahl der Stürmer auf vier zu reduzieren und dadurch eine neue Dynamik ins Mittelfeld zu bringen. Eine weitere Referenz gegenüber dem W-System.

Für das Spielsystem der Wunderteam-Mannschaft ist in diesem Zusammenhang eine Spielanalyse des deutschen Spielführers Leinberger nach der 0:5-Niederlage der Deutschen in Wien im Jahre 1931 ganz aufschlussreich. Er verwies darauf, dass die österreichischen Stürmer enorm variabel spielten, ständig ihre Plätze wechselten, sie liefen »so plötzlich in den freien Raum, in den dann aber auch prompt der Ball hineingespielt wurde, dass man als Deckungsmann immer im Nachteil war«. Auch die neue Rolle der Verbindungsstürmer ist ihm aufgefallen, die »fortwährend die gegnerischen Läufer störten. Der Gegner wird bei der Ballannahme stets angegangen. Die Außen kurven nach Ballempfang sofort nach innen und geben den Ball meist nach hinten, so dass der anlaufende Innenstürmer in den Ball hineinlaufen kann.«[716]

Ähnlich beschreibt auch Herbert Chapman, der den österreichischen Fußball seit den 1920er Jahren beobachtet hatte, die veränderte Taktik der Österreicher; man beachte seine Darstellung der Rolle des Mittelläufers, der ja anders als in seinem W-Spielsystem offensiv und sehr beweglich ausgerichtet war:

»In der Defensive hat sich ihre Spielweise gegenüber ihren ersten Spielen in diesem Land geändert. Sie ziehen sich vor einem Angriff nicht mehr zurück, um erst dann dagegenzuhalten, wenn der Gegner in die Nähe des Tores kommt. Sie haben auch gelernt, den ballführenden Spieler zu attackieren und den Ball vom Gegner zu erkämpfen. Tatsächlich haben sie sich (insofern) dem englischen und dem schottischen Spiel angenähert. Allerdings geht der Mittelläufer bei einem Angriff immer noch mit nach vorne, wobei die Außenläufer bei den gegnerischen Außenstürmern bleiben und eher defensiv orientiert sind. Die (beiden) Verteidiger sind so positioniert, dass sie dem Torwart die größtmögliche Absicherung geben. Sie scheinen jedoch nicht das gleiche Vertrauen zu ihrem Torhüter zu haben, wie das in unserem Land der Fall ist. Sie überlassen ihm nicht den Ball, wenn er, wie wir sagen würden, ›seiner‹ ist. Sie müssen noch einiges lernen, wenn es um die Abwehr eines Freistoßes geht, und gleichermaßen scheinen sie keinen großen Wert darauf zu legen, die Gegner bei einem Eckball zu decken. In dieser Hinsicht ist ihr Abwehrverhalten immer noch mangelhaft. Im Angriff jedoch spielen sie hervorragend. Es ist eine Augenweide zu sehen, wie sie den Raum mit vielen, schnellen, direkt gespielten Flachpässen überwinden; überdies wenden sie einen Spielzug zu großem Nutzen an, den wir zu unserem Vorteil übernehmen sollten. Angenommen, der Ball wird vom linken Flügelstürmer quer nach innen gespielt. Normalerweise müsste man annehmen, dass der Ball vom Linksverbinder oder dem Mittelstürmer angenommen würde. Gleichzeitig würden die gegnerischen Verteidiger dazwischen gehen und den Ball abzuwehren versuchen oder den gegnerischen Stürmer blockieren. Stattdessen aber tun die von mir genannten österreichischen Stürmern nur so, als ob sie den Ball annehmen wollten, lassen ihn aber in Wirklichkeit durchlaufen zum Rechtsverbinder oder zum rechten Außenstürmer und es eröffnet sich so eine große Schusschance.«[717]

Die von Chapman beschriebene taktische Variante hatte in England übrigens einen tiefen Eindruck hinterlassen. Noch einige Jahre später präsentierte sie der britische Journalist F.N.S. Creek einem breiten Publikum als »Running over the ball«[718] und erläuterte sie in einer kleinen Graphik (freilich gegenüber der Darstellung von Chapman »seitenverkehrt«):

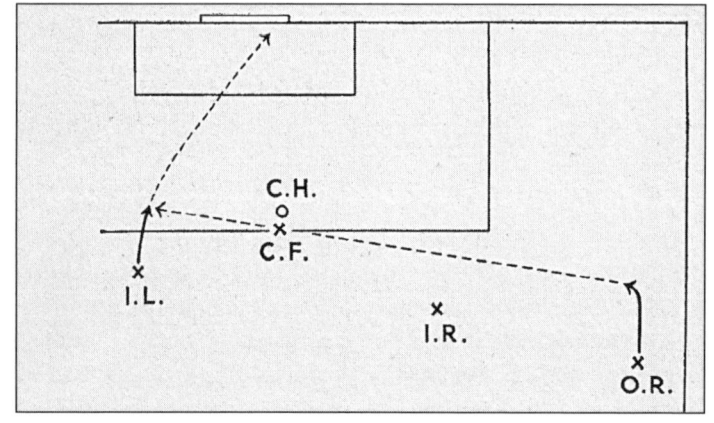

I.L. = inside left
C.F. = centre forward
C.H. = centre half
I.R. = inside right
O.R. = outside right

Wunderteam-Spielzug:
»Running over the ball«.

Am Ende des Artikels von Chapman stand eine positiv klingende Einschätzung, die aber auch einen kritischen Unterton hatte: »Austrian football [...] is designed to please. [...]« – »Der österreichische Fußball ist darauf angelegt, zu gefallen.«[719]

Das war allerdings genau das, was den Engländern so imponierte und was sie nach dem legendären Auftritt der Österreicher Ende 1932 in London sehen wollten. So wurde in England für die Gastspiele der Austria in Manchester und Liverpool am 13. und 18. Dezember 1933 mit den Worten geworben: »Diejenigen, die gerne sehen, wenn der Ball am Boden und nicht in der Luft gespielt wird, sollten nicht verpassen, diese Spiele sich anzuschauen«,[720] und Kicker-Herausgeber Hanns J. Müllenbach kommentierte: »[...] man darf wohl sagen, dass diese Beurteilung der österreichischen Spielweise vielleicht das schönste der vielen Komplimente ist, die die Mannen um Hugo Meisl empfangen durften.«[721]

Dies umso mehr, als Herbert Chapman seinerseits den englischen Fußball im Vergleich zum österreichischen Spiel durchaus kritisch bewertete: »Die Engländer sind im nüchternen System erstarrt, die Vorzüge ihrer Kunst vor 30 Jahren sind die Vorzüge von heute geblieben, die Nachteile aber, vor 30 Jahren bedeutungslos, wirken sich heute auf Schritt und Tritt hemmend aus. Österreich dagegen hat die englischen Richtlinien längst mit eigenen, modernen vertauscht – den Erfolg können wir zu Genüge beobachten.«[722] Worte, die – ganz nebenbei – vom großen Sachverstand und Weitblick Herbert Chapmans zeugen, denn diese Diagnose sollte sich 20 Jahre später für jeden sichtbar bestätigen, als Englands Team sich dem ungarischen *Donaufußball* als hoffnungslos unterlegen erwies. Hugo Meisls Bruder Willy hat diesen Vorgang damals in seinem vielbeachteten Buch »Soccer Revolution« schonungslos analysiert[723] und so in gewisser Weise zu Englands Rückkehr in den internationalen Fußball beigetragen, die letztendlich zum Gewinn der Fußballweltmeisterschaft 1966 führte.

Zweckmäßigkeit contra Schönheit

Die öffentliche Diskussion über Spielsysteme seit der Mitte der 1920er Jahre und vor allem der Siegeszug des Wunderteams Anfang der 1930er Jahre führte zu einer Art paradigmatischer Gegenüberstellung des feinen, technisch raffinierten Kombinationsfußballs der *Wiener Schule* mit dem schnellen, kraftvollen, weiträumigen und körperbetonten *kick and rush* der Engländer. Das Spiel England gegen Österreich im Dezember 1932 wurde zu einem Höhepunkt dieser dichotomischen Wahrnehmung, zu einer Art »Kampf der Systeme« hochstilisiert.

Vor allem die Wiener Sportpresse fügte dieser Wahrnehmung noch eine Kategorie hinzu, die eigentlich außerhalb des Wettkampfsportes angesiedelt ist: die Ästhetik. So wurde polarisiert zwischen dem spielerischen, »schönen« Fußball der Wiener und dem »Zweckfußball«, der durch das W-M-System repräsentiert wurde. Auf diese Weise konnte man sogar die Niederlage in London umdeuten in eine erfolgreiche Mission, die der Schönheit des Fußballsportes diente.

Es ist vielleicht kein Zufall – zumindest nicht in Wien –, dass ein ganz ähnlicher Diskurs seit dem Beginn des 20. Jahrhunderts auf dem Gebiet der Architektur geführt wurde. Die Kontroverse bezog sich auf das Verhältnis von Funktionalität und Ornament, wie sie in Wien vor allem durch die Thesen des Wiener Architekten Adolf Loos provoziert wurden. Die konservative Wiener Architekturtheorie verteidigte das Ornament, die zweckfreie Ästhetik, die dem spielerischen Bedürfnis der Menschen entgegenkomme, während Loos die Verlogenheit solcher ornamentalen Gesten geißelte: Ein Gegenstand, so Loos, sei nur dann schön, wenn er auch praktisch, also zweckvoll sei. Oder fußballerisch gesprochen: Besser schmucklos gewonnen, als in Schönheit gestorben.

In der Architektur hat sich die Funktionalität, die »neue Sachlichkeit« als die zukunftsweisende Variante erwiesen. Auch im Fußball schien der »Zweckfußball«, den Chapmans Arsenal spielte, den Weg zum Erfolg zu weisen. Selbst Meisl konzedierte in einem Aufsatz für die *Basler Nachrichten*, dass sich Arsenals »verfeinertes Stoß- und Laufspiel« wegen seiner Rasanz als wirkungsvoll erwiesen habe.[724]

Meisl blieb aber dieser Idee der »Zweckmäßigkeit« gegenüber dennoch skeptisch. In einem Beitrag für die Zeitung *Reichspost* im Jahre 1935 wies er darauf hin, dass »Zweckfußball« als Leitbild nur ein formaler Begriff sei, es müsste erst inhaltlich geklärt werden, was denn »guter« Fußball sei. Die Spielweise müsste dem »Spielermaterial« entsprechen, das zur Verfügung stehe. Und die Art dieses »Spielermaterials« reflektiere in Österreich eben nationale und regionale Traditionen, zu denen eben auch, wie Meisl ausdrücklich betont, das Kurzpassspiel und die »Arabesken« gehörten. Insofern ginge es, um »guten Fußball« zu spielen, nicht darum, ein starres System anzuwenden, gar von irgendwoher zu übernehmen, wie er es vor allem dem deutschen Reichstrainer Otto Nerz vorwarf. Vielmehr forderte er eine den Verhältnissen angepasste Spielweise, die dann dadurch auch letztendlich zweckmäßig sei.[725] So wie – um auf die Auseinandersetzung in der Architektur zurückzugreifen – der Karl-Marx-Hof lokale ästhetische Traditionen mit den neuen Tendenzen der Architektur verband.

Wie man sieht, enthält der Text von Meisl eine deutliche Skepsis gegenüber der Forderung, wesentliche Elemente des englischen Fußballs zu übernehmen, der damals als das Maß der Fußballkultur angesehen wurde. Das ist insofern von Bedeutung, als sich hartnäckig eine Überlieferung hält, wonach Meisl den englischen Fußball vorbehaltlos bewundert habe und er eigentlich nichts mehr gewünscht habe, als seine Mannschaft so spielen zu lassen, wie die Engländer es taten. Gewiss hat er den englischen Fußball bewundert, aber eben nicht vorbehaltlos.

Spätestens nach der Niederlage bei der Weltmeisterschaft 1934 geriet allerdings Hugo Meisl erheblich unter Druck. Man brachte seinen mangelnden Erfolg mit der Frage des Spielsystems in Verbindung. Aber Hugo Meisl blieb bei aller Bewunderung für den englischen Fußball bei seiner eher pragmatischen Grundauffassung, dass bei aller Bedeutung taktischer Konzeptionen ein gutes und erfolgreiches Spiel nicht durch ein starres Spielsystem entstehen konnte, sondern letztendlich nur durch die Spielfreude der Spieler, die im entscheidenden Moment, durch Intuition und durch taktische Schulung gleichermaßen befähigt, das Richtige zu tun vermögen. Geradezu triumphierend formuliert er diese Einsicht in einem Bericht über das Länderspiel in Madrid gegen Spanien im Januar 1936, das die Österreicher gewannen:[726]

»*Ein großes Spiel, ein prachtvoller Kampf gehört der Vergangenheit an und er hat der österreichischen Nationalelf den Triumph gebracht, die auf eigenem Boden bisher noch unbesiegte Auswahlmannschaft Spaniens 5 : 4 schlagen zu können. Ich hätte gewünscht, wenn die nach Hunderten zählenden Pro- und Contrakritiker des W- und M-Systems dem Spiel beigewohnt hätten. Nur weil beide Mannschaften ohne Rücksicht und unbeschwert von Theorie den ihrem Wesen und ihren Eigenheiten entsprechenden offenen Spielcharakter mit allen fünf Stürmern in Front gehuldigt haben, konnte das Publikum nach grandiosem Spiel beider Parteien 9 Tore der schönsten Koloratur zu sehen bekommen.*«

Im Juli des gleichen Jahres analysierte er dagegen das Spiel zwischen Ujpest und Austria im Mitropa-Cup mit den Worten: »*20 Minuten vor Schluss konnte man der Meinung sein, hier Arsenal oder sonst eine das W-System betreibende Mannschaft an der Arbeit zu sehen. Die Wiener spielten mit drei Stürmern, vier Läufern und drei Verteidigern – diesmal erwies sich die Taktik als richtig.*«[727] Es kommt eben auf die Umstände an.

Noch kurz vor seinem Tode, im Dezember 1936 griff Meisl, das Spiel der Ungarn in England resümierend, erneut die beiden Aspekte auf, die sein taktisches Denken wesentlich prägten: die Liebe zum *Wiener Stil* und seine Bewunderung des englischen Fußballs:

Von einigen Mängeln abgesehen »*hat aber die ungarische Mannschaft [...] schönen Fußball, also das typisch zentral-europäische kurze Passspiel kultiviert und nach dieser Richtung hin einen vortrefflichen Eindruck hinterlassen. Man soll mir aber ja nicht mit den Argumenten kommen, dass es vielleicht zweckmäßiger für die Ungarn gewesen wäre in W-Formation zu spielen. Das Um und Auf des neuzeitigen, wirkungsvollen Spieles sind zwei körperlich, technisch und taktisch hundertprozentige, neunzig Minuten den Pendeldienst versehende Verbindungsstürmer. Die Engländer hatten Carter, Sunderland und Bowden, [...] die Ungarn Vincze und Zsengeller auf diesem Posten. Angenommen, Vincze und Zsengeller wären den englischen Gegenspielern an Technik und Taktik ebenbürtig, besteht immer noch der Gewichtsunterschied zwischen den Paaren von mindestens 30 Kilogramm, von Ausdauer und Wucht gar nicht zu reden. Das wären die markantesten Hinweise [...].*«[728]

Damit sind noch einmal die beiden angesprochenen Pole beschrieben, die bei der Bewertung der Spielweise des österreichischen Fußballs eine Rolle spielten: das »schöne Spiel« und der »Zweckfußball«. Und es ist auch bezeichnend, dass die Presse bei den Bewertungen der Spiele, je nach Ergebnis, zwischen diesen beiden Polen hin- und herpendelte. Wenn die Österreicher erfolgreich waren, zerfloss man vor Begeisterung, man bewunderte die »technischen und taktische Feinheiten«, den »fließenden Kombinationsstil«[729] und die »wunderbare Ballkontrolle«.[730]

Nach Misserfolgen schlug das Pendel in die andere Richtung: Man kritisierte die »schönen, zwecklosen Dribbelkünste«, bei der die Spieler nur mehr Wert darauf legten, »durch technische Finessen zu glänzen und das Kombinationsspiel bis zur Grenze vollständiger Unfruchtbarkeit zu steigern,[731] sieht das sogar als Rache dafür, dass »das Wiener Publikum einen kunstvollen Fußball lieber sieht als einen erfolgreichen Fußball«.[732] Und als die Erfolge sich wieder einstellten, begann man auch wieder zu schwelgen über die »absolute Beherrschung des Stellungsspiels«[733] und darüber, »welch Schönheiten, welch faszinierender Reiz im Fußballspiel steckt«, über »die elastische Angriffskette«, darüber, dass der Ball »prachtvoll weich und doch bestimmt Ball geführt wurde«[734] und schließlich über den »vorbildlich gewordenen, erfrischenden Stil der geistvollen Einfälle«.[735]

Auch Meisl pendelte zwischen diesen Polen: respektvolle Bewunderung für Englands Zweckfußball, Stolz auf den wienerischen, fußballerischen Schönheitssinn, Einsicht in die Notwendigkeit von Systemveränderungen, Akzeptieren Wiener Traditionen. Aber hätte Hugo Meisl das Spielsystem der Wiener überhaupt ändern dürfen, wenn er es denn gewollt hätte? Was wäre aus dem Wiener Fußball geworden, wenn er nicht mehr die *Wiener Schule* repräsentiert hätte, womit hätten sich die Wiener identifizieren sollen, wenn ihre Fußballer genauso spielten wie der Rest der Welt, wie hätte man sich von den Deutschen absetzen können, den Zweckfußballrüpeln, wenn man gleichermaßen diesem Zweckfußball gefrönt hätte?

In diesem Zusammenhang wirkt erhellend, was Matthias Sindelar zur Frage der Spielsysteme kurz nach dem Tode Meisls im Jahre 1937 schrieb, eine letzte Beschwörung österreichischer Identität, zumindest im Fußball: Er meint, es gäbe nur zwei ernstzunehmende Fußballsysteme, das *W-System* und die *Wiener Schule*. Und er lässt keinen Zweifel daran, dass das Wiener System das überlegene ist. Dabei ist bezeichnend, dass Sindelar nur die offensive Seite des Fußballspiels im Auge hat, vielleicht nicht nur deshalb, weil er selber Stürmer war, sondern auch weil dieses Denken konstitutiver Bestandteil der Wahrnehmung der *Wiener Schule* war:

»*Das W-System besteht darin, dass Zentralstürmer und die beiden Flügel weit nach vorne genommen werden, hingegen die Verbindungen zurückbleiben und eine natürliche Verbindung mit den Läufern herstellen. [...] Um dieses System erfolgreich anwenden zu können, braucht man ungeheuer schnelle Spieler, vor allem müssen die Flügelstürmer äußerst flink sein. Auch können meiner Meinung nach nur sehr kräftige und harte Spieler auf die Dauer erfolgreich bei dem W-System operieren. [...] Ich kann auf Grund meiner langjährigen Erfahrungen nur sagen, dass es ein Unglück wäre, wenn man bei uns in Wien dieses System versuchen wollte. Es liegt unseren Spielern ganz und gar nicht. Unsere Spieler sind nicht so schnell wie die Italiener und Engländer, und sie werden es wahrscheinlich auch nie werden. Es fehlt auch dem Durchschnitt unserer Fußballer die nötige körperliche Konstitution für dieses Spiel. Wir brauchen aber gar nicht diese viel gerühmte Schnelligkeit und diese Härte, weil wir mit unserem System, der ›Wiener Schule‹, in gemächlicherem Tempo und weniger Aufwand an Körperkraft zu weit größeren Erfolgen kommen. Natürlich ist auch bei dem Wiener Spiel körperliche Kondition Voraussetzung für den Erfolg, aber im Übrigen trachten wir, durch blitzschnelles, präzises Kombinieren mit möglichst überraschenden und zahlreichen Varianten das kleine Handicap, das wir durch unsere geringere Schnelligkeit und Härte aufzuholen haben, wettzumachen.*«[736]

Hugo Meisl hätte es wohl nicht besser formulieren können.

»Herr Meisl toastierte« – Der Bundeskapitän als Diplomat und Spielerbetreuer

Meisl kümmerte sich in seiner Eigenschaft als Bundeskapitän allerdings nicht nur um die Aufstellung, die Taktik und die Vorbereitung der Auswahlteams, sondern hatte darüber hinaus auch noch gesellschaftliche Verpflichtungen zu erfüllen. Zum ersten Mal in Erscheinung tritt er in dieser Hinsicht bereits im Jahre 1912, nachdem Meisl die Verantwortung für die Olympiavorbereitungen übernommen hatte. Nach dem Länderspiel gegen Ungarn in Wien am 5. Mai 1912 traf man sich zu einem Bankett in den Räumen des Hotels »Continental«:

»*Den Reigen der Toaste*«, so lesen wir, »*eröffnete der Präsident des Österreichischen Reichsverbandes Herr Ingenieur Waller. Er gedachte in seiner Rede der Erfolge des heutigen Matches und erhob das Glas auf das Gedeihen des ungarischen Verbandes, der zweite Präsident des ungarischen Verbandes Herr Opréc toastierte auf den österreichischen Verband. Herr Herczog, Ehrenkapitän der ungarischen Mannschaft, gedachte in seiner Rede des Schiedsrichters Mr. Howcraft. Der Präsident des niederösterreichischen Verbandes [Dr. Ignaz Abeles] toastierte auf die Presse. Herr Meisl toastierte namens des Schiedsrichters Mr. Howcraft, welcher die Disziplin der Spieler lobte und ein Hipp, Hipp, Hurrah auf die 22 Spieler ausbrachte. Damit schloss der offizielle Teil, doch blieb man noch lange in zwangloser Unterhaltung beieinander.*«[737]

Der Verbandskapitän hielt aber nicht nur Reden, er musste sich auch um die Rahmenbedingungen kümmern, die den Spielern eine bestmögliche Leistung gestatteten. Bisweilen galt es auch beim Publikum gute Stimmung zu machen, so wie in Budapest am 20. September 1925, einem heiklen Spiel nach manchen Verstimmungen zwischen den beiden Verbänden. Vorausgegangen war eine Verletzung des ungarischen Spielers Orth bei einem Spiel zwischen den Amateuren und MTK Budapest in Wien, die dessen Gegner, der Amateure-Verteidiger und Nationalspieler Tandler – schuldhaft oder nicht – verursacht hatte. Die Empörung in Ungarn war groß: Einer ihrer besten Spieler schwer verletzt – und selbstverständlich wurde Tandler Absicht unterstellt, die Zeitungen in Budapest waren über Wochen hinweg voll mit bösesten Anschuldigungen. Tatsächlich bedeutete diese Verletzung faktisch das Ende der glänzenden Karriere von Orth – und selbst bei Jimmy Hogan löse dies tiefste Trauer aus: Er hatte Orth als jungen Spieler in Budapest entdeckt und ihn ausgebildet, er sah ihn fast als seinen Sohn an, Tränen seien ihm gekommen, als er von dem Vorfall hörte.[738] Jedenfalls war von ungarischer Seite verlangt worden, dass Österreich zum Länderspiel ohne Tandler antreten solle, oder wie es der ungarische Verband so hübsch formulierte: »Wenn Tandler nicht kommt, wird den Österreichern kein Haar gekrümmt.«[739]

Noch eine Woche vor Spielbeginn wurden zwischen Meisl und Fodor relativ harsch formulierte Telegramme ausgetauscht, Meisl versuchte das Spiel zu verlegen, weil im Verband die Sorge um die Sicherheit der Spieler bestand, was wieder die Ungarn als unverschämte Unterstellung werteten. Aber dann lenkte Meisl ein, gab bekannt, dass er auf den Spieler Tandler verzichten würde, und setzte gegen die Forderungen seiner Kollegen beim ÖFB und seinen Spielern durch, dass das Spiel wie geplant am 20. September 1925 in Budapest stattfinden konnte. Hugo Meisl erwies sich als mutiger Diplomat und wurde in Budapest als »der Retter des Länderkampfes« gefeiert.[740] Entsprechend wurde er in Ungarn empfangen:

»Als Hugo Meisl an der Spitze seiner Schar über die Laufbahn den Kabinen zuschritt, erscholl demonstrativer Beifall, der vielleicht den Österreichern im Allgemeinen zugedacht war, aber auch dem Diplomaten Meisl – Sportdiplomaten natürlich – galt. [...] Hugo Meisl hat dann beim Bankett die Situation endgültig geklärt. Eine launige Rede und auf den Gesichtern war eitel Freude. Bis zum nächsten Länderspiel werden auch die letzten Schatten verschwunden sein.«[741]

Hugo Meisl Betreuungstätigkeit war auch eine Fürsorgetätigkeit. Die Fürsorge bezog sich darauf, die Spieler rechtzeitig zum Schlafen zu bringen (um allerdings sich dann anschließend in das Nachtleben der jeweiligen Städte zu stürzen, sei es in der Boccaccio-Bar in Prag oder dem Café New York und anschließend dem Moulin Rouge in Budapest[742]), sie aber auch mit kulturellen Angeboten zu versorgen. Gastreisen waren grundsätzlich mit dem Besuch kultureller Highlights verbunden (bei einer solchen kulturellen Veranstaltung im Dresdner Zwinger war einer der Spieler, Walter Nausch, offenbar so beeindruckt, dass er sich im Gebäude verlief, nicht mehr rechtzeitig herausfand und abends beim Bankett fehlte, erinnert sich wenigstens eine seine Töchter). Überdies war ihm wichtig, dass seine Spieler ordentlich, gewissermaßen zum Ruhme Österreichs, auch außerhalb des Spielfeldes auftraten. Lange bereitete er entsprechendes Auftreten in London vor. Vor der Reise nach Schottland machte er noch einmal deutlich, was er diesbezüglich erwartete. Er versammelte die 16 für die Reise auserkorenen Spieler im Verbandsheim um sich und wies in »eindrucksvollen Worten«, wie es der Berichterstatter der *Reichspost* formulierte, darauf hin, dass die Bedeutung des Spieles auch den Spielern selbst besondere Pflichten auferlege, denn sie würden dort nicht nur Fußball spielen, sondern »aus dem Rahmen sportlicher Betätigung auf die Tribüne des öffentlichen Lebens gestellt, auf der sie in erster Linie als Österreicher in Erscheinung zu treten haben«.[743]

Mitunter wurde auch Hugo Meisls Improvisationstalen auf eine Probe gestellt, wie folgende Begebenheit nach einem Länderspiel in Italien 1928 zeigt: Nachdem das österreichische Team samt Begleitern die ganze Nacht durchgefahren war, kam man morgens in Venedig an. Eine wunderbare Gelegenheit für ein italienisches Frühstück mit Espresso! Hugo Meisl, weitere Offizielle sowie auch einige Spieler stürmten das Bahnhofsrestaurant, ließen es sich gut gehen – und standen nach ihrer Rückkehr am leeren Bahnsteig. Der Zug war weg, mitsamt der restlichen Mannschaft! Man hätte den nächsten Zug nehmen können, aber zum Unglück hatte Hugo sämtliche Pässe und das ganze Geld bei sich! Es half nichts, man musste den Rest der Mannschaft unbedingt noch vor der Grenze wieder einholen! Kurz entschlossen organisierte Meisl zwei Autos und nahm die Verfolgung auf. Trotz einiger Pannen und steigender Entgeltforderungen der Fahrer gelang es tatsächlich, nach einer wilden, 220 Kilometer langen Verfolgungsjagd auf unausgebauten Landstraßen den Zug in der Grenzstation Tarvisio wieder einzuholen.[744]

Selbst bei Heimspielen wurde der berühmte Meisl mehr und mehr zu anderen Verpflichtungen gezwungen. Immer war er ein guter Gastgeber, Walter Bensemann lobte das anlässlich eines Gastspieles der süddeutschen Auswahl in Wien, als er feststellte: »Großes Lob gebührt der gastgebenden Verbandsleitung für die ausgezeichnete Aufnahme und Bewirtung der Deutschen sowie der deutschen Pressevertreter, allerdings ist man in dieser Beziehung immer von unseren Wiener Freunden das Beste gewöhnt. Hugo Meisl [hat] sich wie immer die größte Mühe gegeben […].«[745] Diese herzliche Gastfreundschaft scheint tatsächlich eine der herausragendsten Tugenden Hugo Meisls gewesen zu sein, die auch in den Wiener Zeitungen, häufig mit einem nicht unironischen Unterton, ihren Widerhall fand: Meisl, der alles Fremde liebe und sich entsprechend den fremden Gästen mit »unerhörter Hingabe« widme, so dass er bei diesen Gelegenheiten für niemanden mehr zu sprechen sei, schon gar nicht für seine Familie.[746] Immerhin wird auch festgestellt, dass Meisl die dabei entstehenden Kosten aus eigener Tasche bezahle. So findet sich im Nachlass Hugo Meisls auch eine Widmung des ungarischen Trainers Dori Kürschner aus dem Jahr 1931 »Zur freundlichen Erinnerung an die Sommertage in Wien 1931«, die Hugo Meisl in seinem Büro zeigt.

Je legendärer Meisls Ruf wurde, desto mehr legten die anreisenden Nationalmannschaften, die nach Wien kamen, Wert darauf, vom »großen« Meisl empfangen und betreut zu werden. Als zum Beispiel die italienische Nationalmannschaft im März 1932 zu einem Länderspiel anreiste, gehörte er neben dem italienischen Konsul und Mitgliedern der italienischen Gesandtschaft zum Begrüßungskomitee. Er war es auch, der später, nachdem die italienischen Gäste das Hotel bezogen hatten, zu ihnen kam, um das Tagesprogramm festzulegen: Stadtrundfahrt, Stadionbesichtigung und der Besuch eines Schwimmwettkampfes.[747] Man staunt immer wieder, wie Meisl angesichts seiner umfangreichen Aufgaben das alles bewältigen konnte.

Umso rührender mutet es an, wenn man liest, in welcher Weise sich Meisl sich auch noch um die Nachwuchsförderung bemühte. Der junge schwedische Sportjournalist Tore Nilsson begleitete am Tag nach der triumphalen Rückkunft aus London Ende 1932 Hugo Meisl auf einer Fahrt in die Arbeitervorstadt Brigittenau, übrigens nicht weit von Meisls Wohnung im Karl-Marx-Hof entfernt. Es war kurz vor Weihnachten, Meisl hatte 25 Paar billige Fußballschuhe und fünf Fußbälle im Gepäck. In einem Kaffeehaus ließ er »hunderten verwahrlosten langhaarigen Jugendlichen ein Glas Milch und Brötchen servieren – für manche die erste Mahlzeit am Tag«, hielt ihnen einen kurzen Vortrag über Fußball und verteilte Geschenke. »Für diese Jungs«, erklärte Meisl dem erstaunten Nilsson hinterher, »ist das Kicken nicht nur ein Spiel oder ein Sport, für sie ist es auch eine Art, den Hunger zu vertreiben. Solange man Fußball spielt, verspürt man keinen Hunger.«[748] Wieder einmal war Meisl mit einer Idee vorgeprescht, die er sogleich in die Tat umsetzte; Anfang 1937 begannen endlich die Vereine Meisl zu folgen und »das Training auch noch durch Verabreichung von Milch und Butterbrot schmackhaft zu machen. Die oft unterernährten Proletarierkinder brauchen eine solche Aushilfe, wenn sie den Anstrengungen der Sportausübung gewachsen werden sollen.«[749]

Foto von Hugo Meisl in seinem Büro; Widmung von Dori Kürschner: »Zur freundlichen Erinnerung an die Sommertage in Wien 1931«.

Eine kleine Anekdote am Schluss, Meisls Unentbehrlichkeit betreffend. Anlässlich der Reise nach Schottland und England im November 1933 lud Herbert Chapman Meisl zu einem gemeinsamen Gespräch bei der BBC ein. Meisl lehnte ab, er könne sein Team doch nicht alleine lassen, er sei immerhin der einzige Übersetzer seiner Mannschaft.[750]

»Die Unsrigen« – Die Nationalmannschaft als Identitätsstifter

Je erfolgreicher das österreichische Nationalteam spielte, desto stärker auch nahm die Allgemeinheit Anteil an deren Leistungen. Mannschaftsaufstellungen und Fußballresultate gewannen den gleichen Stellenwert wie Inszenierungen des Burgtheaters und wurden mit der gleichen Inbrunst in den Kaffeehäusern diskutiert. Die Spiele der österreichischen Nationalelf wurden immer mehr als etwas wahrgenommen, womit man sich als Wiener und als Österreicher identifizieren konnte. Insbesondere die herausragenden Leistungen des Wunderteams der 1930er Jahre sollten die Österreicher, die sich zuvor eher als Deutsche gefühlt hatten, mit einem zuvor unbekannten Nationalstolz erfüllen. »Worauf hätten wir auch sonst stolz sein können«, erklärte hierzu auf Nachfrage Georg Stefan Troller.[751]

Der steigende Stellenwert der Nationalmannschaft lässt sich schon an den Zuschauerzahlen ablesen: Am 5. Oktober 1919 waren 20.000 Zuschauer auf den Pratersportplatz gekommen, um dem Spiel gegen den »Dauergegner« Ungarn beizuwohnen. Das Spiel gegen das nicht übermäßig stark eingeschätzte Finnland auf der Hohen Warte am 12. August 1923 lockte schon 30.000 Menschen an,[752] eine Woche später kamen sogar 60.000 Zuschauer auf die Hohe

Warte, um den 2:1-Sieg der Wiener gegen Prag zu sehen – übrigens wiederum ein Hinweis, wie wenig das öffentliche Interesse zwischen einer Wiener Auswahl und einem österreichischen Nationalteam unterschied.

Am Ende der 1920er Jahre wurde die Entscheidung getroffen, ein neues Stadion zu bauen, freilich nicht in erster Linie für den Fußball, sondern für die Arbeiterolympiade 1931. Bei der offiziellen Eröffnung des Stadions am 11. Juli 1931 bildeten den sportlichen Rahmen ein Spiel zweier Arbeiterfußballvereine und die österreichischen Leichtathletikmeisterschaften. Der Fußballbund wurde nicht eingeladen. Weder der Präsident des ÖFB, Eberstaller, noch der Präsident des Wiener Verbandes, Gerö, noch der Generalsekretär Meisl waren beim Festakt im Stadion zugegen. Der Fußballbund empfand das als eine »ganz unglaubliche Brüskierung«[753] und trat unter Protest aus dem Hauptverband für Körpersport aus. Aber im sozialistischen Wien hatte man die konfliktreiche Trennung des Fußballbundes vom alten Fußballverband, der von den Arbeitervereinen, also auch den Sozialisten dominiert worden war, nicht vergessen. Dieser Streit um die Eröffnung änderte aber nichts daran, dass das Stadion im Prater danach in erster Linie für Fußballländerspiele des ÖFB genutzt wurde und dabei einige der unvergesslichsten Sternstunden des österreichischen Fußballs erlebte.

Dieser zunehmenden Bedeutung des Fußballsports konnte sich schließlich auch die altehrwürdige *Wiener Zeitung* nicht versperren, seit eh und je das offizielle Verlautbarungsorgan der österreichischen Obrigkeit. Bis Anfang der 1930er Jahre waren diesem Blatt in sportlicher Hinsicht lediglich die Ergebnisse im Pferderennen mehrere Zeilen wert. Am 3. Juli 1933 aber erlebte die *Wiener Zeitung* die größte Veränderung seit ihrem Bestehen: Die Einrichtung einer Sportredaktion mit einer festen Rubrik unter dem Titel »Sport und Spiel«.

Die Spiele selbst wurden gleichermaßen zu Medienereignissen. Immer häufiger wurden Länderspiele vom Rundfunk live übertragen, immer ausführlicher wurden die Vorberichte in den Zeitungen. Den Höhepunkt nationaler Begeisterung lösten die Erfolge des Wunderteams zwischen 1931 und 1933 aus. Insbesondere das legendäre Spiel in London gegen England am 7. Dezember 1932 wuchs sich geradezu zu einem Gründungsmythos der ersten Republik aus, Tausende von Österreichern setzten sich mit rot-weiß-roten Fahnen und Kokarden nach London in Bewegung, fast die ganze Nation verfolgte die Übertragung des Spiels in Kaffeehäusern, an öffentlichen Lautsprechern und, wenn vorhanden, zu Hause an den Privatradios.

So konnte es nicht ausbleiben, dass in der »Welthauptstadt der Musik« auch ein »Wunderteammarsch« komponiert wurde mit einem Text von Hans Weidt und einer Musik von A. Kreuzberger:

»*Wir sind das Team! Das Wunderteam der Wiener! / Und unser Stolz ist, jedes Spiel zu g'winner / Für unser Österreich, für unser Wean. / Denn unsre Vaterstadt hab'n wir so gern! Wir sind das Team! Das Wunderteam der Wiener! / Und wenn's die Leut' nicht glauben, zeig'n wir's ihner! / Ein jeder Schuss muss drinnen sein im Goal! Ein so ein Team ist wundervoll!*«[754]

Interessant ist immerhin, dass dieser etwas angestrengt wirkende Text eines Wieners einen – wenn auch eher zaghaften – Bogen schlägt von Wien zu Österreich, wiederum ein Beleg dafür, dass das Wunderteam einen entscheidenden Beitrag zur Herausbildung einer österreichische Identität leistete.

Wesentlich für diese identitätsstiftende Bedeutung war freilich nicht nur, dass die österreichische Nationalmannschaft erfolgreich spielte, sondern dass man sie einer spezifischen Spielweise zuordnen konnte, der *Wiener Schule*. Und in diesem Zusammenhang war man sich

Wunderteam-Marsch, Text von Hans Weidt und Musik von A. Kreuzberger (1933).

immer sicherer: »Wir Wiener spielen besser.« Also sind »wir« auch die Besseren, trotzdem »wir« wirtschaftliche Opfer sind, arm und schwach, weil »wir« einfallsreicher sind, kreativer, intelligenter, eben besser.

Dieses Wahrnehmungskonstrukt wurde nach der Installierung des Ständestaates im Jahr 1934 genutzt und gefördert. Offenbar nicht ohne Erfolg. Denn selbst nach dem überwiegend begrüßten Anschluss an Nazideutschland wurden zahlreiche Leserbriefe veröffentlicht, die den alten Wiener Stil lobten und dessen Überlegenheit gegenüber der deutschen Spielweise hervorhoben. So widmete der *Sport-Telegraf* am 1. Mai 1938 eine ganze Seite der Einschätzung dieser Spielstile. Durch das klägliche Scheitern der reichsdeutschen Nationalmannschaft bei der Weltmeisterschaft in Frankreich 1938 fühlten sich alle Wiener in ihrem Überlegenheitsgefühl bestätigt. Dahinter verbarg sich sicherlich weniger eine kritische Haltung gegenüber dem Nationalsozialismus als das alte Ressentiment gegenüber den *Piefkes*.[755] Nichtsdestoweniger wurde es den Herren Nazis bald zu bunt, und sie stoppten die Diskussion Ende 1938 abrupt.[756]

»Berühmte Sportleute zu Hause« – Meisl und die Medien

Hugo Meisl war sicher einer der ersten Sportfunktionäre, der die Medien nicht als lästiges Übel betrachtete, sondern ganz im Gegenteil den engen Kontakt zur Presse geradezu genoss. Meisl betrachtete sich ja selbst viel eher als Journalist denn als Bankkaufmann[757], er brauchte den lebendigen Austausch, und er wusste auch, wie man die Presse »füttert«. Er verkroch sich nicht in irgendwelchen Verbandsheimen, sondern wer Hugo Meisl suchte, brauchte nur ins Wiener Ringcafé zu gehen. Dort fühlte er sich daheim, dort konnte man ihn treffen, dort beriet er sich mit Freunden und informierte die Journalisten. Oder wie es die Zeitung *Der Montag* formulierte: »Beim Generalsekretär Hugo Meisl findet der Verkehr im Kaffeehaus statt.«[758]

Unübersehbar ist auch, dass Meisl sich selbst geradezu inszenierte. »*Unser Verbandskapitän geht bei der Zusammenstellung der Auswahlmannschaft stets wie ein gewiegter Theaterregisseur vor,*« schreibt das *Illustrierte Sportblatt* schon 1922. »*Mit den einfachsten Mitteln gelingt es ihm, den denkbar größten Effekt zu erzielen und eine geradezu fieberhafte Spannung zu erreichen. Er tut dies, indem er nichts tut, das heißt, indem er die Mannschaft erst im allerletzten Moment aufstellt. So zerbrach sich die ganze vielköpfige Fußballgemeinde seit Wochen schon über die ›Möglichen‹, ›Wahrscheinlichen‹ und ›Sicheren‹ den Kopf, in allen Klubcafés wurde darüber gesprochen, das Sport-Tagblatt veranstaltete sogar eine Volksabstimmung, […] nur der Verbandskapitän schwieg beharrlich.*« Und selbst die Bekanntgabe der Nationalmannschaft nach langer Zeit wurde zur Inszenierung. »*Der Verbandskapitän gab die Aufstellung der Mannschaft sozusagen in einem ›letzten Willen‹ ab. Er verreiste nämlich und hinterließ dem Vorstand einen Brief…*«.[759] Schrieb der Autor diese Zeilen gewiss in kritischer Absicht, so traf er doch einen zentralen Kern. Meisl neigte zu theatralischen Inszenierungen. Das war aber wirksam.

Selbstinszenierung ist das eine, Rollenzuschreibungen das andere. Die Sprache der Sportjournalisten war militärisch, selbst in den Artikeln von Willy Meisl wimmelt es nur so von militärischen Bildern, nicht viel weniger auch in den Artikeln von Hugo Meisl. Der Gebrauch dieser militärischen Begriffe gehörte generell zum metaphorischen, vielleicht auch sogar allegorischen Repertoire der Fußballberichterstattung der Zwischenkriegszeit, von dem sich nur noch ein kleiner Teil in unserer Zeit erhalten hat. Der Fußball stand und steht so in der Tradition der Männerphantasien, ein vollständig männlicher Sport. Allein, wurde so schon das Spiel mit militärischen Metaphern beschrieben, so galt das nicht weniger für die hierarchischen Strukturen. Es würde den Umfang selbst dieses Buches sprengen, alle die Zitate anzuführen, die dies belegen. Meisl als der bestimmende Mann im österreichischen Fußball wird schon 1924 als »Feldmarschall« bezeichnet,[760] häufiger ist seine Titulierung als »Fußballgeneral«.[761] Dazu gibt es aber noch Steigerungen: »Generalissimus unserer Streitmacht« heißt es 1932[762], im Jahre 1933: »Der Befehlshaber der österreichischen Streitmacht 1933 Hugo Meisl«[763] und vielleicht ultimativ im Jahre 1936: »Der Schlachtenlenker«.[764]

Zwar sollte man diese journalistischen Zuschreibungen nicht überschätzen, standen sie doch, wie angedeutet in einem größeren Kontext. Dennoch werden hier Rollen festgelegt,

Berühmte Sportleute zu Hause (1926).

Erwartungen transportiert, Bedeutungen definiert, die Hugo Meisl gegenüber der Presse, vor allem aber gegenüber den Fußballbetrachtern einnahm. Ein General kann ein Held sein, vor allem aber gibt er Befehle, mit einem General diskutiert man nicht, einem General gehorcht man. Die Fokussierung auf Meisl als den entscheidenden Mann im Fußball reflektierte diese Bedeutungsdefinition, Heldenruhm einerseits, Verrat im Falle des Misserfolges andererseits.

Schon in einem etwas abgeklärteren Alter, angelsächsische Lebensart übernehmend, scheint Willy Meisl diese militärischen Zuschreibungen, die er in Österreich so sehr gepflegt hatte, zu ironisieren, wenn er in den 1950er Jahren Hugo Meisl und Herbert Chapman, auf deren geringe Körpergröße anspielend, als »Napoleons of football« bezeichnete.[765]

Jedenfalls genoss Meisl bereits seit den frühen 1920er Jahren – und nicht erst seit den Erfolgen des Wunderteams – eine hohe Medienaufmerksamkeit und wurde ein berühmter Mann, vielleicht einer der bekanntesten Männer Wiens überhaupt. Nicht umsonst begann eine Wiener Zeitung ihre Artikelserie über »Berühmte Sportleute – zu Hause« im Jahre 1926 mit Hugo Meisl.[766]

Freilich ist wohl der Verdacht nicht ganz unbegründet, dass dieser Bericht auch eine Art von Insider-Journalistenscherz gewesen sein dürfte, war doch jedem bekannt, der sich in Wien in Fußballerkreisen bewegte, dass Hugo Meisl so gut wie nie zu Hause anzutreffen war. Noch lange Zeit lachte man in Wien über einen satirischen Artikel in einer Faschingsausgabe des *Sportmontags*, deren Pointe darin bestand, dass Meisl als verschollen galt, bis es sich herausstellte, dass er nach Hause – verschleppt worden sei.[767] Dazu passt, dass diese »Artikelserie« nur aus zwei Artikeln bestand, dem über Hugo Meisl eben und einem über das Wiener Ringcafé. Der Autor entschuldigt sich denn auch dafür, einen Bericht über das Ringcafé unter die Rubrik »Berühmte Sportleute zu Hause« zu stellen, mit dem sicherlich auf Hugo Meisl gemünzten Hinweis, dass schließlich »zahlreiche Wiener Fußballgrößen in dieser gastlichen Stätte mehr zu Hause als zu Hause« seien.[768] Wie auch immer, selbst in satirischer Absicht war es eine Referenz vor der Berühmtheit Hugo Meisls.

Meisl genoss diese öffentliche Aufmerksamkeit sichtlich und förderte seine Popularität – ganz auf der Höhe seiner Zeit – weiterhin durch medienwirksame Selbstinszenierung. Dazu gehörte vor allem ein unverkennbares Outfit, gekennzeichnet durch einen Bowler, einen Stock und einen pelzbesetzten Mantel, Accessoirs, ohne die er nach seiner Krankheit niemals öffentlich auftrat. Insbesondere der Stock, ursprünglich eine notwendige Stütze nach der schweren Operation, blieb Meisls Markenzeichen auch dann noch, als er ihn längst nicht mehr brauchte, bot er doch der Presse Gelegenheit zu allerlei wünschenswerten Assoziationen – sei es als Dirigentenstock[769], sei es als Zuchtrute: So wird berichtet, dass Meisl stockfuchtelnd einem Spieler hinterhergerannt sei, der sich bei einem sinnlosen Dribbling verheddert hatte.[770]

Das ist nur eine der unzähligen Anekdoten über die vielleicht berühmteste Charaktereigenschaft Hugo Meisls, seinen Jähzorn, über den seine Töchter übrigens nichts zu berichten wissen. Den Tatsachen entspricht sicherlich ein Bericht der Zeitung *Sport-Montag*. Sindelar, so heißt es, habe in einem Spiel gegen Schweden im Jahre 1926 (das Östereich am Ende durch ein Sindelar-Tor mit 3:1 gewann) in der ersten Halbzeit eine brillant herausgespielte Torchance »durch Überkombination«[771] verschenkt. Meisl sei deshalb außer sich gewesen. Da kam ihm ein Journalist der Zeitung *Sport-Montag* gerade recht, der sich erdreistete, in der Pause die Umkleidekabine zu betreten und mit einigen Spielern zu sprechen. Wie der Journalist berichtete, sei Meisl auf ihn aufmerksam geworden und habe ihn, der schon auf dem Weg

Hugo Meisl mit Bowler.

aus der Kabine gewesen sei, plötzlich »angefahren und in rüdestem Tone zum Verlassen des Umkleidelokals aufgefordert«, was dieser denn auch machte. »Das Geschrei des Herrn Meisl war bis auf die Zuschauertribüne vernehmbar. Man hatte den Eindruck, dass in der Kabine gerauft werde.«[772]

Geschätzt wurde Meisl wegen seiner bisweilen unverblümten Spielkommentare: »Ich hab' so viel herumlaufen müssen«, verkündete er nach dem Spiel gegen Schweden am 9. November 1924, »dass ich vom Spiel gar nichts gesehen habe. Aber eines sag' ich Ihnen: Ich hab' genau aufgepasst, mir ist schlecht geworden, so fad haben unsere Stürmer gespielt. Na, denen werde ich es noch zeigen.«[773]

Dennoch war Meisl niemals eine Witzfigur – im Gegensatz zum kleinen Präsidenten Dollfuß, der sich gerne in Meisls Erfolgen sonnen wollte. Viel zu überwältigend waren Meisls Erfolge, viel zu beeindruckend seine Kompetenz. Nach den Erfolgen des Wunderteams riss sich ganz Europa um Meisl als Referenten in Sachen Fußballkompetenz. Mehr noch, immer stärker empfand man die Erfolge des Wunderteams als wichtige Beiträge zur internationalen Reputation der Republik Österreich. So hieß es in der Presse, »dass Österreichs Fußballmannschaft in England mehr für ihr Vaterland getan habe als die diversen Kommissionen, Expeditionen, die mit finanzpolitischen Geschäften betraut, über den Kanal geleitet wurden.«[774] Oder, noch konkreter, »dass Hugo Meisl eher eine Anleihe in Großbritannien flüssig machen könnte als eine diplomatische Abordnung unseres Landes«.[775]

Damit war der Fußball im Allgemeinen und Hugo Meisl im Besonderen zum Vehikel politischer Interessen geworden. Der kleine ehrgeizige Bundeskanzler Dollfuß erkannte dies als Erster und versuchte, wie erwähnt, die Popularität des Teams und seines Kapitäns beharrlich für seine Zwecke zu nutzen. Aber auch die Honoratioren und Wirtschaftsführer der Republik nahmen nun zur Kenntnis, dass sich hier ein gesellschaftliches Phänomen herausgebildet hatte, dessen Wirkungsmacht weit über den sportlichen Rahmen hinausreichte. So organisierte die noble Völkerbund-Liga, die sich ansonsten nur mit weltpolitischen und hochkulturellen Themen beschäftigte, am 20. Januar 1933 einen in der Presse groß angekündigten Vortrag Hugo Meisls im großen Saal des Konzerthauses:[776]

»Hugo Meisl hat alle seine Fähigkeiten in den Dienst der Fußballorganisation Österreichs gestellt. Die großen, derzeit wichtigsten Sportwettbewerbe in Europa wurden von Hugo Meisl gegründet, organisiert und trotz der oft hochgehenden Wellen der Leidenschaft bis heute mit Erfolg betreut. Meisl war auch maßgebend für die Anknüpfung der Beziehungen mit dem Fußball des britischen Reiches, weshalb auch zu allen Zeiten die ersten Spiele von britischen Verbänden mit Österreich ausgetragen wurden. Dank der Ambition des österreichischen Verbandskapitäns kam auch das denkwürdige, für Österreich so ehrenvolle Länderspiel am 7. Dezember vorigen Jahres in Stamford Bridge zustande. Wenn sich nun Meisl zum ersten Male in den größten Vortragssaal begibt, so entspringt auch diese Aktion nicht der Initiative dieses rührigen Sportleiters und Propagandisten, sondern dem nachdrücklichen Wunsche der Österreichischen Völkerbundliga und des Österreichischen Fußballbundes. Es ist zu erwarten, dass namentlich aus Sportkreisen, besonders aus jenen des Fußballsportes, diesem vereinzelten öffentlichen Auftreten des verdienten Sportfunktionärs die entsprechende Aufmerksamkeit zuteil wird. Die Karten für den Vortrag sind im Verbandsheim 9. Bezirk, Berggasse 9, zum Preis von S 1.– bis 5.– erhältlich.«[777]

Meisls Nichte Ilse Scherzer hat noch Erinnerungen an diesen Vortrag, an seine Lebendigkeit, die auch in der Presse hinterher gerühmt wurde, auch dass Hugo Meisl mit böhmischem Akzent gesprochen habe, was seine Töchter indes vehement abstreiten.

Die Werbung für den Vortrag wurde in den Zeitungen fortgesetzt. *»An der Hand eines ungemein reichhaltigen Materials wird Hugo Meisl, der drei Generationen im Fußballsport ausgebildet hat, die sensationellen Kämpfe des Jahres 1932 einer Würdigung unterziehen. Selbstverständlich wird der Kampf Österreich – England in einer eingehenden Weise besprochen werden. Verbandskapitän Meisl hat noch völlig unbekannte Details mitzuteilen.*

Karten zu S 1.– bis S 5.– im Österreichischen Fußballbund IX., Bergasse, an der Konzerthauskasse, in der österreichischen Völkerbundliga I., Nibelungengasse 4, in der Buchhandlung Lanyi, I., Kärntnerstraße 44 und bei ›His Masters Voice‹, I., Kärnterstraße 30.«[778]

Der Vortrag bekam noch eine attraktive Erweiterung. *»Die österreichischen Fußballer, voran das Wunderteam, werden den Freitag, den 20. Jänner im Konzerthaus stattfindenden Vortrag des Verbandskapitäns Hugo Meisl zu einer Dankeskundgebung für ihren verehrten und* *geliebten Kapitän, der sie von Sieg zu Sieg geführt hat, gestalten. Die in Anwesenheit zahlreicher Funktionäre heute im großen Konzerthaussaal abgehaltene Sprechprobe fiel zur größten Zufriedenheit aus.«*[779]

Dann kam der Vortrag, »*an ungewohnter Stelle, auf dem Podium des großen Konzerthaussaales*«,[780] sprach er »*in packend anschaulicher Weise*«. »*Man weiß, wie selbstlos Hugo Meisl der Sportidee dient und dass es nur seine geradezu mit fanatischer Liebe geführten jahrelangen Vorarbeiten ermöglichten, dass endlich die Einladung für Österreichs Nationalmannschaft aus London kam.*« Er wies auf »*vorbildliche sportliche Korrektheit der Nationalmannschaft hin*«, »*die in strengster Selbstzucht*« sich für das Spiel vorbereiteten, auf weltweite Anerkennung des österreichischen Fußballs, die er sich »*aus eigener Kraft eroberte*«, und aufgrund »*der natürlichen Begabung*« und »*dem wienerischen Mutterwitz unserer Fußballspieler*«.[781] So schilderte er insbesondere den »*gewaltigen Eindruck, den das Spiel und das Verhalten unserer Mannschaft hervorgerufen habe, so dass man beinahe den Eindruck hatte, Österreich wäre erst an diesem Tage in England entdeckt worden. Seine Ausführungen fanden lebhaften Beifall, der sich dann besonders steigerte, wenn er von den Spielern und ihren Leistungen sprach.*«[782] Am Ende schließlich folgte wiederum »*lebhafter Beifall*« dem Vortrag, und der Präsident des Österreichischen Hauptverbandes für Körpersport zeichnete Hugo Meisl am Schlusse seines Vortrages mit einem Lorbeerkranz aus.[783]

Der Ruhm Meisls führte zu weiteren Vortragsverpflichtungen. Im Mai 1933 hielt Meisl neun Lehrvorträge an einer Trainerschule in Rom.[784]

Am Vormittag des 22. Oktober 1933 hielt Hugo Meisl auf Einladung des ungarischen Fußballverbandes einen Vortrag in Budapest. Ein Anlass für diese Einladung war wohl das Länderspiel Ungarn gegen Italien, am Nachmittag des 2. Oktober stattfindend, das Hugo Meisl, auch weil es zum Europacup zählte, ohnehin besuchte. Die *Reichspost* berichtet, dass dieser Vortrag im Budapester Radiuskino seit Tagen ausverkauft gewesen sei.

»*Mit unverfälschter Wiener Gemütlichkeit hat Meisl das Publikum begrüßt und in einer humoristisch gehaltenen Einleitung unter anderem ausgeführt: Leider kann ich infolge der Kürze der Zeit nicht alles sagen, was über das Fußballverhältnis zwischen Österreich und Ungarn zu sagen wäre. Und man könnte sehr viel darüber sprechen. … Betrachten Sie also meinen heutigen Vortrag als Probe zu einem späteren Vortrag, den ich zu halten hoffentlich in Budapest noch Gelegenheit haben werde.*«

Das berichtet wenigstens die ungarische Zeitung *Nemzeti Sport*.[785] Der Schwerpunkt dieses Vortrages lag auf der Vorführung einiger Filme (darum auch ein Kino als Schauplatz) mit Ausschnitten aus den Länderspielbegegnungen Österreich gegen Italien (1924 und 1927), Österreich gegen Deutschland (1931), Österreich gegen England an der Stamford Bridge und Ausschnitten aus einem Spiel der Ungarn gegen Österreich. Ergänzt wurden diese Filme von Kommentaren Hugo Meisls und weiteren Filmen über das Wiener Stadion (mit Fingerzeig, dass sich auch Budapest ein solches Stadion leisten sollte), vom Training der Austria und einem Training einer Jugendmannschaft, den er den Besuchern besonders ans Herz legte, weil die Jugendarbeit so ungemein wichtig sei. Außerdem, so ergänzte der *Sport-Montag*, wollte Meisl über die »*Bedeutung des Fußballs für den Fremdenverkehr sprechen*«.[786] »*Nach Schluss der Vorstellung, der alle in Budapest weilenden Mitropacupdelegierten und viele bekannte ungarische Sportler beiwohnten, [wurden Meisl] lebhafte Ovationen dargebracht,*« schreibt die *Reichspost*.[787]

Meisl war nun international ein begehrter Referent, vor dem Länderspiel seiner österreichischen Nationalmannschaft in den Niederlanden im Dezember 1933 sprach er im Roxy Kino in Amsterdam bei einem von der holländischen Vereinigung der Sportjournalisten veranstalteten Vortragsabend über die Spiele der Österreicher gegen Schottland und Arsenal und »über das britische und österreichische Spielsystem«.[788]

Am 11. Januar 1934 startete Meisl eine neuntägige Vortragsreise durch die Schweiz, wo er in Basel, Zürich, Bern und Genf unter Verwendung von Filmaufnahmen österreichischer Länderspiele zur Entwicklung des österreichischen und europäischen Fußballs sprach, in Genf selbstverständlich auf Französisch. Und natürlich weist die wohl in Übereinstimmung mit den staatlichen Vorgaben sich befindliche *Montagszeitung* darauf hin, dass Meisl »in Verbindung mit diesen Sportvorträgen […] Gelegenheit finden wird, auch die Schönheiten der Länder Österreichs zu schildern«.[789] Im Sportteil der *Wiener Mittagszeitung* wird noch eins draufgesetzt: »Auch diesmal ist ein reiches Filmmaterial mit Bildern der landschaftlichen Pracht unserer Heimat in die Schweiz voraus geschickt worden.«[790]

Allerdings darf nicht übersehen werden, dass Hugo Meisls Beziehungen zu den Medien nicht immer ungetrübt waren, vielmehr sah er sich häufiger auch üblen Anfeindungen seitens der Presse ausgesetzt. Die deutschnationalen *Wiener Neuesten Nachrichten* sind dafür ein Beispiel. Nachgeradezu meint man in dieser Zeitung eine Art Doppelstrategie zu entdecken, einerseits Missachtung Meisls durch Nichterwähnung, etwa bei Berichten von Fußballspielen, oder, vielleicht besonders krass, dadurch, dass man den 50. Geburtstag Meisls mit keiner Zeile würdigte. Andererseits setzte es immer wieder polemische Attacken. Als in dieser Zeitung am 28. März 1931 ein Meisl diffamierender Artikel unter der Schlagzeile: »Der Unsinn des Professionalverbandes – Herr Schönecker rückt von den Unruhestiftern ab – Wer sind die Drahtzieher der Krise?«[791] erschien, wurde es Hugo Meisl zu bunt. In diesem Artikel geißelten die Autoren die Bestrebungen innerhalb des ÖFB, einen eigenen Professionalverband zu gründen, der unabhängig sein sollte von der Amateurvereinen. Monatelang wurde über diese Idee diskutiert, Hintergrund waren die finanziellen Probleme der Profivereine, die man durch Schaffung klarer Verbandsstrukturen zu mildern hoffte. Ob es wirklich eine Krise des Verbandes war, wie die *Wiener Neuesten Nachrichten* behaupten, sei dahingestellt, jedenfalls brachten die Vorschläge Unruhe in den Verband. Und die Zeitung sieht, zu Recht oder zu Unrecht, eine solche Veränderung nicht ein und vermutet private Intrigen hinter dieser Unruhe, ausgelöst natürlich von Hugo Meisl:

»*Es wimmelt, wie immer in solchen Fällen, von Komiteeherren, die beauftragt sind, Kompromise zu suchen, um zu erwirken – dass alles so bleibt wie es war. Wäre es nicht lohnender, einmal hinter die Kulissen dieser stets wiederkehrenden Revolutiönchen zu schauen? Sollte sich vielleicht einer von den gestürzten Verbandsfunktionären mit dem allgewaltigen Herrn Meisl nicht vertragen haben? Wir wissen, Herr Meisl kennt in solchen Dingen keinen Spaß und versteht es ausgezeichnet, auch einen ganzen Verbandsvorstand in die Versenkung zu locken, ohne dabei selbst in Erscheinung zu treten. Wir sind nicht so anmaßend, zu behaupten, dass wir von selbst auf diese Idee gekommen sind. Auch fehlen uns die Beziehungen zum Ringcafé. Aber die Wände haben Ohren, Herr Meisl!*«

Was da formuliert wurde, war natürlich ungeheuerlich: Der Verbandskapitän als skrupeloser Intrigant. Hugo Meisl verklagte die Zeitung wegen Ehrenbeleidigung und gewann den Prozess. Die Zeitung musste 100 Schillinge Geldstrafe bezahlen.[792] Die Diskusson über eine

Reform des professionellen Spielbetriebes führte übrigens nicht zur Abspaltung eines Professionalverbandes, sondern zur Aufstockung der ersten Liga auf zwölf Vereine.

Auch andere bürgerliche Zeitungen waren Hugo Meisl nicht immer wohlgesonnen. Schlimm trieb es zum Beispiel das *Illustrierte Sportblatt* um Willy Schmieger, der auch in den *Wiener Neuesten Nachrichten* regelmäßig schrieb. In den 1920er Jahren, vor allem nachdem der Verband nahezu vollständig in die Hand der VAS geraten war, gab es kaum eine Ausgabe dieses Samstagblattes, in der Meisl nicht verhöhnt, beschimpft, in Karikaturen lächerlich gemacht und bisweilen in gehässiger Form angegriffen wurde. Dabei war Meisl gerade für Willy Schmieger auch die Zielscheibe, um den VAS-geführten Verband zu treffen. Willy Schmieger selbst war aus dem Verband gedrängt worden, Meisl blieb. Mag sein, dass so das Hauptmotiv dieser Angriffe persönliche Rache von Schmieger war, vielleicht auch verrät Schmieger selbst das tiefere Motiv seiner wüsten Kritik in Form einer Freud'schen Fehlleistung:

Geschnitzter Hugo Meisl: Gastgeschenk anlässlich seines Vortrages in Amsterdam (1933).

»Fehlt nur noch«, schreibt er ohne erkennbaren Anlass, »dass man behauptet, ich […] hätte die Absicht, ihn von seinem Posten als Bundeskapitän zu verdrängen.«[793] Tatsächlich wurde Schmieger nach dem Tode Meisls, wenn auch nur für kurze Zeit, Verbandskapitän.

Wie dem auch sei, Meisl war schon deshalb zu verdammen, weil er als Einziger der alten Garde weiterhin im Verband mitarbeitete, und das an leitender Stelle. Also konnte Meisl nur ein Opportunist sein, »der getreue Trabant«[794] der VAS. Um so größer war dann das Triumphgeheul, als Meisl in Konflikt mit diesem Verband geriet.

Auf der anderen Seite des politischen Spektrums wurde er auch von den Blättern der Sozialisten und Sozialdemokraten angefeindet, wie wir schon im Zusammenhang mit der Einführung des Professionalismus gesehen haben. Dabei ging die Zeitung *Arbeitersport* im Jahre 1924 so weit, von einer »arisch-jüdischen Verbrüderung« zu sprechen und einer Art von gemeinsamer Front von »Hakenkreuz und Zionisten« gegen die Arbeiterbewegung.[795] Hugo Meisl wird zwar in diesem Artikel nicht ausdrücklich erwähnt, aber gemeint war er allemal, schließlich erschien er als treibende Kraft der Einführung des Professionalismus.

Auch Erwin Müllers *Sport-Tagblatt* wusste immer wieder Kritisches zu berichten, und der *Sport-Montag,* immer bereit zu »sensationellen« Enthüllungen, wollte da ab und zu nicht hinten anstehen, bis Meisl auch gegen diese Zeitung eine Ehrenbeleidigungsklage anstrebte. Es ging um das Spiel Österreich gegen Ungarn am 24. April 1932, wie immer ein mit Spannung erwarteter Klassiker, der diesmal unter ganz besonderen Vorzeichen stand. Das letzte Aufeinandertreffen der beiden Mannschaften im Oktober 1931 war begleitet von Zuschauerausschreitungen und einer brutalen Spielweise vor allem der ungarischen Spieler und führte fast zum Abbruch der Fußballsportbeziehungen der beiden Länder, wie noch genauer beschrieben werden wird. Zudem war den Ungarn diesmal der Termin gar nicht recht, denn kurz darauf stand für sie das schwere Europacup-Spiel gegen Italien an, während das Spiel gegen Österreich ein bloßes »Freundschaftsspiel« war. So eilte Anfang April eine ungarische Delegation an Hugo Meisls Krankenbett, der mit Grippe und Fieber im Karl-Marx-Hof darniederlag, um eine Terminverschiebung zu erbitten, vergeblich. Aber sofort witterten Teile der Presse Verrat. Was gab es da zu mauscheln? Und schon erschien am 4. April der *Sport-Montag* mit der großen Schlagzeile: »Geheimnisvolle Beratungen wegen des Länderkampfes Österreich – Ungarn. Sensationelle Enthüllungen über merkwürdige Wünsche für den 24. April – Angebliche Vereinbarung über Art des Spieles. Wir warnen vor jeder Schiebung.«[796] Und dann enthüllte das Blatt ungarische Presseberichte, wonach Meisl zwar am Termin festhalte, aber betont habe, »dass die Führer des österreichischen Fußballsportes in vollem Maße sich der Bedeutung bewusst seien, die das Europacupspiel Ungarn – Italien (am 8. Mai in Budapest) für den ungarischen Fußballsport besitze. Gerade deshalb garantieren die Führer des österreichischen Fußballsports, dass das Länderspiel am 24. April in Wien im Zeichen allergrößter Freundschaft im Sinne der alten Traditionen verlaufen und dass dabei niemand verletzt werde.« Eine andere Zeitung griff die Verdächtigungen auf und mutmaßte, dass das Spiel am 24. April eine Art »Versöhnungsmatch« werden solle.[797] Offenbar stand der Presse der Sinn nicht nach Versöhnung mit den Ungarn, sondern »Rache«.

Nachdem der *Sport-Montag* eine Woche später seine Vorwürfe in Andeutungen wiederholte, trotz einer Gegendarstellung Meisls, in der er angab, dass seine »Ausstreuungen missverstanden worden seien,«[798] verklagte er die Zeitung wegen übler Nachrede. Er machte eine »schwere Beleidigung seiner persönlichen, beruflichen und sportlichen Ehre« geltend, denn er sei verdächtigt worden, »als ob er nicht die stärkste Mannschaft für den Länderkampf aufzustellen gesonnen sei«.[799]

Die Anhörung vor Gericht führte zu keiner Entscheidung, am Ende wurden die Verteidiger zur Vorlage weiteren Beweismaterials aufgefordert.[800] Letzten Endes scheint es zu einer außergerichtlichen Einigung gekommen zu sein, einer Ehrenerklärung für Meisl und Rücknahme der Ehrenbeleidigungsklage.

Insgesamt ein eigenartiger Vorgang, geprägt von hohen Empfindlichkeiten auf Meisls Seite, aber auch sensationslüsternen Übertreibungen auf der anderen. Vielleicht wird man am ehesten damit noch etwas anfangen können, wenn man das Ganze als ein Beispiel dafür sieht, unter welchen Anspannungen Meisl arbeitete. Es war ihm offenbar daran gelegen, auch die geringste Unterstellung von Schiebung, Bestechlichkeit oder Vorteilnahme zu unterbinden. Er mag dabei überreagiert haben, aber wie viel Rückhalt hatte Meisl in der Öffentlichkeit, wenn ein Verdacht erst einmal ins Rollen kam? Er war die unumschränkte Führungsfigur im ÖFB, aber das schaffte natürlich auch feindliche Neider und damit neidische Feinde. Der Stern eines Mannes konnte schnell sinken, zumal wenn er ein Jude war.

An einem Fall aus den 1920er Jahren lässt sich die Situation deutlicher beschreiben: Der Anlass war genau genommen relativ harmlos, ein Länderspiel gegen die Schweiz in Bern am 8. November 1925, das in Österreich von vornherein umstritten war, da es zeitgleich zu einem Pokalspiel in Österreich ausgetragen wurde, so dass einige Nationalspieler nicht für die Auswahlmannschaft zur Verfügung standen. Hugo Meisl hielt schon im Vorfeld dagegen, »dass die Schweiz wohl wisse, dass am 8. November die Leute der Vienna und der Amateure unabkömmlich seien, aber trotzdem die Einladung an Österreich gerichtet habe. Es gehe nicht an, gerade der Schweiz, die in den Kriegsjahren und in der Boykottfrage immer treu zu Österreich gehalten habe, jetzt unfreundlich begegnen zu wollen.«[801] Das *Illustrierte Sportblatt* kommentierte sarkastisch: »Nun, Herr Meisl hat seinen Willen, und der Bund hat die Verantwortung.«[802] Nachdem Österreich das Spiel 0:2 verloren hatte, wurde die Kritik erheblich massiver und verletzender.

Während einige Zeitungen diese Niederlage zunächst recht gelassen aufnahmen, zum Beispiel die *Wiener Sonn- und Montagszeitung* mit der Überschrift: »Unglückliche Fußballniederlage in Bern«[803], kommentierten andere Zeitungen das Ereignis kritischer, zum Beispiel die Zeitung *Der Tag*, die schon vorher von dem »Vabanque-Spiel in Bern«[804] sprach und danach von der »Schlappe«, die der Verbandskapitän zu verantworten habe.[805] Und das *Neue 8-Uhr-Blatt* gab schon am 9. November, also am Tag nach dem Spiel die polemische Richtung vor. Meisl sei »ein Hasardeur«, heißt es dort, »ein Mann, der die Prinzipienlosigkeit zum Prinzip erhoben« habe, ein Mann, dem »die Kaffeehausklatscherei in Krakau« wichtiger sei »als die Form der Spieler«.[806] Entsprechend wurden in den nächsten Tagen der Ton rauer, die Äußerungen in den Zeitungen unflätiger, Meisl soll dem Ansehen Österreichs, zumindest dem Ansehen des Wiener Fußballs in Europa, schweren Schaden zugefügt haben. Es sollen Meisl sogar seidene Schnüre zugeschickt, zumindest dieses angekündigt worden sein, die vielleicht nicht direkt zum Selbstmord aufforderten, immerhin aber doch zum Rücktritt. Eine große Hysterie war über Meisl hereingebrochen. Hatte die *Wiener Sonn- und Montagszeitung* zunächst, wie wir sahen, noch keinen Anlass für einen Skandal gesehen, so begriffen ihre Redakteure offenbar nach der Lektüre anderer Blätter doch die Chance, einen solchen zu entfachen. So folgen ein paar Tage nach der ersten Enttäuschung über die »unglückliche Niederlage« in Bern deutlichere Worte: Den Redakteuren dieser Zeitung, so stellt es sich nun heraus, passt dieser ganze Mensch Meisl nicht, vor allem nicht seine »Devotheit gegenüber allen ausländischen Verbänden«,[807] seine taktierende Art, mit der er seine Vorstellungen durchsetzt. So macht die Zeitung als Hauptschuldigen zwar die Vereine aus, die ja schließlich im Vorstand des ÖFB das Länderspiel genehmigt hatten,[808] kehrten aber diese Schuld in einer ganz perfiden Art wieder gegen Meisl. Nach anfänglichem Widerstand, so das Blatt, »versprach Hugo Meisl dem einen Klub einen günstigeren Termin, dem anderen ein Spiel in der Schweiz, dem dritten irgend etwas anderes und ein Verein nach dem anderen gab nach und das Spiel kam zustande. Wenn die Klubs ein für allemal sich an eine feste gesetzte Abmachung halten würden und nicht jederzeit bereit wären, jede Ordnung wieder umzustoßen, wenn ihnen daraus irgendein Vorteil erwächst, dann würde Hugo Meisl gar nicht daran denken, überzählige Länderspiele zu arrangieren. So aber kennt er seine Pappenheimer und weiß, dass er jeden von ihnen für ein entsprechendes ›Zuckerl‹ jederzeit haben kann.«[809]

In eine ähnliche Kerbe schlug die *Illustrierte Kronenzeitung*, die sich über die »immer befremdender« erscheinende »Liebesdienerei« beklagte, »die unser Bundeskapitän jedem ausländischen Verband gegenüber bekennt«.[810] Hugo Meisl ist verdächtig, schon wegen seiner internationalen Kontakte.

Nur scheinbar sachlich, indes aufschlussreich vernichtend, bis zur Wortwahl, ist ein Kommentar des *Sport-Tagblattes*. Dessen Leiter der Sportredaktion, Erwin Müller, war zwar einerseits der Kolporteur, vermutlich auch manchmal der Erfinder unzähliger Meisl-Anekdoten, andererseits aber auch der publikumswirksame »Widersacher« von Hugo Meisl, wie es Wolfgang Maderthaner formulierte.[811] Allein der Titel enthält schon eine im Grund ungeheure Unterstellung: »Es ist wieder einmal schief gegangen.«[812] Hugo Meisl erscheint hier als Teamchef ohne Konzept, den das »traditionelle Glück, das den Verbandskapitän in früheren Zeiten verwöhnte,«[813] nun einmal verlassen habe, und deshalb die Katastrophe. Aber das Blatt analysiert noch weiter, mit gewisser Ironie stellt es fest: »Ohne Zweifel ist diese Niederlage also auf das Schuldkonto des internationalen Sekretärs zu buchen, der den Verbandskapitän in die missliche Lage gebracht hat, ein Team in einer Notbesetzung auf die Reise zu schicken.« Der internationale Sekretär, eben der nette Herr Meisl, konnte nicht zur Anfrage der Schweizer Freunde nein sagen und stimmte dem Spieltermin zu, seiner Nettigkeit wegen, auch weil er gerne in die Schweiz reist (nicht umsonst nennt die Zeitung das Ereignis auch »die Lustreise nach Bern«[814]), und der Verbandskapitän hätte energisch Widerspruch einlegen sollen, was er nicht konnte, weil, das ist die Pointe, der Verbandskapitän eben gleichzeitig der internationale Sekretär in einer Person ist, nämlich Hugo Meisl. Und so macht das *Sport-Tagblatt* die Ämterhäufung als das eigentliche Problem aus. Dahinter steht, so das *Tagblatt*, ein maroder Verband, der von einer sozialdemokratischen Mehrheit geführt wird, mit der kein Fachmann zusammenarbeiten kann, außer eben Hugo Meisl, ein ausgewiesener Fachmann zwar, aber eben einer, und das meint die Zeitung nicht positiv, von erheblicher »Anpassungsfähigkeit«, ein Opportunist also.

Deutlich wird an diesem Kommentar gleichermaßen Missgunst dem »allmächtigen« Hugo Meisl gegenüber als auch Kritik an der politischen Situation im sozialdemokratisch geführten Verband. Wenigstens, so könnte man erwarten, würde die *Arbeiterzeitung* Meisl zur Seite springen; aber weit gefehlt. Zwar hält sie die ganze kritische Aufgebrachtheit für bürgerliche Sensationshascherei, aber findet die ganze Aufregung dann auch nicht so schlecht, denn »wir«, also die Redaktion der *Arbeiterzeitung*, »halten die Wirksamkeit des Hugo Meisl gewiß für ein Übel und der Anlaß seines Verschwindens wäre darum ganz gleichgültig – wenn er nur verschwände«, fürchtet aber, dass die ganze Aufregung einen »mit allen Salben geschmierten Mann wie Meisl« auch nicht zu Fall bringen werde.[815]

Letztendlich sprang nur ein einziger Journalist Hugo Meisl zur Seite, nämlich Otto Howorka, ein Freund Meisls, der für den Sportteil der *Reichspost* zuständig war. Howorka versuchte in einem Kommentar dem ungewöhnlichen Ausmaß der kritischen Reaktionen auf den Grund zu gehen und vermutete einen Zusammenhang mit der ausgesprochen FIFA-feindlichen Stimmung vieler Wiener Zeitungen, die sich auch gegen das Bemühen Meisls richteten, Österreich in ein internationales Fußballnetzwerk zu integrieren.[816] »Wozu ist diese ganze FIFA nütze«, titelte das *Illustrierte Sportblatt* zum Beispiel,[817] und in einer anderen Ausgabe stellt sie schlicht fest: »Wir halten nichts von der FIFA«,[818] und macht auch in anderen Artikeln daraus kein Hehl. Entsprechend wurden die Schwierigkeiten, die Meisl in der FIFA antraf, gegen ihn selbst gewendet: Was will er da überhaupt? Machthunger wurde ihm zum Beispiel unterstellt, Wichtigtuerei. Das fußballdiplomatische Bemühen Meisls wird bestenfalls karikiert, von »Liebesdienerei« und »Willfährigkeit gegen das Ausland« war, wie wir sahen, die Rede. Fußball auf internationalem Parkett zu vertreten, erschien offenbar in hohem Maße verdächtig. Es scheint eine fatale Parallele zu geben zu der ebenfalls auch in Österreich weit verbreiteten Ablehnung des Völkerbundes. Zwischen »Liebesdiener« und »Erfüllungspolitiker« ist in der Tat kein so großer Unterschied.

Immerhin schienen einige Journalisten doch einen Schreck bekommen zu haben, so der Leitartikler des *Sport-Tagblattes*, der angesichts der Hysterie, zu der er selbst etwas beigetragen hatte, zur Versachlichung aufrief. Und zu dieser Versachlichung gehört seine Ehrenerklärung für Meisl: Zwar fände sein Vorgehen in diesem Falle die Missbilligung der überwiegenden Mehrheit, aber »seine sonstigen Fähigkeiten, sein Eifer, sein guter Wille und seine Uneigennützigkeit [werden] von niemandem angezweifelt«.[819]

Es blieb Willy Schmieger vorbehalten, nochmals nachzutreten:

»Ob Herr Meisl die seidene Schnur erhält oder nicht, das steht hier gar nicht zur Debatte. Er könnte sie übrigens nur von seinem Sultan, also dem V.A.S. erhalten, und wenn ich auch glaube, dass der V.A.S einer solchen Regierungshandlung nicht abgeneigt ist, so bin ich doch überzeugt, dass es heute oder morgen noch nicht dazu kommen wird. Der V.A.S braucht Herrn Meisl heute noch. […] Herr Meisl mag also auf seinem ihm so lieb gewordenen Posten bleiben, solange er will […]. Wogegen aber jeder Publizist, dem der sportliche Ruf Österreichs am Herzen liegt, Stellung nehmen muss, das ist die unerträgliche und ganz verfehlte Gefälligkeitspolitik, die in unserem Fußballbund getrieben wird.«[820]

Hugo Meisl reagierte massiv: *»Daß jetzt ein großer Teil der Presse über mich herfällt, als ob ich, und nur ich an der Niederlage Schuld wäre, werde ich zu ertragen wissen. Jedenfalls reagiere ich nicht darauf, solange ich eine Verbandsfunktion habe. Aber ich behalte mir vor, mit den Herren abzurechnen, die mir jetzt Unannehmlichkeiten bereiten wollen, wenn ich einmal freie Hände habe, wobei ich es dahin gestellt lassen will, wer unangenehmer zu werden vermag, ich oder jene.«*[821]

Die Drohung, »mit den Herren abzurechnen«, wird noch verständlicher, wenn man bedenkt, dass im gleichen Jahr, am 10. März 1925, Hugo Bettauer, Schriftsteller und einer der wenigen Freunde Hugo Meisls,[822] die nichts mit Fußball zu tun hatten, von einem jungen Mann ermordet worden war. Weil er Jude war, weil er Sexualaufklärer war, weil er für Veränderungen stand? So ganz klar ist das nie geworden. Allerdings vermutet der Biograph Bettauers, Murray G. Hall, eine gewisse Abfolge: Man strengte zunächst gegen Bettauer einen Prozess an wegen »Pornographie«, weil er zwei Zeitschriften für Sexualaufklärung herausgab, aber der Prozess enthüllte, dass es weniger um »Unsittlichkeit« ging als um Antisemitismus, das Gericht sprach Bettauer frei, zur Empörung vor allem der rechten Presse, die eine wahre Hetzkampagne gegen Bettauer startete, eine Form von Medienjustiz, die ihn zur Strecke bringen sollte, was auch schließlich gelang, denn das Attentat erscheint als logische Folge dieser Hetze.[823] Meisl war doppelt betroffen, durch den Tod eines Freundes natürlich, aber auch weil es ihm zeigte, wie dünn das Eis werden konnte, auf dem sich Juden befanden, wenn sie das Objekt antisemitischer Kampagnen wurden. Die Medienkampagne nach dem verlorenen Spiel gegen die Schweiz erreichte gewiss nicht diese Ausmaße wie die gegen Bettauer, aber musste Meisl sich nicht auch daran erinnert fühlen?

Meisl muss in dieser Zeit an einen möglichen Abschied gedacht haben, vielleicht gar an eine Abwanderung. Schon nach kritischen Tönen in der Presse wegen des Ablaufes einer

Nordlandtournee mit der Nationalmannschaft im Sommer 1925 verwies er trotzig auf seinen größten Fehler, dass er »jederzeit, ohne Rücksicht auf meine Gesundheit, auf meinen Beruf und auf meine Familie [man beachte die Reihenfolge] viel zu viel gearbeitet« habe, andererseits sprach er von einer möglichen Demissionierung aus seinen »ureigensten Existenzgründen und aus jenen meiner Familie« und formuliert die Vision, dass es ihm dann »wesentlich leichter fallen« werde, »journalistisch zu arbeiten«.[824]

Im ÖFB blieb seine Position allerdings unangefochten: Eher in Form einer rhetorischen Frage bat er den Vorstand des ÖFB darüber nachzudenken, ob man die Aufstellung wieder einer Kommission überantworten wolle. Natürlich lehnte der Vorstand ab und sprach Meisl sein vollstes Vertrauen aus.

KAPITEL 13
Das Wunderteam

Das »Wunderteam« im Berliner Grunewaldstadion, 24. Mai 1931. Von links: Hiden, Sindelar, Hugo Meisl.

Viele Jahre lang fuhren wir regelmäßig in den Sommerferien nach Wien, um unsere Verwandtschaft zu besuchen. Es war eine elend lange Fahrt, die ganze Nacht hindurch auf unbequemen Sitzen und noch einen halben Tag mit endlosen Aufenthalten an öden Bahnhöfen. Die Ankunft am Westbahnhof war wie eine Erlösung, die rote Stadtbahn Richtung Heiligenstadt verströmte ihren altbekannten Geruch, und wenn wir endlich an der Stiege XIII des Karl-Marx-Hofes angelangt waren, fühlten wir uns wie zu Hause. Auf dem Türschild stand immer noch Meisl, an der Tür befand sich immer noch der mechanische Drehgriff, der das Klingelgeräusch erzeugte. In aller Regel öffnete unsere Großmutter, begrüßte uns liebevoll, und hinter ihr erblickten wir jedes Mal an der Wand diese faszinierende, große, gerahmte Fotografie, die zwölf Männer vor der vollbesetzten Haupttribüne des Berliner Grunewaldstadions zeigt, an dessen Stelle später das Olympiastadion errichtet wurde. Ganz links mit dem Ball in der Hand Torhüter Hiden, gleich neben ihm der schmale hochgewachsene Sindelar, dann der dunkel gekleidete Hugo Meisl, daneben der Rest der Mannschaft. »Zur Erinnerung an glorreiche Tage« steht über dem Foto und darunter: »Österreich gegen Schottland 5:0,

Wien, Hohe Warte, 17. 5. 1931 Deutschland gegen Österreich 6:0, Berlin-Grunewald, 24. 5. 1931.« Unsere Großmutter konnte die Namen der Spieler allesamt aufzählen, unsere Tante auch und natürlich auch unsere Mutter, und wenn Besuch kam, konnte es sich kaum einer verkneifen, unverzüglich die Spieler zu identifizieren, ein geradezu ritueller Vorgang, der uns immer wieder verblüffte. Auch heute noch hängt das Bild am gleichen Platz, und unwillkürlich murmeln auch wir die Namen herunter: Hiden, Schramseis, Blum, Braun, Smistik, Gall, Zischek, Gschweidl, Sindelar, Schall, Vogl – das legendäre Wunderteam.

Hugo Meisl mag einer der größten Fußballexperten seiner Zeit gewesen sein, um dessen Vorträge und journalistischen Beiträge sich Europa riss, er mag sich als Ideengeber und Organisator internationaler Wettbewerbe zeitlose Verdienste erworben haben, er mag ein rastloser Funktionär und ein hervorragender Schiedsrichter gewesen sein – aber nichts davon hat Hugo Meisl auch nur annähernd so viel Ruhm und Prominenz eingebracht wie jene Episode zwischen 1931 und 1933, die als die Wunderteam-Zeit in die Sportgeschichte einging, eine Episode, um die sich geradezu romanhaft demütigende Niederlagen, sensationelle Siege, Lichtgestalten und Legenden ranken. Und mittendrin steht ein beleibter Mann mit Bowler, Stock und pelzbesetztem Mantel.

Die Katastrophe von Nürnberg

Die Geschichte des Wunderteams begann genau genommen mit einem Desaster. Am 6. Januar 1929 trat in Nürnberg eine Auswahl des Wiener Fußballverbandes auf schneebedecktem Boden gegen Süddeutschland an. Hugo Meisl hätte einen anderen Zeitpunkt entschieden vorgezogen, denn in Wien herrschte Fußball-Pause, viele Vereine befanden sich auf Auslandstourneen, auf die Rapid-Spieler musste Meisl komplett verzichten. Zudem war der Platz in Nürnberg vereist und mit Pulverschnee bedeckt, Platzverhältnisse, die in Wien zu Spielabsagen zu führen pflegten. Meisl erhoffte sich daher bestenfalls ein Unentschieden,[825] aber eine Absage des Spieles wäre undenkbar gewesen, war es doch ein sportpolitisches Signal erster Güte: Erstmals nach sechs Jahren gab es wieder eine offizielle Begegnung zwischen beiden Verbänden, der Süddeutsche Fußballverband riskierte damit sogar einen offenen Bruch mit dem DFB!

Meisl mühte sich seit 1928 systematisch, einen erfolgversprechenden Kader für die Weltmeisterschaft im Jahre 1930 zusammenzustellen, von der er noch nicht wissen konnte, dass sie im fernen Südamerika stattfinden sollte, indiskutabel für den ÖFB. Ein besonderes Problem gab es im Sturm. Meisl verfügte über zwei Mittelstürmer von absolutem Weltklasseformat: Fritz Gschweidl von Vienna und Matthias Sindelar von der Austria. Beide waren begnadete Balltechniker mit großer Übersicht und Torgefährlichkeit, beide hatten sich bereits in der Nationalmannschaft als Sturmführer bewährt. Was tun? Sollte es möglich sein, beide einzusetzen? Beim Länderspiel am 28. Oktober 1928 gegen die Schweiz wagte Meisl erstmals den Versuch, wobei Sindelar dem älteren, erfahreneren Gschweidl den Vortritt lassen und selbst in der ungewohnten Position als Verbinder spielen musste. Das Experiment verlief wenig effektiv; zwar erlebte das Publikum wundervollen Kombinationsfußball seines Innensturmes, aber vor dem Tor passierte wenig, es sagt alles, dass ausgerechnet Verteidiger Tandler beide Tore zum 2:0-Sieg schoss. Trotzdem wollte Meisl nicht gleich die Hoffnung aufgeben und wagte bei nächster Gelegenheit einen neuen Versuch. Diese nächste Gelegenheit war das Spiel in Nürnberg gegen Süddeutschland.

Aber dort lief das Sturmspiel genauso wie gegen die Schweiz: Die Wiener machten das Spiel, Gschweidl und Sindelar schoben sich die Bälle in gepflegtem Kurzpassspiel zu, bewegten sich elegant in Richtung Tor, kurz: »Vor der Pause schien es, als ob die Österreicher das Spiel gewinnen würden. Sie waren technisch besser, und alle ihre Aktionen erschienen selbstverständlicher und polierter«.[826] Aber nach der Halbzeit brach das Unheil herein. Denn die Süddeutschen hatten sich eine einfache Taktik zurechtgelegt: die Wiener spielen lassen und dann mit schnellen Pässen den Raum überbrücken, die Deckung aufreißen und Tore erzielen. Genauso kam es. Und die Chancen, die sich die Wiener Mannschaft – in alter Tradition als Niederösterreich tituliert – herausspielte, machte einer der besten Torhüter seiner Zeit zunichte: der Nürnberger Heiner Stuhlfauth. So endete das Spiel mit einem 0:5-Debakel, eine der – zumindest in der öffentlichen Wahrnehmung – bisher größten Katastrophen des österreichischen Fußballs und die höchste Niederlage, die Hugo Meisl als Bundeskapitän jemals einstecken musste.

Die deutsche Presse überschlug sich vor Begeisterung, durchaus verständlich, denn schließlich hatte eine kombinierte Nürnberg/Fürther Stadtelf eine der führenden Fußballnationen an die Wand gespielt. Sogar bis ins ferne Schweden dröhnte der Nachhall dieses Ereignisses, *Dagens Nyheter* schrieb von der »Sensation der Sensationen«.[827]

Entsprechend zornig reagierte die Wiener Presse. So giftete *Das Kleine Blatt*: »Das Gejammer in Fachkreisen ist zwar der Katastrophe entsprechend, seltsamerweise aber nicht dort, wo es eigentlich am Platze wäre. Im Verband bedauert man nur, dass im Team kein Hakoahner tätig war, da man nun nicht sagen kann: der Jud war Schuld.«[828] War das eine Freud'sche Fehlleistung? Oder war dem Redakteur wirklich nicht klar, dass Meisl selbst Jude war? Denn auch über Meisl war nur Gehässiges zu lesen: »Der sonst so gesprächige Meisl ist stumm wie ein Fisch geworden und wird in den nächsten Stunden voraussichtlich krank werden.«[829] Und natürlich nutzte diese sozialdemokratische Zeitung genussvoll die Gelegenheit, dem ungeliebten Professionalismus eines auszuwischen: »Recht peinlich ist die Sache für die Professionalfreunde […].«[830]

Hugo Meisl war allerdings durchaus nicht, wie unterstellt, stumm wie ein Fisch geworden, sondern fand hinterher deutliche Worte. Hiden habe zwei haltbare Bälle durchgelassen, Mittelläufer Kurz (Austria) habe einen schwachen Tag gehabt, die heftigste Kritik mussten sich allerdings die beiden Stürmerstars gefallen lassen: »*Unsere Stürmerreihe, insbesondere der Innensturm, war unter den gegebenen Bodenverhältnissen ein Opfer des fürs Auge gefälligeren, aber für den Erfolg höchst undankbaren Kombinationsspiels.*« Und weiter: »*Hätte unser Innensturm nur die Hälfte, gar ein Drittel der von den beiden Flügelstürmern geschaffenen Erfolgsgelegenheiten ausgenützt, so hätte es ein Resultat geben können, das uns alle Ehre gemacht hätte.*« Insgesamt, so Meisl, hätte das Spiel überhaupt nicht verloren werden müssen: »*Wir müssen uns trösten, dass wir uns, im Allgemeinen nicht die schlechtere, technisch sogar die bessere Mannschaft, einem zweckmäßigerem System beugen und unter unerhört unglücklichen Verhältnissen ein nur auf solchem Terrain mögliches, vernichtendes und die Klasse sowie den Spielverlauf brutalisierendes Score hinnehmen mussten.*«[831] Kurz: Es wurde zu viel gescheiberlt.

Der *Sport Telegraf* beschrieb einige Jahre später die Situation sehr anschaulich: »Meisl tobte in der Kabine, beschwor die Spieler, nach Seitenwechsel anders zu operieren. Vier Stürmer versuchten es auch, der fünfte hielt aber hartnäckig und disziplinlos an seiner Methode fest. Und der Effekt davon war, dass wir eine der schwersten Niederlagen erlitten. Als Meisl nach dem Treffen eine Strafpredigt hielt, wurde er von dem Übeltäter überdies noch verhöhnt.«[832] Matthias Sindelar, von dem hier die Rede ist, meinte offenbar, ausgerechnet dem großen Fußballkenner Meisl erklären zu müssen, wo der Fehler lag. »Mehr scheiberln hätten wir müssen!«, erklärte er treuherzig dem fassungslosen Meisl. Angeblich hätte Meisl ihn daraufhin am liebsten aus dem Zug geworfen. Wie es wirklich war, wissen wir nicht, wie so oft verdeckt auch hier die Legende die Realität. Sicher ist jedenfalls: Meisl verzichtete für die nächsten Länderspiele auf Sindelar, ebenso allerdings auch auf Nausch und Hiden, die in Nürnberg erstmals international getestet worden waren und später ebenso wie Sindelar zu den zentralen Figuren des Wunderteams werden sollten.

Bei Lichte betrachtet wurde und wird dieses Spiel allerdings maßlos überschätzt. Was in Nürnberg besiegt wurde, war ja keineswegs die österreichische Nationalmannschaft, sondern ein, wie man heute sagen würde, Perspektiv-Team mit stark experimentellem Charakter. Das Spiel der Wiener Auswahl gegen Süddeutschland war im Grunde nichts anderes als ein Sichtungswettkampf junger Talente, denn in diesem Auswahlteam stand nur ein einziger Spieler, der zum aktuellen Stamm der Nationalmannschaft gehörte, nämlich Fritz Gschweidl. Nach dem bekannten Debakel nahm Meisl von der Kombination Gschweidl – Sindelar bis auf Weiteres Abstand. Aber – und das wird gerne vergessen – zugleich wurde in Nürnberg am Gerüst des späteren Wunderteams gezimmert: Mit Torwart Hiden (WAC), Läufer Nausch (Austria) und den Stürmern Gschweidl und Sindelar spielten in Nürnberg erstmals bereits vier Mitglieder des legendären Teams zusammen, aber noch war ihre Zeit nicht gekommen.

Nie wieder Sindelar?

Kein Spieler, weder der Mannschaftskapitän und spätere Nationaltrainer Nausch, noch die Torwartlegende Hiden, noch das Wiener Original Sesta wurden auch nur annähernd in solchem Maße zum Synonym für das Wunderteam wie der Mittelstürmer Matthias Sindelar. Er muss ein wahres Genie am Ball gewesen sein, Zeitzeugen berichten heute noch mit glänzenden Augen, wie er sich mit traumhafter Eleganz durch gegnerische Abwehrreihen hindurchdribbelte, er verblüffte Gegner und Zuschauer durch seinen unvergleichlichen Einfallsreichtum als Vorbereiter und seine Brillanz beim Torschuss, er war die dominierende Figur im österreichischen Fußball der 1930er Jahre. Kein Zweifel: Ohne ihn hätte Austria Wien nicht zweimal den Mitropa-Cup gewonnen und das Nationalteam nicht jahrelang die Welt in Erstaunen versetzt. Der »Papierene« wurde er genannt – weil er so dünn war, sagen manche, vor allem aber weil er sich durchzuschlängeln vermochte, wo niemand eigentlich durchkommen konnte. In Italien übernahm man diesen Titel, nur leicht verändert, aber weitaus poetischer klingend, *Carta da musica* oder *carta velina*.[833] Sindelars fußballerische Darbietungen wurden von der Wiener Kulturszene mit der gleichen Kennerschaft diskutiert wie Darbietungen im Burgtheater, der Staatsoper oder dem Konzerthaus.

Dabei war in den 1920er Jahren diese Karriere nicht unbedingt vorherzusehen gewesen. Als im Jahre 1924 der Wechsel des 21-jährigen Matthias Sindelar von Hertha zu den Amateuren bekannt wurde, äußerte sich »Fußball-Professor« Willy Schmieger mehr als skeptisch: Was wollten die Amateure mit diesem Hänfling?[834]

Hugo Meisl allerdings hatte den Amateuren zu diesem Wechsel heftig zugeraten. Er hatte schon sehr früh erkannt, dass hier ein Riesentalent heranwuchs. Bereits im Jahre 1922 berief

Matthias Sindelar (Szene aus dem Spiel Deutschland – Österreich 0:6, Berlin 24.5.1931).

er den damals erst 19-Jährigen in ein Wiener Auswahlteam, das am 26. November 1922 eine Grazer Stadtauswahl auswärts mit 9:0 vom Platz fegte. Meisl beobachtete, wie sich Sindelar bei den Amateuren, die sich dann bald Austria nannten, als Sturmführer entwickelte. Am 28. September 1926 hielt er trotz manch skeptischer Presseäußerung den Zeitpunkt für gekommen, den 23-jährigen schmalen jungen Mann für das schwere Auswärtsspiel gegen die Tschechoslowakei in die Nationalmannschaft zu berufen. Meisls Mut wurde belohnt, Sindelars Einstand konnte nicht besser ausfallen: In der 26. Minute erzielte er nach einem eleganten Dribbling das 1:0, die Österreicher siegten mit 2:1. Sindelar stand ab nun sechsmal hintereinander in der Sturmmitte, half mit, die Schweiz mit 7:1 und Ungarn mit 6:0 zu besiegen, bevor er vor dem Spiel gegen die Belgier wieder ausgemustert wurde: Sindelar erschien Meisl gegenüber deren harter Spielweise zu weich und zu wenig robust, ein Vorbehalt, der Sindelar noch jahrelang begleiten sollte. Aber Hugo Meisl verlor ihn durchaus nicht aus den Augen: Ein Jahr später stand er gegen Jugoslawien wieder in der Sturmmitte, und dann versuchte Meisl zweimal das erwähnte Experiment: Er ließ Sindelar als Verbinder neben Gschweidl spielen, ein Arrangement, das er aber nach der Niederlage gegen Süddeutschland endgültig abhakte.

»Nie wieder Sindelar«, soll sich Meisl damals geschworen haben – so will es die Legende. Tatsache ist dagegen, dass Meisl im März 1929 so schwer und langwierig erkrankte, dass er monatelang ohnehin keine Mannschaft mehr aufstellen konnte. Und als er Anfang 1930 seine Arbeit wieder aufnahm, nominierte er für die Sturmmitte für das schwere Auswärtsspiel gegen die Tschechoslowakei am 23. März 1930 niemand anderes als eben Mathias Sindelar; gegen das technisch anspruchsvolle Spiel der Tschechen erschien ihm der Supertechniker Sindelar genau der richtige Mann zu sein.[835] Das Spiel endete 2:2, Meisl sah aber sein Vertrauen in Sindelar nicht völlig bestätigt, »Sindelar spielte technisch hervorragend, war aber vor dem Tor ein wenig zu weich«,[836] hieß es hierzu. Also ersetzte Meisl Sindelar wieder durch Gschweidl, einen Filigrantechniker wie Sindelar, aber deutlich robuster als jener. Dabei blieb es für ein Jahr.

Das Schmieranski-Team

Nach einem enttäuschenden 0:0 gegen Ungarn am 3. Mai 1931 rief die Presse, wenn nicht überhaupt die Entmachtung von Meisl gefordert wurde, wie zum Beispiel in den *Wiener Neuesten Nachrichten*,[837] vehement nach Sindelar, nachdem dieser im letzten Ligaspiel »brillante Sachen«[838] gezeigt und Gschweidl als Sturmführer einen schwachen Eindruck hinterlassen hatte. Ebenso forderten die Journalisten, endlich dem jungen Wacker-Stürmer Zischek eine Chance zu geben. Diesmal gab Meisl nach. Wenn er schon verlieren sollte, dann sollte die Presse wenigstens nicht behaupten können, er habe nicht auf sie gehört. Und so kam es zu jener legendären Szene im Ringcafé, als Meisl im Taxi vorfuhr, an den Tisch der Journalisten stürmte und ihnen mit den vielzitierten Worten »Da habt's euer Schmieranski-Team« die geplante Mannschaftsaufstellung auf den Tisch knallte. Sprach's und verschwand wieder im Taxi Richtung Verbandsheim.

Die Journalistenschar steckte die Köpfe zusammen, studierte den Zettel und kommentierte lautstark die Besetzung: Hiden (WAC) sollte wieder das Tor hüten, keine Überraschung. Die Verteidigung bildeten wie gegen Ungarn Schramseis (Rapid) und der routinierte Blum (Vienna), auch die Läuferreihe lautete unverändert Mock (Austria), Smistik (Rapid) und Gall (Austria). Im Sturm allerdings gab es geradezu eine Revolution: Linksaußen spielte nun erstmals der 20-jährige Karl Zischek (Wacker), Gschweidl (Vienna) rückte auf halblinks, während Sindelar (Austria) tatsächlich auf die Mittelstürmerposition gesetzt wurde; den rechten Flügel bildeten der Admira-Stürmer Schall, der bereits Anfang 1927 neben Sindelar zum Einsatz gekommen war und sich durch eine großartige Leistung erst kürzlich in Nürnberg empfohlen hatte, sowie der erfahrene Horvath (Wacker). Und damit nicht genug: Nachdem verletzungsbedingt Mock und Horvath kurzfristig absagen mussten, spielte Meisl nun scheinbar vollends va banque, er holte zwei weitere Neulinge ins Team. Für Mock sollte nun Braun vom WAC spielen, der erst ein Länderspiel absolviert hatte, und für Horvath stand nun Schalls 21-jähriger Teamkollege Adolf Vogl erstmals auf Rechtsaußen.

Meisl ging also volles Risiko: zwei unerfahrene Debütanten auf den Außenpositionen gegen die vermeintlich beste Mannschaft der Welt! Und dazu noch Gschweidl und Sindelar nebeneinander im Sturm, ein Experiment, das noch Anfang 1929 gegen Süddeutschland – allerdings in umgekehrter Besetzung – fürchterlich misslungen schien! Entweder muss Meisl wirklich vom Mut der Verzweiflung getrieben gewesen sein – oder er war eben doch ein genialer Stratege und Fußballfachmann, der das Potenzial, das in dieser Besetzung schlummerte, erkannt hatte.

Immerhin fand diese Aufstellung Zustimmung in der Presse, wenn auch mit Vorsicht: »Es ist natürlich ein Experiment«, schreibt das *Sport-Tagblatt*, »aber eines, das einige Aussicht auf Gelingen hat.«[839] Einen netten Kommentar zu dieser Aufstellung gibt es im *Sport-Tagblatt*, in dem sehr sachlich versucht wird, die Gedankengänge Meisl nachzuverfolgen, und das mit überraschend großer Sympathie. Demnach habe sich die Aufstellung aus einer zwingenden Logik ergeben, die im Wesentlichen darin bestand, dass das eigentlich für das Schottlandspiel vorgesehene Innentrio der Admira am Sonntag vor der Nominierung in ihrem Ligaspiel so jämmerlich gespielt habe, dass Meisl es nicht aufstellen konnte. Nachdem schon im Spiel davor gegen Ungarn (0:0) das Innentrio der Vienna erfolglos gewesen wäre, blieben so letztendlich nur noch Sindelar, Gschweidl, Schall und Horvath sowie der junge Zischek übrig. Das *Sport-Tagblatt* verweist auf eine Zeitungsumfrage zur Angriffsreihe der Nationalmannschaft bei den Lesern. Heraus kam genau der Sturm, den Meisl nominierte.[840] Immerhin hatte das Blatt auch gewisse prophetische Begabungen: »Man weiß ja natürlich nicht, welchen Verlauf das Spiel nehmen wird, aber es ist gar nicht ausgeschlossen, dass die Mannschaftsaufstellung, die durch mancherlei Zufälligkeiten erzwungen wurde, uns wieder zu einer populären Nationalmannschaft verhilft.«[841]

Ganz wesentlich für den Erfolg dieser Mannschaft war, dass es Meisl gelang, eine taktische Variante zu ersinnen, die es den beiden Sturmführern Gschweidl (Vienna) und Sindelar (Austria) ermöglichte, gemeinsam zu spielen.[842] Dazu bedurfte es taktischer Umstellungen, vor allem aber psychologischen Fingerspitzengefühls, denn die Rolle des Sturmführers konnte nur einer spielen, und Meisl wies diese Sindelar zu. Trotzdem musste Gschweidl mit eingebunden werden, und so wird berichtet, dass Meisl nach Döbling zur Vienna gefahren sei, Gschweidl vom Training der Vienna abgeholt, auch mit dessen Trainer Fritz Frithum gesprochen und Gschweidl von seinem neuen taktischen Konzept überzeugt habe.

Die Entstehung des Wunderteams beruhte demnach keineswegs auf Zufall, wenn man von Momenten absieht wie Formkrisen oder Verletzungen einzelner Spieler. Ganz im Gegenteil: Ein neutraler Zeitzeuge, nämlich der bereits erwähnte Schwede Tore Nilsson, der sich als junger Mann am Ende der Wunderteam-Ära für längere Zeit in Wien aufhielt und von Hugo Meisl betreut wurde,[843] beschreibt sehr ausführlich eben die taktischen Überlegungen Meisls, insbesondere zur Aufgabenverteilung zwischen Gschweidl und Sindelar, und das psychologische Geschick, dessen er bedurfte. Heraus kam, so Nilsson, eine taktische Variante, die er als eine Art 3-4-3-System beschrieb, mit Gschweidl und Schall als zurückgezogene Halbstürmer.[844] Auch wenn man von den Namen der Spieler her das System wohl eher als 2-3-2-3-System beschreiben müsste, vielleicht noch genauer als 2-2-1-2-3, so ist Nilssons Beobachtung doch hochinteressant, verweist sie doch darauf, dass Meisl die Sturmformation neu organisierte, tendenziell in die gleiche Richtung wie das W-M-System, wenn auch mit eindeutiger offensiver Ausrichtung. In den zurückgezogenen Positionen der Halbstürmer konnten Gschweidl und auch Schall ihre Dynamik voll entfalten. Jedenfalls wurde das Mittelfeld durch die hängenden Halbstürmer verstärkt, die in die Lücken stoßen konnten, die sich aus der Öffnung der Sturmreihe ergaben.

Das »Schmieranski-Team« (Nilsson zitiert Meisls Worte mit »Här har ni ert klåperlag!«) war also ein Ergebnis langer taktischer und auch psychologischer Überlegungen. Um so erstaunlicher, wie sehr sich dennoch die Legende vom Zufallsteam halten konnte, möglicherweise deshalb, weil diese Anekdote sich so schön verknüpfen ließ mit dem immer wieder – auch kritisch – beschriebenen Bild vom Verbandskapitän, der seine Geschäfte vom Kaffeehaus leitete, in Absprache mit seinen Freunden, einigen Journalisten und Managern der Vereine, am Vorstand des ÖFB vorbei und letztendlich aus dem Bauch heraus. Eine

Zeitung berichtet sogar, die Aufstellung sei ihm von seinem Freund Nazi Brum geradezu erpresserisch am Krankenbett, das Meisl wegen einer schweren Erkältung hüten musste, abgerungen worden.[845]

Am 16. Mai kamen nur 40.000 Zuschauer zur Hohen Warte, viele wollten sich das zu erwartende Debakel ersparen, zudem trieb die Wirtschaftskrise einem neuen Höhepunkt entgegen, einige Tage zuvor erst hatte die Creditanstalt Konkurs angemeldet, wer hatte da noch Geld fürs Stadion? Aber dann traute das Publikum seinen Augen nicht: Sein Team spielte die Schotten schwindelig, die schnellen Flügelstürmer rissen die schottische Deckung auf, und Meisls Konzept, den Innensturm mit drei echten Torjägern mit Sindelar in der Mitte zu besetzen, bewährte sich auf das Prächtigste. Sindelar verteilte die Bälle mit traumhafter Umsicht, und gekrönt wurde das Spiel durch eine Zauberkombination zwischen Gschweidl und Sindelar, die Sindelar zum 5:0-Endstand abschloss. Ganz Wien stand Kopf; zwar wusste man, dass die Schotten bei weitem nicht mit ihrer besten Mannschaft angetreten waren,[846] in ihrem Team standen nicht weniger als neun Debütanten und kein einziger Spieler aus Glasgow, sie verloren daher einige Tage später auch gegen Italien mit 0:3. Aber was die Wiener so begeisterte, war der neue Stil dieser Mannschaft, die Schnelligkeit der Außenstürmer, die Eleganz und Übersicht Sindelars, die traumwandlerische Kombinationssicherheit des ganzen Teams, dass der Sieg »eigentlich ohne besonderen Kampf geradezu rein spielerisch und künstlerisch erfochten wurde«.[847]

Das Ensemble und sein Dirigent

Endlich hatte Meisl die Lösung gefunden, wie seine beiden besten Stürmer, Sindelar und Gschweidl, ihr Leistungspotenzial voll entfalten konnten: Sindelar konnte als Sturmführer seine ganze Spielübersicht, seinen Einfallsreichtum und seine spielerische Präzision ungehindert entfalten, und der Supertechniker Gschweidl wiederum erfasste instinktiv die von Sindelar insinuierten überraschenden Laufwege; von dieser Traumkombination profitierte auch Schall, der von allen Stürmern über die stärksten Torjägerqualitäten verfügte und während der Wunderteam-Epoche die meisten Treffer erzielte. Ergänzt wurde dieses Innentrio durch zwei Außenstürmer mit ganz besonderen Qualitäten: Linksaußen Zischek war nicht nur schnell und dribbelstark, sondern auch ungemein torgefährlich und erzielte bemerkenswerterweise in der Wunderteam-Ära als Außenstürmer genauso viele Tore wie Sindelar. Auf dem anderen Flügel stand mit dem jungen Adolf Vogl ebenfalls ein pfeilschneller und ballsicherer Spieler, dessen besondere Qualitäten seine brandgefährlichen präzisen Flanken und Eckstöße waren, die immer wieder zu Toren führten. In der Offensive standen also fünf Spitzenspieler mit jeweils ganz besonderen Fähigkeiten, die in ihrem Zusammenwirken jede gegnerische Hintermannschaft vor unlösbare Probleme stellen konnten. Aufschlussreich ist in dieser Hinsicht die Torschützen-Bilanz für die 18 Länderspiele in knapp zwei Jahren, die im Allgemeinen dem Wunderteam zugerechnet werden, nämlich vom 5:0 über Schottland am 16. Mai 1931 bis zum 1:2 gegen die Tschechoslowakei am 9. April 1933: Von den nicht weniger als 60 Toren, die in den 18 Spielen erzielt worden waren, schoss der überragende Goalgetter Toni Schall alleine 20 Treffer, es folgten Sindelar und Zischek mit zwölf Toren, Vogl traf neunmal ins Netz – darunter alleine viermal in Paris – und Gschweidl hatte fünf Tore auf dem Konto. Dieser Sturm entwickelte allerdings seine volle Wucht nur dann, wenn tatsächlich dieses legendäre Quintett antrat; fiel auch nur einer dieser fünf Ausnahmespieler aus, schrumpften die Sturmleistungen sofort auf – immer noch sehenswertes – Normalmaß.

Das Erfolgsgeheimnis dieses Traumteams lag allerdings nicht nur in der Sturmbesetzung, sondern auch in der Mischung aus jungen und erfahrenen Spielern, allen voran der routinierte Josef Blum (Vienna), der bereits 1920 erstmals international in Erscheinung trat. Und ein weiterer Faktor darf nicht übersehen werden: Das Wunderteam war eine dezidiert »bürgerliche« Mannschaft, nicht der aggressive Erfolgsfußball der Rapid – immerhin Mitropa-Cup-Sieger 1930 – prägte diese Mannschaft, sondern der technisch versierte Kombinationsfußball der »bürgerlichen« Clubs Austria, Vienna und WAC. Betrachtet man die Mannschaftsaufstellungen, fällt dieser Sachverhalt sofort ins Auge. Lediglich zwei Rapid-Spieler, nämlich Verteidiger Schramseis und Läufer Smistik, gehörten zu dem engeren Spielerkreis, der dem Wunderteam zuzurechnen ist, wobei beide auch noch bald durch die Vienna-Spieler Rainer und Hofmann verdrängt wurden. So stand in der legendären Mannschaft, die am 29. November 1931 in Basel die Schweiz mit 8:1 schwindelig spielte, als einziger Rapid-Spieler eher zufällig Johann Luef, der kurzfristig als Ersatzmann für den verletzten Gall (Austria) berufen wurde.

Ganz anders dagegen die drei genannten Vereine, die jeweils prägende Spielerpersönlichkeiten stellten: Vom WAC kamen die Torwartlegende Hiden, die Stimmungskanone Sesta, der stets mit letztem Einsatz kämpfte, sowie der zuverlässige Läufer Braun. *Vienna* – Wiener Meister und Mitropa-Cup-Sieger 1931 – stellte den Mannschaftskapitän Blum, der später durch Sesta ersetzt wurde, den technisch versierten Verteidiger Rainer, Läufer »Poldi« Hofmann – nach dem Krieg Trainer der Vienna – sowie Sindelars kongenialen Sturmpartner Gschweidl.

Die dominierende Rolle spielte allerdings der Mitropa-Cup-Sieger von 1933, die Austria, nicht nur, weil die Spielerpersönlichkeit Sindelar alles überstrahlte. Von Austria kamen neben Sindelar die Läufer Mock, Gall und Nausch, wobei Nausch bald in die Position des Mannschaftskapitäns hineinwuchs, was übrigens seine gebildete jüdische Ehefrau wenig interessierte: Zeitzeugen berichten, sie habe bei Spielen regelmäßig in der Ehrenloge Platz genommen, um sich dann in aller Seelenruhe einer Romanlektüre zu widmen.[848]

Nicht unerwähnt bleiben darf allerdings der Beitrag zweier weiterer Wiener Vereine, die sich trotz ihres proletarischen Umfeldes ebenfalls dem »bürgerlichen« Kombinationsfußball verschrieben hatten und einige herausragende Spieler des Wunderteams stellten: Von Admira, dem Wiener Meister von 1932, kamen zwei Stürmer, die zu den besten der Welt gehörten: Torjäger Schall und Flügelspieler A. Vogl, der 1932 eine schwere Knieverletzung erlitt und dennoch gegen England selbst als Halbinvalider noch eine glänzende Partie spielte. Vogl hatte seinerseits einen der bewährtesten und besten Stürmer Wiens aus der Nationalmannschaft verdrängt, den man daher nicht dem engeren Kreis des Wunderteams zurechnen kann: den 46-fachen Internationalen Johann Horvath, der über Simmering und Rapid zu Wacker gekommen war und später noch beim FC Wien spielen sollte; erst bei der Weltmeisterschaft 1934 sollte Horvath nochmals zu einer zentralen Figur im Team werden. Ganz anders dagegen sein junger Mannschaftskamerad Zischek: Er gab sein Debüt gegen Schottland und war seitdem aus dem Nationalteam nicht mehr wegzudenken.

Nach dem glorreichen Schottland-Spiel zitierte die Presse stolz erste Kommentare aus dem Ausland, die voller Bewunderung für die Mannschaft waren. Das tat den krisengeschüttelten Österreichern gut, das Wunderteam begann seine positive Wirkung als Tröster und Identitätsstifter zu entfalten. Ganz besonders wohltuend war offenbar ein Artikel des englischen Journalisten Ivan Sharpe, dem das *Sport-Tagblatt* gleich die ersten beiden Seiten einer Ausgabe widmete; Sharpe ließ sich geradezu euphorisch aus über das Spiel der Österreicher und versäumte es auch nicht, das Wiener Herz zu rühren, indem er die Liebenswürdigkeit und Bescheidenheit der Österreicher hervorhob (im *Sport-Tagblatt* wurden diese Worte extra gesperrt gedruckt) und indem er feststellte »Österreich ist ein armes Land«, ein Topos jener Zeit, der für jedes und alles herhalten musste. Er lobte die Spieler über den grünen Klee, betonte, dass sie vergleichsweise schlecht verdienten (Österreich ist ja ein armes Land), um schließlich in einem Lob auf den Präsidenten und den Verbandskapitän (»ein glänzender Sachverständiger des Fußballs«) zu enden. Der letzte Satz wird dann alle Anhänger der *Wiener Schule* erfreut haben: »Ich habe bei den Österreichern nichts von der bei uns so berühmten W-Formation gesehen.«[849]

»Ein Triumph der höheren Taktik«[850]

Trotz aller Begeisterung über die Fußballdemonstration gegen Schottland fragten sich die skeptischen Wiener, ob nicht eher die Schwäche der Schotten als die Stärke der Österreicher diese Leistung ermöglicht hatte. Eine Woche später musste sich zeigen, wie stark dieses Team wirklich war. Anlässlich des FIFA-Kongresses in Berlin hatte der DFB endlich seinen Boykott gegenüber dem ÖFB offiziell beendet und Österreich zu einem Länderspiel am 24. Mai in Berlin eingeladen. Die deutschnationale Presse in Wien sprach gar vom »Verbrüderungsfest«.[851] Im »Deutschen Stadion« im Grunewald, erbaut für die Olympischen Spiele 1916, die wegen des Weltkrieges ausfallen mussten, trat Meisl mit exakt dem gleichen Team an, das die Schotten entzaubert hatte, und wer geglaubt hatte, das 5:0 von Wien wäre nur ein Zufallssieg über eine schottische B-Auswahl gewesen, erlebte nun sein blaues Wunder. Vor 50.000 staunenden Zuschauern, darunter die versammelte Prominenz der FIFA und die komplette internationale Sportpresse, spielten – die Betonung liegt auf »spielten« – die Österreicher die Deutschen an die Wand. Dabei hielt sich das DFB-Team gar nicht einmal schlecht, hatte sogar die erste Chance, als der Aachener Münzenberg in der 5. Minute nur den Pfosten traf, und auch im weiteren Verlauf der Begegnung verhinderte nur ein überragender Hiden, dass den Deutschen ein Treffer gelang. Aber die Österreicher erspielten sich mit geradezu schlafwandlerischer Leichtigkeit und Eleganz ein Tor nach dem anderen, sie zauberten und kombinierten, und am Schluss stand es sage und schreibe 6:0. Begeisterte Zuschauer trugen den unglaublichen Hiden auf den Schultern vom Platz, und ab jetzt, nach dieser Demonstration vor der versammelten Weltöffentlichkeit, wurde dieses Team tatsächlich zur Legende. Am nächsten Tag schrieb die Berliner Presse verzückt vom österreichischen »Wunderteam«. Damit war das Etikett gefunden, das bis heute dieser Mannschaft anhaftet, ein Titel, den Meisl immer ablehnte, der aber ganz zweifellos seine Berechtigung hatte.

Die Deutschen brannten auf Revanche, sie wollten die Demütigung von Berlin unbedingt vergessen machen. Die Gelegenheit bot sich am 14. September im neuen Prater-Stadion. Reichstrainer Otto Nerz hatte sein Team systematisch auf diese Begegnung vorbereitet, aber auch Hugo Meisl standen wieder fast alle Mann zur Verfügung; lediglich Schramseis und Braun mussten durch Rainer (Vienna) und Mock (Austria) ersetzt werden – was sich allerdings als Verstärkung erwies. So verging den Deutschen erneut im österreichischen Fußballfeuerwerk Hören und Sehen; diesmal erzielte alleine Sindelar drei Treffer, die anderen beiden

Tore schossen Schall und Gschweidl. Um ein Haar hätte sogar der neu ins Team gekommene Mock kurz vor Schluss das 6:0 erzielt, aber sein Schuss krachte gegen die Latte.

Mit aller Deutlichkeit war klar geworden, welcher Abstand sich während des Boykotts zwischen dem deutschen Fußball und den österreichischen Profis gebildet hatte: Die Deutschen hatten schlicht den Anschluss verloren. So konnte Meisl mit geradezu provozierender Herablassung erklären: »Sie sind noch nicht so weit. Sie haben sich bemüht, und ein oder der andere Treffer wäre ihnen ja vergönnt gewesen, aber auch wir hätten ruhig noch weitere Tore erzielen können.«[852]

Noch stärker erkennt Willy Meisl im *Berliner 12-Uhr-Blatt* den Unterschied zwischen deutschem Spielsystem und österreichischer Spielkultur: »*Ob nun ein Hofmann oder ein Hornauer im Sturm herumfummelt oder Herr Gehlhaar sechs oder Herr Kress mit seiner meisterlichen Kunst fünf Bälle passieren lässt, ob der Reichstrainer Nerz oder Braunisch heißt, ob endlich der Herr Schmidt die Mannschaft aufstellt oder seine Frau, das ist alles so gleichgültig. Wer, wie wir, davon überzeugt ist, dass der verhängnisvolle Aufbau des deutschen Spielsystems zwangsläufig zur Zerschlagung des Könnens führen muss, der wusste schon vorher, dass das Treffen nicht anders ausgehen konnte als vor drei Monaten.*« Ganz anders die Österreicher: »*Die österreichische Mannschaft ist geblieben, was sie im Frühjahr war, allerbeste Klasse. […] Klassisch schön, wie die Leute den Flankenwechsel verstehen, der immer wieder die deutsche Abwehr aus den Angeln riss.*«[853]

Der neidische Nachbar

Wie aber stand es im Vergleich zu den anderen Profi-Verbänden? Der erste Test fand am 4. Oktober in Budapest statt. Den Ungarn gingen die Schwärmereien über das österreichische Wunderteam gehörig auf die Nerven, und sie waren finster entschlossen, die Verhältnisse klarzustellen. Dabei war ihnen bewusst, dass sie nur dann eine Chance hatten, wenn sie den Wiener Kombinationsfußball bereits im Ansatz unterbanden und die Österreicher erst gar nicht ins Spiel kommen lassen würden. Entsprechend gingen sie auf dem graslosen Sandplatz kompromisslos zur Sache, vom Publikum leidenschaftlich unterstützt. Als der deutsche Schiedsrichter Bauwens in der 10. Minute gegen Ungarn einen Elfmeter pfiff, waren die Zuschauer kaum zu beruhigen, obwohl Schall im Hexenkessel den Ball verschoss. Torwart Hiden musste gegen Schluss nach einer harten Attacke verletzt durch Platzer ersetzt werden. Völlig die Fassung verloren die Zuschauer allerdings, als Zischek, der schon das erste Tor für Österreich erzielt hatte, in letzter Minute auch noch den 2:2-Ausgleich köpfte und damit den Nimbus der Unbesiegbarkeit für das Wunderteam bewahrte. Bauwens, der kurz nach dem Ausgleich abgepfiffen hatte, geriet in gefährliche Bedrängnis, die Polizei musste ihn mit gezogenem Säbel in Sicherheit bringen, Bauwens fiel vor Aufregung sogar in Ohnmacht.

Folge dieser dramatischen Vorgänge war ein tiefes Zerwürfnis zwischen beiden Verbänden. Vor allem Meisl nahm, so wie man ihn kannte, auf dem abendlichen Bankett kein Blatt vor den Mund, kritisierte die Spielweise, die Platzverhältnisse und die Sicherheitsmaßnahmen der Ungarn heftig und löste damit einen regelrechten Sportkrieg mit den Ungarn aus. In der *Reichspost* wurde das Spiel als »der unrühmlichste Kampf, den die Vertreter der beiden Länder überhaupt je durchgeführt haben« geschildert.[854] Ungarische Zeitungen unterstellten Bauwens Bestechlichkeit, Dr. Eberstaller verlangte in einem Schreiben an den ungarischen Fußballverband mit Hinweis auf die Vorfälle, dass jährlich nur noch ein Spiel zwischen beiden Verbänden ausgetragen werden solle, der ungarische Verband wiederum drohte mit dem Abbruch sämtlicher Sportbeziehungen. Die ungarische Presse unterstellte den Österreichern, genau dies sei ihre Absicht gewesen, sie wollten ihren stärksten Gegner loswerden, um ihren Ruf als Wunderteam nicht zu gefährden. Es war nicht zu übersehen: Die Ungarn neideten ihrem alten Rivalen den plötzlichen Ruhm. Sehr deutlich werden diese tieferen Motive in einem Schreiben des Vorstandsmitglieds Dr. Fodor an den *Kicker*: Zunächst mokierte auch er sich über die Bezeichnung »Wunderteam« und formulierte dann, »dass (die Erfolge dieses Teams) noch kein Recht zu der Voraussetzung geben, dass der österreichische Fußball nunmehr über jenem von ganz Europa steht und dass ein jeder, welcher den Nimbus der österreichischen Nationalmannschaft anzurühren wagt, sich gegen eine Heiligkeit versündigt«.[855] Und da er so gut in Fahrt war, unterstellte Fodor Hugo Meisl, er hätte es nicht ertragen können, dass seine Mannschaft schlechter war als die Ungarn.

Nun konnte Meisl nicht umhin, im gleichen Blatt zu antworten. Er stellte zunächst fest, »dass für den bedauerlichen Streitfall bzw. für die Haltung des Österreichischen Fußball-Bundes und seiner Leitung keineswegs das Verhalten eines großen Teiles des Publikums und schon gar nicht das unentschiedene 2:2-Resultat bzw. ein Verlustpunkt maßgebend war«, und fuhr an Dr. Fodor gewandt fort:

»Ich kann nicht annehmen, dass er gegen mich persönlich ernstlich einen solchen Vorwurf erheben kann, denn ich habe im Laufe meiner 30-jährigen Karriere wohl zu Genüge den Beweis erbracht, dass ich auch unverdiente Niederlagen mit Würde zu ertragen verstehe.

Der Zwist hat also mit dem unentschiedenen Resultat gar nichts zu tun, und weder der Österreichische Fußball-Bund, noch dessen Führer oder ich selbst haben je so schwülstige Bezeichnungen wie ›Wundermanschaft‹, ›Meistermannschaft‹ oder andere schwülstige Titel in den Mund genommen. Wer nur irgendwie mit dem Wesen des Fußballsports vertraut ist, muss derartige Epitheta lächerlich finden.

Was wir wollen, ist nicht mehr und nicht weniger, als unter ähnlichen Bedingungen in Budapest spielen, wie die ungarische Nationalmannschaft in Wien spielt. Dabei sind wir als ebenso arme Österreicher, wie unsere ungarischen Freunde, keineswegs so übermütig und überheblich, ein Stadion oder eine Hohe Warte zu verlangen.

Wenn ich nun beim Abendessen in Gegenwart der versammelten Berufs- und Amateur-Nationalmannschaften von Österreich, Ungarn und Rumänien unter Hinweis auf die bedauerlichen Vorfälle eine nach Ansicht unserer ungarischen Freunde überscharfe Kritik geübt habe, so wird man mir das bestimmt nachsehen. ›Wes Herz voll ist, des Mund geht über.‹«[856]

Damit hatte wohl Meisl die richtigen Worte gefunden, sehr bald hatten sich die Sportbeziehungen zu Ungarn wieder normalisiert, und bereits 14 Tage später gratulierte ihm die ungarische Presse auf das Herzlichste zum 50. Geburtstag, als sei nie etwas gewesen.

Die Baseler Exhibition

Nach der Schlacht von Budapest mit ihrem hässlichen Nachspiel erlebte die staunende Fußballwelt sechs Wochen später genau das, was die Ungarn so rasend vor Eifersucht machte: Die Österreicher zeigten sich wieder einmal als Wunderteam: Am 29. November besiegte Meisls Mannschaft in Basel vor 25.000 überwältigten Zuschauern die Schweiz mit dem unglaublichen Ergebnis von 8:1, Schall schoss drei und Gschweidl zwei Tore, obwohl nach Meisl Aussage seine »Mannschaft eigentlich nur eine Hälfte auf der Höhe war«.[857] Trotzdem war er's zufrieden und lobte seine Mannschaft in einem wahrhaft knappen Kommentar: »Brav habt ihr's g'macht!«[858] Dazu *Kicker*-Herausgeber Bensemann: »Gegen Schluss hörte das Publikum völlig auf, seine Favoriten anzuspornen; fasziniert hing alles an den leichten, graziösen, selbstverständlich erscheinenden Bewegungen der Österreicher, die uns wieder einmal ein Lehrspiel vorführten, wie man es in früheren Jahren von gut disponierten Engländern zu sehen gewohnt war.«[859]

Damit ging ein unglaubliches Fußballjahr zu Ende. In einer Zeit, in der Österreich von einer tiefen wirtschaftlichen Depression und Massenarbeitslosigkeit geschüttelt wurde, konnten sich die Wiener an den sportlichen Erfolgen ihres Teams festhalten und aufbauen: Sie waren ein kleines Land, sie waren ein armes Land. Aber sie hatten die besten Fußballer der Welt.

M. J. Leuthe versuchte nach dem Spiel gegen die Schweiz das Erfolgsgeheimnis dieses Teams zu ergründen: »*Die Österreicher sind das, was man eine ›équipe complète‹ nennt. Alle elf Spieler sind auf ihrem Posten, und wenn hie und da ein Mann mehr zur Geltung kommt, so ist das lediglich auf den Gang der Dinge zurückzuführen. Jeder Spieler weiß nicht allein, was er kann, sondern ebenso gut, was seine Vorder- und Hinter- und Nebenleute können. Es wird nicht geschaut, wo der Teamkollege stehen könnte, der einen Pass aufnehmen soll, sondern der Kollege steht eben nur da, wo der Pass nur hindirigiert werden kann. Die ganze Chose sieht an und für sich derart einfach aus, dass man erst daran merkte, dass es Kunst war, wenn man zum Vergleich das eckig und abgerissen wirkende Spiel der Schweizer heranzog.*« Und weiter: »*Ich kann mit dem besten Willen nichts Schlechtes von den Österreichern berichten. Die Erfolge der Letztzeit scheinen nicht gestohlen zu sein.*«[860]

Österreich wird Europameister

Im Januar 1932 veröffentlichte der *Kicker* eine Welt-Statistik. Er machte sich die Mühe, anhand der Länderspielergebnisse die Spielstärke der einzelnen Nationalmannschaften einzustufen.[861] Auf den ersten Platz kam Italien, dahinter folgte Österreich. Die weitere Rangfolge lautete Schottland, Holland, Ungarn, England, Rumänien, Spanien, Frankreich, Jugoslawien, Bulgarien und die Tschechoslowakei. Deutschland fand sich erst auf Platz 18 wieder.

Mag auch im Detail diese Tabelle fragwürdig erscheinen – die Schotten wurden ganz sicher zu hoch, die Tschechen und sicher auch die Deutschen zu schlecht eingestuft – so kann doch kein Zweifel bestehen, dass zumindest die ersten beiden Plätze richtig besetzt wurden: Italien und Österreich waren Anfang 1932 mit Sicherheit die stärksten Teams der Welt.

Und genau diese beiden Teams trafen am 20. März in Wien aufeinander. Die Österreicher hatten zuvor bereits am 24. Januar in Paris bewiesen, dass sie nichts von ihrer Brillanz verloren hatten. Als Wiener Stadtauswahl besiegten sie Paris mit 5:1, wobei zur Abwechslung dieses Mal Außenstürmer Vogl vier Tore erzielte. Trotz des eigentlich mühelosen Sieges, äußerte Meisl, dass er dennoch nicht recht zufrieden gewesen sei, »weil im Allgemeinen zu weich gespielt wurde«.[862] Ein Motiv der Kritik, das Meisl oft verwendete, und man kann wohl annehmen, dass er damit auf die ihm so wichtige Auseinandersetzung mit England zielte, denn eine Mannschaft, die dort bestehen wollte, durfte sich »weiches« Spiel nicht leisten.

Vier Tage später traten die Wiener unter Flutlicht in Brüssel an, trafen vielleicht der Lichtverhältnisse wegen reihenweise nur Pfosten und Latte, siegten letztlich aber dennoch mit 1:0.

Es ist bemerkenswert, dass sich Hugo Meisl nicht durch die Erfolge blenden ließ. Er dachte voraus an das kommende Spiel in Italien. »*Es haben sich schon in Paris und Brüssel Schwächen im Team gezeigt, an denen ich nicht achtlos vorbeigehen darf. Ich kann nicht warten, bis ich durch Erfahrungen eine derbe Lektion erhalten habe und werde gegen Italien aus Paris und Brüssel sowie aus meinen bisherigen in Wien gemachten Wahrnehmungen die Konsequenzen ziehen. Sicher ist, dass ich gegen Italien ein schlagkräftiges, aus Spielern und Kämpfern zusammengestelltes Team stellen und nur Leute auswählen werde, die nach diesen beiden Richtungen mein Vertrauen verdienen.*«[863]

Damit begannen die Vorbereitungen für das Spiel des Jahres, das Aufeinandertreffen der beiden derzeit besten Nationalmannschaften der Welt, das zudem auch noch für den Europa-Cup zählte. Aber schon die Wahl des Austragungsortes führte zu Konflikten: Der ÖFB hatte das neu erbaute moderne Stadion im Prater von der Stadt gemietet. Vienna meldete dagegen heftigen Protest an: Sie hätten schließlich die Hohe Warte nur deswegen zu außerordentlich hohen Kosten ausgebaut, damit dort Länderspiele ausgetragen werden könnten. Ohne Länderspiele sei diese Anlage auf Dauer nicht zu unterhalten – eine Aussage, die sich langfristig durchaus bewahrheitete, wenn man sich den heutigen Zustand dieser Anlage betrachtet.

Es blieb beim Stadion, das völlig ausverkauft war. 63.000 Zuschauer erwarteten eine Revanche für die Vorjahresniederlage. Allerdings waren die Vorzeichen für Meisl ungünstig, er musste seinen Wundersturm umstellen, denn Schall war völlig außer Form. Für ihn kam der junge Heinrich Müller vom WAC (nach dem Krieg Trainer der Austria) zum ersten Länderspieleinsatz. Zudem überraschte Meisl die Presse mit einer weiteren unerwarteten Umstellung: Er setzte Nausch als rechten Läufer ein. Die Reaktion war entsprechend skeptisch:

»*Der Verbandskapitän verzichtete auf die zwei robusten und harten Verteidiger des W.A.C., vielleicht nicht einmal zu Unrecht, weil ihre auf Schnelligkeit beruhende Kampfesweise gerade an der Schnelligkeit der Italiener scheitern könnte, aber er fand dann doch wieder eine gewissermaßen ›gemischte‹ Lösung, indem er vom Vienna-Paar den weniger in Form befindlichen Blum beibehielt und ihm Schramseis als Partner zuteilte. Nun war die Besonnenheit Rainers mit eine der Ursachen der großen Erfolge Blums, wogegen Besonnenheit und Überlegung sicherlich nicht die stärksten Hilfsmittel des ungestümen Schramseis sind. Der Verbandskapitän entschloss sich aber auch, in der Läuferreihe eine Änderung vorzunehmen, und da wartete er dann mit einer jener Überraschungen auf, die in früheren Jahren wohl immer die Verlautbarung des von ihm gewählten Teams mit einem geheimnisvollen Reiz umgaben und Spannung hervorriefen, die aber in sehr vielen Fällen Schaden gestiftet haben. Er erwählte nämlich statt eines zünftigen Läufers den Allround-Spieler Nausch als Flügelhalf, die trotz der unleugbar guten Qualitäten des Spielers kaum begründet werden kann.*«[864]

Man hört deutlich die Skepsis, aber wie so oft hatte wieder einmal der Fußballexperte Meisl Recht behalten. Gerade Nausch war es, der dem Spiel den Stempel aufdrückte; erstaunt stellte man fest, dass »die Sensation aber das prachtvolle Spiel des Austria-Mannes [Nausch] war, den man trotz der starken Konkurrenz ruhig als den besten Half im Felde bezeichnen konnte«.[865] Seitdem gehörte Nausch zum Stammpersonal des Wunderteams.

Schon vorher war das Spiel Gegenstand politischer Auseinandersetzungen gewesen, immerhin kam der Gegner aus dem faschistischen Italien. Die bürgerliche Presse feierte das anstehende Aufeinandertreffen der beiden Mannschaften als einen der Höhepunkte des Jahres 1932, als großen Kampf um die Vorherrschaft im kontinentaleuropäischen Fußball; die Arbeiterzeitungen vermuteten hinter dieser Begeisterung profaschistische Sympathien.[866]

Fast wie erwartet, von der politischen Linken geradezu erhofft, begann die Veranstaltung mit einem Eklat: Die italienischen Spieler begrüßten das Publikum mit stramm erhobenem rechten Arm, ein Pfeifkonzert und Schmährufe waren die Antwort, ein Verhalten, das wiederum dem ÖFB im Allgemeinen und Hugo Meisl im Besonderen überhaupt nicht gefiel, fürchteten sie doch um die guten Beziehungen zu Italien und seinem Duce. Entsprechend kündigte ÖFB-Präsident Eberstaller nach dem Spiel an, dass es vorläufig keine Länderspiele mehr gegen Italien auf Wiener Boden geben würde, »da man Gäste nicht dem Treiben einiger Hetzer aussetzen kann«.[867]

Aber nachdem das Spiel begonnen hatte, war erst einmal alles vergessen. Die Österreicher zeigten wieder einmal ein überzeugendes Spiel, waren deutlich überlegen, Sindelar, der nach dem Pariser Spiel wegen Passivität kritisiert worden war, zeigte sich wieder von seiner besten Seite und erzielte nach der Pause innerhalb von drei Minuten beide österreichischen Tore zum 2:1-Sieg. Und wie! Beim 1:0 verlängerte Gschweidl eine von Vogl getretene Ecke per Kopf zu Sindelar, der seinerseits den Ball mit dem Kopf zunächst über den italienischen Verteidiger Allemandi und anschließend wiederum per Kopf über den Torwart Sclavi hob. Beim 2:0 nahm Sindelar den Ball an der Mittellinie auf, umspielte alles, was sich ihm in den Weg stellte, und schoss unhaltbar ins Eck.

Der nächste Höhepunkt wurde am 24. April erwartet: Die Ungarn sollten nach Wien kommen. 60.000 erwartungsvolle Zuschauer auf der Hohen Warte, darunter auch 2.000 ungarische Schlachtenbummler, fragten sich, wie die Antwort des österreichischen Nationalteams auf das Skandalspiel vom 4. Oktober 1931 in dieser 70. (!) Begegnung beider Verbände ausfallen würde. Das Wunderteam beantwortete diese Frage in einer Weise, dass den Ungarn Hören und Sehen verging. Nach 52 Minuten führte Österreich bereits mit 6:2, spielte mit den Ungarn Katz und Maus, der Sturm war in Hochform, allen voran Schall und Sindelar, über den Leuthe hinterher schrieb: »Sindelar war an diesem Tag wirklich ein Mittelstürmer, wie ihn sich die Phantasie irgendeines Fußballträumers nicht besser vorstellen könnte.«[868] Das war zu viel für einige ungarische Spieler. Erst trat Ungarns Läufer Anton Lyka Toni Schall zusammen und wurde des Feldes verwiesen, wenige Minuten später traf es ebenso den Stürmer Toldi, der Österreichs Läufer Hoffmann brutal attackiert hatte. Aber nun geschah etwas Seltsames: Gegen die nur mehr neun Ungarn stellten die Österreicher den Spielbetrieb nahezu ein. Sie spielten nur noch mit halber Kraft, zauberten, kombinierten, aber es lag ihnen offenkundig nicht das Geringste daran, einen dezimierten Gegner zu demütigen. Sie hätten noch ein Dutzend Tore schießen können, beließen es aber nur bei zwei weiteren Treffern durch Schall, der damit an diesem Tag vier Tore erzielte. Auch so bedeutete das 8:2 Österreichs den höchsten Sieg über Ungarn in der langen Länderspielgeschichte.

Spätestens nach diesem Spiel war Sindelar in Österreich zur Legende geworden: »Im Angriff stand Sindelar auf unerreichter Höhe… 60.000 Menschen jubelten dem blonden Mittelstürmer zu, für 60.000 Menschen gab es zwei Stunden hindurch trotz Wahlsonntag nur eine Wahl – Sindelar. Man pflegt immer den englischen Fußballer als den Idealtyp hinzustellen, nun, nach dem Sonntag Gesehenen können wir ruhig bei unserer österreichischen, besser

Wiener Hausmarke bleiben.«[869] »Sindelar war der Held des Tages.«[870] Selbst die *Arbeiterzeitung* titelte: »Sindelar schlägt Ungarn.«[871]

Und Hugo Meisl, bescheiden wie immer: »Beim 4:2 habe ich, ehrlich gesagt, nicht gewusst, wer gewinnen wird. Es war eine reine Schwunggeschichte, unsere Mannschaft war halt besser in Schwung.«[872]

Der 24. April war aber nicht nur der Tag des Fußballspiels, sondern, der Kommentar der *Reichspost* deutete dies an, auch der Tag der Landtagswahlen in Österreich, unter anderem auch des Gemeinderates in Wien. Die *Reichspost* glaubte am Tag nach Spiel und Wahl zwei Erfolge als Schlagzeilen verkaufen zu können: »Österreichs großer Triumph« und »Kein ›rotes Österreich‹«! Die *Zeitung am Montag* interpretierte die Wahlergebnisse etwas anders: Sie konstatiert einen sozialdemokratischen Sieg und eine Niederlage der Christlichsozialen, die auch ihre Wiener Vizebürgermeisterstelle verloren hätten. Selbst den unübersehbaren Aufstieg der Nationalsozialisten sahen sie in einem weiteren, die österreichische Regierung in Schwierigkeiten bringenden Kontext, der Aufstieg der Nazis war nämlich begleitet von der »Vernichtung« der Großdeutschen,[873] das *Kleine Blatt* interpretiete das Wahlergebnis ganz im Sinne der Sozialdemokraten: »Siegreich in Wien.«[874] Und die nationalsozialistische *Deutschösterreichische Tageszeitung* titelte schlicht: »Triumphaler Hitler-Sieg in Österreich.«[875] Einig war man sich freilich in der Einschätzung des Spieles gegen Ungarn: Ein historischer Sieg.

Am 22. Mai stand nun der nächste Profiverband bereit, das Können der Österreicher zu prüfen: die Tschechoslowakei. 30.000 Zuschauer freuten sich in Prag auf ein Klassespiel, als kurz vor Spielbeginn ein fürchterlicher Wolkenbruch den Platz unter Wasser setzte, stellenweise waren die Pfützen 20 Zentimeter tief. Damit war ein Spiel unter regulären Bedingungen nicht mehr möglich. Dennoch wurde die Begegnung angepfiffen, um das Publikum, das dem Unwetter standgehalten hatte, nicht zu enttäuschen. Umso enttäuschter waren die Zuschauer allerdings, als Sindelar bereits in der 2. Minute das 0:1 erzielte. Aber der gefürchtete Kombinationswirbel der Österreicher entfaltete sich diesmal nicht. Das lag zum einen an den katastrophalen Platzverhältnissen; der Sportreporter Otto Schimetschek schilderte eindrucksvoll, dass die Spieler »oft minutenlang den Ball nicht aus dem Wasser bringen und eine Reihe von schweren Sturzseen im Kampf um das Leder über sich ergehen lassen müssen«,[876] und M. J. Leuthe kommentierte trocken, dies sei das erste Länderspiel gewesen, das »sich nicht zu Lande sondern zur See abspielte«.[877]

Ein weiterer Grund für die eher ernüchternde Leistung der Österreicher lag allerdings auch darin, dass Hugo Meisl den verletzten Schall kurzfristig durch Luef (Rapid) ersetzen musste, der sich als völliger Fremdkörper im Angriffsquartett erwies. Ein voller Erfolg war demgegenüber der erste Einsatz des unermüdlichen WAC-Spielers Karl Sesta, der künftig aus dem Wunderteam nicht mehr wegzudenken war und den Platz Pepi Blums, der 1932 seine Karriere beendet hatte, übernahm. Karl Sesta war ein echtes Wiener Original (als solches natürlich böhmischer Herkunft), hatte sich nicht nur als Fußballer, sondern auch als Akrobat einen Namen gemacht und war ein leidenschaftlicher Sänger, der sogar im schottischen Rundfunk einige Lieder zum Besten gab. Kein Wunder, dass die Wiener Zuschauer sich einen Spaß daraus machten, ihn bei Fouls mit den Worten zu hänseln: »Aber, Herr Kammersänger!«[878]

Und noch eine Anekdote über Sesta, überliefert von Hugo Meisls Tochter Helga: Nach einem Zweikampf ließ sich ein Gegenspieler Sestas theatralisch zu Boden sinken und markierte den »toten Mann«. »Steh auf, du Seicherl!«, soll Sesta gerufen haben. Und als das nichts nützte, habe er den Spieler kurzerhand an Kragen und Hosenbund gepackt und eigenhändig wieder in die Vertikale befördert. Unglücklicherweise – und zu Helgas Begeisterung – riss bei dieser Gewaltaktion dessen Hosengummi, sodass der arme Kerl unverhofft ohne Hose dastand.

Das Wasserballspiel zu Prag endete übrigens nach einem Ausgleichstreffer von Svoboda schließlich mit einem mageren 1:1.

Auch am 2. Oktober konnte Meisl gegen Ungarn nicht den Wunderteam-Sturm aufbieten. Zischek und Gschweidl standen nicht zur Verfügung und wurden nach einem Probespiel durch Molzer (Austria) und Müller, der eine zweite Chance erhielt, ersetzt. Zudem kam als »Konzession an den Volkswillen«[879] Horvath (*Wacker*) zu seinem 40. Länderspieleinsatz auf Rechtsaußen, der die Berufung mit einer überragenden Leistung rechtfertigte. Österreich siegte hochverdient mit 3:2 – für die nächsten 29 Jahre der letzte Sieg auf ungarischem Boden!

Nach dem Erfolg in Ungarn fehlte Österreich nur noch ein Sieg über die Schweiz zum Gewinn des Europa-Cups. 55.000 Zuschauer erwarteten am 23. Oktober ein Fußballfest, wurden aber enttäuscht. Wieder konnte Hugo Meisl nicht die legendäre Elf von 1931 aufbieten. Stattdessen spielte Luef diesmal als rechter Läufer, im Sturm erneut Müller für Gschweidl und Horvath für den verletzten Vogl. Immerhin konnte Zischek ins Team zurückkehren. Dennoch konnte das Spiel in keiner Phase ähnliche Begeisterung wecken wie das letzte Heimspiel gegen Ungarn. Natürlich siegte Österreich, aber eben nicht zweistellig, wie manch einer vor dem Spiel gewettet hatte, sondern »nur« mit 3:1 – und schon gab es Pfiffe zu hören.

Wieder war es *Das Kleine Blatt*, das sofort Hugo Meisl ins Visier nahm: »Diese Demonstrationen dürfte aber weniger an die Adresse der Spieler, als mehr an die des Verbandskapitäns gerichtet gewesen sein. […] Wir erinnern aber auch daran, dass wir vor einigen Tagen an dieser Stelle die Aufstellung des Teams kritisierten.«[880] Und genüsslich wurde der Präsident des Schweizer Fußballverbandes Otto Eicher mit einer fetten Schlagzeile zitiert: »Gegen England wird es nicht ausreichen.«[881] Meisl sah das im Prinzip genauso: »Mit acht Mann außer Form kann man kein gutes Teamspiel erwarten«,[882] erklärte er, machte aber auch deutlich, dass er nicht gedenke, die grundsätzliche Spielweise der Österreicher zu verändern.[883]

So war er zwar durchaus nicht zufrieden und blickte entsprechend besorgt dem großen Spiel gegen England, von dem Eicher gesprochen hatte, entgegen: Es sei ein »rather poor game« gewesen, berichtete er seinem Freund Herbert Chapman. Aber er vergaß auch nicht, voller Stolz, darauf hinzuweisen, was so manchen Journalisten im Eifer des antimeislschen Gefechtes entgangen war, dass damit der Sieg in »the highest continental trophy« errungen worden sei.[884]

Immerhin würdigte wenigstens die *Reichspost* den Sieg gebührend: »Endsieg im Europacup gesichert!« lautete die großformatige Schlagzeile,[885] und man schickte zum letzten Spiel des Wettbewerbs zwischen Italien, das bei einem Sieg noch mit Österreich gleichziehen konnte, und der Tschechoslowakei extra einen Korrespondenten nach Prag. Die Tschechen siegten 2:1, die Reichspost titelte »Österreich – Europacup-Sieger« und kommentierte: »Dieser neuerliche Triumph des österreichischen Fußballsports wird auch international die stärkste Resonanz finden.«[886]

Niemand ahnte, dass dies der einzige große internationale Erfolg einer österreichischen Nationalmannschaft bleiben sollte.

Das Jahrhundertspiel[887] – London, 7. Dezember 1932

Es ist Sommer 2004, wir weilen bei unserer Tante im Karl-Marx-Hof zu Besuch, suchen nach Dokumenten, Fotos, Briefen Hugo Meisls, durchforschen Schränke, Kommoden, Schubladen, Bücherregale, finden manches, aber enttäuschend wenige persönliche Notizen. Dann fällt unser Blick auf den Diwan im Wohnzimmer. Wir blicken uns an, heben das Oberteil ab – und tatsächlich, der Hohlraum darunter ist gefüllt mit Kisten, Büchern, Papieren! Hugo Meisls Nachlass! Ein großes in rotes Leder eingebundenes Buch mit Goldlettern sticht sofort ins Auge. Wir schlagen es auf, sehen eine Fotografie Herbert Chapmans mit Widmung, blättern weiter – und finden eine lückenlose Dokumentation des Briefverkehrs zwischen Herbert Chapman und Hugo Meisl bezüglich des Länderspiels Österreich gegen England am 7. Dezember 1932, angelegt von Hugo Meisl nach Herbert Chapmans Tod 1934, ein tief berührendes Dokument der engen Verbundenheit dieser beiden größten Fußballkoryphäen ihrer Zeit. Und zugleich auch ein Beleg dafür, wie sehr Hugo Meisl selbst dieses Spiel als Krönung seines Lebenswerkes betrachtete.

In jeder Nation gibt es einzelne herausragende geschichtliche Ereignisse, die ein kollektives Wir-Gefühl zu erzeugen und eine nationale Identität zu konstituieren geeignet waren. Ob die Boston Tea Party oder der Sturm auf die Bastille, ob die Schlacht auf dem Amselfeld oder der Rütli-Schwur, jedes Mal handelte es sich um Gründungsmythen, die gleichermaßen zur Nationenfindung dienten als auch zugleich bestimmte charakteristische nationale Verhaltensmuster symbolisierten.

Das klein und unbedeutend gewordene Österreich, das nach dem Ersten Weltkrieg so wenig eigene Identität empfand, dass es sich am liebsten an Deutschland angeschlossen hätte, mehr und mehr durch wirtschaftliche Krisen und politische Konfrontationen zerrissen, fand zu sich selbst durch den Sport:[888] Die Erfolge des Wunderteams ließen bei den Österreichern plötzlich einen zuvor unbekannten Nationalstolz erblühen, der mit dem legendären Spiel gegen England Ende 1932 fast hysterische Züge annahm: Tausende von Österreichern reisten, teilweise sogar zu Fuß, dekoriert mit einer rot-weiß-roten Kokarde, nach London, die Abreise der österreichischen Mannschaft wurde zum Massenspektakel, das Spiel selbst wurde öffentlich per Lautsprecher übertragen, Fabriken und Geschäfte ließen während des Matches die Arbeit ruhen, sogar das Parlament unterbrach während des Spieles seine Sitzung. Zwar wurde das Spiel mit 3:4 verloren, die Wiener feierten aber die Niederlage wie einen Sieg, Spiel und Team wurden sofort zum Mythos, und als die Mannschaft heimkehrte, war ganz Wien aus dem Häuschen. Ohne Zweifel war die Begeisterung der Wiener echt, ohne Zweifel wurde dabei allerdings auch ein politisches Süppchen gekocht.

Aber der Reihe nach.

Die Vorgeschichte

Der englische Fußball war für Meisl von Beginn an eine besondere Herausforderung, war er doch der Lehrmeister des österreichischen Fußballs gewesen. Den Standard dieses Fußballs zu erreichen, nicht unbedingt in der Spielweise, wohl aber hinsichtlich seiner Leistungsfähigkeit, war für Meisl ein entscheidendes Kriterium zur Beurteilung seines persönlichen Erfolges als Verbandskapitän. Kontakte zum englischen Fußball pflegte er schon vor dem Krieg. Schon

1905 hatte er ein englisches Wanderteam, die Pilgrims, nach Wien geholt und organisierte im gleichen Jahr die Gastspiele des FC Everton und von Tottenham in Wien, für die er auch ein Aufeinandertreffen am 7. Mai 1905 in Wien arrangierte.[889] Es folgten weitere Gastspiele englischer Mannschaften, die Meisl nicht nur in Wien, sondern auf dem ganzen Kontinent organisierte.

Auch mit dem Generalsekretär der englischen Football Association, Frederick Wall, war er schon vor dem Ersten Weltkrieg freundschaftlich verbunden. Ein Ausdruck dieser Verbundenheit war zum Beispiel, dass Wall ihm im Juli 1913 ein wertvolles vierbändiges Buch über den »Association Football« zusandte, mit den herzlichsten Wünschen und der Hoffnung »that you will find them useful«.[890]

Nach dem Ersten Weltkrieg war es alles andere als einfach, die Kontakte zu England wiederherzustellen. Immerhin betrieb England einen Sportboykott gegenüber den ehemaligen Kriegsgegnern, und auch Wall blieb zunächst sehr reserviert, hatte er doch drei Söhne im Krieg eben gegen die deutsch-österreichische Allianz verloren.

England war und blieb für Meisl das Maß aller Fußballdinge, daran hat er niemals einen Zweifel gelassen. Entsprechend waren seine Gedanken und Bemühungen immer auch damit befasst gewesen, ein Länderspiel Österreich gegen England zu ermöglichen. Die beiden bisher durchgeführten offiziellen Länderspiele im Juni 1908 und im Juni 1909 in Wien waren mit 1:6 und 1:8 verloren gegangen und dokumentierten den großen Abstand zum Niveau des englischen Fußballs. Gerade ein Länderspiel gegen England müsste in diesem Sinne deutlich werden lassen, wie weit der Unterschied gegenüber England aufgeholt worden wäre. Darum war ein solches Länderspiel für Meisl ein Traum, wie er später in einem Brief an seine Frau zugab, der offenbar für ihn unbedingte Priorität hatte. Bereits 1925 schien dieser Traum in Erfüllung zu gehen. Jedenfalls ließ Frederick Wall im März 1925 Hugo Meisl seine Bereitwilligkeit zu einem solchen Spiel übermitteln.[891] Es kam aber nicht dazu.

Meisl bemühte sich aber weiterhin, reiste im April 1926 nach London[892] und vereinbarte mit Herbert Chapman für Mai ein Gastspiel dessen Arsenal-Mannschaft in Wien, Prag und Budapest.

Damit war ein erster Schritt getan, aber ein für 1927 geplantes Spiel sagten die Engländer kurzfristig ab, sie verschoben ihre Zusage um ein Jahr. Im Januar 1928 reiste Meisl nach einem Länderspiel seiner Mannschaft in Brüssel erneut nach London (zusammen mit dem Generalsekretär des ungarischen Verbandes, Dr. Fodor), um erneut über ein Spiel zu verhandeln.[893] Aber auch diese Gespräche führten nicht zum Erfolg.

Während der Krankheit Meisls gab es aber im Jahre 1929 eine erneute Bestätigung für ein Länderspiel Österreich gegen England von Seiten des englischen Verbandes. Anlass war im Grunde die politische Instrumentalisierung des Fußballs. Es ging um eine Art »Versöhnungsgeste« der deutschen Regierung gegenüber Großbritannien, die durch eine Einladung an den englischen Fußballverband zu einem Länderspiel in Deutschland bewerkstelligt wurde. Das englische Außenministerium hatte den englischen Fußballverband gedrängt, die Einladung zu einem Fußballländerspiel gegen Deutschland anzunehmen. Vielleicht aus einer Art von Trotz, vielleicht aber auch aus Freundschaft zu Hugo Meisl, den er schon so oft vertrösten musste und der sich eben erst von seiner schweren Erkrankung erholt hatte, kündigte der Sekretär des englischen Verbandes an, im Anschluss an das Länderspiel in Deutschland im Mai 1930 in Berlin ein Länderspiel der englischen Nationalmannschaft in Wien durchzuführen.[894] Ein

Herbert Chapman (2. von links) und Hugo Meisl (4. von links) mit Kameramann in Wien vor dem Spiel Österreich gegen England 1930.

damaliger englischer Nationalspieler, F.N.S. Creek erinnert sich an diese politische Mission, »the definite intention of cementing the peace (die definitive Absicht, den Frieden zu festigen)«, die die englische Nationalmannschaft zu erfüllen hatte. Überrascht war er von dem sehr herzlichen Empfang, den er und seine Mannschaftskameraden sowohl in Deutschland wie in Wien erfahren haben. Beeindruckt hat ihn insbesondere, dass die Mannschaft zwar erst kurz vor Mitternacht in Wien eintraf, sie dort aber trotz der späten Zeit von einer großen Menschenmenge herzlich empfangen wurde und die Fahrt vom Bahnhof zum Hotel »fast einem Triumphzuge glich.«[895]

Am 14. Mai 1930 wurde dann das langersehnte Spiel Österreich gegen England wirklich ausgetragen. Trotz des politischen Kontexts, in dem diese Begegnung stand, hatte Otto Howorka von der Reichspost sicher nicht Unrecht damit, dass die Tatsache, dass dieses Spiel zustande kam, »vor allem der Initiative des österreichischen Verbandskapitäns Hugo Meisl zu danken« sei.[896] Meisl war rechtzeitig wieder gesund geworden, um in seiner Funktion als Verbandskapitän an diesem Ereignis mitzuwirken. Nach dem Spiel, das torlos endete, erging er sich denn auch in Höflichkeiten: »Es war ein schöner Kampf, und die Engländer haben bewiesen, dass noch manches von ihnen zu lernen ist. So ehrenvoll das unentschiedene Resultat für Österreich ist, dürfen wir ja nicht glauben, unseren seinerzeitigen Lehrmeister schon erreicht zu haben.«[897] Das Ausland sah dies anders: Der *Sporthitlap* aus Budapest bewunderte zwar die Kondition und körperliche Robustheit der Engländer, stellte aber fest, dass die Spielkultur der Österreicher über der der Engländer gestanden habe.[898]

Dennoch war das Jahr 1930 fußballerisch für die österreichische Nationalmannschaft, also auch für ihren Kapitän, keine Offenbarung. In einer am Ende des Jahres aufgestellten Rangliste der Nationalmannschaften Europas nahm Österreich nur einen mäßigen Platz im Mittelfeld ein, unter anderem hinter der Tschechoslowakei und Ungarn.[899] Es war das Jahr vor dem Wunderteam.

Im Mai 1931 änderte sich die Situation grundlegend: Nach den zwei triumphalen Siegen gegen Schottland und Deutschland sprach man plötzlich in ganz Europa vom Wunderteam. Auch in England erzählte man sich Wunderdinge. Auf einmal war auch der englischen Fußballöffentlichkeit klar, dass ein Länderspiel gegen Österreich nicht mehr nur – wie doch wohl bis dahin empfunden – eine Art Gnadenakt der FA wäre, sondern Österreich tatsächlich eine echte Herausforderung für England bedeuten könnte.

Bereits 1931 hatte Meisl daran gedacht, für die Fußballnationalmannschaft lukrative Spiele gegen englische Vereinsmannschaften in England zu vereinbaren. Die Rede war von einer Garantiesumme von 3.000 Pfund oder Gewinnteilung pro Spiel. Das Projekt wurde allerdings nicht realisiert, schon deshalb, weil Länderspiele auch von der FIFA genehmigt werden mussten und diese Spiele von Nationalmannschaften gegen Vereinsmannschaften untersagte.[900] Stattdessen begann nun Meisl einen Auftritt seiner Nationalmannschaft für reguläre Länderspiele gegen England in London und Schottland in Glasgow für das Jahr 1932 zu planen.[901]

Die Vorbereitung

Die Erfolgsmeldung erreichte Wien am 27. Januar 1932: Der englische Verband hatte zwei Tage vorher auf einer Sitzung beschlossen, im Jahre 1932 keine Länderspiele auf dem Kontinent auszutragen, wohl aber ein Länderspiel gegen Österreich im November oder Dezember 1932 in London.[902] Eine ungewöhnliche Ehre, denn zuvor waren lediglich die Nationalmannschaften Belgiens (1923) und Spanien (1931) eingeladen worden, in London gegen England zu spielen.[903] In der englischen Presse wurde dieser Beschluss »sehr sympathisch begrüßt«.[904] Der englische Verband jedenfalls sah in diesem Länderspiel eine Herausforderung. Man kündigte an, für die nächsten Länderspiele der österreichischen Nationalmannschaft einen »erstklassigen Fachmann« nach Wien zu entsenden, um die österreichischen Mannschaft in ihren Spielen gegen Italien und Ungarn zu beobachten.[905]

Natürlich akzeptierte der österreichische Verband die Einladung und den Termin am 7. Dezember. Ein Triumph für Meisl war es allemal, allerdings war er darüber enttäuscht, dass das Spiel nicht an der Highbury Road, also auf dem Arsenalplatz, sondern im Stadion Stamford Bridge vom F.C. Chelsea stattfinden sollte.[906] Er gibt für die Enttäuschung auch eine interessante Begründung: Bei Arsenal zu spielen wäre für seine Mannschaft vertrauter gewesen, denn obwohl keiner seiner Spieler je den Kanal überquert habe, »so waren und sind wir doch alle im Denken und in unserem Fühlen Anhänger von Arsenal«.[907]

Gleich nach der Entscheidung des englischen Verbandes schrieb Meisl an seinen Freund Herbert Chapman einen Brief, in dem er seine Freude über das Zustandekommen dieses Spieles Ausdruck gab, nicht ohne auch der ihm eigenen Skepsis: »Wir empfinden es als eine große Genugtuung zum ersten Mal in Groß Britannien und insbesondere in London zu spielen und ich kann wohl ermessen, wie groß die Aufgabe sein wird, die uns erwartet. Nichtsdestotrotz, es ist noch eine lange Zeit bis Dezember und ich hoffe inständig, dass ich Sie bis dahin noch einmal

Fortsetzung S. 242

EXKURS
Eine wundervolle Freundschaft

Wir wissen nicht, wann sich Hugo Meisl und Herbert Chapman zum ersten Mal begegnet sind. Was wir aber wissen, ist, dass spätestens in den 1920er Jahren zwischen den beiden ein herzliche Freundschaft bestand. Äußeres Zeichen dafür war die Patenschaft Herbert Chapmans für Hugo Meisls 1925 geborenen Sohn, der nicht zufällig auf den Namen Herbert getauft wurde.

Wenn man allerdings die Korrespondenz zwischen Meisl und Chapman genauer durchschaut, dann fällt eine gewisse Ungleichgewichtigkeit der Positionen auf. Chapman, der auch in Wirklichkeit der Ältere war, wenn auch nur um drei Jahre, wirkt relativ gelassen freundlich, sehr hilfsbereit und unterstützend, aber doch immer etwas distanziert. Meisl hingegen buhlt geradezu um die Freundschaft Chapmans, auch mit fast kindlich unterwürfigen Floskeln. Wie sehr Meisl Chapman idealisiert, macht folgendes Zitat deutlich: »Sie sind, lieber Mr. Chapman, der Zeit und mir immer zwei Jahre voraus und ich versuche Ihnen zu folgen, dabei Ihre große Erfahrung und Intuition anerkennend.« Als es darum geht, über Angebote der Nationalmannschaft in Großbritannien nachzudenken, die nach dem Spiel in London an Meisl ergingen, schreibt er: »Es bleibt so wie es ist, lieber Mr. Chapman, dass nichts, was unsere Nationalmannschaft oder die Fußballliga betrifft, getan wird, ohne zuerst mit Ihnen eine Vereinbarung getroffen zu haben. Lassen Sie die Zeitungen schreiben, was sie wollen. Sie werden immer der Erste bleiben, der entscheidet oder mir den notwendigen Rat erteilt.«

Aber dann stellt er schon die Frage nach Möglichkeiten für Spiele österreichischer Vereinsmannschaften auf der Insel: »Gibt es irgendwelche Möglichkeiten, Spiele zwischen englischen Vereinsmannschaften und den führenden Klubmannschaften Wiens zu arrangieren? Auch in diesem Falle werde ich mein Bestes tun, um die Entscheidungen ganz Ihnen zu überlassen.«

Am 1. Juni 1933 überschreibt Chapman zum ersten Mal einen Brief an Meisl mit »My dear Hugo« und Hugo antwortet am 14. Juni mit »My dear Mr. Herbert«.[908] Manche Spekulation könnte man über den kleinen Unterschied (Hugo und Mr. Herbert) anstellen. Erst im letzten erhaltenen Brief an Chapman, vier Tage vor dessen Tod, wagt Meisl zum ersten Mal die Anrede: »My dear Herbert.«[909]

Seine fast überschwängliche Sympathie für Chapman überträgt sich auch auf dessen Verein: Sein Herz geht mit Arsenal, voller Bedauern schreibt er von der schwierigen Situation von Arsenal als Spitzenmannschaft, bei der »jede Mannschaft ihren größten Ruhm dadurch zu erlangen meint, indem sie Arsenal schlägt«. Aber er hat auch einen Trost parat: »That's the sort of capacity strong and honour.«[910] Es geht noch weiter: »Jeden Samstag fühle ich mich nur mit einer Familie verbunden, mit Arsenal.« Im Februar 1932 drückte er das explizit aus: »Ich und alle Wiener Fußballer verfolgen mit fieberhaftem Interesse den englischen Cup und die englische Liga. Wir hätten niemals gedacht, dass Arsenal in der Lage wäre Huddersfield auf dessen eigenen Platz zu schlagen. Gut gemacht und meine herzlichsten Glückwünsche an Sie, Ihren Vorstand, den ich sehr schätze, und alle Ihre Jungs. Wir waren am Samstag Abend alle glücklich. Unter uns gesagt, ich meine, dass es zu achtzig Prozent Ihr Sieg war.«[911]

Die Pokalniederlage von Arsenal gegen Walsall am 14. Januar 1933 geriet bei Meisl denn auch zu einer fast unglaublichen Katastrophe:

»Ich persönlich im Besonderen, aber auch meine Familie und alle meinen vielen Freunde waren alle tief deprimiert, nachdem wir letzten Samstag Abend die enttäuschende Nachricht von der Niederlage Arsenals gegen Walsall erhalten hatten. Ich muss zu meiner Schande gestehen, dass ich nicht einmal in der Lage war, irgendeine Auskunft über den richtigen Namen, den Ort und die Spielklasse dieses Vereines zu geben.[912] Ich kann mir vorstellen, dass angesichts so schlechter Bedingungen der Mannschaft und insbesondere so einem schlechten Platz – wahrscheinlich gerade gegen eine Mannschaft von erheblichem Nachteil, die mit letztem Einsatz kämpft – alles passieren kann; aber trotz dieser und anderer sicher vollständig berechtigter Überlegungen konnte ich mich bis jetzt nicht erholen. Lieber Mr. Chapman, ich hoffe und wir alle wünschen es von ganzem Herzen, dass Arsenal in diesem Jahr mehr Glück haben und die Meisterschaft gewinnen wird. [...] Der Sonntag ist bei uns, wie Sie wissen, ganz anders als in England. Aber Mrs. Meisl und ich, wir beide, haben alle Lust auf Vergnügungen verloren und sind nicht ausgegangen. Wenn ich die Tefefonnummer in Ihrem wundervollen Haus gehabt hätte, hätte ich Sie sicher angerufen, um ein wenig Trost zu finden.«[913]

Für Arsenal war diese Niederlage übrigens tatsächlich ein Desaster. Chapman bezifferte in einem Antwortbrief an Meisl den Verlust für Arsenal auf 10-15.000 Pfund.[914]

Begeisterungsäußerungen über Arsenal setzen sich fort. Nach Gewinn der Meisterschaft 1932/33 übermittelt Meisl natürlich die Gratulationswünsche des Vorstandes des ÖFB und fügt seine eigenen hinzu.[915]

Im gleichen Sinne beantwortet er eine Anfrage Chapmans, der offenbar die Adressen von kontinentalen Sportzeitungen haben will, um diese anzuschreiben, vielleicht Beiträge anzubieten. Meisl bietet großzügig seine Hilfe an und dokumentiert zugleich, wie sehr er auch im journalistischen Netz Europas zu Hause ist. »Was die Anschriften der verschiedenen Zeitungen auf dem Kontinent betrifft, werde ich Ihnen am Montag oder Dienstag Bescheid geben. Für einige von diesen, die ich persönlich kenne, werde ich Ihnen Blankokarten mit meiner Unterschrift mitschicken, so dass Sie auf diese Karten die Empfehlungsworte schreiben können, die Ihnen angemessen erscheinen. Von den Zeitungen, deren Herausgeber ich nicht persönlich kenne, werde ich Ihnen zumindest die genaue Adresse zusenden.«[916] Man beachte: Meisl vertraut seinem Freund Visitenkarten mit Blanko-Unterschrift an!

Chapman zuliebe spielt Meisl sogar heile Familie, zumal ihm dessen Familienverhältnisse so heil und erstrebenswert erschienen. So erwähnt er Anfang 1933 in Briefen gegenüber Chapman immer noch seine Frau, sei es, dass er, wie oben beschrieben, schildert, wie er und seine Frau gemeinsam bestürzt wären über eine Niederlage von Arsenal, oder aber dass er nur die besten Grüße von ihr ausrichtet.[917] Zu dieser Zeit kriselte es schon ganz erheblich in der Ehe. Dem entspricht, dass zu Beginn der 1930er Jahre Ansichtskarten Meisls von Reisen ins Ausland nur noch an seine Kinder adressiert sind, nicht mehr an seine Frau, so wie früher. Bis auf eine Ausnahme: eine Karte aus Italien im Sommer

1933, von einer Reise, die er zusammen mit Chapman verbrachte. Auf dieser Karte findet sich neben der Unterschrift Meisls auch die von Herbert Chapman. Das Spiel der heilen Ehe wurde also auch auf dieser Reise Chapman gegenüber weitergespielt. Fortan allerdings übermittelt Meisl keine Grüße mehr von seiner Frau, während Chapman weiterhin Grüße an sie mitsendet.

Nicht zufällig offenbart Meisl in den Briefen an Chapman seine geradezu anrührende Liebe zu Italien und der Schweiz, aber auch den grenzenlosen Stolz, in diesen beiden Ländern etwas zu gelten. Intensiv versuchte Hugo Meisl Chapman zu überreden, mit ihm anlässlich von Spielen der englischen Nationalmannschaft in Italien und in der Schweiz eine Reise durch Italien zu machen, am besten mit dessen ganzer Familie. Sie könnten ihn treffen, wo sie wollen, schrieb er, in Wien, Österreich, oder in Italien und der Schweiz: »Ich bin überall dort zu Hause, und ich kann wohl sagen, dass ich in allen diesen Ländern genauso für Sie sorgen kann wie in Wien.«[918] An anderer Stelle wiederholt er voller Begeisterung diese Aussagen: »In diesen beiden Ländern (Italien und Schweiz) fühle ich mich absolut heimisch und habe dort viele sehr gute Freunde, so dass Sie und Ihre Frau sich unabhängig von der Reisegesellschaft der Fußballnationalmannschaft völlig meiner Reiseführung anvertrauen können. Ich werde sehr glücklich sein und bin überzeugt, dass Sie und Ihre Frau niemals den Eindruck haben werden, dass ich mich nicht in meinen Heimatländern befinde.«[919]

Er vergisst nicht, darauf hinzuweisen, dass er schon einige Tage früher in Rom sein würde, weil er noch Trainerkurse in einer italienischen Sportschule abhalten müsse, in italienischer Sprache, wie er mit Stolz hinzufügt. Dann versucht er wiederum voller Begeisterung, Chapman zu überreden, vor dem Besuch des anstehenden Spieles in Rom mit ihm nach Venedig und Florenz zu kommen, »two exceedingly interesting cities«.

In einem weiteren Brief versuchte er nochmals Chapman von Italien zu überzeugen: »Bitte, lieber Mr. Chapman, sehen und genießen Sie nach dem Gewinn der Meisterschaft und nach all der harten Arbeit die Sonne Italiens. Sie werden von allem entzückt sein.« Und als Postscriptum noch einmal: »Bitte denken Sie immer daran: Venedig – Florenz – Rom und dass ich dort sein werde, um alles für Sie zu tun.«[920] »Sie werden mit Sicherheit von den Schönheiten der ewigen Stadt Rom entzückt sein.«[921] Übrigens fand diese Reise auch wirklich statt, allerdings ohne Chapmans Frau. Sicher ein Höhepunkt im Leben von Hugo Meisl.[922]

Geradezu schwül, oder soll man sagen poetisch, wird es, wenn Meisl schreibt: »Ich bin ein sentimentaler Typ von Mann, und darum bitte ich Sie, mir zu glauben, dass Ihr Erscheinen für mich immer so etwas wie der hellste Sonnenschein bedeuten wird, unabhängig von den dunkelsten Nebeln oder Missgeschicken des Spieles [gemeint ist das Spiel gegen England im Jahre 1932].«[923]

Chapmans Frau wird in dieser Weise gleich einbezogen in seine Verehrung: Meisl will unbedingt Chapman und dessen Familie in das Hotel zum Diner einladen, in dem er während des Londonaufenthaltes wohnt: »Natürlich werden wir alle sehr erfreut sein, ich sogar sehr glücklich, wenn wir Sie in Begleitung Ihrer Frau und Ihrer großen Kinder an einem Tag [während unseres Aufenthaltes] als unsere Gäste beim Dinner begrüßen dürfen. Sie werden das sicher unserer Reisegesellschaft und insbesondere mir zuliebe einrichten können.« Und dann: »Wir können uns England und London überhaupt nicht

Herbert Chapman, Hugo Meisl und Jimmy Hogan (von links) beim Bankett nach dem Spiel Wien gegen Arsenal, London 1933.

vorstellen, ohne uns Ihrer freundliche Begleitung immer wieder zu erfreuen, natürlich nur soweit Sie es einrichten können und es Ihnen keine Umstände bereitet.«[924]

Meisl war eben ein sentimentaler Typ. Nach dem Tode Chapmans schreibt Hugo Meisl Zeilen, die anrührend sind, trotz einer gewissen Kitschigkeit: »[...] der Tod des armen Herbert war der größte Verlust, den ich erlitten habe. [...] Trotz meines Alters und meines alten Soldatenherzens weine ich seit Samstag wie ein Kind.«[925] Und am Ende beschreibt er sein Verhältnis zu Chapman: Ich kann es nicht erklären, aber er war mehr als ein Bruder, mehr als ein Freund für mich.«[926] Was soll man davon halten?

in London besuchen kann oder aber die Freude haben werde, Sie hier in unserem alten Wien begrüßen zu können.«[927] Beide Besuche scheinen nicht zustande gekommen zu sein. Dafür gab es eine umfangreiche Korrespondenz zwischen Meisl und Chapman für die Vorbereitung des Spieles. Und in dieser Korrespondenz zeigt sich, wie wichtig Chapman für Meisl war, als Freund vor allem, der ihn bei seinen Vorbereitungen von England aus grundlegend unterstützte.

Chapman bot Meisl an, dass die österreichische Mannschaft während ihres Aufenthaltes in London sämtliche Einrichtungen von Arsenal würde nutzen können, die Baderäume, Massageräume und natürlich den Trainingsplatz und außerdem noch den Stab an Masseuren und Trainern.[928] Überdies empfahl Chapman Meisl ein Hotel in der Nähe des Picadilly (Für alle, die an Orginalschauplätze pilgern wollen: Es handelte sich um Oddino's Hotel, 54 Regent Stree, W.1). Beides, Trainingseinrichtungen wie Hotelempfehlung, nahm Meisl dankend an. Mit der Führung des F.C. Chelsea vereinbarte Meisl Zeiten, an denen der Chelsea-Platz der österreichischen Nationalmannschaft zur Verfügung stehen sollte. Es handelte sich um Samstagmorgen, 3. Dezember, und Montagnachmittag, 4. Dezember.[929] Außerdem bat er Chapman, beim Hotel in London vorstellig zu werden, um darauf hinzuwirken, dass das Essen kontinentalen Ansprüchen genügen werde, was er denn auch tat. »Mr. Oddino wird bei der Wahl des Essens ganz besonders auf Ihre Wünsche Rücksicht nehmen, und ich glaube nicht, dass Sie irgendeinen Grund zur Klage haben werden.«[930]

Dann teilte er Chapman noch mit, dass er von Chelsea für die Mannschaft Karten für das Ligaspiel gegen Everton bekommen würde, schließlich noch die Reisezeiten: Am 1. Dezember wird die Mannschaft um 14.00 mit dem Orientexpress Wien verlassen, und sei »already« am 2. Dezember um 19.00 in Victoria Station.[931]

Aber Meisl hatte sportliche Bedenken. Die enttäuschende Leistung gegen die Schweiz (trotz Sieges) am 23. Oktober 1932 machte nicht gerade Mut. Wohl noch unter dem Eindruck dieses Spieles schrieb Hugo Meisl an seinen Freund Herbert Chapman: »Unglücklicherweise ist unsere Mannschaft zurzeit weit von der Form des letzten Jahres entfernt.«[932] Umso wichtiger war es für Meisl, Jimmy Hogan als Trainer zu engagieren, der sich vor und während der Englandreise um die Mannschaft kümmern sollte. Er entfaltete erhebliche Aktivitäten, um dies zu bewerkstelligen, was nicht ganz einfach war, da Jimmy Hogan bei der französischen Professionalclub Racing Paris als Trainer unter Vertrag stand.

Er ließ seine guten Beziehungen spielen, offenbar hatte er auch Chapman gebeten, in Paris vorstellig zu werden und insbesondere Jimmy Hogan gut zuzureden. Seine Bemühungen waren von Erfolg gekrönt: Hogan war bereit zu kommen und wurde von seinem Verein für zehn Tage freigestellt, wie Meisl Chapman mitteilte.[933] Hugo Meisl begründete das Bemühen um dieses Engagement auf Nachfrage: »Hogan, der sich durch seine frühere langjährige Trainertätigkeit in Wien mit den österreichischen fußballsportlichen Verhältnissen vertraut gemacht, kennt die Mehrzahl der in Betracht kommenden Wiener Spieler persönlich, spricht ausgezeichnet Deutsch,[934] weiß um unsere Spieler Bescheid, ist auch ein ausgezeichneter Kenner des englischen Fußballs, wäre so in jeder Beziehung ein wertvoller Berater der österreichischen Elf.«[935] Seinem Freund Chapman teilte er außerdem mit, dass er Hogan auch deshalb unbedingt haben wollte, »um allen auf dem Kontinent unser volles Vertrauen und Wertschätzung ihm gegenüber zu beweisen.«[936]

Chapman, Meisls Bitten erfüllend, war wirklich nach Paris gereist und hatte mit Hogan so etwas wie eine Vorbesprechung. »Ich hatte ein sehr langes Gespräch mit unserem guten

Freund, Mr. Jimmy Hogan, und ich machte ihm mehrere Vorschläge, die er sicherlich inzwischen an Sie übermittelt hat. Wenn Sie diese Vorschläge für gut heißen und akzeptieren, so würden wir uns sehr freuen, sie ausführen zu können. Andererseits, wenn Sie sich anders entscheiden sollten und diesen Vorschlägen nicht zustimmen, so wäre das für uns völlig in Ordnung und wir würden das ohne jeden Ärger respektieren.«[937] Er vereinbarte mit ihm, dass er schon vor der österreichischen Mannschaft nach London kommen sollte, um die Trainingseinrichtungen zu überprüfen und dann die Mannschaft in London zu empfangen. Fast fürsorglich versprach er Meisl, sich um Hogan zu kümmern, »our good friend« und »we will do everything to make him feel happy«.[938] Er brachte auch Hogan im gleichen Hotel unter wie die österreichische Nationalmannschaft.

In weiteren Briefen übermittelte Herbert Chapman Hugo Meisl Informationen, um die dieser gebeten hatte, so über die Größe des Platzes (115 x 74 yard), über die Größe des Stadions (70.000 Stehplätze, 4.000 Sitzplätze), wobei er mit 50.000 bis 60.000 Zuschauern rechnete, schickte ihm Bilder vom Stadion, gab Meisl Tipps, er solle sich nicht nervös machen lassen,[939] bot Gespräche über Taktik an, gab Auskünfte über die Form der Engländer (nach Spielen gegen Schottland, (Nord-)Irland und Wales wären sie in einem schlechten Zustand), über den Zustand des Platzes (weich und schlüpfrig) und empfahl Meisl unbedingt, den Anstoßtermin von 14.30 (wie geplant) auf 14.00 vorverlegen zu lassen, weil es sonst am Ende des Spieles wegen Nebels möglicherweise schlechte Sicht geben könnte (der Anstoß erfolgte dann um 14.15).[940] Schließlich besorgte Chapman für die Mannschaft sogar Hosen, ihm war nämlich aufgefallen »dass die Hosen Ihrer Spieler sehr eng sitzen, insbesondere an den Hüften. Es spielt sich aber besser mit etwas weiteren Hosen. Darum habe ich mit einer Firma vereinbart, Ihre Mannschaft mit einem vollständigen Satz von Hosen in schwarz, marineblau oder weiß auszustatten, als Erinnerung an Ihren Besuch. Ich bin sicher, dass Ihre Spieler, wenn Sie erst einmal diese besondere Art von Hosen getragen haben, diese immer haben wollen.«[941] Meisl ließ sich überzeugen und bestellte einen Mannschaftssatz weißer Hosen, die er gleich nach der Ankunft in London haben wollte. Er kündigt auch an, einen weiteren Satz von schwarzen Hosen zu kaufen, wenn sie sich als geeignet erweisen.[942]

Dann gab es Schwierigkeiten mit den Trainingszeiten im Chelsea-Stadion, weil die anvisierten Termine nicht möglich wären, so dass sich Sir Frederick Wall, der Generalsekretär der FA, einschaltete, der für Meisl einen Trainingstermin am 5. Dezember an der Stamford Bridge durchsetzte.[943] Einen breiten Raum im Briefwechsel der beiden nehmen finanzielle Erwägungen ein. Meisl war offenbar darum besorgt, dass der österreichische Verband genügend Einnahmen erzielte, um die Reise überhaupt finanzieren zu können.

Und wieder zeigt sich die vorsichtige Art Meisls. Er hatte zwar verschiedene Angebote erhalten, in verschiedenen Teilen Großbritanniens Spiele durchzuführen, aber er wollte nur dieses eine Spiel spielen und dann schauen, wie »result and impression of our team there may be« (das Ergebnis und der Eindruck ausschauen werden, den unsere Mannschaft dort hinterlässt). Er hatte die Sorge, nach einer eventuellen Blamage in England vor leeren Stadien spielen zu müssen.[944]

Da schien ihm der Kontinent ein sichereres Pflaster, und er vereinbarte kurzfristig noch ein Spiel gegen Belgien auf der Rückreise, für das der belgische Verband eine Mindestsumme garantierte.[945] Doch der Hauptteil der Kosten musste durch das Spiel in London gedeckt werden. Meisl fragte daher an, was bei 40.000 bis 60.000 Zuschauern an Einnahmen erzielt werden könne und was den Österreichern bliebe bei einem Anteil von 50 Prozent an den Einnahmen, zumal verglichen mit den £ 1.460, die der englische Verband 1930 in Österreich verdient hätte.[946] Er erhielt die beruhigende Antwort, dass 40.000 Zuschauer etwa £ 5.575 brächten und etwa £ 1.000 für je weiter 10.000 Zuschauer.[947] (Am Ende betrugen die Einnahmen für das Englandspiel für den ÖFB abzüglich verschiedener Kosten bei Arsenal 1.822 £, 2 Sh, 11 P.)[948] Schließlich schlug Chapman vor, die Trikots der Österreicher mit Nummern zu versehen, was Meisl mit der Begründung ablehnte, dass es vielleicht nicht sinnvoll wäre, eine solche Neuerung ausgerechnet im schwersten Spiel einzuführen.[949]

Der Spieltermin rückte immer näher, die Öffentlichkeit, nicht nur in Österreich, widmete diesem Ereignis eine ständige steigende Aufmerksamkeit. Dabei wurde das Spiel gegen England zu mehr als nur einem Spiel zweier Mannschaften von großem Renommee, es wurde hochstilisiert zur Auseinandersetzung zwischen zwei Spielkulturen. Der ungarische Fußballfunktionär Ing. Fischer stellte in diesem Sinne fest, dass dieses Länderspiel auch »in Ungarn mit großem Interesse betrachtet [werde], denn Österreich-Ungarn [sic!] und die Tschechoslowakei […] repräsentieren eine gewisse Art des Fußballstils, den nun Österreich in England zu verteidigen hat«.[950] Es war zur allgemeinen Überzeugung geworden, dass «die Donauschule […] zum Rivalen des allmächtigen England« geworden war,[951] und Österreich galt zu dieser Zeit als der herausragende Vertreter dieser »Donauschule«.

Meisl bekam offenbar Angst vor dem Spiel, seinem Freund Chapman teilte er in einem Brief mit: »I fear that from the sporting point of view, we shall not be able to fulfill the expectations (Ich befürchte, dass wir sportlich gesehen die Erwartungen nicht werden erfüllen können).«[952] Deswegen, so Meisl, habe er auch keine weiteren Termine auf der britischen Insel ausgemacht.

Kein Wunder: Auf Meisl lastete ein unglaublicher Erwartungsdruck, denn immer deutlicher kristallisierte sich heraus, dass nicht nur die Wiener von ihrer Mannschaft Großes erwarteten, sondern der ganze Kontinent! Der letzte europäische Gegner, der nach England eingeladen worden war, nämlich Spanien, war 1931 mit 7:1 abgefertigt worden und untergrub damit, wie Bensemann formulierte, »jeden Kredit kontinentalen Fußballkönnens in England«. Und weiter: »Hugo Meisl und seine österreichische Mannschaft stehen daher vor einer weit größeren Aufgabe als die Spanier je standen. Die Österreicher müssen nicht nur beweisen, dass sie guten Fußball spielen können, sie müssen auch das gutmachen, was den Spaniern als Vertretern des ›Fußballkontinents‹ misslang.«[953] Die *Reichspost* konnte daher voller Stolz vermelden: »Der ganze Kontinent fasst das große Fußballspiel England – Österreich am 7. Dezember in London als seine Angelegenheit auf«[954] – durchaus keine Übertreibung, denn tatsächlich sollte das Spiel in ganz Mitteleuropa und einigen osteuropäischen Ländern live im Radio übertragen werden und war somit eines der ersten großen Medienereignisse der Sportgeschichte. Wiens Reporterstar Willy Schmieger war nach London gereist, um die Übertragung durchzuführen, auf dem Heldenplatz wurden Lautsprecher installiert, um dort den Menschen, die zu Hause kein Radiogerät hatten, und das waren die meisten Wiener, die Gelegenheit zu geben, gegen ein kleines Entgelt die Radioübertragung zu verfolgen. Andere hörten in Kaffeehäusern und Kneipen die Übertragung.

Hugo Meisl bereitete das Spiel auch sportlich planmäßig vor. Er beschloss ursprünglich, zwei Trainingspiele in Wien durchführen zu lassen mit ausländischen »Sparringpartnern«,[955] gegen die Vereinsmannschaften des Prager DFC und aus Nachod.[956] Am 23. November wurde dann das Spiel gegen den DFC Prag ausgetragen, das zweite Probespiel am 30. November ließ er dann aber als Spiel zweier kombinierter Teams aus den Auswahlspielern bestreiten.⁹⁵⁷

Wieder formulierte Meisl seine Skepsis: »*Ich habe momentan noch nicht die Mannschaft, die ich brauche, nun vielleicht wird es bis zum 7. Dezember noch werden. Es geht an diesem Tage um den Erfolg zweier Systeme. Wir, die Ungarn und die Tschechen und in weiterer Folge die anderen mitteleuropäischen Mannschaften haben seinerzeit das feinziselierte Kombinationsspiel, das schottische Passspiel vom Inselreich übernommen, unsere Standardmannschaften haben es gepflegt und durch die hervorragende Individualität der führenden Spieler zu schätzenswerter Höhe gebracht. In England ist man mittlerweile wieder davon abgekommen, drüben gilt jetzt die Herausarbeitung des Erfolges alles und um ihn zu erreichen, wird mit ganzem Einsatz der körperlichen Kraft neunzig Minuten hindurch gekämpft. Gegen einen solchen Gegner zu bestehen, da genügen nicht nur ein paar taktisch wie technisch schöne Aktionen, da muss ebenfalls neunzig Minuten mit Hochdruck gearbeitet werden, auf einem Boden, der an die Spieler ungeheure Anforderungen stellt. Es wird das schwerste Spiel werden, das eine österreichische Auswahlmannschaft je bestritten hat, doppelt schwer, weil diese Mannschaft seit zwei Jahren in Europa nicht geschlagen ist und daher auch mit einer begreiflichen Befangenheit der Verantwortung in den Kampf gehen wird.*«⁹⁵⁸

Skepsis allerorten, auch Jimmy Hogan erklärte, dass er die Einladung Meisls als Ehre empfände, sein Bestes geben werde, aber dass er trotzdem nicht glaube, »*dass Englands Auswahlmannschaft in England zu besiegen*« sei.⁹⁵⁹

Es folgte ein letztes Training auf der Hohen Warte am Mittwoch, 30. November, unter Ausschluss der Öffentlichkeit. Am Donnerstagvormittag besuchte man gemeinsam das Dianabad, wo alle Spieler einer letzten gründlichen Behandlung unterzogen wurden, dann noch gemeinsames Gabelfrühstück, dann nach Hause, und um 14 Uhr 05 erfolgte die Abfahrt vom Westbahnhof aus.

Als es Nacht wird, hinter München, reißt Hugo Meisl mit einem energischen Wort die Spieler aus ihren Kartenspielen und Gesangsvorträgen, es heißt »schlafen gehen«.⁹⁶⁰

Am Tag nach der Ankunft in London gab es das erste Training auf dem Platz von Arsenal, der Manager von Arsenal brachte die Mannschaft persönlich mit der U-Bahn zum Trainingsplatz, dort übernahm Jimmy Hogan die Trainingsleitung. Die Mannschaft mit Hogan besuchte das Ligaspiel von Chelsea, Hugo Meisl begab sich nach Birmingham, um sich dort bei einem Ligaspiel fünf Nationalspieler anzuschauen. Für die Nationalspieler vom Kontinent waren die Eindrücke, die sie von den Engländern im Ligaspiel hatten, durchaus ermutigend. Was sie sahen, war ein Fußball, der mit »ungeheurer Kraft gespielt [wurde], aber nicht mit Hirn«, stellte Hiden fest, und Rainer meinte, dass die Engländer wild hineinstiegen, aber »an Fußballverstand und Fußballwitz sind wir ihnen weit überlegen«. Und Sesta kam zum Ergebnis: »Die Engländer rennen 90 Minuten ununterbrochen. Das halten wir Wiener nicht aus. Aber wir haben es auch gar nicht notwendig, denn wir lassen den Ball rennen, wohingegen bei den Engländern der Ball die Spieler rennen lässt. Und Sindelar erklärte mit großer Übersicht, dass das Spiel der Engländer so durchgeführt werde wie ein Boxkampf. Bei den Wienern hingegen sei Fußball doch noch ein lebendiges Schachspiel geblieben.«⁹⁶¹

Die nächsten Tage wurden mit Trainingseinheiten (unter Leitung Hogans), Spaziergängen durch die Stadt, Empfängen und Massagen und Bäder in den Trainingsanlagen von Arsenal verbracht.

Übernimmt man die Schilderung Artur Steiners, des Wiener Journalisten, der nicht nur die Mannschaft nach London begleitet, sondern danach auch ein kleines Büchlein über dieses denkwürdige Spiel verfasst hat, so brillierte Hugo Meisl auf dem diplomatische Parkett. Es ist vielleicht nur leicht übertrieben, wenn Artur Steiner aus London berichtete: »Der Zuzug der Größen des Fußballsports hält weiter an, und Hugo Meisl ist Tag und Nacht von fußballerischen Berühmtheiten umgeben. In der Hall hält er Cercle. Er spricht mit einem Star des italienischen Teams, das man zu Lernzwecken nach London beordert hat, italienisch, er unterhält sich rechts mit dem berühmten Altinternationalen Percy Smith englisch, begrüßt einige Prager Funktionäre tschechisch, gibt inzwischen einem Pariser Journalisten auf französisch ein Interview […]«[962]

Um die sportliche Vorbereitung kümmerte sich derweilen Hogan, aber auch um die taktische: Letzte Teambesprechung, einen Tag vor Spielbeginn: »Jimmy Hogan explizierte vor einer Schiefertafel allerlei praktische Probleme, sprach über den Fußballstil der Engländer und was man dagegen unternehmen könne. […] Was unsere Stürmer, was die Läufer zu tun haben, wurde gewissenhaft besprochen. Auf der Schiefertafel ging es ganz famos.«[963]

Dann aber, so berichtet es wenigstens Artur Steiner, wie immer er auch davon erfahren haben mag, folgte noch der große psychologische Auftritt Meisls:

»Ehe aber Hugo Meisl seine Kampftruppen am Vorabend des großen Spiel entließ, vereinte er sie in aller Heimlichkeit nochmals um sich, um mit ihnen als Freund und Führer von Mensch zu Mensch zu sprechen: ›Ihr spielt das Spiel Eures Lebens‹, sagte Hugo Meisl, ›ein Spiel, das Euch allen in Eurer Karriere gewaltig nützen wird. Mir selbst kann es auch nützen, aber Ihr wisst, ich bin schon in dem Alter, in dem der Mensch abwärts schreitet. Aber Ihr seid jung und könnt Euch das Leben noch einrichten. Ich werde Euch jetzt etwas sagen, was ich draußen und vor Zeugen nicht sage: Ihr könnt das morgige Spiel gewinnen; Ihr habt es insoferne leicht, als der Gegner, mit dem Ihr es zu tun bekommt, ein anständiger Gegner ist. Die Leute sind stark und energisch, aber keiner wird Euch, wie bei uns zu Hause, auf den Knöchel wichsen oder etwas tun, dass Ihr dann monatelang im Spital liegt. Also, Ihr könnt ganz aus Euch herausgehen, Ihr könnt hergeben, was Ihr herzugeben habt. Die ganze Sportwelt schaut auf Euch – Sesta, mach' kein so dummes Gesicht! – also, die ganze Sportwelt schaut auf Euch – richtet Euch danach! Spielt anständig, protestiert nie gegen den Schiedsrichter, verständigt Euch durch ein paar Zurufe, was Euch nützen wird, weil ja die Engländer net in Ottakring daham san … So und jetzt geht's ins Bett, schlaft's Euch gut aus, und morgen spielt Ihr mir mit Volldampf, was das Beuschl hergeben kann. Gute Nacht, meine Herren.‹«[964]

Das Spiel

Trotz der kampfeslustigen Ansprache war Hugo Meisl vor dem Spiel wenig zuversichtlich, zumal zwei seiner Stürmer, nämlich Gschweidl und Vogl, nicht gesund waren; Gschweidl litt unter einer Leistenverletzung, und Vogl hatte ein schwer lädiertes Knie. Beide Spieler mussten sich daher einige Wochen später operieren lassen. Das Wetter war, wie Ende Dezember nicht anders zu erwarten, feucht und kühl, der Platz weich und rutschig, zudem lag leichter Nebel im Stadion, daher gibt es so gut wie keine Fotos von diesem Spiel. Stattdessen behalf sich der Biograph dieser Begegnung, der Wiener Journalist Artur Steiner, mit Zeichnungen, die nach seinen unbrauchbaren Fotografien gestaltet wurden.

Vor dem Anstoß des Spiels England – Österreich. Links Österreichs Mannschaftskapitän Rainer, in der Mitte der belgische Schiedsrichter Langenus, rechts der englische Mannschaftskapitän Walker. Zeichnung nach einem Foto.

Spielszene: Zweikampf zwischen Nausch (Ö) und Hampson (E); Zeichnung nach einem Foto.

Die »Trainerbank«. Links Österreichs Trainer Jimmy Hogan, in der Mitte Bundeskapitän Hugo Meisl, rechts ein englischer Betreuer. Zeichnung nach einem Foto.

Anfangs sah es so aus, als sollten sich Meisls schlimmste Befürchtungen erfüllen und es den Österreichern nicht besser ergehen als den Spaniern, die ein Jahr zuvor samt Wundertorwart Zamora mit 7:1 deklassiert worden waren.

»Die Engländer gingen wie aus der Pistole geschossen los«, schreibt Artur Steiner, »und unsere Spieler standen, vom Lampenfieber geschüttelt, da, wie die Wachsfiguren. In der fünften Minute schlug es zum ersten Male bei uns ein. Ein Malheur, das dem Hiden unter normalen Umständen nicht passieren kann, war ihm widerfahren: Er ließ einen langsam rollenden Ball vor lauter Aufregung durch die Hände gleiten und verursachte einen Eckstoß, den Hampson mit Wucht ins Tor spedierte.«[965] Die Engländer drängten weiter, ließen den Österreichern keine Zeit, sich auf dem schweren Boden auf den Gegner einzustellen. »Rührt's euch! Rührt's euch! Seid's denn ang'wachsen?«, soll Hugo Meisl laut Steiner verzweifelt gebrüllt haben. Vergebens. Gerade als die Österreicher langsam zu ihrem Spiel fanden, war es in der 27. Minute wiederum Hampson, der aus allerdings abseitsverdächtiger Situation das 2:0 für sein Team erzielte. Es schien sich ein Debakel abzuzeichnen, als Schiedsrichter Langenus die erste Halbzeit abpfiff.

Wir wissen nicht, was Meisl seinen Spielern in der Pause mitzuteilen hatte, aber Meisls Pausenansprachen waren ohnehin legendär. Er selbst formulierte in einem Inteview im April 1932, »dass ein beträchtlicher Teil unserer Länderkämpfe in der Halbzeit gewonnen« worden seien, auf Grund seiner »strategischen Besprechungen« in der Halbzeitpause.[966] Tatsache ist jedenfalls, dass die Spieler wie ausgewechselt aus der Kabine kamen, jeglichen Respekt vor den Engländern ablegten, zu ihrem brillanten Kombinationsfußball fanden, die Engländer in ihre Hälfte zurückdrängten und bereits in der 51. Minute durch Zischek den Anschlusstreffer erzielten. Die Österreicher kamen immer besser ins Spiel, einige scharfe Schüsse von Gschweidl verfehlten jedoch das Tor. Dann erhielten die Engländer einen Freistoß zugesprochen, und der Ball prallte von der Mauer unglücklich ins Netz zum 1:3.

Trotzdem ließen sich die Österreicher nicht entmutigen, und nach einem wunderbaren Pass von Vogl lenkte Sindelar zehn Minuten vor Schluss zum Anschlusstreffer ein. Nun überschlugen sich die Ereignisse. Die Österreicher drängten mit Macht auf den Ausgleich, prompt konterten die Engländer in der 82. Minute zum 2:4.

Aber immer noch gaben sich die Österreicher nicht geschlagen. Nur eine Minute später hämmerte Schall einen Pass des angeschlagenen Vogl direkt ins Netz. Die letzten fünf Minuten spielte nur noch eine Mannschaft: Österreich, aber der erlösende Ausgleich wollte nicht mehr fallen.

Die 60.000 in London hatten eine Fußballdemonstration erlebt. Meisl und seine Nationalmannschaft wurden zum Inbegriff kontinentalen Fußballs, und sie blieben offenbar auch in England lange in Erinnerung. Darauf jedenfalls lässt eine Anekdote schließen, über die Willy Meisl mehr als 20 Jahre später berichtete:

»*Einige Jahre später, nachdem ich nach England gezogen war, ging ich ich wieder zur Stamford Bridge, wo beim Portier eine Eintrittskarte für mich hinterlegt worden war. Ich fragte ihn schüchtern: ›Haben Sie einen Umschlag für Meisl?‹ Er durchsuchte seinen dicken Stapel mit Umschlägen, und ich wurde mir unsicher, ob er meinen ausländischen Namen, zudem mit ausländischem Akzent gesprochen, verstanden hätte oder ob vielleicht überhaupt keine Karte für mich hinterlegt worden wäre. Deshalb begann ich gerade in dem Moment meinen Namen zu buchstabieren, als der Mann den Umschlag gefunden hatte. Er überreichte ihn mir mit der selbstbewussten*

*Geste eines Hauptfeldwebels, der er wahrscheinlich auch gewesen war. Ruhig und ernst sagte er: ›Ich werde diesen Namen niemals vergessen, solange ich lebe.‹ Das war gewiss eines der schönsten Komplimente, die Hugo und sein sogenanntes Wunderteam jemals erhalten haben.«*⁹⁶⁷

Bemerkenswert ist die Analyse Jimmy Hogans nach dem Spiel, deren volle Aussagekraft sich erst knapp 20 Jahre enthüllte, als England sich auf der WM in Brasilien blamierte und gegen Ungarn katastrophale Niederlagen einstecken musste:

»Es hat sich bei dem Spiel gezeigt, dass Englands Fußballsport gegenüber dem mitteleuropäischen nicht mehr aufzukommen vermag. Es hat zwar das englische Team gesiegt, besser, schöner und auch erfolgreicher waren die Österreicher, Zufall, dass die Gegner ein Tor mehr schossen. Spielt Österreich von Beginn an sein von aller Nervosität freies Spiel, so bleibt Österreich mit zwei bis drei Treffern auch siegreich. Das heutige Spielsystem der Engländer kann sich auf die Dauer nicht behaupten, es kann auch das Publikum nicht befriedigen, dem das einfallsreiche Spiel der Österreicher wie eine Offenbarung vorkam. [...]Sehen Sie, solch einen Sindelar besitzt der englische Fußball nicht, er hat aber auch lange nicht Spieler von jener im Fußballsport unbedingt notwendigen schöpferischen Intelligenz, wie ich sie in österreichischen, ungarischen oder tschechischen Ligamannschaften fand. Hier ist alle erstarrte Schablone, am Kontinent Schmiss, Ideenreichtum und Individualität [...]«⁹⁶⁸

Willy Meisl schrieb geradezu euphorisch in der *BZ am Mittag*: »*Der Kampf war von unvorstellbarer Dramatik, von bezaubernder Schönheit. Minuten rannen wie Sekunden. Man hätte zehn Augen haben mögen. Es wurde nicht nur die entscheidende Schlacht, es wurde auch ein Spiel von einem Format, wie es eben nur alle Jubeljahre der Fußballwelt beschieden wird. Und der Effekt? Unser in der B.Z. immer betonter England-Skeptizismus ist in denkbar imposanter Weise gerechtfertigt worden. Alle, die als Wundergläubige nach London kamen und mitleidig jeden belächelten, der, wie wir, Österreich eine klare Chance gaben ... alle, die den Österreichern halb ironisch, halb wehmütig ein ›blaues Wunder‹ prophezeiten, haben zusammen mit den ebenso ahnungslosen Londonern das blaue Wunder selbst erlebt.«*⁹⁶⁹

Artur Steiner feierte in seinem Büchlein über das Spiel in England Hugo Meisl: als den Fußballdiplomaten, der mit allen in deren Landessprachen sprechen kann, der die ganze Fußballwelt kennt und ernst nahm. »*Der letzten Reservespieler eines drittklassigen Londoner Klubs konnte auftauchen und nach Hugo Meisl fragen. Er wird ihn mitten in wichtigsten Debatten begeistert empfangen, innigst umarmen und sofort mit ihm über vergangene Fußballzeiten englisch gesprochen haben. Es ist klar, dass alle zusammen von Österreich begeistert waren. 30 Jahre Arbeit eines Mannes stecken in diesen 90 Minuten von Stamford Bridge. Man darf nach diesem 7. Dezember, auch wenn er uns keinen Sieg gebracht hat, nicht nur bravo Sindelar, bravo Nausch und bravo Schall ausrufen, sondern in erster Linie und aus voller Überzeugung: Bravo Hugo Meisl.«*⁹⁷⁰

Hugo Meisl selbst kommentierte das Spiel eher diplomatisch: »*England spielte, wie ich es erwartet habe. Vor der Pause mit Kraft und Schwung, nach Seitenwechsel, als wir uns gefunden hatten, zeigte es sich mehr, dass die Engländer durch unser Spiel aus dem Konzept gebracht wurden. Mit dem Resultat bin ich zufrieden.«*⁹⁷¹

Was machte dieses Spiel zur Legende? Vor allem wohl die Tatsache, dass sich in dem österreichischen Team eine Spielkultur manifestierte, die sich vom englischen Vorbild vollständig emanzipiert hatte und so den ganzen Kontinent zur Identifikation einlud. Österreich vertrat den Kontinent gegen die Engländer, die sich oft genug schon als arrogante Lehrmeister geriert hatten, die es sogar nicht einmal für nötig hielten, sich der FIFA anzuschließen. Zudem genoss das Wunderteam die Sympathien des ganzen Kontinents, weil es so einen wunderbaren Fußball spielte, fernab des zweckmäßigen *kick and rush* der englischen Profis. Vor allem aber zeigte der Spielverlauf, dass die Österreicher allen nachteiligen Umständen zum Trotz standhielten, trotz ständigen Rückstands niemals aufgaben, sondern sogar dem Spiel immer stärker ihren Stempel aufdrückten und zum Schluss sogar die eindeutig überlegene Mannschaft waren, die schließlich nur unglücklich verlor. »Cette défaite des Viennois«, schrieb der belgische Schiedsrichter des Spieles, John Langenus, später, »fut en définitive, une grande victoire.«[972]

Auf der Rückreise machte die abgekämpfte und angeschlagene Mannschaft in Brüssel Station, trat vier Tage nach dem England-Spiel gegen Belgien an und siegte auch ohne den Ballzauberer Sindelar, für den Gschweidl in die Mitte rückte, mit 6:1; Schall schoss sich seinen Frust vom Leibe und erzielte alleine vier Tore, die beiden weiteren Tore erzielten Zischek und der neu in den Sturm gekommene Weselik (Rapid).

Kein Wunder, dass das Team und sein Kapitän von allen Seiten begeisterte Gratulationen ernteten. Schon auf der Eisenbahnstrecke hatten sich Zehntausende von Menschen zum Empfang eingefunden, an den Bahnhöfen auf dem Wege überall »große Bahnhöfe«.

In Wien angekommen, wurden die Spieler als Helden empfangen. Karl Sesta erinnerte sich: »*Alles war schwarz von Menschen. So etwas hatten wir noch nicht gesehen. Und wir waren einiges gewohnt. Die Menchen schrien: Bravo Wunderteam! Und applaudierten. Jeder wollte uns die Hand drücken. Gerade, dass uns die Kleider nicht vom Leib gerissen wurden. Die Polizei hatte alle Hände voll zu tun, um uns einigermaßen heil durch die Menge zu schleusen. Ich glaube, an diesem Tag hat kein Mensch in Wien gearbeitet. Alle wollten uns sehen. Die Begeisterung kannte keine Grenzen. Sie war so stürmisch, dass die Fenster unseres Autobusses eingeschlagen wurden.*«[973]

»Zehntausende, vielleicht hunderttausend«[974] Menschen erwarteten die Mannschaft in Wien, schrieb die *Reichspost*, »die Mariahilferstraße ist schwarz von Menschenmassen«, frenetischer Jubel schallte den Spielern entgegen, überall, auf dem Gürtel, überall und bereits am Bahnhof unter ihnen: Bundeskanzler Engelbert Dollfuß, der vom Ruhm des Wunderteams politisch zu profitieren hoffte. Die *Reichspost* kann es sich denn auch nicht verkneifen, die Stimmung noch eindringlicher zu schildern durch die Zitierung der zahlreichen Hochrufe: »Hoch Sestsa«, »Hoch Hiden«, Hoch Rainer« und wieder »Hoch Hiden«, »Bravo Hiden« »Hoch Schall«, »Hoch Österreich«.[975] Auch »Hoch Dollfuß« soll gerufen worden sein, für den Kanzler war das Spiel mindestens so wichtig wie für Hugo Meisl; es waren noch 85 Tage bis zum Staatsstreich. Die Uhr tickte.

In Wien hatte die Firma Gerngroß sämtliche ihrer Häuser zu Ehren der österreichischen Fußballnationalmannschaft nicht nur reich beflaggt, sondern auch den Turmscheinwerfer in Tätigkeit gesetzt. Am Abend wurde die Mannschaft am Westbahnhof bei einem offiziellen Empfang geehrt. Dollfuß sprach die große Leistung an, Bewunderung, Anerkennung. Am Tag darauf war Hugo Meisl zum Unterrichtsminister Dr. Rintelen geladen, um über das Spiel in London zu berichten.[976] Am gleichen Tag schickte die FIFA ein Gratulationstelegramm zur großen Leistung der österreichischen Nationalmannschaft mit dem Ausdruck »des besten Dankes und der größten Anerkennung seitens der FIFA sowohl dem Herrn Bundeskapitän H. Meisl wie den Spielern der Mannschaft […]«.[977]

Das imponierende Auftreten des Nationalteams bewirkte einen höchst erfreulichen Nebeneffekt für die Wiener Clubs: Englische und schottische Vereine zeigten plötzlich ein verbreitetes Interesse an Spielen gegen österreichische Vereinsmannschaften. In Wien breitete sich Goldgräberstimmung aus: Angesichts der angeblich in England üblichen Zuschauerzahlen überschlugen sich die Erwartungen der klammen Clubs. Gewaltige Abschlüsse in England wurden kolportiert.[978]

Angesichts dieser Euphorie sah sich Herbert Chapman genötigt, seinen Freund Hugo davor zu warnen, dass der gute Eindruck des Nationalteams durch schwache Vereinsvorstellungen verwässert werden könnte: »Ich möchte zu bedenken geben, dass der Besuch einzelner Vereinsmannschaften in England den erstklassigen Eindruck verwischen könnte, den Österreich hinterlassen hat. […] Freundschaftsspiele in England zwischen Vereinsmannschaften werden nicht erfolgreich sein.«[979]

Hugo Meisl teilte Chapmans Bedenken voll und ganz. Er war daher alles andere als begeistert, als ein jugoslawischer Journalist und der in Wien ansässige »Agent« David Weiss hinter seinem Rücken Spielabschlüsse für Rapid und Vienna arrangierten.[980] Besonders die Rapid-Tournee lag Meisl schwer im Magen: Rapid spielte nicht gerade das, was man unter *Wiener Schule* verstand; nur wenige Rapid-Spieler gehörten zum Wunderteam-Ensemble, und so befürchtete er, dass Rapid den guten Ruf des österreichischen Fußballs ruinieren könnte.[981] Er hätte daher, so berichtete Meisl an Chapman, versucht, Rapid und Vienna zu stoppen, aber er habe keine Handhabe dafür gehabt,[982] obwohl er und auch die anderen Herren im Vorstand des Verbandes über diese Reisetätigkeit überhaupt nicht begeistert wären, »im Gegenteil, hinsichtlich des guten Eindrucks, den unsere Auswahlmannschaft hinterlassen hat, wäre ich sehr froh gewesen, wenn ich die Gastspielreisen nach Schottland und England hätte verhindern können«.[983] Immerhin stand auch Meisl unter Druck. Die Vorstände von Austria und dem WAC baten ihn wohl inständig, seine Kontakte mit Chapman spielen zu lassen, um ein Arrangement mit englischen Klubs zu erwirken. Ganz offenbar war Meisl in der Zwickmühle. Andere Klubs waren auf dem Sprung, warum nicht Austria und der WAC? Meisl pries Chapman seine Austria an, andererseits kündigt er auch an, sich in dieser Sache völlig der Entscheidung Chapmans zu unterwerfen und stützt diese Geste durch den Hinweis, dass »diese beiden Vereine – insbesondere der F.C. Austria, den ich gegründet habe – Ihrem Rat vollständig folgen werden, da sie unter meinem Einfluss stehen«.[984]

Die Clubs ließen sich nicht aufhalten; im Januar 1933 reiste zunächst Rapid nach Schottland und England. Zu allgemeinen Erleichterung erwiesen sich die Bedenken als vollkommen unbegründet, Rapid hinterließ in Glasgow einen nachhaltigen Eindruck: Vor unglaublichen 67.000 Zuschauern errang man ein 3:3, nachdem man bereits mit 3:1 geführt hatte. Das folgende Spiel in Liverpool ging auf vereistem Boden zwar mit 2:5 verloren, immerhin gelang es aber dem schussgewaltigen Franz »Bimbo« Binder, nicht nur ein Tor zu erzielen, sondern auch noch den Schiedsrichter abzuschießen, der dann ohnmächtig vom Platz getragen werden musste.[985] Leicester City wurde schließlich sicher mit mit 3:0 besiegt, sodass die Rapid-Tournee sehr positiv kommentiert wurde.[986]

Obwohl Meisl über den Ausflug von Rapid nach England nicht glücklich war, war er doch so anständig, bei Chapman zu intervenieren und ihn zu bitten, Schönecker und seine Mannschaft im Trainingsquartier von Arsenal freundlich zu empfangen und die Trainingsanlage zu zeigen.[987] Chapman erklärte sich dann auch dazu bereit.

Kurze Zeit später folgte Vienna, das sich über Plymouth (1:1) zu Queens Park Rangers in London vorkämpfte (Sieg mit 3:0), aber dort lernen musste, dass in England so einfach das Geld auch nicht zu verdienen war, denn es kamen nur 1.000 Zuschauer.[988]

Trotz dieses finanziellen Desasters versuchten noch andere Vereine eine Reise auf die Insel zu organisieren, Admira wandte sich an Jimmy Hogan mit Bitte um Vermittlung,[989] Wacker an Herbert Chapman. Dieser antwortete allerdings sehr unverblümt, dass er davon nichts halte.[990]

Tatsächlich gelang es Hugo Meisl nicht, die Reisetätigkeit der Wiener Vereinsmannschaften auf die britische Insel völlig zu beenden. Noch zwei Jahre später äußerte Meisl seinen Unmut darüber, dass nach dem Auftreten von Rapid, Austria und Vienna, die den guten Eindruck, den die Nationalmannschaft in England hinterlassen hatte, zumindest nicht geschädigt hatten, doch durch weitere Reisen »die ersten Eindrücke bereits eine empfindliche Trübung erlitten«.[991]

Die Klimax

Die Niederlage gegen England wurde gefeiert wie ein Sieg, war es doch gelungen, die Ebenbürtigkeit des österreichischen Fußballs gegenüber dem Lehrmeister zu demonstrieren. Aber niemand ahnte, dass mit diesem legendären Spiel der Kulminationspunkt dieser Erfolgsgeschichte erreicht war: Das Wunderteam begann langsam zu zerfallen.

Dabei begann das Jahr 1933, wie das Vorjahr geendet hatte. Frankreich wurde in Paris vor 50.000 Zuschauern glatt mit 4:0 geschlagen, wobei drei Tore innerhalb von fünf Minuten fielen; diesmal stand wieder Sindelar im Sturmzentrum. Statt des immer noch verletzten Gschweidl spielte Weselik (Rapid), und schon klappte der Kombinationswirbel nicht wie gewohnt, es dauerte über eine Stunde, bis das erste Tor fiel. Bester Angreifer war diesmal Zischek, Smistik spielte eine überragende Rolle als Mittelläufer. Trotzdem liegt über diesem Spiel ein Hauch von Wehmut. Es war der letzte große Sieg des Wunderteams. Und es war das letzte Spiel, in dem Hiden das Tor hütete. Die Pariser waren von seiner Leistung so begeistert, dass der von Jimmy Hogan trainierte Racing Club Paris Rudi Hiden ab Juli 1933 für ein Mehrfaches des Gehaltes, das er in Wien bezog, engagierte.

Hugo Meisl selbst befand sich im Februar 1933 nach dem Sieg in Paris ohne Zweifel auf dem Höhepunkt seiner Popularität und seines Erfolges. Die österreichische Nationalmannschaft stand nun in der alljährlich veröffentlichen *Kicker*-Weltrangliste an erster Stelle vor England und Schottland.[992]

Unmittelbar nach der Rückkehr aus England, am 19. Dezember, beschloss der Ministerrat, ihm für seine Verdienste um den österreichischen Sport den Dank und die Anerkennung der Bundesregierung auszusprechen.[993] Der österreichische Bundespräsidenten Miklas überreichte Hugo Meisl feierlich das *Silberne Ehrenzeichen*.[994] Herbert Chapman ließ es sich nicht nehmen, seinem Freund Hugo dafür per Telegramm zu gratulieren: «Heartiest congratulations upon your well deserved decorations from everybody connected with arsenal football club = chapman and family».

Hugo Meisl hatte fast alles erreicht, was er erreichen konnte und wollte. Sein Team spielte den wohl schönsten Fußball der Welt und hatte bewiesen, dass es auf Augenhöhe mit Lehrmeister England stand, ja sogar Meisls Idol Herbert Chapman gehörte mittlerweile zu seinen besten

Freunden, Meisl genoss höchste öffentliche Verehrung – doch da geschah etwas Erstaunliches: Er konnte sich nicht so recht freuen; statt ein Triumphgefühl zu empfinden gegenüber all den Besserwissern und Antisemiten, die ihm immer wieder das Leben schwer gemacht hatten, befand er sich im März 1933 offenbar in einer tiefen inneren Krise. Seinen Seelenzustand offenbart ein Brief an seinen Freund Herbert Chapman, in dem er sich für dessen Gratulation für die Ehrung bedankte. Meisl litt wieder einmal unter seiner fast alljährlichen Frühjahrserkältung, ihrerseits Ausdruck von ungesunder Lebensweise ebenso sehr wie von Arbeitsüberlastung, und erstmals hört man so etwas wie Unlust an seiner Funktionärstätigkeit heraus: »Aufgrund von Krankheit und danach vielen unerfreulichen Arbeiten und Verpflichtungen war ich nicht in der Lage, Ihnen zu schreiben.« Und dann folgen melancholische Anmerkungen über das Familienglück, die deutlich zeigen, wie sehr Meisl durch seine familiären Probleme belastet war:

»Was die Auszeichnung selbst betrifft, hoffe ich Ihnen genauere Erklärungen bei Gelegenheit unseres nächsten Treffens geben zu können, auf das ich mich schon sehr freue. Um Ihnen eine Vorstellung davon zu geben, was ich von solchen Auszeichnungen halte, lassen Sie mich nur sagen, dass ich Sie für den am höchsten ausgezeichneten Mann der Welt halte, angesichts Ihrer wunderbaren Familie, die ich kennen zu lernen das Vergnügen hatte. So viel Sonnenschein bedeutet die schönste und wertvollste Auszeichnung.«

Zum Schluss aber findet Meisl doch wieder ins Gleichgewicht zurück. Mögen auch die persönlichen Umstände zu wünschen übrig lassen, stolz ist er doch auf das Geleistete: »Nachdem ich auf die vorrangige Bedeutung meiner Präsidenten verwiesen hatte, drückte mir gegenüber der Ministerrat für meine erfolgreichen Bemühungen um die Entwicklung des österreichischen Sportes den Dank und die Anerkennung der Regierung aus. Nun gut, wir alle müssen versuchen, unsere Befriedigung in einer erfolgreichen Arbeit zu finden und gerade wir beiden, lieber Mr. Chapman, wir haben allen Grund stolz zu sein auf große moralische, sportliche und finanzielle Erfolge.«[995]

Hugo Meisl hatte alles Recht – wie er schreibt –, stolz zu sein. Aber, so erfahren wir zugleich, er war nicht glücklich.

Der Niedergang

»Jetzt haben wir die Spitze der Volksgunst erreicht,« hatte Hugo Meisl dem jungen schwedischen Sportjournalisten Tore Nilsson nach der triumphalen Rückkehr aus England nachdenklich zugemurmelt. »Ich bin gespannt, wie viele von diesen hier, die gekommen sind, uns treu bleiben, wenn der Wagen rückwärts rollt.«[996]

Hugo Meisls melancholische Anmutungen sollten sich schneller bewahrheiten, als er wohl selbst geahnt hatte, und es ist gewiss kein Zufall, dass ausgerechnet die Tschechen das Ende des Wunderteams einläuteten. Gegen keine andere Mannschaft hatten sich die Wiener immer wieder so schwer getan, nur gegen die Tschechen gelang niemals ein deutlicher Erfolg, vielleicht deshalb, weil beide Spielsysteme, ja sogar die Mentalität der Spieler so ähnlich waren, denn ein Großteil der Wiener Fußballer war ja tschechischer Abstammung, man denke nur an Sindelar, Zischek, Sesta oder Smistik. Wie dem auch sei, am 9. April rechnete ein erwartungsvolles Publikum auf der Hohen Warte damit, dass endlich auch die Tschechen »weggeputzt« würden. Auch der unverdrossen Popularität suchende Dollfuß fand sich ein und ließ sich mit dem Bundeskapitän fotografieren: Meisl jovial lächelnd auf den nur eineinhalb Meter kleinen Dollfuß hinunterschauend, Dollfuß gleichfalls lächelnd, ein fester Händedruck unter Männern, dahinter die vollbesetzte Nordtribüne, immerhin mochte der ÖFB-Generalsekretär darauf gehofft haben, dass sich diese Geste auch in Form finanzieller Hilfen für den schwer belasteten Wiener Profifußball niederschlagen würde.[997]

Die Österreicher mussten bei diesem Spiel wieder einmal auf einige ihrer Wunderteam-Spieler verzichten. Hiden stand nicht zur Verfügung, obwohl er noch in Wien spielte, er war verletzt und wurde durch Platzer ersetzt, auch Gschweidl fiel aus, für ihn spielte anstelle des von der Presse erwarteten Hiltl vom WAC Gschweidls Vereinskamerad Josef Adelbrecht, zudem setzte Meisl wieder einmal den umstrittenen Otto Kaller (Vienna) als Läufer ein, die Presse hatte Mock (Austria) gefordert.

Dollfuß begrüßte die Spieler einzeln per Handschlag, dann begann Österreich vor 61.000 Zuschauern auf der Hohen Warte mit dem gewohnten Kombinationsspiel, war überlegen, hatte einiges Pech – und nach der Pause passierte es: Innerhalb von fünf Minuten erzielte Puc zwei Treffer für die Tschechen und beendete damit die glorreiche Erfolgsserie der Österreicher. Bezeichnenderweise gelang dem Sturm in diesem Spiel kein Treffer, das Tor zum 2:1 schoss kurz vor Schluss Läufer Smistik. Dass dies mehr war als nur Pech, ahnten nur wenige, etwa der Prager Journalist Otto Schimetschek, der fast elegisch schrieb: »Daheim […] so sang- und klanglos den Ruhm zu verlieren […].«[998]

Natürlich hagelte es Kritik an der Aufstellung: Vor allem sei »Kaller eine vollständige Niete […], der schon durch die Kleinheit seiner Person gegen die kräftigen tschechischen Stürmer von vornherein nicht in Betracht kam. Hier hat Meisl einmal gründlich danebengegriffen. […] Es ist kein Zweifel, dass gegen [Ungarn, beim nächsten Spiel] der linke Flügel wird geändert werden müssen, ebenso wird sich Hugo Meisl, falls bis dahin Gschweidl noch nicht kampffähig sein sollte, auch sehr gründlich mit dem Problem der Besetzung des rechten Verbindungspostens auseinandersetzen müssen.«[999]

Hugo Meisl selbst gestand seinem Freund Herbert Chapman, er habe in diesem Spiel einen taktischen Fehler begangen,[1000] womit er möglicherweise auf die umstrittene Nominierung Kallers anspielte, den er seit 1926 immer wieder wenig erfolgreich eingesetzt hatte. Gegenüber Chapman verwies er bei der Spielanalyse auch darauf, dass Hiden und Gschweidl fehlten, präsentierte seinem Freund aber ansonsten eine eher gelassene Bewertung des Spieles: »Wir spielten eine schwache erste Hälfte und verloren das erste Spiel seit zwei Jahren, obwohl wir dann in der zweiten Hälfte ein Chancenverhältnis von 6:1 zu unseren Gunsten hatten. Die Tschechoslowaken spielten gut, aber wir hatten auch kein Glück. So etwas kann passieren und ich brauche noch ein paar Monate, um wieder eine erstklassige Mannschaft zu bekommen.«[1001] Hatte Meisl sein »glückliches Händchen« verloren? Nachdenklich musste zudem stimmen, dass auch zwei (weitere) Wiener Städteteams bei Auswärtsspielen jeweils in der Tschechoslowakei unterlagen, das eine 0:2 in Prag, das andere 1:4 in Brünn. War es tatsächlich mit der Überlegenheit der Wiener Fußballer vorbei?

Zufall oder nicht: Die Zeitung *Der Montag* brachte auf ihrer Titelseite mit großen Lettern: »Dramatisches Geständnis des Frauenmörders von der Josefstadt
Schwarzer Fußballsonntag«[1002]

Noch ein anderes Ereignis erschütterte das Spiel, das in merkwürdiger Weise den allmählichen und in Wellen verlaufenden Niedergang des Wunderteams mit der sich anbahnenden politischen Katastrophe in Österreich verband. Nach dem durch die Zuschauer respektvoll hingenommenen Abspielen der tschechoslowakischen Hymne wurde von der Musikkapelle die österreichische Bundeshymne intoniert. Diese hatte die Melodie der alten Kaiserhymne (also die gleiche wie die deutsche Nationalhymne seit der Weimarer Republik und natürlich der Hymne, die die Nazis seit 1933 spielen ließen) und einen Text, der von einem bekennenden österreichischen Anhänger der nationalsozialistischen Bewegung, Ottokar Kernstock, stammte. Diese Hymne war natürlich ein Politikum. Sie war 1929 eingeführt worden und begleitete eine grundlegende Verfassungsänderung, die einen kleinen Schritt zu einem autoritären Staat darstellte, insofern sie die Rechte des Parlamentes verringerte und demgegenüber die Rechte des Bundespräsidenten (nach deutschem Vorbild) vergrößerte. Die Christlichsozialen erwarteten, laut *Reichspost*, von der Rückkehr zur Melodie der alten Kaiserhymne »die offizielle Verabschiedung des Geistes jener heillosen Zeit (gemeint ist die in der Revolution durchgesetzte Gründung der Ersten Republik), von deren ›Revolutionsschutt‹ die Verfassungsreform eine weitere Fläche der österreichischen Heimat gesäubert hat«.[1003] Für die Sozialdemokratie war die Wahl dieser Hymne natürlich eine Provokation, deutete sie doch in gewisser Weise die Rückkehr zu den monarchistischen Zeiten an. Politisch gesehen war die Hymne ein Teil der zunehmenden Konfrontation in Österreich.[1004]

So kam es, wie es wohl kommen musste: Kaum waren die ersten Klänge dieser Bundeshymne erklungen, setzte im Stadion ein »gellendes Pfeifkonzert« ein, so die *Reichspost*.[1005] Die Zeitung *Der Sport-Montag* schrieb von »stürmischen Missfallensäußerungen« und »schrillen Pfiffen«, aber auch davon, dass der »Beifall für die Spieler schließlich die Opposition übertönte«.[1006] Das *Sport Tagblatt* stellte resigniert fest, dass »in Wien nichts ohne politische Demonstration angehen« könne, und schilderte, eine Zuschauergruppe auf der Arenaseite habe »schrille Pfiffe« von sich gegeben, ein Teil des Publikums schloss sich dieser Demonstration an, daraufhin sei der größere Teil des Publikums zum Applaus übergegangen. »Damit wurde das Pfeifen übertönt, gleichzeitig aber auch die Klänge der Nationalhymne.«[1007] Die überwiegend den Sozialisten nahestehenden Zuschauer drückten ihre politische Empörung aus, und diese galt zunächst der Hymne, vielleicht aber ganz besonders dem anwesenden Dollfuß und dessen Staatsstreich vom 7. März 1933, in dem er faktisch das Parlament ausgeschaltet hatte.

Zur gleichen Zeit fanden übrigens im Burgtheater die Abschlussproben für das Stück »Die hundert Tage« statt, dessen Autor kein Geringerer war als Benito Mussolini persönlich, der darin vordergründig zwar die letzte Periode napoleonischer Politik behandelte, dahinter aber eine konsequent faschistische Ideologie formulierte: Große Männer müssen über Leichen gehen.[1008] Vielleicht ist gerade diese Aufführung ein Bild dafür, dass Österreich auch politisch in das italienisch-faschistische Fahrwasser geraten war.

Genau drei Wochen später reisten 6.000 erwartungsfrohe Wiener Schlachtenbummler nach Budapest, um Österreich siegen zu sehen. Von dem berühmten Sturmquintett waren nur noch Sindelar und Schall übrig geblieben, ebenso fehlten von der Stammbesetzung auch Hiden, Smistik und Gall, das Wunderteam war also nur noch ein Torso; immerhin kehrte aber Stammspieler Mock wieder für den unglücklichen Kaller in die Mannschaft zurück. Das Spiel endete mit einem hart erkämpften 1:1, wobei der einsatzfreudige Sesta buchstäblich bis zum Umfallen kämpfte: Erst musste ihm am Spielfeldrand nach einem Zusammenprall der Kiefer wieder eingerenkt werden, dann fiel er nach einem Zusammenprall mit Mock kurzzeitig in Ohnmacht und spielte anschließend unverdrossen mit Turban weiter.

Vorbei war die Zeit der triumphalen Kantersiege, die den legendären Ruf des Wunderteams begründeten, und vorbei war auch die Zeit prägender Spielerpersönlichkeiten, die mit dieser Legende verknüpft waren: Hiden war nach Paris abgewandert, Blum hatte aufgehört, Gschweidl war nicht mehr dabei, Vogl Halbinvalide. Der legendäre Wundersturm sollte nie wieder zusammenspielen. Meisl blieb nichts übrig, als zu versuchen, das Team aufzufrischen, schließlich fand nächstes Jahr die Weltmeisterschaft in Italien statt.

Dennoch wurde das Unentschieden in Budapest allenthalben als Erfolg gewertet: »Das österreichische Wunderteam hat sich wiedergefunden«, und: »die Wiener Schule und der österreichische Witz leuchteten auch Sonntag hervor.«[1009] Und in der *Nemzeti Sport* war zu lesen: »Die Spielweise der Österreicher hat sich auch diesmal in unverfälschter Weise gezeigt. In Kondition, in Energie, in durchdachten Aktionen waren die Österreicher diesmal überlegen. Sie haben so gespielt, wie es in Wien schon zur Tradition gehört.«[1010]

Als am 11. Juni Belgien zu Gast kam, setzte Meisl erstmals einen vielversprechenden jungen Rapid-Stürmer mit einer gewaltigen Schusskraft ein, Franz »Bimbo« Binder, der auch gleich zwei Tore zum 4:1-Sieg beisteuerte. Nach dem Sieg gegen Belgien war die Presse jedenfalls voll des Lobes: »Österreichs verjüngte Nationalmannschaft hat eine respektable Leistung vollbracht«, schrieb der *Sport-Montag*, und wie zur Unterstützung zitierte sie den »Führer« der belgischen Delegation, Monsieur Delin: »Wir bewundern in den österreichischen Fußballern vollendete Beherrscher des runden Leders, Lehrmeister des kontinentalen Fußballsports.«[1011] Und Meisl? Er dachte an das bevorstehende Spiel in Schottland: »Trotz des Sieges bin ich nicht entzückt. Die Mannschaft ist zu langsam, zu langsam und noch einmal zu langsam.«[1012]

Eine bedeutendere Herausforderung als die Belgier stellte allerdings das Rückspiel gegen die Tschechen am 17. September in Prag dar. Wieder setzte Meisl zwei Neulinge ein, Torwart Raftl (Rapid) und Verteidiger Pavlicek (Admira); zudem kehrte Zischek wieder in den Sturm zurück. Das Team hielt sich großartig, führte zweimal durch Tore von Sindelar. Nach dem 3:3-Ausgleich drohte allerdings das Spiel auszuarten; erst wurden Schall und Braun zusammengetreten, dann revanchierte sich Sesta am tschechischen Torjäger Puc. Das Publikum tobte, die Österreicher konnten nur unter Polizeischutz den Platz verlassen. Dennoch sah die *Reichspost* nun wieder allen Anlass, voller Optimismus in die Zukunft zu blicken:

»Österreichs Nationalmannschaft hat bewiesen, dass sie nach wie vor über das alte Können verfügt, eine Feststellung, die um so erfreulicher ist, als ja in kurzer Zeit bereits der Länderkampf gegen die Ungarn zur Austragung gelangt, mit dem Österreich seinen Start in den Europacup vollzieht. Vielleicht weist unser Team noch immer einige schwache Punkte auf, wie es sich ja in Prag auch schon zeigte, doch wird Hugo Meisl bei der reichen Auswahl, die ihm gegenwärtig zur Verfügung steht, sicher Ersatz finden. Dass unser Teamnachwuchs gut ist, bewies ja der Städtekampf auf der Hohen Warte, den die Wiener Elf nahezu mühelos für sich entscheiden konnte. Noch eindrucksvoller war vielleicht der Sieg der Jungen über die ungarische Juniorenmannschaft. Für die nächste Zeit haben wir also kaum zu fürchten, dass Österreichs Fußballsport seine führende Stellung in Mitteleuropa einbüßt.«[1013] Worauf die Zeitung anspielte: Zum gleichen Zeitpunkt hatte an der Hohen Warte Wien gegen eine allerdings sehr schwache Prager Auswahl mit 4:0 gewonnen.

Allem Optimismus zum Trotz: Für das Länderspiel am 1. Oktober 1933 gegen Ungarn waren nur mehr fünf Spieler von dem berühmten Team übrig, das in England gespielt hatte, nämlich Nausch, Sesta, Smistik, Sindelar und Schall. Meisl kommentierte seine Aufstellung selbst wenig zuversichtlich:

»Es war nicht leicht, die österreichische Auswahlelf zu nominieren. Ich bin, wie es schon gegen die Tschechen der Fall war, auch diesmal auf Versuche angewiesen, um für den Länderkampf gegen Schottland die nötigen Erfahrungen zu sammeln, die notwendig sind, um für dieses große Spiel eine möglichst schlagfertige Mannschaft auf die Beine zu bringen. Die Verlegenheit bedeutete für mich die Besetzung der beiden Flügel. Rechts ist für mich durch die Einstellung des eingespielten WAC-Paares Cisar – Müller vorläufig eine Lösung gefunden, für den linken Außenstürmer habe ich derzeit keinen Mann von überragender Klasse zur Verfügung. Mittelstürmer haben wir in Hülle und Fülle, aber leider keine ausgesprochenen Individualitäten für die Flügelstürmerposten.

Über die Hintermannschaft ist nicht viel zu sagen. Platzer, hoffe ich, hat sich durch seine Leistung im letzten Meisterschaftsspiel endgültig in das Team gespielt. [...] Die Einstellung von Radakovic als linker Läufer ist wohl eine Überraschung, aber ich glaube, er wird sich bewähren. Der Spieler ist sehr hart und wird als Defensivhalf dem Gegner viel zu schaffen geben. Bei der Besetzung des rechten Läuferpostens (Braun) geht es mir so wie mit den Flügeln, auch habe ich keinen ausgesprochenen Klassespieler zur Verfügung. Ich muss mir so für diesen Posten ebenso wie bei den Außenstürmern helfen so gut ich kann.«[1014]

Natürlich war bei diesem Spiel wieder der kleine Bundeskanzler Dollfuß zugegen, er brauchte die Massenwirksamkeit des großen Fußballs, und er fand offenbar in der Presse willige Helfer, ihm Popularitätspunkte einzubringen. Auf der ersten Seite (also lange vor dem Sportteil) brachte *Der Montag* unter der Überschrift »Fußballanhänger Dollfuß« einen Bericht über die Fußballbegeisterung des Bundeskanzlers, der so vom Fußballspiel gebannt gewesen sei, dass er Mitte der zweiten Halbzeit »von den Herren seiner Umgebung daran **erinnert werden musste**« [Hervorhebung im Original], dass ein weiterer Termin auf ihn wartete. Und mit Worten des Bedauerns und guten Wünschen für die Mannschaft verließ er die Hohe Warte.[1015]

Dollfuß brauchte also den Fußball, aber trotzdem brachte er offenbar kein Glück (oder war die schwache zweite Halbzeit die Folge seiner Abwesenheit?), denn nachdem die Österreicher durch Tore von Müller und Schall lange Zeit wie sichere Sieger ausgesehen hatten, gerieten sie durch zwei ungarische Treffer in der 82. und in der 85. Minute noch in arge Bedrängnis, zumal das Debüt des Teamneulings Radakovic vom Floridsdorfer AC »geradezu jämmerlich« ausfiel.[1016] Die Zeiten des Wunderteams waren nun auch für die zeitgenössischen Betrachter offenbar vorbei. »Es wäre fast schon an der Zeit, mit dem Begriff ›Wunderteam‹ endlich einmal Schluss zu machen«, hieß es in der *Reichspost*. »Das Schottlandspiel war vor Jahren der Beginn des großen Aufstiegs, über den sich gegenwärtig Schatten eines leisen Niederganges legen wollen.«[1017]

Und Meisl wiederholte seine schon öfters vorgebrachte Kritik: »Jeder einzelne Mann war zu langsam.«[1018]

Eine Klage auf hohem Niveau allerdings, wie es scheint. Immerhin erzielte eine Wiener Stadtauswahl am 1. November in Paris ein viel bestauntes 4:1, das der französische Korrespondent des *Kicker*, Victor Denis, mit den bewundernden Worten kommentierte: »Was die Wiener Mannschaft betrifft, so gibt es nichts weiter festzustellen, als dass sie eine bewundernswerte Demonstration des vollkommenen Fußballs bot.«[1019] Und dieses höchste Lob galt einer Mannschaft, an der kein einziger Spieler von Rapid und Mitropa-Cup-Sieger Austria beteiligt war! Diese beiden Mannschaften hatten zur gleichen Zeit einen Termin in Prag, Gegner waren die europäischen Spitzenteams von Slavia und Sparta, und die Wiener siegten beide Male:

Austria mit 3:1 über Sparta und Rapid über Slavia mit 8:3. Es mag zwar kein Wunderteam mehr gegeben haben, aber europäische Spitze war Österreichs Fußball noch allemal.

Meisl selbst blieb gewohnt skeptisch-nüchtern: Ein »Probegalopp« für das Spiel gegen Schottland sei es gewesen und als solcher aufschlussreich, insbesondere für die Aufstellung der Mannschaft. Die Besetzung des Sturmes ließ er völlig offen, Müller und Hiltl, die in dem Spiel tätig waren, hielt er nur für Ersatz: »Ob Sindelar, Gschweidl, Bican oder Binder im Vordergrund sein werden, wird die nächste Zeit lehren.«[1020]

Dann folgte im Zusammenhang mit der Spielweise von Schall aber noch eine bemerkenswerte taktische Äußerung, die wiederum andeutet, wie flexibel Meisl sein taktische Konzept interpretierte: »Für Zwecke der W-Formation, deren Anwendung doch manchmal notwendig erscheint, ist er nicht der richtige Mann.«[1021]

Die zweite Reise auf die Insel

Die Vorbereitung

Vor dem »leisen Niedergang«, von dem die *Reichspost* wehmütig sprach, sollte noch ein weiterer Höhepunkt kommen: Ende November 1933 trat Meisl mit seinem Team eine Reise nach London und Schottland an.

Seit Ende März hatte ÖFB-Generalsekretär Hugo Meisl diese Tournee vorbereitet, sportlich gesehen ging es in erster Linie darum, den Schotten eine Revanche für das 0:5-Debakel von 1931 zu gewähren. Tatsächlich aber wurde selten eine Länderspielreise so offen unter finanziellen Gesichtspunkten behandelt: Der ÖFB musste bis April gegenüber dem Magistrat von Wien eine Schuld von 40.000 ÖS begleichen[1022], was bedeutete, dass die Tournee nicht nur die laufenden Kosten decken, sondern unbedingt einen entsprechenden Überschuss erbringen musste.

Auch in diesem Falle war Meisls Freundschaft zu Herbert Chapman sehr hilfreich. Chapman informierte ihn über das Stadion im Hampdon Park, das über mehr als 80.000 Stehplätze verfügte, aber nur über 8.000 Sitzplätze; er wies darauf hin, dass es in Schottland eine Unterhaltungssteuer gäbe, die je nach Anlass 10 bis 15 Prozent der Einnahmen betrage, und empfahl, bei den Verhandlungen mit dem Präsidenten des schottischen Verbands Graham unbedingt auf einer Höchstmarke von 10 Prozent für Abzüge zu bestehen.[1023]

Dennoch, das war Hugo Meisl klar, würden die Einnahmen aus diesem Spiel nicht die Kosten decken können, es machte ihm »Sorge, dass der Riesenplatz der Glasgow Rangers nur zirka 8.000 Sitzplätze hat, so dass der materielle Erfolg ganz vom Wetter und vom Besuch der Stehplätze abhängt«.[1024]

Zunächst hatte Meisl daher überlegt, ein Angebot aus der Republik Irland anzunehmen,[1025] aber Chapman riet ihm ab, er solle aus Rücksicht auf Schottland, Wales, Irland und vor allem England von dieser Idee Abstand nehmen, stattdessen schlug er vor, nach Glasgow noch ein Spiel gegen Arsenal durchzuführen, dabei würde er den Österreichern einen festen Betrag als Einnahme garantieren.[1026]

Meisl griff die Idee eines Spieles gegen seine Lieblingsmannschaft dankbar auf, allerdings gab es da ein kleines Problem: Die Bestimmungen der FIFA ließen das Spiel einer Nationalmannschaft gegen eine Vereinsmannschaft nicht zu. Die beiden trafen sich daher während einer Auslandsreise der englischen Nationalmannschaft in Italien und der Schweiz im

Mai 1933 und berieten gemeinsam das weitere Vorgehen. Chapman sollte, so war die Idee, zunächst versuchen, daraus ein Spiel London gegen Wien zu machen, scheiterte aber, zurück in London, weil er aus anderen Londoner Vereinen keine Spielerzusagen erhielt. So schlug er am Ende ein Spiel FC Arsenal gegen ein »combined team comprising Vienna football teams« vor.[1027] Am Ende hieß dann die Begegnung »Arsenal v. Team Vienna XI«, und Sir Frederick Wall, Generalsekretär der F.A. stimmte dieser Paarung zu.[1028] Dabei garantierte Chapman, was Meisl sehr wichtig war, dem ÖFB eine Summe von 1.000 £, außerdem noch die Beteiligung an den Einnahmen, falls sie über 2.000 Pfund liegen sollten,[1029] womit die Reise nach Großbritannien im Wesentlichen finanziell gesichert war. Meisl gelang es zudem noch, vor der Rückreise nach Wien ein Länderspiel gegen Holland zu arrangieren, so dass die Kosten der Reise – insgesamt waren es 38.000 Schilling – aus der Hälfte der Einnahmen des Schottland-Spiels und festen Garantiesummen für die Spiele in London und Holland gedeckt werden konnten.[1030] Dennoch beschloss Meisl, um finanziell ganz sicherzugehen, im Gegensatz zum vergangenen Jahr auf die Anreise mit dem komfortablen Orientexpress zu verzichten, man benutzte gewöhnliche D-Züge.[1031]

War hiermit für *Generalsekretär* Meisl die organisatorische Seite geklärt, musste sich nun *Bundeskapitän* Meisl über eine erfolgreiche Spielweise und Mannschaftsaufstellung Gedanken machen, was allerdings auch für den *Generalsekretär* Meisl nicht ganz unwichtig war, wie die *Reichspost* wusste: »Gelingt es allerdings den Österreichern, in Glasgow gut abzuschneiden, so rechnet Meisl bei dem folgenden Arsenal-Wiener-Team-Spiel in London mit einem ausverkauften Hause.«[1032]

Bereits Anfang November ließ Meisl die Trainer der wichtigsten Vereinsmannschaften zu sich kommen, (unter ihnen Edi Bauer (Rapid), Fritz Frithum (Vienna), Josef Blum (Austria), Eduard Kanhäuser (Sportklub), Bela Guttmann (Hakoah) und Karl Wondrak (Admira), um seine Wünsche für das kommende Schottlandspiel vorzutragen. »Er forderte«, wie man erfährt, »die Trainer der erstklassigen Wiener Vereine auf, ihre Spieler körperlich und seelisch für Großbritannien vorzubereiten. Vor allem legte Meisl darauf Wert, dass sie schneller werden und dem Kopfspiel mehr Aufmerksamkeit schenken, da gerade in dieser Beziehung die englischen Fußballer im Vorjahre in Stamford Bridge den Wienern stark überlegen waren.«[1033]

Entsprechende Überlegungen stellte Hugo Meisl auch zu den Nationalmannschafts-Kandidaten an: »*Ich habe mittelbar und unmittelbar wohl auch Fühlung mit den Führern und Betreuern der Spieler genommen, ohne mich jedoch auch nur im Geringsten beeinflussen zu lassen. Man kann nicht Spieler, wie es manche anonyme Einsender zu tun pflegen, wie Briefmarken sammeln und behandeln. Man muss ja der Einheitlichkeit wegen auch auf die wirkungsvollen Möglichkeiten eines Mannschaftsspieles bedacht sein.*

Die hervorstechendste Eigenschaft des österreichischen Klassespiels ist ja die Kombination, und um diese entsprechend erfolgreich zum Ausdrucke zu bringen, bedarf es nebst Individualismus auch einer besonderen Berücksichtigung der Gesamtwirkung.

Ich stehe nicht an, zu erklären, dass die Aufstellung Viertls eine ausgesprochene Notbesetzung darstellt. Ich habe mich nur schwer zur Heranziehung dieses Spielers entschlossen, hauptsächlich deshalb, weil ich Schall in seiner derzeitigen Verfassung auf dem Linksverbinderposten für den Geeignetsten halte und neben ihm doch einen zünftigen Flügelstürmer als die beste Lösung des schwierigen Linksaußenproblems erachte.

Ob Braun, [Theodor] Wagner, Smistik oder Mock gegen Schottland eingestellt werden, wird je nach ihrer körperlichen Disposition an Ort und Stelle entschieden werden.

Alles Übrige möge der gerechten Beurteilung und Kritik überlassen bleiben.

Ob nun der junge Bican, oder Müller, oder Adelbrecht neben Sindelar auf dem rechten Verbindungsposten verwendbar erscheint, ist Ansichtssache. Meine Überzeugung ist, dass sich Bican genug Routine erworben hat, um neben Sindelar in Ehren bestehen zu können. Vielleicht ist auch die Besetzung des rechten Verteidigerpostens mit Janda oder Cisar nicht als eine voll befriedigende Lösung zu betrachten. Der Jedlseer ist zweifellos einer der schnellsten Fußballer Wiens, hart und routiniert genug, um vielleicht bessere Dienste als andere ältere und taktisch vielleicht erfahrenere, aber langsamere Kameraden zu leisten.

Cisar ist neben seiner Vertrautheit mit Sesta als vollwertiger Verteidiger und als hochwertiger Ersatz für die meisten Mannschaftsposten einzuschätzen.«[1034]

Als Trainer hatte Meisl wieder seinen alten Freund Jimmy Hogan engagiert. Der gläubige Katholik sollte ursprünglich bereits in Basel zur Mannschaft stoßen, hätte dort aber die Sonntagsmesse verpasst. Also reiste er einen Tag früher nach Calais, besuchte dort den Gottesdienst und traf die Mannschaft anschließend auf dem Schiff.[1035]

Der Wirbel war diesmal nicht ganz so groß wie ein Jahr zuvor, dafür waren die letzten Ergebnisse zu ernüchternd gewesen. Aber selbstverständlich nahm die Presse an dieser zweiten Reise ins Land der Fußballlehrmeister erneut lebhaften Anteil und hielt die Leser ständig auf dem Laufenden. Selbst die bislang in Sportangelegenheiten sehr kurz angebundene altehrwürdige *Wiener Zeitung* schickte einen Mitarbeiter auf die Reise, dessen Bericht vom 27. November interessante Aufschlüsse darüber liefert, in welchem Maße diese Anreise zu einem Länderspiel als eine Haupt- und Staatsaktion wahrgenommen wurde:

»*Die österreichische Nationalmannschaft ist gestern vormittags in London eingetroffen. Die Vertreter des englischen Fußballsports bereiteten den Österreichern einen würdigen und herzlichen Empfang; um 11 Uhr abends erfolgte im sogenannten ›Fliegenden Schotten‹ die Abreise nach Glasgow, wo die Spieler heute früh ankamen. Die Expedition ging programmgemäß vonstatten. In den Landeshauptstädten gab es die üblichen Begrüßungen, um 9 Uhr abends begab man sich an der Schweizer Grenze zur Ruhe, gegen Mittag traf die Expedition, von französischen Journalisten erwartet, in Calais ein. Hugo Meisl gab die erwünschten Auskünfte, da die Franzosen in Bälde ihr Länderspiel gegen England bestreiten werden. Jimmy Hogan, der Spezialtrainer, wurde in Calais herzlich begrüßt und schloss sich der Gesellschaft an. Hugo Meisl und Zischek hatten unter den Einwirkungen der kurzen Seereise zu leiden und waren froh, in Dover festen Boden zu betreten.*

In London begrüßten der Präsident [sic] der englischen Fußballassociation Sir Frederick Wall und der berühmte Manager Herbert Chapman die Reisenden inmitten einer großen Menschenmenge; lebhafte Hochrufe auf Österreich wurden laut.[1036] *Im ›Hotel Euston‹ erholte sich die Reisegesellschaft ein wenig. Die Spieler, von englischen Journalisten bestürmt, hielten sich strenge an die Parole Meisls: ›Alles, nur keine Tipps‹. 30 Zeitungen senden ihre Spezialvertreter zum Spiel nach Glasgow, darunter Englands erster Sportjournalist Scarpe, der sich in begeisterter Weise über Österreichs Mannschaft äußerte. Um 7 Uhr abends besuchten die Spieler ein Kino, dann ging's nach Glasgow.*

Das Interesse für den Länderkampf Österreich – Schottland ist ein überaus großes; man rechnet mit 80.000 Zuschauern. Chapman, der Manager Arsenals, erklärte Publizisten, dass gegen Österreich zu spielen der beste Gegner gerade gut genug ist.«[1037]

Begrüßung der österreichischen Nationalmannschaft in London durch eine englische Delegation. In der Bildmitte von links Herbert Chapman, Hugo Meisl und der Generalsekretär der FA, Sir Frederick Wall (1933).

Man spürt, welch immensen Eindruck die Österreicher in London hinterlassen hatten und mit welcher Aufmerksamkeit Österreich diese »Expedition« verfolgte. Da ist selbst die Seekrankheit Meisls einer Erwähnung würdig.

Und Meisl war sich bewusst, dass seine Mannschaft einen Neuaufbau brauchte. »Wir haben derzeitig nur ein 50-prozentiges Team«, ließ er einen Reporter wissen, und: »Ein gesunder, in Form befindlicher Gschweidl lässt sich nicht ersetzen, einen zweiten Vogl haben wir jetzt nicht, Sindelar ist kein Sindelar mehr, Schall hat seine frühere Schusskraft eingebüßt, Smistik ist kein ganzer Smistik mehr und Platzer kein in allen Belangen idealer Tormann.«[1038] Etwas viel des Lamentierens vielleicht, aber doch vielleicht auch eine Art Vorbereitung der Öffentlichkeit auf mangelnde Leistungsfähigkeit des Teams einerseits, auf größere Umstellungen im Team andererseits, die Geduld brauchen. Seinem Freund Herbert Chapman gegenüber äußerte sich Meisl zurückhaltend zuversichtlich: »Ich glaube, dass unsere Mannschaft, obwohl sie zurzeit nicht völlig ausgeglichen besetzt ist, versuchen wird, eine sehr gute Vorstellung zu bieten und dass sie wieder gute Kritiken bekommen wird.«[1039]

Trotz aller Skepsis, die Reise des Teams wurde von der breiteren Öffentlichkeit noch als Reise des Wunderteams wahrgenommen. Überall wurde die österreichische Delegation begeistert empfangen, natürlich in Linz und Salzburg, aber auch in London.[1040] Dort nahm man den Eindruck mit, dass es die Engländer durchaus gerne sehen würden, wenn Österreich die Schotten schlagen würde, was die Zeitung, die von der mehrhundertjährigen Feindschaft der beiden Länder offenbar noch nichts gehört zu haben scheint, mit praktischen Erwägungen begründete.

Hugo Meisl trägt sich in das Goldene Buch der Stadt Glasgow ein. Hinter ihm der Lord Mayor von Glasgow, ganz links Jimmy Hogan (1933).

Auch Hugo Meisl selbst versorgte die Heimat mit Neuigkeiten. Am Abend vor dem Spiel gab er folgenden Situationsbericht an die Journalisten in Wien weiter: »Für die endgültige Mannschaftaufstellung der österreichischen Elf war das gestern durchgeführte Training maßgebend. Ich habe mich entschlossen, an Stelle des von mir ursprünglich als Verteidiger in Aussicht genommenen Cisar doch den Admiramann Janda einzustellen. Cisar leidet noch an den Nachwirkungen einer Magenverstimmung, von der auch Bican befallen wurde. Dieser ist aber bereits wieder fit. [Theodor] Wagner war im Training besser als Braun, auch Smistik machte einen frischeren Eindruck als Mock. Alle anderen Teamspieler befriedigten, nur konnte leider Bican mit Sindelar nicht den erhofften Kontakt finden; hoffentlich verstehen sich die beiden Spieler im Match.

Die Mannschaft ist soeben um neun Uhr abends von dem Besuch des Downingtheaters heimgekehrt. Der Zuschauerraum dieser Musical Hall war in den österreichischen Farben rotweißrot geschmückt, die mit Beifall empfangenen Spieler wurden von dem Orchester mit der österreichischen Bundeshymne begrüßt und auf der Filmleinwand erschien das Bild des Bundeskanzlers Dr. Dollfuß, vom Publikum stürmisch akklamiert. Auch auf den Straßen, überall wo sich die Spieler zeigen, kommt es zu lebhaften Sympathiekundgebungen für Österreich. (Meisl erweist sich hier als vollendeter Botschafter der österreichischen Regierung!)

Gemeinsam mit Präsident Oberlandesgerichtsrat Dr. Eberstaller und Präsident Staatsanwalt Dr. Gerö bin ich jetzt Gast des Vorstandes der Glasgow Rangers, die hier dem Präsidium des OeFB *einen Empfang geben. Der große Eindruck, den Rapid hier im Vorjahre hinterlassen hat, wird von den Führern der Glasgow Rangers immer wieder hervor gehoben.*

Über die zu erwartenden Besuchermengen für den morgigen Kampf gehen die Meinungen auseinander. Glasgow Rangers tippen, wenn günstiges Wetter herrscht, auf 60.000 bis 70.000 Zuschauer, der alte Internationale Robertson rechnet sogar auf 100.000 Besucher. Der Schiedsrichter Langenus ist in Begleitung von van Brain, der am 6. Dezember in London England – Paris leitet, hier angekommen. Van Brain wird morgen als Linienrichter fungieren. Ein Spieleraustausch ist nicht gestattet, auch der Tormann darf nicht ersetzt werden. Viele Grüße nach Wien.«[1041]

Die von Meisl angedeutete Aufstellung wurde in der heimischen Presse sehr zwiespältig aufgenommen. Vor allem das Fehlen von Binder löste gewisse Skepsis aus, denn er war, wie man heute sagen würde, der Shooting-Star der Wiener Öffentlichkeit.[1042]

Am Tag vor dem Spiel ließ Hugo Meisl auf einem Trainingsplatz in der Nachbarschaft des Hamptonparkes, in dem das Spiel ausgetragen wurde, alle Spieler (es waren 16) zu einem 40-minütigen »Verständigungstraining« antreten: »Trainiert wurde in der Aufstellung Zischek, Bican, Sindelar, Schall, Viertl, Wagner, Smistik, Nausch. Im Tor stand Raftl. Die übrigen Spieler bildeten die Gegenpartei, im Tore war Platzer postiert. Die Übung verfolgte vor allem den Zweck, das Zusammenspiel Sindelars und Bicans zu fördern. Es wurde mit dem Ball im Felde gearbeitet, Schussübungen durchgeführt und schließlich schickte Meisl die Spieler noch auf die ›Reise rund um den Platz‹ und ließ von ihnen einige Runden laufen.«[1043]

Das Spiel in Glasgow

62.000 Menschen füllten das Stadion in Glasgow am 29. November. Meisl wagte tatsächlich den Versuch, neben Sindelar den Neuling Josef Bican einzusetzen. Bican war damals sicher einer der schnellsten Fußballer der Welt, er lief die 100 Meter in 10,8 Sekunden und war zudem, wie Leuthe schrieb, »ein Balltechniker, der es beinahe mit Sindelar aufnehmen kann«.[1044] Kein Wunder, dass ihm noch eine große Karriere als österreichischer und tschechischer Nationalspieler bevorstehen sollte. Die beiden harmonierten erheblich besser als zuvor angenommen.

Zu Beginn allerdings sah es so aus, als würden die Schotten die Österreicher überrollen. Gleich in der Anfangsminute verursachte Smistik einen Freistoß, und schon lag der Ball im Netz; zum Glück für die Österreicher erkannte aber Schiedsrichter Langenus das Tor nicht an, ein Schotte hatte im Abseits gestanden. In der fünften Minute foulte Smistik erneut einen Schotten vor dem Strafraum. Meiklejohn drosch den Ball aus 20 Metern Richtung Tor, Sesta fälschte unglücklich ab, und dieses Mal war der Treffer regulär, 1:0 für Schottland. Die Schotten stürmten weiter, in der 39. Minute konnte Platzer einen scharfen Schuss nur mit Mühe abwehren, aber dann starteten die Österreicher einen klassischen Konter: Bican spielte seine ganze Schnelligkeit aus, passte steil zu Sindelar, dieser setzte Viertl ein; der Ball lief weiter zu Zischek, der spielte einen wunderbaren Doppelpass mit Sindelar, und schon stand es 1:1.

Die zweite Halbzeit begann genau so wie die erste: Stürmische Angriffe der Schotten, in der 48. Minute köpfte Ogilvie den Ball an die Latte, der zurückprallende Ball wurde von Mc Fayden ins Netz gesetzt, und schon führten die Schotten wieder. Dieses Mal allerdings brauchten die Österreicher weniger Zeit, um sich vom schottischen Druck zu befreien: Bereits vier Minuten später spielt Bican einen herrlichen Pass auf Schall, der den Ball aus drei Metern Entfernung nur noch über die Linie drücken musste. Wieder versuchten die Schotten das österreichische Tor zu belagern, die größte Chance hatte Meiklejohn in der Schlussminute, aber der Ball strich über die Latte.

Als das Spiel beim Stand von 2:2 abgepfiffen wurde, waren die Österreicher die erste Mannschaft vom Kontinent, die einen Länderkampf auf britischem Boden nicht verloren hatte. Wieder stand Österreich repräsentativ für den ganzen Kontinent, und so kommentierte es auch die ungarische *Nemzeti Sport:* »Das 2:2-Unentschieden gegen die Schotten bringt aber nicht nur den Lorbeer des moralischen Sieges auf Meisls Haupt, sondern bedeutet einen großen in seinen Auswirkungen unberechenbaren Triumph des kontinentalen, hauptsächlich aber des mitteleuropäischen Fußballes. In Glasgow mit der schottischen Auswahlmannschaft unentschieden zu spielen, ist auf jeden Fall eine – Riesenleistung. Den Schotten ist die Revanche für die Wiener 5:0-Niederlage vom Jahre 1931 nicht gelungen.«[1045]

Die Fußballexperten betrachteten dieses Spiel wiederum auch als Test für unterschiedliche Spielsysteme. So beschrieb Willy Schmieger in einem Rückblick vor allem das schottische System:

»*Jedes System ist gut, wenn es gut gespielt wird, die Schotten führten das W- Formationsspiel in Reinkultur vor. Der Mittelstürmer Mac Fadyen liegt weit vorne auf der Lauer, er ging während des ganzen Spieles nicht einmal hinter die Mittellinie zurück. Bekam er von den Flügelstürmern, von denen Duncan höchste Klasse war, die Flanken herein, so stürmte er wie ein Prellbock vorwärts. Seine Härte war für alle Aktionen, die er durchführte, die Vorbedingung, wie überhaupt Härte die auffallendste Erscheinung im schottischen Spiel war. Dabei wurde nicht so sehr gerempelt, als die Füße des Gegners in Mitleidenschaft gezogen.*

An Energie ist das schottische Spielsystem zweifellos der mitteleuropäischen Spielweise über. Technisch sind die Schotten kaum mehr überlegen, und an Einfallsreichtum ist die Wiener Schule heute schon der britischen über.

Das war wiederholt zu erkennen, obwohl der Wiener Angriff in seiner Gesamtheit weit schwächer war als im Vorjahre gegen England. Es zeigt sich vor allem, dass Flügelstürmer von Klasse fehlten, und nur mit Flügelstürmern wie etwa Vogl oder früher einmal Wessely ist das Spiel der Schotten mit Aussicht auf Erfolg zu bekämpfen, da der weiche und körperlich zu leichte Innensturm der Österreicher sich gegenüber den kraftvollen Verteidigern, die auch noch den Mittelläufer zu ihrer Unterstützung nach hinten ziehen, sich nur schwer durchsetzen konnte. Das schließlich gute Ergebnis beweist nur, dass wir in technischer Beziehung doch fallweise überlegen sind, denn beide Tore waren auf raffinierte Art von Bican vorbereitet.

Zusammenfassend möchte ich sagen, dass bei einer energischeren Stürmerreihe, als es die Österreicher waren, aber bei gleicher technischer und taktischer Vollkommenheit und bei Einsetzung der gleich vorzüglichen Hintermannschaft, das mitteleuropäische Spielsystem dem schottischen System vorzuziehen sei, das mir doch sehr auf Zufallserfolge infolge der W-Formation aufgebaut erscheint. Aber härter, viel härter müssen unsere Mannschaften werden, wenn sie eine dauernde Überlegenheit bekunden wollen.«[1046]

Es ging zurück nach London. Wieder nahm Jimmy Hogan die Spieler unter seine Fittiche, zeigte ihnen London, besuchte mit ihnen eine Messe und führte sie zum Schloss Windsor. Am Vormittag vor dem Spiel »werden Hugo Meisl und Jimmy Hogan die Spieler noch im Rahmen einer Diskussionsstunde die letzten Anweisungen für das Spiel geben«.[1047]

Hugo Meisl hatte noch das Vergnügen einer besonderen Einladung: Er war, zusammen mit Eberstaller und Gerö, zu einem musikalischen Abend des österreichischen Gesandten

Baron Franckenstein zugunsten der Winterhilfe geladen, bei dem unter anderem Elisabeth Schumann, Mitglied der Wiener Staatsoper, und Richard Tauber auftraten. Österreichs Läufer Sesta, der auch schon als als Akrobat aufgetreten war, hatte das Gegenprogramm im schottischen Rundfunk geliefert: Er trug dort Wiener Lieder vor.[1048]

Arsenal gegen Wien

Am 4. Dezember stand eine umgestellte österreichische Nationalmannschaft, nunmehr unter dem Etikett »Vienna XI«[1049], dem aktuellen englischen Meister Arsenal London gegenüber.[1050] Obwohl es Montag war und zudem lausig kalt, waren 38.000 Zuschauer gekommen. Meisl hatte einige Veränderungen vorgenommen. So wurden die verletzten Spieler Janda (Admira) und Theodor Wagner (Rapid) durch Cisar, der gegen Ungarn noch Linksaußen gespielt hatte und Braun (beide WAC), ersetzt, zudem spielte der viel gelobte Mock (Austria) an Stelle von

Herbert Chapman mit Hugo Meisl bei einem Bankett zu Ehren des Spiels der Wiener Auswahl gegen Arsenal; (1933).

Herbert Chapman mit Hugo Meisl bei einem Bankett zu Ehren des Spiels der Wiener Auswahl gegen Arsenal; (1933), links vorne Nausch.

Smistik (Rapid) im Mittelfeld. Nur der Sturm blieb unverändert. Nun endlich hatte Hugo Meisl Gelegenheit, den legendären Arsenalplatz in Highbury kennen zu lernen, der gerade erst modernisiert wurden war und nun, wie der Korrespondent der *Wiener Zeitung* erstaunt vermeldet, »sogar über eine Bridgestube für Damen« verfügte.[1051]

Obwohl auf dem hartgefrorenen Boden Arsenal das Spiel machte, hatten die Wiener die ersten großen Chancen: In der 16. Minute traf Viertl nur den Pfosten, in der 28. Minute Bican. Kurz vor der Pause erhielt das Spiel allerdings eine entscheidende Wendung durch zwei grobe Schnitzer Sestas. Erst verursachte er in der 41. Minute einen allerdings umstrittenen Elfmeter, den Bastin sicher verwandelte, und nur zwei Minuten später fing Hulme einen schwachen Rückpass Sestas ab und erhöhte auf 2:0.

Nach der Halbzeitpause zeigten sich die Wiener deutlich verbessert; in der 65. Minute erzielte Sindelar auf Zuspiel Bicans den Anschlusstreffer, und die Dramatik des Spiels nahm zu: In der 72. Minute erhöhte Arsenal auf 3:1, fünf Minuten später verkürzte Schall wiederum nach Bicans Vorarbeit auf 3:2. Die Wiener drängten auf den Ausgleich, doch Sesta köpfte den Ball nur gegen die Latte; zwei Minuten vor Schluss verlor Braun dann den Ball gegen Bastin, und so stand es zum Schluss 2:4.

Arsenals Sieg war recht glücklich, denn die Österreicher trafen dreimal Pfosten oder Latte und vergaben reihenweise die besten Chancen. Ein Kommentator führte diese große Zahl von Chancen auf einen Systemfehler der W-M-Formation zurück, die Chapman bei Arsenal spielen ließ: Durch das Zurückziehen der Innenverteidiger auf die Absicherung der Außenpositionen und die Zentrierung des zurückgezogenen Mittelläufers auf den gegnerischen Mittelstürmer seien nämlich die beiden gegnerischen Verbinder ständig frei anspielbar, und wenn ein Verbinder die Klasse eines Bican habe, sei es unvermeidlich, »dass durch das Halten des Zentrums die Verbindung freie Bahn bekommen muss«.[1052] Dementsprechend trauerte Meisl den vergebenen Chancen nach, alles habe »unser weicher Sturm« vergeben.[1053]

Herbert Chapman schickte Meisl eine Kritik von Andy Ducat, einem ehemaligen englischen Nationalspieler, der in den 1930er Jahren ein begehrter Sportjournalist in England war, der das Dilemma des österreichischen Fußballs auf den Punkt brachte und wahrscheinlich durchaus von Hugo Meisl Zustimmung erhalten hat: Die Jungs in England würden mit Fußball geboren, haben den Fußball verinnerlicht, gleichsam von Anbeginn an, anders als auf dem Kontinent, wo man Fußball erlernen muss: »Das erklärt, warum die österreichischen Gäste trotz ihres hervorragenden Spieles nicht in der Lage waren, ihre Fähigkeiten wirklich erfolgreich umzusetzen. Sie hatten eine hervorragende Taktik. Ihr Passspiel war brillant, aber es führte nicht zu so vielen Torerfolgen, wie es hätte führen müssen.« Es fehle gewissermaßen der natürliche Instinkt, das mit Selbstverständlichkeit zu tun, was der Zweck des Fußballs ist, Tore zu schießen. Aber Ducat warnt die Engländer auch vor Überheblichkeit, denn unübersehbar lernen die Spieler vom Kontinent das Spiel und werden irgendwann auch diesen letzten Zweck wirklich verstanden haben, und dann wird England seine Vorherrschaft verlieren, wenn sie nicht etwas dagegen tun.[1054]

Nach dem Spiel verabschiedete sich Meisl herzlich von seinem alten Freund Herbert Chapman, der ihm den Weg nach London geebnet hatte. Sie sollten sich nicht wiedersehen, Herbert Chapman starb knapp einen Monat später am 2. Januar 1934 an den Folgen einer Erkältung.

Am 10. Dezember absolvierten die Wiener – nun wieder als österreichisches Nationalteam – in Amsterdam bei eisiger Kälte das Länderspiel gegen die Niederlande. Nach dem Spiel in London war heftig kritisiert worden, dass Meisl Theodor Wagner und Smistik, die in Glasgow ein gutes Spiel gezeigt hatten, durch Braun und Mock ersetzt hatte und zudem den schussstarken Binder nicht eingesetzt hatte. Nicht wenige Kommentatoren sahen darin die Ursache für die unnötige Niederlage. Tatsächlich standen nun in Amsterdam wieder Theodor Wagner und Smistik im Team, und auch Binder kam erstmals auf dieser Tournee zum Einsatz.

Die Österreicher gewannen vor ausverkauftem Haus auf eisglattem Boden durch ein Tor von Bican kurz nach der Pause, allerdings eher unverdient. Binder über den in der Presse gelästert wurde, er habe »seine Beine nicht vollständig in Gewalt«,[1055] machte bei dem Spiel eine recht unglückliche Figur: Einmal verfehlte er das leere Tor, und dann jagte er auch noch einen Elfmeter gegen die Latte. Aber auch die übrigen Spieler zeigten eine schwache Leistung, Hugo Meisl urteilte kurz und bündig: »Sesta, Smistik und Nausch haben versagt, der Angriff ist einfach unmöglich. Ohne Platzer hätten wir das Spiel sicher verloren«.[1056] Keine ermutigende Perspektive für das neue Jahr.

Immerhin aber bot ein Spieler der Österreicher auf einem anderen Gebiet eine reife Leistung: »Kammersänger« Sesta durfte im holländischen Rundfunk erneut Wiener Lieder zum Besten geben.

Das Nachspiel

Begleitet wurde diese Tournee durch Kritik daheim, auch wieder mit gehässigen Hinweisen auf Meisls »übergroße Vorliebe für alles, was ausländisch ist«. Das Spiel gegen Arsenal habe niemals vereinbart werden dürfen, man unterstellte sogar, Meisl sei von Chapman über den Tisch gezogen worden, habe dieser doch ein Spitzenspiel bekommen, bei dem die Wiener nur verlieren konnten.[1057] Schließlich wurde gerügt, dass Meisl einen ausländischen Trainer engagiert habe, »was ja nur darauf berechnet sein kann, ihm zu einer ungebührlichen Reklame auf Kosten der österreichischen Trainer zu verhelfen«.[1058]

Besonders heftig äußerte sich Dionys Schönecker auf der Generalversammlung von Rapid. Er warf Meisl vor, bei den Aufstellungen in London und Glasgow nicht nach rein sportlichen Motiven die Mannschaft aufgestellt zu haben, sondern nach gewissen Sympathien für gewisse Vereine – ein Vorwurf, der immer wieder auftauchte. Vor allem, dass Meisl den Rapid-Spieler Binder auf der Tribüne sitzen ließ, empörte *Rapid*-Mann Schönecker (und er fand Unterstützung in der Öffentlichkeit: »Weshalb nicht Binder?«, titelte zum Beispiel der *Sport-Montag*.[1059] Er sprach von schwerstem Schaden, den Meisl dem österreichischen Fußballsport zugefügt habe, auch die »Ausschaltung« der Rapid-Spieler Smistik und Theodor Wagner bei dem Spiel gegen Arsenal empfand er als empörend: »So kann man keine Nationalmannschaft führen!«[1060] Nicht nur bei den Rapidanhängern erntete Schönecker großen Beifall, der ankündigte, die Angelegenheit, auch die finanziellen Arrangements, die Meisl für die Reise getroffen hatte, noch einmal im Verband aufzurollen.

Man kann Schöneckers Ärger verstehen, allerdings aus einer anderen Perspektive. Denn tatsächlich waren die Erfolge des Wunderteams nahezu ohne Beteiligung *Rapids* zustande gekommen. Lediglich Verteidiger Schramseis und Läufer Smistik wurden von Meisl mit gewisser Regelmäßigkeit ins Nationalteam berufen und konnten sich als Wunderteam-Spieler betrachten. Den Kern der Mannschaft stellten 1931 und 1932 demgegenüber regelmäßig die bürgerlichen Clubs Vienna mit den Spielern Blum, Rainer und Gschweidl, Austria mit Gall,

Nausch und Sindelar, sowie der WAC mit Hiden, Braun und Sesta, die *Wiener Schule* war eben in gewisser Weise eine »bürgerliche« Spielauffassung, die mit dem bodenständigen Rapid-Stil nicht kompatibel war.

Kaum zurückgekehrt, musste Meisl zu den Vorwürfen Stellung nehmen. Er erklärte, weshalb gegen Arsenal nicht dasselbe Team wie gegen Schottland habe spielen können: Einige Spieler seien verletzt gewesen, zudem habe sich die Wiener Stadtauswahl wegen des FIFA-Reglements von der Nationalmannschaft (die freilich auch nur aus Wienern bestand) unterscheiden müssen. Im Übrigen habe sich Österreich große Anerkennung erworben und gelte »heute im englischen Fußball so viel wie Wales oder Irland«.[1061] Und Meisl fuhr selbstbewusst fort: »Wir müssen noch viel von den Engländern lernen, aber wir sind jetzt schon fast ebenbürtig. […] wenn wir zu unserem jetzigen Können noch Energie und Schusskraft dazulernen, dann werden sich auch gegen England jene Erfolge einstellen, die jetzt noch ausgeblieben sind.«[1062]

Damit hatte Meisl durchaus Recht, drei Jahre später sollte tatsächlich England erstmals besiegt werden. Er betonte, die Mannschaft habe »mit ihren Spielen Ungeheures zur Popularisierung Österreichs im Auslande beigetragen. Das haben die Gesandten in London und Haag anerkannt. Alle Veranstaltungen wie der Vortrag Hugo Meisls, das Tiroler Fest u.s.w. waren ausverkauft.«

Auch den finanziellen Ertrag der Reise konnte Meisl zur allgemeinen Zufriedenheit belegen. Dennoch hinterließ die Kritik bei Hugo Meisl tiefe Spuren. Er erklärte zwar anschließend, am Gesamterfolg gemessen »sei alle kleinliche und persönliche Kritik keiner weiteren Beachtung wert«,[1063] tatsächlich aber hatte ihn die Kritik offensichtlich tief gekränkt. Vor allem die Vorwürfe Schöneckers scheinen ihn dermaßen verletzt zu haben, dass er tatsächlich einen Ehrenbeleidigungsprozess gegen ihn anstrebte.[1064] Eine gewiss harsche Reaktion Meisls, vielleicht erklärbar durch eine besondere Sensibilität antisemitischen Anwürfen gegenüber. Immerhin wird kolportiert, dass Schönecker seine Rapidler vor Spielen gegen die Amateure stets mit den Worten eingestimmt habe: »Burschen passts auf, heute geht's gegen die Juden. Ihr wisst's, haut's eini, dann sind's dort, wo's hingehören.«[1065] Zu dem Prozess kam es jedoch nicht, Schönecker lenkte vorher ein, indem er in einer Sitzung des ÖFB im Verbandsheim sein Bedauern über seine Äußerungen ausdrückte: Es habe ihm ferngelegen »der privaten oder sportlichen Ehre des Herrn Hugo Meisl auch nur im Geringsten nahezutreten«,[1066] und »falls ich tatsächlich etwas gegen Meisl gesagt haben sollte, nehme ich das gerne zurück«.[1067]

Dennoch scheint Meisl zu diesem Zeitpunkt ernsthaft überlegt zu haben, Wien und den ÖFB zu verlassen. Vittorio Pozzo erinnert sich an Meisls Enttäuschungen, an den Ärger mit seinen Kollegen, aber auch den Kummer mit seiner Familie, die Streitigkeiten mit seinen zahlreichen Verwandten, die seine finanzielle Unterstützung suchten, was dazu geführt habe, dass Meisl erwogen habe, nach Böhmen zurückzukehren, »di cui era originario«.[1068] Er zitiert auch die erste Frau von Hugos Bruder Willy, die die schwierige Situation Meisls zu Beginn der 1930er Jahre ähnlich wahrnahm: »Es ist nicht der Mühe wert, nur Dummköpfe haben es nötig, so lange in einer solchen Position zu bleiben, und Hugo ist nicht blöd. Ich verstehe ihn nicht. Am Ende wird man ihn wie einen Hund davonjagen, Sie werden sehen, nach allem, was er geleistet hat.«[1069]

Diese Überlegungen blieben nicht lange geheim. So spekulierte die Zeitung *Sport–Montag*, ob Meisl aufgrund der »gegen ihn in einem Teile der Wiener Fußballkreise gerichteten Kampagne und der etwas gereizten Stimmung« Abwanderungsgedanken hege. »Wie wir erfahren

[…], schon seit geraumer Zeit wienmüde, ist [Meisl] durch die letzten Ereignisse und oppositionellen Einstellungen gegen seine Arbeit reichlich verärgert. Er strebt möglicherweise eine Abwanderung ins Ausland an, und für ihn interessiert sich unter anderem auch die Tschechoslowakei, wo man Meisls Arbeitskraft und Beziehungen hoch schätzt. Meisl soll dort eine halbamtliche leitende Funktion bekommen.«[1070] Und die Zeitung verwies auch auf zahlreiche Reisen Meisls nach Prag. Andere Zeitungen griffen das Gerücht auf.[1071] Artur Steiner, Leiter der Sportredaktion der *Wiener Sonn- und Montagszeitung* blieb freilich skeptisch: »Dennoch glauben wir nicht an diese Meldung, dennoch glauben wir, dass es wieder, wie schon mehrere Male vorher, beim bloßen Gerücht bleiben wird.«[1072] Seinen Glauben stützte Steiner aber nur darauf, dass Meisl seinem Österreich treu bleiben werde, das ihm mehr sei als einige »Vereinstiger«, die ihm das Leben mehr schwer machten.

Die Abwanderungsgerüchte waren aber offenbar nicht nur reine Sensationshascherei einer Zeitung, Spekulationen zur Erhöhung der Auflage. Immerhin wissen wir mehr, als diese Zeitung damals wissen konnte, nämlich dass die familiäre Situation Hugo Meisls im Jahre 1933 sehr prekär war und er im Begriff war, sich von seiner Frau zu trennen. Hätte da eine Flucht aus Wien nicht auch eine ganz unspektakuläre Lösung seiner Eheprobleme bedeuten können, neben dem Ärger über die Presse oder solche Möchtegern-Meisls wie Schönecker?

Meisl hielt stand, er wurde auch nicht davongejagt und er blieb, wie wir wissen, in Wien, vielleicht hielt ihn Emmy oder der ÖFB oder die Fußballweltmeisterschaft oder alles zusammen. Der *Sport-Montag* berichtet jedenfalls von einer Ausgleich bringenden Aussprache in Wien mit seinen Kritikern, wozu sicher auch die Ehrenerklärung Schöneckers gehörte, kann es aber doch nicht lassen nachzuhakeln, indem er seinen Lesern noch mitteilt, dass es »gewiss allgemein interessieren« werde, dass Meisl »Ende dieser Woche neuerlich die Reise nach Prag unternehmen wird«.[1073]

Österreichs Fußball hatte während der Zeit des Wunderteams einen beispiellosen internationalen Aufstieg erlebt, doch parallel dazu war die Lage im nationalen Fußball voller wirtschaftlicher Skepsis und Ängste, voller Existenzprobleme. Die Ära des Wunderteams, mit all den Erfolgen der Nationalmannschaft und, nicht zu vergessen, auch der österreichischen Spitzenmannschaften im Mitropa-Cup wäre unvollständig begriffen, würde man nicht dieses doppelte Erscheinungsbild mit einbeziehen. Meisl dürfte diese schlechte wirtschaftliche Situation der Vereine sogar noch mehr Sorgen bereitet haben als die jeweiligen Aufstellungen der Nationalmannschaft.[1074]

Während Präsident Eberstaller zum Beispiel auf der Generalversammlung des ÖFB am 7. Juni 1931 über die Weltgeltung jubelte, die das arme, kleine Österreich mit Hilfe des Fußballs zu erlangen beginne, wies auf der gleichen Versammlung Hugo Meisl auf die düstere finanzielle Lage der Vereine hin, die sich nur noch durch kraftraubende Auslandstourneen über Wasser halten könnten. Er bezifferte, dass die Wiener Vereine im Ausland dreimal so viel einnehmen würden wie bei Spielen vor heimischer Kulisse.[1075] Schlechte Perspektiven also für die meisten Vereine, schlechte Perspektiven auch für die Nationalmannschaft, deren Spieler bis zu 80 Spiele im Jahre zu absolvieren hatten, im Interesse der wirtschaftlichen Existenz der Vereine. Aber, vor allem, auch die Perspektiven für das Land selbst, für den Staat und seine Menschen wurden dramatisch schlechter. Dies trug zur Verschärfung der politischen Krise bei, zu einer wachsenden Polarisierung der politischen Kräfte, und Österreich wandelte sich, auch auf italienischen Druck hin, allmählich in eine Diktatur. Nur einen Tag, nachdem die

Hugo Meisl mit Team, Wien-Westbahnhof (1934).

österreichische Fußballnationalmannschaft in Turin einen ruhmreichen Sieg gegen Italien gefeiert hatte, der neue Hoffnungen auf eine Renaissance der Wunderteam-Ära wach werden ließ, am 12. Februar 1934, kam es schließlich zum offenen Bürgerkrieg, der dazu führte, dass die linke Opposition ausgeschaltet wurde. Dollfuß etablierte endgültig den faschistischen »Ständestaat«, der sich an das Vorbild Italien anlehnte.

Die Hoffnungen auf das Wiederaufleben des Wunderteams erfüllten sich übrigens nicht, worüber im nächsten Kapitel berichtet werden wird.

KAPITEL 14
Die WM 1934 – Der Duce lässt siegen

Das Vorspiel

Am 11. Februar 1934 trafen in Turin vor 55.000 Zuschauern erneut Italien und Österreich aufeinander. Es war noch ein Vierteljahr bis zum Beginn der Weltmeisterschaft in Italien, und man wollte wissen, wo man stand. Vom einstigen Wunderteam liefen nur noch vier Spieler, nämlich Verteidiger Sesta (WAC), die Läufer Smistik (Rapid) und Nausch (Austria), sowie Linksaußen Zischek (Wacker) für Österreich auf. Dafür wurde der gesamte Innensturm (Kaburek – Bican – Binder) von Rapid gestellt. Meisl honorierte damit die erfolgreiche Arbeit des Rapid-Trainers Edi Bauer und die Tatsache, dass dieser Innensturm kürzlich auswärts acht Tore gegen Slavia Prag und sogar neun gegen Servette Genf erzielt hatte. Zugleich bedeutete diese Maßnahme aber auch einen klaren Paradigmenwechsel, den Meisl vorgenommen hatte: Spätestens jetzt waren die Zeiten des Wunderteams im Sinne eines technisch brillanten Kombinationsfußballs vorbei, ab jetzt spielten Härte, Schusskraft und Schnelligkeit eine größere Rolle. Damit schien sich sich bereits vor der Weltmeisterschaft das Ende der *Wiener Schule* abzuzeichnen.

Italien war diesmal haushoher Favorit, entsprechend unbeachtet ging die Abreise der Mannschaft nach Turin vonstatten, ein Unentschieden war das Höchste, was man sich erhoffte, zumal die österreichischen Spieler gerade von kraftraubenden Auslandstourneen wiedergekommen waren (eine Zeitung sprach von der »Nationalmannschaft der abgehetzten Spieler«[1076]) Aber wie so oft, kam es ganz anders. Die umgestellte Mannschaft der Österreicher spielte sensationell, führte bereits zur Halbzeit mit 3:0. Zischek erzielte alleine drei Tore, Binder zeigte seine fulminante Schusskraft durch ein Tor aus 25 Metern Entfernung und einen weiteren Lattenkracher, am Schluss hatte Österreich mit 4:2 gesiegt und war damit Top-Favorit für die Weltmeisterschaft. Nicht umsonst titelte die *Reichspost:* »Österreichs Wundermannschaft ist wieder da.«[1077] Meisl selbst betonte gegenüber der italienischen Presse, dass seine Mannschaft verdient gewonnen habe, so wie sie gewonnen hat: »Abbiamo meritato di vincere come abbiamo vinto.«[1078] Eine Aussage mit Selbstbewusstsein, für das der *Corriera della Sera* auch eine Begründung nennt: »Meisl hat wieder einen Sieg davongetragen, aber nicht nur ziffernmäßig, sondern was die Neuaufstellung der österreichischen Nationalmannschaft anbelangt.«[1079] Meisl also wird als der eigentliche Zauberer begriffen. Noch auf der Englandtournee sei er nicht hundertprozentig erfolgreich gewesen mit seinen Veränderungen bei der Mannschaftaufstellung, erst »diesmal bei der Aufstellung der Mannschaft für Turin hat er endgültig auf große Stars verzichtet und mit kühnem Griff aus dem Jugendreservoir geschöpft«. Und diese Jungen haben gezeigt, dass man guten Fußball spielen kann, »auch dann, wenn die Mannschaft mit Aufopferung kämpft, beseelt von der ersten bis zur letzten Minute«. Dieser zumindest versuchte »Paradigmenwechsel« – wenn man ein so hochtrabendes Wort benutzen darf – lässt sich ganz gut an der Begründung nachvollziehen, die Meisl vor dem Spiel für den Verzicht auf Sindelar gab. Grundsätzlich, so Meisl, wollte er die Mannschaft verjüngen, deshalb setzte er auf Bican, den großen Techniker, neben ihm aber wolle er nicht einen »zweiten großen Techniker« (nämlich Sindelar) stellen, stattdessen lieber einen Spieler mit einem klaren »Zug aufs Tor«, weshalb er das Innentrio Kaburek, Bican, Binder nominierte.[1080]

Damit war das Spielsystem der *Wiener Schule* nicht vollends aufgegeben, aber immerhin hatte Meisl neue Akzente gesetzt, die auf eine größere Durchschlagskraft im Angriff und eine stärkere Konzentration auf die Abwehrarbeit zielten. Dies wurde angesichts des Erfolges durchaus begrüßt: Man lobte den »neuen Stil«, der sich insbesondere zu Beginn der zweiten Halbzeit zeigte, als die »unvermeidliche ›italienische Walze‹« kam. Denn da sei »diese neue österreichische Mannschaft nicht in den Schönheiten des Spiels untergegangen, sondern hat gekämpft, gekämpft, und bis zur letzten Minute wurde das Tor verteidigt. Und als der große Druck nachließ, konnte der Angriff sogar noch Tore schießen.«[1081]

Selbst Hugo Meisl meinte ziemlich optimistisch: »*Die Verjüngung unserer Nationalmannschaft hat sich bewährt […] Was unsere Spieler in diesem Abschnitt* [erste Halbzeit] *gezeigt und geleistet haben, wird allen Zeugen unvergesslich und ewig denkwürdig bleiben. […]. [Die] Italiener] übertreiben das sogenannte Scheiberlspiel, wie man in Wien so gerne sagt, während die Österreicher praktischer und präziser gespielt haben. Dieser große Erfolg ist einer der bedeutendsten in unserer Fußballgeschichte. […] der Verlauf und Ausgang des Kampfes haben die führende Rolle Österreichs im kontinentalen Fußballsport in imponierender Weise befestigt.*«[1082] Dennoch wollte er keinen radikalen Systemwechsel gesehen haben: Nach wie vor »*blühte die Wiener Schule, aber es war etwas Nutzanwendung aus England dabei.*«[1083]

Die Zeitung *Sport-Montag* wurde geradezu euphorisch über »die glänzende Waffentat der österreichischen Auswahlmannschaft« und lobte Meisls »strategische Fähigkeiten« und insbesondere die Tatsache, dass Meisl diesmal »kein Ohr für Beeinflussungen« hatte. Gefeiert wurde sein Mut, Sindelar außen vor zu lassen:

»*Meisl hat in den Spielen in England und Niederlande zweifellos erkannt, dass es im Gemäuer bereits rieselt und die Maschinerie des Wunderteams etwas Rost angesetzt hat. Und mit kühnem Griff zog Meisl im Sinne seiner Verjüngungstendenz […] das Innentrio des vielfachen Meisters Rapid hervor.*« Fast noch mehr Lob zollte diese Zeitung der Idee Meisls, Cisar als Verteidiger einzusetzen: »*Denn zu einer Zeit, als viele Fußballfreunde und Matchbesucher sich wahrscheinlich noch gar nicht darüber klar waren, dass der vielseitige Cisar auch ein so trefflicher Back sei, hatte Meisl den W.A.C.-Mann – mit größtem Erfolg – in London gegen Arsenal verwendet.*« Meisl, so das Blatt weiter, hatte auf der Britannientournee erste Experimente gemacht, und im Länderspiel von Turin hat er »*endgültig mit der Vergangenheit gebrochen*«.[1084]

Die neuen »Tugenden« waren erfolgreich und das, obwohl der Schiedsrichter die Österreicher klar benachteiligt hatte, ein gewisser Herr Mercet aus der Schweiz, der bei der Weltmeisterschaft noch eine skandalöse Rolle spielen sollte. »Aber das liebt Meisl: wenn seine Mannschaft in Form ist, kann ihr den Sieg nicht einmal der Schiedsrichter wegtragen!« Nur wenige Kommentatoren trauerten noch Matthias Sindelar nach, man feierte Pepi Bican bereits als legitimen Nachfolger. Einer der wenigen, die noch zu Sindelar hielten, war Leuthe, der anmerkte: »In so manchem steht der Austrianer doch noch immer unerreicht da.«[1085] Dieses Spiel hatte auch eine sportpolitische Dimension: Geradezu ostentativ verweisen die Zeitungen immer wieder auf den freundschaftlichen und ehrenvollen Empfang, der den Österreichern in Italien zuteil wurde: »*Die Österreicher, die mit hundert Schlachtenbummlern […] eingetroffen waren, wurden wie immer in dem sportfreundlichen Lande, überaus freundlich begrüßt und von der Öffentlichkeit unter Führung des Präsidenten des italienischen Fußballverbandes General Vaccaro, der aus Rom herbeigeeilt war, herzlich aufgenommen. Dieser Geste schloss sich das Publikum an und überall fanden die Österreicher die größten Sympathien bei der italienischen Bevölkerung.*«[1086]

Ob es sich dabei nur um eine mediale Inszenierung handelte, bleibe dahingestellt. Das *Sport-Tagblatt* jedenfalls registrierte beim Bankett in Turin, dass Vaccaro, seines Zeichens Präsident des italienischen Fußballverbandes, »so oft er aber auf die Österreicher, auf ihre prächtige, kraftvolle, aber doch faire Spielweise zu Reden kam […] Worte von ganz ungewöhnlicher Wärme fand«.[1087]

Noch bemerkenswerter bei diesem Bankett, wenn auch in ganz anderem Zusammenhang, ist der Hinweis der Zeitung, dass Vittorio Pozzo, der italienische Verbandskapitän abends noch »eine längere Unterredung« mit Meisl hatte. Dem *Sport-Tagblatt* zufolge drückte Pozzo in diesem Gespräch seine »Verzweiflung« über den Verlauf des Spieles aus, was die Zeitung ganz verständlich fand, angesichts des Druckes, unter dem Pozzo stand. Die Zeitung konnte sich dann einen kleinen ironischen Seitenhieb gegen Meisl nicht verkneifen, in dem man darauf verwies, wie gut es doch Meisl hätte, da »selbst dann, wenn zweifellos Missgriffe bei der Mannschaftsaufstellung vorgefallen sind, mit dem Verbandskapitän nicht allzu streng ins Gericht« gegangen wird.[1088] Freilich vergaß die Zeitung, dass der Druck auf Pozzo nicht nur von den Zeitungen herrührte, sondern vor allem von der Politik: Mussolini erwartete einen Sieg bei »seiner« Weltmeisterschaft. Angeblich, so berichtet es jedenfalls Bican später in einem Interview, habe schon auf diesem Bankett Vittorio Pozzo in Anwesenheit von einigen Spielern bei diesem Gespräch gesagt, »die Italiener dürfen niemals verlieren, sonst wird das italienische Volk gegen Mussolini sein«.[1089]

Gegen die Schweiz trat am 25. März nahezu die gleiche Mannschaft wie in Turin an. Sindelar blieb weiterhin aus der Nationalmannschaft ausgeschlossen und spielte stattdessen zeitgleich als Mittelstürmer der Wiener Städtemannschaft gegen Prag. Aber diesmal konnte das Team nicht überzeugen. Zwar reichte es immer noch zu einem 3:2-Sieg durch zwei Treffer von Bican und einen Abstauber durch Kaburek, aber die Schweizer waren gleichwertig und hatten zudem Pech mit einem Lattentreffer und zwei Verletzungen.

Kaum war die Begeisterung über das Italienspiel verklungen, äußerte Meisl seine alten Klagen: »Die Wiener Stürmer spielten zu langsam, zu kompliziert, sie standen zu viel, statt Angriffe vorzutragen und energisch abzuschließen.«[1090] Er führt diese Langsamkeit zwar in erster Linie auf Ermüdungserscheinungen bei den Spieler zurück, nichtsdestotrotz musste er reagieren. Zum Heimspiel gegen Ungarn am 15. April vor 55.000 Zuschauern auf der Hohen Warte holte er Sindelar zurück in die Sturmmitte und stellte ihm Schall an die Seite. Und wieder hatte Meisl den richtigen »Riecher«. Sindelar, der »seine fast grenzenlose Balltechnik mit Aufopferung, Mut und Energie verband«,[1091] bot eine »brillante« Leistung und riss die anderen Stürmer gleichsam mit.[1092] Das *Sport-Tagblatt* übte sich mal wieder in euphorischen Überschriften, sprach vom »prächtigsten Länderspiel seit Jahren« (war das Turiner Spiel schon vergessen?), vom »wiedererstandenen Wunderteam« und einem »triumphalen Erfolg« Sindelars.[1093] War Meisl von der anglophilen Erneuerung wieder abgerückt?

Österreich gewann mit 5:2, damit schien klar: Nur mit Sindelar als Sturmführer konnte Österreich seine Überlegenheit anderen Fußballnationen gegenüber ausspielen.

Dies zeigte sich schließlich auch am 26. April beim WM-Qualifikationsspiel gegen Bulgarien im Wiener Stadion. Die Österreicher waren haushoch überlegen, Meisl griff dieses Mal auf den routinierten Horvath zurück, der inzwischen beim FC Wien spielte. Horvath absolvierte als halbrechter Stürmer sein 43. Länderspiel und nutzte dies gleich zu einem lupenreinen Hattrick. Nach einer guten Stunde stand es schließlich 6:1, die Österreicher waren dermaßen überlegen, dass das Spiel zeitweise den Charakter einer »Varietévorstellung«[1094] bekam. Fatal war allerdings, dass der fast unersetzliche Mittelfeldspieler Nausch nach einem brutalen Foul vom Platz getragen werden musste. Tatsächlich war die Verletzung so schwer, dass Nausch nicht an der Weltmeisterschaft teilnehmen konnte.

So blickten die Wiener trotz aller großen Erfolge der letzten Zeit der Weltmeisterschaft durchaus skeptisch entgegen. Nausch fiel aus, Schall litt unter rätselhafter Mattigkeit, die sich nach der WM als akute Blinddarmentzündung herausstellen sollte, Meisterschaftsspiele und internationale Begegnungen gönnten den Spielern keine Ruhe, an ein längeres Trainingslager mit Testspielen, wie es bei den anderen Nationalmannschaften vorgesehen war, war nicht zu denken, sodass die nicht unbegründete Sorge bestand, die Mannschaft könne an der WM im heißen Italien womöglich aus Erschöpfung scheitern.

Die Vorbereitung

War die Weltmeisterschaft 1930 ein Muster ohne Wert geblieben, weil die wirklich starken Fußballnationen Europas dort nicht vertreten waren, entpuppte sich die Weltmeisterschaft 1934 in Italien insofern als eine Farce, als Italien den Titel lediglich offenkundigen Fehlentscheidungen der Schiedsrichter zu verdanken hatte. Zudem fehlte – quasi als Retourkutsche – mit Uruguay der amtierende Weltmeister und Gastgeber des Turniers von 1930.

Österreich selbst hatte erstmals seit dem Krieg die Gelegenheit, an einem großen internationalen Turnier teilzunehmen. Bei den Olympischen Spielen 1920 in Antwerpen war Österreich noch geächtet, 1924 nahm man aus Solidarität mit Deutschland nicht teil, 1928 durfte man wiederum wegen der Profis nicht teilnehmen (wohl aber Italien), 1930 nahm man – zumindest offiziell – wegen der langen Reise nach Uruguay und der langen Abwesenheit der Spieler nicht teil. Jetzt aber war es so weit. Meisl, der ja in den Vorbereitungskomitees der Fußballweltmeisterschaft Ende der 1920er Jahre mit der entscheidende Mann war, blieb diesmal skeptisch. Er wird in den Protokollen des FIFA-Kongresses in Stockholm mit den Worten zitiert, »dass man sich sehr gut überlegen« solle, »ob es klug sei, im Jahre 1934 eine Weltmeisterschaft zu veranstalten.«[1095] Es sei »für jeden Verband in diesem Moment außerordentlich schwer abzuwägen, ob es möglich sei, eine solche Veranstaltung in zwei Jahren zu organisieren«.[1096] Auch sein Freund, der italienische Delegiert Mauro, hielt sich als Vertreter des einzigen Bewerberlandes noch bedeckt und bat um Bedenkzeit, sicher in Rücksprache mit Meisl. Am Ende überwogen auf der italienischen Seite die politischen Erwägungen. Meisl akzeptierte diesen Beschluss, zwar nicht ohne Skepsis der finanziellen Risiken wegen, aber auch für ihn war Italien der einzige mögliche Verband überhaupt, der eine solche Weltmeisterschaft austragen konnte. Mussolini nahm, wie später Hitler, gerne die Gelegenheit wahr, die Weltöffentlichkeit zu beeindrucken, ließ vorbildliche Stadien errichten, sorgte dafür, dass es den Gästen an nichts fehlte. Er stiftete neben dem offiziellen FIFA-Pokal sogar noch einen eigenen *Coppa del Duce*, eine Bronzeplastik, die eine Gruppe von Fußballern in Aktion vor den *fasces* zeigte.[1097] Dafür verlangte er nichts weiter, als dass Italien gefälligst das Turnier zu gewinnen hätte. Überliefert ist der berühmte Ausspruch von Jules Rimet, dem damaligen Präsidenten der FIFA, der diese Instrumentalisierung der Weltmeisterschaft für die Demonstration des italienischen Faschismus und seinen »Duce« aus seiner Sicht formulierte: »J'ai eu l'impression que durant cette Coupe du Monde le vrai président de la Fédération Internationale de Football était Mussolini.«[1098]

Ende Januar reiste Meisl nach Italien zu Verhandlungen. Einigkeit bestand darüber, dass die WM im K.-o.-System ausgespielt werden sollte. Dabei wurde auch darüber gesprochen, dass in der ersten Runde die Paarungen nicht ausgelost, sondern nach Spielstärke festgesetzt werden sollten, um ein frühes Ausscheiden starker Mannschaften zu vermeiden; diese Idee sollte wohl Meisl als Vertreter Mitteleuropas auf dem nächsten FIFA-Kongress im Februar vorbringen.[1099] Man entschied sich dann doch für ein Losverfahren, bei dem aber die Spielstärke berücksichtigt wurde: Die teilnehmenden Mannschaften wurden in zwei Gruppen – eine stärkere und eine schwächere – eingeteilt, aus denen jeweils die Spielpaarungen zusammengelost wurden.

Diese Auslosung erfolgte am 3. Mai in Rom durch die Mitglieder des Organisationsausschusses der Weltmeisterschaft, die Herren Schricker, Lotsy, Mauro, Barassi, Fischer, Bauwens und Hugo Meisl. Österreich wurde für das erste Spiel Frankreich zugelost, für das zweite der Sieger aus dem Spiel Ungarn gegen Ägypten.[1100]

Das Organisationskomitee zur Fußball-WM 1934 bei der Auslosung der Begegnungen.

Bereits am 1. Mai hatte sich Meisl nach Rom begeben, um an den letzten Vorbereitungen des Organisationskomitees für die Fußballweltmeisterschaft als Leiter des technischen Komitees teilzunehmen. Außerdem nutzte er die Reise, um ein geeignetes Quartier für die Mannschaft zu suchen. Zunächst hatte Meisl vor, die Mannschaft an einem der oberitalienischen Seen unterzubringen, war von der Idee aber abgekommen und bestimmte Turin als Standort der Mannschaft bis zum Beginn der Spiele. Geplant waren zehn Tage, an denen die Spieler dort Quartier nehmen sollten. Hervorragende Trainingsmöglichkeiten seien, so Meisl, auf dem Gelände von Juventus Turin im Stadion Mussolini vorhanden, auch stünde dort eine prachtvolle Schwimmanlage zur freien Verfügung der Spieler. Außerdem hatte er mit den Funktionären und dem Trainer Taparoni von Juventus Turin vereinbart, dass dieser für die Zeit des Aufenthaltes der österreichischen Auswahl zur Verfügung stehen und die Spieler in seine Obhut nehmen würde.[1101] Meisl ließ also seine guten Beziehungen spielen. Ursprünglich war geplant, dass Meisl überhaupt in Italien bleiben und dort die Mannschaft in Empfang nehmen würde.[1102] Terminschwierigkeiten mit der Qualifikationsrunde für den Mitropa-Cup-Wettbewerb in Österreich machten diese Planung aber hinfällig. Dass diese Terminprobleme auch Meisl viele Nerven kosteten, mag sich an einer Anekdote verdeutlichen lassen, wonach Meisl auf die Frage eines holländischen Reporters, ob auch die österreichische Nationalmannschaft sich früher nach Italien begeben werde, sehr ärgerlich mit der Bemerkung geantwortet haben soll: »Herr! Wenn's uns noch ein paar Mal verregnet, müssen wir die letzten Meisterschaftsspiele auf dem Weg nach Italien austragen.«[1103] Fast ist es ja auch so gekommen.

Am 8. Mai kehrte Meisl zurück nach Wien und empfing am nächsten Tage dort die englische Nationalmannschaft, die auf der Durchreise nach Budapest in Wien Station machte. Bei dieser Gelegenheit überreichten ihm die Nationalspieler Arsenals ein gerade erschienenes Buch, in dem Zeitungsartikel des im Januar verstorbenen Herbert Chapman unter dem Titel »Herbert Chapman on Football« zusammengestellt waren.[1104] Die Artikel waren zu Lebzeiten Chapmans in *The Sunday Express* erschienen. Anschließend begab sich Meisl zusammen mit der englischen Nationalmannschaft nach Budapest, hielt dort der ungarischen Nationalmannschaft einen längeren Vortrag über Spieltaktik und war Zuschauer des dortigen Länderspiels. Die Tatsache, dass Ungarn mit 2:1 erfolgreich blieb – und den Engländern damit die erst dritte Niederlage auf dem Kontinent überhaupt beibrachte -, machte Meisl für die Weltmeisterschaft natürlich Sorgen, denn die Ungarn waren die mutmaßlichen Gegner Österreichs in der zweiten Runde. Immerhin beruhigte er sich und die österreichischen Fußballfans mit der Aussage, »dass die Österreicher doch einen anderen Gegner darstellen als eine reine Konditionsmannschaft wie die Engländer«.[1105]

Nachdem Meisl bei der FIFA durchgesetzt hatte, dass die Mannschaften erst bis zum 15. Mai gemeldet werden müssten, gab er am 14. Mai in Wien das österreichische Aufgebot bekannt. Er nominierte (auch auf Rücksicht auf die Wiener Profivereine) nur sechzehn Spieler. Platzer (Admira) und Franzl (Sportklub) für das Tor, Cisar (WAC), Sesta (Austria) und Schmaus (Vienna) für die Verteidigung, Theodor Wagner (Rapid), Smistik (Rapid), Urbanek (Admira), Hoffmann (Vienna) und Braun (WAC) als Läufer und schließlich Zischek (Wacker), Bican (Rapid), Sindelar (Austria), Schall (Admira), Viertl (Austria) und Horvath (FC Wien) als Stürmer.

Wenn man heutige Vorbereitungsprogramme für Fußballweltmeisterschaften betrachtet, mutet die Art der Vorbereitung der österreichischen Nationalmannschaft schon eigenartig an; andere Länder wie etwa die Tschechoslowakei begannen schon im Januar mit Hilfe von

Testspielen ihre Mannschaft zu suchen, beendeten auch frühzeitig ihre Saison. In Österreich war davon nichts erkennbar. Das mag mit den ökonomischen Zwängen in Wien zu tun haben, aber Meisl selbst formulierte schon im Januar mit einer gewissen Lockerheit, dass das Beispiel der Tschechoslowakei »uns gar nicht lockt, denn diese Matches sind weder sportlich, noch auch finanziell von Wert. Was hat man davon, wenn man im Jänner Wettspiele austrägt, deren Zweck es ist, eine Mannschaft, die im Mai spielen soll, zusammenzustellen?«[1106] Auch der Saisonablauf sollte nicht verändert werden: »Wir werden bei unserem normalen, diesmal etwas zusammengepressten Meisterschaftsbetrieb bleiben – besondere Vorbereitungen finden aber wohl kaum statt –, die Spieler werden dann schon in einer Form sein, die erkennen lassen wird, ob sie für die Spiele in Italien gut genug sind oder nicht.«[1107] Die Lockerheit, das macht die bereits angesprochene Anekdote deutlich, wich dann aber doch einer gewissen Nervosität, aus verschiedenen Gründen, vor allem des Wetters wegen, aber auch, weil sich aufgrund unentschieden verlaufender Pokalspiele der Abschluss der Saison in Österreich verzögerte.

Ursprünglich war geplant gewesen, am 17. Mai das Quartier in Italien zu beziehen, um sich zu akklimatisieren. Aber am 20. Mai wurden wurden noch Mitropa-Cup-Qualifikationsspiele ausgetragen, und verständlicherweise wollten die beteiligten Clubs nicht auf ihre besten Spieler verzichten. Lediglich Admira war bereit, für zwei Gastspiele in Nizza auf seine WM-Teilnehmer zu verzichten. So versammelte Meisl seine Mannschaft zunächst am 15. Mai für einige Tage in Baden bei Wien. Dort absolvierte sie mit dem für die WM engagierten Trainer, dem italienerfahrenen ehemaligen Austria-Spieler Hansl, einige Trainingseinheiten und reiste am Abend des 21. Mai nach Turin ab. Natürlich war die etwas chaotische Vorbereitungsphase für deutschnationale Zeitungen wie die *Wiener Neuesten Nachrichten* Anlass, in bewährter Weise ihre antisemitisch angehauchten Zuweisungen loszuwerden – angeblich ging es nur um Geschäftemacherei: »Es wurde des Langen und Breiten über geschäftliche Dinge gesprochen. Was werden wir bei dieser Weltmeisterschaft einnehmen? Dieses Thema wurde bis auf das letzte i-Tüpferl erschöpfend behandelt [...] und der Verbandskapitän wusste in diesen Dingen glänzend Bescheid und hat alle Forderungen restlos erfüllt.[1108]

Die Verabschiedung der Mannschaft war weniger großartig als etwa zum Anlass der Reise nach England im Dezember 1932. »*Es hatten sich fast nur die Getreuesten eingefunden. Aber auch diese Getreuesten stellten eine stattliche Menge dar. [...] Als sich der Schnellzug in Bewegung setzte, ertönten beinahe schüchterne Hochrufe der versammelten Offiziellen und Angehörigen, aber die große Masse der Unbekannten hinter der Barriere (die sich die Bahnsteigkarten nicht leisten konnten) ließ ihren gewaltigen Ruf vernehmen, der durch die ganze Halle dröhnte.*«[1109]

In Venedig verließen Meisl und Präsident Eberstaller allerdings schon wieder die Gruppe, um zum FIFA-Kongress nach Rom weiterzufahren. In Turin wurde die Mannschaft, völlig übermüdet, von Repräsentanten von Juventus Turin, einem Avvocato Taparone, in Empfang genommen und zum Hotel geleitet. In den kommenden Tagen erwartete die Spieler ein mäßig aufregendes Programm, Besuch des Stadions, Spaziergang durch die Stadt und am Donnerstag ein erstes Training, ein leichtes Konditionstraining ohne Ball, einige Stadionrunden bei großer Hitze, anschließend Spezialmassage. Hugo Meisl indes weilte weiterhin in Rom und kam erst am Freitag nach Turin.[1110]

Nach seiner Ankunft übernahm er das tägliche Training. Wegen der großen Hitze agierten die Spieler ohne »Leibchen«, und das Training beschränkte sich auf gymnastische Übungen, Laufübungen und Kopfballtraining. Am Ende waren zwei Läufe über 60 und 100 Meter angesetzt. Die Sieger dieser Läufer erhielten als Ehrenpreis eine Füllfeder und einen Füllbleistift. Meisl liebte solche Arten von Preisen. Am Abend besuchte die Mannschaft ein Kino. Die Hitze erreichte Temperaturen von 38 Grad, für die österreichischen Spieler nicht leicht erträglich, zumal inmitten der Stadt und trotz eines Schwimmbades.

Die Spiele

Am 27. Mai ging es endlich los, der erste Gegner hieß wie erwähnt Frankreich. Die Österreicher spielten so kraftlos, dass in den nächsten Tagen das Gerücht kolportiert wurde, »es sei den Wiener Spielern, die sich unter der Einwirkung der tropischen Hitze in Turin auf jedes greifbare Getränk stürzten, von ›Feindeshand‹ ein Schlafpulver in das Eiswasser geschüttet worden«.[1111] Auch Meisl wunderte sich über eine »allgemeine an Lähmung grenzende Mattigkeit einzelner Leute, wie Urbaneks, Cisars, Schalls«,[1112] ganz offensichtlich hatten sich die Spieler durch verkeimte Getränke den Magen verdorben.

Besonders Torjäger Schall scheint völlig entkräftet gewesen zu sein, so stand es nach Ende der regulären Spielzeit 1:1. Da keine Spieler ausgetauscht werden durften, griff Meisl zu einer entscheidenden taktischen Maßnahme: Er ließ den erschöpften Schall mit Außenstürmer Viertl den Platz tauschen. Mit Erfolg, Schall musste nun keine langen Laufwege mehr leisten, wurde von Sindelar geschickt eingesetzt und erzielte aus allerdings stark abseitsverdächtiger Position das 2:1. Auch das 3:1 durch Bican fiel nach wunderbarer Vorarbeit durch Sindelar. Damit war das Spiel entschieden, auch wenn die tapferen Franzosen durch einen Handelfmeter noch zum 2:3 aufschließen konnten.

Meisl kabelte einen Bericht zum Spiel nach Wien und berichtet auch von der schlechten körperlichen Verfassung der Spieler: »Abgekämpft und abgehetzt nicht durch die Punktekämpfe, sondern durch die Häufung überflüssiger Spiele und Tourneen, die an die physische Kraft unserer Fußballer die größten Anforderungen stellen, erschienen unsere Repräsentanten am Start der Weltmeisterschaft.«[1113]

Am nächsten Tag reiste die Mannschaft weiter nach Bologna, zum nächsten Spiel gegen Ungarn, wieder ohne Meisl, der nach Florenz zur Schiedsrichterauslosung fuhr – der Reporter des *Sport-Tagblattes* berichtete von einer »winzig kleinen« Tagesordnung und einer unendlich lang dauernden Tagung, die zum größten Teil mit einem Bankett ausgefüllt war.[1114] Erst am Dienstagabend stieß der Bundeskapitän wieder zur Mannschaft.

Es gab Personalprobleme, vor allem im Sturm. Sindelar hatte laut Meisl »Verletzungen auf dem Rücken, die offenbar von Tritten oder Faustschlägen herrühren«,[1115] Schall war völlig entkräftet und nicht einsetzbar. Der Mittwoch wurde mit einem einstündigen Training und einer Spezialmassage zugebracht. Anschließend ließen es sich die Mannschaften mit ihren Funktionären, unter ihnen auch Meisl, nicht nehmen, dem lokalen Organisationskomitee in Bologna einen gemeinsamen Besuch abzustatten, dazu dem faschistischen Parteihaus, einschließlich eines längeren Vortrages von *podestà* Manaresi darüber, wie durch den Fußball ehemals verfeindete Nationen (gemeint waren Italien, Österreich und Ungarn) wieder zusammengeführt würden.[1116] Abends ging es dann in ein Varieté, in dem zwei Wiener Künstlerinnen auftraten.[1117]

Insgesamt wird über eine gute Stimmung berichtet, und man war auch optimistisch für das Spiel gegen Ungarn. Oder wie es der Trainer Hansl so hübsch formulierte: »Vor den Franzosen habe ich mich gefürchtet, die Ungarn haben wir aber auf ›tutti‹«.[1118]

Am 31. Mai kam es in Bologna zum 75. Derby zwischen Österreich und Ungarn. Österreich trat mit nahezu der gleichen Aufstellung an wie gegen Frankreich, nur »Hansi« Horvath kam an Stelle von Schall zu seinem 44. Länderspieleinsatz. Die Österreicher waren nicht wiederzuerkennen. Das Spiel begann gleich mit einer Traumkombination zwischen Sindelar, Bican, Zischek und Horvath, die dieser mit einem wundervollen Tor abschloss. Das Spiel wurde härter, Horvath schwer gefoult, dennoch erzielte Zischek kurz darauf das 2:0. Dann fielen zwei merkwürdige Entscheidungen. Hugo Meisl berichtet: »*In der 15. (also der 60.) Minute pfeift der Schiedsrichter bei einem Vorstoß der Ungarn plötzlich ab und zeigt auf die Elfmetermarke. Keiner von den Zuschauern kann sich erklären, welches Vergehen diese schwere Strafe nach sich gezogen hat. Ungarns Mittelstürmer Sarosi tritt zum Elfmeterpunkt und schießt unhaltbar in die Ecke. Ein Teil des Publikums demonstriert durch Pfeifen und Schreien gegen diese Entscheidung, und nun fügt Mattea seinem Fehler einen zweiten bei, indem er auch ohne sichtlichen Grund den ungarischen rechten Flügelstürmer Markos vom Felde weist.*«[1119]

Nun gaben die Österreicher das Spiel nicht mehr aus der Hand. In dem *Corriere della Sera* konnte man am nächsten Tag lesen, dass sich »Österreich glänzend rehabilitiert und sein außerordentlich hohes Können nachgewiesen [habe]«.[1120] Mann des Tages war trotz seiner Verletzung Horvath, der eines der besten Spiele seiner Karriere gezeigt hatte. Entsprechend wurde die Aufstellung Horvaths in einer italienischen Zeitung »als glänzender taktischer Einfall« gewertet.[1121] Meisl konnte sich bestätigt fühlen, und es keimte neue Hoffnung auf, den Titel zu gewinnen, zumal der nächste Gegner Italien als durchaus schlagbar galt.

Allerdings hatten sich gegenüber dem Turin-Spiel im Februar die Rahmenbedingungen geändert. Mussolini höchstpersönlich hatte zwei Argentinier, die 1930 noch im Finale für ihr Land gegen Uruguay gespielt hatten, kurz vor der Weltmeisterschaft in aller Eile eingebürgert.

So verstärkt, hatten sich die Italiener gegen die überragenden Spanier durchgesetzt – allerdings nur, weil sie mit äußerster Brutalität zu Werke gingen und der Schiedsrichter sie gewähren ließ. Die Spanier hatten in der Qualifikation zuvor Portugal deutlich besiegt und auch die hoch eingeschätzten Profis aus Brasilien sicher mit 3:1 aus dem Turnier geworfen. Star der Mannschaft war der 38-jährige Torwart Ricardo Zamora, der als bester Torhüter seiner Zeit galt. Im Viertelfinalspiel gegen Italien bestätigte Zamora seinen Ruf, hielt jeden Ball, obwohl die Italiener nichts unversucht ließen, seine Verteidiger durch Fouls aus dem Weg zu räumen. Spanien führte nach einem Freistoßtor mit 1:0, bis kurz vor der Pause Zamora von einem Italiener umgerempelt wurde und Ferrari den Ausgleich erzielte. Der Schiedsrichter ließ den Treffer gelten, und ab da wussten die Italiener, wie sie zu ihren Toren kommen konnten. Ein zweiter spanischer Treffer wurde wegen Abseits nicht gegeben. Auch nach Verlängerung blieb es beim 1:1, weshalb für den nächsten Tag ein Wiederholungsspiel angesetzt wurde.

Nun gingen die Italiener mit größter Härte zur Sache. Bereits nach fünf Minuten wurde ein Spanier so übel zugerichtet, dass er nicht weiterspielen konnte. Eine Auswechslung war nicht erlaubt, also musste Spanien das Spiel zu zehnt bestreiten. Fünf Minuten später wurde Ersatztorhüter Nogues nach einer Ecke umgerempelt, sodass er den Ball verlor, zwei Italiener hielten ihn fest, Meazza stocherte den Ball über die Linie, und Schiedsrichter Mercet pfiff ungerührt: Tor! Die Italiener setzten ihre unfaire Spielweise fort, schließlich waren nicht weniger als sieben spanische Spieler durch brutale Fouls schwer angeschlagen, der achte musste sogar außerhalb des Feldes behandelt werden, ohne dass der Schiedsrichter Mercet aus dem Tessin ein einziges Mal eingriff. Vor allem der für Italien spielende Argentinier Monti – von dem noch zu hören sein wird – ging mit unglaublicher Rücksichtslosigkeit zu Werke. Dennoch gelang den Spaniern, als sie nach einem weiteren Foul nur noch neun Spieler auf dem Platz hatten, tatsächlich der Ausgleich. Aber Schiedsrichter Mercet annullierte zur Verblüffung aller Beobachter diesen völlig regulären Treffer und sorgte so dafür, dass die wohl stärkste Mannschaft des Turniers auf der Strecke blieb.

Erstmals wurde mit aller Brutalität deutlich, dass der Duce diese Weltmeisterschaft nicht aus Liebe zum Fußball nach Italien geholt hatte, sondern um sein Land als Sieger zu sehen. Bereits im Jahr zuvor hatte er den allseits geachteten Fußballführer Arpinati nach einem heftigen Streit durch einen fanatischen Faschisten, den Präsidenten von Lazio Rom, General Vaccaro, ersetzt,[1122] der von seinen Nationalspielern rücksichtslosen Siegeswillen verlangte. Das Ergebnis war schockierend: Die Schweizer Zeitung *Zürcher Sport* beobachtete im Spiel gegen Spanien entsetzt »Momente, wo ungeniert Boxhiebe, Nasenstüber, Tritte aufs Knie und Schienbein ausgeteilt wurden, mitunter sogar unter den Augen des Schiedsrichters«[1123], und *Das Kleine Blatt* erklärte nach der Weltmeisterschaft: »Wenn es eine Mannschaft verdient hätte, sogar vor Italien und der Tschechoslowakei das Schlussspiel zu bestreiten, so waren es die Spanier, die den allergrößten Eindruck, sowohl was Kondition als auch Technik und taktisches Verständnis betrifft, gemacht haben. Sie wurden durch den Schiedsrichter geradezu gewaltsam aus dem Weg geräumt.«[1124]

Meisl selbst sah dieses Skandalspiel eher gelassen, das Ergebnis kam ihm recht, er fand, dass das italienische Team angenehmer als Gegner sei, als es das spanische gewesen wäre. Er sah daher allen Grund zur Hoffnung: »Beide Mannschaften gehen mit Ermüdungserscheinungen in den Kampf. Die Italiener haben das schwere Spiel gegen Spanien zum Teil noch in den Beinen, und meine Leute sind durch Verletzungen, die ungewohnte Kost und durch die klimatischen Verhältnisse stark aus ihrer normalen Disposition gebracht. Ich muss den Kampf als vollständig offen bezeichnen und glaube, dass die Tordifferenz nicht allzu hoch sein dürfte.«[1125]

Nicht so gelassen sahen das allerdings die Austria-Spieler, die 1933 vor 50.000 Zuschauern im Wiener Stadion vor allem mit einem italienischen Spieler ganz besondere Erfahrungen gemacht hatten: dem Mittelläufer Monti, der im Mitropa-Cup gleich zweimal hintereinander des Feldes verwiesen wurde: zunächst weil er einen ungarischen Spieler verprügelt, und im nächsten Spiel dann, weil er Sindelar zusammengetreten hatte. »Was geschah?«, kommentierte Leuthe, »der Rohling wurde zu einer Geldstrafe von 800 Lire verdonnert, also gewissermaßen begnadigt.«[1126] Die Austria holte sich übrigens anschließend in Wien vor der gigantischen Kulisse von 58.500 Zuschauern gegen Ambrosiana Milano den Pokal, es war das erfolgreichste Jahr Österreichs, denn zuvor hatte die Nationalmannschaft den Europa-Cup gewonnen. Kein Wunder, dass die Österreicher als Favorit galten. Bundeskanzler Dollfuß schickte ein Telegramm, in dem er den Spielern Glück wünschte und ankündigte, bei einer eventuellen Finalteilnahme Österreichs zum Endspiel nach Rom zu kommen.[1127]

Hugo Meisl musste den verletzten Horvath, der gegen Ungarn überragend gespielt hatte, durch Schall ersetzen, eindeutig eine Schwächung. Die Italiener gingen auch gegen Österreich rücksichtslos zur Sache. In der 18. Minute fing Torwart Platzer den Ball, und nun erging es ihm wie zuvor den spanischen Torhütern. Der neutrale *Zürcher Sport* schilderte die Situation so: »Wiederum entschied ein irreguläres Tor [wie schon im Spiel Italien gegen Spanien], das in der 17. Minute zustande kam, dieses Match. Orsi erhielt den Ball über zwei Meter abseits, und *es ist unverständlich, wie der [...] Schiedsrichter Eklind [...] das übersehen konnte. Platzer ließ den von Orsi geschossenen Ball fallen, warf sich darüber, aber drei italienische Stürmer, Meazza, Guaita, Ferrari stürmten auf den österreichischen Tormann ein, der den ihm entrollenden Ball vergeblich zu erhaschen versuchte, Ferrari scheint der letzte Mann gewesen zu sein, der den Fuß am Ball hatte. Platzer blieb verletzt am Boden liegen und Guaita lag in der anderen Torecke. Er kam aber gleich danach völlig frisch wieder, während Österreichs Tormann noch einige Minuten einen ziemlich reduzierten Eindruck machte.«*[1128] Auch der *Kicker* schrieb, Meazza sei Platzer »mit unerhörter Gewalt«[1129] in den Rücken gesprungen.

Aber noch war nichts verloren. In der 40. Minute krachte ein Schuss Bicans an den Pfosten. Noch dramatischer wurde die Situation, als sich Sindelar in der zweiten Halbzeit durchdribbelte, zum Schuss ausholte und dabei regelwidrig gelegt wurde. Jedem Beobachter war klar, einen eindeutigeren Elfmeter kann es nicht geben. Nicht so aber Schiedsrichter Eklind. Er gab – Freistoß für Italien. Noch Unglaublicheres wusste der Österreicher Josef Bican zu berichten: »Als eine Flanke zu Karl Zischek kam, konnte der alleine auf das italienische Tor laufen. Da hat der Schiedsrichter, der gerade dort stand, den Ball absichtlich weggeköpft. Unglaublich!«[1130] Die Österreicher fanden kein probates Mittel gegen die knochenharten Italiener, Smistik, Viertl und Sindelar, der von Monti ständig zusammengetreten wurde, humpelten, Platzer blutete, kurz vor Schluss vergab Schall die letzte Chance. Dann war das Spiel vorbei, Österreich hatte kein Tor erzielt und verloren, der große Favorit war ausgeschieden.

Die italienische Presse triumphierte: Endlich die Österreicher besiegt, gegen die man kaum jemals gewonnen hatte; die skandalösen Entscheidungen des Schiedsrichters wurden schlicht ignoriert. Recht hatten sie allerdings mit dem Abgesang auf den österreichischen Fußball. »*Das österreichische Team war einst ein Granitblock, es ist aber nicht mehr dieselbe Mannschaft, die nach England fuhr. Das ›Wunderteam‹ und auch das ›Frühjahrsteam‹, das heuer im Februar in Turin noch über Italien 4:2 siegen konnte, ist nicht mehr.*«[1131]

Hugo Meisl kabelte nach Wien: »Durch irreguläres Tor aus der Weltmeisterschaft.« Natürlich war er enttäuscht, aber musste er, der doch die italienischen Verhältnisse so gut kannte, nicht mit einem solchen Ergebnis rechnen? Josef Bican berichtete in einem Interview, dass Meisl schon vor der Weltmeisterschaft gesagt habe, dass nur Italien gewinnen könne.[1132] Dennoch analysierte Meisl das Spiel sehr sachlich, zwar vermeldete er »Eklind hielt nicht das, was man von ihm erwartete« (war es nicht umgekehrt?), aber die Hauptursache der Niederlage sah er in den schwachen Stürmerleistungen: »[...] da sowohl in physischer als auch in moralischer Beziehung jene Kraftentfaltung von den österreichischen Stürmern vermisst wurde, die gegen die italienische Hintermannschaft notwendig gewesen wäre.«[1133] Liest man aber den Bericht genau, so fällt doch auf, dass die Österreicher trotz der angeblich schwachen Stürmerleistungen zahlreiche Chancen besaßen. Vielleicht war es doch vor allem Pech, dass Österreich ausschied, zumal ihnen ein offenbar klarer Elfmeter vorenthalten wurde, wobei immer offen bleiben muss, zu welchen Maßnahmen Eklind gegriffen hätte, wenn den Österreichern der Ausgleich gelungen wäre.

Einige Tage später klang das bei Meisl noch diplomatischer, vielleicht war auch ein bisschen Anbiederung seinen Gastgebern gegenüber dabei, zumal es eine italienische Zeitung war, der Meisl ein Interview gab. »*Die italienische Mannschaft hat verdient gesiegt und die meinige hat verdient verloren,*« ließ er die italienischen Journalisten wissen. »*Ich bin überzeugt, daß in rein technischer Beziehung die Österreicher den Italienern ebenbürtig, ja vielleicht sogar überlegen* waren. Aber die Italiener hatten mehr Energie, mehr Schwung und vor allem mehr Herz. Damit werden große Spiele gewonnen. An der Leistung der österreichischen Verteidigung war nichts auszusetzen; wo es haperte, das war im Angriff, dem die Durchschlagskraft fehlte. Sindelar hat mit zuviel Befangenheit gespielt, desgleichen alle anderen, während es notwendig gewesen wäre, daß sie die gleichen Waffen der Entschlossenheit benützt hätten wie ihre Gegner. Das haben sie nicht getan und darum glückte ihnen kein Treffer, wiewohl sie speziell am Ende der ersten Halbzeit mindestens ein Tor hätten schießen können. Man hat die Regularität des italienischen Treffers bezweifelt* [auch Meisl hatte das in einer ersten Reaktion getan]. Für mich war es ein Fehler des österreichischen Tormannes, und das ist es vor allem, was für mich zählt.«[1134]*

Mit so viel Diplomatie machte Meisl sich gewiss keine Freunde in Österreich, schon gar nicht bei jenen Zeitungen, die ohnehin nur darauf warteten, Meisl zu kritisieren.

Zunächst schwankte die österreichische Presse zwischen dem Suchen nach dem Schuldigen, also dem Verband und Meisl, und der Klage über den Schiedsrichter. Schon schrieb man über die Überlastung der Spieler im Vorfeld, teilweise auch resigniert, denn Österreich sei eben ein armes Land, in dem auch die Spieler mehr arbeiten müssten, man klagte über die falsche Vorbereitung, auch über die falsche Formation des Sturmes, andererseits blieb da immer noch die Sache mit dem Schiedsrichter, vor allem im Hinblick auf die Brutalität Montis: »Unbegreiflich, daß Schiedsrichter Eklind nicht eingriff.«[1135] Noch waren es eher Äußerungen der Enttäuschung. Aber schon kamen auch noch kritischere Töne, von ständigem Hunger der Spieler ist die Rede, dass Meisl also nicht für eine angemessene Ernährung sorge. Es braute sich etwas zusammen.

Das Endspiel gegen die Tschechoslowakei pfiff – man mag es kaum glauben – wiederum Schiedsrichter Eklind, der offenbar hinreichend Gewähr zu bieten schien, dass der Heimmannschaft nicht allzu viel passieren konnte.[1136]

Eklind erfüllte die Erwartungen in vollem Umfang. Fouls der Italiener wurden grundsätzlich ignoriert. Pech war nur, dass die Tschechen so eindeutig überlegen waren, dass selbst grobe Tritte sie lange Zeit nicht aufzuhalten vermochten. So konnten sie, obwohl ständig einer ihrer Spieler außerhalb des Feldes behandelt werden musste, das Spiel kontrollieren und kamen durch ihren Torjäger Puc, der nach einigen brutalen Fouls nur noch humpeln konnte, sogar zur Führung, die sie bis kurz vor Schluss halten konnten. Erst dann kam der Ausgleich, und in der Verlängerung ging das Spiel doch noch verloren. »Rohheit triumphiert«,[1137] kommentierte der *Kicker* schockiert: »Die Brutalität eines Monti, die rüpelhaften Rohheiten eines Meazza, die ununterbrochenen Fouls eines Schiavio, die Brutalität eines Monzeglio, die rüpelhaften Rohheiten eines Ferraris haben uns entsetzt.« Und weiter über Monti: »Man sollte den Namen dieses ›Weltmeisters‹ gar nicht mehr nennen. Er ist kein Fußballspieler.«[1138] Bemerkenswerterweise muss selbst Eklind diese etwas härtere Gangart nicht ganz entgangen sein. Nach dem Finale meinte er in einem Interview für eine italienische Zeitung, wohl beschwichtigend, unter ausdrücklicher Bezugnahme auf Monti, einige italienische Spieler seien zu Beginn wohl etwas »eccesivo« gewesen.[1139]

So kann man es wohl auch ausdrücken. Recht anschaulich berichtete die Zeitung *Sport-Montag* über die entscheidende Verlängerung: »Der Platz glich einem Kriegsschauplatz – überall lagen und wanden sich verletzte Spieler [das waren in erster Linie Tschechoslowaken]. Schon in der 94. Minute fiel die Entscheidung, und auch dieses Tor war, so wie die beiden anderen Siegtore, die Italien in den beiden vorhergegangenen Runden zum Siege verholfen

Gruppenbild mit Dame. In der Bildmitte links neben Hugo Meisl die 14-jährige Martha Meisl beim Empfang in Neapel vor dem Spiel um den 3. Platz Österreich - Deutschland. Links Sindelar, daneben Mannschaftsarzt Dr. Schwarz.

hatten, irregulär: Schiavio überspielte Krcil, stieß den ihm entgegeneilenden Ctyroky mit den Händen weg und paßte zu Guaita, der von drei Metern Entfernung einschoß.«[1140] Und die italienische Presse jubelte, die *Gazetta dello Sport* fasste die Begeisterung zusammen in dem Satz, der offenbart, worum es bei der Veranstaltung eigentlich gegangen war: ein großer Triumph des faschistischen Sport und »ein großer Sieg im Namen und für das Ansehen des Duce«.[1141]

Monti kehrte übrigens Ende 1934 wieder nach Argentinien zurück, zur großen Erleichterung aller nicht-italienischen Mitropa-Cup-Teilnehmer.[1142]

Zuvor allerdings wurde in Neapel das kleine Finale Österreich gegen Deutschland ausgetragen. Auf der Anreise stieg Meisl in Rom aus, um an einer Sitzung des WM-Organisationskomitees teilzunehmen und überdies der Schiedsrichtertagung beizuwohnen, bei der die Nominierung der Schiedsrichter für die letzten beiden Spiele vorgenommen wurde. Er stieß einen Tag später wieder zur Mannschaft. Am Tag vor dem Spiel besuchte man gemeinsam den Vesuv[1143], ein Erlebnis für die Spieler, vielleicht auch für Hugo Meisl, auf jeden Fall für Hugo Meisls Tochter Martha, die ebenso wie Meisls Freund Coppola und dessen Familie mit von der Partie war. Noch heute erzählt sie, wie sie über die damals noch qualmenden Spalten des Vulkans sprang.

Meisl musste endgültig auf Sindelar verzichten. Die Verletzungen, die ihm Monti – laut der Budapester Zeitung *Nemzeti Sport* der »rücksichtsloseste Spieler der Weltmeisterschaft«[1144] – zugefügt hatte, machten einen Einsatz unmöglich. Für ihn rückte Bican in die Sturmmitte, neben ihm spielten Braun, eigentlich ein Läufer, sowie der wiederhergestellte Horvath an Stelle von Schall. Meisl verbreitete vorsichtige Zuversicht. Zu einem Sieg über die Deutschen würde es wohl schon reichen. Aber bereits nach 25 Sekunden führte Deutschland durch ein Tor von Lehner, nach acht Minuten traf Siffling die Latte, und nach knapp einer halben

Stunde stand es durch einen Volleyschuss von Conen 2:0 für Deutschland. Dann erst kam der Wiener Kombinationsfußball langsam in Schwung, und eine Minute später erzielte Horvath den Anschlusstreffer. Aber alle Hoffnungen wurden wiederum durch Lehner zerstört, der kurz vor der Pause nach Doppelpass mit Conen auf 3:1 erhöhte. Dabei hatten die Österreicher noch Glück, dass zwei klare Regelwidrigkeiten im Strafraum nicht geahndet wurden. Nach der Pause gelang Sesta nach genau einer Stunde aus 30 Metern der Anschlusstreffer, und als fünf Minuten später Horvaths Schuss gegen den Pfosten knallte, kam nochmals Hoffnung auf. Aber die Deutschen hielten das Ergebnis bis zum Schluss.

Das Nachspiel

Für diese Niederlage gab es keine Ausrede, weder der Schiedsrichter noch ein brutaler Gegner konnten als Argument dienen, die Österreicher waren einfach schlechter als die Deutschen, die, so *Das Kleine Blatt*, gar kein starker Gegner waren: »Die deutsche Mannschaft lieferte ein braves, handwerksmäßiges Spiel, ohne taktische Finessen, rein auf Kraft und Schnelligkeit aufgebaut.«[1145] Das war für die Wiener die größtmögliche narzisstische Kränkung, hatte sich doch das ganze Selbstbewusstsein dieser verarmten, von Arbeitslosigkeit geplagten und durch Dollfuß seiner sozialistischen Identität beraubten Stadt auf die Erfolge und die Virtuosität des Wunderteams gestützt.

Die Wut der gekränkten Massen entlud sich auf den zuvor so gefeierten Bundeskapitän. Die Jagdzeit war eröffnet: »Wer trägt die Schuld?«, fragt die *Reichspost*.[1146] Etwas aggressiver *Das Kleine Blatt*«, das die »Stimme des Volkes« in einer Leseräußerung zitierte:

»Ich bin nur neugierig, wie Hugo Meisl es anstellen wird, um unerkannt vom Bahnhof in seine Wohnung zu kommen.«[1147] Und sie machte weiter Stimmung: »Wer möchte in der Haut dieses geschlagenen Feldherren stecken, wenn die Wogen der Kritik über ihn zusammenschlagen werden? […] unser Team [hätte], wäre es in voller körperlicher und seelischer Verfassung gewesen, die Weltmeisterschaft im Canter gewinnen müssen. An dieser Anschauung kann keine Erklärung Hugo Meisls etwas ändern, und wenn wir der Berichterstattung des Bundeskapitäns im ÖFB mit Interesse entgegensehen, so gilt dies bloß jenen Erklärungen, die geeignet sein müssen, der Öffentlichkeit das faule System von Kompetenzverquickungen, Vereinsrepressalien und Verbandsrücksichten aufzuzeigen, die zusammengewirkt haben, um uns das österreichische Weltmeisterschaftsdebakel erleben zu lassen.«[1148]

Wenn auch sachlicher, so listet doch auch die *Reichspost* nach Ende der WM die wirklichen oder angeblichen Fehler der Teamleitung im Vorfeld und während dieser Weltmeisterschaft auf: Man habe nicht verhindert, dass die Nationalspieler bis kurz vor der Abreise zur WM in ihren Mannschaften spielen mussten und sich dadurch in schlechter körperlicher Verfassung befanden, die Quartiere der Nationalmannschaft hätten sich nicht in für Erholung besser geeigneten, stadtfernen Hotelanlagen befunden wie bei allen anderen großen Mannschaften, sondern inmitten der furchtbar heißen Städte, in Hotels, in denen sie in stickigen Räumen auch noch dauernd Taktikbesprechungen über sich ergehen lassen mussten. Schließlich habe man trotz Verletzungssorgen auch keine Ersatzspieler nachkommen lassen, aus Rücksicht auf die Vereine, die diese bei Freundschaftsspielen einsetzten.[1149] So musste im Spiel gegen Deutschland ein Läufer Stürmer spielen. Deutlich wird die Fokussierung auf den Verbandskapitän Meisl, der in der *Reichspost* doch immer eine sehr gute Presse hatte.

Im gleichen Sinne argumentierte auch das *Wiener Montagsblatt*, indem darauf hingewiesen wurde, dass der Verbandskapitän Hugo Meisl keine Zeit aufbrachte, sich in entsprechender Weise der Mannschaft zu widmen.[1150] Und Willy Schmieger, freilich ausgewiesener Meisl-Feind, der österreichischen Öffentlichkeit allerdings vor allem als Radioreporter bekannt, listete nochmals die begangenen Fehler auf: schlechte Hotels, muffige Speisesäle, Mangel an frischer Luft, unzureichendes Essen (»eine förmliche Manie Hugo Meisls, die Spieler mit dem Essen nicht nur sehr knapp« zu halten, sondern auch überhaupt kein Bemühen zu zeigen »ihnen so halbwegs die gewohnte Nahrung zu verschaffen«) und die schädlichen Aufenthalte in den Städten.[1151]

Noch aus Neapel empörte sich der Redakteur des *Sport-Tagblattes* darüber, dass man mit nur 16 Spielern angereist war, während doch alle anderen Nationen 22 Spieler dabei hatten.[1152]

Man muss festhalten, dass Meisl ein Mammutprogramm zu absolvieren hatte. Er sollte die Nationalmannschaft betreuen, war im technischen Ausschuss der WM führend tätig und entsprechend in Sitzungen und Konferenzen eingebunden, dazu schrieb er noch Spielberichte für Wiener Zeitungen von den Spielen der Weltmeisterschaft, und überdies hatte er seine älteste Tochter mit auf die Reise genommen, um die er sich zwar nicht allzu viel kümmerte (sie berichtet, dass sie einmal fast einen ganzen Nachmittag auf ihren Vater auf einem Brunnen mitten in Neapel sitzend wartete, bis er endlich einigermaßen abgehetzt erschien), aber immerhin musste er ihr eine gewisse Betreuung angedeihen lassen, die Hotelzimmer besorgen und sich um ihren Transport in die Stadien und die unterschiedlichen Austragungsorte kümmern. Daneben hatte er repräsentative Aufgaben zu erfüllen, wiederum seine Tochter berichtet von einem Fest am Vorabend des Spieles gegen Italien in der Mailänder Wohnung von General Vaccaro, dem Präsidenten des italienischen Fußballverbandes, zu dem Meisl eingeladen war und wohin sie mitgehen durfte. »Ein fescher Mann«, erinnert sie sich.

So war vieles an dieser Kritik berechtigt. Die Wahl der Unterkünfte war sicher nicht optimal, ebenso die Tatsache, dass Meisl häufig von der Mannschaft abwesend, schlicht auch abgelenkt war durch die zahlreichen anderen Verpflichtungen, die er während der Weltmeisterschaft zu erfüllen hatte.[1153]

»*Wie weggelegte Kinder*« hätten sich die Spieler gefühlt, berichtet *Das Kleine Blatt* voller Mitgefühl. »*Wissen S' i bin a ausgiebige Kost gewöhnt, sunst kann ma ja dö Arbeit net derleisten,*« wird ein nicht genannter Spieler zitiert, »*aber Hendeln und wieder Hendeln, nach aner halben Stund war i schon wieder hungrig. Wie soll man do zu Kraft kumma bei so aner Krankenkost? Und dann: fad war uns, net zum Beschreiben. Ma hat uns wo hingsetzt, und mir hätten selber für die Unterhaltung sorgen sollen. Der Magen hat uns knurrt, an Durscht han ma bei dera Hitz ghabt und ums Getränk hat man betteln müssen. Ka Meisl vorn, ka Meisl hint, und do san ma halt a bissel gleichgültig worden.*«[1154] Genüsslich stellt das Blatt weiter fest: »*Diesmal sind ihm [Hugo Meisl] seine vielseitigen Verpflichtungen einfach zum Schaden der wichtigen Funktion über den Kopf gewachsen. Man darf gespannt sein, wie der Bundeskapitän die ihm aufgeworfenen Unterlassungen begründen wird.*«

Der Fußballbund und Hugo Meisl reagierten. Dr. Gerö schob die Schuld auf die notwendigen Sparmaßnahmen angesichts leerer Kassen und nicht vorhandener staatlicher Zuschüsse. Deshalb habe man Jimmy Hogan nicht engagieren können, den die Mannschaft als Betreuer schwer entbehrt habe. Meisl erklärte seinen Rücktritt als Verbandskapitän und begründete diesen mit der nominellen Verantwortung, die er zu tragen habe. Er analysierte dabei auch die Probleme und Fehler: vor allem die Überbeanspruchung der Spieler durch die Vereine, die auf Geldeinkünfte angewiesen seien (80 Spiele in einem Jahr!) und die Auswahl und Nominierung des in Italien wirkenden Trainers Hansl als Trainer der Nationalmannschaft während der WM. Für sein Rücktrittsangebot habe aber auch der unerfreuliche Empfang nach der Reise nach Schottland, England und Niederlande im Dezember des vergangenen Jahres eine Rolle gespielt.[1155]

Meisl war schwer angeschlagen, kein Zweifel. Der große Fußballexperte spürte, dass der österreichische Fußball seinen Zenit überschritten hatte und dass es kein zweites Wunderteam mehr geben würde. Die Weltmeisterschaft, auf die er so viele Jahre hingearbeitet hatte, endete mit einer Demütigung, an der er nicht ganz schuldlos war. Meisl erklärte: »Ich bin verbraucht und bringe nicht mehr die Konzentration für Großkämpfe auf.«[1156] Nur ein schwacher Trost dürfte für ihn gewesen sein, dass er kurz nach Beendigung der WM aus Paris vom Präsidenten des Pariser Fußballverbandes ein Glückwunschtelegramm erhielt: »J'ai suivé de près vos performances dans la Coupe du Monde dont les resultats n'ont pas amoindrè aux jeux des connaisseurs la valeur de votre belle èquipe.«[1157]

In der Presse wurde sein Rücktritt wohlwollend aufgenommen, man würdigte seine Verdienste, aber konstatierte doch seine offenbare Überlastung aufgrund seiner vielfältigen Ämter und Aktivitäten. Aber in den »Nachrufen« wird auch deutlich, dass es eigentlich niemanden im Verband gab, der ihn hätte beerben können, egal in welcher seiner Funktionen.[1158] Also konnte man sich eigentlich ausrechnen, wie es kommen würde. Wieder, wie schon 1929, lehnte der Vorstand des ÖFB das Rücktrittsangebot ab und bat Hugo Meisl, seine Arbeit in der bewährten Weise fortzusetzen.[1159]

Meisl blieb, aber er war angeschlagen und offensichtlich etwas ratlos. So erklärte er vor dem Spiel gegen den Vizeweltmeister am 23. September wenig optimistisch: »*Die Situation in unserem Fußballsport ist derzeit ungemein schwierig und es blieb mir nichts anderes übrig, als auf jene Leute zurückzugreifen, die infolge ihrer internationalen Spielerfahrung und Klasse schon oft den Kern der Nationalmannschaft gestellt haben. Bei Berücksichtigung dieser gegebenen Tatsachen waren sowohl Gschweidl wie Sindelar nicht zu umgehen. Ich glaube, dass beide Qualitäten besitzen, die erwartete Leistung zu bieten. Smistiks Erkrankung bedeutet zweifellos ein schweres Handikap. Ich kann nur hoffen, dass die Elf sich gegen die Tschechen, die ja gerade so wie wir in einem Wellental sich befinden, gut schlagen wird. Im Städteteam versuche ich einige neue Kräfte auszuprobieren, leider fehlt mir auch hier jener überragende Nachwuchs, der die Teamgestaltung zu einer leichteren Aufgabe machen würde, als sie jetzt ist.*«[1160]

Trotz eines achtbaren Unentschiedens sprach Hugo Meisl nach dem Spiel von Stillstand: »*Die Stagnation des österreichischen Fußballsports ist nicht von gestern und heute*«, erklärte er. »*Sie wurde bereits offenbar im Spiel bei der Weltmeisterschaft gegen Frankreich, sie hat sich in ihrer tragischen Auswirkung voll gezeigt beim Semifinale gegen Deutschland und ihre organische Fortsetzung bei den Mitropacupspielen der führenden Wiener Vereine gefunden. Es heißt, sich über die Ursachen des Rückganges unserer Klassespieler klar zu werden. Sie sind zweifellos geistig und körperlich verbraucht und wir müssen unsere Kader in die Etappe zurücknehmen, um sie der entsprechenden Retablierung zuzuführen. Durch die wirtschaftlichen Verhältnisse sind unsere Vereine gezwungen, im Jahr 70 bis 80 Wettspiele auszutragen. Die Spieler werden in allen Teilen Europas herumgehetzt, haben, nach Wien zurückgekehrt, oft kaum zwei oder drei Tage Zeit sich für den nächsten Meisterschaftskampf vorzubereiten und kommen entnervt in körperlich schlechtester Verfassung auf das Spielfeld. Auch wenn es sich da um ein Länderspiel handelt, wird keine Ausnahme gemacht. Das Ideal wäre, wenn es mir vor bedeutsamen Länderkämpfen gelingen würde, so, wie in Italien und Deutschland praktiziert, die Teammannschaft unter meinem Kommando mindestens eine Woche in einem ruhigen Ort geistig und körperlich für den Kampf vorzubereiten.*

Von entscheidender Bedeutung ist es aber, durch umfassende Steuererleichterungen und offizielle Förderung den Vereinen jene Entlastung zu bieten, die es ermöglicht, die strapaziösen Tourneen herabzumindern und den Spielern die notwendige Erholung zu bieten.«

Dann folgt ein etwas hilflos wirkender Blick in die unmittelbare Zukunft: »*In elf Tagen haben wir den Länderkampf gegen Ungarn in Budapest zu bestreiten, eine neuerlich gewaltige Kraftprobe für Österreichs Fußballsport. Ich kann die Mannschaft bis dorthin natürlich nicht viel schneller machen, unser ganzes Spiel ist ja in seiner Konzeption auf eine durch die technische Konstruktion teilweise bedingte Langsamkeit aufgebaut, aber ich werde auf Grund der Leistungen gegen die Tschechoslowakei das Team gegen Ungarn radikal ändern, vor allem schnellere, energischere, mit Verve kämpfende Spieler einstellen.*«[1161]

Was wollte Meisl damit sagen? Sollte nun schneller gespielt werden? Oder widersprach schnelleres Spiel der »technischen Konstruktion« der österreichischen Spielweise? Man spürt in diesen Worten eine gewisse Ratlosigkeit, die sich auch in der tatsächlichen Mannschaftsaufstellung für das Spiel gegen Ungarn am 7. Oktober 1934 in Budapest ausdrückt: Von radikalen Änderungen keine Spur, die Mannschaft blieb weitgehend dieselbe wie gegen die Tschechen.

Aber Hugo Meisl raffte sich wieder auf. An der Jahreswende 1934/1935 sandte er der Zeitung *Sport-Montag* einen »Neujahrsausblick«, in dem er optimistisch in die Zukunft blickte: Die Krise der Nationalmannschaft schrieb er »hauptsächlich dem Altern einzelner international bewährter Klassespieler, dem noch nicht zur vollen Reife gelangten Nachwuchs und schließlich auch dem nicht vollwertigen Ersatz für den einen oder anderen ausgeschiedenen Spiele von Extraklasse« zu, aber auch schlicht dem Pech, das sich häufte. Allerdings sieht er Licht am Horizont, er fordert zwar Geduld, stellt aber doch in Aussicht, »dass wir vielleicht noch im Laufe des neuen Jahres neuerlich zu einem hochklassigen großen Nationalteam gelangen werden«, und fordert schließlich volle Konzentration auf dieses Ziel und die »notwendigen Existenzerleichterungen für unsere Vereine«.[1162]

Indes, die Nationalmannschaft blieb in der Krise. Immerhin scheint sich nach dem Debakel des Jahres 1934 die Art der Vorbereitung für Länderspiele geändert zu haben. Auffälligstes äußeres Kennzeichen war, dass zum vorbereitenden Training Übungsleiter hinzugezogen wurden, zunächst Edi Bauer, der erfahrene Trainer von Rapid. Zum ersten Mal erscheint Bauer bei den Trainingsvorbereitungen für das zum Europacup zählende Länderspiel gegen Italien am 24. März 1935.[1163] Auch wurden die Trainingszeiten etwas ausgedehnt, für das Spiel fanden drei Trainingseinheiten (am Dienstag, Donnerstag und Freitag vor dem Spiel) statt. Überdies begab sich die Mannschaft nach der Abschlussmassage im Dianabad am Freitagvormittag in das Sanatorium Guttenbrunn (in dem auch Hugo Meisl seine Krankheit im Jahre 1929 auskuriert hatte) und blieb dort bis zum Spiel am Sonntag »unter der Betreuung Edi Bauers«.[1164] Zum ersten Mal, so scheint es, hat die Nationalmannschaft eine Art Trainingslager besucht, um sich auf ein Länderspiel vorzubereiten.

Der Einfluss Edi Bauers ist nicht zu übersehen: Diesmal stellte Meisl fünf Spieler von Rapid auf: Wiederum die gesamte Läuferreihe sowie auf dem linken Flügel Kaburek und – als

Neuling – Pesser. Das Spiel gegen Italien sollte zur Nagelprobe werden, 60.000 Zuschauer hofften auf eine erfolgreiche WM-Revanche, vergebens, man verlor das Spiel mit 0 : 2. Der italienische Journalist Roghi witzelte danach in der *Gazzetta della Sport* über die Entwicklung der österreichischen Nationalmannschaft vom »*Wunderteam*« (1932) über das »*Frühlingsteam*« (Frühjahr 1934) hin zum »*Museumsteam*« des Jahres 1935.[1165] Meisl formulierte das etwas anders: »*Es zeigt sich eben, dass unser System der engmaschigen, flachen Kombination, das uns so viele Jahre lang Ruhm und Erfolg getragen hat, von alt gewordenen und langsamen Interpreten ausgeführt, nicht mehr zur Geltung kommt.*«[1166] Meisl schien ratlos. Tatsächlich gelang im Jahr 1935 nur ein Sieg, gegen die zweitklassigen Polen in Wien, aber schon das Revanchespiel in Warschau ging veloren.

Fest steht, dass Meisl die Weltmeisterschaft nachhaltig belastet hat. Schon unmittelbar nach ihrem Ende äußerte er sich, anders als viele FIFA-Funktionäre, ausgesprochen negativ über die Idee einer Wiederholung einer Weltmeisterschaft 1937 oder 1938.[1167] Einige Tage später legte er seinen Standpunkt in einem Artikel im *Sport-Telegraf* ausführlich dar:[1168] »Soll die Fußball-Weltmeisterschaft wiederholt werden? Es fällt mir wahrlich nicht schwer, diese Frage mit einem entschiedenen Nein zu beantworten.« Seine Haltung ist also eindeutig, er spricht von »Monsterveranstaltung« und »Unglücksprojekt«. Im Vordergrund seiner Kritik standen die wirtschaftlichen Rahmenbedingungen: Es gab zu wenige Zuschauer, das finanzielle Risiko erwies sich als viel zu groß, und das finanzielle Desaster konnte nur durch den »Zufall« einigermaßen abgewendet werden, dass Italien bis in das Endspiel kam. Er kritisierte die Zumutung, dass außereuropäische Mannschaften, zum Beispiel die USA, für ein einziges Spiel angereist waren. Und schließlich sei Italien sowieso das einzige Land gewesen, das eine solche Mammutveranstaltung durchführen konnte.

Man wird prüfen müssen, inwieweit eine solche Haltung, wie Meisl sie hier vortrug, zu seiner Isolierung in der FIFA geführt hat. Ein anderer interessanter Aspekt ist, dass er eine indirekte Erklärung gegeben hat, warum Italien unbedingt ins Finale kommen musste, nicht nur weil Mussolini es wollte, sondern auch aus finanziellen Gründen. Jedenfalls bildete der Artikel einen dramatischen Abgesang auf ideale Vorstellungen. Bei dieser skeptischen Haltung gegenüber Weltmeisterschaften in der durchgeführten Form ist Meisl geblieben. Auf der Diskussion zur Austragung der Weltmeisterschaft 1938, während des FIFA-Kongresses in Berlin 1936, äußerte er erneut seine Bedenken. Er verwies auf seine Zweifel, ob die letzten Weltmeisterschaften in Uruguay und Italien die Entwicklung des Fußballsportes gefördert hätten, es bestünde die Gefahr der Überbeanspruchung des Fußballsportes, und »die Öffentlichkeit könnte sich an solche Großereignisse gewöhnen und das Interesse an den normalen Spielen verlieren«.[1169] Es muss Meisl sehr enttäuscht haben, dass er mit seinen Zweifeln allein blieb, selbst sein Freund Mauro konnte ihm nicht folgen. Die Abstimmung war denn auch eindeutig, 19 Länder stimmten für die WM in Frankreich, drei für Argentinien und eins für Deutschland. Es gab eine Enthaltung, und obwohl wir es den Protokollen nicht entnehmen können: Wir glauben, diese Enthaltung kam von der österreichischen Delegation. Man muss es feststellen: Meisl war 1936 in der FIFA isoliert, und wir müssen auch feststellen: Meisl trat nicht mehr als Visionär auf, sondern, pardon, als österreichischer Grantler.

Es gab noch ein zweites Nachspiel zur Fußball-Weltmeisterschaft, diesmal im wörtlichen Sinne. Italien war zwar Weltmeister geworden, wenn auch mit etwas eigenartigen Mitteln, die wahre Königserhebung setzte aber einen Sieg über England voraus, das an der WM nicht teilgenommen hatte. Der italienische Verband zögerte, aber musste sich schließlich dem Druck der Öffentlichkeit beugen. Am 14. November 1934 kam es zu diesem Länderspiel England gegen Italien, das England mit 3:2 gewann. Am Ende waren drei englische Spieler schwer und ein italienischer Spieler mittelschwer verletzt, interessanterweise der berühmt-berüchtigte Monti, der schon sehr früh – möglicherweise gezielt – vom Platz getreten wurde. Insgesamt meldeten sich nach diesem Spiel sieben englische Spieler krank.[1170] Mit anderen Worten: Das Spiel war eine fürchterliche Treterei, vor allem die Italiener, so zumindest lassen die Mitteilungen der Presse es vermuten, müssen trotz der Beseitigung Montis durch grobe Unsportlichkeiten aufgefallen sein. Die zwei Tore, die die Italiener beim Stand von 3:0 für England in der zweiten Halbzeit geschossen hatten, führten englische Blätter darauf zurück, dass manche englische Spieler schlicht Angst um ihre Knochen hatten. Natürlich sahen das die Italiener anders und machten die Engländer für das ausartende Spiel verantwortlich. Mussolini empfing seine Spieler daher in Rom als Helden.

In England war man danach froh, nicht an der Weltmeisterschaft teilgenommen zu haben, es genügte die Genugtuung, den Weltmeister besiegt zu haben. Hugo Meisl war natürlich bei dem Spiel in London anwesend und fühlte sich bemerkenswert verantwortlich. »Ich habe den ganzen heutigen Tag damit zugebracht, beruhigend auf beide Seiten einzuwirken«, berichtete Meisl einem Journalisten. »Keiner von den beiden gestrigen Gegnern will an den peinlichen Zwischenfällen des Wettspiels schuld sein, jeder mißt die Schuld dem anderen zu.«[1171] Meisl als selbsternannter Moderator oder Schlichter, oder hat man ihn gebeten? Wenn es von Meisl keine Anmaßung war, so beweist der Vorgang alleine schon die überragende Bedeutung Meisls als europäische Fußballgröße. Und als guter europäischer Fußballfunktionär war er tief davon betroffen, dass »leider fest steht, dass nach dem gestrigen Spiel derzeit eine Welle der Antipathie gegen den kontinentalen Sport hier in London zu verzeichnen ist.« Der Graben zwischen England und dem Kontinent hatte sich vergrößert. Und weiter kommt auch seine Verantwortung gegenüber Österreich zum Vorschein: »Ich hoffe, dass der englische Verband nicht alle Kontinental-Mannschaften derart beurteilt. Wir in Österreich haben nach dem Spiel gegen England keine Beschwerde erhalten und würden solche Vorgänge wie die am Mittwoch nicht begünstigen. Wir Österreicher wollen wieder in England spielen, und zwar wollen wir Fußball spielen, ob wir gewinnen oder verlieren.«[1172] Lässt sich da ganz, ganz leicht eine Missbilligung des italienischen Fußballs herauslesen?

Auch in den folgenden Jahren gelangen der österreichischen Nationalmannschaft einige aufsehenerregende Erfolge, allen voran der ersehnte Sieg über England am 6. Mai 1936 in Wien. Meisl führte weiterhin neue Talente auf die internationale Bühne, aber die große Zeit war unwiderruflich vorbei, Österreichs Fußball hatte seine dominierende Rolle, die er einige Jahre spielen konnte, verloren. Mehr und mehr Fußballgrößen Österreichs kehrten Wien den Rücken: Von wahren »Migrationsschüben« ins europäische Ausland spricht das *Sport-Abendblatt*, und mit Wehmut konstatiert es, dass Wien Europa fußballerisch nachgeradezu missioniere und selbst ausblute, eine Stadt, die wie kaum ein Land in der Welt, sieht man von England ab, Spitzenfußballer hervorgebracht habe und am Ende doch so wenig von ihnen hat.[1173] Nüchterne Zahlen belegen diesen Trend: So spielten im Jahre 1936 22 österreichische Spitzenfußballer in der französischen Liga, ein Jahr später waren es sogar 24.[1174] Wenn schon die Fußballspieler gehen, womit – um eine Bemerkung von Georg Stefan Troller aufzugreifen – konnte sich Wien dann noch identifizieren?

Allein im Theater bemühte man sich noch, die Wirklichkeit ins Wunschhafte zu verkehren. Am 28. Mai 1935 hatte im Wiener Scala-Theater ein Stück unter dem vielsagenden Titel »Halbzeit 2:0« Premiere, eine österreichische, besser gesagt wienerische Adaption des deutschen Erfolgsstückes von Georg Fraser: »Die elf Teufel«. Nun handelte es sich jedoch – im Gegensatz zum Original – nicht mehr um ein Pokalspiel zwischen guten Amateuren und bösen Profis, sondern die »gute« Mannschaft wurde kurzerhand zur österreichischen Nationalmannschaft umgestaltet, und als solche gewann sie zumindest auf der Bühne die Weltmeisterschaft gegen die bösen Italiener. Immerhin spielten (mit ausdrücklicher Erlaubnis des Vorstandes des ÖFB, der deswegen extra eine Sitzung abgehalten hatte) leibhaftige Nationalspieler mit, Platzer (der für den verletzten Sindelar einsprang), Schall, Horvath und Sesta. Und »*als Bundeskapitän bot* (der Regisseur des Stückes) *Dr. Beer selbst unter dem Namen Josef Stiegler eine gelungene Meisl Studie*«.[1175]

Programmzettel »Halbzeit 2:0« (1935).

»Die elf Teufel«

D 1927, 108 min
Regie: Zoltan Korda
Drehbuch: Walter Reisch
Kamera: Leopold Kutzleb, Paul Holzki
mit: Gustav Fröhlich, Evelyn Holt, Lissy Arna, Fritz Alberti, John Mylong-Münz,
Willi Forst

Im Jahre 1927 wurde in zahlreichen deutschen Lichtspielhäusern der abendfüllende Stummfilm »*Die elf Teufel*« gezeigt, mit großer Publikumsresonanz, was zum einen sicher an der Starbesetzung lag – die Hauptrolle spielte Gustav Fröhlich, in weiteren Rollen waren Willi Forst, Eveline Holt und Fritz Alberti zu sehen. Viele wollten den Film aber auch noch aus einem weiteren Grund sehen: Es ging um Fußball, ein Thema, das damals auch in Deutschland die Massen bewegte.

Die Handlung ist schnell erzählt. Tommy (Gustav Fröhlich) ist Mittelstürmer des armseligen kleinen Amateurvereins »Linda« – benannt nach Tommys Freundin (Eveline Holt), eine Art Maskottchen des Vereins. Zufällig beobachtet der englische (!) Trainer des mächtigen Profi-Clubs »International« (Fritz Alberti) Tommy beim Training und engagiert ihn. Doch als es der Zufall will, dass »Linda« gegen »International« antreten muss, entscheidet sich Tommy gegen das Geld und für seinen alten Kameraden und hilft »Linda«, die arroganten Profis zu besiegen.

Weder die Handlung, die von Unwahrscheinlichkeiten und Ungereimtheiten nur so strotzt, soll allerdings hier interessieren, noch die Tatsache, dass die eingestreuten Fußballszenen sich ausschließlich aus isolierten Einzelaktionen zusammensetzen, aus Zweikämpfen, Kopfbällen und Torwartleistungen; in keiner einzigen Szene ist so etwas wie Kombinationsspiel erkennbar, auch technische Kabinettstückchen sucht man vergeblich, mit einem Wort: Rumpelfußball.

Wir wollen vielmehr das Augenmerk auf die – auch ikonographisch vermittelte – Botschaft dieses Films lenken: Auf der einen Seite die ehrliche, bescheidene Welt der Amateur-Kicker, eine verschworene Gemeinschaft von Männern, die tagsüber ihrem harten Tagewerk nachgehen und abends im Vereinsheim ihre Groschen abliefern, um sich irgendwann einen eigenen Sportplatz leisten zu können, und auf der anderen Seite das dem Luxus frönende Milieu des Profifußballs, smokingtragende und stöckchenschwingende Nichtsnutze, die ihre Abende rauchend in feinen Etablissements zubringen, nachdem sie sich zuvor in luxuriösen Bade- und Massageeinrichtungen von den Anstrengungen des Trainings oder eines Spieles erholen konnten. Der Trainer selbst verfügt über eine Luxuskarosse mit dienstfrigem Fahrer und wohnt in einer Grunewald-Villa.

Sehr her, so ruft uns der Film zu, so sind sie, diese Profis, nichts als Fettlebe! Und dann foult auch noch der Profi-Mittelstürmer Biller (ist das nicht ein jüdischer Name?) unseren Tommy dermaßen brutal, dass er blutend und halb ohnmächtig vom Platz getragen werden muss, nicht ohne allerdings zuvor dem Schiedsrichter edelmütig versichert zu haben, dass er bitte Biller (Willi Forst) nicht vom Platz stellen möge, es sei sicher keine Absicht gewesen.

Da ist es nur recht und billig, dass die elf Amateur-Teufel vom FC Linda die verwöhnten International-Profis besiegen und sich feiern lassen dürfen.

KAPITEL 15
Die letzten Jahre – der letzte Triumph

Weiterwursteln im Ständestaat

Anfang 1934 betrug die Zahl der Arbeitslosen in Österreich 777.000, das entsprach einer Arbeitslosenraten von 38,5%, mehr als jeder dritte arbeitswillige Österreicher war somit arbeitslos, ein existenzbedrohendes Legitimationsproblem für die Republik. Hinzu kam außenpolitischer Druck Mussolinis, der endlich die faschistische Achse Italien – Österreich – Ungarn verwirklicht sehen wollte. Bundeskanzler Dollfuß löste die Situation dadurch, dass er am 12. Februar einen blutigen Bürgerkrieg gegen die Arbeiterbewegung inszenierte und einen diktatorischen Ständestaat errichtete. Der kleine Diktator konnte sich allerdings nur wenige Monate seiner Macht erfreuen, im Sommer wurde er seinerseits von Nazis bei einem Putschversuch ermordet.

Auch für Hugo Meisl war 1934 kein gutes Jahr gewesen, beruflich wie privat. Die Komplikationen im Mitropa-Cup, die misslungene Weltmeisterschaft, der gescheiterte Neuaufbau der Nationalmannschaft, das nachlassende Publikumsinteresse, der Tod seines Freundes Herbert Chapman, Meisls Trennung von seiner Familie, all dies hinterließ Spuren. Das Testament Meisls ist nicht zufällig vom 21. September 1934 datiert.

Auch der Sieg der Austro-Faschisten im Februar 1934 kann Hugo Meisl, der mit vielen Sozialdemokraten befreundet war[1176], nicht gleichgültig gelassen haben, zumal die Heimwehr seine eigene Familie beschossen hatte. Und nun ging der neu errichtete Ständestaat auch noch dazu über, alle Bereiche des öffentlichen Lebens unter seine Kontrolle zu bringen. Dabei war die Zerschlagung der Arbeiterbewegung nur der erste Schritt. Es ging um mehr, es ging um den Kampf gegen die Dominanz des verhassten multikulturellen »roten« Wiens über die katholisch-konservative Provinz.

Dieser Kampf wurde auch sportpolitisch ausgetragen. Dass die Wiener Arbeitersportvereine aufgelöst wurden, versteht sich fast von selbst. Die Clubleitungen der bisherigen sozialistischen Fußballsportvereine wurden »selbstverständlich«, wie die *Reichspost* anmerkt, in die Wüste geschickt,[1177] deren Vereinsmitglieder sollten aber weiterhin den Sport ausüben können, im Sinne des von Dr. Dollfuß propagierten »Versöhnungsgedankens«, schrieb die *Reichspost*. Und die *Neue Freie Presse* formulierte: »[…] es steht bereits fest, dass die in Betracht kommenden Sportanlagen nunmehr in den Dienst des unpolitisch orientierten Sports gestellt werden, soweit nicht Arbeitervereine als unpolitische auferstehen.«[1178]

Welch hohen Stellenwert diesem Vorgang beigemessen wurde, zeigt die Tatsache, dass die Frage, was mit den Sportplätzen der aufgelösten Arbeitervereine geschehen sollte, nicht etwa vom ÖFB oder vom WFV geregelt wurde, sondern am 10. März 1934 im Bundeskanzleramt – ohne direkte Beteiligung der Fußballverbände. Lediglich auf der Fachleiterebene des staatlichen Sportkollegiums gab es Besprechungen mit den Vertretern der Fußballverbände, an denen neben Josef Gerö auch Hugo Meisl zugegen war. Dabei ging es um die Eingliederung des VAFÖ in die allgemeine Organisation des ÖFB.[1179]

Ergebnis der Besprechung im Bundeskanzleramt war, dass die größeren der bisherigen Sportanlagen der Arbeitervereine, die alle in dicht besiedelten Gebieten lagen, nun neben anderen Organisationen wie den christlich deutschen Turnern, der Heimwehr oder dem Reichsbund der katholischen Jugend auch den großen Profivereinen zur Verfügung stehen sollten. So sollte z.B. die Austria auf dem Red-Star-Platz eine neue Heimstätte finden, sich aber die Spielstätte mit der Nachfolgeorganisation von Red-Star und der Christlich Deutschen Turnerschaft teilen.

Absicht war offensichtlich, bürgerliche Vereine in proletarischen Gegenden zu verankern. Hugo Meisl versuchte, nicht ohne Skepsis, das Positive an dieser Maßnahme zu sehen: »Wenn diese Kombination glücklich und reibungslos durchgeführt wird, könne man unbeschadet aller wirtschaftlichen Verhältnisse, in Zukunft wohl auf Besuchermassen von 40.000 bis 50.000 allsonntäglich bei den Wiener Wettspielen rechnen.«[1180]

Aber daraus wurde nichts. Die Vereine und ihr Anhang nahmen ihre neue »Heimat« nicht an. Die Austria zum Beispiel trug ihre Heimspiele weiterhin im Stadion, fallweise auch auf dem Rapidplatz oder der Hohen Warte aus.[1181]

Überhaupt scheint zumindest der Wiener Fußballverband wenig kooperativ gewesen zu sein, was die Umsetzung der ständestaatlichen Vorstellungen betraf. Vielmehr leistete er sogar erfolgreichen Widerstand dagegen, dass die Arbeitervereine auf Dauer von dem Spielbetrieb ausgeschlossen werden sollten. Vor allem der Vorsitzende des Wiener Verbandes, Dr. Josef Gerö, bemühte sich offenbar, diese Angelegenheit so zu erledigen, dass diejenigen Arbeitervereine, die ihren politischen Anspruch aufgaben, ohne allzu große politische Probleme weiter existieren konnten. Stecewicz spricht gar von der großen »Fußball-Bruderschaft«.[1182] Auch von Hugo Meisl wird berichtet, dass er sich »dafür eingesetzt habe, den Fußballvereinen der VAFÖ ihre Plätze und ihren Weiterbestand in irgendeiner Form zu sichern«.[1183]

Die Zerschlagung des sozialdemokratischen Arbeitersports war nur der erste sportpolitische Schritt der Regierung. Man wollte mehr: Der Sport sollte nach italienischem Vorbild instrumentalisiert werden zur Förderung eines eigenständigen österreichischen Nationalgefühls, des »Österreich-Gedankens«, um so die Legitimationsbasis des Regimes zu stärken.

Der ganze Sportbereich in Österreich wurde daher unter eine einheitliche Führung gestellt, die verschiedenen Sportarten in Gruppen zusammengefasst, an deren Spitze je ein Gruppenführer stand. Der Fußball bildete eine eigene Gruppe, zu deren Führer zunächst Willy Schmieger ernannt wurde.[1184] Schon ein Jahr später gab er allerdings auf und wurde durch Dr. Eberstaller, den Präsidenten des ÖFB, ersetzt.[1185]

Dem Fußballbetrieb als der bei Weitem populärsten Sportart war eine zentrale Rolle bei der Herausbildung eines »Österreich-Gefühls« zugedacht. Bereits die patriotischen Gefühlsaufwallungen, die das Wunderteam hervorgerufen hatte und die in der geradezu hysterischen Anteilnahme am »Jahrhundertspiel« gegen England 1932 kulminierten, hatten erkennen lassen, welch gemeinschaftsbildendes Potenzial dieser Sportart innewohnte.

Allerdings hatte das Wunderteam ebenso wie die Profiliga in den Augen der Führung einen entscheidenden Fehler: Es bestand nur aus Wienern. Also wurden zwei Strategien mit dem Ziel der »Österreichisierung« entwickelt: Zum einen sollte die Wiener Profiliga in eine österreichische Staatsliga umgewandelt werden, in der auch Mannschaften aus der Provinz vertreten sein sollten. Und zum anderen forcierte man den Aufbau einer kampfstarken Amateurmannschaft mit Perspektive auf die Olympischen Spiele 1936 in Berlin, die sich in erster Linie aus Spielern rekrutieren sollte, die nicht aus Wien, sondern aus der »Provinz« stammten.

Wie sich Hugo Meisl diesen Plänen gegenüber fühlte, kann man sich vorstellen. Dem kosmopolitischen und in internationalen Dimensionen denkenden Hugo Meisl mussten diese Bestrebungen als im wahrsten Sinne des Wortes übelster Provinzialismus erscheinen. Aber er war Generalsekretär des ÖFB und zugleich dessen Teamchef und musste sich mit den Gegebenheiten irgendwie arrangieren.

Mit welchen Zumutungen sich Hugo Meisl dabei herumschlagen musste, zeigt die Tatsache, dass er beispielsweise 1936 damit beauftragt wurde, eine Mannschaft aufzustellen und zu betreuen, die am 4. November ein Spiel gegen eine »Auswahl des Heeressportverbandes« zugunsten der »Fliegerspende der Luftwaffe« austragen sollte.[1186] Ursprünglich sollte sogar die Nationalmannschaft mit allen Spitzenspielern antreten, ein Probespiel für das bevorstehende Länderspiel gegen die Schweiz,[1187] aber Meisl hat das offenbar zu verhindern gewusst und trat mit einer Wiener Nachwuchself an.

Ein schönes Beispiel übrigens für Meisls Umgang mit den herrschenden Verhältnissen: sich »durchwursteln«, versuchen, das Schlimmste zu verhüten, sich aber durchaus auch in das Unvermeidliche schicken, wenn es seinem geliebten Fußballsport nützte. So kam es noch 1934 zu dem vielfach abgebildeten Händedruck zwischen Dollfuß und Meisl im vollbesetzten Stadion an der Hohen Warte.

So akzeptierte Hugo Meisl auch, dass 1936 seine Mannschaft und er selbst sich vor dem Spiel gegen Italien in einer Art Uniform präsentieren mussten, sozusagen als Soldaten Österreichs. Und so war Meisl schließlich auch bereit, sozusagen als Belohnung für das gute

Hugo Meisl begrüßt Bundeskanzler Dollfuß im Stadion an der Hohen Warte (1933).

Abschneiden bei den Olympischen Spielen in Berlin, einen Nicht-Wiener Amateur für die Nationalmannschaft zu nominieren: Am 27. September 1936 trafen in Budapest Ungarn und Österreich zum 80. Mal aufeinander, und auf Linksaußen spielte Franz Fuchsberger vom SV Urfahr, einem Linzer Vorort. Fuchsberger hielt sich wacker, schlug eine Flanke, die Sindelar zum 3:4-Anschlusstreffer verwandelte; das Spiel ging allerdings dennoch 3:5 verloren.

Was bekam Meisl dafür? Immerhin gab es seit Anfang 1935 eine kleine Steuersenkung für die notleidenden Vereine.

Ähnlich verfuhr Meisl mit dem politischen Wunsch nach einer österreichischen Staatsliga. Er hütete sich, dagegen Stellung zu beziehen, aber er beteiligte sich auch in keiner Weise an den entsprechenden Planungen. Stattdessen überließ er es anderen, nach Wegen zu suchen, wie dem politischen Druck entsprochen werden konnte, der noch dadurch verstärkt wurde, dass die wirtschaftliche Lage der meisten Vereine nach wie vor desolat war.

Der Wunsch der Führung war eindeutig. Aber wie sollte er verwirklicht werden? Ende 1935 kursierten Gerüchte, dass am Ende der Saison fünf erstklassige Vereine absteigen sollten.[1188] Im Januar konkretisierten sich diese Vorstellungen: Die sieben zu diesem Zeitpunkt erfolgreicheren Erstligavereine schlugen vor, die Zahl der Wiener Vereine in der zu schaffenden Nationalliga auf neun zu reduzieren, drei Wiener Vereine sollten absteigen. Die bedrohten Vereine opponierten heftig gegen diese Vorschläge.[1189] Diesem Interessenskonflikt musste zunächst Tribut gezollt werden, man vertagte die Reformbestrebungen, und die *Reichspost* titulierte im März 1936 etwas voreilig: »Ruhmloses Ende der Fußballreform.«[1190]

Allerdings war der wirtschaftliche, vor allem aber der politische Druck viel zu groß, als dass sich die Vereine derart aus der Sache hätten herauswinden können. So wurde ein Komitee gebildet, dem die Herren Schidrowitz (Rapid), Kolisch (Hakoah) und Mahr (2. Liga) angehörten – bezeichnenderweise aber nicht der allmächtige Generalsekretär Hugo Meisl. Im Juli legte das Komitee Vorschläge zu einer Fußballreform der entscheidenden politischen Instanz, der »Sport- und Turnfront« vor,[1191] der Plan wurde politisch abgesegnet und vom ÖFB am 26. Juli »anerkannt«, wie es die *Reichspost* ausdrückte.[1192]

Die oberste Klasse des Spielbetriebes wurde nun zu einer »Nationalliga« mit zehn Vereinen umgestaltet. Dabei sollte dem Meister der Steiermark durch Qualifikationsspiele die Möglichkeit gegeben werden, in diese oberste Fußballliga aufzusteigen. Ein Plan durchaus im Sinne Hugo Meisls. Denn es kam, wie es kommen musste: Die Qualifikation misslang, und so blieb in der Saison 1937/38 letztlich alles beim Alten: Die Wiener Liga wurde faktisch – wenn auch reduziert – weitergeführt, lediglich der Name hatte sich geändert.[1193]

Die »Provinzialisierung« der obersten österreichischen Fußballliga sollte erst in der nächsten Saison nach der Machtergreifung durch die Nazis vollzogen werden, die der nunmehrigen Gauliga kurzerhand drei Provinzvereine zuordneten.

Silbermedaille für das Amateur-Team Österreich

Hatte sich Hugo Meisls Zurückhaltung hinsichtlich der Nationalliga durchaus bewährt, so verfuhr er beim Thema »Amateurmannschaft« wesentlich offensiver. Er begrüßte den Vorschlag, ein starkes Amateurteam mit Hinblick auf die Olympischen Spiele 1936 in Berlin auszubilden, auf das Lebhafteste. Und er hatte auch gleich einen Vorschlag, welcher Mann für diese Aufgabe am besten geeignet wäre: Niemand anders als sein alter Freund Jimmy Hogan.

Ohne Zweifel ein geschickter Schachzug. Hogans Kompetenz war über alle Zweifel erhaben, hatte er doch Österreichs Nationalteam immer wieder erfolgreich betreut. Außerdem war Hogan gläubiger Katholik, was für die Akzeptanz seitens der Klerikalfaschisten sorgte.

Hogan, der seit 1934 den FC Fulham trainierte, war sofort bereit, nach Wien zu kommen, und so konnte sich Hugo Meisl auf eine wunderbare Zusammenarbeit freuen, denn es war klar, dass sich Hogan nicht nur um die Amateure kümmern würde, sondern Meisl auch beim Aufbau einer starken Profi-Nationalmannschaft unterstützen würde – schließlich stand im Frühling 1936 ein Länderspiel gegen England an.

Bereits im Juli 1935 stürzte sich Jimmy Hogan mit Feuereifer in seine Arbeit, bereiste fortan die ganze Republik, führte in den verschiedenen Bundesländern intensive Sichtungslehrgänge durch, vermittelte neue Trainingsmethoden und hatte ein Jahr später einen starken Kader zusammengestellt, dem auftragsgemäß überwiegend Spieler aus der »Provinz« angehörten.

Im August 1936 war es so weit. Die Nazis riefen die Jugend der Welt, und (fast) alle kamen. Boykottbestrebungen waren angesichts der Beteuerung der Nazis, niemand würde wegen seiner Rasse Probleme bekommen, sehr schnell zerbröckelt. Zwar hatte es gerade unter Österreichs jüdischen Sportlern im Vorfeld heftige Diskussionen darüber gegeben, ob man ein Land durch seine Teilnahme aufwerten dürfe, das gerade erst mit den Nürnberger Gesetzen seine jüdischen Mitbürger entrechtet hatte. Tatsächlich lehnten es eine ganze Reihe jüdischer Spitzensportler ab, in Berlin zu starten. Aber Hugo Meisl brachte dafür nicht das geringste Verständnis auf. »Die sollen nicht Politik betreiben, sondern Sport!«, schimpfte er.[1194] Ihm schien dies dem Zweck des Sports diametral entgegenzulaufen, der auf Verständigung und internationalen Austausch angelegt war. Von dieser Haltung brachte ihn auch nicht das Schicksal seines Bruders Willy ab, der bereits 1934 vor den Nazis nach England flüchten musste. Und so hatte Hugo Meisl auch nicht die geringsten Bedenken, zum FIFA-Kongress nach Berlin zu reisen. Im Gegenteil, er genoss die olympischen Veranstaltungen, kaufte seinen Töchtern jeweils einen hübschen Seidenschal mit den Fahnen der teilnehmenden Länder mitsamt Olympiaflagge und Hakenkreuzemblem und beobachtete die Spiele des von Jimmy Hogan betreuten österreichischen Amateurteams.

Hogans Schützlinge schlugen sich prächtig. In der ersten Runde wurde Ägypten sicher mit 3:1 besiegt. In der zweiten Runde allerdings lief die Begegnung gegen Peru völlig aus dem Ruder. Österreich führte bereits 2:0, dann gelang es den Peruanern auf 2:2 auszugleichen. In der Verlängerung geriet das Spiel aus den Fugen, nachdem Peru 4:2 in Führung gegangen war: Die Zuschauer stürmten den Platz, der Schiedsrichter brach die Begegnung ab. Michael John vermutet, vielleicht zu Recht, bei den Zuschauerkrawallen einen »eindeutig rassistischen Hintergrund«. Demnach war ein Foul am Österreicher Krenn der Auslöser für das schon das ganze Spiel über mit den Österreichern fraternisierende Publikum, alle Zurückhaltung zu vergessen: »[…] die Barrieren wurden übersprungen, Zuschauer strömten aufs Feld, Peruaner wurden attackiert, als ›Affen‹ und ›Neger‹ beschimpft […]«.[1195]

Der ÖFB legte gegen die Wertung des Spieles Protest ein, da es nicht zu Ende geführt worden war, und die FIFA setzte tatsächlich ein neues Spiel unter Ausschluss des Publikums an. Die Peruaner waren empört und dachten gar nicht daran, erneut anzutreten, da sie ihrer Meinung nach ja bereits gewonnen hatten. Die Österreicher waren dagegen pünktlich zum Geisterspiel zur Stelle, der Schiedsrichter stellte pro forma fest, dass der Gegner nicht angetreten war, und erklärte Österreich zum Sieger mit 2:0.

In der nächsten Runde wurde vor sage und schreibe 90.000 Zuschauern im Olympiastadion Polen mit 3:1 ausgeschaltet, und so standen Hogans Burschen im olympischen Endspiel, wo sie sich vor 100.000 Zuschauern gegen die mit einigen Erstligaspielern antretenden Italiener hervorragend hielten. Erst in der Verlängerung konnte Italien das Spiel mit 2:1 für sich entscheiden.

Die Deutschen, der Top-Favorit des Turniers, die formal den Amateurstatus genossen und daher mit ihrer kompletten Nationalmannschaft antreten durften, waren übrigens bereits in der Vorrunde gegen Norwegen sang- und klanglos ausgeschieden, was Trainer Otto Nerz den Posten kostete.

Das iberische Abenteuer

Wie von Hugo Meisl geplant, fand Jimmy Hogan genügend Zeit und Gelegenheit, sich auch um die Profi-Nationalmannschaft zu kümmern. So begleitete er Anfang 1936 das österreichische Nationalteam auf eine tor- und erlebnisreiche Länderspielreise auf die Iberische Halbinsel.

Am Montag vor der Abreise hatte neben dem Stadion das letzte Konditionstraining stattgefunden, unter Leitung von Hugo Meisl, Jimmy Hogan und, offenbar zum ersten Mal, des Altinternationalen Luigi Hussak. Zudem wurde auch noch Konditionstrainer Harry Götz ins Betreuerteam aufgenommen.[1196] Wie schon für das Spiel gegen Italien im Frühjahr 1935 stand Hugo Meisl nun ein ganzer Trainerstab zur Seite.

Am 19. Januar trat Österreich in Madrid gegen den verhinderten Weltmeister Spanien an, bei dem allerdings der legendäre Zamora seine Karriere beendet hatte. Das Spiel in Spanien war von besonderer Bedeutung, denn schließlich waren die Spanier bei der WM nur durch die geschilderten skandalösen Umstände gegen Italien ausgeschieden, ebenso wie eine Runde später Österreich. Vielen galt Spanien als die stärkste Mannschaft des WM-Turniers.

Meisl hatte wieder ein Team aus bewährten und neuen Kräften zusammengestellt, die Flügel bildeten wie zu Wunderteam-Zeiten Zischek und A. Vogl, im Innensturm standen dieses Mal allerdings Hahnemann und Bican, der jetzt für Admira spielte, sowie Binder. Beim Stande von 1:1 wurde Vogl allerdings erneut am Knie verletzt. Für ihn kam Hanreiter (Wacker) ins Team, und er sollte das Spiel entscheiden: Nachdem die Spanier nach einer Stunde mit 4:3 geführt hatten, köpfte und schoss der kleine Hanreiter innerhalb von vier Minuten zwei Tore, Österreich siegt mit 5:4. Ein echter Triumph, denn Spanien war bis dahin auf heimischem Boden ungeschlagen.

Der Präsident des spanischen Verbandes hob beim Festbankett vor allem die überragenden Leistungen des Stürmerspiels der Österreicher hervor (bei diesem Ergebnis auch nahe liegend), von dem er sogar meinte, dass ein solches »in gleicher Vollendung auf der iberischen Halbinsel noch nicht zu sehen war«.[1197] Die *Reichspost* vergaß natürlich auch nicht zu erwähnen, dass der oberste Sportführer und damals noch Vizekanzler Fürst Starhemberg ein Glückwunschtelegramm an die Mannschaft schickte: »Zu Ihrem schönen Erfolg, den Sie gegen einen so starken und berühmten Gegner für die österreichischen Farben errungen haben, meinen herzlichsten Glückwunsch.«[1198]

Eine Woche später traf man in Porto erstmals auf Portugal. Die Österreicher waren überlegen, allerdings mussten sie nach einer schweren Verletzung des Läufers Theodor Wagner umstellen: Hahnemann übernahm dessen Position, Hanreiter wechselte auf halbrechts und überließ Vogl seine Position. Auch nach dieser Umstellung beherrschten die Österreicher das Spiel und gewannen mit 3:2.

Auch über dieses Spiel kabelte Meisl einen ausführlichen Bericht nach Hause, der auch die bemerkenswerten Reiseumstände beschrieb: »Noch nie«, so betont Meisl, »ging eine österreichische Auswahlelf unter so ungünstigen Vorbedingungen in den Kampf wie im sonntägigen Länderspiel gegen Portugal.« Dafür war laut Meisls maßgeblich die Nervenanspannung verantwortlich, die das Spiel gegen Spanien gekostet hatte, die trotz des Sieges in den nächsten Tagen nicht recht abgebaut werden konnte. Dazu trugen nicht unwesentlich die Umstände der Reise nach Portugal bei:

»Schon bei der Abfahrt von Madrid bereitete man uns vor, dass die Reise nach Oporto und der Aufenthalt dortselbst nicht geringe Anforderungen an die österreichische Expedition stellen wird. Unsere spanischen Freunde haben Recht behalten. Die Zugverbindung nach Oporto war die denkbar schlechteste: täglich geht nur ein Morgenzug, der in 14 Stunden nach Oporto fährt, dazwischen gibt es nur einen Bummler. Ab Salamanca fährt kein Speisewagen, das hieß, dass man von 12 Uhr mittags bis zehn Uhr abends keine Möglichkeit hatte, Essen zu bekommen, es sei denn, dass man sich mit dem vom Speisewagenkellner schlecht und unzureichend hergerichteten ›Speisepaket‹ begnügte. Auch die Tafel auf dem Madrider Waggon, die besagte, er ginge bis Oporto, war eine Falschmeldung. Man weiß genau, dass das Material dieser Eisenbahnwagen kein solches ist, das einer so ›langen‹ Reise widerstehen könnte und wechselt daher an der Grenze die Garnitur.

Die peinlichste Überraschung aber harrte unser an der Grenze, ich habe bei meinen jahrelangen Reisen mit dem Team in allen Teilen der Welt noch keine solche Zollabfertigung erlebt, wie diesmal bei Betreten portugiesischen Bodens. Wir mussten alle aus dem Zug, auf Kommando in Reih' und Glied vor den Zollbeamten antreten, die unsere Koffer viertelstundlang durchwühlten, selbstverständlich aber keine zollpflichtigen Gegenstände fanden. [....] Alle Versuche, die unangenehme Prozedur mit Hinweis auf die offizielle österreichische Nationalmannschaft nach Tunlichkeit abzukürzen, scheiterten, man wollte uns nicht verstehen.

Die Weiterreise war wenig geeignet, die gedrückte Stimmung der Mannschaft zu heben. Obwohl die ganze Expedition angemeldet war, schien doch kein Platz für sie in dem Zug zu sein, der bloß aus drei Waggons bestand, davon nur einem kombinierten erster und zweiter Klasse, die zweite war derart eingerichtet, dass in engen, schmalen Coupés gerade zur Not acht Spieler untergebracht werden konnten. In Reigua gab es endlich einen Lichtblick: Tee mit Sandwichs und warmes Wasser zum Reinigen.«[1199]

Eine Art Reise an das Ende der Welt, so will es scheinen.

Porzellanfigur: Begrüßungsgeschenk des portugiesischen Fußballverbandes für Hugo Meisl (1936).

Zwar bemühten sich die portugiesischen Offiziellen, durch sehr freundliche Aufnahme die Stimmung der Mannschaft wieder etwas anzuheben, aber zu allem Unglück war das Wetter in Porto trostlos: Es regnete drei Tage lang ohne Unterlass, und dann kam der »fast irreguläre, graslose Boden« des Fußballplatzes hinzu. Umso höher schätzte Meisl den anschließenden Erfolg ein, und er führte ihn, nicht unpathetisch formuliert, auf die Einstellung der Mannschaft zurück: »Aber ein Wille beseelte alle Spieler: wir müssen siegen!« Und das taten sie denn auch.

Die Rückreise nach Wien geriet wieder zu einer politischen Demonstration: In Salzburg, Linz und Wien wurde die Mannschaft von politischen Repräsentanten empfangen, in Linz von Landessportkommissär Weiß-Teuffel, in Wien von Baron Seyfferitz.[1200]

Spätes Meisterstück. Der Sieg über England

Die Ergebnisse der nächsten Spiele waren ernüchternd, einem Unentschieden gegen die Tschechoslowakei folgte eine Heimniederlage gegen Ungarn. Meisl kommentierte lapidar: »Unser Spiel ist umständlich geworden.«[1201] Eine Woche später redete er seinen ganzen Frust von der Seele: »Unser Team hat […] absolut unfruchtbar gespielt. Unsere Fußballer waren langsam im Denken und dem gemäß auch im Handeln.« Und dann suchte er die Schuld bei anderen. Bei den Spielern, bei den Zeitungen und am Ende im Wandel der Zeiten: »Es fehlte den Spielern an Herz. Früher einmal, ja, da ist man hineingegangen, auch wenn man gewusst hat, dass man dabei zwei Zähne verliert. Das fehlt jetzt. Es ist halt eine andere Generation.«[1202] Fast klingt das wie der Abgesang eines alternden Strategen, der vergangenen Zeiten nachtrauert, dabei stand doch noch das große Spiel bevor, die Revanche gegen England.

Die Niederlage gegen England im »Jahrhundertspiel« Ende 1932 war unglücklich zustande gekommen, allgemein galt Österreich als das Team mit der besseren Spielanlage. Aber was nützte das? Was zählte, war letztlich nur der Sieg.

Schon 1933 hatte Meisl sich daher persönlich in Gesprächen mit Wall bemüht, eine Revanche für das Spiel auf dem Chelsea-Platz zu erreichen. Wall hatte ihm auch schon versprochen, dass es im Frühjahr 1934 dazu kommen solle.[1203] Aber der Verbandsvorstand der FA zögerte immer wieder, und so einigte man sich schließlich nach mehreren Interventionen Meisls auf den Termin im Jahre 1936.

Der Redakteur der *Reichspost*, Otto Howorka, schildert die hektischen Aktivitäten im Verbandsheim zur Vorbereitung des Länderspieles: »Ununterbrochen spielt der Draht und das Telefon zwischen Wien und London.« Da war Meisl in seinem Element, mehr Sorgen bereitete ihm die Mannschaftaufstellung: »*Wir sind, wie schon das letzte Länderspiel bewiesen hat, in einem Wellental und was ich am Sonntag bei der Meisterschafts-Doppelveranstaltung Admira – Austria und Rapid – WAC zu sehen bekam, war wenig erfreulich. Mir fehlen vor allem Flügelläufer und Flügelstürmer.* Die Situation für die Aufstellung des Verteidigerpaares ist leichter, wenngleich nicht zu verkennen ist, dass Sesta in letzter Zeit nachgelassen hat und namentlich in taktischer Hinsicht viel zu wünschen übrig lässt. Aber ich habe keinen Besseren und so wird das Backpaar wieder Sesta – Schmaus heißen, während ich für den Torwächterposten wieder Raftl verwenden werde. Als Mittelläufer kommt Smistik, der einzige, der seine Standardform in den letzten Wochen ausspielen konnte, in Betracht. Als linken Seitenläufer ziehe ich Nausch in Kombination, wer rechts spielen wird, darüber bin ich mir noch nicht klar. Für den Angriff wird *wieder Bican verwendet werden. Er ist, wie immer man die Dinge nehmen will, doch ein ganz großes Fußballtalent.*

Nach den Erfahrungen des Länderkampfes gegen Ungarn halte ich es für angezeigt, in erster Linie Spieler mit großer Routine und technischer Reife zu verwenden. So ist es nicht ausgeschlossen, dass ich abermals auf Sindelar zurückkomme und ihm als Nebenmann seinen Klubkameraden Stroh zur Seite stelle.«[1204]

Tatsächlich entschied sich Meisl für diese Variante. Wie wichtig ihm gerade dieses Spiel war, mag durch die Erinnerungen Bicans belegt werden, der kurz vor seinem Tode folgenden Hergang beschrieb:

»*Eines Tages, im April 1936, sagte mir (Rapid-)Trainer Edi Bauer: Pepi, der Hugo Meisl will, dass du zu ihm nach Hause kommst. Das ist noch nie passiert, dass ein Spieler zu ihm nach Hause kommen durfte. Er sagte mir noch, wo er wohnte. Als ich zu ihm kam, sagte er ›Setzen Sie sich!‹ (es gab nichts zu trinken und fuhr fort) ›Wissen Sie, dass wir in zwei Wochen gegen England spielen, Pepi, Sie werden Centerstürmer spielen.‹ Ich fragte darauf, und was der Herr Sindelar? ›Der Sindi spielt nicht, Sie sind besser!‹ Ich antwortete, nein Herr Meisl, aber ich glaube, dass es besser ist, wenn Sie niemanden haben, dass ich Linksverbinder spielen kann, wenn es möglich ist. Daraufhin sagte er: ›Nein, Sie sind schneller, außerdem müssen wir gegen England gewinnen.‹ Ich sagte dann nochmals, Herr Meisl, ich kann Linksverbinder spielen und gebe alles in diesem Spiel und ich sage Ihnen, wir werden gewinnen. ›Glauben Sie das?‹ Ich antwortete, ja Herr Meisl.«*[1205]

Meisl befolgte tatsächlich Bicans Rat. Sindelar kehrte wieder in die Sturmmitte zurück, unterstützt von seinen Teamkollegen Stroh und Viertl, halblinks spielte Bican. Nausch stand wieder in der Läuferreihe, auf dem linken Flügel wurde der verletzte Zischek ersetzt durch den Debütanten Geiter vom Sportklub.

Im Vorfeld äußerte Meisl Worte, die fast nach Abschiedsvorstellung klingen: »*Obwohl mancher der in die Nationalmannschaft berufenen Spieler schon bessere Tage hinter sich hat, trotzdem der eine oder andere nicht auf Grund seiner überragenden Form in der letzten Zeit, sondern wegen seines festen Charakters ins Team gestellt wurde […], müssen wir dennoch mit Zuversicht hoffen, dass auch diese Elf ungeachtet der minder günstigen Spielform befähigt sein wird, das typisch wienerische Spiel, das in dem geistreichen und immer beschwingten flachen Kurzpassspiel besteht, vorzuführen und die Erinnerung an unsere Glanzzeit lebendig zu erhalten.«*[1206]

Dann war es so weit. Als Schiedsrichter wirkte auf Meisls Wunsch einer der besten Referees seiner Zeit, der Belgier Langenus, der aus mehr oder weniger rätselhaften (bzw. offensichtlichen) Gründen bei der WM in Italien nicht das Endspiel hatte pfeifen dürfen. Meisl war überzeugt, das Spiel gewinnen zu können, wenn die Österreicher in den ersten 20 Minuten eine Führung erzielten: »*Wir werden zwei oder drei Tore erzielen und dann gezwungen sein, zu verteidigen.«*[1207]

Genau so kam es vor 60.000 begeisterten Zuschauern. Sindelar legte los wie in alten Tagen: In der 12. Minute dribbelte er sich in seiner unnachahmlichen Art durch, legt den Ball auf Viertl, und schon stand es 1:0. Nur fünf Minuten später spielte Sindelar einen Traumpass auf den Neuling Geiter, der lief alleine auf den Torwart zu, behielt die Nerven und hob den Ball über den Keeper zum 2:0. In der zweiten Hälfte erhöhten die Engländer den Druck. Hugo Meisl war kaum noch zu halten, in der zweiten Halbzeit begab er sich immer wieder hinter das österreichische Tor, bisweilen legte er sich auf den Rasen neben das Tor, kurz hinter der Außenlinie so dem Gras ganz nahe, aus der Ballperspektive gewissermaßen, als ob er die englischen Stürmer durch den Blickkontakt mit Ball und Füßen am Toreschießen hindern wollte.¹²⁰⁸ Bei Gegenangriffen seiner Mannschaft rannte er an der Seitenlinie mit, als ein weiterer Flügelstürmer gewissermaßen, bisweilen auch ohne seinen obligatorischen Bowler, der bei seinen Bewegungen herunterfiel. Tatsächlich gelang den Engländern nur noch ein Anschlusstreffer.

Endlich hatte Österreich wieder gegen einen großen Gegner gewonnen – und erstmals gegen England, für Hugo Meisl ganz sicher einer der schönsten Augenblicke seines Lebens. Immer hatte Meisl England als Maßstab des Fußballkönnens herangezogen; noch 1934 hatte er angesichts der Spiele von Rapid in Schottland erklärt, dass er sich in seiner Ansicht bestärkt sähe, »dass die britische Klasse uns noch um ein beträchtliches Stück überlegen ist. Die Riesenauswahl von Spielern, deren Kondition und die ganze Tradition des großbritannischen Fußballsportes können, schon mit Rücksicht auf das Alter des Fußballbetriebes drüben, vom Kontinent noch nicht erreicht sein.«¹²⁰⁹ Man wird Norman Fox daher sicher zustimmen können, wenn er feststellt: Dieser Erfolg »must have been immensely satisfying for Meisl«.¹²¹⁰

Auch die Presse triumphierte. Wieder sprach man von einen Systemkampf zwischen Mitteleuropa und England, glaubte die mangelnde Individualität der englischen Spieler beobachtet zu haben und gestand Sindelar eine überragende Leistung zu, wenn auch unverkennbar gewesen sei, dass »er nicht mehr der Jüngste« war und mit zunehmender Spieldauer kraftlos wurde.¹²¹¹

Meisl kommentierte diplomatisch, aber doch voller Stolz: »Ein schöner Kampf, den wir dank des besseren geistigen Konzeptes unserer Spieler entschieden haben. Die Engländer haben gezeigt, dass sie noch immer in Ballbehandlung und an Schnelligkeit unübertrefflich sind.« Auch der weitgereiste Schiedsrichter Langenus, der schon 1932 in London dabei gewesen war, stellte fest: »Die Österreicher haben den Sieg verdient, den sie schon in der ersten Spielhälfte dank ihrer höheren Spielkultur sicherstellten. Nach der Pause zwangen die Engländer ihre Spielmethode den Wienern auf, die dadurch zu einem Defensivkampf gedrängt wurden, den sie allerdings erfolgreich bestanden.«

Nichts aber erfüllte die Österreicher und Hugo Meisl mit so viel Stolz wie die Kommentare zweier Engländer: »Es war wonderful. Österreichs Fußball ist noch immer führend am Kontinent. Es gibt keine Ausflüchte, der Sieg ist verdient,« erklärte der Leiter des englischen Teams, Wreford-Brown. Und der spätere FIFA-Präsident Stanley Rous, Nachfolger des 1934 gestorbenen Sir Frederick Wall als Generalsekretär der FA, stellte fest: »Wir brachten unsere stärkste Mannschaft nach Wien und erkennen neidlos die Überlegenheit der Österreicher in dem gestrigen Kampfe an. Sie haben zeitweise geradezu verblüffend gespielt. Sindelar war viel besser als seinerzeit in Stamford Bridge, und Nausch wäre der ideale Half für jede englische Ligamannschaft.«¹²¹²

Noch Tage später zitierte die österreichische Presse die überschwänglichen Kommentare aus ganz Fußballeuropa, die den österreichischen Sieg als Triumph erscheinen ließen und auch Sindelar begeistert feierten. Ein ungarischer Journalist erkannte während des Spieles sogar eine taktische Variante, die die Österreicher praktiziert hatten (wenn auch nicht erfunden haben, wie der Journalist betont) und die er für besonders zukunftsträchtig hielt: »Die Zukunft gehört der Methode: in das Loch spielen. […] Bican gab einmal dem in zwanzig Meter Entfernung stehenden, von fünf Engländern umgebenen Sindelar den Ball ›ins Loch‹ und fast ist auch ein Tor daraus entstanden. Der herauslaufende Sagar konnte den Ball nur mit dem Knie aus der Richtung bringen.«[1213] Eine taktische Variante, die man in den 1970er Jahren, nicht weniger bildhaft, als den »tödlichen Pass« bezeichnete und die auf eine taktische Formation verweist, in der die Verteidiger auf einer Linie spielen, eher den Raum als einzelne Spieler deckend. Allerdings, das klingt seltsam zwiespältig angesichts der Diskussion um taktische Modernisierungen im österreichischen Fußball, führte der ungarische Journalist den Sieg vor allem darauf zurück, dass die Österreicher am Anfang ideenreicher und begeisterter gespielt haben: »Die österreichische Mannschaft hat nicht mit der modernen Taktik gesiegt, sondern mit Verstand und Herz.«

Meisl hatte also seinen Triumph, die Spieler auch, sie bekamen eine goldene Plakette von der FA, und ein führendes Wiener Konfektionshaus fertigte für jeden Spieler einen Anzug an.

In den Fängen der Politik

Das Spiel gegen England hatte gezeigt, dass das österreichische Team erheblich wirkungsvoller agierte, wenn die Austria und nicht Rapid das Gerüst stellte. So verzichtete Meisl für das nächste Spiel gegen Italien am 17. Mai in Rom auf die Rapid-Spieler und holte einen weiteren vielversprechenden Austria-Stürmer in die Mannschaft: Für Bican spielte dieses Mal Camillo Jerusalem.

Politisch gesehen, war das Länderspiel ein Affront gegenüber dem Boykott, der über Italien wegen seines Eroberungskrieges in Abessinien verhängt worden war. Zwölf Tage vor Spielbeginn waren italienische Truppen unter Führung Badoglios in Addis Abeba einmarschiert. Damit war der Kolonialkrieg, der im Oktober 1935 begonnen hatte, zu einem vorläufigen Ende gebracht worden. Aber die österreichische Führung hatte durchaus gute Gründe, sich den Italienern gefällig zu zeigen: Schließlich war Italien die Schutzmacht gegenüber den Deutschen, außerdem größter Handelspartner, und ganz nebenbei war man den Italienern auch zu Dank verpflichtet, weil sie 1921 als erste Siegermacht den Sportboykott gegen Österreich beendet hatten.[1214]

Demonstrativ nahm daher die österreichische politische Führung Anteil am Schicksal »ihrer« Nationalmannschaft. Sogar beim Training der österreichischen Mannschaft in Rom unter Leitung von Jimmy Hogan war Starhemberg anwesend.[1215] Und die österreichische Nationalmannschaft, einschließlich der Delegationsleiter Eberstaller und Meisl, trug nun nicht mehr die von dem Wiener Konfektionshaus maßgeschneiderten Anzüge, sondern Uniformen mit Schirmmütze, den Uniformen der Luftwaffe ähnlich. Diese paramilitärische Kluft hatte ihnen die Sportführung vorgeschrieben, sichtbarer Ausdruck des Versuches, den »*österreichischen Sportpatriotismus wachzurufen*«, den Starhemberg rückblickend als Ziel der ständestaatlichen Sportpolitik formulierte.[1216]

Nun saß die gesamte politische Elite im Stadion: Sowohl Fürst Starhemberg war da wie Benito Mussolini, außerdem Rachele Mussolini, die Söhne Mussolinis, Galeazzo Ciano, damals Außenminister Italiens, Maria di Savoia, gewissermaßen die Vertreterin der alten italienischen Monarchie, Fulvio Suvich, Unterstaatssekretär im italienischen Außenministerium, der gleichermaßen berühmt und berüchtigt wurde dadurch, dass er es war, der im Januar 1934 im Auftrag Mussolinis nach Wien reiste, um Dollfuß unter Druck zu setzen, endlich die politische Linke in Österreich auszuschalten.[1217] Nach dem Sieg auf dem Schlachtfeld erwarteten die Italiener nun einen Sieg im Stadion.

Österreichische Nationalmannschaft in Rom, links Hugo Meisl in »Uniform« (1936).

Aber die Österreicher machten ihnen einen Strich durch die Rechnung. Neuling Jerusalem brachte nach knapp einer halben Stunde Österreich in Führung. Nach dem italienischen Ausgleich in der 63. Minute gelang Viertl fast von der Torauslinie ein Traumtor. Die Italiener gerieten außer sich, behaupteten, der Ball sei schon im Aus gewesen, aber der Schiedsrichter hieß nicht Eklind und ließ das Tor gelten. Auch nachdem der 2:2-Ausgleich gefallen war, konnten sich die Zuschauer kaum beruhigen, man hatte schließlich den Österreichern zeigen wollen, dass man zu Recht Weltmeister geworden war.

Angeblich soll Mussolini über das Unentschieden so erbost gewesen sein, dass er nach dem Spiel in die Kabine stürmte und die Spieler bedrohte, dann forteilte und die italienischen Spieler zitternd vor Angst zurückließ. Wer hat schon gerne einen Diktator zum Feind?

Die *Reichspost* dagegen freute sich: »Österreichs Team ungeschlagen!« Starhemberg nutzte die Gelegenheit, nach dem Spiel dem »Duce« einen »wertvollen Silberpokal der österreichischen Sport- und Turnfront« zu überreichen,[1218] außerdem beglückte ÖFB-Präsident Dr. Eberstaller Mussolini mit einem »goldenen Fußball an einer schwarzen Kette als Uhranhänger«.[1219]

Vergebliche Liebesmüh', wie wir heute wissen: Das Bündnis Italiens mit Deutschland war schon geschmiedet.[1220] Damit stand Österreich schutzlos da. Österreichs Diktator Schuschnigg sah sich daher gezwungen, am 11. Juli mit der nationalsozialistischen Führung in Berlin das sogenannte »Gentleman's Agreement« auszuhandeln, in dem zwar Berlin die volle innere Souveränität Österreichs anerkannte, andererseits faktisch Österreich sich außenpolitisch an Deutschland anschloss. Österreich hatte sich in diesem Abkommen als »deutscher Staat« bekannt, von da an war der Weg bis zum Anschluss Österreichs an den deutschen Staat nur noch kurz.

KAPITEL 16
Tod eines Fußballreisenden

Wien, 20. Januar 1937: »Im tief verschneiten Stadion« ließ Hugo Meisl seine Mannschaft zu einem letzten Training antreten, in dem es im Wesentlichen um die Überprüfung der Kondition der von der Auslandsreise zurückgekehrten Spieler ging. Nochmals war Hugo Meisl »außerordentlich zufrieden«, vor allem mit dem »blendenden, flachen Zusammenspiel«.[1221] Zwei Tage später fuhr die Mannschaft zum Auswärtsspiel in Paris gegen Frankreich.

Paris, 24. Januar 1937. 50.000 Zuschauer freuen sich auf das österreichische Team, das hier immer noch höchstes Ansehen genießt. Die Weltmeisterschaft in Frankreich 1938 wirft ihre Schatten voraus, es geht darum, ein fähiges Team zusammenzustellen. Österreich gewinnt 2:1, ohne wirklich überzeugen zu können.

Beim abendlichen Bankett widerfährt Hugo Meisl dennoch eine ungewöhnliche Ehre. Er erhält die »Goldene Medaille für Körpererziehung« des französischen Sportministeriums, auch Eberstaller wird eine Auszeichnung verliehen.[1222]

Es sollte das letzte Spiel sein, das Meisl als Bundeskapitän betreut. Er fährt mit der Mannschaft nach Wien zurück, stellt erste Überlegungen an, wen er für das wichtige Spiel gegen Italien am 21. März aufstellen soll, reist nach Zürich, um im Auftrag der FIFA einen Streit zwischen Sparta Prag und dem belgischen Verein FC Beerschoot wegen eines abtrünnigen Spielers zu schlichten.

Meisls Blick richtet sich nach vorn. Er entwirft Pläne für eine Zeitung des ÖFB, die den Titel *Sport am Sonntag* erhalten soll, er plant einen »Teamkader« für die Nationalmannschaft und schreibt darüber am 15. Februar im *Sport-Montag* einen Artikel.[1223] *»Der Einwand, ein Teamkader sei in einer Stadt wie Wien, die alle Spieler in einem Ort vereinigt, überflüssig, ist nicht ganz stichhaltig, denn es handelt sich ja bei einem solchen Kader nicht nur um den Überblick über die Leute, sondern vor allem um das gemeinsame Training. Und hier, allein hier ist die große Schwierigkeit. Die Vereine werden nämlich ihre Spieler, die ja ohnehin von Trainern beaufsichtigt werden, nicht gern für weitere, separate Übungen zur Verfügung stellen. Vor allem, weil da ein Durcheinander entstehen könnte und dann auch, weil unsere erstklassigen Spieler in vielen Fällen bürgerliche Berufe haben und somit ganz einfach nicht über die erforderliche Zeit verfügen. Es besteht aber doch Möglichkeit, hier Wandel zu schaffen. Ich habe den Plan im Einvernehmen mit Vereinen und Trainern doch zu einem gedeihlichen Resultat zu kommen und eine Art von Teamkader zu errichten. Freilich – in seiner Idealausführung wird sich etwas wohl gar nicht machen lassen – denn die Schaffung eines Teamkaders, die ja überall erstrebt wird, ist noch in keinem Lande der Welt gelungen.«*[1224]

Am 17. Februar empfängt Hugo Meisl etwa um 11 Uhr 30 den vielversprechenden Spieler Richard Fischer von der Vienna zu einem Gespräch. »Wie alt sind Sie eigentlich?«, fragt Meisl den Spieler. »Für Ihren Sektionsleiter sind Sie nämlich schon seit drei Jahren 17 Jahre alt.« Fischer lacht höflich, will antworten, da bittet Meisl um Entschuldigung, dass er sich setzen müsse, weil es ihm schlecht würde. Kaum hatte Meisl sich gesetzt, sinkt plötzlich sein Kopf auf den Schreibtisch. Fischer eilt hinaus, ruft: »Hilfe, dem Herrn Meisl geht's schlecht!« Sekretär Liegl eilt herbei, man bettet den bewusstlosen Meisl auf einen Diwan und ruft nach dem Rettungsdienst. Austria-Präsident Dr. Emanuel Schwarz, der sich zufällig gerade in der Nähe bei einem Patienten befindet, stürmt herein, untersucht den massigen Körper seines Freundes kurz und konstatiert dann lakonisch: »Da kann man nichts mehr machen. Herzschlag.« Meisls Herz hatte der ständigen beruflichen Überbeanspruchung, aber auch den Unmengen an Kaffee und Zigaretten, die er konsumierte, nicht mehr standgehalten.

Die Nachricht verbreitet sich wie ein Lauffeuer, ÖFB-Präsident Eberstaller eilt herein. »Sollen wir nicht Fräulein Schossberger Bescheid sagen?«, fragt ihn Sekretär Liegl. »Was denken Sie sich«, herrscht ihn Eberstaller an, »schicken Sie sofort ein Taxi zu Frau Meisl!« Der Raum füllt sich immer mehr, Dr. Gerö ist eingetroffen, der Präsident des Wiener Fußball-Verbandes, die Telefone klingeln unaufhörlich, Maria Meisl erscheint am Totenbett, sichtlich erschüttert, obwohl Hugo schon seit drei Jahren von ihr getrennt lebte. Eberstaller schickt alle hinaus, gönnt ihr einige ruhige Minuten, um sich von ihrem Mann, dem Vater ihrer drei Kinder, zu verabschieden, und schickt um 15.20 Uhr ein Telegramm nach Zürich an FIFA-Generalsekretär Ivo Schricker: »HUGO MEISL HEUTE AN HERZSCHLAG GESTORBEN = ÖSTERREICHISCHER FUSSBALLBUND«. Schließlich wird die Leiche abgeholt, das Unvermeidliche geht seinen Gang, es gilt, ein würdiges Begräbnis zu organisieren.

Hugo Meisl war gerade einmal 55 Jahre und drei Monate alt geworden. In seinem Totenschein ist als Todesursache »Myodegeneratio cordis« festgehalten.[1225]

Die Nachricht vom plötzlichen Tode Hugo Meisls löst in Zürich bei der FIFA schockiertes Entsetzen aus, das auch in den Zeilen nachbebt, die Ivo Schricker postwendend an Eberstaller schickt:

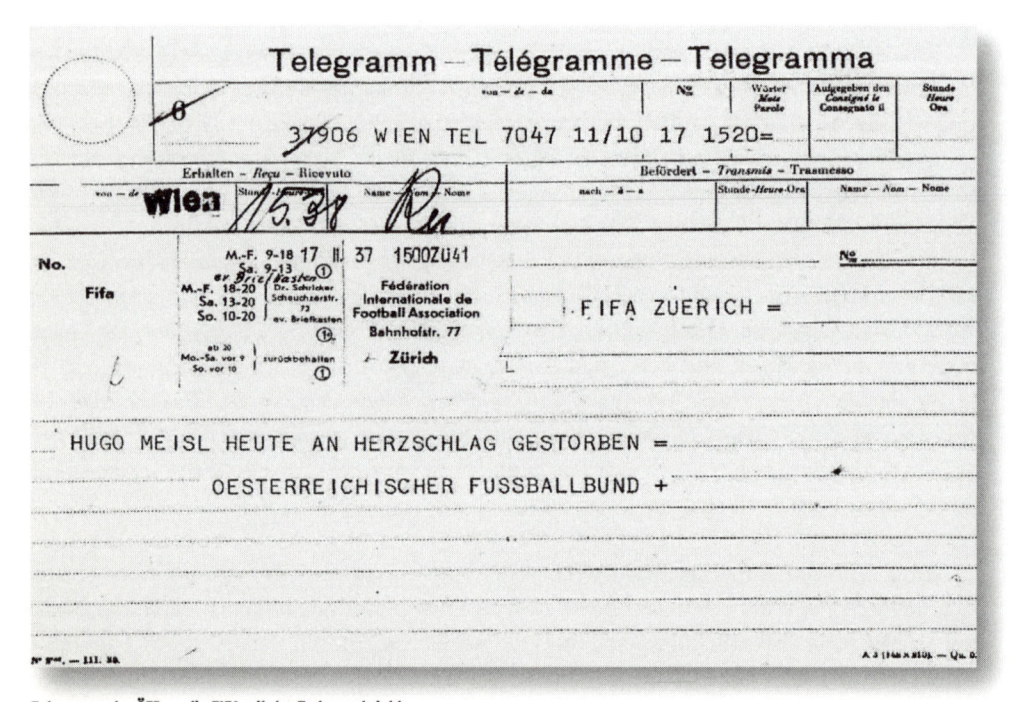

Telegramm des ÖFB an die FIFA mit der Todesnachricht.

> Der **Oesterreichische Fußball-Bund** und der **Wiener Fußball-Verband** geben hiemit geziemend Nachricht, daß ihr Vorstandsmitglied und Generalsekretär, Herr
>
> # Hugo Meisl
>
> Ritter des österreichischen Verdienstordens, Inhaber des Militärverdienstkreuzes III. Klasse mit den Schwertern, des silbernen und bronzenen Signum laudis am Bande der Tapferkeitsmedaille mit den Schwertern, des Karl Truppenkreuzes, der Verwundetenmedaille, Ritter der Krone von Italien etc. etc.
>
> am 17. Februar 1937 um 11:30 Uhr einem Herzschlag plötzlich erlegen ist.
>
> Wir beklagen in tiefer Trauer im Verewigten einen treuen Freund und den unermüdlichen Wegbereiter des österreichischen Sportes.
>
> Wir werden seiner stets in Dankbarkeit und Treue gedenken.
>
> Seine irdische Hülle wird Sonntag, den 21. Februar 1937 um 11 Uhr vormittags am Zentralfriedhof, IV. Tor, in einem Ehrengrab beigesetzt.
>
> Wien, am 17. Februar 1937.
>
> **Oesterreichischer Fußball-Bund**
> **Wiener Fußball-Verband**

Traueranzeige des ÖFB.

»Sehr verehrter Herr Dr. Eberstaller,

ich erhalte soeben Ihr Telegramm, in dem Sie mir die traurige Nachricht von dem pötzlichen Hinsterben Ihres Generalsekretärs Hugo Meisl mitteilen, die mich auf das Äusserste erschütterte.

Noch vorige Woche hatte ich Gelegenheit mit dem so rasch Verstorbenen hier zusammen zu sein und ihn in bester Verfassung eine nicht leichte Aufgabe als Schiedsrichter lösen zu sehen.[1226]

Kaum kann ich es fassen, dass dieser um den Sport so hochverdiente Mann nun nicht mehr unter uns weilen kann.

Nicht nur für Ihren Bund sondern auch ganz allgemein für unseren Sport bedeutet der frühe Tod dieses hervorragend sachkundigen und intelligenten Mannes einen ungemein schweren Verlust und sein Name wird auf immer mit der Geschichte des österreichischen und des europäischen Fussballsportes verknüpft bleiben.

Gestatten Sie mir, dass ich Ihnen im Namen des Vorstandes der FIFA den Ausdruck des aufrichtigsten und tiefgefühltesten Beileides zum Ausdruck bringe.

Ihr ganz ergebener

Ivo Schricker«[1227]

In den nächsten Tagen erscheinen in allen europäischen Zeitungen Nachrufe, die auf beeindruckende Weise erkennen lassen, welch breite Wirkung und Popularität Meisls Lebenswerk weltweit hinterlassen hatte.

So schreibt die führende italienische Sportzeitung *Gazzetta della Sport*: »*Es wird keinen italienischen Sportsmann geben, den die Nachricht vom Tode Meisls nicht tief erschüttert hat.*«

Und weiter: »*Der Tod Meisls hinterlässst eine klaffende Wunde im internationalen Fußballsport. In ihm verliert Italien nicht nur einen Freund, sondern auch einen Mitkämpfer, der es verstanden hat, sich mit Energie auch für die Interessen des italienischen Fußballsports einzusetzen.*«

Auch die gesamte Pariser Presse berichtet spaltenweise über Meisls Tod. »*In London, Rom, Paris, Madrid, überall hat Hugo Meisl eine unbestreitbare Popularität besessen. Seine Apotheose war das Wunderteam. Niemals hat man eine Mannschaft Beweise eines solchen Könnens geben sehen*«, schrieb das *Petit Journal*. Und natürlich durfte auch der Vergleich mit einem berühmten Franzosen nicht fehlen: »*Man hat Meisl nicht ohne Grund den Napoleon des österreichischen Fußballs genannt*«, konnte man im Pariser *Excelsior* lesen.

Das führende ungarische Sportblatt *Nemzeti Sport* kommentierte: »*Er war der prägnanteste Vertreter an der Front der internationalen Verständigung, der stets bestrebt war, seinem Vaterland zu dienen. Seine große Persönlichkeit und Genialität führten Österreichs Fußball mit mathematischer Pünktlichkeit einem klaren Ziel entgegen, bis aus seinem Team ›die Wundermannschaft‹ wurde.*«[1228] »*Wo man Fußball spielte*«, schrieb das *Prager Tagblatt*, »*kannte man Hugo Meisl*« und betonte Meisls »*großzügiges, konziliantes Wirken*«.[1229] Und die *Neue Zürcher Zeitung* sprach von dem »*gewiegten Fußballkenner*« und dem »*gewiegten Sportdiplomat, der die Schachzüge am grünen Tisch ebenso gut beherrschte wie die Spielzüge auf den Fußballfeldern*«.[1230]

Im *News Chronicle* schrieb Charles Buchan: »*Ich lernte den österreichischen Diktator, der alles vereinigte, zuerst als Schiedsrichter kennen. Später traf ich ihn in vielen Ländern, wo er immer bemüht war, das Fußballspiel von einer neuen Seite zu studieren. Zahlreiche Briefe, die ich von ihm erhielt, zeugten von seiner großen Bewunderung, die er für den britischen Fußballsport hegte. Er war immer neuen Ideen und taktischen Vorschlägen zugänglich. Meisl war der herrlichste Gastgeber. Davon können alle britischen Mannschaften, die jemals in Österreich weilten, berichten. Man nannte ihn mit Recht den Botschafter des europäischen Fußballs, denn er leistete für die Internationalisierung dieses Spiels mehr als irgend ein anderer. Er wurde nicht immer in Österreich so geschätzt, wie er es verdient hatte. Das geht aber allen großen Männern in der Heimat nicht anders.*«

Der Chefredakteur der schwedischen Zeitung *Dagbladet* schrieb: »*Es war die traurigste Todesnachricht, die mich je erreichte. Hugo Meisl lebt nicht mehr. Er war eine einzig dastehende Erscheinung. Will man seine Lebenskunst definieren, seine brillante und populäre Art, das zu sagen, was er wollte, so kann man es ungefähr so tun: Laß dich niemals vom Materiellen einfangen, sondern nur von einem Maximum von Geistigkeit. […] Hugo saß im Café auf der Sessel- oder Stuhlkante mit zugeknöpftem Winterrock. Aber er war immer die zentrale Figur und immer sprudelnd von gesundem Menschenverstand. Es ist unmöglich die väterliche Sorge zu schildern, mit der hunderte Wiener Kellner ›den Hugo‹ betreuten, in welches Lokal er auch immer kam. Er liebte Schweden. Seine zweite Tochter heißt Helga. Und er lernte auch Schwedisch und sprach es recht gut.*« Und schließlich Tore Nilson im *Idrottsbladet* unter dem Titel: »*Ein Kaiser und ein guter Mensch*«: »*Hugo Meisl war die Inkarnation des echten Wieners. So schwer wie es fällt, sich New York ohne Wolkenkratzer, London ohne Nelson-Denkmal, Paris ohne Arc de Triumphe vorzustellen, so schwer fällt es uns Fußballern, sich Wien ohne Hugo Meisl zu denken. Das Fußballreich hat in Hugo Meisl seinen ungekrönten Kaiser verloren.*«[1231]

Aber es ging auch anders. So meldeten zwar die *Wiener Neuesten Nachrichten* in einer nicht sehr langen, einspaltigen Notiz den Tod Meisls zusammen mit einem kurzen Hinweis

Totenschein für Hugo Meisl.

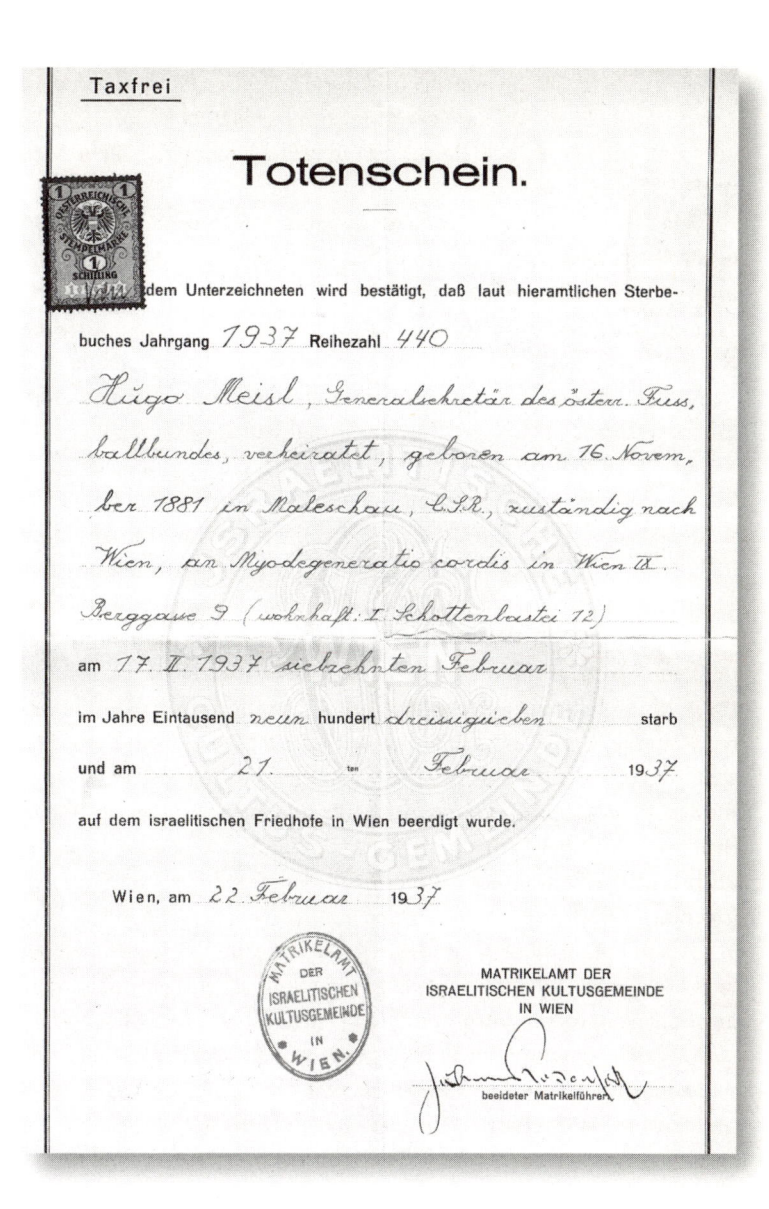

> Taxfrei
>
> # Totenschein.
>
> dem Unterzeichneten wird bestätigt, daß laut hieramtlichen Sterbebuches Jahrgang *1937* Reihezahl *440*
>
> *Hugo Meisl, Generalsekretär des österr. Fussballbundes, verheiratet, geboren am 16. November 1881 in Maleschau, C.S.R., zuständig nach Wien, an Myodegeneratio cordis in Wien IX. Berggasse 9 (wohnhaft: I Schottenbastei 12)*
>
> am *17. II. 1937 siebzehnten Februar*
>
> im Jahre Eintausend *neun* hundert *dreissigsieben* starb
>
> und am *21.* ten *Februar* 19*37*
>
> auf dem israelitischen Friedhofe in Wien beerdigt wurde.
>
> Wien, am *22. Februar* 19*37*
>
> MATRIKELAMT DER
> ISRAELITISCHEN KULTUSGEMEINDE
> IN WIEN
>
> beeideter Matrikelführer

auf seine Vita und sein Amt, das er bekleidet hatte, ging dann aber zur Tagesordnung über. Keine Würdigung, kein Nachruf.

In Deutschland blieb Meisls Tod fast unkommentiert. Selbst der *Kicker*, der stets ausführlich über Meisls Erfolge und Leistungen berichtet und ihn selbst immer wieder zu Wort hat kommen lassen hatte, durfte – offenkundig auf höhere Weisung – den Tod des Juden Hugo Meisl mit keinem Wort würdigen. Meisls 50. Geburtstag war dem *Kicker* noch eine ganze Sonderseite wert gewesen; die Nachricht vom Tode Meisls erfuhren die Leser dagegen nur indirekt im Rahmen eines Berichtes Leuthes: »*Der letzte Sonntag stand im Zeichen der Trauerfeierlichkeiten für Hugo Meisl, wozu sich auch als Vertreter Deutschlands Dr. Bauwens eingefunden hatte. Eine andere hervorragende Persönlichkeit aus dem deutschen Sportleben, Dr. Ivo Schricker, repräsentierte den Weltverband. Ihren Wiener Aufenthalt benützten die beiden Vorgenannten und übrigens auch die Delegierten der anderen Auslandsverbände, um hier die Meisterschaftsspiele zu besuchen. Die Mehrzahl der Gäste fand sich in Hütteldorf ein...«* [1232] Und dann wird nur noch über die Spiele berichtet. Kein Wort über die Trauerfeier, über Meisls Verdienste, über die Begleitumstände seines Todes.

Mag sein, dass Leuthe und Herausgeber Müllenbach durch diese Meldung der obrigkeitlichen Weisung sogar ein Schnippchen zu schlagen meinten. Immerhin hatte sich Müllenbach in den Jahren zuvor immer wieder als Bewunderer Meisls zu erkennen gegeben und sogar noch im Jahre 1940 eine Broschüre über Meisls Wunderteam veröffentlicht, freilich ohne den Namen des Verbandskapitäns jemals zu erwähnen. Und so erfuhren die Leser auf diese Weise wenigstens, dass Meisls Tod breite internationale Anteilnahme fand und auch von deutschen Offiziellen durch ihre Teilnahme gewürdigt wurde.

Dennoch ist schwer zu begreifen, dass sich Leuthe auf solch ein unwürdiges Spiel einließ. Mag man Müllenbachs Position noch halbwegs verstehen, ging es doch womöglich um die Weiterexistenz seiner Zeitschrift, so gibt einem Leuthes Verhalten echte Rätsel auf: Wenn die Redaktion sich – auf wessen Weisung auch immer – weigerte, für Hugo Meisl einen Nachruf zu drucken, wäre es da nicht eine Frage der persönlichen Selbstachtung gewesen, seine Mitarbeit aufzukündigen? Was hatte er denn zu befürchten, er lebte schließlich in Wien und nicht in Deutschland, er musste doch nicht den Nazis zu Kreuze kriechen! Oder war das Honorar für ihn von solch existenzieller Bedeutung? Immerhin war Leuthe einer der ältesten und engsten Freunde Meisls, er kannte ihn seit seiner Jugend, ihm hatte Meisl seine ersten Fußballschuhe geschenkt, als er von seinem Vater nach Triest geschickt wurde, gemeinsam hatten sie für das *Neue Wiener Sportblatt* gearbeitet und viele Stunden im Wiener Ringcafé über Fußball diskutiert. Im Wiener *Sport-Tagblatt* veröffentlichte Leuthe daher am 25. Februar 1937 einen ausführlichen Beitrag über die Fußball-Anfänge Meisls und gemeinsame Erlebnisse in der Jugend.

Aber Leuthe, dieser vielseitig begabte langjährige Weggefährte Hugo Meisls war offenbar kein Held, er hielt die Nase in den Wind, und als ein gutes Jahr später Österreich ans Reich angeschlossen wurde, entpuppte sich Leuthe – laut Meisls Tochter Martha – alsbald als guter Nazi,[1233] dem so schon am 19. März eine so nette Formulierung gelang wie: »Der erste nationalsozialistische Sportsonntag ist da, zeigt dem Führer, zeigt der Welt, was in Euch steckt und wie Ihr Euch verantwortlich fühlt. Heil Hitler.«[1234]

Zwei Wochen nach Meisls Tod kam doch noch eine Reaktion aus dem Reich. Der *Völkische Beobachter* in Berlin kommentierte: »*Wie uns aus Wien berichtet wird, beabsichtigt der österreichische Fußballbund nicht, den Posten des kürzlich verstorbenen Bundessportwartes [sic!] Hugo Meisl neu zu besetzen. Meisl bedeutete für den österreichischen Fußballsport eine kostspielige Belastung und es steht heute bereits fest, dass seine zahlreichen Reisen für den Fußballverband von geringem Nutzen waren.*«[1235] Der *Sport-Telegraf* reagierte in einem empörten Kommentar: »Meisls Andenken geschändet« und wehrte sich gegen die Verleumdungen des Nazi-Blattes. Noch konnte man in Wien so reagieren.[1236] Nach dem 15. März 1938 waren diese Bewertungen des *Völkischen Beobachters* in allen Wiener Zeitungen zu lesen, auch im *Sport-Telegraf*.

Hugo Meisls letzter Weg

Wien, 21. Februar 1937, elf Uhr, Zentralfriedhof, Tor IV. Ein kalter Ostwind zerrt an den blattlosen Ästen. In seinem Testament hatte Hugo Meisl verfügt:

»Ich wünsche ohne irgendwelche Feier oder Aufmachung d.h. absolut einfach und nur in Anwesenheit meiner Familie, meiner Geschwister, meiner nächsten Verwandten und Freunde beerdigt zu werden. Ich bitte ausdrücklich, mich ganz einfach, nach jüdischem Ritus und ohne Grabreden – nur mit dem notwendigsten Gebet – der Mutter Erde zu übergeben. Wenn möglich im Grabe oder in unmittelbarer Nähe meiner gottseligen Eltern.«[1237]

Aber aus diesem Wunsch konnte nichts werden. Die Wiener, die Österreicher und die gesamte Sportwelt wollten würdigen Abschied nehmen von Hugo Meisl. Seit Stunden transportierte die Straßenbahn Tausende von Trauernden herbei; obwohl Sonderwagen eingesetzt wurden, hingen die Menschen in Trauben an den Trittbrettern; Provinzvereine reisten in Sonderbussen an, Autos fuhren in endlosen Kolonnen vor, unübersehbare Menschenmengen wanderten die Simmeringer Hauptstraße Richtung Zentralfriedhof entlang, Kameraleute filmen die Szenerie, Fotografen allerorten, nicht wenige fühlen sich auf makabre Weise an den Menschenauftrieb bei einem Länderspiel erinnert, wie oft hatte Hugo Meisl die Massen bewegt, nun bewegte er sie zum letzten Male. Schließlich stehen die Menschen dicht gedrängt in Fünfer- und Sechserreihen im weiten Vorhof der Zeremonienhalle und an dem Weg, der zur vorbestimmten Stelle des Ehrengrabes führt.

Die mächtige Zeremonienhalle fasst immerhin 700 Personen, dennoch ist sie viel zu klein, nur engste Angehörige und besonders prominente Trauergäste finden nach strenger Kontrolle Einlass: Im Halbrund vor der Galerie stehen Vertreter der Regierung und des diplomatischen Korps, führende Sportfunktionäre aus dem In- und Ausland, schließlich auch das ganze Präsidium der jüdischen Kultusgemeinde. Auf der Galerie sitzt Maria mit ihren drei Kindern und den Geschwistern Hugos, darunter Willy, der von den Nazis aus Deutschland vertrieben worden war und nun umständlich aus London über Frankreich und die Schweiz anreisen musste, daneben auch die engsten ausländischen Freunde und Kollegen Meisls wie Mauro aus Italien, Fischer und Fodor aus Ungarn, Delaunay aus Frankreich, Schricker aus Zürich und auch Peco Bauwens aus Deutschland, der als Privatmann auftrat und sich mutig zu seinem jüdischen Freund zu bekennen schien, möglicherweise aber doch eher eine diplomatische Mission erfüllte: Immerhin bewarb sich Deutschland um die Ausrichtung der WM 1942, da konnte der DFB schlecht die FIFA durch rassistisch begründete Kondolenz-Verweigerung brüskieren.[1238]

Die Trauerfeier beginnt mit Chorgesängen, Oberkantor Margulies trägt Trauerlieder vor, dann ergreift der Wiener Oberrabbiner Dr. Taglicht das Wort:

»Der, dessen Element Kraft und Bewegung waren, ist jetzt ein stiller Mann. Er war ein Mann, der ganz erfüllt war von dem Ideal des Sports, da er durchrungen war von der Überzeugung, dass es sich hier nicht nur um die Ertüchtigung des Körpers handelte, sondern auch um die Bildung des Charakters, um die Erziehung zur Genauigkeit, besonders aber zur Selbstbeherrschung und Vornehmheit.

Er sah im Sport ein Mittel, um die Menschen über Verschiedenheit der Nationalität und Weltanschauung hinweg einander näher zu bringen und zu versöhnen. Hugo Meisl ist ein Österreicher im besten Sinne gewesen; das hat er in seinem ganzen Leben und auch im Weltkrieg bewiesen, wovon viele hohe Auszeichnungen zeugen. Er war ein Österreicher im schönsten Sinne und ein Mann der Welt und von Welt. Wir werden immer seiner gedenken als eines Mannes von ungewöhnlicher Begabung und von idealistischer Betätigung. Er ruhe in Frieden.«[1239]

Es fällt auf, dass Taglicht mit keinem Wort auf das Judentum Meisls einging, dagegen mehrfach das Österreichertum Meisls hervorhob, als ob er betonen wollte, dass auch und gerade Juden »Österreicher im besten Sinne« sein konnten.

Nach Taglicht spricht tief ergriffen und unter wiederholtem Schluchzen Dr. Eberstaller, ihm folgt Mauro, der – auf italienisch – nicht nur im Namen des italienischen Verbandes, sondern auch der FIFA spricht und auf Meisls Verdienste für die großen internationalen Wettbewerbe verweist. Es folgen Ansprachen von Dr. Gerö für den Wiener Verband und von Walter Nausch als Kapitän der Nationalmannschaft, dann zieht der Trauerzug, angeführt von Maria Meisl und dem Altinternationalen Luigi Hussak, einem der ältesten Freunde Hugo Meisls, dahinter Meisls drei Kinder mit Marias Vater, von der Zeremonienhalle durch die Gasse der dicht gedrängten Menschenmenge zur Grabstelle, wo bereits Hunderte von Kränzen aus aller Welt liegen, Blumengaben von Fußballverbänden, Fußballclubs, Sportzeitungen, aber auch von Einzelpersonen wie Peco Bauwens, Jules Rimet oder Jimmy Hogan.

Wieder stimmt der Chor zeremoniell vorgeschriebene Gesänge an, das Bahrtuch wird von dem – jüdischem Brauch entsprechend – einfachen ungehobelten Brettersarg genommen, der dann in das Ehrengrab herabgelassen wird. Mehrere Stunden lang ziehen nun die Trauergäste an dem Grab vorbei, bis schließlich gegen zwei Uhr auch die letzten Besucher den Friedhof verlassen haben.

Die Beerdigung fand an einem Sonntag statt. Nachmittags spielten die Fußballer auf den Wiener Fußballplätzen ihre Meisterschaftsrunde aus. Der ÖFB hatte dafür gesorgt, dass die Spieler ein schwarzes Armband trugen zum Zeichen der Trauer, und alle Spiele begannen mit einer Schweigeminute zum Gedenken an Hugo Meisl. Eine letzte Ehrenbezeugung, dann herrschte wieder der Fußballalltag.

Auch wenn Hugo Meisl sich weit von seinen jüdischen Wurzeln entfernt hatte, bot ausgerechnet sein Tod der großen und mächtigen jüdischen Gemeinde der Stadt Wien zum letzten Mal Gelegenheit, in aller Würde und unter allgemeiner Anteilnahme eine »große Leich« auszurichten. Meisls Begräbnis war, ohne dass es damals jemand ahnen mochte, der Anfang vom Ende der legendären jüdisch-intellektuellen Kaffeehauskultur Wiens und der jüdischen Gemeinde Wiens, die in den folgenden Jahren in alle Winde zerstreut oder in Auschwitz vernichtet wurde. Im Simpl, dort wo Hugo Meisl bei einem Kabarettprogramm am 17. November 1931 seinen 50. Geburtstag gefeierte hatte, ging am 22. Februar das neue Programm von und mit Fritz Grünbaum und Karl Farkas über die Bühne: »Wir fallen aus dem Rahmen.«[1240]

Einige Wochen später wurde durch den ÖFB ein Grabstein errichtet, der an Schlichtheit kaum zu überbieten ist: ein nicht sonderlich großer polierter dunkler Granitquader, dessen vergoldete Inschrift nichts weiter verrät als Namen und Lebensdaten dieses berühmten Wieners:

HUGO MEISL

16. XI. 1881 – 17. II. 1937

Keine Tragödie ohne Farce: Am 21. März 1937 besuchten die Funktionäre und fast alle Spieler der Nationalmannschaft Italiens, begleitet von einer großen Schar italienischer Journalisten, das Grab Hugo Meisls, legten Blumen nieder, erwiesen mit dem Faschistengruß die letzte Ehre und meldeten sich, wie Faschisten das zu tun pflegten: »Camerata Ugo Meisl: presenti!« Dann verharrten sie in ehrfürchtigem Schweigen, mit erhobenem rechtem Arm, eine Minute lang.[1241]

Faschisten erweisen einem Juden die letzte Ehre. Wenn das der Führer gewusst hätte!

Im Mai folgte die schottische Mannschaft, die Abschied vor dem Grab nahm,[1242] und bis zum Anschluss Österreichs an das Deutsche Reich ließ es sich kein Nationalteam nehmen, Hugo Meisls Grab einen offiziellen Besuch abzustatten.

Nach dem Zweiten Weltkrieg sah allerdings niemand eine Notwendigkeit, dieses Ritual wieder aufleben zu lassen. Der »Fußballgeneral« geriet in Vergessenheit. Immerhin übernahm der ÖFB die Pflege des Ehrengrabes, und so kann man heute noch das Grab besichtigen, im jüdischen Teil des Zentralfriedhofes; ein wenig ungepflegt wirkt die Stätte, auf der ein verwelkender Kranz mit rot-weiß-roter Schleife liegt mit der goldenen Aufschrift: »In ewiger Erinnerung. Österreichischer Fußball-Bund«.

Aber jede Erinnerung verblasst, auch wenn Erwin Engel ein Jahr nach Meisls Tod noch mit dem ganzen Pathos der Betroffenheit gedichtet hat:

Ein Jahr ist's her, seit du von uns geschieden,
Doch unsre Trauer ist noch unermessen.
Wir werden dich, den Großen nie vergessen,
Der nach manch harten Kämpfen ruht in Frieden.[1243]

Grab Hugo Meisls auf dem jüdischen Teil des Wiener Zentralfriedhofes.

Das Erbe

Fußball-Europa war schockiert über Meisls plötzliches Ableben. Wie sollte man sein Andenken bewahren? Man überlegte, den Mitropa-Cup in Hugo-Meisl-Cup umzubenennen; der tschechoslowakische Verband schlug vor, eine internationale Jugendkonkurrenz zu schaffen, deren Pokal dem Andenken Meisls gewidmet werden sollte, der italienische Verband regte an, dass die Medaillen, die die im Mitropa-Cup siegreichen Mannschaften erhielten, das Bildnis Hugo Meisl tragen sollten, und auch der österreichische Verband wollte sich nicht lumpen lassen und gab vor, einen nationalen Wettbewerb zu planen, der nach Hugo Meisl benannt und zum ersten Mal im Jahre 1938 ausgetragen werden sollte.[1244] Allein, nicht ein einziger dieser Pläne wurde realisiert.

Als Hugo Meisl starb, waren die Zeiten des Wunderteams zwar schon einige Jahre vorüber, trotzdem gehörte der Wiener Fußball immer noch zur Weltspitze; die Österreicher hatten sich durch einen 2:1-Sieg über Lettland für die Weltmeisterschaft 1938 qualifiziert und zählten mit zu den Favoriten; dies um so mehr, als die WM diesmal in Frankreich stattfinden sollte und man daher davon ausgehen konnte, dass diesmal das Ausrichterland seinen Heimvorteil nicht so skrupellos ausnützen würde, wie es bei Italien 1934 der Fall gewesen war.

Einen Monat nach Meisls Tod begann man im ÖFB dessen verschiedene Aufgabenbereiche neu zu verteilen. Erst jetzt wurde so richtig klar, welch immense Arbeit dieser Mann im Dienste des österreichischen Fußballs verrichtet hatte; er füllte ja nicht weniger als drei volle Positionen aus: Er war Generalsekretär des ÖFB, er war internationaler Vertreter des ÖFB und er war Bundeskapitän.

Um die internationalen Angelegenheiten kümmerte sich nun ÖFB-Präsident Oberlandesgerichtsrat Dr. Eberstaller; als neuer Verbandskapitän fungierte bis auf weiteres Walter Schmieger. Ende März stand ja das wichtige Spiel gegen Italien an, in dem es auch um den Europa-Cup ging, irgendjemand musste ja die Mannschaft aufstellen. Die Position des Generalsekretärs indes wurde nicht wieder besetzt, einige Funktionen wurden dem Sekretär Josef Liegl übertragen, schon seit längerer Zeit die rechte Hand Meisls, der nun in dessen Arbeitszimmer an dessen Schreibtisch arbeiten durfte.[1245]

Letztlich stand am 21. März gegen Italien eine Mannschaft auf dem Feld, wie sie wohl auch Hugo Meisl aufgestellt hätte, mit Sindelar als Sturmführer. Allerdings wurde die Begegnung wegen fortgesetzter Ruppigkeiten in der zweiten Halbzeit beim Stand von 2:0 für Österreich abgebrochen. Der Präsident des italienischen Verbandes Vaccaro wird mit den Worten zitiert: »Wie sehr habe ich meinen lieben Freund Meisl vermisst. Vielleicht hätte er in seiner Impulsivität einen Ausweg im richtigen Moment gefunden.«[1246]

So markierte dieses Spiel – was damals natürlich noch niemand ahnte – den Anfang vom Ende. Der Europa-Cup-Wettbewerb sollte niemals zu Ende ausgespielt werden, und Österreich sollte auch niemals zur Weltmeisterschaft in Paris antreten, denn am 15. März 1938 erklärte Adolf Hitler den größtenteils hellauf begeisterten Österreichern auf dem Heldenplatz, dass nun seine Heimat zum Deutschen Reich gehöre.

Das war auch das Ende aller österreichischen Fußballträume. Die Nazis dachten nicht daran, den Österreichischen Fußballverband etwa nach britischem Muster, wo es vier verschiedene autonome Landesverbände gibt, weiter bestehen zu lassen, noch nicht einmal für die wenigen Monate bis zur Weltmeisterschaft. Vielmehr wurde der ÖFB unverzüglich in

»Fußballbund Ostmark« umbenannt und dem DFB untergeordnet. Ein wesentlicher Grund für diese Eile war ganz sicher, dass sich die Herren des DFB davon eine enorme Verstärkung ihrer Nationalmannschaft versprachen. Immerhin konnten nun der Dritte und der Vierte der letzten Weltmeisterschaft ihre stärksten Spieler in eine gemeinsame Mannschaft stecken. Da hätte es doch mit dem Teufel zugehen müssen, wenn dies nicht zu einem absoluten Top-Team geführt hätte!

Aber weit gefehlt. Die auf politische Weisung paritätisch zusammengesetzte deutsch-österreichische Kombination, die natürlich als Auswahl des Deutschen Reiches firmierte, schied sang- und klanglos schon in der ersten Runde gegen die Schweiz aus, preußische Marschmusik passte eben nicht zum Wiener Walzer, wie Trainer Sepp Herberger schmerzhaft erfahren musste.

In Wien gingen die Nazis unverzüglich daran, die Juden aus den Sportvereinen hinauszuwerfen und jüdische und sonstige nichtdeutsche Sportvereine gänzlich zu verbieten. Richard Eberstaller meldete Vollzug: »Alle jüdischen Sportler sind aus dem Sport- und Spielbetrieb und den Vereinen ausgeschieden«, hieß es in einer von ihm unterzeichneten Mitteilung des ÖFB vom 20. März 1938.[1247] Die legendäre Wiener Hakoah musste nun ihren Spielbetrieb einstellen. Aber auch Hugo Meisls Austria traf es besonders hart, denn nahezu der ganze Vorstand dieses Clubs bestand aus Juden.

Der letzte Schlag traf den österreichischen Fußball im Sommer 1938: Der »undeutsche« Professionalismus im österreichischen Fußball wurde abgeschafft; damit waren dem Wiener »Walzerfußball« nicht nur Identität und Inspiration, sondern auch seine materielle Grundlage entzogen, denn selbst wenn die Profis wahrlich keine Reichtümer scheffeln konnten, so hatte sie doch der Profibetrieb in die Lage versetzt, sich ausschließlich dem Fußball zu widmen und so ihre Fähigkeiten ungehindert zu entwickeln.

Gleichzeitig mutierte die Wiener Liga zur Gauliga 17, an der nun neben sieben Wiener Mannschaften auch andere österreichische Vereine teilnehmen durften, allerdings mit einem eher peinlichen Ergebnis: Meister wurde 1939 Admira Wien, gefolgt von den anderen sechs Wiener Mannschaften, erst dann folgten am Schluss Grazer SC, Amateure Steyr und Reichsbahn Wacker Wiener Neustadt.

Sogar vor der Umbenennung von Hugo Meisls ruhmreicher Austria mit dem genialen Matthias Sindelar in Ostmark Wien schreckten die neuen Machthaber nicht zurück. Damit hatten sie allerdings den Bogen überspannt. Der Unmut über diesen Willkürakt war derart heftig, dass nach einer kurzen Schamfrist die Umbenennung im Juli 1938 wieder zurückgenommen und der wichtigtuerische SA-Sturmbannführer Hermann Haldenwang, der sich die Vereinsführung angeeignet hatte, aus dem Verkehr gezogen werden musste.

Die Zeitungen machten sich über die Juden im Sport her. Nun erst begann auch die Definition des Professionalismus als »jüdische Machenschaft«, wurde die Debatte über den Professionalismus »rassistisch gewendet«.[1248] Hugo Meisl wurde, wenn auch in der Regel ohne Namensnennung, zum Inbegriff jener »gewissen Sorte von Betreuern«, die den Fußballsport »an den Rand des Abgrunds gebracht« hätten, weil sie in ihm nur ein Geschäft sahen.[1249] Durch das »Eindringen des Judentums verflachte der ursprüngliche Sinn der Leibesübungen und wurde immer mehr zu einer circensischen Schau, deren letzter Ausdruck der Professionalimus war«.[1250] Hugo Meisl wurde zum »schmarotzenden Sau-Juden, der sich am Fußball bereichert hat«.[1251] Ein echter Goldgräber des Fußballs also. Schon im März 1938 »rechnete«

ein Artikelschreiber im *Sport-Telegraf* (welch' schnelle Wende vom Hofberichterstattungsblattes zum Hetzblatt!) mit Hugo Meisl und den Wiener Juden im Wiener Fußball ab: »Viele Jahre hindurch wurde das österreichische Team nicht im Fußballverband, sondern in einem Wiener Ringcafé nach eingehenden Beratungen mit jüdischen Sportschriftleitern und Verbandsfunktionären aufgestellt. Dass dabei nichts Gutes heraus kam braucht wohl nicht mehr erwähnt zu werden.«[1252] Bemerkenswert ist, dass speziell dieser Vorwurf durchaus an die Tradition solcher Vorwürfe seit den 1920er Jahren anknüpft. Die Absurdität des letzten Satzes müsste indes auch dem Artikelschreiber wie den Lesern offenbar gewesen sein, nicht einmal sechs Jahre nach den größten Triumphen des österreichischen Fußballs.

Ludwig Stecewicz erinnert sich an das Bild, das nun von Meisl gezeichnet wurde und an das Vokabular, das die Journalisten benutzten: »Der ›Kontorist-Truppenkommandant‹ war eigentlich noch ein harmloser Titel. Meisl und natürlich die jüdische Presse hatten immer ›das Maul vollgenommen‹ und jeden Erfolg auf ihr Konto gebucht. Meisl war als Akteur ›minderwertig‹ [...], er konnte einige Sprachen – nur nicht deutsch – und mit diesen Eigenschaften hätte es zu einem Kontoristen oder Sekretär gereicht, doch der Hugo Meisl wollte ›Truppenkommandant‹ sein.«[1253]

Matthias Sindelar nahm für die Zerstörung der Austria auf seine Weise Rache: Er zeigte in einem denkwürdigen Abschiedsspiel der österreichischen Nationalmannschaft gegen die Deutschen am 3. April 1938 mit seinen Teamkollegen noch ein letztes Mal den legendären Zauberfußball, den die Österreicher seit zehn Jahren unter Leitung von Hugo Meisl vor der staunenden Fußballwelt zelebriert hatten. Österreich verabschiedete sich für sieben Jahre von der Fußballbühne mit einem souveränen 2:0, wobei der mittlerweile 35-jährige Sindelar die Deutschen wieder einmal schwindelig spielte und ein Tor erzielte.

Kurz darauf zog sich Sindelar aus dem Fußballbetrieb zurück und kam unter ungeklärten Umständen am 23. Januar 1939 ums Leben.

Kam, so wollen wir das Motiv des einleitenden Zitats von Thomas Bernhard aufgreifen, der natürliche Tod Meisls also zum »günstigsten« Zeitpunkt? Lange vor Thomas Bernhard ließ ein nicht genannter Journalist im Jahre 1945 dieses Thema anklingen, indem er behauptete, »ein gütiges Geschick« habe Meisl »vor der Nazizeit mitten aus seinem Wirken abberufen«.[1254] Ein Glück vielleicht für ihn, aber wo war da die »Güte«? Gemeint war sicherlich, dass Hugo Meisl das Schicksal der Judenverfolgung erspart blieb, der auch viele seiner Verwandten um Opfer fielen. Andererseits ist nicht zu übersehen, dass ihm schon in seiner Lebenszeit drohte, angesichts der angesprochenen nationalistischen Tendenzen in Europa ins europäische und nationale Abseits gestellt zu werden; vielleicht also doch ein »günstigster« Zeitpunkt und ein gütiges Geschick? Für Meisls italienischen Freund Vittorio Pozzo, Erfolgstrainer der italienischen Nationalmannschaft der 1930er Jahre, war das völlig klar: Für ihn war Meisl Opfer von Feindseligkeiten und Intrigen, und gerade noch rechtzeitig sei »il povero Meisl«, wie er ihn nennt, »der arme Meisl«, im Amt gestorben, bevor man über ihn herfiel und ihn fortjagte, so dass in seinem Andenken noch einmal alle zusammenkamen und sein Grab auf dem Friedhof zu einem Denkmal werden konnte.[1255]

Eigentlich wäre damit der Boden in Österreich geebnet gewesen für eine nationale Heldenlegende, mit den unsterblichen Protagonisten Matthias Sindelar und Hugo Meisl. Vor unserem geistigen Auge sehen wir ein in Bronze gegossenes oder aus Stein gehauenes Denkmal auf dem Heldenplatz oder wenigstens vor dem Praterstadion, das nun den Namen des misanthropischen Grantlers Ernst Happel trägt. Aus des Volkes Mitte heben sich zwei Lichtgestalten, sich an den Händen haltend, der eine mit Stock und Bowler ausgestattet, der andere in kurzen Hosen den Ball auf dem Kopf balancierend, den Mund schon zum Torschrei geöffnet.

Doch nichts dergleichen geschah.

Wieso? Man darf nicht vergessen, dass sehr viele, vielleicht sogar die meisten Wiener den Anschluss ans Reich aus vollem Herzen begrüßten und dass in Wien der Antisemitismus eine sehr verbreitete Grundhaltung war, über den Krieg hinaus. Ab dem 13. März 1938 konnte sich diese Haltung ungehemmt Bahn brechen. Schon am 15. März begrüßte das *Sport-Tagblatt* den »Führer« auf der Titelseite mit Hakenkreuz als den »Befreier unseres Sportes«, und man vergaß auch nicht auf der Titelseite zu melden, »daß von heute an kein Jude in der Redaktion des Sport-Tagblattes tätig ist«.[1256] Diese vorauseilende Begeisterung betraf natürlich auch den Juden Hugo Meisl, der ab sofort zur Unperson erklärt wurde und dessen Name aus allen Darstellungen getilgt wurde. So konnte bereits im Jahre 1941 im *Kicker* – übrigens eine Gründung des deutschen Juden Walther Bensemann – eine Broschüre über das Wunderteam erscheinen, in der zwar Matthias Sindelar geradezu schwärmerisch gefeiert wurde, in der aber zugleich das Kunststück fertiggebracht wurde, den Namen des Mannes, der das Wunderteam erst geschaffen hatte, des Teamchefs, des Generalsekretärs des Österreichischen Fußballbundes, des Inspirators, des Vaters des Wunderteams – den Namen Hugo Meisl also – kein einziges Mal zu erwähnen.[1257] Offenkundig wurde Amnesie verordnet, und diese Verordnung wurde gewissenhaft befolgt.

Aber auch Sindelar selbst war ja damals vielen Wienern durchaus suspekt. Vor allem seine offene Kritik an dem in Wien nun ungehemmt zur Schau getragenen Antisemitismus[1258] machte ihn durchaus nicht allen Wienern sympathischer, zumal ja ohnehin verdächtig war, dass er besonders von jüdischen Intellektuellen wie Friedrich Torberg gefeiert wurde.

Zudem darf man auch aus dem unglücklichen Schicksal der Austria während der Naziherrschaft keinesfalls schließen, dass alle Wiener Clubs gleichermaßen unter den Nazis zu leiden hätten. Ganz im Gegenteil. Einige Vereine verstanden es geschickt, sich als ganz besonders arische Vereine zu präsentieren und sich so die Protektion durch Nazi-Größen zu sichern; eine wenig rühmliche Rolle spielten dabei vor allem Vienna und Rapid, das den Polizeichef von Wien, SS-Oberführer Otto Steinhäusl, kurzerhand zum Ehrenvorsitzenden ernannte.

Es ist daher kein Zufall, dass gerade Rapid und Vienna nach dem Anschluss weiterhin erfolgreich blieben. So gewann Rapid Wien 1939 den deutschen Fußballpokal – nach dem Reichssportführer »Tschammer-Pokal« genannt – mit 3:1 gegen den FSV Frankfurt[1259], wurde 1940 und 1941 Ostmark-Meister und gewann im gleichen Jahr sogar die deutsche Meisterschaft durch ein packendes 4:3 gegen Schalke 04 vor 100.000 überraschten Berlinern. Die Vienna wurde 1942, 1943 und 1944 Meister der Ostmark und siegte im Jahre 1943 im deutschen Pokalendspiel mit 3:2 nach Verlängerung gegen den LSV Hamburg.

Die ihrer besten Kräfte beraubte Austria versank dagegen für Jahre in der Bedeutungslosigkeit, und damit verschwand auch für immer diese besondere Art der artistischen Fußball-Inszenierung, zusammen mit der Erinnerung an ihren Inspirator Hugo Meisl.

Der Österreichische Fußballbund war schon kurz nach dem »Anschluss« aufgelöst worden. Richard Eberstaller meldete diese Liquidation der FIFA am 28. März 1938 mit dürren Worten:

»*Ich beehre mich, Sie in Kenntnis zu setzen, dass der Österreichische Fußball-Bund seine Organisation liquidiert und die gesamte Verwaltung seiner angeschlossenen Vereine dem Deut-*

schen Reichsbund für Leibesübungen, Fachamt Fußball, Berlin-Charlottenburg, übertragen wurde. Der Österreichische Fußball-Bund hat mit dem heutigen Tage als selbständiger Staatsverband zu bestehen aufgehört, womit seine Mitgliedschaft zur FIFA als erloschen zu betrachten ist. Mit deutschem Sportgruß Dr. R., Eberstaller; Wien.«[1260]

Es dauerte einige Zeit, bis der Verband abgewickelt war, am 7. Juni 1938 gab es eine Art Schlusssitzung des Verbandes, in der Dr. Eberstaller noch einmal an die erfolgreiche Arbeit der letzten Jahre erinnerte, ohne natürlich den Juden Meisl zu erwähnen.[1261] Der *Fußball-Sonntag* hatte schon im Vorfeld die Sprachregelungen formuliert, in dem er mit hehren Worten die Leistungen von Eberstaller würdigte, »*dessen Verdienst es in erster Linie war, dass unser Fußballsport trotz aller jüdischen Ränke und Schliche doch in seinem Kern eine gut deutsche Sportbewegung geblieben ist, der seinen ganzen Einfluss dareingelegt hat, dass Östereich 1936 die Berliner Olympiade beschickte und der nichts unversucht ließ, um den von den Schergen des Systems künstlich unterbundenen Sportverkehr mit dem Deutschen Reiche wieder aufzunehmen*«.[1262]

Es ist natürlich klar, wer mit den »*jüdischen Ränken und Schlichen*« und den »*Schergen des Systems*« gemeint war: in erster Linie Hugo Meisl und – ihn sollte man in diesem Zusammenhang nicht vergessen – der Präsident des Wiener Fuballverbandes Dr. Josef Gerö, der bald in das Konzentrationslager Dachau verschleppt wurde.

Damit hatte sich Eberstaller endgültig von seinem Amt verabschiedet, die anderen führenden Persönlichkeiten des österreichischen Fußballs, die im Verband Hugo Meisl lange Zeit begleitet haben, angefangen mit Ignaz Abeles, vor allem Richard Eberstaller und Josef Gerö spielten keine Rolle mehr.

Dr. Ignaz Abeles war im bürgerlichen Beruf als Mediziner ein hoch angesehener Spezialist für Geschlechts- und Hautkrankheiten gewesen. Wie so viele Juden war er ein bekennender Wagner-Fan, und man erinnert sich, dass der Besuch von Wagner-Opern neben dem Fußball seine andere Leidenschaft war. Er soll allein 69-mal die »Götterdämmerung« gesehen haben. Er war schon in den 1920er Jahren schwer an Parkinson erkrankt, weswegen er 1927 als Präsident des Wiener Fußballverbandes zurücktrat; in den 1930er Jahren kam er in das Pflegeheim der jüdischen Kultusgemeinde in der Seegasse im 9. Bezirk. Während es seiner Frau und seiner Tochter gelang, nach England zu emigrieren, musste er aufgrund seiner Erkrankung in Wien bleiben. In der Nacht vom 24. zum 25. Juli 1942 starben sämtliche Bewohner des Heims, was wohl nichts anderes heißt, als dass sie von der SS ermordet wurden, um sich die »Mühe« ihrer Deportation in ein Konzentrationslager zu ersparen.[1263] Er ist 62 Jahre alt geworden, sein Grab befindet sich nicht weit von dem Hugo Meisls auf dem Zentralfriedhof in Wien.[1264]

Richard Eberstaller, der im Ständestaat noch 1936 zum Gruppenführer Fußball ernannt worden war,[1265] widmete sich nach 1938 ganz seinen Aufgaben als Vizepräsident des Wiener Landgerichtes, zum Unglück vieler Menschen, wie es heißt, vor allem politischer Oppositioneller, die er als Nazi-Richter zum Tode verurteilte.[1266] Im Jahre 1945, als die russischen Verbände über den Wiener Wald anrückten, begingen er, seine Frau (übrigens die Stiefschwester von Alma Schindler, die später einigen Ruhm durch zahlreiche Heiraten unter anderem mit Gustav Mahler erwarb) und sein Schwiegervater Carl Moll Selbstmord, zwei Tage nach seinem 58. Geburtstag in der Nacht vom 13. auf den 14. April.[1267] Übrig blieben ihre Leichen, eine wundervolle Villa in Döbling auf der Hohen Warte, gar nicht so weit entfernt von dem berühmten Stadion, und die Erinnerung an die große Zeit des ÖFB.

Ein katastrophales Ende des österreichischen Fußballs also.

Immerhin überlebte Dr. Josef Gerö, der ehemalige Vorsitzende des Wiener Fußballverbandes, den Krieg, zwar gesundheitlich und moralisch angeschlagen durch mehrere Verhaftungen und die jahrelangen Internierungen im Konzentrationslager Dachau, aber doch mit der Bereitschaft, nach 1945 als ÖFB-Präsident einen neuen Anfang zu wagen. Er starb drei Monate nach seinem 58. Geburtstag in Wien am 28. Dezember 1954, auch zutiefst erschüttert dadurch, dass es ihm als Staatssekretär und späterem Justizminister nicht gelungen war, in angemessener Weise Gerechtigkeit für Täter und Opfer des NS-Regimes in Österreich zu erkämpfen.

Man muss mit Bedauern feststellen, dass es den Nazis gelungen war, das Lebenswerk Hugo Meisls ebenso wie die Erinnerung an ihn nahezu vollständig auszulöschen. Die unvergleichliche Eleganz des Wiener Fußballs war zwar in erster Linie mit der Person Matthias Sindelars verknüpft, aber auch dieser begnadete Spieler konnte seine Fähigkeiten nur dadurch entfalten, dass er sich in einem kongenialen Umfeld bewegte und zudem durch den Professionalismus die Möglichkeit erhielt, in aller Ruhe seine Fertigkeiten zu entwickeln und zu schulen.

Diese Grundlagen wurden durch die Nazis zerstört. Der Professionalismus wurde als »typisch jüdische Geschäftemacherei« abgeschafft, die Wiener jüdische Kaffeehauskultur wurde ausgerottet und damit das geistige Umfeld zerstört, das die besondere Leichtigkeit und Inspiriertheit des »Walzerfußballes« hervorbrachte.

Es war »gelungen«: In Wien gab es »den Fußball ohne Juden«, um einen Buchtitel Hugo Bettauers zu variieren. Schon in seinem Buch »Die Stadt ohne Juden« hatte dieser (bereits 1925 von einem Nationalsozialisten ermordete) Schriftsteller satirisch gezeigt, dass eine solche »Entjudung« nicht ohne katastrophalen Qualitätsverlust gehen konnte. Doch für die mörderische Konsequenz, mit der die Nationalsozialisten das Ziel verfolgten, »endlich ganz unter uns« zu sein, wie es der *Völkische Beobachter* am 30. November 1938 vorgab,[1268] fehlte selbst Bettauer die Phantasie.

Nach dem Krieg brach dann die kollektive Amnesie aus, man kennt das, niemand war dabei gewesen, niemand hatte etwas gewusst, alle waren nur Opfer, niemand war Nazi. Diese Amnesie bezog auch gleich diejenigen mit ein, denen gegenüber man vielleicht doch ein schlechtes Gewissen spürte, nämlich die jüdischen Mitbürger. Dazu passt, dass sich noch im August 1946 in einer Meinungsumfrage 46 Prozent der Österreicher gegen eine Rückkehr der österreichischen Juden aussprachen.[1269]

Und so wurde Hugo Meisl, zu seiner Zeit einer der einflussreichsten, kreativsten und visionärsten Fußballfunktionäre der Welt, allmählich vergessen. 1962 bemühte sich der ORF noch einmal zum 25. Todestages Hugo Meisls, mit einer Rückblende und in vielen Gesprächen mit ehemaligen Freunden und Wunderteam-Spielern die Erinnerung zu beleben – aber dann wurde es noch stiller um Hugo Meisl. Sein Sohn Herbert versuchte in den 1970er Jahren mit Hilfe eines Jugendfußballturniers, die Erinnerung zu bewahren, dem »Hugo-Meisl-Gedächtnisturnier«, das tatsächlich nach Ostern 1976 dreimal durchgeführt wurde, freilich unter zu großen finanziellen Opfern von Herbert Meisl. Auch sein Plan, einen Hugo-Meisl-Fond für die Förderung des Nachwuchses ins Leben zu rufen, war nicht erfolgreich.[1270] Erst in den 1990er Jahren kamen im Zuge einer Verwissenschaftlichung der Sportgeschichtsschreibung einige Bücher heraus, die sich, wenn auch nur am Rande, mit Hugo Meisl beschäftigten, die diversen Jubiläen des ÖFB brachten neue Bücher mit einigen Erinnerungen. Schließlich war es die Vergabe der Europameisterschaft nach Österreich, die die Erinnerungen wieder lebendig machte.

Ganz am Ende sei noch einmal auch unserer Großmutter Frau Maria Meisl, geborene Bican, gedacht. Für sie ist in Biographien über unseren Großvater kaum Platz, das übliche Schicksal der Frauen »großer« Männer, bestenfalls noch als jene erwähnt, die ihrem Mann Kinder schenkte und ansonsten ihm den Rücken freihielt. Selbst im Roman von Weisgram und Franta taucht sie nur als Randfigur auf, meist in der plump-vertraulichen Koseform als »Mizzi«. Mag sein, dass sie nicht zu ihrem Mann passte, dennoch war sie sportbegeistert wie er, als junge Frau aktive Sportlerin, als das noch sehr verpönt war, sie war es, die im Wesentlichen allein ihre Kinder großziehen musste, denn ihren Mann zog es in die Welt hinaus. Die Ehe musste unter diesen Bedingungen wohl scheitern, immerhin wurde sie nicht zur jammernden, betrogenen Ehefrau, sondern nahm ihr Schicksal in die eigenen Hände. Nach dem Tode ihres Mannes 1937 lebten sie und ihre Kinder im Wesentlichen von der Pension der Länderbank, zeitweise mit Hilfe einiger Zuwendungen der FIFA. Auch während des Krieges verleugnete sie nicht die jüdischen Verwandten ihres Mannes, hielt selbstverständlich und nicht ohne Risiko für sich und ihre Kinder zu denjenigen Kontakt, die in Wien geblieben waren, bis sie deportiert wurden. Sie ging keine Ehe mehr ein, fand Stärke in einer wachsenden Religiosität, wohnte weiterhin in der ungeliebten Wohnung im Karl-Marx-Hof und stand zu ihrem Mann auch nach seinem Tod. Was wir als Enkelkinder über unseren Großvater hörten, waren jedenfalls keine Klagen und keine Vorwürfe, sondern die respektvolle Erinnerung. Und es war kein Zufall, dass sich in ihren privaten Hinterlassenschaften die Seite der Fernsehzeitschrift fand, auf der sich von ihrer Hand eingerahmt der Hinweis auf die Gedenksendung des ORF über Hugo Meisl im Februar 1962 fand, neben seinen Postkarten, die er ihr geschrieben hatte.

Bis ins hohe Alter blieb unsere Großmutter eine begeisterte Fußballzuschauerin, die sich kein Länderspiel im Fernsehen entgehen ließ und die Begegnungen mit sachkundigen Kommentaren würzte: »Dös is doch kaa Spüüi!«, lautete ihr häufigster Kommentar, wenn wieder mal sinnfrei gerannt und gebolzt wurde. Ganz klar: Ihr Ideal war die *Wiener Schule*.

Ende der 1970er Jahre erlitt Maria Meisl einen Schlaganfall, der sie pflegebedürftig machte. Sie starb am 3. November 1980 in Wien und ist dort auf dem Sieveringer Friedhof begraben. Sie überlebte alle, die zum engeren Kreis von Hugo Meisl zählten, Eberstaller, Abeles, Gerö, Jimmy Hogan, Willy und auch ihre Rivalin Emmy. Leider entwickelte sich unser tieferes Interesse an unserem Großvater erst vor wenigen Jahren, zu spät, obwohl unsere Großmutter fast 90 Jahre alt wurde. Sie hätte uns noch sehr viel berichten können.

Anhang

Kurzbiographie Hugo Meisl

1881 16. November Geburt in Maleschau (Malešov) in Böhmen
1884 Geburt seiner Schwester Rosa
1886 Geburt seiner Schwester Anna
1887 Einschulung in Světlé nad Sázavou (Böhmen)
1889 Geburt seiner Schwester Elsa
1892 Geburt seines Bruders Leopold (Poldi)
1893 Hugo zieht nach Wien
1895 Übersiedelung der Familie nach Wien in den III. Bezirk; Mitglied beim Vienna Cricket and Football Club; Geburt seines jüngsten Bruders Willy
1896 Besuch einer Handelsschule
1897 Umzug in die Franzensbrückenstraße (II. Bezirk)
1898 Beendigung der Handelsschule ohne Abschluss; erste Anstellung bei Jg. Simon in Wien (1. September); 15. November erster fußballerischer Einsatz bei den Cricketern
1899 Anstellung bei L. und G. Brod in Triest (1. August)
1900 Anstellung bei der Firma Luzzatto in Triest
1901 Februar bis September Aufenthalt in England; 1. Oktober Beginn des einjährigen Dienstes bei der K.u.K.-Armee
1902 Anstellung bei der Firma Brüder Redlich und Berger in Wien
1903 Anstellung bei S. Chartet in Paris
1904 1. Januar Anstellung bei der Pielachberger Hofspinnerei und Bindfadenfabrik; erfolgreicher Einsatz als Fußballer bei den Cricketern und erste Einsätze als Schiedsrichter
1905 Schriftführer beim OFV und zuständig für Schiedsrichterfragen; zum ersten Mal begleitet er ein Auswahlteam nach Berlin und organisiert Vorführspiele Tottenham gegen Everton
1906 17. April Anstellung bei der Österreichischen Länderbank
1907 Erste Teilnahme an einem FIFA-Kongress, in Amsterdam als Delegierter des ÖFV; erster Länderspieleinsatz als Schiedsrichter
1908 Schriftführer bei den Cricketern
1911 Vorstandsmitglied bei den Amateuren
1912 Er lernt Jimmy Hogan kennen, der als Trainer nach Wien geholt wird
1913 Mitglied im Vorstand des Niederösterreichischen Fußballverbandes, Präsident des Schiedsrichterkollegiums und Verbandskapitän; Redakteur des *Fremdenblattes*
1914 Beginn des 1. Weltkriegs, er rückt nach Serbien ein
1915 Erste Kriegsauszeichnung (signum laudis), Verlegung auf den Krn (Isonzo)
1916 Verdienstkreuz in Silber
1917 Militärverdienstkreuz 3. Klasse
1918 Verwundetenmedaille, Karl-Truppenkreuz, Presseoffizier; erhält das Heimatrecht in Wien (Januar); Dezember: Rückkehr an den Arbeitsplatz in der Österreichischen Länderbank; erste eigene Wohnung (Fasanengasse in III. Bezirk)
1919 Er wird wieder Verbandskapitän, Leitung des Wiener Amateursportvereins; Mitherausgeber des *Neuen Wiener Sportblattes*; Miteigentümer einer Sportartikelfirma (»Stadion«); Hochzeit mit Maria Bican
1920 Umzug in die Krieglergasse (III. Bezirk) Geburt der ersten Tochter
1921 Zieht sich aus der Redaktion des *Neuen Wiener Sportblattes* zurück
1922 Schiedsrichter beim Länderspiel Schweiz gegen Italien
1923 Geburt der zweiten Tochter; Schiedsrichter beim Spiel Schweden gegen England
1924 Einführung des Profifußballs in Wien; erstmalig offiziell wieder auf einem FIFA-Kongress
1925 Pensionierung bei der Länderbank; Geburt seines Sohnes; Aufgabe der Sportartikelfirma
1927 Spaltung des Fußballverbandes, Meisl wird Generalsekretär des neuen Verbandes
1929 Schwere Lungen- und Rippenfellerkrankung, mehrmonatiger Spital- und Sanatoriumsaufenthalt
1930 Umzug in den Karl-Marx-Hof (XIX. Bezirk) Ernennung zum Cavaliere ufficiale della coronna d'Italia
1931 Lehnt Angebot ab, FIFA-Generalsekretär zu werden; Tod des Vaters
1932 Tod der Mutter; »Jahrhundertspiel« Österreich gegen England in London
1933 Eheprobleme werden massiv; Beziehung zu Emmy Schossberger
1934 Tod seines Freundes Herbert Chapman; verlässt seine Frau und seine Kinder und zieht zusammen mit Emmy in den I. Bezirk (Schottenbastei); bei der WM scheitert die österreichische Nationalmannschaft im Halbfinale
1936 Erster Sieg der österreichischen Nationalmannschaft gegen England
1937 Tod am 17. Februar in Wien

Ausgewählte Texte von Hugo Meisl

Der FIFA-Kongress in Prag (1925)

Das Gauklerspiel auf dem zweitägigen FIFA-Kongress in Prag beginnt sich in einer für den internationalen Fußballsport recht grotesken Art auszuwirken. Seit einigen Monaten wurde Wien wiederholt die Ehre des Besuches italienischer Trainer, oder richtig gesagt jener Österreicher und Ungarn, die als Trainer und Hilfsorgane in Italien tätig sind, zuteil. Sie alle kamen nicht, um die guten alten Beziehungen zwischen den Vereinen der beiden Nachbarstaaten zu fördern oder neue anzuknüpfen, sie kamen auch nicht in die größte kontinentale Fußballstadt, um ihre Fußballkenntnisse zu erweitern oder ihren Fußballgeist durch neue Eindrücke anzuregen.

Die als Trainer tätigen Ungarn, Österreicher und sonstigen Kapazitäten scheinen es abgesehen zu haben, ihre Fähigkeiten durch Heranziehung guter Fußballer, und durch Erhaltung beziehungsweise durch Förderung der Spielkraft der ihnen anvertrauten Kampfmannschaften zu beweisen. Sie haben sich auf eine ganz neue Art der Betätigung, die mitunter bedeutend einträglicher sein kann, auf jeden Fall aber an die physischen und geistigen Fähigkeiten eines Trainers unvergleichlich geringere Anforderungen stellt, und zwar auf das Kapern, oder wie man landläufig sagt, auf das Einkaufen von fertigen Spielern im Auslande eingestellt. Der Bedarf im Inlande wird schon von den mit Sprache und Sitte besser vertrauten Vereinsleuten besorgt. Gewisse Spezialisten, Innenstürmer und Läufer können trotz glänzender Akquisiteure, trotz Geld und allerlei Schiebungen innerhalb und außerhalb des Rahmens des FIFA-Amateurismus nicht besorgt werden, und in diesem Falle werden die Dienste der Trainer und sonstiger moralisch minderwertiger Vermittler, welche die Staatsangehörigkeit des erwähnten Jagdreviers besitzen, in Anspruch genommen.

Als es auf dem Kontinente nur Amateure gab und als die meisten Länder die FIFA als eine vollwertige Behörde betrachteten, wurden die mannigfachen professionellen Extempores nur bei Nacht und unter Anwendung aller Vorsichtsmaßregeln durchgeführt. Der beraubte Verein war gewöhnlich nicht in der Lage, Alarm zu schlagen, oder zur FIFA zu laufen. Erstens ist es Amateuren, also jener Klasse von Sportausübenden, die Fußball lediglich aus Liebhaberei betreiben (solche soll es bei führenden Vereinen nur noch einige in England, Schweiz, Schweden und Niederlande, nach anderen Meldungen vereinzelt auch noch in einigen anderen Ländern geben) gestattet, am Ende eines Spieljahres Verein und Länder nach Belieben zu wechseln, und zweitens wagte es der Stammverein nicht, die Plünderer anzuzeigen, weil sich ja bei der Untersuchung herausgestellt hätte, dass die geraubten Spieler auch daheim keine Amateure waren.

Auf diese Weise haben viele große Amateurvereine des Festlandes ein recht fragwürdiges Amateurdasein gefristet. Alle internationalen Spielerschiebungen von den Sizilianern bis hinauf zu den Lappländern wurden jedoch im Hinblick auf die noch bestehende FIFA geräuschlos durchgeführt. Obitz und Hirtzer spielten in der Olympiade in Ungarn, und während auf dem Spielfeld um die olympischen Lorbeeren gerungen wurde, waren in den Brieftaschen, selbstverständlich im Umkleideraum, die Dollarverträge nach Kiel und Hamburg bereits gut aufgehoben. Solcherart hat der Amateurgeist die sonderbarsten Entartungen gezeigt. Natürlich hat sich der D.F.B. gedeckt und beim ungarischen Verband wegen der Amateurqualifikation der beiden Zuwanderer formell angefragt. Es geschah das, was ich bereits vorher erklärt habe. Es kam der Augenaufschlag der Gegenseite. Der ungarische Veraband antwortete, dass Obitz und Hirtzer Amateure seien. Man hat sich ob dieser Interpretation des Amateurbegriffes in Budapest, Prag und Brünn schiefgelacht, aber man konnte nichts machen, da alle beteiligten Faktoren formell richtig gehandelt haben. Auf diese Weise hat Ungarn im Laufe der letzten fünf Jahre zwei komplette internationale Teams verloren.

Alles erhoffte sich die Erlösung von den unhaltbaren, vollkommen demoralisierten Verhältnissen durch den Prager FIFA-Kongress. Die FIFA galt noch als die einzige achtunggebietende Rettungsstation der Schiffbrüchigen: Mehrere Delegierte – Herr Professor Pelikan wird mir nicht böse sein, wenn auch ich mich dazu zähle – waren in Kenntnis der entscheidenden Schicksalsstunde der FIFA, außerordentlich bemüht, zur Rettung der Autorität dieser hoch notwendigen Behörde, und zur Festigung der Autorität den Zeitläufen entsprechende Vorschläge zu machen. In einem der allerwichtigsten Punkten, und zwar in der Amateurdefinition, sind die Verfechter des strengstens Amateurprinzips und, wie von den Kennern der Verhältnisse vorausgesagt wurde, auch die FIFA unterlegen. Dass unmittelbar nach dem herrlichen FIFA-Kongress seitens des Auslandes gleich bei einem Dutzend von Sportlern der ersten ungarischen Ligaklasse der Entführungsversuch mit mehr oder weniger Erfolg unternommen wurde, ist nicht verwunderlich, weil (bitte nicht zu lachen) auch noch in Ungarn Amateurismus besteht, und weil im Sinne der FIFA-Statuten, nach Beendigung eines Spieljahres Amateurfußballer vogelfrei sind.

Geradezu verheerend gelangen aber die letzten FIFA-Beschlüsse in Italien zur Auswirkung. Monsieur Delaunay und auch der Präsident des tschechoslowakischen Verbandes, Herr Prof. Pelikan, sind dafür bekanntlich eingetreten, dass sich jeder Verband seine Amateurprinzipien selbst regeln kann. Das geschieht nun in Italien folgendermaßen: Der Spieler Achazy, ein mit Vertrag engagierter Professional des Wiener Sport-Clubs, wird nach Italien verpflichtet. Der italienische Verein ist im Tohuwabohu des Pseudoamateurismus so korrekt, dass er einen Vertrauensmann nach Wien entsendet, und durch finanzielle Bereinigung der Angelegenheit die Vertragsablösung sowie die Freigabe des genannten Spielers in aller Still erwirkt. Der Wiener Sport-Klub, der ja materiell befriedigt wurde, und für den Achazy keine unersetzliche Kraft war, hat keine Veranlassung gehabt, aus dem Vorfalle irgendwelche Konsequenzen zu ziehen. Ganz anders aber Floridsdorf – das erste Opfer des Prager Kongresses. Die Spieler Schierl und Bernhauer, beide seit 20. September 1924 Berufsspieler mit Vertrag und auch mit Vertrag als Berufsspieler neuerlich für das Jahr 1925 – 1926 engagiert, wurden durch Vermittlungspersonen zu einem Vertragsbruch verführt und nach Italien zwecks Teilnahme an der italienischen Amateurmeisterschaft entführt. Diesem Tatsachenbericht wäre vom Standpunkt von Sportsleuten, Kaufleuten sowie von jedem rechtschaffenen Menschen überhaupt nichts hinzuzufügen. Es ist ausgeschlossen, dass die Führer des italienischen Verbandes eine solche unerhörte Interpretation des verhängnisvollen FIFA-Beschlusses vom 25. Mai 1925 zulassen. So überzeugt aber, als ich auch von der über jeden Zweifel erhabenen korrekten Denkungsart des italienischen Verbandes bin, ebenso verständlich erscheint es mir, dass die Vereinsfanatiker in der Entartung der Auslegung der FIFA-Beschlüsse soweit gegangen sind.

Kann es denn eine groteskere Karikatur der FIFA-Beschlüsse den Amateurismus betreffend geben, als dass italienische Amateurvereine Professionals von gestern und laut Vertrag auch von heute, auch schon für heute und für morgen als Amateure verwenden wollen? Natürlich sind die beiden geraubten Floridsdorfer, und nur so kann man die Art von einem im Vertragsverhältnis stehenden Spieler bezeichnen, in Italien keine, aber nur Amateure im Sinne des unglücklichen FIFA-Beschlusses, d.h. wilde Professionals ohne Vertrag.

Floridsdorf, Wien und Österreich kann schließlich auch Spieler wie Schirl und Bernhauer entbehren. Der Österreichische Fußball-Bund wird sich aller Voraussicht nach der Mühe unterziehen, alle jene Verbände, welche wegen der Prager Beschlüsse in ihren Ländern die schwersten Prüfungen zu bestehen haben, von dieser Auswirkung des berühmten FIFA-Beschlusses in Kenntnis setzen. Die FIFA wird selbstverständlich dem italienischen Verband die Teilnahmen von im fixen Vertrag stehenden Berufsspielern an der italienischen Amateur-Meisterschaft untersagen. Schierl und Bernhauer werden aller Wahrscheinlichkeit nach sehr bald wieder jenseits der Donau im Dress erscheinen, und um den unschuldigen Verein nicht zu schädigen, werden die beiden Ausreißer wahrscheinlich glimpflich davon kommen. Nicht ausgeschlossen ist aber auch, dass der betreffende italienische Amateurverein einen Vermittler nach Wien entsendet, der mit den Floridsdorfern hinsichtlich einer Ablösesumme für die Entlassung der Spieler aus dem Vertrag handelseins wird. Dann natürlich steht von Standpunkt des Österreichischen Fußball-Bundes, welcher ja hauptsächlich auf die Wahrung der Interessen seines Vereins bedacht sein muss, der Abwanderung der beiden Floridsdorfer Professionals, und gleichzeitig der italienischen Amateure, nichts im Wege. Alle werden voraussichtlich zufrieden gestellt sein.

Auf der Strecke wird leider der wertvollste Teil des internationalen Sportbetriebes bleiben, die FIFA.[1271]

Soll die Fußball-Weltmeisterschaft wiederholt werden? (1934)

Soll die Fußball-Weltmeisterschaft wiederholt werden? Es fällt mir wahrlich nicht schwer, diese Frage mit einem entschiedenen Nein zu beantworten. Nicht deshalb, weil wir nicht den ersehnten Erfolg errungen haben. Es ist allen Funktionären der europäischen Fußballnationen von den zahlreichen internationalen Konferenzen her bekannt, dass ich allezeit und allenorts die Projekte, die auf die Organisation und Durchführung von ähnlichen Hasardveranstaltungen abzielten, mit jedem mir zur Verfügung stehenden Mittel bekämpft habe. Als ich beim Fifakongress 1932 in Stockholm anlässlich des Beschlusses, im Jahre 1934 eine Weltmeisterschaft durchzuführen, überstimmt wurde, bemühte ich mich durch einen zweiten Antrag, Italien eine Überlegungsfrist von wenigen Monaten zu verschaffen, was mir auch gelungen ist. Ich glaubte, dass die Italiener, nach ruhiger Überlegung, von der Durchführung dieses Unglücksprojektes zurücktreten werden. Nach Ablauf der über meinen Antrag gewährten Frist hat sich die frühere Leitung des italienischen Verbandes trotz meiner zahlreichen Gegenargumente doch für die Übernahme dieser Monsterveranstaltung entschieden. Für diesen Entschluss waren vornehmlich Ambition und Optimismus, der an Illusion grenzte, maßgebend. Die Öffentlichkeit ist davon unterrichtet, dass der frühere Präsident des Italienischen Verbandes sogar ein neues 150.000 Zuschauer fassendes Stadion in Rom für die Weltmeisterschaft errichten wollte. Ein Plan, der erst durch die auch in Italien fühlbar gewordene Wirtschaftskrise und andererseits durch das Ausscheiden der früheren Verbandsleitung zum Scheitern kam.

Die gegenwärtige Leitung des italienischen Verbandes hätte sich mit Recht an die Durchführung einer so gigantischen Veranstaltung, wie sie nun einmal eine Weltmeisterschaft ist, nie herangewagt. Es zeigte sich dann, dass beim Finale, obwohl die italienische Nationalmannschaft daran beteiligt war, das alte Stadion mit einem beschränkten Fassungsvermögen für 50.000 Personen gewaltige Lücken in allen Sitzkategorien aufwies.

Der Fifa und deren Funktionäre war die Übernahme der Weltmeisterschaft durch Italien aus Gründen des Prestiges, der Propaganda und nicht zuletzt des Profits über alle Maßen recht. Die Fifafunktionäre dachten auch an die verschiedenen Annehmlichkeiten, die sie in dem schönen und gastfreundlichen Italien erwarten. Die Fifa [...] brauchte Mittel zu ihrer Erhaltung, die durch die Abgaben der Nationalverbände aus den Länderwettspielen nicht zur Gänze aufgebracht werden konnten. Was war daher naheliegender, als das durch die Natur, Begeisterung seiner Bewohner und mit Wettspieleinnahmen reich gesegnete Italien, diese herrliche »Wurzen« für alle, als Veranstalter höchst willkommen zu heißen.

Wie nahe Begeisterung und schwere Depression beieinander liegen, wurde durch den späteren Verlauf der Weltmeisterschaft bewiesen. Vorerst hatte die Fifa den Beschluss gefasst, schon in der ersten Runde die Paarungen auszulosen. Wäre dieser Beschluss verwirklicht worden, so hätte die Auslosung bei der Februarsitzung des Fifa-Exekutivkomitees in Paris eventuell ergeben können, dass Österreich, Italien, Tschechoslowakei, Spanien und Ungarn schon in der ersten Runde aufeinander treffen. Dieser Plan wurde ebenfalls von den Österreichern umgestoßen. Wir beeinflussten die Vertreter der Tschechoslowakei und Ungarn, sich unsrem Protest anzuschließen und dadurch wurde der Plan vereitelt. Leider wurde aber unser Antrag auf Stellung und nicht auf Auslosung der ersten zwei Runden nur teilweise, und zwar nur für die erste Runde angenommen. Es entsprach auch nicht unserer Absicht, noch weniger aber den sportlichen und materiellen Interessen der Veranstaltung, dass die Auslosung erst nach der Bildung zweier Achtergruppen bewerkstelligt wurde. Schon bei der Besetzung von je acht stärkeren und acht schwächeren Nationalmannschaften erkannte man, dass sich die entscheidenden Faktoren über das gewaltige sportliche und als Folge davon auch geldliche Risiko, das sie dabei eingingen, nicht klar waren.

Man wollte Ungarn und hat auch tatsächlich Spanien in die schwächere Achtergruppe eingeteilt. Dasselbe Spanien, das sich bei der Weltmeisterschaft als das kampftüchtigste Team erwiesen hat.

Ebenso wie beim ersten Weltpokalbewerb 1930 in Montevideo hat es sich auch in Italien leider deutlich gezeigt, dass unter den derzeitigen wirtschaftlichen Verhältnissen selbst die interessantesten Kämpfe zweier noch so berühmter ausländischer Teams bei dem überall lokalpatriotisch eingestellten Publikum kein sonderliches Interesse erwecken. Bei allem Idealismus kann nach dem Ausspruch meines unvergesslichen Freundes Herbert Chapman selbst die ethischste und religiöseste Institution nicht ohne Geld geführt werden. Deshalb muss es jeder Beteiligte schmerzlich empfinden, dass die Nationalmannschaften von Nordamerika und Mexiko nach Zurücklegung von abertausenden Kilometern zu Wasser und zu Land bei der Weltmeisterschaft nur ein einziges, 90 Minuten dauerndes Spiel vor 5000 bis 6000 Zuschauern bestreiten durften und dann heimkehren mussten. Dem Länderwettkampf Österreich gegen Deutschland sozusagen um den dritten Weltrang haben in Neapel ungefähr 8000 und dem Semifinalspiel Tschechoslowakei gegen Deutschland sogar nur 7000 Zuschauer beigewohnt.

Welches fieberhafte Interesse und welche Begeisterung hätten diese Kämpfe in den beteiligten Ländern ausgelöst und welche große Einnahmen hätte sie erzielt! So mussten sie sich förmlich um ein Butterbrot gegenseitig abschlachten.

Schließlich hat aber kein einziges der an der Weltmeisterschaft teilnehmenden Länder trotz der gewaltigen Verdienstentganges auch nur annähernd so großes Risiko getragen wie Italien, d.h. der veranstaltende italienische Verband. Nur an einem Faden hing Italiens Spielglück gegen Spanien. Das Gelingen der einen oder anderen der zahlreichen mit unheimlicher Rasanz durchgeführten Angriffsaktionen der Spanier hätten dem Spiel eine für Italien ungünstige Wendung geben und ein Defizit der ganzen Weltmeisterschaft von 1 1/2 bis 2 Millionen Lire für den italienischen Verband, so wie eine empfindliche geldliche Einbuße für alle beteiligten Nationalverbände, die am Gewinn beteiligt waren, bringen können.

Welche Bedeutung und welches Interesse hätten dann die Semifinalspiele und selbstverständlich auch der Entscheidungskampf in Rom gehabt? Die Zuschauer wären ausgeblieben und die Einnahmen hätten eine sehr bescheidene Höhe erreicht.

Schluss mit den Weltmeisterschaftsprojekten. Nein, eine Weltmeisterschaft dieser oder ähnlicher Art kann und darf nicht mehr wiederholt werden.

Man glaube nicht, dass ich bei dieser Kritik irgendwie durch meine Verbitterung über den unglücklichen Ausgang der Konkurrenz für Österreich beeinflusst bin. Das ist absolut nicht der Fall. So segensreich Cup-, d.h. Knockoutkonkurrenzen innerhalb der Gemarkung eines Nationalverbandes, ganz besonders neben einer ohnehin bestehenden Meisterschaft, sein mögen, so gefährlich und unheilvoll kann sich ein solcher Knockoutbewerb im Rahmen einer internationalen Monsterveranstaltung, die wie diesmal durch Los beeinflusst, an verschiedenen Orten, die mit strapaziösen Eisenbahnfahrten verbunden waren, ausgetragen, durch unzulängliche Schiedsrichter noch irregulärer gemacht werden, auswirken.

Übrigens hätte sich kein anderer Verband und kein anderes Land in organisatorischer und materieller Beziehung einwandfreier benehmen können, als Italien. Der italienische Fußballverband war über die Maßen gastfreundlich und vornehm. Und deshalb freue ich mich, dass das große Risiko, das er sowohl in sportlicher als auch in geldlicher Hinsicht übernommen hat, ihm keinen Schaden, sondern Gewinn brachte. Dieser glückliche Zufall darf uns aber von der Erkenntnis nicht abbringen, dass eine Weltmeisterschaft in dieser Art keine Wiederholung mehr finden darf.[1272]

Zweckfußball (1935)

Zweckfußball! Der neuzeitliche terminus technicus. Was soll das Gegenteil bedeuten? Vielleicht ein Spiel, das schön, gefällig, gut, wissenschaftlich, intelligent, ja sogar präzis und erfolgreich, aber nicht zweckmäßig sein muss? Eigentlich nur teilweise. Der Ausdruck Zweckfußball wurde nach den ersten Erfolgen der deutschen Fußballnationalmannschaft geprägt. Der deutsche Reichstrainer Otto Nerz pflegte seit vielen Jahren der Nachkriegszeit regelmäßig auf zwei bis drei Monate nach England zu gehen, um bei den bedeutenden Ligavereinen Training und Spielsysteme zu studieren. Er war auch, obzwar der süddeutschen, uns zentraleuropäischen nahestehenden Schule entstammend, mehrere Jahre hindurch ein hartnäckiger Verfechter des in England gesehenen und seiner Meinung nach bewährten körperlichen Spieles. Auch die großen Niederlagen der deutschen Nationalmannschaft bei der Weltmeisterschaft in Amsterdam [gemeint sind die Olympischen Spiele] 1:4 gegen Uruguay, 0:6 und 0:5 gegen Österreich haben ihn nicht von seiner einmal vertretenen Linie des körperlichen Spieles abgehalten. Wohl aber hat durch die großen Erfolge Österreichs, ganz besonders nach dem Spiel gegen England 3:4 in Highbury, die Nerzsche Theorie eine beträchtliche Erschütterung erfahren. Man muss Nerz aber auch Verständnis und Gründlichkeit zubilligen, wenn er schließlich aus allen Ereignissen hinsichtlich Stil, Methode und Klasse in England und auf dem Kontinent die erforderlichen Lehren zog und seinen Spitzenfußballern ein Spiel beibrachte, das sich als Zweckfußball herauskristallisiert hat. Als Vorbild mag Nerz ebenso wie den Italienern der hervorragende Interpret des W-Systems, das Spiel Arsenals, vorgeschwebt haben. Das körperliche Spiel ist geblieben und die Taktik wurde dem Geiste des W-Systems angepasst.

Als ich mit Herbert Chapman, dem Schöpfer des W-Systems, einige Wochen vor seinem Tod eine Aussprache über das W-System pflegte und meiner Verwunderung darüber Ausdruck verlieh, dass der Linksverbinder Alec James erst im Februar, also fast sechs Wochen nach Beginn der Fußballsaison 1933, das erste Tor erzielt hatte, was von der gesamten englischen Presse als bedeutungsvolles Ereignis interpretiert wurde, meinte Chapman mit überzeugender Miene: »Ob W oder M, U oder Y ist ganz ohne Belang. Wichtig ist, dass keine Regel besteht, die vorschreibt, dass nur drei oder acht Stürmer angreifen dürfen. Alle Leute mögen reden, was sie wollen: meine Mannschaft spielt je nach der Qualität und Disposition der eigenen Spieler und des Gegners so zweckmäßig, als sie eben kann.«

Tatsache ist, dass Arsenal unter der Führung von Herbert Chapman das System seit Änderung der Offsideregel bei vollster Bedachtnahme auf das »Safety first« den Angriff mit drei, höchstens vier Stürmern, vier Halfbacks und drei Backs erfunden und mit Meisterschaft durchgeführt. Aber auch dieses System, so wie es Arsenal gespielt hat und spielt, ist eine Wissenschaft, die die hervorragendsten Akteure und Spezialisten auf den verschiedensten Posten erfordert. Einige Ligamannschaften Englands und Schottlands, beziehungsweise Großbritanniens, sind je nach den Fähigkeiten der Führung in der Auswirkung des Safety-first-Systems Arsenal nahegekommen. Keine Mannschaft hat jedoch den Geist Chapmans erreicht. Die meisten haben sich die Theorie zu eigen gemacht und sind ohne den Geist Chapmans und der Arsenalspezialisten ins andere Extrem verfallen, indem sie seit Jahren einer W-Systemschablone huldigen. Die Briten, heute aber auch die Italiener und Deutschen, beurteilen unsere engmaschige, je nach der Individualität der Spieler, mit Arabesken verzierte Spielart mit fünf Stürmern, drei Halfbacks und zwei Backs, als jene des Mittelalters und um uns nicht zu höhnen, prägen sie den Ausdruck »orthodox«. Sie finden es unglaublich, besonders die Engländer und Schotten, mit welcher Sorglosigkeit wir an der alten Überlieferung festhalten. Ich persönlich bin nach den Erfahrungen der letzten Jahre der Ansicht, dass unsere Schule die augefälligste und schönste sei, selbstverständlich auch geist- und stilvoll, aber sie wird zwecklos, wenn nur einzelne, technisch und taktisch unvollkommene Akteure dieses sogenannte schottische System forcieren. Sie wird aber auch zwecklos, wenn sie in extremis durchgeführt wird. Ich glaube, dass bei den heutigen Spielverhältnissen das System mit dem fliegenden vierten Half (ein hundertprozentiger Allroundfußballer ist dafür Vorbedingung) das beste sein wird und dieses System dürfte sich auch bei den kommenden Meisterschaftsspielen durchsetzen. Wenn wir vielleicht auch so wie die Tschechen und Ungarn mit unserem konservativen, auf hervorragender Technik und Spielverständnis begründeten System im Laufe der letzten Jahre nicht wie früher reüssieren, vielmehr mitunter bittere Enttäuschungen erleben müssen, so ist es sicherlich in erster Reihe auf die zweckmäßigere Taktik unserer Gegner, aber auch – und das ist das Um und Auf – auf die Unzulänglichkeit verschiedener, zur Verfügung stehender Akteure, also auf Besetzungsschwierigkeiten, gerade auf den wichtigsten Mannschaftsposten, zurückzuführen. Auch das sogenannte W-System, wie ich bereits gesagt habe, erfordert hervorragende Flügelstürmer, Mittelstürmer und körperlich wie geistig hochstehende Innenstürmer. Weniger geistige Anforderungen werden an den Zenterhalf als den dritten Back gestellt, dagegen aber gewaltige körperliche.

Sicherlich ist der Müdigkeit an Körper und Geist bei unseren Spielern, die ja infolge der wirtschaftlichen Verhältnisse jahraus, jahrein ohne Urlaub und Erholung im Spiel und im Reisen Rekordanstrengungen vollbringen, die Schuld an Rückfällen zuzuschreiben. Schließlich steht uns ja auch nicht ein solches Spielermaterial zur Verfügung, wie dem Fußball der Großstaaten. Abschließend möchte ich betonen, dass auch wir uns ebenso wie in früheren Jahren, wenn wir im Weltfußball in Ehren bestehen wollen, mit dem Studium der unseren Spielern am zweckdienlichsten erscheinenden Systeme befassen werden müssen. Aber auch das gründlichste Studium wird uns zu einem sogenannten Zweckfußball nicht führen, wenn uns nicht genügend tüchtige Spieler mit frischem Körper und Geist zur Verfügung stehen werden.[1273]

Länderspiel-Statistik der österreichischen Nationalmannschaft unter Hugo Meisl 1919-1937

Wie berichtet, trug Hugo Meisl bereits vor dem Ersten Weltkrieg eine gewisse Verantwortung für das Nationalteam, seit Mai 1913 fungierte er offiziell als Verbandskapitän. Sein Einfluss war allerdings sehr begrenzt: Er hatte lediglich das Recht, eine Aufstellung vorzuschlagen, die dann vom ÖFV-Vorstand abgesegnet werden musste. Dies änderte sich erst ab September 1919, als Meisl erneut zum Verbandskapitän berufen wurde und nun sehr schnell die alleinige Entscheidungsgewalt an sich zog. Dabei blieb es bis zu seinem Tode am 17. Februar 1937. Unsere Chronologie lassen wir daher erst ab diesem Termin beginnen.

Anzumerken bleibt noch, dass nur die Länderspiele des ÖFB erfasst werden, nicht die Spiele von Auswahlmanschaften des NÖFV oder des WFV, die ebenfalls von Hugo Meisl betreut wurden, jedoch eher als Sichtungsspiele für das Nationalteam zu betrachten sind. Ebenso nicht erfasst sind die Länderspiele der österreichischen Amateurauswahl, die nicht der Verantwortung Hugo Meisls unterlagen.

1919
Österreich - Ungarn 2:0 (2:0)
Wien, 5.10.1919, 20.000 Zuschauer
Schiedsrichter: Retschury (Ö)
Brandweiner (WAC);
Popovich (Amateure), Dittrich(Rapid);
Putzendopler (Rapid) J. Brandstätter(Rapid) Nitsch (Rapid)
Wondrak (Rapid) Uridil (Rapid), Kuthan,(Rapid) Bauer(Rapid), Wieser (Rapid)
1:0 Bauer (40.), 2:0 Uridil (44.)

Ungarn - Österreich 3:2 (3:0)
Budapest, 9.11.1919, 3.500 Zuschauer
Schiedsrichter: Szüsz (Ungarn)
Brandweiner (WAC);
Wagner (Rudolfshügel), Deutsch (FAC);
Kurz (Amateure,) Neubauer (FAC), Weiss (FAC);
Köck (WAC), Tremmel (Vienna), Frithum (Vienna), Hansl (Amateure), Eckl (Vienna)
1:0 Pataky, 2:0 Orth, 3:0 Pataky, 3:1 Hansl, 3:2 Tremmel

1920
Österreich - Ungarn 2:2 (1:1)
Wien, 2. 5. 1920, 20.000 Zuschauer
Schiedsrichter: Schmieger (Ö)
W. Meisl (Amateure);
Beer (SK), Popovich (Amateure);
Chrenka (WAC), Brandstätter,(Rapid) Nitsch(Rapid);
Wondrak(Rapid), Bauer(Rapid), Kuthan (Rapid), Swatosch (Simmering), Wieser (Rapid)
0:1 Toth (37.), 1:1 Wieser (43.), 1:2 Pataky (44.), 2:2 Swatosch (66.)

Österreich - Deutschland 3:2 (0:0)
Wien, 26.9.1920, 30.000 Zuschauer
Schiedsrichter: Fehery (Ungarn)
Pacista (Simmering)
Beer (SK), Popovich (Amateure)
Fuchs (Amateure), Baar (SK), Nitsch (Rapid), Seidl (FAC)
Swatosch (Simmering), Kuthan (Rapid), Hansl (Amateure), Wieser (Rapid)
0:1 Sutor (56.), 1:1 Swatosch (64.), 2:1 Swatosch (83.), 3:1 Swatosch (86.), 3:2 Seiderer (87.)

Ungarn - Österreich 1:2 (0:2)
Budapest, 7. 11. 1920, 30.000 Zuschauer
Schiedsrichter: Groothoff (Schweiz)
Pacista (Simmering)
Blum (Vienna), Popovich (Amateure)
Fuchs (Amateure), Baar (SK, Nitsch (Rapid), Seidl (FAC)
Swatosch (Simmering), Kuthan (Rapid), Hansl (Amateure), Wieser (Rapid)
0:1 Kuthan (24.), 0:2 Swatosch (43.), 1:2 Braun (59.)

1921
Österreich - Schweden 2:2 (1:1)
Wien, 27. 3. 1921, 35.000 Zuschauer (Simmering)
Schiedsrichter: Boas (Niederlande)
Ostricek (Hertha)
Blum (Vienna), Popovich (Amateure)
Fuchs (Amateure), Neubauer (FAC), Geyer (Amateure)
Köck (Amateure), Kanhäuser (SK), Kuthan (Rapid),

Swatosch (Amateure), Katz (Hakoah)
0:1 Horndahl (8.), 1:1 Kuthan (43.), 2:1 Kuthan (55.), 2:2 Andersson (76.)

Österreich – Ungarn 4:1 (0:0)
Wien, 24. 4. 1921, 45.000 Zuschauer (Simmering)
Schiedsrichter: Mutters (Niederlande)
Ostricek (Hertha)
Beer (SK), Popovich (Amateure)
Kurz (Vienna), Neubauer (FAC), Nitsch (Rapid)
Wondrak (Rapid), Uridil (Rapid), Kuthan (Rapid),
Swatosch (Amateure), Katz (Hakoah)
1:0 Kuthan (51.), 2:0 Kuthan (53.), 3:0 Wondrak (63.), 3:1 Orth (67.), 4:1 Neubauer

Schweiz – Österreich 2:2 (0:0)
St. Gallen, 1. 5. 1921, 10.000 Zuschauer
Schiedsrichter: Koppehel (D)
Ostricek (Hertha)
Blum (Vienna), Popovich (Amateure)
Kurz (Vienna), Neubauer (FAC), Nitsch (Rapid)
Wondrak (Rapid), Bauer (Rapid), Kuthan (Rapid),
Swatosch (Amateure), Katz (Hakoah)
1:0 Brand (46.), 1:1 Kuthan (52.), 1:2 Neubauer, 2:2 Ramseyer (75.)

Deutschland – Österreich 3:3 (2:1)
Dresden, 5. 5. 1921, 20.000 Zuschauern
Schiedsrichter: Eymers (Niederlande)
Ostricek (Hertha)
Blum (Vienna), Popovich (Amateure)
Kurz (Vienna), Neubauer (FAC), Nitsch (Rapid)
Wondrak (Rapid), Uridil (Rapid), Kuthan (Rapid),
Kanhäuser (SK), Eckl (Vienna)
1:0 Popp (6.), 2:0 Träg (13.), 2:1 Kuthan (33.), 3:1 Seiderer (56.), 3:2 Wondrak (58.), 3:3 Uridil (70.)

Schweden – Österreich 1:3 (1:2)
Stockholm, 24. 7. 1921, 15.000 Zuschauer
Schiedsrichter: Boas (Niederlande)
Ostricek (Hertha)
Blum (Vienna), Popovich (Amateure)
Kurz (Vienna), Brandstätter (Rapid), Nitsch (Rapid)
Wondrak (Rapid), Uridil (Rapid), Kuthan (Rapid),
Swatosch (Amateure), Neumann (WAC)
0:1 Uridil (9.), 0:2 Kuthan, 1:2 Dahl, 1:3 Swatosch (59.)

Finnland – Österreich 2:3 (1:0)
Helsinki, 31. 7. 1921, 10.000 Zuschauer
Schiedsrichter: Boas (Niederlande)
Ostricek (Hertha)
Blum (Vienna), Dittrich (Rapid)
Kurz (Vienna), Brandstätter (Rapid), Nitsch (Rapid)
Wondrak (Rapid), Uridil (Rapid), Kuthan (Rapid),
Jiszda (FAC), Neumann (WAC)
1:0 Mantila, 1:1 Uridil, 1:2 Uridil, 1:3 Neumann, 2:3 Dittrich (Eigentor)

1922
Italien – Österreich 3:3 (2:1)
Mailand, 15. 1. 1922, 20.000 Zuschauer
Schiedsrichter: Forster (Schweiz)
Ostricek (Hertha)
Beer (SK), Blum (Vienna),
Kurz (Vienna), Resch (Wacker), Geyer (Amateure)
Köck (Amateure), Jiszda (FAC), Fischera (WAC),
Hansl (Amateure), Cutti (Amateure)
1:0 Moscardini (15.), 1:1 Hansl (17.), 2:1 Santamaria, 3:1 Moscardini, 3:2 Hansl, 3:3 Köck

Österrreich – Deutschland 0:2 (0:0)
Wien, 23. 4. 1922, Hohe Warte, 70.000 Zuschauer
Schiedsrichter: Gerö (Ungarn)
Brazda (Rudolfshügel)
Beer (SK), Blum (Vienna),
Plank (SK), Brandstätter (Rapid), Kurz (Vienna)
Wondrak (Rapid), Kanhäuser (SK), Kuthan (Rapid),
Neumann (WAC), Wessely (Rapid)
0:1 Weißenbacher (69.), 0:2 Jäger (76.)

Ungarn – Österreich 1:1 (0:1)
Budapest, 30. 4. 1922, 30.000 Zuschauer
Schiedsrichter: Bauwens (D)
E. Kanhäuser (SK)
Blum (Vienna), Gold (WAF)
Kurz (Vienna), Brandstätter (Rapid), Nitsch (Rapid)
Seidl (FAC). Jiszda (FAC), Wana (Wacker), Fischera (WAF), Wessely (Rapid)
0:1 Jiszda (41.), 1:1 Molnar (52.)

Österreich – Schweiz 7:1 (4:1)
Wien, 11. 6. 1922, Hohe Warte, 50.000 Zuschauer
Schiedsrichter: Mutters (Niederlande)
E. Kanhäuser (SK)
Blum (Vienna), Gold (WAF)
Kurz (Vienna), ab 65. Koch (Admira), Resch (Wacker), Nitsch (Rapid)
Köck (Amateure), Uridil (Rapid), Kuthan (Rapid), Fischera (WAF), Cutti (Amateure)
1:0 Uridil (17.), 1:1 Leiber, 2:1 Uridil (27.), 3:1 Uridil (29.), 4:1 Kuthan (30.), 5:1 Kuthan (57.), 6:1 Fischera (58.), 7:1 Fischera (89.)

Österreich – Ungarn 2:2 (1:1)
Wien, 24. 9. 1922, Hohe Warte, 65.000 Zuschauer
Schiedsrichter: Bauwens (D)
Ostricek (Hertha)
Beer (SK), Blum (Vienna),

Kurz (Vienna), Brandstätter (Rapid), Nitsch (Rapid)
Köck (Amateure), Swatosch (Amateure), Kuthan (Rapid), Fischera (WAF), Wessely (Rapid)
1:0 Kuthan (16.), 1:1 Priboj (26.), 1:2 Priboj (81.), 2:2 Wessely

Ungarn – Österreich 1:2 (1:0)
Budapest, 26. 11. 1922, 30.000 Zuschauer
Schiedsrichter: Koppehel(D)
Ostricek (Hertha)
Beer (SK), Blum (Vienna),
Kurz (Vienna), Brandstätter (Rapid), Geyer (Amateure)
Wondrak (Rapid), Kowanda (Wacker), Swatosch (Amateure), Fischera (WAF), Horejs (WAF)
1:0 Molnar (20.), 1:1 Swatosch (61.), 1:2 Kowanda (67.)

1923
Schweiz – Österreich 2:0 (1:0)
Genf, 21. 1. 1923, 10.000 Zuschauer
Schiedsrichter: Mauro (It)
Ostricek (Hertha)
Heikenwälder (Amateure), Blum (Vienna),
Kurz (Vienna), Brandstätter (Rapid), Geyer (Amateure)
Wondrak (Rapid), Swatosch (Amateure), Kuthan (Rapid), Fischera (WAC), Wessely (Rapid)
Pache 1:0, Pache 2:0

Österreich – Italien 0:0
Wien, 15. 4. 1923, Hohe Warte, 85.000 Zuschauer
Schiedsrichter: Boas (Niederlande)
Ostricek (Hertha)
Regnard (Rapid), Blum (Vienna),
Kurz (Vienna), Brandstätter (Rapid), Nitsch (Rapid)
Wondrak (Rapid), Richter (Rapid), Kuthan (Rapid), Swatosch (Amateure), Wessely (Rapid)

Schweden – Österreich 4:2 (2:1)
Göteborg, 10. 6. 1923, 12.000 Zuschauer
Schiedsrichter: Herites (Tschechoslowakei)
Ostricek (Hertha)
Popovich (Rapid), Blum (Vienna),
Kurz (Vienna), Puschner (WAC), Chrenka (Vienna)
Cutti (Amateure), Horejs (Vienna), Swatosch (Amateure), Neumann (WAC), Wieser (Amateure)
1: 0 Dahl, 1:1 Swatosch, 2:1 Olsson, 2:2 Wieser, 3:2 Dahl, 4:2 Dahl

Österreich – Finnland 2:1 (1:0)
Wien, 15. 8. 1923, 35.000 Zuschauer
Schiedsrichter: Cejnar (Tschechoslowakei)
Ostricek (Hertha)
Dittrich (Rapid), Blum (Vienna),
Kurz (Amateure), Brandstätter (Rapid), Nitsch (Rapid)
Eckl (Slovan), Häusler (Hakoah), Kuthan (Rapid), Wieser (Amateure), Wessely (Rapid)
1:0 Wieser (5.), 1:1 Eklöf, 2:1 Wieser (75.)

Ungarn – Österreich 2:0 (0:0)
Budapest, 23. 9. 1923, 35.000 Zuschauer
Schiedsrichter Graetz (Tschechoslowakei)
Ostricek (Hertha)
Scheuer (Hakoah), Horejs (Vienna)
Kurz (Amateure), ab 33. Höss (Vienna), Resch (Wacker), Geyer (Amateure)
Seidl (Vienna), Schierl (Admira), Klima (Admira), Wieser (Amateure), Fischer (Vienna)
1:0 Molnar (69.), 2:0 Csontos (72.)

1924
Deutschland – Österreich 4:3 (3:0)
Nürnberg, 13. 1. 1924, 20.000 Zuschauer
Schiedsrichter: Hebak (Tschechoslowakei)
Aigner (Simmering)
Tandler (Amateure), Blum (Vienna)
Kurz (Vienna), Chrenka (Vienna), Geyer (Amateure)
Seidl (Vienna), Jiszda (FAC), Horvath (Simmering), Swatosch (Amateure), Wieser (Amateure)
1: 0 Auer (22.), 2:0 Franz (33.), 3:0 Franz (41.), 3:1 Swatosch (68.), 4:1 Franz (73.), 4:2 Jiszda (78.), 4:3 Horvath (83.)

Italien – Österreich 0:4 (0:2)
Genua, 20. 1. 1924, 17.000 Zuschauer
Schiedsrichter Barette (Belgien)
Aigner (Simmering)
Tandler (Amateure), Blum (Vienna)
Geyer (Amateure), Chrenka (Vienna), Nitsch (Rapid)
Horejs (Vienna), ab 15. Danis (Simmering), Horvath (Simmering), Jiszda (FAC), Swatosch (Amateure), Wieser (Amateure)
0:1 Wieser (36.), 0:2 Swatosch (42.), 0:3 Wieser (50.), 0:4 Jiszda (76.)

Jugoslawien – Österreich 1:4 (0:1)
Zagreb, 10. 2. 1924, 12.000 Zuschauer
Schiedsrichter: Herites (Tschechoslowakei)
E. Kanhäuser (SK)
Beer (SK), Teufel (SK)
Geyer (Amateure), Brandstätter (Rapid), Nitsch (Rapid)
Wondrak (Rapid), Horvath (Simmering), Jiszda (FAC), ab 2. Hofbauer (Ostmark), Wieser (Amateure), Wessely (Rapid)
0:1 Wieser (4.), 0:2 Hofbauer (55.), 1:2 Jovanovic (56.), 1:3 Wieser (59.), 1:4 Wieser 87.)

Ungarn - Österreich 2:2 (1:0)
Budapest 4. 5. 1924, 45.000 Zuschauer
Schiedsrichter: Björklind, (Schweden)
Ostricek (Hertha)
Rainer (Vienna), Regnard (Rapid)
Kurz (Vienna, Brandstätter (Rapid), Ludwig (Vienna)
Seidl (Vienna), Gschweidl (Vienna), Höss (Vienna), ab 14. Horvath (Simmering), Hofbauer (Ostmark), Wieser (Amateure)
1:0 Eisenhoffer (4.), 1:1 Horvath (48.), 2:1 Eisenhoffer (70.), 2:2 Wieser (88.)

Österreich - Bulgarien 6:0 (2:0)
Wien, 21. 5. 1924, 10.000 Zuschauer
Schiedsrichter: Kiss (Ungarn)
E. Kanhäuser (SK)
Beer (SK), Teufel (SK)
Geyer (Amateure), Koch (Admira), Baumgartner (Simmering)
Cutti (Amateure), Danis (Simmering), Horvath (Simmering), Grünwald (Hakoah), Sock (SV Donau)
1:0 Horvath (31.), 2:0 Grünwald (45.) 3:0 Horvath (48.), 4:0 Horvath (49.), 5:0 Grünwald (49.), 6:0 Danis (73.)

Österreich - Ägypten 3:1 (0:0)
Wien, 22. 6. 1924, Hohe Warte, 60.000 Zuschauer
Schiedsrichter Herites Tschechoslowakei)
E. Kanhäuser (SK)
Beer (SK), Teufel (SK)
Kurz (Vienna, Brandstätter (Rapid), Nitsch (Rapid)
Seidl (Vienna), Höss (Vienna), Horvath (Simmering), Hofbauer (Ostmark), Wessely (Rapid)
1:0 Höss (47.), 2:0 Wessely (2.), 3:0 Horvath (54.), 3:1 Riad (67.)

Österreich - Ungarn 2:1 (1:1)
Wien, 14. 9. 1924, 45.000 Zuschauer
Schiedsrichter: Barette (Belgien)
Ostricek (Hertha)
Rainer (Vienna), Blum (Vienna)
Kurz (Vienna, Brandstätter (Rapid), Nitsch (Rapid)
Cutti (Amateure), Gschweidl (Vienna), Höss (Vienna), Horvath (Simmering), Wessely (Rapid)
1:0 Horvath (40.), 1:1 Orth (42.), 2:1 Wessely (87.)

Österreich - Schweden 1:1 (1:1)
Wien, 9. 11. 1924, 40.000 Zuschauer
Schiedsrichter: Slawick (F)
Lebensaft (Rudolfshügel)
Rainer (Vienna), Tandler (Amateure)
Fried (Hakoah), Reiterer (Amateure), Nitsch (Rapid)
Cutti (Amateure), Danis (Simmering), Horvath (Simmering), Wieser (Amateure), Wessely (Rapid)
1:0 Wessely, 1:1 Poulsson (41,)

Spanien - Österreich 2:1 (1:1)
Barcelona, 21. 12. 1924, 25.000 Zuschauer
Schiedsrichter: Barette (Belgien)
Ostricek (Hertha)
Rainer (Vienna), Tandler (Amateure)
Richter (Rapid), Puschner (WAC), ab 40. Seuffert (Vienna), Nitsch (Rapid)
Wondrak (Rapid), Schierl (Admira), Horvath (Simmering), Wieser (Amateure), Wessely (Rapid)
1:0 Juantegui (31.), 1:1 Horvath, 2:1 Samitier

1925
Österreich - Schweiz 2:0 (2:0)
Wien, 22. 3. 1925, 40.000 Zuschauer
Schiedsrichter: Ivancsics (Ungarn)
Janczik (Rapid)
Rainer (Vienna), Blum (Vienna)
Kurz (Simmering), Resch (Wacker), Nitsch (Rapid)
Cutti (Amateure), Gschweidl (Vienna), Horvath (Simmering), Wieser (Amateure), Wessely (Rapid)
1:0 Gschwidl (4.), 2:0 Horvath (41.)

Frankreich - Österreich 0:4 (0:3)
Paris, 19. 4. 1925, 25.000 Zuschauer
Schiedsrichter: Scamoni (It)
Aigner (Simmering)
Rainer (Vienna), Blum (Vienna)
Kurz (Simmering), Resch (Wacker), Nitsch (Rapid)
Cutti (Amateure), Gschweidl (Vienna), Swatosch (Kölner BC), Wieser (Amateure), Fischer (Vienna)
0:1 Swatosch (11.), 0:2 Wieser (22.), 0:3 Swatosch (27.), 0:4 Cutti (84.)

Österreich - Ungarn 3:1 (2:1)
Wien, 5. 5. 1925, 45.000 Zuschauer
Schiedsrichter: Cejnar (Tschechoslowakei)
Aigner (Simmering)
Rainer (Vienna), Blum (Vienna)
Kurz (Simmering), Resch (Wacker), Nitsch (Rapid)
Cutti (Amateure), Häusler (Hakoah), Haftl (Wacker), Gschweidl (Vienna), Fischer (Vienna)
0:1 Takacs (23.), 1:1 Häusler (31.), 2:1 Haftl (38.), 3:1 Haftl (88.)

Tschechoslowakei - Österreich 3:1 (1:0)
Prag, 254. 5. 1925, 25.000 Zuschauer
Schiedsrichter: Barette (Belgien)
Aigner (Simmering)
Rainer (Vienna), Blum (Vienna)
Kurz (Simmering), Hofmann (Vienna), Geyer (Amateure)
Cutti (Amateure), Häusler (Hakoah), Gschweidl (Vienna), Swatosch (Kölner BC), Fischer (Vienna)
1:0 Sedlacek, 1:1 Swatosch (52.), 2:1 Capek (58.), 3:1 Severin (63.)

Schweden - Österreich 2:4 (0:2)
Stockholm 5. 7. 1925, 14.000 Zuschauer
Schiedsrichter: Bauwens (D)
Aigner (Simmering)
Rainer (Vienna), Tandler (Amateure), ab 23. Koch (Admira)
Richter (Rapid), Nitsch (Rapid), Schneider (WAC)
Neufeld (Hakoah), Häusler (Hakoah), Horvath (Simmering), Swatosch (Kölner BC), Wessely (Rapid)
0:1 Horvath (11.), 0:2 Horvath (22.), 0:3 Swatosch (60.), 0:4 Horvath (61.), 1:4 Rydell (64.), 2:4 Keller (82.)

1926
Österreich - Tschechoslowakei 2:0 (1:0)
Wien, 14. 3. 1926, 40.000 Zuschauer
Schiedsrichter: Ivanscisc (Ungarn)
Janczik (Rapid)
Tandler (Amateure), Blum (Vienna)
Schneider (WAC), Resch (Wacker), Nitsch (Rapid)
Cutti (Amateure), Gschweidl (Vienna), Hierländer (Amateure), Wieser (Amateure), Fischer (Vienna)
1:0 Cutti (20.), 2:0 Hierländer (60.)

Ungarn - Österreich 0:3 (0:2)
Budapest, 2.5.1926, 40.000 Zuschauer
Schiedsrichter: Herites (Tschechoslowakei)
Aigner (Simmering)
Rainer (Vienna), Blum (Vienna)
Kaller (Vienna), Resch (Wacker), Ludwig (Vienna), ab 45. Schneider (WAC)
Cutti (Amateure), Hanel (Slovan), Hierländer (Amateure), Höss (SK), Eckl (Slovan)
0:1 Eckl (7.), 0:2 Hanel (43.), 0:3 Cutti(54.)

Österreich - Frankreich 4:1 (1:1)
Wien, 30. 5. 1926. 25.000 Zuschauer
Schiedsrichter: Cejnar (Tschechoslowakei)
Aigner (Simmering)
Tandler (Amateure), Blum (Vienna)
Richter (Rapid), Resch (Wacker), Schneider (WAC)
Cutti (Amateure), Hanel (Slovan), ab 48. Juranic (FAC), Gschweidl (Vienna), Wieser (Amateure), Wessely (Rapid)
0:1 Crut (11.), 1:1 Hanel (16.), 2:1 Wessely (61.), 3:1 Juranic (66.), 4:1 Wessely (90.)

Österreich - Ungarn 2:3 (0:1)
Wien, 19. 9. 1926, 38.125 Zuschauer
Schiedsrichter: Stepanovski (Jug)
Cart (Simmering)
Tandler (Amateure), Musik (Simmering)
Schneider (WAC), Kurz (Simmering), Dumser (Simmering)
Hierländer (Amateure), Uridil (Vienna), Gschweidl (Vienna), Höss (SK), Wessely (Rapid)
0:1 Hollos (2.), 1:1 Wessely (55.), 2:1 Höss (56.), 2:2 Hollos (61.), 2:3 Kohut (83.)

Tschechoslowakei - Österreich 1:2 (0;1)
Prag 28. 9. 1926, 15.000 Zuschauer
Schiedsrichter: Langenus (Belgien)
Saft (Amateure)
Tandler (Amateure), ab 39. Regnard (Rapid), Blum (Vienna)
Richter (Rapid), Resch (Wacker), Schneider (WAC), Siegl (Admira), Klima (Admira), Sindelar (Amateure), Wortmann (Hakoah), Wessely (Rapid)
0:1 Sindelar (26.), 1.1 Jelinek (52.), 1:2 Wortmann (83.)

Österreich - Schweiz 7:1 (4:0)
Wien, 10. 10. 1926, 19.000 Zuschauer
Aigner (Simmering), ab 66. Franzl (Admira)
Rainer (Vienna), Blum (Vienna)
Richter (Rapid), Resch (Wacker), Schneider (WAC), Siegl (Admira), ab 74. Dürschmied (WAC), Klima (Admira), Sindelar (Amateure), Horvath (Simmering), Wessely (Rapid)
1:0 Klima (3.), 2:0 Sindelar (13.), 3:0 Horvath (14.), 4:0 Horvath (42.), 4:1 Poretti (51.), 5:1 Horvath (55.), 6:1 Sindelar (56.), 7:1 Wessely (90.)

Österreich - Schweden 3:1 (2:1)
Wien, 7. 11. 1926, 38.000 Zuschauer
Schiedsrichter: Bauwens (D)
Aigner (Simmering), ab 44. Köhler (BAC)
Rainer (Vienna), Blum (Vienna)
Richter (Rapid), Resch (Wacker), Schneider (WAC), Siegl (Admira), Klima (Admira), Sindelar (Amateure), Horvath (Simmering), Wessely (Rapid)
1:0 Horvath (1.), 1:1 Rydberg (14.), 2:1 Klima (44.), 3:1 Sindelar (83.)

1927
Österreich - Tschechoslowakei 1:2 (0:2)
Wien, 20. 3. 1927, 42.011 Zuschauer
Schiedsrichter: Ivancsics (Ungarn)
Saft (Austria)
Regnard (Austria), Blum (Vienna)
Brinek (Wacker), Resch (Wacker), Schneider (WAC), Siegl (Admira), Klima (Admira), Sindelar (Amateure), Schall (Admira), Huber (WAC)
0:1 Puc (3.), 0:2 Maloun (9.), 1:2 Blum (87.)

Österreich - Ungarn 6:0 (4:0)
Wien, 10. 4. 1927, 45.000 Zuschauer
Schiedsrichter: Cejnar (Tschechoslowakei)
Saft (Austria)
Rainer (Vienna), Blum (Vienna)
Richter (Rapid), Hofmann (Vienna), Geyer (Austria)

Weiss (WAC), Rappan (Wacker), Jiszda (FAC), ab 42. Sindelar (Amateure), Horvath (Simmering), Wessely (Rapid)
1:0 Jiszda (26.), 2:0 Rappan (29.), 3:0 Jiszda (32.), 4:0 Blum (42.), 5:0 Wessely (54.), 6:0 Horvath (84.)

Österreich - Belgien 4:1 (1:1)
Wien, 22. 5. 1927, 30.000 Zuschauer
Schiedsrichter: Ivancsics (Ungarn)
Köhler (BAC)
Rainer (Vienna), Blum (Vienna)
Richter (Rapid), Hofmann (Vienna), Geyer (Austria)
Siegl (Admira), Horvath (Simmering), Jiszda (FAC), Schall (Admira), Wessely (Rapid)
1:0 Jiszda (11.), 1:1 Braine (35.), 2:1 Schall (52.), 3:1 Wessely (73.), 4:1 Schall (78.)

Schweiz - Österreich 1:4 (0:2)
Zürich, 29. 5. 1927, 18.000 Zuschauer
Schiedsrichter: Mutters (Niederlande)
Köhler (BAC)
Rainer (Vienna), Runge (Admira)
Kaller (Vienna), Hofmann (Vienna), Czernicki (Slovan)
Siegl (Admira), Juranic (FAC), Jiszda (FAC), Horvath (Simmering), Giebisch (Vienna)
0:1 de Weck (20. Eigentor), 0:2 Giebisch (40.), 0:3 Blum (48.), 1:3 Jäggi (68.), 1:4 Jiszda (84.)

Österreich - Tschechoslowakei 1:1 (1:0)
Wien, 23. 6. 1927, Hohe Warte, 30.000 Zuschauer
Köhler (BAC)
Rainer (Vienna), Blum Vienna)
Schneider (Austria), Hofmann (Vienna), Madlmeier (Rapid)
Kirbes (Rapid), Rappan (Wacker), Jiszda (FAC) Horvath (Simmering), Cutti (Austria)
1:0 Rappan (37.), 1:1 Kadas (68.)

Tschechoslowakei - Österreich 2:0 (1:0)
Prag, 18. 9. 1927, 20.000 Zuschauer
Schiedsrichter: Fabris (Jug)
Saft (Austria)
Rainer (Vienna), Blum Vienna)
Schneider (Austria), Hofmann (Vienna), Geyer (Austria)
Weiss (WAC), Rappan (Wacker), Jiszda (FAC) Horvath (Rapid), Cutti (Austria)
1:0 Podrazil (15.), 2:0 Kratochvil (55.)

Ungarn - Österreich 5:3 (2:2)
Budapest 25. 9. 1927, 40.000 Zuschauer
Schiedsrichter: Cox (England)
Saft (Austria)
Szoldatics (Simmering), Blum Vienna)
Schneider (Austria), Hofmann (Vienna), Geyer (Austria)
Siegl (Admira), Gschweidl (Vienna), Jiszda (FAC)
Horvath (Rapid), Cutti (Austria)
0:1 Wessely (11.), 0:2 Siegl (13.), 1:2 Takacs (19.), 2:2 Kohut (27.), 3:2 Ströck (52.), 4:2 Hollos (52.), 5:2 Hires (67.), 5:3 Wessely (84.)

Italien - Österreich 0:1 (0:1)
Bologna, 6. 11. 1927, 30.000 Zuschauer
Schiedsrichter: Cox (England)
Franzl (Admira)
Rainer (Vienna), Blum Vienna)
Klima (Admira), Bilek (WAC), Schott (Admira)
Siegl (Admira), Runge (Admira), Gschweidl (Vienna), Walzhofer (WAC), Wessely (Rapid)
0:1 Runge (44.)

1928
Belgien - Österreich 1:2 (0:1)
Brüssel, 8. 1. 1928, 25.000 Zuschauer
Schiedsrichter: van Bisselink (NL)
Franzl (Admira)
Rainer (Vienna), Blum Vienna)
Schneider (Austria), Hofmann (Vienna), Geyer (Austria)
Eckl (Slovan), Gschweidl (Vienna), Hierländer (WAC), Walzhofer (WAC), Wessely (Rapid)
0:1 Hierländer (8.), 0:2 Wessely (59.), 1:2 Adams (75.)

Österreich - Tschechoslowakei 0:1 (0:1)
Wien, 1. 4. 1928, Hohe Warte, 50.000 Zuschauer
Schiedsrichter: Langenus (Belgien)
Franzl (Admira)
Janda (Admira), Blum Vienna)
Chloupek (FAC), Humberger (FAC), Geyer (Austria)
Siegl (Admira), Klima (Admira), Stoiber (Admira), Schall (Admira), Wessely (Rapid)
0:1 Silny (34.)

Ungarn - Österreich 5:5 (4:2)
Budapest, 6. 5. 1928, 40.000 Zuschauer
Schiedsrichter: Krist (Tschechoslowakei)
Cart (Wacker)
Schramseis (Rapid), Jellinek (Wacker)
Geyer (Austria), Hofmann (Vienna), a 17. Braun (WAC), Madlmayer (Rapid)
Kirbes (Rapid), Weselik (Rapid), Gschweidl (Vienna), Horvath (Rapid), Wessely (Rapid)
1:0 Kohut (2.), 2:0 Hires (16.), 2:1 Weselik (23.), 3:1 Kohut (27.), 3:2 Weselik (37.), 4:2 Kohut (43.), 5:2 Ströck (50.), 5:3 Weselik (52.), 5:4 Kirbes (82.), 5:5 Wessely (50.)

Österreich – Jugoslawien 3:0 (1:0)
Wien, 6. 5. 1928, 15.000 Zuschauer
Hiden (WAC)
Graf (Austria), Szoldatics (Simmering),
Schneider (Austria), Smistik (Rapid), Schott (Admira)
Cutti (Austria), Sindelar (Austria), Kuthan (Rapid),
Juranic (FAC), Giebisch (Vienna)
1:0 Schneider (26.), 2:0 Juranic (52..), 3:0 Juranic 68.)

Schweden – Österreich 2:3 (2:2)
Stockholm, 29. 7. 1928, 20.000 Zuschauer
Schiedsrichter: Andersen (DK)
Franzl (Admira)
Schramseis (Rapid), Blum (Vienna)
Kaller (Vienna), Smistik (Rapid), Schott (Admira)
Seidl (Vienna), Juranic (FAC), Gschweidl (Vienna),
Horvath (Rapid), Wessely (Rapid)
1:0 Lundahl (17.), 2:0 Lundahl (21.), 2:1 Gschweidl (25.),
2:2 Smistik (35.), 2:3 Seidl (71.)

Österreich – Ungarn 5:1 (3:1)
Wien, 7. 10. 1928, 40.000 Zuschauer
Schiedsrichter: Birlem (D)
Franzl (Admira)
Schramseis (Rapid), Tandler (Austria)
Frühwirth (Rapid), Bilek (WAC), Schott (Admira)
Siegl (Admira), Weselik (Rapid), Gschweidl (Vienna),
Horvath (Rapid), Wessely (Rapid)
1:0 Siegl (11.), 2:0 Siegl (27.), 2.! Hires (38.), 3:1 Weselik (55.), 4:1 Weselik (62.), 5:1 Gschweidl (75.)

Österreich – Schweiz 2:0 (2:0)
Wien, 28. 10. 1928, 40.000 Zuschauer
Schiedsrichter: Bauwens (D)
Franzl (Admira)
Tandler (Austria), Janda (Admira)
Schneider (Austria), Kurz (Austria), Schott (Admira)
Siegl (Admira), Sindelar (Austria), Gschweidl (Vienna), Juranic (FAC), Fischer (Wacker)
1:0 Tandler (25.), 2:0 Tandler (29.)

Italien – Österreich 2:2 (2:2)
Rom, 11. 11. 1928, 35.000 Zuschauer
Schiedsrichter: Langenus (Belgien)
Franzl (Admira)
Rainer (Vienna), Tandler (Austria),
Schneider (Austria), Kurz (Austria), Schott (Admira)
Siegl (Admira), Runge (Admira), Gschweidl (Vienna),
Walzhofer (WAC), Giebisch (Vienna)
0:1 Runge (12.), 1:1 Conti (17.), 1:2 Tandler (39.), 2:2 Conti (44.)

1929

Tschechoslowakei – Österreich 3:3 (1:2)
Prag, 17. 3. 1929, 28.000 Zuschauer
Schiedsrichter: Klug (Ungarn)
Franzl (Admira)
Schramseis (Rapid), Janda (Admira)
Hoffmann (Rapid), Smistik (Rapid), Luef (Rapid)
Siegl (Admira), Weselik (Rapid), Gschweidl (Vienna),
Horvath (Rapid), Wessely (Rapid)
O:1 Siegl (18.), 0;2 Weselik (20.), 1:2 Silny (43.), 2:2
Soltys (48.), 3:2 Svoboda (80.), 3:3 Weselik (87.)

Österreich – Italien 3:0 (3:0)
Wien, 7. 4. 1929, 60.000 Zuschauer
Schiedsrichter: Cox (England)
Franzl (Admira)
Schramseis (Rapid), Janda (Admira)
Schott (Admira), Smistik (Rapid), Luef (Rapid)
Siegl (Admira), Weselik (Rapid), Haftl (FK 03 Teplitz),
Horvath (Rapid), Wessely (Rapid)
1 :0 Horvath (19.), 2 :0 Weselik (24.), 3 :0 Horvath (34.)

Österreich – Ungarn 2:2 (1:1)
Wien, 5. 5. 1929, 52.000 Zuschauer
Schiedsrichter: Carraro (Italien)
Franzl (Admira)
Schramseis (Rapid), Janda (Admira)
Schott (Admira), Smistik (Rapid), Luef (Rapid)
Siegl (Admira), Weselik (Rapid), Gschweidl (Vienna),
Horvath (Wacker), Wessely (Rapid)
0:1 Takacs (14.), 1:1 Siegl (25.), 2:1 Wessely (82.), 2:2 Takacs (88.)

Österreich – Tschechoslowakei 2:1 (2:1)
Wien, 15. 9. 1929, 40.000 Zuschauer
Schiedsrichter: Carraro (Italien)
Franzl (Admira)
Schramseis (Rapid), Blum (Vienna)
Mock (Austria), Smistik (Rapid), Luef (Rapid)
Siegl (Admira), Weselik (Rapid), Gschweidl (Vienna),
Horvath (Wacker), Viertl (Austria)
0:1 Kratochvil (30.), 1:1 Gschweidl (37.), 2:1 Weselik (40.)

Ungarn – Österreich 2:1 (1:0)
Budapest, 6. 10. 1929, 32.000 Zuschauer
Schiedsrichter: Hansen (DK)
Franzl (Admira)
Schramseis (Rapid), Janda (Admira)
Mock (Austria), Kellinger (SK), Schott (Admira)
Siegl (Admira), Klima (Admira), Gschweidl (Vienna),
Horvath (Wacker), Giebisch (Vienna)
1:0 Takcs (11.), 2:0 Avar (52.), 2:1 Klima (82.)

Schweiz – Österreich 1:3 (1:1)
Bern, 27. 10. 1929, 16.000 Zuschauer
Schiedsrichter: Andersen (DK)
Franzl (Admira)
Schramseis (Rapid), Janda (Admira)
Nausch (Austria), Smistik (Rapid), Luef (Rapid)
Siegl (Admira), Klima (Admira), Stoiber (Admira), Schall (Admira), Horvath (Wacker)
0:1 Stoiber (25.), 1:1 Passello (45.), 1:2 Horvath (62.), 1:3 Schall (84.)

1930
Tschechoslowakei– Österreich 2:2 (0:1)
Prag, 23. 3. 1930, 28.000 Zuschauer
Schiedsrichter: Ruoff (Schweiz)
Hiden (WAC)
Rainer (Vienna), Tandler (Austria)
Kaller (Vienna), Hofmann (Vienna), Machu (Vienna)
Brosenbauer (Vienna), Nausch (Austria), Sindelar (Austria), Horvath (Wacker), Viertl (Austria)
0:1 Horvath, 1:1 Svoboda (57.), 1:2 Horvath (73.), 2:2 Junek (87.)

Österreich – England 0:0
Wien, 14. 5. 1930, Hohe Warte, 61.000 Zuschauer
Schiedsrichter: Mutters (NL)
Hiden (WAC)
Rainer (Vienna), Tandler (Austria)
Klima (Admira), Hofmann (Vienna), Luef (Rapid)
Siegl (Admira), Nausch (Austria), Gschweidl (Vienna), Horvath (Wacker), Wessely(Rapid)

Ungarn – Österreich 2:1 (1:0)
Budapest, 1. 6. 1930, 20.000 Zuschauer
Schiedsrichter: Eymers (NL)
Hiden (WAC)
Rainer (Vienna), Szoldatics (Admira)
Kaller (Vienna), Hofmann (Vienna), Luef (Rapid)
Brosenbauer (Vienna), Adelbrecht (Vienna), Gschweidl (Vienna), Horvath (Wacker), Wessely(Rapid)
1:0 Kohut (5.), 2:0 Turay (56.), 2:1 Adelbrecht (90.)

Österreich – Ungarn 2.3
Wien, 21. 9. 1930, Hohe Warte, 40.000 Zuschauer
Schiedsrichter: Carraro (Italien)
Hiden (WAC)
Rainer (Vienna), Tandler (Austria)
Kaller (Vienna), Hofmann (Vienna), Luef (Rapid)
Brosenbauer (Vienna), Weselik (Rapid), Gschweidl (Vienna), Horvath (Wacker), Wessely(Rapid)
1:0 Weselik (26.), 1:1 Turay (27.), 1:2 Ticsk (30.), 2:2 Gschweidl (60.), 2:3 Turay (79.)

Österreich – Schweden 4:1 (1:1)
Wien, 16. 11. 1930, 10.000 Zuschauer
Schiedsrichter: Carraro (Italien)
Bugala (Rapid)
Schramseis /Rapid), Czejka (Rapid)
Facco (Admira), Smistik (Rapid), Luef (Rapid)
Siegl (Admira), Weselik (Rapid), Gschweidl (Vienna), Schall (Admira), Wessely(Rapid)
0:1 Facco (22., Eigentor), 1:1 Gschweidl (40.), 2:1 Weselik (46.), 3:1 Schall (65.), 4:1 Wessely (80.)

1931
Italien – Österreich 2:1 (1:1)
Mailand, 22. 2. 1931, 47.000 Zuschauer
Schiedsrichter: Ruoff (Schweiz)
Hiden (WAC)
Schramseis (Rapid), Szoldatics (Admira)
Klima (Admira), Smistik (Rapid), Schott (Admira)
Siegl (Admira), Facco (Admira), Gschweidl (Vienna), Schall (Admira), Horvath (Wacker)
0:1 Horvath (5.), 1:1 Meazza (34.), 2:1 Orsi (52.)

Österreich – Tschechoslowakei 2:1 (2:1)
Wien, 12. 4. 1931, 40.000 Zuschauer
Schiedsrichter: Ruoff (Schweiz)
Hiden (WAC)
Schramseis (Rapid), Blum (Vienna)
Mock (Austria), Hofmann (Vienna), Gall (Austria)
Siegl (Admira), Nausch (Austria), Hiltl (WAC), Walzhofer (Wacker), Horvath (Wacker)
1:0 Nausch (47.), 1:1 Silny (38.), 2:1 Horvath (42.)

Österreich – Ungarn 0:0
Wien, 3. 5. 1931, 45.000 Zuschauer
Schiedsrichter: Mercet (Schweiz)
Franzl (Admira)
Schramseis (Rapid), Blum (Vienna)
Mock (Austria), Smistik (Rapid), Gall (Austria)
Siegl (Admira), Adelbrecht (Vienna), Gschweidl (Vienna), Tögel (Vienna), Horvath (Wacker)

Österreich – Schottland 5:0 (2:0)
Wien, 16. 5. 1931, 40.000 Zuschauer
Schiedsrichter: Ruoff (Schweiz)
Hiden (WAC)
Schramseis (Rapid), Blum (Vienna)
Braun (WAC), Smistik (Rapid), Gall (Austria)
Zischek (Wacker), Gschweidl (Vienna), Sindelar (Austria), Schall (Admira) Vogl (Admira)
1:0 Schall (27.), 2:0 Zischek (29.), 3:0 Vogl (49.), 4:0 Zischek (69.), 5:0 Sindelar (79.)

Deutschland – Österreich 0:6 (0:3)
Berlin, 24. 5. 1931, 50.000 Zuschauer
Schiedsrichter: Olsson (Schweden)
Hiden (WAC)
Schramseis (Rapid), Blum (Vienna)
Braun (WAC), Smistik (Rapid), Gall (Austria)
Zischek (Wacker), Gschweidl (Vienna), Sindelar (Austria), Schall (Admira) Vogl (Admira)
0:1 Schall (6.), 0:2 Vogl (27.), 0:3 Schall (32.), 0:4 Zischek (65.), 0:5 Schall 70.), 0:6 Gschweidl (88.)

Österreich – Schweiz 2:0 (0:0)
Wien, 17. 6. 1931, 10.000 Zuschauer
Schiedsrichter: Brüll (Tschechoslowakei)
Bugala (Rapid)
Schramseis (Rapid), Czejka (Rapid)
Chloupek (FAC), Smistik (Rapid), Urbanek (Wacker)
Hencl (Slovan), Gschweidl (Vienna), Stoiber (Admira), Schall (Admira) Vogl (Admira)
1:0 Gschweidl (59.), 2:0 Schall (86.)

Österreich – Deutschland 5:0 (2:0)
Wien, 14. 9. 1931, Stadion, 50.000 Zuschauer
Schiedsrichter: Olsson (Schweden)
Hiden (WAC)
Rainer (Vienna), Blum (Vienna)
Mock (Austria), Smistik (Rapid), Gall (Austria)
Zischek (Wacker), Gschweidl (Vienna), Sindelar (Austria), Schall (Admira) Vogl (Admira)
1:0 Sindelar (2.), 2:0 Schall (41.), 3:0 Gschweidl (64.), 4:0 Sindelar (69.), 5:0 Sindelar (76.)

Ungarn – Österreich 2:2 (1:0)
Budapest, 4. 10. 1931, 30.000 Zuschauer
Schiedsrichter: Bauwens (D)
Hiden (WAC), ab 90. Platzer (FAC)
Rainer (Vienna), Blum (Vienna)
Mock (Austria), Smistik (Rapid), Gall (Austria)
Zischek (Wacker), Gschweidl (Vienna), Sindelar (Austria), Schall (Admira) Vogl (Admira)
1:0 Szabo (40.), 1:1 Zischek (57.), 2:1 Spitz (65.), 2:2 Zischek (89.)

Schweiz – Österreich 1:8 (1:2)
Basel, 29. 11. 1931, 25.000 Zuschauer
Schiedsrichter: Cejnar (Tschechoslowakei)
Hiden (WAC)
Rainer (Vienna), Blum (Vienna)
Braun (WAC), Hofmann (Vienna), Luef (Rapid)
Zischek (Wacker), Gschweidl (Vienna), Sindelar (Austria), Schall (Admira) Vogl (Admira)
0:1 Gschweidl (10.), 1:1 Abegglen III (30.), 1:2 Zischek (31.), 1:3 Schall (48.), 1:4 Vogl (59.), 1:5 Sindelar (64.), 1:6 Gschweidl (68.), 1:7 Schall 74.), 1:8 Schall (87.)

1932
Österreich – Italien 2:1 (0:0)
Wien, 20. 3. 1932, 60.000 Zuschauer
Schiedsrichter: Ruoff (Schweiz)
Hiden (WAC)
Schramseis (Rapid), Blum (Vienna)
Mock (Austria), Hofmann (Vienna), Nausch (Austria)
Zischek (Wacker), Gschweidl (Vienna), Sindelar (Austria), Müller (WAC), Vogl (Admira)
1:0 Sindelar (57.), 2:0 Sindelar (60.), 2:1 Meazza (68.)

Österreich – Ungarn 8:2 (4:2)
Wien, 24. 4. 1932, 60.000 Zuschauer
Schiedsrichter: Birlem (D)
Hiden (WAC)
Schramseis (Rapid), Blum (Vienna)
Braun (WAC), Hofmann (Vienna), Nausch (Austria)
Zischek (Wacker), Gschweidl (Vienna), Sindelar (Austria), Schall (Admira), Vogl (Admira)
1:0 Sindelar (3.), 2:0 Sindelar (13.), 2:1 Cseh (14.), 3:1 Zischek (31.), 4:1 Schall (34.), 4:2 Cseh (43.), 5:2 Schall (50.), 6:2 Gschweidl (52.), 7:2 Schall (70.), 8:2 Schall (75.)

Tschechoslowakei – Österreich 1:1 (1:1)
Prag, 22. 5. 1932, 30.000 Zuschauer
Schiedsrichter: Fuchs (D)
Hiden (WAC)
Janda /Admira), Sesta (WAC)
Braun (WAC), Hofmann (Vienna), Nausch (Austria)
Zischek (Wacker), Gschweidl (Vienna), Sindelar (Austria), Luef (Rapid), Vogl (Admira)
0:1 Sindelar (2.), 1:1 Swoboda (36.)

Schweden – Österreich 3:4 (1:2)
Stockholm, 1932, 15.000 Zuschauer
Schiedsrichter: Andersen (DK)
Zöhrer (Admira)
Graf (Austria), Nausch (Austria)
Adamek (Austria), Drucker (Hakoah), Gall (Austria)
Molzer (Austria), Waitz (Nicholson), Sindelar (Austria), Schall (Admira), Vogl (Admira)
0:1 Vogl (25.), 1:1 Svensson (11.), 1:2 Sindelar (37.), 1:3 Waitz (52.), 2:3 Nilsson (76.), 2:4 Molzer (79.), 3:4 Nilsson (87.)

Ungarn – Österreich 2:3 (1:1)
Budapest, 2. 10. 1932, 30.000 Zuschauer
Schiedsrichter: Barlassina (Italien)
Hiden (WAC)
Rainer (Vienna), Sesta (WAC)
Braun (WAC), Smistik (Rapid) Nausch (Austria)
Molzer (Austria), Müller (WAC), Sindelar (Austria), Schall (Admira), Horvath (Wacker)
1:0 Kalmar (30.), 1:1 Borsanyu (39., Eigentor), 2:1 Deri (47.), 2:2 Müller (54.), 2:3 Braun (61.)

Österreich - Schweiz 3:1 (1:0)
Wien, 23. 10. 1932, 55.000 Zuschauer
Schiedsrichter: Cejnar (Tschechoslowakei)
Hiden (WAC)
Nausch (Austria), Sesta (WAC)
Braun (WAC), Hofmann (Vienna), Luef (Rapid)
Zischek (Wacker), Müller (WAC), Sindelar (Austria), Schall (Admira), Horvath (Wacker)
1:0 Müller (14.), 2:0 Schall (54.), 3:0 Schall (67.), 3:1 Abegglen (68.)

England - Österreich 4:3 (2:0)
London, 7. 12. 1932, 60.000 Zuschauer
Schiedsrichter: Langenus (Belgien)
Hiden (WAC)
Rainer (Vienna), Sesta (WAC)
Gall (Austria), Smistik (Rapid), Nausch (Austria)
Zischek (Wacker), Gschweidl (Vienna), Sindelar (Austria), Schall (Admira), Vogl (Admira)
1:0 Hampson (5.), 2:0 Hampson (27.), 2:1 Zischek (51.), 3:1 Houghton (77.), 3:2 Sindelar (80.), 4:2 Crooks (82.), 4:3 Schall (83.)

Belgien - Österreich 1:6
Brüssel, 11. 12. 1932, 16.000 Zuschauer
Schiedsrichter: Rudd (England)
Hiden (WAC)
Rainer (Vienna), Sesta (WAC)
Gall (Austria), Smistik (Rapid), Nausch (Austria)
Zischek (Wacker), Weselik (Rapid), Gschweidl (Vienna), Schall (Admira), Vogl (Admira)
0:1 Schall (19.), 0:2 Schall (28.), 0:3 Schall (42.), 0:4 Schall (67.), 0:5 Zischek (68.), 1:5 v. Beeck (84.), 1:6 Weselik (86.)

1933

Frankreich - Österreich 0:4 (0:0)
Paris, 12. 2. 1933, 40.000 Zuschauer
Schiedsrichter: Langenus (Belgien)
Hiden (WAC)
Rainer (Vienna), Sesta (WAC)
Gall (Austria), Smistik (Rapid), Nausch (Austria)
Zischek (Wacker), Weselik (Rapid), Sindelar (Austria), Schall (Admira), Vogl (Admira)
0:1 Sindelar (65.), 0:2 Zischek (69.), 0:3 Weselik (70.), 0:4 Vogl (83.)

Österreich - Tschechoslowakei 1:2 (0:2)
Wien, 9. 4. 1933, 60.000 Zuschauer
Schiedsrichter: Langenus (Belgien)
Platzer (FAC)
Rainer (Vienna), Sesta (WAC)
Kaller (Vienna), Smistik (Rapid), Nausch (Austria)
Zischek (Wacker), Adelbrecht (Vienna), Sindelar (Austria), Schall (Admira), Vogl (Admira)
0:1 Puc (46.), 0:2 Puc (50.), 1:2 Smistik (86.)

Ungarn - Österreich 1:1 (0:1)
Budapest, 30. 4. 1933, 38.000 Zuschauer
Schiedsrichter: Barlassina (Italien)
Platzer (FAC)
Rainer (Vienna), Sesta (WAC)
Braun (WAC), Mocke (Austria), Nausch (Austria)
Ostermann (Rapid), Weselik (Rapid), Sindelar (Austria), Schall (Admira), Horvath (FC Wien)
0:1 Ostermann (35.), 1:1 Markos (85.)

Österreich - Belgien 4:1 (3:1)
Wien, 11. 6. 1933, 30.000 Zuschauer
Schiedsrichter: Crew (England)
Platzer (FAC)
Rainer (Vienna), Luef (Rapid)
Wagner (Rapid), Smistik (Rapid), Nausch (Austria)
Brosenbauer (Vienna), Gschweidl (Vienna), Sindelar (Austria), Binder (Rapid), Erdl (Vienna)
0:1 Voorhoof (20.), 1:1 Erdl (28.), 2:1 Bilder (39.), 3:1 Sindelar (41.), 4:1 Binder (52.)

Tschechoslowakei - Österreich 3:3 (1:2)
Prag, 17. 9. 1933, 25.000 Zuschauer
Schiedsrichter: Langenus (Belgien)
Raftl (Rapid)
Pavlicek (Admira), Sesta (WAC)
Braun (WAC), Smistik (Rapid), Nausch (Austria)
Zischek (Wacker), Müller (WAC), Sindelar (Austria), Binder (Rapid), Schall (Admira)
1:0 Puc (5.), 1:1 Müller (7.), 1:2 Sindelar (17.), 2:2 Silny (55.), 2:3 Sindelar (58.), 3:3 Puc 66.)

Österreich - Ungarn 2:2 (2:0)
Wien, 1. 10. 1933, 60.000 Zuschauer
Schiedsrichter: Mattea (Italien)
Platzer (FAC)
Nausch (Austria), Sesta (WAC)
Braun (WAC), Smistik (Rapid), Radakovics (FAC)
Cisar (WAC), Müller (WAC), Sindelar (Austria), Schall (Admira), Viertl (Austria)
1:0 Müller (15.), 2:0 Schall (34.), 2:1 Avar (82.), 2:2 Polgar (85.)

Schottland - Österreich 2:2 (1:1)
Glasgow, 29. 11. 1933, 50.000 Zuschauer
Schiedsrichter: Langenus (Belgien)
Platzer (FAC)
Janda (Admira), Sesta (WAC)
Wagner (Rapid), Smistik (Rapid), Nausch (Austria)
Zischek (Wacker), Bican (Rapid), Sindelar (Austria), Schall (Admira), Viertl (Austria)

1:0 Meiklejohn (5.), 1:1 Zischek (39,), 2:1 Mc Fadyen (48.), 2:2 Schall (52.)

Niederlande - Österreich 0:1 (0:0)
Amsterdam, 10. 12. 1933, 34.000 Zuschauer
Schiedsrichter: Rudd (England)
Platzer (FAC)
Cisar (WAC), Sesta (WAC)
Wagner (Rapid), Smistik (Rapid), Nausch (Austria),
Zischek (Wacker), Bican (Rapid), Sindelar (Austria),
Binder (Rapid), Schall (Admira)
0:1 Bican (46.)

1934
Italien- Österreich 2:4 (0:3)
Turin, 11. 2. 1934, 55.000 Zuschauer
Schiedsrichter: Mercet (Schweiz)
Platzer (Admira)
Cisar (WAC), Sesta (WAC)
Wagner (Rapid), Smistik (Rapid), Nausch (Austria),
Zischek (Wacker), Kaburek (Rapid), Bican (Rapid),
Binder (Rapid), Viertl (Austria)
0:1 Zischek (19.), 0:2 Zischek (23.), 0:3 Binder (28.), 1:3 Guaita (48.), 2:3 Guaita (51.), 2:4 Zischek (55.)

Schweiz - Österreich 2:3 (0:1)
Genf, 25. 3. 1934, 30.000 Zuschauer
Schiedsrichter: Rous (England)
Platzer (Admira)
Rainer (Vienna), Sesta (WAC)
Wagner (Rapid), Smistik (Rapid), Nausch (Austria),
Zischek (Wacker), Kaburek (Rapid), Bican (Rapid),
Binder (Rapid), Viertl (Austria)
0:1 Bican (16.), 0:2 Kaburek (46.), 1:2 Bossi (58.), 2:2 Kielholz (68.), 2:3 Bican (76.)

Österreich - Ungarn 5:2 (3:2)
Wien, 15. 4. 1934, 60.000 Zuschauer
Schiedsrichter: Krist (CSR)
Platzer (Admira)
Cisar (WAC), Sesta (WAC)
Wagner (Rapid), Smistik (Rapid), Nausch (Austria),
Zischek (Wacker), Bican (Rapid), Sindelar (Austria),
Binder (Rapid), Viertl (Austria)
0:1 Zischek (5.), 2:1 Viertl (2.), 2:2 Sarosi (27.), 3:2 Schall (33.), 4:2 Bican (59.), 5:2 Bican (73.)

Österreich - Bulgarien 6:1 (3:0)
(WM-Qualifikation)
Wien, 15. 5. 1934, 25.000 Zuschauer
Schiedsrichter: Cejnar (CSR)
Platzer (Admira)
Cisar (WAC), Sesta (WAC)
Wagner (Rapid), Hofmann (Vienna), Nausch (Austria),
Zischek (Wacker), Bican (Rapid), Sindelar (Austria),
Horvath (FC Wien), Viertl (Austria)
1:0 Horvath (19.), 2:0 Horvath (22.), 3:0 Horvath (33.), 4:0 Zischek (59.), 5:0 Viertl (62.), 5:1 Lozanov (66.), 6:1 Sindelar (67.)

Österreich - Frankreich 3:2 (1:1, 1:1) n.V.
(WM 1934)
Turin. 27. 5. 1934, 10.000 Zuschauer
Schiedsrichter: van Moorsel (NL)
Platzer (Admira)
Cisar (WAC), Sesta (WAC)
Wagner (Rapid), Smistik (Rapid), Urbanek (Admira)
Zischek (Wacker), Bican (Rapid), Sindelar (Austria),
Schall (Admira), Viertl (Austria)
1:0 Nicolas (19.), 1:1 Sindelar (45.), 2:1 Schall (95.), 3:1 Bican (97.), 3:2 Verriest (110.)

Österreich - Ungarn 2:1 (1:0)
(WM 1934)
Bologna, 31. 5. 1934, 20.000 Zuschauer
Schiedsrichter: Matea (Italien)
Platzer (Admira)
Cisar (WAC), Sesta (WAC)
Wagner (Rapid), Smistik (Rapid), Urbanek (Admira)
Zischek (Wacker), Bican (Rapid), Sindelar (Austria),
Horvath (FC Wien), Viertl (Austria)
1:0 Horvath (5.), 2:0 Zischek (51.), 2:1 Sarosi (61.)

Österreich - Italien 0:1 (0:1)
(WM 1934)
Mailand, 3. 6. 1934, 40.000 Zuschauer
Schiedsrichter: Eklind (Schweden)
Platzer (Admira)
Cisar (WAC), Sesta (WAC)
Wagner (Rapid), Smistik (Rapid), Urbanek (Admira)
Zischek (Wacker), Bican (Rapid), Sindelar (Austria),
Schall (Admira), Viertl (Austria)
0:1 Guaita (18.)

Österreich - Deutschland 2:3 (1:3)
(WM 1934)
Neapel, 7. 6. 1934, 9.000 Zuschauer
Schiedsrichter: Carraro (Italien)
Platzer (Admira)
Cisar (WAC), Sesta (WAC)
Wagner (Rapid), Smistik (Rapid), Urbanek (Admira)
Zischek (Wacker), Braun (WAC), Bican (Rapid), Horvath (FC Wien), Viertl (Austria)
0:1 Lehner (1.), 0:2 Conen (29.), 1:2 Horvath (30.), 1:3 Lehner (42.), 2:3 Sesta (55.)

Österreich - CSR 2:2 (2:0)
Wien, 23. 9. 1934, 50.000 Zuschauer

Schiedsrichter: Barlassina (Italien)
Platzer (Admira)
Janda (Admira), Sesta (WAC)
Urbanek (Admira), Hofmann (Vienna), Nausch (Austria)
Zischek (Wacker), Gschwaidl (Vienna), Sindelar (Austria), Binder (Rapid), Vogl (Admira)
1:0 Binder (3.), 2:0 Vogl (30.), 2:1 Sobotka (59.), 2:2 Sobotka (85.)

Ungarn - Österreich 3:1 (1:1)
Budapest, 7. 10. 1934, 40.000 Zuschauer
Schiedsrichter: Barlassina (Italien)
Platzer (Admira)
Pavlicek (Admira), Sesta (WAC)
Wagner (Rapid), Hofmann (Vienna), Nausch (Austria)
Zischek (Wacker), Gschwaidl (Vienna), Sindelar (Austria), Donnenfeld (Hakoah), Horvath (FC Wien)
0 :1 Zischek (17.), 1 :1 Sarosi (34.), 2 :1 Sarosi (47.), 3:1 Toldi (84.)

Österreich - Schweiz 3:0 (2:0)
Wien, 11. 11. 1934, 30.000 Zuschauer
Schiedsrichter: Krist (CSR)
Platzer (Admira)
Pavlicek (Admira), Sesta (WAC)
Wagner (Rapid), Smistik (Rapid), Skoumal (Rapid)
Zischek (Wacker), Gschwaidl (Vienna), Kaburek (Rapid), Walzhofer (Wacker), Hassmann (FC Wien)
1:0 Kaburek (3.), 2:0 Skoumal (6.), 3:0 Zischek (46.)

1935
Österreich - Italien 0:2 (0:0)
Wien, 24. 3. 1935, 60.000 Zuschauer
Schiedsrichter: Lewington (England)
Platzer (Admira)
Pavlicek (Admira), Sesta (WAC)
Wagner (Rapid), Smistik (Rapid), Skoumal (Rapid)
Zischek (Wacker), Gschwaidl (Vienna), Sindelar (Austria), Kaburek (Rapid), Presser (Rapid)
0:1 Ferrari (50.), 0:2 Piola (82.)

Tschechoslowakei - Österreich 0:0
Prag, 14. 4. 1935, 35.000 Zuschauer
Schiedsrichter: Barlassina (Italien)
Raftl (Rapid)
Sesta (WAC), Schmaus (Vienna)
Wagner (Rapid), Hofmann (Vienna), Nausch (Austria)
Zischek (Wacker), Hanreiter (Wacker), Bican (Admira), Durspekt(Admira), Hassmann (FC Wien)

Ungarn - Österreich 6:3 (3:2)
Budapest, 12. 5. 1935, 30.000 Zuschauer
Schiedsrichter: Barlassina (Italien)
Platzer (Admira)
Pavlicek (Admira), Sesta (WAC)
Braun (WAC), Urbanek (Admira), Nausch (Austria)
Zischek (Wacker), Gschwaidl (Vienna), Sindelar (Austria), Kaburek (Rapid), Presser (Rapid)
1:0 Titkos (5.), 2:0 Sarosi (7.), 3:0 Titkos (15.), 3:1 Zischek (17.), 3:2 Zischek (28.), 3.3 Durspekt (58.), 4:4 Sarosi (73.), 5:5 Sarosi 76.), 6:3 Toldi (80.)

Österreich - Polen 5.2 (3:1)
Wien, 12. 5. 1935, 18.000 Zuschauer
Schiedsrichter: Czejka (Ungarn)
Raftl (Rapid)
Jestrab (Rapid), Tauschek (Rapid)
Lebeda (Libertas), Hofmann (Vienna), Skoumal (Rapid)
L. Vogl (Admira), Hahnemann (Admira), Stoiber (Admira), Binder (Rapid), Pesser (Rapid)
1:0 Stoiber (12.), 2:0 Vogl (27.), 3:0 Hahnemann (32.), 3:1 Matias (43.), 4:1 Pesser (46.), 4:2 Matias (65.), 5.2 Vogl (71.)

Österreich - Ungarn 4:4 (2:4)
Wien,6. 10. 1935, 45.000 Zuschauer
Schiedsrichter: Wunderlin (Schweiz)
Platzer (Admira), ab 62. Raftl (Rapid)
Pavlicek (Admira), Schmaus (Vienna)
Wagner (Rapid), Hofmann (Vienna), Erdl (Vienna)
L. Vogl (Admira), Stroh (Austria), Bican (Admira), Hahnemann (Admira), A. Vogl (Admira)
0:1 Toldi (6.), 1:1 Bican (7.), 1:2 Vincze (8.), 2:2 Bican (11.), 2:3 Sarosi (21.), 2:4 Vincze (30.), 3:4 Bican (58.), 4:4 Hofmann (66.)

Polen - Österreich 1:0 (1:0)
Warschau, 6. 10. 1935, 25.000 Zuschauer
Schiedsrichter: Redlichs (Lettland)
Havlicek (Vienna)
Rainer (Vienna), Schlauf (Libertas)
Lebeda (Libertas), Urbanek (Admira), Skoumal (Rapid)
Brousek (Libertas), Gschwaidl (Vienna), Stoiber (Admira), Binder (Rapid), Holec (Vienna)
Mathas 1:0 (33.)

1936
Spanien - Österreich 4:5 (2:2)
Madrid, 19. 1. 1936, 40.000 Zuschauer
Schiedsrichter: Langenus (Belgien)
Platzer (Admira)
Sesta (Austria), Schmaus (Vienna)
Urbanek (Admira), Smistik (Rapid), Wagner (Rapid)
Zischek (Wacker), Hahnemann (Admira), Bican (Admira), Binder (Rapid), A. Vogl (Admira), ab 30. Hanreiter (Wacker)

0:1 Zischek (4.), 1:1 Langara (26.), 2:1 Regueiro (28.), 2:2 Binder (31.), 3:2 Langara (48.), 3:3 Bican, 4:3 Regueiro (61.), 4:4 Hanreiter (69.), 4:5 Hanreiter (73.)

Portugal - Österreich 2:3 (1:2)
Porto. 26.1. 1936, 25.000 Zuschauer
Schiedsrichter: Melcon (Spanien)
Havlicek (Vienna)
Sesta (Austria), Schmaus (Vienna)
Wagner (Rapid, ab 43. A. Vogl (Admira), Smistik (Rapid), Urbanek (Admira)
Zischek (Wacker), Hahnemann (Admira), Bican (Admira), Binder (Rapid), Hanreiter (Wacker)
0:1 Zischek (25.), 0:2 Binder (41.), 1:2 Mourao (47.), 1:3 Bican (50.), 2:3 Pereira (61.)

Österreich - Tschechoslowakei 1:1 (0:0)
Wien, 22. 3. 1936, 50.000 Zuschauer
Schiedsrichter: Mattea (Italien)
Raftl (Rapid)
Sesta (Austria), Schmaus (Vienna)
Urbanek (Admira), Smistik (Rapid), Gall (Austria)
Zischek (Wacker), Hanreiter (Wacker), Bican (Admira), Hahnemann (Admira), A. Vogl (Admira)
0:1 Zajicek (59.), 1:1 Bican (73.)

Österreich - Ungarn 3:5 (1:3)
Wien, 5. 4. 1936, 45.000 Zuschauer
Schiedsrichter: Leclercq (F)
Havlicek (Vienna)
Sesta (Austria), Schmaus (Vienna)
Mock (Austria), Smistik (Rapid), Urbanek (Admira)
Zischek (Wacker), Hahnemann (Admira), Stoiber (Admira), Bican (Admira), Hanreiter (Wacker)
0:1 Cseh (16.), 1:1 Zischek (17.), 1:2 Cseh (23.), 1:3 Kallai (35.), 2:3 Bican (46.), 2:4 Kallai (72.), 2:5 Kallai (89.), 3:5 Bican (88.)

Österreich - England 2:1 (2:0)
Wien, 6. 5. 1936, 60.000 Zuschauer
Schiedsrichter: Langenus (Belgien)
Platzer (Admira)
Sesta (Austria), Schmaus (Vienna)
Urbanek (Admira), Mock (Austria), Nausch (Austria)
Geiter (SK), Stroh (Austria), Sindelar (Austria), Bican (Admira), Viertl (Austria)
1:0 Viertl (12.), 2:0 Geiter (17.), 2:1 Camsell (54.)

Italien - Österreich 2:2 (0:1)
Rom, 17. 5. 1936, 30.000 Zuschauer
Schiedsrichter: Czejka (Ungarn)
Platzer (Admira)
Sesta (Austria), Schmaus (Vienna)
Urbanek (Admira), Mock (Austria), Nausch (Austria)
Geiter (SK), 72. – 76. Erdl (Vienna), Hahnemann (Admira), Sindelar (Austria), Jerusalem (Austria), Viertl (Austria)
0:1 Jerusalem (28.), 1:1 Demaria (63.), 1:2 Viertl (74.), 2:2 Pasinati (76.)

Ungarn - Österreich 5:3 (3:2)
Budapest, 27. 9. 1936, 30.000 Zuschauer
Schiedsrichter: Leclercq (F)
Zöhrer (Austria)
Andritz (Austria), Sesta (Austria)
Adamek (Austria), Hofmann (Vienna), Urbanek (Admira)
Riegler (Austria), Stroh (Austria), Sindelar (Austria), Binder (Rapid), Fuchsberger (SV Urfahr)
0:1 Binder (2.), 1:1 Toldi (15.), 1:2 Sindelar (27.), 2:2 Toldi (29.), 3:2 Cseh (40.), 4:2 Toldi (63.), 4:3 Sindelar (64.), 5:3 Titkos (72.)

Schweiz - Österreich 1:3 (0:1)
Zürich, 8. 11. 1936, 23.000 Zuschauer
Schiedsrichter: Weingärtner (D)
Platzer (Admira)
Sesta (Austria), Schmaus (Vienna)
Adamek (Austria), Smistik (Rapid), Nausch (Austria)
Zischek (Wacker), Hahnemann (Admira), Bican (Admira), Binder (Rapid), Pesser (Rapid)
0:1 Binder (26.), 0:2 Hahnemann (71.), 0:3 Binder (80.), 1:3 Sesta (90., Eigentor)

Schweiz - Österreich 1:3 (0:1)
Zürich, 8. 11. 1936, 23.000 Zuschauer
Schiedsrichter: Weingärtner (D)
Platzer (Admira)
Sesta (Austria), Schmaus (Vienna)
Adamek (Austria), Smistik (Rapid), Nausch (Austria)
Zischek (Wacker), Hahnemann (Admira), Bican (Admira), Binder (Rapid), Pesser (Rapid)

1937
Frankreich - Österreich 1:2 (1:1)
Paris, 24. 1. 1937, 50.000 Zuschauer
Schiedsrichter: Barton (England)
Raftl (Rapid)
Sesta (Austria), Schmaus (Vienna)
Adamek (Austria), Hofmann (Vienna), Nausch (Austria)
Riegler (Austria), Stroh (Austria), Zischek (Wacker), Binder (Rapid), Jerusalem [Austria), Viertl (Austria)
0:1 Stroh (38.), 1.1 Novicky (41.), 1:2 Binder 83.)

Österreichische Meisterschaft 1911-1938

Ab 1911/12 wurde vom Niederösterreichischen Fußball-Verband ein Meisterschaftswettbewerb ausgetragen, an dem ausschließlich Wiener Vereine teilnahmen.
Ab 1922 war für diesen Wettbewerb der Wiener Fußballverband zuständig, analog zur Tatsache, dass ab 1922 Wien den Status eines eigenständigen Bundeslandes erhielt.
Ab 1936 wurde die Wiener Liga in eine Österreichische Staatsliga umgewandelt. Nichtsdestoweniger waren dort bis zum »Anschluss« an Deutschland weiterhin nur Wiener Vereine vertreten.

Jahr	Meister	Pokalsieger
1911-1912	SK Rapid Wien	—
1912-1913	SK Rapid Wien	—
1913-1914	Wiener Association FC (W.A.F.)	—
1914-1915	Wiener Athletic Club (W.A.C.)	—
1915-1916	SK Rapid Wien	—
1916-1917	SK Rapid Wien	—
1917-1918	Floridsdorfer AC (F.A.C.)	—
1918-1919	SK Rapid Wien	SK Rapid Wien
1919-1920	SK Rapid Wien	SK Rapid Wien
1920-1921	SK Rapid Wien	Wiener Amateure Sportverein
1921-1922	Wiener Sport-Klub	Wiener Association FC (W.A.F.)
1922-1923	SK Rapid Wien	Wiener Sport-Klub
1923-1924	Wiener Amateure Sportverein (»Amateure«)	Wiener Amateure Sportverein
1924-1925	SC Hakoah Wien	Wiener Amateure Sportverein
1925-1926	Wiener Amateure Sportverein (»Amateure«)	Wiener Amateure Sportverein
1926-1927	SK Admira Wien	SK Rapid Wien
1927-1928	SK Admira Wien	SK Admira Wien
1928-1929	SK Rapid Wien	First Vienna Football Club
1929-1930	SK Rapid Wien	First Vienna Football Club
1930-1931	First Vienna Football Club (»Vienna«)	Wiener Athletic Club (W.A.C.)
1931-1932	SK Admira Wien	SK Admira Wien
1932-1933	First Vienna Football Club (»Vienna«)	FK Austria Wien
1933-1934	SK Admira Wien	SK Admira Wien
1934-1935	SK Rapid Wien	FK Austria Wien
1935-1936	SK Admira Wien	FK Austria Wien
1936-1937	SK Admira Wien	First Vienna Football Club
1937-1938	SK Rapid Wien	Wiener Athletic Club (W.A.C.)

Mitropa-Cup-Endspiele 1927-1937

1927 **AC Sparta Praha** 6-2 SK Rapid Wien
SK Rapid Wien 2-1 AC Sparta Praha
1928 **Ferencvárosi FC Budapest** 7-1 SK Rapid (Wien)
SK Rapid Wien 5-3 Ferencvárosi FC Budapest
1929 **Újpesti FC Budapest** 5-1 SK Slavia Praha
SK Slavia Praha 2-2 Újpesti FC Budapest
1930 AC Sparta Praha 0-2 SK Rapid Wien
SK Rapid Wien 2-3 AC Sparta Praha
1931 **First Vienna FC** 3-2 Wiener AC
Wiener AC 1-2 First Vienna FC
1932 **AGC Bologna** durch Beschluss des Mitropa-Komitees 1274

1933 AS Ambrosiana Inter Mailand 2-1 FK Austria Wien
FK Austria Wien 3-1 AS Ambrosiana Inter Mailand
1934 SK Admira Wien 3-2 AGC Bologna
AGC Bologna 5-1 SK Admira Wien
1935 Ferencvárosi FC Budapest 2-1 AC Sparta Praha
AC Sparta Praha 3-0 Ferencvárosi FC Budapest
1936 **FK Austria Wien** 0-0 AC Sparta Praha
AC Sparta Praha 0-1 FK Austria Wien
1937 **Ferencvárosi FC Budapest** 4-2 SS Lazio Rom
SS Lazio Rom 4-5 Ferencvárosi FC Budapest

Internationaler Cup (Europa-Cup) 1927-1938

Ebenso wie der Mitropa-Cup beruhte dieser Wettbewerb auf einem Entwurf Hugo Meisls. Obwohl der offizielle Name »Internationaler Cup« lautete, wurde er in der Presse stets als Europa-Cup bezeichnet. Dieser Vorläufer der heutigen Nationen-Europameisterschaft wurde zwischen fünf der stärksten kontinentalen Fußball-Nationen ausgetragen, nämlich Österreich, Tschechoslowakei, Ungarn, Italien und der Schweiz. Auch hier verweigerte Deutschland, das ebenfalls eingeladen war, die Teilnahme, weil man nicht gegen Profi-Fußballer antreten wollte. Im Gegensatz zum Mitropa-Cup wurde hier über mehr als zwei Jahre eine Liga ausgespielt, in der jedes Land zweimal gegeneinander antrat.

1. Wettbewerb 1927-30

	Nation	Spiele	S	U	N	Tore		Punkte
1	Italien	8	5	1	2	21:15	+6	11
2	Österreich	8	5	0	3	17:10	+7	10
3	Tschechoslowakei	8	4	2	2	17:10	+7	10
4	Ungarn	8	4	1	3	20:23	-3	9
5	Schweiz	8	0	0	8	11:28	-17	0

2. Wettbewerb 1931 - 1932

	Nation	Spiele	S	U	N	Tore		Punkte
1	Österreich	8	4	3	1	19:9	+10	11
2	Italien	8	3	3	2	14:11	+3	9
3	Ungarn	8	2	4	2	17:15	+2	8
4	Tschechoslowakei	8	2	3	3	18:19	-1	7
5	Schweiz	8	2	1	5	16:30	-14	5

3. Wettbewerb 1933 - 1935

	Nation	Spiele	S	U	N	Tore		Punkte
1	Italien	8	5	1	2	18:10	+8	11
2	Österreich	8	3	3	2	17:15	+2	9
3	Ungarn	8	3	3	2	17:16	+1	9
4	Tschechoslowakei	8	2	4	2	11:11	0	8
5	Schweiz	8	1	1	6	13:24	-11	3

4. Wettbewerb 1936 - 1938

Wegen Anschluss Österreichs ans Deutsche Reich nicht beendet.

	Nation	Spiele	S	U	N	Tore		Punkte
1	Ungarn	7	5	0	2	24:15	+9	10
2	Italien	4	3	1	0	9:4	+5	7
3	Tschechoslowakei	7	3	1	3	16:20	-4	7
4	Östereich	6	2	1	3	13:14	-1	5
5	Schweiz	8	1	1	6	16:25	-9	3

Anmerkungen

1. Mitteilung Fritz Molden (Wien), 2004
2. Stand vom November 2006
3. Bericht Ilse Scherzer; es handelte sich um ihre eigene Hochzeit.
4. Rathauskorrespondenz, Montag 20. November 1989, Blatt 2616, Stadtarchiv Wien; »Der Verbindungsweg vom zukünftigen Tesarekplatz in Richtung Westen wird nach dem Betreuer des Fußball-»Wunderteams«, Prof. Hugo Meisl, in »Hugo-Meisl-Weg« benannt.« Offenbar ist es schwierig, in Wien ohne Titel zu Ehren kommen, darum legte man wohl Hugo Meisl sogar einen Professorentitel zu, den er natürlich nie besessen hat.
5. Zu nennen sind vor allem:
   Horak, Roman; Reiter, Wolfgang (Hg.): Die Kanten des runden Leders. Beiträge zur europäischen Fußballkultur. Wien 1991
   Horak, Roman; Maderthaner, Wolfgang: Mehr als ein Spiel: Fußball und populäre Kulturen im Wien der Moderne Wien, 1997
   Marschik, Matthias: »Wir spielen nicht zum Vergnügen« : Arbeiterfussball in der Ersten Republik, Wien 1994
   Skocek, Johann; Weisgram, Wolfgang; Kunze, Irene (Hg.): Im Inneren des Balles : eine Expedition durch die weite Wirtschaftswunderwelt des österreichischen Fussballes. Wien 1994
   Skocek, Johann Weisgram, Wolfgang: Wunderteam Österreich. scheiberln, wedeln, glücklich sein. Wien 1996
6. Robert Franta, Wolfgang Weisgram: Ein rundes Leben
7. Vgl. André Tautenhahn: Pioniere eines modernen Sport. Über die Rolle der Juden bei der Verbreitung des Fußballs. www.stud.uni-hannover.de/user/57106/Fussball/Bundesliga/Fussballgeschichte/...; 18. Mai 2005
8. In einer großen Breite ist dies dokumentiert in dem Buch: Schulze-Marmeling, Dietrich (Hg.): Davidstern und Lederball. Die Geschichte der Juden im deutschen und internationalen Sport. Göttingen 2003
9. Pierre Lanfranchi: Il Bologna che il mondo tremare fa, S. 85.
10. Horak/Maderthaner, S. 10
11. Eine deutliche Gegenposition zu der »neutralen« Auffassung von Fußball formulierte etwa Dr. Ignaz Guder, Mitglied des Vorstandes des ÖFB und Obmann der Freien Vereinigung im Jahre 1924: »In erster Linie sind wir Sozialdemokraten und dann erst Sportler. [...] Die sozialdemokratische Partei braucht die Arbeitersportler, und wir müssen dafür sorgen, dass sie Sturmtruppen der Partei werden.« (zit. in: Marschik: Arbeiterfußball, S. 70.)
12. Marschik: Massen, S. 28
13. In vielen biographischen Skizzen – so zuletzt im Internet Auftritt der FIFA zur WM 2006 – wird immer wieder Maleschau in *Mähren* angesiedelt. Erstaunlich, wie hartnäckig sich so ein offenkundiger Irrtum halten konnte, denn ein schlichter Blick auf die Landkarte würde genügen um zu wissen, dass es in ganz Mähren keinen Ort dieses Namens gibt.
14. Verblüffenderweise wird in vielen biographischen Darstellungen Hugo Meisls Geburtsort nicht richtig angegeben. Am weitesten daneben liegt das renommierte Österreichische Biographische Lexikon, das Hugo Meisl zum gebürtigen Wiener ernennt. Häufig findet sich außerdem die irrtümliche Angabe *Mährisch-Ostrau*, so etwa bei Robert Franta, Pöge, S. 40. Auch die Internetseite der Stadt Wien gibt den Geburtsort Hugo Meisls mit »Moleschau in Mähren« höchst ungenau wieder.
15. Hierzu sehr lesenswert: E. Eggers: Willy Meisl, in: Schulze-Marmeling – Davidstern und Lederball, Göttingen 2003
16. Der Prager Schriftsteller Leo Perutz (1882 – 1957) hat Mordechai Meisl in seinem Roman »Nachts unter der steinernen Brücke« ein stimmungsvolles literarisches Denkmal gesetzt.
17. So die Nationalitätenangabe in: Jewish Hall of Fame
18. So R. Franta, Pöge, S. 40
19. Militärarchiv Prag, Grundbuchblatt, 29. Januar 1918
20. Berichte Helga Hafer, Martha Meisl
21. Fritz Mauthner: Erinnerungen I, 1918, S. 32 f.
22. Franta, Pöge, S.42 behaupten, Hugo Meisl sei ein »eingebürgerter Tscheche« gewesen, eine Aussage, die schon aus rein staatsrechtlicher Sicht als vollkommener Unfug gekennzeichnet werden muss.
23. So Franta/Pöge, S. 40, natürlich auch Franta/Weisgram: Ein rundes Leben, S. 14
24. M. J. Leuthe in: Neues Wiener Sportblatt, 13. September 1919, S. III
25. vgl. Wikipedia, Stichwort Ferdinand Hueppe
26. Tatsächlich erhielt der Halbfinalgegner des DFC,

der Karlsruher FV, vor Reiseantritt ein Telegramm, dass das Spiel gegen des DFC in Leipzig abgesagt sei. Da der KFV demzufolge nicht antrat, bekam der DFC den Sieg zugesprochen. Wer hinter diesem üblen Scherz steckte, ist bis heute ungeklärt.

27 Kemminer, S. 104
28 Hamann, S. 175 ff..
29 Schmieger, S. 79, 93, 109
30 So schreibt F. Schmal, in: Fußball-Jahrbuch für Österreich pro 1906/1907, S. 8: »Als die beste Mannschaft der Monarchie bewährte sich die Slavia aus Prag, der es sogar gelang, den englischen Professionalclub Southampton 4:0 zu schlagen.«
31 Schidrowitz, S. 251
32 Schmieger, S. 201
33 Schidrowitz, S. 255
34 Bericht Ilse Scherzer
35 Für genaue Informationen bedanken wir uns bei Jaroslav Vála, der im Archiv von Světla nad Sázavou die entsprechenden Informationen eruiert hat. Demnach ging die Maut an Ludwigs Schwester Josefa über, die mit einem Emanuel Neustadtl verheiratet war, diese übergab sie dann ihrem Sohn Gustav Neustadtl, der knapp zwei Jahre älter als Hugo war.
36 Hamann, S. 441
37 Hamann, S. 469
38 Hamann, S.470
39 Horak, Maderthaner, S. 60
40 So schreibt die Wiener Zeitung noch am 12. Dezember 1937: »Die Hauptstützen des Wiener Fußballs sind nämlich der zehnte und der einundzwanzigste Bezirk. Das ist kein Zufall, sondern erklärt sich aus sehr natürlichen Gründen. Diese beiden an der Peripherie der Großstadt gelegenen Bezirke haben noch weite unverbaute Flächen und bieten der Jugend viel Gelegenheit, sich im Fußballspielen auszutoben, vom Fetzenball angefangen… Ein Favoritner oder Floridsdorfer Bub, der sich frühzeitig für Fußball begeistert hat, ist dank der fast täglichen ungestörten Übung mit vierzehn, fünfzehn Jahren bereits ein vollendeter Ballkünstler mit reichen Erfahrungen in Kombination, Fouls und ›Schmähs‹.«
41 Glettler, S. 14
42 Hamann, S. 94
43 Hamann, S. 468
44 Bericht Ilse Scherzer
45 Bericht Ilse Scherzer
46 Aus der Personalakte Hugo Meisl vom 15.1.1915 geht hervor, dass Ludwig Meisl bei dieser Firma »bedienstet war« (Personalakte Länderbank).
47 Leider stammt der letzte noch im Niederösterreichischen Landesarchiv vohandene Band des »Österreichischen Zentralkatasters sämtlicher Handels-, Industrie- und Gewerbebetriebe in Niederösterreich« aus dem Jahr 1903, so dass nur noch der Vorbesitzer Meisls, ein Franz Vogl verzeichnet ist. Der Betrieb firmiert in diesem Zentralkataster als »Hanfspinnerei A.Vogl« in Pielachberg (S. 492). Wir danken Mag. Gunter Marian vom Landesarchiv Niederösterreich für diese Information.
48 Bericht Ilse Scherzer
49 Personalakte Länderbank vom 17. April 1906; die in den einschlägigen Biografien immer wieder kehrende Formulierung, Hugo Meisl stamme aus einer »wohlhabenden Kaufmannsfamilie« (so beispielsweise in der Internetseite des ÖFB), ist insofern also erheblich zu relativieren.
50 Man fragt sich allerdings, wieso nicht Isidor Mautner als Inhaber der Firma Mautner & Sohn der Familie seiner Cousine Karoline unter die Arme griff oder Ludwig Meisl eine anständige Pension zukommen ließ. Dafür gibt es nur zwei Erklärungen: Entweder war Meisl bei der Firma nicht angestellt, sondern verkaufte deren Produkte als selbstständiger Handlungsreisender, oder der Kündigung lag ein schweres Zerwürfnis zwischen Meisl und Mautner zugrunde, was angesichts der von Zeitzeugen beschriebenen schroffen Umgangsformen Meisls durchaus denkbar erscheint.
51 Personalakte vom 19.1.1915
52 z.B. W. Meisl: Juden im deutschen Sport; in: W. Meisl / F. Pinczkower – Juden im deutschen Kulturbereich, Tel Aviv 1968
53 vgl. Erik Eggers: Willy Meisl; eigene Recherchen in Lugano nach Spuren der Anwesenheit Willy Meisls blieben ergebnislos. Offensichtlich führte er dort keinen eigenen Haushalt, sondern lebte und starb im Spital. Er wurde in Lugano – entgegen aller jüdischen Orthodoxie – eingeäschert.
54 Marschik: Herrenspiel, S. 28
55 Marschik ebenda, S. 29
56 Zit. N. Lutz Mauerer: Friedrich Torberg und der Sport, S. 53; in: D. Axmann (Hrsg.) Und Lächeln ist das Erbteil meines Stammes. Erinnerung an Friedrich Torberg, Wien 1988
57 Laut M. Marschik – Wiener Austria, S. 36 gab es einen heftigen auf der Kärntner Straße ausgetragenen Konflikt zwischen Funktionären beider Vereine.
58 Bericht Helga Hafer, Martha Meisl
59 Vgl. Hamann, S. 474
60 F. Torberg: Brief an Hans Weigel vom 12.5.1946; in: F. Torberg: In diesem Sinne… Briefe an Freunde und Zeitgenossen. München/Wien 1981, S. 412
61 Information Helga Hafer. Hinterstoder war im 19. und in der ersten Hälfte des 20. Jahrhunderts

62 Information Ilse Scherzer
63 Brief Hugo Meisl an Herbert Chapman, 17. Januar 1933. Nachlass Hugo Meisl
64 Laut Franta/Pöge, S. 40, soll Hugo Meisl 1903 die Mitgliedschaft bei den Cricketern beendet haben; wie so oft bei Franta fragt man sich auch hier wieder, wie um alles in der Welt er zu einer solchen Behauptung kommt. Wie hätte denn Meisl ab 1904 im ÖFV Funktionen übernehmen können, wenn er nicht Mitglied in einem dem ÖFV angeschlossenen Verein war? Zudem ist belegt, dass Meisl noch im Jahre 1907 bei den Cricketern zum Schriftführer gewählt wurde (vgl. Schmieger, S. 105).
65 Eisenberg: Fußball als globales Phänomen, S. 9
66 Neues Wiener Journal, 19.11.1922, in: Marschik: Herrenspiel, S. 207
67 Schidrowitz, S. 37Ð
68 Marschik: Herrenspiel, S. 38
69 Havemann, S. 34
70 hierzu sehr informativ: Erik Eggers: Die Anfänge des Fußballsports in Deutschland; in: M. Herzog (Hsg.): Fußball als Kulturphänomen, Stuttgart 2002
71 Karl Planck: Fußlümmelei. Über Stauchballspiel und englische Krankheit. Stuttgart 1898. Planck war Turnlehrer an einem Stuttgarter Gymnasium und sah den kulturellen Wert der Leibesübungen vor allem in der Körperbeherrschung, die sich in gleichförmigen, kontrollierten und disziplinierten Bewegungen äußerte. Diesem Ideal widerspricht das Fußballspiel, das ja gerade von der Überraschung und der Unberechenbarkeit lebt, in der Tat diametral. Dass diese Haltung auch heute noch vertreten wird, zeigt, wenn auch ironisch gebrochen, Dirk Schümer, wenn er schreibt: »Gerade für Freunde formvollendeter Leibesübungen ist Fußball ästhetisch unerträglich, nicht entfernt auch nur vergleichbar mit der überirdischen Eleganz einer Eiskunstläuferin beim dreifachen Rittberger, der konzentrierten Körperbeherrschung eines sich hochschraubenden Turmspringers oder der explosiven Muskelwucht eines Hundertmeterläufers. Statt Annäherungen des menschlichen Körpers an abstrakte Maximen der Schönheit bekommt der Zuschauer beim Fußball nichts als Grobmotorik geboten.« (Schümer, S.11)
72 Schmieger, S. 10f.; dazu trug bei, dass die Turnvereine in Österreich quantitativ nicht mit Deutschland zu vergleichen waren. Entsprechend geringer war ihr Einfluss auf die öffentliche Meinung, zumal sie auch noch eine dezidiert ›völkische‹ Ausrichtung verfolgten; vgl. Marschik: Herrenspiel, S. 29
73 Neues Wiener Journal, 19.11.1922, zit. in: Marschik: Herrenspiel, S. 208
74 Marschik: Arbeiterfußball, S. 44
75 Schmieger, S. 23
76 Schmieger, S. 24
77 Schmieger, S. 6 ff.
78 W. Meisl: Sport am Scheidewege, S. 129
79 Schmieger, S. 24; Schidrowitz, S. 43
80 Schwind: Geschichten, S. 27; nach Marschik: Herrenspiel S. 137
81 J. García / A. Kutschera / H. Schöggl / K. Stokkermans / RSSSF 2002/03 – Austria / Habsburg Monarchy – Challenge Cup 1897-1911; allerdings taucht der Name Meisl nur ein einziges Mal in den Mannschaftsaufstellungen der Cricketer auf; laut Information von Herrn Ernst Szöke, Wien, ist der Name Meisl in einem Rückblick des Wiener Sportblatts (1. Jahrgang Nr. 4 vom 25.3.1906 mit dem Titel »W.A.C. – Cricketer-Nummer«), in der acht Jahre Spiele zwischen beiden Mannschaften dokumentiert sind, nicht enthalten, was allerdings nicht heißen muss, dass Meisl nicht trotzdem gespielt hat, zumal sich hinsichtlich des Spiels vom 15.11.1898 die Mannschaftsaufstellungen bei Garcia u.a. und E. Szöke / Wiener Sportblatt auf nicht weniger als fünf Positionen unterscheiden, was dafür spricht, dass hier schlicht und einfach zwei verschiedene Spiele dokumentiert wurden.
82 Schmieger, S. 12; Max Johann Leuthe machte sich auch einen Namen als Sportreporter und Verfasser einschlägiger Bücher über das Fußballspiel.
83 Poppovich. S. 77f.; zitiert nach Marschik: Herrenspiel, S. 47
84 Auch zu Meisls fußballerischen Leistungen und Positionen liest man die überraschendsten und widersprüchlichsten Spekulationen. Da ist die Rede von einem »schnellen, dribbelstarken Rechtsaußen« (Franta, Pöge, S. 41), einem »zerbrechlichen, aber ziemlich begabten Halbstürmer« (Brian Glanville – The Penguin Book of Football: «He (Hugo Meisl) was a fragile but apparently quite gifted inside-forward«); http://us.geocities.com/claretsarchive/profiles/hogan.html; der Wahrheit immer noch am nächsten dürfte die Wiener Illustrierte Wochenpost kommen, wennn sie in einem Bericht über Hugo Meisl in der im Jahre 1932 (16. Dezember, S.5) schrieb, dass Meisl »rechter Flügelstürmer« gewesen sei.
85 Bericht Ilse Scherzer
86 Vgl. M.J. Leuthe: Hugo Meisl ein Fünfziger, in: Der Kicker, 1931, S. 1893
87 Neues Wiener Sportblatt, 28. Februar 1920, S. 4

88 Neues Wiener Sportblatt, 14. August 1920, S.4
89 Ebenda. Franta und Weisgram nehmen dieses Spiel zum Anlass einer angeblichen Freundschaft zwischen Meisl und dem späteren Außenminister der Tschechoslowakei, Edvard Beneš (Franta, Weisgram, S.34). Tatsächlich ist dies eine reine Erfindung dieser Autoren. Es gibt nicht den geringsten faktischen Hinweis darauf, dass Meisl und Beneš sich überhaupt persönlich kannten, geschweige denn darauf, dass sie befreundet waren oder gar, dass Meisl von Beneš eingeladen worden wäre, in den tschechoslowakischen diplomatischen Dienst einzutreten.
90 Neues Wiener Sportblatt, 14. August 1920, S. 4
91 Schmal (Jahrbuch 1902/03, S. 23 f)
92 Schidrowitz, gegenüber S. 9; laut Schmieger, S. 62 wurde am 11. September 1904 zur Eröffnung der Saison ein Spiel der Wiener gegen die Budapester Ramblers ausgetragen (Ergebnis: 3:3).
93 Schmieger, S. 35
94 vgl. »Was Meisl von Italiens Fußball hielt«, in: Sport-Zeitung am Sonntag, 21. März 1937, S. 2
95 Militärarchiv Prag, Grundbuchblatt 1902
96 Kriegsarchiv Wien, Qualifikationsliste 1902
97 Kriegsarchiv Wien, Qualifikationsliste 1903
98 Hamann, S. 198
99 Kriegsarchiv Wien, Qualifikationsliste 1908
100 Es ist unerfindlich, wieso Franta/Pöge, S. 43, zu der Behauptung kommen, Meisl sei erst im Jahre 1932 wegen Arbeitsmangels von der Bank zwangspensioniert worden. Die Aktenlage ist völlig eindeutig!
101 Personalakte Länderbank, 28.11.1913
102 Internet-Auftritt »Hundert Jahre ÖFB«, Wien 2004
103 Sport im Wort 44, 27. Oktober 1904, S. 626; wir danken Herrn Ernst Szöke für den Hinweis auf dieses bisher nicht bekannte Faktum.
104 Kastler, S. 60
105 H.A.M.Terwogt in: Sport-Telegraf, 28. Februar 1937, S. 13
106 ISB, 10. Juni 1911, S. 6
107 Schmieger, S. 105
108 Felix Schmal: Fußball-Jahrbuch für Österreich 1910/1911, S. 4
109 Diese Begegnung war übrigens nicht ohne sportpolitische Brisanz, denn ebenso wie Böhmen war auch Finnland keine selbstständige Nation, sondern gehörte zum Russischen Reich, erhielt aber im Gegensatz zu Böhmen von der FIFA das Recht, mit einer eigenen Nationalmannschaft bei den Fußballwettbewerben anzutreten. Ohne Zweifel eine Ungleichbehandlung, die die Erbitterung der Tschechen gegenüber dem ÖFB verfestigen musste. Dass ausgerechnet ein führender österreichischer Funktionär dieses Spiel leitete, konnten die Tschechen daher durchaus als Provokation empfinden. Es wird jedoch von keinerlei Protesten berichtet, was zweifellos nicht zuletzt der Persönlichkeit Meisls zu verdanken war.
110 ISB, 20. Juli 1912, S. 6
111 I ricordi di Pozzo, 9
112 Die Fußballregeln. Aus dem Englischen übersetzt von Hugo Meisl. In: Felix Schmal: Jahrbuch 1910/11, S. 24 ff; Fußballregeln, redigiert von Hugo Meisl, in: ISB, 12. Juli 1913, S. 7
113 Fremdenblatt, 9. Dezember 1913, o.S.
114 Neues 8-Uhr Blatt, 16. Oktober 1924, S.8
115 Vgl. Sport-Montag, 23. Oktober 1933, S. 15
116 Reichspost, 19. Oktober 1933, S. 12
117 Reichspost, 30. April 1934, S. 7
118 Sport-Montag, 23. Oktober 1933, S. 15
119 Vgl. Beyer, S. 282
120 Vgl. Schmieger, Schidrowitz, passim
121 Vgl. Marschik: Herrenspiel, S. 41
122 Vgl. Schmieger, S.40, S.63, S.140, S. 146.
123 Wiener Morgenzeitung, 8.11.1923; nebenbei erfahren wir hierdurch, dass damals in Wien auch Frauen mit einiger Selbstverständlichkeit und großem Engagement Fußballspielen zuschauten. Auch über diese antisemitischen Ausbrüche berichtet ausführlich Ernst Vogel, S. 89ff.
124 Wiener Morgenzeitung, 9.11.1923
125 Schidrowitz, gegenüber S.49.
126 vgl. Schidrowitz, S. 72
127 Vgl. Horak, Maderthaner, S. 81
128 Zumindest taucht Meisls Name nicht unter den Funktionsträgern des neuen Vereins auf. Genannt werden: Präsident: Erwin Müller, Vizepräsidenten: Gustav Wondrak und Dr. Robert Koritschoner, Schriftführer: Paul Gußmann, Kassier: Ettore Richetti, Sektionsleiter: M. J. Leuthe.
129 Schmal: Fußball-Jahrbuch für Österreich pro 1906/07 a.a.O, S. 8
130 vgl. Marschik: Herrenspiel, S. 44
131 Schmal: Jahrbuch 1906/07, S. 93
132 vgl. Schidrowitz, S. 242
133 vgl. Horak, Maderthaner, S. 113 ff.
134 vgl. Schidrowitz, S. 242
135 Streczewicz, S. 130
136 Zitiert nach Schmieger, S. 66; John spricht in seinem Aufsatz von einer »Agitation für den Professionalismus« im Jahre 1905. Ob dieser Begriff wirklich angemessen ist, muss offen bleiben.
137 zit. n. Schidrowitz, S. 242
138 Schmieger, S. 53
139 Schmieger, S. 67

140 Satzung abgedruckt in Schmal: Fußballjahrbuch für Österreich pro 1905-1906, S. 60
141 Zit. n. Schmieger, S. 67
142 Schidrowitz, S.55
143 Schidrowitz, S. 242
144 Marschik: Herrenspiel, S. 107
145 Vgl. Willy Meisl: Soccer Revolution, S. 57
146 Schidrowitz, S. 246
147 Schmal: Fußballjahrbuch für Österreich pro 1906 – 1907, S. 8
148 Schmieger, S. 13
149 Schmieger, S. 160, Schidrowitz, S. 248
150 ISB, 9. September 1911, S.1 und 25. November 1911, S. 13
151 Hugo Meisl: Fussball. Neuerungen in Österreich; in: Allgemeine Sport-Zeitung, 13. Februar 1910, S. 159, zit. in: Marschik: Herrenspiel, S. 113
152 ISB, 10. Juni 1911, S. 6
153 M. J. Leuthe in: Der Kicker, 3/1937, S. 25
154 ISB, 6. Januar 1912, S. 11; Hervorhebung durch die Autoren
155 Der Schiedsrichter James Howcroft sagte nach dem Spiel: »Das war mein siebtes Spiel, das ich auf dem Kontinent leitete und ich muss sagen, dass es meine Erwartungen bei weitem übertraf.« (Reichspost, 6. Mai 1912, S.5); im Rückblick auf seinen Aufenthalt ist Howcraft dann des Lobes voll, auch für Meisl: »Seit meinem Betreten des Wiener Bodens, der schönsten Stadt, die ich bis jetzt gesehen habe, war Herr Meisl mehr als liebenswürdig zu mir und ich beglückwünsche den Österreichischen Fußballverband zu dem so ruhigen und verständigen Herrn als Sekretär. Ich persönlich danke ihm dafür, dass er mir meinen Aufenthalt zu einem solchen Vergnügen gemacht hat.« (ISB, 18. Mai 1912 S. 4)
156 Die Angaben stützen sich im Wesentlichen auf das Buch von Norman Fox: Prophet or Traitor
157 ISB, 19.März 1915, S. 6
158 Allgemeine Sportzeitung, 14. März 1915
159 Claussen, S.20
160 Praktische Fußballlehre, verfasst von Jimmy Hogan, Verbands – Fußball – Lehrer, Leipzig 1929 (Copyright 1927, by Verband deutscher Ballspiel-Vereine e.V.)
161 Es ist eigenartig, dass sich mancherorts aus unerfindlichen Gründen so hartnäckig hält, dass Jimmy Hogan Schotte gewesen sei, wie. z.B. bei Marschik, Sottopietra, S.155 und S. 411, die ihm überdies auch noch als einzigen eigenen Beitrag zum Wiener Stil eine englische Verteidigungsvariante zuschreiben »hinten abriegeln« (die wir bei unseren Recherchen nicht ausfindig machen konnten), während das Kombinationsspiel ausschließlich aus Ungarn und der Tschechoslowakei in den Wiener Fußball ›importiert‹ worden sei (ebenda).
162 Fox, S. 57
163 Meisl bezog sich hier wahrscheinlich darauf, dass im österreichischen Fußballverband immer wieder Kritik aufkam, dass er keinen österreichischen Trainer für die Betreueraufgaben heranzog.
164 Brief Meisl an Chapman 11. November 1932, Nachlass Hugo Meisl
165 Terence Delaney, S. 122: »The Austrian side, one of the best international sides ever, had been built up by the combined brains and enthusiasm of two football's best thinkers – the manager Hugo Meisl, and the coach Jimmy Hogan«
166 Fox, S. 39
167 Willy Meisl: Soccer Revolution, S. 58
168 Schidrowitz, S. 134 f.
169 ISB, 22. Juli 1912, S. 4
170 Nach Schmieger, S. 151 f.
171 Information Ove Karlsson
172 Information Ilse Scherzer
173 Nilsson, S. 187 – 193
174 Information Ove Karlsson
175 Die vom ÖFB heute verbreitete Information, Meisl sei an diesem Tag zum allein verantwortlichen Verbandskapitän eingesetzt worden, ist eindeutig falsch. Die zeitgenössische Presse und entsprechend auch Schidrowitz erwähnen übereinstimmend den Mai 1913 als Termin der Beauftragung Meisls als Verbandskapitän.
176 ISB, 28. Dezember 1912, S. 12
177 ISB, 7. Dezember 1912, S. 11
178 ISB, 24. August 1912, S. 3; auch werden verschiedene mögliche Kandidaten genannt, Meisl bemerkenswerter Weise aber nicht.
179 Allgemeine Sportzeitung, 11. Mai 1913, S. 591
180 ISB, 3. Mai 1913, S. 6
181 Schmieger, S. 165 Allerdings konnte auch beim Ungarischen Verbandskapitän von einer unumschränkten Vollmacht keine Rede sein. Vielmehr dauerten laut Fremdenblatt (21. Oktober 1913, S. 7) die Beratungen über die Mannschaftsaufstellung im ungarischen Verbandsheim von 8 Uhr bis 12 Uhr nachts.
182 Allgemeine Sportzeitung, 24. Mai 1913, S. 675: »Einen lobenswerten Beschluss hat kürzlich der Österreichische Fußballverband gefasst. Die Repräsentationsmannschaften sollen nämlich von nun an durch den neu gewählten Verbandskapitän Hugo Meisel [sic!] unter Zuziehung der Beiräte Dr. Frey, D.Schönecker und Dr. Fischl (Prag) zusammengestellt werden Das neue System gelangt schon bei der Auswahl der Spieler für den Länderkampf in Italien zur Anwendung.« Hugo Meisl war zum

Verbandskapitän gewählt worden, die Aufstellung der Nationalmannschaft oblag indes dem Auswahlkomitee, »als dessen Obmann und Referent« Meisl fungieren sollte. (ISB, 24. Mai 1913, S. 11)

183 ISB, 10. Mai 1913, S. 1 und S. 3; ISB 11. Oktober 1913, S. 2.
184 Karl Braunsteiner, Jahrgang 1894, galt als eines der größten Talente des österreichischen Fußballs, 1914 wurde er in den Krieg eingezogen, geriet 1915 in russische Gefangenschaft und starb in einem russischen Gefangenenlager am 19. April 1916. Auch das gehört zur Geschichte des Österreichischen Fußballs.
185 Fremdenblatt, 30. April 1914, S. 5
186 Fremdenblatt, 4. Mai 1914, S. 15
187 ISB, 7. Mai 1914, S. 3
188 ISB, 7. Dezember 1912, S. 11
189 Fremdenblatt, 23. Dezember 1913, S. 10
190 Horst Hötsch: Die Jimmy Hogan Story, in: Sportzeitung, 100 Jahre ÖFB, Wien 2004
191 Genau genommen stand Jimmy Hogan beim Niederösterreichischen Fußballverband unter Vertrag, zu dem damals auch Wien gehörte.
192 Kriegsarchiv Wien, Personalevidenzunterlagen, Qualifikationslisten für Offiziere (Kt. 2004) und Militärarchiv Prag (Vojensky Historicky Archiv), Grundbuchblätter zu Hugo Meisel (Meizl)
193 Kriegsarchiv Wien, Personalevidenzunterlagen, Qualifikationslisten für Offiziere (Kt. 2004) 1902
194 Kriegsarchiv Wien, Qualifikationsliste 1. Januar 1902, S. 5
195 Kriegsarchiv Wien, Qualifikationsliste 1913
196 Militärarchiv Prag, List hlavni kmenové knihy, Hugo Meisl, Grundbuchblätter zu Hugo Meisel (Meizl)
197 Ernennungsurkunde, K. und K. Reichskriegsministerium, Abteilung 1, No 10820, Nachlass Hugo Meisl.
198 Länderbank, Referatsbogen 3.12. 1918; Es mag überraschen, dass auch Hugos jüngster Bruder Willy, wenn auch einige Monate später, einrückte, obwohl er noch auf der Maturaschule war. Tatsächlich hatte sich Willy freiwillig zur Armee gemeldet, allerdings nicht aus Kriegsbegeisterung, sondern weil er dadurch die Möglichkeit sah, durch ein »Not-Matura« seine Schulzeit um ein Jahr zu verkürzen. Willy bereute später diese Entscheidung bitter und erklärte, kein einziger Tag Kriegsdienst sei die verkürzte Schulzeit wert gewesen. Information: Ilse Scherzer
199 Nachlass Hugo Meisl
200 ISB, 16. April 1915, S. 4
201 Ebenda S.5
202 ISB, 11. Juni 1915, S. 6
203 Text abgedruckt auf einer Kriegspostkarte mit dem Stempel des 15. Gebirgsbrigadekommandos aus dem Nachlass Hugo Meisls (ohne Datum, vermutlich Spätsommer 1915)
204 Belohnungsantrag, K.u.K. 15. Gebirgskommando, Kriegsarchiv Wien Belohnungsakten 1914-1918, Offiziersbelohnungen, Südwest Nr.8.474 (Kt. 12)
205 Baer, Band 15, S. 85.
206 Ebenda S. 118
207 Ebenda S. 128
208 Brief Hugo Meisl an Mizzi Bican, 27. Juli 1916, Nachlass Hugo Meisl
209 Nach anderen Berichten war es den Italienern bereits im Mai 1915 gelungen, den Gipfel des Krn zu besetzen und bis 1917 zu halten. (vgl. http://de.wikipedia.org/wiki/krn)
210 Baer, Band 24, S.129 ff.
211 Kriegsarchiv Belohnungsakten des Weltkrieges 1914-1918, Offiziersbelohnungsanträge, Nr. 96.684 (Kt. 89)
212 Verleihungsurkunde im Nachlass Hugo Meisl; es ist die einzige dieser Verdiensturkunden, die sich im Nachlass befinden!
213 Kriegsarchiv Wien, Belohnungsakten des Weltkrieges 1914-1918, Offiziersbelohnungsanträge Nr. 171.608 (Kt. 208)
214 Brief Hugo Meisl an Mizzi Bican, 27. Juli 1916, Nachlass Hugo Meisl
215 Vormerkblatt für die Qualifikationsbeschreibung für die Zeit vom 1.7. bis zum 20. 10.1917, Militärarchiv Prag
216 Wolfgang Maderthaner: Der »papierne« Tänzer, in: Roman Horak, Wolfgang Reiter (Hg.) a.a.O., S. 204
217 Grundbuchblatt 29.1.1918, Militärarchiv Prag
218 Nachlass Hugo Meisl
219 Grundbuchblatt 29.1.1918 Militärarchiv Prag (Vojensky Historicky Archiv)
220 Arthur Baar war bekennender Zionist, nach dem Krieg sehr in der Hokoah engagiert und gab vierzig Jahre später ein Buch über die Geschichte der Hakoah heraus: Arthur Baar – 50 Jahre Hakoah 1909 – 1959. Verlagskomitee Hakoah, Tel Aviv 1959
221 Brief Arthur Baar an Hugo Meisl, Wien 26. September 1918. Nachlass Hugo Meisl.
222 Womöglich findet sich ein Reflex dieser Haltung im kompromisslosen Pazifismus, den seine Töchter bis heute vertreten.
223 Brief Hugo Meisl an Mrs Chapman, 9. Januar 1934, Nachlass Hugo Meisl.
224 Erinnerungen Helga Hafer
225 Brief Anton Hutter, Kellereien- und Weingartenbesitzer aus Krems an der Donau an Hugo Meisl,

28. November 1919 (?). In dem Brief wird auch ein weiterer gemeinsamer Kriegskamerad mit Namen Schlegel erwähnt, der Weinhändler geworden sei, sowie ein »Herr Reisch«, der im »Flachland eine große Enttäuschung« sei. (Brief im Nachlass Hugo Meisl)

226 Hugo Meisl: Die Kunst des Weltmeisters, Sport-Montag, 16. Juli 1928, S. 13
227 Susanne Reppé – Der Karl-Marx-Hof, Wien 1993, S. 19
228 vgl. Susanne Reppé – Der Karl-Marx-Hof, Wien 1993
229 Schmieger, S. 234
230 Horak/Maderthaner, S. 23f.
231 Schidrowitz, S. 94
232 Horak, Maderthaner, S. 94
233 Sport-Tagblatt, 17. Februar 1938, S.1
234 Länderbank, Referatsbogen 3.12. 1918
235 Ehescein, Nachlass Hugo Meisl
236 Hugo Meisl: Unsere Zukunft; in: Neues Wiener Sportblatt Nr. 19 vom 25. Dezember 1918, S. 1
237 Der Kicker, 1933, S. 89
238 Neues Wiener Sportblatt, 4. Januar 1919, S. 1 und 2
239 Länderbank, Personalakte Hugo Meisl vom 26.11. 1913
240 Länderbank, Personalakte vom 28. 10. 1920 und vom 31. 12. 1920
241 Hugo Meisl: Die Österreicher in Schweden, in: Neues Wiener Sportblatt, 30. Juli 1921, S. 1 und 2; 31. Juli 1921, S. 1 und 2; 1. August 1921, S. 2 und 3
242 Wiener Stadt- und Landesarchiv, Handelsgericht, B 78: Handelsregister C 47/16
243 Im Jahre 1926 wurde ein neues Sportgeschäft im Wohnhaus des Vaters von Hugo Meisl, Franzensbrückerstraße 22, die als »Stadion – Sportartikel« Arthur Baar firmierte, ins Handelsregister eingetragen. 1929 übernahm Josef Viehmann diese Firma, die 1939 offenbar arisiert wurde und unter dem Namen »Stadion-Sportwaren« Sepp Göbl eingetragen war. Die Firma bestand bis 1982 (Stadt- und Landesarchiv ein A 47/6 HRA 3655). Immerhin stellte die Firma »Sport-Artikel« Arthur Baar als Spielball für das Länderspiel Österreich gegen Italien am 20. März 1930 ihren »18-teiligen Stadion-Spezialball« sowie die »Ausrüstung« des östereichischen Teams. (Vgl. Offizielle Festschrift zum Länderspiel Österreich – Italien am 20. März 1932, S. 30)
244 Neues Wiener Sportblatt, 1. Jänner 1919, S. 3
245 Annonce der Stadion GmbH im Neuen Wiener Sportblatt, 26. März 1921
246 Früher beliebte Wiener Redensart, die auf typisch Wiener Weise die Verpflichtung zur Einhaltung des bürgerlichen Normensystems gleichermaßen postuliert als auch ironisch bricht. Sehr schön parodiert in Johann Nepomuk Nestroys Posse »Einen Jux will er sich machen«, Wien 1824
247 Schidrowitz, S. 192; Rudolf Bican fiel während des Krieges, wie auch Schidrowitz, S. 197, erwähnt.
248 Es ließ sich nicht eruieren, worin die Dummheit von Franz bestand. Franz Bican, immerhin auch eifriger Fußballer bei den Cricketern, kehrte aus dem Krieg mit einer Knochentuberkulose heim. Sein Vater schenkte ihm ein Kaffeehaus in Sievering, um ihm eine Versorgung zu sichern, aber seine Frau scheint dieses Kaffeehaus relativ schnell in den Bankrott getrieben zu haben, während Franz in einem Nebenzimmer dahinsiechte. Er starb 1935.
249 Bericht Ilse Scherzer
250 Ehescein, Nachlass Hugo Meisl
251 Bericht Helga Hafer
252 Testament, Nachlass Hugo Meisl
253 Hier sei an Meisls späteren »Nachbarn« Sigmund Freud erinnert, der wesentlich unter dem Eindruck der Vorgänge in Deutschland seine Position zum Judentum reflektierend, 1934 das Buch »Der Mann Moses« begann.
254 Personalakte vom 1.4.1925
255 Länderbank Personalakten, Anfrage der Bonität Hugo Meisls durch die Firma John Underwood & Co
256 Vgl. Brief Hugos an seine Frau, 11. Januar 1929; Nachlass Hugo Meisl
257 Erinnerungen Helga Hafer.
258 Brief Hugo Meisl an seine Frau, 4. [?] Januar 1930, Nachlass Hugo Meisl.
259 Brief aus Arosa an seine Frau, 28. Dezember 1929, Nachlass Hugo Meisl
260 Brief Hugo Meisl an seine Frau, 11. Januar 1930, Nachlass Hugo Meisl
261 Brief Hugo Meisl an seine Frau, 11. Januar 1930, Nachlass Hugo Meisl
262 Brief Hugo Meisl an seine Frau, 28. Dezember 1929. Nachlass Hugo Meisl
263 Brief aus Arosa an seine Frau, 11. Januar 1930, Nachlass Hugo Meisl
264 Hier fehlt wohl ein »mehr« oder ähnliches; vielleicht ein Freud'scher Verschreiber?
265 Brief aus Arosa an seine Frau, 11. Januar 1930, Nachlass Hugo Meisl
266 Erinnerungen Martha Meisl, Helga Hafer. Ein Suchauftrag im Jahre 1997 blieb jedenfalls erfolglos.
267 M.J. Leuthe, in: Der Kicker, 1930, S. 1255
268 Abbildung in: Der Kicker, 1931, S. 885

269 Bericht Martha Meisl und Helga Hafer
270 Personalakte Länderbank o.D.
271 Laut Ilse Scherzer bewegten sich die Zahlungen in einem Bereich, der einer großen Familie ein großzügiges Leben ermöglicht hätte.
272 Bericht Helga Hafer
273 Die letzte an seine Frau adressierte Ansichtskarte stammt vom 12. Mai 1933 vom Lido die Roma, enthält einen nichtssagenden Text (»Herzliche Grüße und Küsse, Hugo«), dazu auch zwei Unterschriften anderer Reisebegleiter, insbesondere von Herbert Chapman, was die Möglichkeit nahelegt, dass die Veranlassung zu dieser Postkarte eher von seinen Reisebegleitern ausgegangen sein könnte als von ihm.
274 Z.B. Skocek, Weisgram: Das Spiel ist das Ernste, S. 55
275 Sport-Tagblatt, 20. Februar 1934, S. 2
276 Brief Hugo Meisl an Mrs. Chapman, 9. Januar 1934, Nachlass Hugo Meisl
277 Sport-Telegraf, Nr. 7, 7.7. 1934, S. 4
278 Testament Hugo Meisl, 28. September 1934, Nachlass Hugo Meisl
279 Brief Herbert Chapman an Hugo Meisl, 3. Oktober 1933. Nachlass Hugo Meisl.
280 Testament Hugo Meisl, 28. September 1934, Nachlass Hugo Meisl
281 Kündigungsschreiben Ronacher, Notre Dame Archive
282 Professor Dr. Nikolaus Lobkowitz, der in den 1960er Jahren Assistant Professor für Philosophie an der Universität in Notre Dame war, teilte uns mit, dass er sich noch sehr gut an Emily Schossberger erinnere, als eine Frau, die etwas rundlich und sehr korrekt gekleidet war.
283 Die Angaben zu ihrer amerikanischen Biographie erhielten wir vom Archivar der Universität in Notre Dames, Dr. Kevin Cawley und Prof. Dr.Ernan McMullin.
284 Zit. in: Der Kicker, 1931, S. 1839 f.
285 Das Kleine Blatt, 17. November 1931
286 Wiener Zeitung, 17. November 1931
287 Hugo Meisl: Arbeitersport 19, 1929, zit. in: Matias Marschik: Arbeiterfußball, S. 197. Es ist nicht uninteressant, dass in den Formulierungen Meisls Zuweisungen anklingen, die die Zeitung Arbeitersport schon 1923 formulierte: »Der heutige Wiener Fußballsport […] ist nichts anderes, als in seinen Tricks und Finten angeborener Mutterwitz unserer Arbeiterjugend.«
288 Hugo Meisl: Umlernen. Die bevorstehende Regelvereinheitlichung – Österreichs unrichtige Spielweise, in: Sport-Tagblatt, 20. Januar 1922, S. 1
289 Es sei aber auch nicht verschwiegen, dass Häussler in seinem Neuen 8-Uhr Blatt schon 1924 das Ende der Wiener Schule gekommen sah, das Spiel habe sich deutlich in Richtung eines »Kampfspieles« entwickelt, »hart, robust, schnell und mit einfachen Mitteln« (20. März 1924, S.8). möglcherweise hätte Meisl Gefallen daran gefunden, aber Häussler stand mit seiner Wahrnehmung doch ziemlich allein.
290 Matthias Sindelar in: Sportzeitung am Sonntag, 28. März 1937, S. 5; es ist faszinierend, dass es nicht mehr möglich ist, genau zu rekonstruieren, was denn dieses berühmte »mala ulica«, die »kleine Gasse«, eigentlich war. Angeblich war es nichts anderes als ein Doppelpass (Marschik: NS-Zeit, S. 373), aber den Doppelpass spielten die Österreicher prinzipiell auch, was viele Skizzen von Toren des Wunderteams dokumentieren, die sich in Zeitungen finden. Wenn sich Sindelar so eindeutig dagegen aussprach, so musste es doch noch etwas mehr sein.
291 Zu Guttmann vgl. die Biographie von Claussen, die leider manchen sachlichen Fehler enthält.
292 Eine sehr lesenswerte Analyse hierzu liefern Horak / Maderthaner – Mehr als ein Spiel, Wien 1997, S. 64-69
293 Müllenbach, Becker, S. 12
294 vgl. Hugo Meisl: Woran es mangelt; in: Neues Wiener Sportblatt 117, S. 5
295 Neues Wiener Sportblatt, 13. August 1921, S. 2
296 Wiener Zeitung, 12. Dezember 1937
297 Hugo Meisls Literatenfreund und Namensvetter Hugo Bettauer schrieb Anfang der 1920er Jahre einen Erfolgsroman mit dem Titel »Stadt ohne Juden«. Inhalt: Die Regierung sieht ihr österreichisches Volk durch die Juden an den Rand gedrängt und lässt durch das Parlament ein Gesetz beschließen, wonach sämtliche Juden das Land zu verlassen hätten. Es kommt zum Exodus der Juden. Folge: Das gesamte wirtschaftliche und kulturelle Leben bricht zusammen, bis das Parlament seinen Beschluss zurücknimmt und die Juden bittet, zurückzukehren. Als der erste Jude wieder in Wien eintrifft, begrüßt ihn der Bürgermeister von Wien voller Freude. Er »[…] streckte segnend die Arme aus und hielt seine zündende Ansprache, die mit den Worten begann: ›Mein lieber Jude!‹« (Hugo Bettauer: Die Stadt ohne Juden. Ein Roman von Übermorgen (1922), Frankfurt am Main, Berlin 1988, S. 100)
298 Nilsson, S. 187
299 Der Kicker, 1928, S. 174
300 Der Sport-Montag, 24. Oktober 1932, S. 8
301 Brief Leopold Resch an Herbert Chapman, 25. Januar 1933, Nachlass Hugo Meisl

302 8-Uhr-Blatt, 22. Juli 1933, S. 8
303 Sport-Telegraf, 6. Oktober 1933, S.1; 22. Dezember 1935, S. 1, und 7. Juni 1936, S.4
304 Sport-Telegraf, 5. Januar 1936, S. 1
305 Übersetzung: »Der Hof huldigt seinem Kaiser«, Nilsson, S. 187
306 Der Sport-Montag, 24. November 1924, S. 18
307 Tore Nilsson, geboren 1902 in Stockholm, war der Sohn eines guten Freundes von Hugo Meisl, nämlich Birger Nilsson, Präsident des Fußballclubs AIK Stockholm und zugleich Manager des Schwedischen Olympiastadions. Tore wurde nach Wien geschickt, um Deutsch zu lernen und über das Wunderteam zu berichten. Hugo Meisl brachte ihn bei der Familie seiner Schwester Anna unter, wo ihn deren Tochter Ilse kennen lernte, die sich heute noch gut an den großgewachsenen, blonden jungen Mann erinnern kann. Birger Nilsson wurde später einer der bekanntesten schwedischen Sportjournalisten und Inhaber des größten schwedischen Sportverlages. Er starb 1998. (Informationen durch Ove Karlsson, Stockholm)
308 Nilsson, S. 187
309 Nilsson, S. 187
310 Persönliche Mitteilung Georg Stefan Troller
311 Der Sport-Montag, 4. August 1930, S. 9
312 Arbeiter Zeitung am 6.12.1921 über die Amateure
313 Wiener Sonn- und Montagszeitung, 11. August 1924, S.10
314 Neues Wiener Sportblatt, 1.1.1919
315 Nach der Beseitigung der ungarischen Räterepublik versuchten viele ungarische Fußballer, die mit diesem System sympathisiert hatten, sich ins Ausland abzusetzen. So war Jenö Konrad laut Horak/Maderthaner, S. 182, als überzeugter Kommunist durch die Konterrevolution unmittelbar bedroht. Auf der anderen Seite spielten aber materielle Grunde mit Sicherheit eine eben so wichtige Rolle. So wurde Jenö mit einer Bankanstellung »mit todsicheren Nebenverdiensten« versorgt (Arbeiter Zeitung, 1.11.1924), sein Bruder Kalman erhielt eine Jahreskarte für die Börse, wo er erfolgreich spekulierte (Horak, Maderthaner, S. 183).
316 Sport-Telegraf, 24. November 1935, S. 3
317 Vgl. Chemlar, S. 24
318 Neues Wiener Sportblatt, 5. April 1919, S. 1
319 Reichspost, 1. Mai 1920, S.9; im Wiener Sport-Tagblatt wird Willy Meisl sogar einem breiteren Publikum vorgestellt: Er sei 25 Jahre alt, von Beruf Journalist, er hätte sich seit früher Jugend als Allround Sportsmann betätigt und hätte vor allem als Schwimmer schöne Erfolge errungen. (Wiener Sport-Tagblatt, 1. Mai 1920, S.2) Schon am 27. April meldete im Übrigen das Sport-Tagblatt (auf S.1), dass Willy Meisl zum Nationaltorwart berufen worden sei, weil er im Ligaspiel »hervorragend gehalten« habe.
320 Information: Ove Karlsson, Stockholm
321 Es soll nicht verschwiegen werden, dass der erste deutsche Nationaltrainer Otto Nerz 1943 folgende auf Willy Meisl gemünzte Worte fand : »Die besten Stellen bei den großen Zeitungsverlagen waren in jüdischen Händen. Die Journalisten trieben von ihrem Schreibtisch eine rein jüdische Politik. Sie unterstützten die zersetzende Arbeit ihrer Rassengenossen in den Verbänden ihrer Vereine und setzten die Sportführung unter Druck, wenn sie ihnen nicht zu Willen war.« Nach: Beyer: Ein internationaler Pionier, S. 97.
322 Arbeiter Zeitung, 6.12.1921
323 Skocek/Weisgram: Das Spiel ist das Ernste, S. 41f
324 Die Namensgebung Austria ging wohl auf den ehemaligen »Schwimmclub Austria« zurück, der 1919 unter seinem Präsidenten Dr. Emanuel Schwarz mit den Amateuren fusioniert hatte. (Vgl. Fußball-Sonntag, 5. September 1937, S. 8)
325 Matthias Marschik: Sport als leerer Signifikant: Die Neutralisierung des Sportes als Bedingung seiner kulturellen Bedeutungen. Überarbeitung des Habilitationsvortrages am 16. Juni 2003 an der Universität Linz. www.linksnet.de/artikel.php?icl=1261.
326 ISB, 8. Oktober 1928, S. 3
327 Sport-Tagblatt, 14. Juni 1923; zu Schidrowitz schreibt das Blatt einleitend mit deutlicher Ironie: »Als Autor zeichnet ein Herr Leo Schidrowitz, unseres Wissens der Leiter eines literarischen Verlages. Es ist immerhin interessant, welche Kreise jetzt an sportlichen Problemen teilnehmen.«
328 Sport-Montag, 11. Juni 1923
329 M. Marschik: Austria, S. 40
330 Laut Viktor Hugo Korff: Sportlexikon, Wien 1932, S. 355 ff. belief sich selbst im Jahre 1932 die zahlende Mitgliedschaft des Vereins auf ganze 50 Personen, während es beispielsweise bei *Rapid* immerhin 300, bei Vienna und WAC jeweils 800 und bei Slovan sogar 1500 Beitragszahler waren. Von allen dort aufgelisteten Profiklubs hatte Austria die bei weitem geringste Mitgliederzahl.
331 Festschrift 10 Jahre Wiener Amateur-Sportverein. 1911-1921, Wien 1921, S. 15; Schidrowitz, S. 117
332 Wiener Amateursportverein (Hsg) – Broschüre für die Sommertournee 1919-20, Wien 1920, zit. n. Horak/ Maderthaner, S. 113
333 60 Jahre Wiener Austria. Festschrift 1911-1971. Wien 1971, S. 12
334 ISB, 2.2.1924, S. 8
335 Interview Roman Horak mit Karl Geyer, geführt

am 26. April 1990 in Wien, zit. in. Horak / Maderthaner, S. 117

336 Sehr eindrucksvolle Beschreibungen hierzu liefert Ernst Vogl, Fußballdämmerung

337 Vgl. Schidrowitz, S. 197

338 Formulierung aus: Verbandsnachrichten des ÖFB, 27. März 1926 (12. Jahrgang), S.2

339 Marschik, Arbeiterfußball, S. 198; dieser Vorgang war, soweit wir überblicken können, einzigartig in Europa. In allen anderen Ländern, so vor allem auch in Deutschland, achteten die Arbeiter-Fußballvereine auf strikte Trennung vom »bürgerlichen« Sportbetrieb, der auf Konkurrenz statt auf Solidarität beruhte. In dem Sinne wurden auch die Arbeiter-Olympiaden durchgeführt, 1925 in Frankfurt am Main, 1931 im neu erbauten Praterstadion in Wien. Marschik vertritt übrigens in seiner 1997 veröffentlichten Arbeit »Vom Herrenspiel zum Männersport« die Ansicht, die Arbeitersportvereine seien deswegen dem ÖFB beigetreten, weil sie hier quasi an der klassenkämpferischen Front gegen die bürgerlichen Vereine kämpfen und siegen könnten. (S. 147) Dagegen spricht allerdings allein schon die Tatsache, dass zwei der erfolgreichsten »bürgerlichen« Wiener Clubs, nämlich Rapid und Admira, sowohl seitens der Anhängerschaft als auch seitens der Spieler dezidierte Arbeiterclubs waren.

340 Reichspost, 6. Dezember 1922, S.7

341 Amtliche Nachrichten des Österreichischen Fußballbundes und seiner Unterverbände, 8. Jg. (50), 15. Dezember 1922, S.1

342 Schmieger, S. 263, berichtet ausführlich – wenn natürlich auch parteiisch – über diese zermürbenden Auseinandersetzungen im ÖFB.

343 Arbeitersport Nr. 49/1926, S. 2

344 Zu Meisls parteipolitischer Haltung finden sich nur wenige Hinweise. Einziger handfester Beleg ist ein Brief seines Kriegskameraden Anton Hutter an Hugo Meisl vom 28. November 1919. Hutter, der offenbar mit ihm in den Bergen Dienst getan hatte, bezeichnet in diesem Brief die Sozialdemokraten als Leute »seiner (also Meisls) Parteirichtung«. Das Illustrierte Sportblatt um Willy Schmieger machte Hugo Meisl kurzerhand zum »getreuen Trabanten« der ASKÖ, was immer das heißen mag, abgesehen davon, dass Schmieger seinen Frust über die Entwicklung in gehässiger Weise an Meisl ausließ, der anders als er im Verband als Funktionär weiterarbeitete (ISB 8. Januar 1924, S.3). Vielleicht könnte man aber bei Hugo Meisl eine Art Parallelentwicklung zu einem anderen Wiener Juden unterstellen, David Oppenheimer, im gleichen Jahr wie Meisl geboren, gleichfalls in den Isonsoschlachten eingesetzt, der in einem Feldpostbrief angesichts der Vorgänge im Krieg konstatierte: »Ich werde mehr und mehr rot«.(Singer, S.149)

345 Reichspost, 11. September 1924, S.11

346 Cante, S.187

347 Verbandsnachrichten des ÖFB, 27. März 1926 (12.. Jahrgang), S.1

348 Reichspost, 6. März 1926, S.9

349 Ebenda

350 Reichspost, 6. März 1926, S.9; Wiener Sonn- und Montagszeitung, 8. März 1926, S.16

351 FIFA- Conference preliminaire au congres de Rome, 12. & 13. Mars 1926 ; in dieses Protokoll wurden lediglich Beschlüsse hinsichtlich der Amateurismus-Frage aufgenommen.

352 Verbandsnachrichten des ÖFB, 27. März 1926 (12. Jahrgang), S.2

353 Cante, S.188; die Empörung der Italiener ist vielleicht auch insofern verständlich, als sie 1921 als erste «Siegermacht» die Sportbeziehungen zu Österreich wiederhergestellt hatten; das Verhalten des ÖFB mochte da durchaus als undankbar empfunden werden.

354 Reichspost, 12. März 1926, S.10

355 Marschik, S. 84

356 Verbandsnachrichten des ÖFB, 8.Mai 1926 (12. Jahrgang), S. 1f.

357 Verbandsnachrichten des ÖFB, 29.Mai 1926 (12. Jahrgang), S.1; Hugo Meisl hat demnach überdies während des Kongresses in Rom mit den Vertretern des Luxemburger Verbandes über ein mögliches Länderspiel der beiden Auswahlmannschaften gesprochen.

358 Schidrowitz, S.143

359 FIFA, Minutes of the 16th annual Congress, held at on 3rd, 4th and 5th June 1927, S. 4

360 FIFA, Minutes of the 16th annual Congress, held at on 3rd, 4th and 5th June 1927, S. 5

361 Schidrowitz, S.261

362 W. Meisl, Sport, S. 131

363 Dieser Vorgang beschränkte sich beileibe nicht auf Österreich (genauer gesagt: Wien), das gleiche Phänomen erleben wir beispielsweise auch in Deutschland, wo sich die Zahl der Aktiven von 150.000 im Jahre 1914 auf 750.000 im Jahre 1920 erhöht hat.

364 vgl. Horak, Maderthaner, S. 23

365 vgl.Horak, Maderthaner, S. 108 ff.

366 Vgl. Jungmaier, S.44

367 Wiener Zeitung, 10.11.1924

368 Sporttagblatt, 23.6.1921. Allerdings ging dem Reporter hierbei ein wenig die Phantasie durch: Die Sitzreihen nahmen nur die unteren Ränge ein

368 und boten gerade einmal 5.000 Zuschauern Platz. Nichtsdestoweniger vermitteln zahlreiche Fotografien einen überwältigenden Eindruck dieser 50.000 Menschen Platz bietenden Riesentribüne. Heute ist dieser Hang gesperrt, nur mit archäologischem Scharfblick sind noch Reste der einstigen Anlage zu erkennen.
369 Alle Zahlenangaben nach Horak/Maderthaner, S. 23 ff.
370 vgl. Horak/Maderthaner S.87 ff.
371 Einen Sonderfall bildete in dieser Situation der WAC, der 1921 beschloss, eine reine Amateurmannschaft aufzustellen; alle Spieler, die damit nicht einverstanden waren, erhielten die Freigabe. Ergebnis war, dass der WAC in die 2. Liga abstieg und 1924 dann doch zum Professionalismus übertrat. Vgl. Schidrowitz, S. 96
372 Neues Wiener Sportblatt, 8. Februar 1920, S.IV
373 Neues Wiener Sportblatt, 18. September 1920, S.4
374 Marschik, S. 74
375 Aus eben diesem Grund kämpfte der DFB so unnachsichtig gegen den Profifußball – zumindest der Schein sollte fürs Finanzamt gewahrt bleiben; vgl. Havemann, S. 56ff.
376 ISB, 12. Juli 1924
377 Schidrowitz,, S.126, schreibt, dass die Regeln für den professionellen Spielbetrieb in Wien »unter maßgeblicher Beteiligung von Hugo Meisl« schon in der Saison 1923/24 erarbeitet worden seien. Das ist insofern etwas missverständlich, als die Arbeit wohl erst im Juni 1924 begann.
378 ISB, 12. Juli 1924, S.4
379 Wiener Sonn- und Montagszeitung, 11. August 1924, S.10
380 Auch in Deutschland war eine sehr ähnliche Entwicklung im Fußballsport zu beobachten. Dennoch konnte sich hier der offene Professionalismus bis 1965 nicht durchsetzen. Der Widerstand kam hier allerdings nicht wie in Österreich vor allem von Seiten der Sozialdemokratie, sondern von Seiten der wertkonservativen Funktionärsschicht, denen die Kommerzialisierung des Sportes als Verrat an den edlen Tugenden des Deutschtums erschien, gemäß dem unvergessenen Ausspruch Kaiser Wilhelms: »Deutsch sein heißt, eine Sache um ihrer selbst willen zu tun!« Folgerichtig wurde im Jahre 1930 die gesamte Mannschaft des FC Schalke 04 vom Spielbetrieb ausgeschlossen, weil sie für ihre Tätigkeit Geld genommen hatte.
381 Kastler, S. 41
382 Sport-Tagblatt, 24. Dezember 1919, 2
383 Marschik: Arbeiterfußball, S.74; leider gibt Marschik keinen Belegverweis an, aus anderen Stellen bei Marschik ist zu entnehmen, dass es sich aber wohl um eine Versammlung der »Freien Vereinigung« gehandelt haben muss. Vgl. Marschik: Arbeiterfußball, S.73
384 Arbeitersport 42/1929, S.2; zitiert in: Marschik, S.73
385 Hugo Meisl: Der Professionalismus, in: Der Professional 9 (1926), S.2, zit. in Marschik: Arbeiterfußball, S.103
386 Marschik: Arbeiterfußball, S. 147f
387 Arbeiterzeitung, 11. November 1925, S.9
388 Volkssport 1929, zit. in: Marschik: Arbeiterfußball, S.144
389 ISB, 4. September 1926, S.2: »Im übrigen treibt des von Hugo Meisl ›geschöpfte‹ Professionalismus schon ganz hübsche Blüten.«
390 Wiener Neueste Nachrichten, 14. November 1925, S.8
391 Für die Frage, wie die Öffentlichkeit Hugo Meisls Rolle bei der Einführung des Professionalismus wahrgenommen hat, ist ein kurzer Artikel in der Wiener Sonn- und Montagszeitung vom 2. Juni 1925, S.11, also am Ende der ersten Profisaison, recht aufschlussreich: »Die Einführung des Profesionalismus war eine Tat, eine Tat, zu der sich Hugo Meisl sicher aus eigenem Antrieb, aber ebenso sicher auch unter dem Druck der Wiener Sportpresse entschlossen hat.«
392 Gstaltner, S. 160
393 vgl. Marschik: Austria, S. 43
394 Schidrowitz, S. 123
395 Schidrowitz, S. 146
396 Reichspost 20. November 1930, S.11
397 Der Kicker, 1931, S. 1749
398 Der Kicker, 1931, S. 1697 und Der Kicker, 1930, S. 1749
399 Der Kicker, 1931, S. 1813
400 Schwind, S.53; im Sport-Montag, 21.Dezember 1931, S.12 ist rückblickend von 25000 Schilling die Rede
401 Marschik: Austria, S. 47 f.
402 Der Kicker, 1931, S. 910
403 Wiener Zeitung, 4.3.1935
404 Wiener Zeitung, 3.6.1935
405 Veröffentlicht in: Der Kicker, 1932, S.726
406 Der Kicker, 1931, S. 2035
407 Der Kicker, 5/1934, S. 28
408 Wiener Zeitung 4.3.1935; auf Seiten der Pariser Mannschaft, die mit 2:1 siegte, standen übrigens auch ehemalige österreichische Nationalspieler wie Torwartlegende Hiden oder Jordan.
409 Schidrowitz, S. 152
410 Sport-Tagblatt, 14. Februar 1922
411 Neues 8-Uhr Blatt, 10. November 1925, S.8
412 I ricordi di Pozzo, 9

413 Papa, Panico, S. 169
414 Sport-Montag, 4. Mai 1936, S.8
415 Il Calcio, Cronice illustrata de la vita spotiva Italiana, 1. März 1924, S.1
416 Reichspost 20. März 1926, S.10; Reichspost 23. März 1926, S.13; Reichspost 16. April 1926, S.11
417 Brief Hugo Meisl an Herbert Chapman, 21. März 1933. Nachlass Hugo Meisl
418 »F.C.Admira, österreichischer Meister und Pokalsieger 1932. 7 Internationale, darunter der gefeierte linke Flügel der Nationalmannschaft Schall und Vogel.«
419 »F.C. Hakoah, ein Team das die höchsten Einnahmen bringt.«
420 »Austria: 11 Internationale, darunter die berühmten Sindelar, Nausch, Mock, Gall, Viertl und Graf.«
421 »31.12.1932 bis 2. Januar 1933: Austria frs 6000,- Kosten; 1. Januar bis 7. oder 8. Januar: Hakoah frs 14000 Kosten; 12. Februar und alle anderen Termine: Admira frs 6000 oder 12000!«
422 Abschrift eines Briefes, wahrscheinlich August 1934, Tagebuch II, 4h, Nachlass Hugo Meisl
423 Abschrift eines Briefes, ohne Datum, wohl 1934, Tagebuch II, 3h, Nachlass Hugo Meisl
424 Tagebuch II, 5h, Nachlass Hugo Meisl
425 Tagebuch II, 6v, September 1934, Nachlass Hugo Meisl
426 Tagebuch II, 6h, o.D., Nachlass Hugo Meisl
427 Tagebuch II, 7v, Nachlass Hugo Meisl
428 Tagebuch II, 7h, 8v, 28. November 1934, Nachlass Hugo Meisl
429 Sport-Montag, 27. Juli 1936, S.9
430 Vgl. ISB, 1. Juli 1922, S.7-9; 8. Juli 1922, S.7; 15. Juli 1922, S.6; 29. Juli 1922, S.6; Sport-Montag 10. Juli 1922, S.7
431 ISB, 29. Juli 1922, S.6
432 Sport-Montag, 21. Dezember 1931, S.12
433 Der Präsident des FC Bologna 1934 über Hugo Meisl
434 Gemeint sind der (Allgemeine) Österreichische Fußballbund, der Niederösterreichische Fußballverband und der Wiener Fußballverband. Wie oben beschrieben, resultierte das Generalsekretariat für diese drei Verbände, dem Hugo Meisl vorstand, aus der Abtrennung der »unpolitischen Vereine« vom alten österreichischen Fußballverband. Die Angaben von Gerö sind insofern missverständlich, als Meisl zum Zeitpunkt des angesprochenen Fußballspiels noch nicht Generalsekretär war, weil die Abspaltung noch gar nicht vollzogen war.
435 Josef Gerö: Mitropa-Zentropa. Das erste Kapitel der authentischen Entstehungsgeschichte der beiden Konkurrenzen. In: Österreichisches Fußball-Blatt 8, 3./5. Juli 1951, S.7 – 11. Wesentlich poetischer und voller Nostalgie formulierte der italienische Partner des Wettbewerbs Eugenio Coppola, ein alter Freund von Gerö ebenso wie vor allem von Hugo Meisl die Wiederbelebung des Pokalwettberwerbes, gleichsam schon zu diesem Zeitpunkt die Vergeblichkeit des Wiederbelebungsversuches beschwörend: »Ricordare agli sportivi Viennesi la »Copa Europa Centrale« è come voler rievocare le loro vecchie meliodiose vanzoni. Chi non ne canta ancora e con quanta nostalgia, e chi non rievoca con me, altrettanta nostalgia, la vecchia Mitropacup? Per oltre venti anni fu la manifestazione sportiva più importante in Europa, poi la guerra e tutte le sue dolorose conseguenze.« (ebenda, S. 4).
436 Tatsächlich unterlaufen Dr. Gerö in seiner aus dem Gedächtnis notierten Niederschrift eine Reihe von sachlichen Irrtümern. Abgesehen von der bereits erwähnten voreiligen Titulierung Meisls als Generalsekretär war der Gegner der Vienna im Juni auf der Hohen Warte nicht die Slavia, sondern die Mannschaft von Sparta Prag, die 4:3 gewann. Ebenso irrt sich Gerö, wenn er schreibt: »Der erste Präsident des Cup-Komitees war ein Tscheche, Sektionsrat in einem Prager Ministerium, und der fand leicht den Weg zum Ministerpräsidenten der Tschechoslowakei, Svehla, den er dazu bestimmen konnte, einen Pokal zu stiften, um den als dem Coupe de l'Europe Centrale dann von 1927 bis 1939 alljährlich die interessantesten mitteleuropäischen Vereinskämpfe ausgetragen wurden.« Tatsächlich war der von Svehla gestiftete Pokal keineswegs der Vereinspokal, sondern der aus Glas gefertigte Siegerpokal für den Wettbewerb der Nationalmannschaften.
437 Vgl. Sport-Tagblatt, 23.5.1925: »Österreich, Ungarn und die Tschecho-Slowakei bilden, wenngleich sie getrennt marschieren und unabhängig voneinander an der Entwicklung ihres Sportes arbeiten, eine sportliche Einheit im internationalen Getriebe.« Vgl. Marschik/Sottopietra, S. 205.
438 Dazu ausführlich Marschik/Sottopietra, passim. Vgl. auch Marschiks Zusammenfassung der Ergebnisse: Marschik: Mitropa
439 Der Sport-Montag, 23. Februar 1923, S.13
440 Wiener Sonn- und Montagszeitung, 16. Februar 1925, S.15
441 Reichspost, 13. November 1925, S.8. Es sieht so aus, dass die Besprechungen, an die sich Gerö erinnerte, Teil dieser angekündigten Verhandlungen waren. Vgl. auch ISB, 14.November 1925, S.7
442 Vgl. John: Österreich, S. 74.
443 Briefabschrift von Hugo Meisl, Nachlass Hugo

Meisl; vgl. Papa, Panico, S. 166, die später diese italienische Wahrnehmung zusammenfassten, indem sie die Realisierung des Coppa Internazionale wesentlich dem Einfallsreichtum Hugo Meisls zuschrieben: »la vervida mente di Hugo Meisl«.
444 Zit. in: Marschik/Sottopietra, S.208
445 Wiener Sonn- und Montagszeitung, 1. März 1926, S.14; man kann an diesem Termin zumindest erkennen, dass Gerö in seinem Erinnerungsbericht auch hinsichtlich der Entwicklung des Konzeptes zeitlich irrte, denn er berichtet über ein Spiel im Juni 1926, als eigentlich schon längst begonnen worden war, das Konzept eines Mitropa-Cups in die Wege zu leiten.
446 Reichspost, 12. Oktober 1926, S.13
447 Marschik/Sottpietra, S. 210; vgl. auch Lafranchi: Fußball in Europa, S. 167.
448 Vgl. Papa, Panico, S.162: Der Freundschaftsvertrag zwischen Italien und Ungarn im April 1927 »precedette di qualche settimane« den offiziellen Beginn des Internationalen Cups, um wenige Wochen ging der politische Vertrag also der sportlichen Vereinbarung voraus. Übernimmt man diese weltgeschichtlich-politische Perspektive, so mögen die ziemlich gleichzeitigen, wenn auch erfolglosen Bemühungen des französischen Fußballverbandes, eine internationale Meisterschaft unter Beteiligung Jugoslawiens, Rumäniens, Frankreichs und der Tschechoslowakei ins Leben zu rufen, auf die bevorstehenden Konflikte in Europa nach der Mitte der 1930er Jahre verweisen.
449 Reichspost, 14. November 1928, S. 11
450 Der Kicker, 1928, S. 1893
451 Ab Februar 1938 passten sich allerdings die italienischen Faschisten – und damit auch Mussolini – aus strategischen Gründen dem deutschen Antisemitismus an
452 Reichspost, 15. März 1930, S.12
453 Zanetti, Tornabuoni, S.44
454 »… che l'insieme delle federazioni di questi paesi formino una specie di unione destinata a fare sentire il suo peso nel Congresso della F.I.F.A.« (Zanetti, Tornabuoni, S. 44)
455 Zanetti, Tornabuoni, S. 44: »cementata nella accanita disputata per la conquista della Coppa Internationale.«
456 Widmung von G. Zanetti 15. Mai 1933, Nachlass Hugo Meisl (»Für Hugo Meisl, der sich um den Weltfußball verdient gemacht hat«) Interessant ist Zanettis Datumsangabe 15.5.11, also ganz in faschistischer Zeitrechnung, die mit dem Jahre 1922, dem Jahr von Mussolinis Marsch auf Rom begann. Zanetti selbst gehörte aber offenbar nie der faschistischen Partei Italiens PNF an.
457 Marschik: Massen, S. 81
458 W. Bensemann in: Der Kicker, 16. November 1927, S. 1727
459 Sport-Tagblatt, 19. Juli 1927, S. 1
460 Im burgenländischen Schattendorf hatten in Frühjahr 1927, bei einem Aufmarsch der den regierenden Christlich-Sozialen nahestehenden Heimwehr, Angehörige dieser Heimwehr Mitglieder des sozialdemokratischen Schutzbundes erschossen, darunter ein Kind. Bei der Gerichtsverhandlung gegen die Täter in Wien vor einem Geschworenengericht wurden die Täter freigesprochen. Dieses »Schattendorfer Urteil« löste empörte Demonstrationen aus, die dazu führten, dass das Parlament und vor allem der Justizpalast gestürmt wurden und der Justizpalast in Flammen aufging. Nach offizieller Version erhielten die Polizisten von ihrem Polizeipräsidenten Johann Schober den Schießbefehl, nachdem Demonstranten Polizeiwachzimmer gestürmt hatten.
461 Der Sport-Montag, 24.9. 1928, S. 9
462 Vgl. dazu Marschik/Sottpietra, S. 213 ff.
463 Der Kicker, 16. November 1927, S. 1727
464 Ebenda, S. 1728
465 Sporthirlap, 17.11.1927, S. 1, zit. in: Marschik/Sottpietra, S. 222
466 Reichspost, 14.Oktober 1927, S. 14
467 Vgl. Reichspost, 26. Oktober 1927, S. 12.
468 Reichspost, 4. Januar 1928, S.9.
469 Schidrowitz, S. 157
470 Zit. in Reichspost, 27. Februar 1930, S.11
471 Der Sport-Montag, 24.9.1928, S. 11f; vgl. Marschik, Sottopietra, S. 229
472 La Coupe de L'Europe Centrale, Erinnerungsschrift zur Mitropa-Cup-Konferenz 1931, hg. vom Mitropa-Cup-Komitee unter der Präsidentschaft von Giovanni Mauro. Am Rande sei nur bemerkt, dass es doch eigenartig erscheint, dass für diese Schrift ausgerechnet der französische Name des Wettbewerbes benutzt wurde, obwohl überhaupt kein französischsprachiges Land beteiligt war und die offiziellen Verhandlungssprachen im Mitropa-Cup Deutsch und Italienisch waren; möglicherweise war es das Ergebnis eines Kompromisses, dass kein Teilnehmerland sprachlich bevorzugt werden durfte und man sich so auf die Diplomatensprache Französisch einigte.
473 Reichspost, 5. Juli 1927, S. 9
474 Otto Schimetschek in: Der Kicker, 1928, S. 2004
475 Der Kicker, 1928, S. 1464
476 Vgl. Schidrowitz, S.167
477 Der Sport-Montag, 10. März 1930, S.8
478 Reichspost, 7. Oktober 1930, S.10:
479 Libero 33, S. 28 f.

480 vgl. Keifu
481 Reichspost, 23. Februar 1931, S.5
482 Sport-Tagblatt 27.April 1931: »Eine Abstimmung musste lediglich bezüglich des Postens des Generalsekretärs vorgenommen werden, da Hugo Meisl vor längerer Zeit das Amt zurückgelegt hatte. Er wurde aber einstimmig wiedergewählt und hat seine Berufung auch angenommen.«
483 Vgl. Sport-Tagblatt, 27. April 1931
484 Sport-Tagblatt, 22. Februar 1932
485 Reichspost, 24. Juni 1932, S.10
486 Libero 33, S. 52 f.
487 Sport-Montag, 16. Januar 1933, S.13
488 Zit. In: Papa, Panico, S. 456
489 Reichspost, 7. September 1933, S. 11
490 Der Sport-Montag, 9. Oktober 1933, S. 13
491 Sport-Telegraf, 15. Juli 1934, S. 4
492 Briefabschrift von Hugo Meisl, Nachlass Hugo Meisl
493 Reichspost, 10. Juli 1934, S. 14
494 Reichspost, 12. September 1934, S. 14
495 Reichspost, 8. März 1935, S. 14
496 Sport-Telegraf, 17. März 1935, S. 3
497 Reichspost, 19. April 1935, S.15 und 31. Mai 1935, S. 20
498 Libero 33, S. 80-88
499 Reichspost, 21. Juli 1935, S. 16
500 Sport-Telegraf, 12.7.1936, S.1 zit. in: Marschik/Sottopietra, S. 277
501 Sport-Montag, 13. Juli 1936, S. 7
502 Sport-Montag, 13. Juli 1936, S. 7
503 Sport-Telegraf, 24. Januar 1937, S. 3
504 Beurteilung der Pläne eines Nationen-Cups seitens der FIFA 1926 laut Reichspost, 24. November 1926, S. 15
505 Vgl. Sport-Tagblatt, 19. Juli 1927
506 Reichspost, 26. Oktober 1926, S. 8
507 Reichspost 24. November 1926, S.15; ausführlich zitiert wird eine Stellungnahme des Sekretärs der englischen Fußball Föderation, Wall: »Es ist nicht ausgeschlossen, dass sich England früher oder später einmal entschließt, an einem Cup der Nationen teilzunehmen. Bei den Beschlüssen der Prager Konferenz kann es sich aber nur um ein Projekt handeln, denn die Einführung dieses Wettbewerbes wurde von der FIFA nicht anerkannt und nur die FIFA allein wäre berechtigt, einen Cup der Nationen auszuschreiben.«
508 Adrian Harte: Wer war Henri Delaunay, UEFA EURO 2004, TM-Berichte, http://de.euro2004.com/Features/Kind=64/newsId=156678.html; vgl. Christiane Eisenberg et.al.: FIFA, S.102; demnach lief der Vorschlag Hugo Meisls zu einer internationalen Meisterschaft der FIFA »auf einen europäischen Wettbewerb hinaus.« Die Euphorie, die in Wien erscheinende Zeitung Der Montag mit dem Sport-Montag am 7. Februar verbreitete, war zumindest übertrieben. Die Zeitung meldete nämlich unter der Überschrift »Der Europacup vor der Verwirklichung«, dass man sich bei der FIFA auf einen europäischen Cup der Nationalmannschaften geeinigt habe. Liest man genauer, dann stand aber nur fest, dass es eben diese Vorschläge gab und ein Komitee zur Vorbereitung eines solchen Wettbewerbes gegründet worden war, dem neben dem Schweizer Bonnet, dem Franzosen Rimet, dem FIFA-Sekretär Hirschman, dem Deutschen Linnemann und dem Italiener Zanetti natürlich auch Hugo Meisl angehörte. (Sport-Montag, 7. Februar 1927, S. 12).
509 Der Montag mit dem Sport-Montag, 18.Dezember 1926, S. 11
510 FIFA: Minutes of the sixteenth Annual Congress, 3.–5. Juni 1927, S. 13. Nebenbei geht aus den Protokollen der FIFA die Führungsrolle Meisls bei der Organisation der Cup-Wettbewerbe hervor.
511 Vgl. Sport-Tagblatt, 15. Juli 1927
512 Vgl. Sport-Tagblatt, 19. Juli 1927
513 Vgl. Internationaler Cup Italien Österreich. Offizielle Festschrift zum Länderspiel am 20. März 1932, S. 6. Dort z.B. befindet sich das Bild des Pokals, des »Internationalen Cups, gestiftet vom tschechischen Ministerpräsident Dr. Anton Svehla.« Dazu folgender Text: »Der ehemalige Ministerpräsident der tschechoslowakischen Republik, Dr. Anton Svehla, eine der bedeutendsten Persönlichkeiten, wenn nicht die angesehenste unseres Nachbarlandes nach dem Präsidenten Masaryk, hat diesen prächtigen Pokal 1927 den mitteleuropäischen Fußballverbänden […] gewidmet.«
514 Brief Hugo Meisl an Herbert Chapman, 11. November 1932, Nachlass Hugo Meisl
515 E. Eggers, S. 68 spricht vom Konzept einer »Europameisterschaft für Nationen, das indes vor dem Zweiten Weltkrieg nicht wirklich populär wurde.«
516 La Gazetto dello Sport, 24. November 1935, it. In: Sergio Giuntini: La Nazionale, S. 54
517 Il Giornale d'Italia, 26. November 1935, S. 6; La Gazetta dello Sport, 25. November 1935, S. 1
518 Zumindest der tschechische Delegierte Prof. Pelikan war anwesend! (Reichspost, 27. November 1935, S. 13)
519 Reichspost, 27. November 1935, S. 13
520 FIFA, Minutes of the 23rd Congress held at Berlin on 134th and 14th August 1936; allerdings wurde bewusst oder unbewusst ignoriert, dass Meisl 1929

aus Krankheitsgründen verhindert war. Der Kongress hatte ihm damals sogar – laut Protokoll – eigens beste Genesungswünsche übermittelt.
521 z.B. Eggers, S. 279
522 Laut einer Auflistung des Sport-Telegrafen aus dem Jahre 1934 beherrschte Meisl Deutsch, Englisch, Französisch, Italienisch, Spanisch, Holländisch, Schwedisch, Tschechisch und Polnisch (Sport-Telegraf, 7. Juli 1934, S.4); er konnte demnach also offenbar kein Ungarisch! Allerdings sollte nicht verschwiegen werden, dass Artur Steiner in seinem Bericht vom Spiel der österreichischen Nationalmannschaft in England im Jahre 1932 Meisl auch noch Dänisch und Ungarisch sprechen lässt. (A. Steiner, S. 24) Man sollte allerdings berücksichtigen, dass nach dieser Aufstellung auch die anderen internationalen Funktionäre der mitteleuropäischen Fußballverbände nicht sprachunkundig gewesen sind; der Ingenieur Fischer aus Ungarn zum Beispiel sprach neben Ungarisch noch Deutsch, Englisch, Französisch und Italienisch; mehrsprachig waren alle.
523 Hugo Meisl in einem Artikel im Neuen 8-Uhr-Blatt, 4. Dezember 1925, S. 8
524 Schmieger, S. 81
525 Eisenberg et.al.: FIFA, S. 61
526 W. Meisl: Soccer Revolution, S. 58
527 Eisenberg et.al.: FIFA, S. 61f
528 Schmieger, S. 220
529 Vgl. allgemein: Lanfranchi: Fußball in Europa, S. 164,
530 Eisenberg et.al.: FIFA, S.66; vgl. Marschik/Sottopietra S.171; Langisch S.29; Schmieger wirft in seiner Darstellung beide Vorgänge durcheinander, ihm zufolge traten die Engländer aus, nachdem die Neutralen erklärt hatten, dass sie sich sich an den Boykottbeschluss nicht halten würden. Dieser Beschluss wurde jedoch bereits 1919 gefasst, der Austritt Englands erfolgte erst 1920 nach der Abstimmungsniederlage.
531 Eisenberg et.al.: FIFA, S.66; es ist nicht ganz klar, ob die drei »Mittelmächte« aus der FIFA tatsächlich ausgeschlossen waren, oder ob sie keine Einladung erhielten, weil ihre Mitgliedschaft nur ruhte.
532 Bericht W. Bensemann in: Der Kicker, 1930, S. 945
533 H.A.M. Terwogt in Sport-Telegraf, 28. Februar 1937. S. 1f
534 P. Lanfranchi verweist in diesem Zusammenhang mit Recht auf die besondere Funktion der neutralen Länder, für die Zusammenarbeit der Sieger und der Verlierer des Weltkrieges zu sorgen und damit für den Zusammenhalt der FIFA. (P. Lanfranchi: Fußball in Europa, S. 164f)
535 Allgemeine Sportzeitung, 11. September 1920; das Spiel gegen Schweden fand am 27. März 1921 vor 35.000 Zuschauern in Wien statt (Ergebnis: 2:2), das Spiel gegen die Schweiz am 1. Mai 2:2). Am 24. Juli gewann Österreich in Schweden 3:1, am 31. Juli in Finnland 3:2
536 So im Juni 1923, im Juli 1925, im Juli 1928 und zuletzt auch noch im Juli 1932. Im Juni 1922 hielt sich Meisl ebenfalls in Schweden und Finnland auf, wo er offenbar unter anderem als Schiedsrichter tätig war. Jedenfalls schrieb er am 2. Juni 1922 an seine Frau eine Postkarte aus Stockholm und kündigte darin noch die Fahrt nach Finnland an.
537 Ob Meisl tatsächlich in offiziellem Auftrag des ÖFB reiste, ist daher durchaus nicht sicher, denn sonst hätte Meisl das Geld nicht aus eigener Tasche vorschießen müssen.
538 Neues Wiener Sportblatt, 3. April 1921, S. 3
539 ISB, 20. März 1921, S. 3
540 Neues Wiener Sportblatt, 24. Februar 1921, S.3
541 Sport-Tagblatt, 20. Januar 1922, S. 1
542 Vgl. Il Calcio. Cronica Illustrata de la Vita Sportiva Italiana, 1. März 1924 (anno II), S. 1
543 Reichspost 20. Dezember 1920, S.4; Schmieger, S. 236; angesichts der engen Beziehungen Meisls zu den Amateuren kann man davon ausgehen, dass Meisl bei der Vermittlung der Tournee die Fäden gezogen hat. Vgl. Allg. Sport-Zeitung, 23. Oktober 1920, Beilage Sport und Spiel, S. 1
544 Sport-Tagblatt, 6. Januar 1922, S.1
545 Schidrowitz, S. 114f.
546 Marschik/Sottopietra, S.182 unterstellen, Meisl habe sich »angesichts des FIFA-Kongresses einen Werbewert für den in Österreich ja ein Jahr zuvor und in der Tschechoslowakei jüngst eingeführten Profiwettbewerb« versprochen; das kann so kaum stimmen, denn tatsächlich wurde in der Tschechoslowakei der Professionalismus erst 1926 eingeführt.
547 Den Zionisten gegenüber fühlte sich England seit der Balfour-Deklaration besonders verpflichtet. Zudem war Großbritannien seit 1922 auch noch Völkerbunds-Mandatsträger für Palästina.
548 W. Meisl: Soccer-Revolution, S. 97
549 Der Sport-Montag, 20. April 1925, S. 9
550 Laut Reichspost, 21. April 1925, S. 11, lautet das Zitat: »Stil, meine Herren, nur Stil und keine Tore mehr, höchstens noch eins, wenn's schon sein muss.« Dagegen spricht allerdings die Verwendung des Wortes »Tor«, das Meisl niemals gebrauchte, er benutzte nur den Begriff »Goal«.
551 Mitteilungen des Wiener Sport-Klubs, Dezember 1923. Die anderen österreichischen Sportverbände sahen das Problem nicht so eng wie die Fußballer.

552 Weiner Sonn- und Montagszeitung, 16. Juni 1924, S.11
553 José Andrade, der erste prominente schwarze Fußballspieler, war damals eine derartige Sensation, dass der ÖFB nach der Absage des Spiels gegen Uruguay die Wiener damit meinte trösten zu müssen, dass in der ägyptischen Mannschaft nicht nur einer, sondern jede Menge schwarzer Spieler spielen würden. Vgl. Reichspost, 11. Juni 124, S.9
554 Laut Schidrowitz, S. 133, wurde die Teilnahme abgesagt, weil man das Geld nicht aufbringen konnte. Aus den FIFA-Protokollen geht jedoch klar hervor, dass Hugo Meisl die Absage damit begründete, dass die österreichischen Amateure noch zu schwach für ein solches Turnier seien (»their amateurs are now weak«); vgl. FIFA-Minutes 1927, S. 13; zudem fokusierte sich Meisls Interesse auf die seit 1927 unter seiner maßgeblichen Beteiligung vorbereiteten FIFA-Weltmeisterschaft, die 1930 stattfinden sollte.
555 Hugo Meisl – Olympische Nachbetrachtungen V – War die Amsterdamer Fußball-Olympiade eine Offenbarung? In: Der Kicker, 10. Juli 1928
556 Schmieger, S. 233
557 Schmieger, S. 248
558 ISB 7. Januar 1922, S. 4
559 Schmieger, S. 268
560 Deutschland und Österreich wurden 1922 wieder von der FIFA zum nächsten Kongress eingeladen. Vgl. Eisenberg et.al.: FIFA, S. 66
561 Schmieger, S. 291
562 Reichspost, 20. September 1924, S. 11
563 ISB, 14. Juni 1924, S. 5
564 Der Kicker, 13/1934, S. 31
565 Hugo Meisl in: Sport-Montag, 10. August 1925, S. 9
566 Reichspost 27. Mai 1925, S. 10
567 Der Brünner Tagesbote, zit. in Der Sport-Montag, 2. Juni 1925, S. 11
568 Reichspost, 27. Juni 1925, S. 11
569 Reichspost, 27. Mai 1925, S. 10
570 Reichspost, 31. Mai 1925, S. 16
571 ISB, 6. Juni 1925, S.5
572 Der Sport-Montag, 10. August 1925, S. 9
573 Reichspost, 28. Oktober 1925, S. 13
574 Prager Tagblatt, 13. November 1925, S. 5
575 Reichspost, 5. November 1925, S. 10, vgl. Kommentar in Der Sport-Montag, 9. November, S.14
576 Willy Meisl spielte hier auf die »Liverpooler Beschlüsse« der englischen Verbände an, die mit dem Austritt aus der FIFA gedroht haben. Die Empörung der FIFA beruhte aber nicht nur auf den Amateurbeschlüssen, sondern noch mehr auf dem von Sekretär Hirschman formulierten Beschluss der FIFA in Prag, wonach » […] die FIFA die höchste Autorität in allen Fußballangelegenheiten [sei] und sie eine Einmischung oder Führung durch irgendeine andere Behörde nicht zulassen [könne].« Das zielte vor allem auf die altehrwürdige Regelbehörde des International Board in England. (vgl. Der Sport-Montag, 9. November 1925, S. 14)
577 Zit. in: Reichspost, 12. Dezember 1925, S. 11
578 ISB, 6. März 1926, S. 6
579 Vgl. Reichspost, 16. März 1926, S. 11
580 Reichspost, 17.März 1926, S. 12
581 Reichspost, 20. März 1926, S. 10
582 Reichspost, 5. Mai 1926, S. 11
583 Zitiert in Papa, Panico, S. 135
584 Art.1: Les joueurs sont, ou amateurs, ou professionnels , eindeutig auch die Definition eines Profis in Art.4 : Tout joueur, recevant de l'argent, ou prenant quelqu'avantage au dessus du remboursement ou du paiement de ses dépense pour uniforme, frais de voyage ou d'hôtel, dûment justifiées, sera déclaré professionnel .
585 FIFA Minutes of the 16th Annual Congress, 3. 5. Juni 1927, S.13; im Sport-Montag wird das explizit formuliert: »Fußballweltmeisterschaften für Berufsspieler und Amateure.« Der Sport-Montag, 7. Juni 1927, S. 12
586 FIFA Minutes of the 16th Annual Congress, 3. 5. Juni 1927, S. 15, und Der Sport-Montag, 7. Juni 1927, S. 12
587 Ebenda
588 FIFA, Minutes of the 16th Annual Congress, held at on 3rd, 4th and 5th June 1927, S. 6
589 Reichspost, 27. Mai 1928, S. 28 Hugo Meisl äußerte in einem Interview, dass er »bezüglich der Einigungsverhandlungen pessimistisch« sei, »da England derzeit an der FIFA desinteressiert erscheint.« Tatsächlich trat England erst 1948 wieder der FIFA bei. Bei den folgenden Gesprächsrunden mit England, die die FIFA führte, um den englischen Verband umzustimmen, war Meisl nicht beteiligt.
590 Reichspost, 2. März 1928, S. 18
591 Reichspost, 12. Mai 1928, S. 9
592 Reichspost, 26. Mai 1928, S. 10
593 Reichspost, 24. November 1929, S. 26
594 Reichspost, 11. Dezember 1929, S.9
595 Reichspost, 20. Februar 1930, S.10
596 Zitiert nach Franta, Pöge, S. 48; Werner gilt übrigens nichtsdestoweniger bis heute als einer der bedeutendsten deutschen Sportjournalisten. So wird auch heute noch immer wieder gerne sein Urteil über Fritz Walters ersten Länderspielauftritt aus dem Jahre 1941 zitiert.

597 Zu Linnemanns späterer mörderischer Verstrickung mit dem NS-Regime vgl. Dwertmann, passim
598 Tennis Borussia Datenbank, Berlin 2001, S. 1
599 Vgl. Peter März: Fußball ist unser Leben; in: BLZ-Report, Sonderausgabe 2004, Beilage der Bayrischen Staatszeitung, S. 1
600 Peco Bauwens forderte im *Kicker,* 1930, S. 1563, kategorisch: »Also her mit dem Berufsfußballsport!« Arthur Heinrich: Sekundäropfer – Peco Bauwens und die Nazizeit, in: SportZeiten 6 (2006) 1, S. 84f. deutet diese Position freilich so, dass Bauwens auf diese Weise letztendlich die Profifußballer loswerden wollte, in der Erwartung dass eine eigene Profiliga binnen Kurzem ökonomisch zusammenbrechen würde.
601 Das Kleine Blatt, 27.9.1930
602 vgl. Rudi Michel: Fritz Walter – Lebensleitlinien einer Legende, in: Rheinpfalz, 2000, Internetauftritt
603 Franta, Pöge, S. 42
604 Weltmeisterschaft 1930. Von der Idee bis zur Realität. In: Fußball-Weltzeitschrift 25/26, 1994, S. 2
605 Im Protokoll der FIFA-Tagung, »Conference preliminiaere au Congres de Rome, Bruxelles, 12 & 13 Mars 1926« wird der Präsident des IOC folgendermaßen zitiert: »Par la suite, le Comte de Baillet-Latour, sur les démarches pressantes de Mr. K. J. J. Lotsy, au nom du Comité organisateur des Jeux d'Amsterdam, appuyé par une délegation de la F.I.F.A admit, pour ces Jeux, et pour le football seulement, le manque à gagner, parce que, sans les recettes d'un tournoi, il eut été impossible d'organiser ces Jeux.«
606 W. Benseman in: Der Kicker 1928, S. 849
607 H. Meisl: Olympische Nachbetrachtungen II, in: Der Kicker, 1928, S. 983
608 Eisenberg et.al.: FIFA, S. 102
609 FIFA-Minutes 1927, S. 13
610 FIFA-Minutes, 1927, S. 13
611 Eisenberg et.al.: FIFA, S. 103
612 FIFA-Minutes 1928, S. 6
613 Reichspost, 29. August 1928, S. 9
614 Reichspost, 29. August 1928, S. 9
615 Reichspost, 2. September 1928, S. 24
616 Reichspost, 27. Januar 1929, S. 28
617 G. P. Blaschke, in: Der Kicker, 1929, S. 171
618 Ebenda
619 Reichspost, 18. Januar 1929, S. 11
620 Reichspost, 27. Januar 1929, S. 28
621 Reichspost, 18. Februar 1929, S. 6
622 M. J. Leuthe in: Der Kicker, 1929, S. 353
623 Prof. Milan Graf, in: Der Kicker, 1929, S. 359
624 Hugo Meisl in einem Brief an Maria Meisl aus Arosa vom 11. Januar 1930, Nachlass Hugo Meisl
625 Das Kleine Blatt, 7. Januar 1929
626 Reichspost, 8. April 1929
627 Cante, S. 188
628 Zit. n. Wiener Zeitung, 10. April 1929
629 Il Popolo di Trieste di Lunedi, 8. April 1929, S. 6, zit. in: Cante, S. 200
630 Der Kicker, 1929, S. 657
631 Das Kleine Blatt, 5. 5. 1929
632 Brief Hugo Meisl an Mrs Chapman, 9. Januar 1934, Nachlass Hugo Meisl
633 Verbandsnachrichten 4 (1929) 38, 16. September 1929: »Der Vorsitzende teilt mit, dass es Herrn Meisl gesundheitlich besser geht und dass er seit Anfang des Monats September nach Baden bei Wien zur Erholung übersiedelt ist.«
634 M. J. Leuthe, in: Der Kicker, 1929, S. 2092
635 Dori Kürschner stammt aus Ungarn, er war Trainer von Grasshoppers Zürich und enger Freund Hugo Meisls
636 Escher war der Präsident von Grasshoppers Zürich
637 Brief aus Arosa an seine Frau, 11. Januar 1930. Nur am Rande sei hier erwähnt, dass diese Freundlichkeiten, vor allem von Mauro, dem Präsidenten des italienischen Fußballverbandes, natürlich auch Abhängigkeiten schufen. Möglicherweise halfen sie vier Jahre später, Italien zum WM-Titel zu führen. Aber dazu später.
638 Schidrowitz, S. 169, vgl. Verbandsnachrichten 5 (1930) 8, 19. Februar 1930
639 FIFA-Minutes 1929, S. 4
640 FIFA-Minutes 1929, S. 10 ff.
641 Reichspost, 6. Februar 1930, S. 11
642 Das kleine Blatt, 13. Januar 1930
643 Bundeskanzler Schober ließ sogar förmlich den ÖFB ersuchen, einer Teilnahme an der Weltmeisterschaft zuzustimmen. (Das Kleine Blatt, 8. Februar 1930, S. 14; Reichspost, 8. Februar 1930, S.11)
644 Reichspost, 8. Februar 1930, S. 11
645 vgl. Der Kicker, 1930, S. 226f.
646 vgl. Der Kicker, 1930, S. 483
647 vgl. Berliner Zeitung, 29. Juli 2000;
648 vgl. Wolfgang Hartwig:Tango am anderen Ende der Welt, in: Berliner Zeitung, 29. Juni 2000
649 »Austria (Meisl) severily criticised the work of the Executive Comittee during the past year, the Federation did not gain any authority and prestige. The speaker referred to the institution of the World Cup's competition and the relations with the British association. It gave as it's opinion that a complete reorganisation was needed. It objected to having every year a Congress and urged reduction of the number of Vice-Presidents, also a new election of the whole Board when the Con-

gress should be held.« Nach sehr heftiger Reaktion des FIFA-Vorstandes relativierte Meisl seine Position in einem zweiten statement etwas: »Austria (H. Meisl) thought it was misunderstood. It asked which constructive work had done in the former 18 Congresses. It has expressed the views also of other Associations, Hungary excepted. It did not wish a revolution but would help to get a better construction.«

650 FIFA-Minutes 1930, S. 9: »Austria (H. Meisl) declared to become disinterested; in the session of yesterday a proposal was adopted protecting the sham-amateurs whilst now a new proposal was out forward which did not protect sufficiently the Associations, which had purified their amateurism.«

651 Ausführlicher Bericht in: Der Kicker, 1930, S. 946

652 Bericht über die Anträge auf Reorganisation der FIFA, Zürich 1931

653 Der Kicker, 1931, S. 1797

654 Der Kicker, 1931, S. 848

655 Reichspost 22. Mai 1931, S. 10

656 Carl Linde, Vorstandsmitglied des schwedischen Fußballverbandes in: Der Kicker, 1929, S. 870

657 Reichspost 23. Mai 1931, S.12

658 Der Kicker, 1931, S. 1869; ein wenig erinnert dieser Vorgang an einen Witz, den Meisl etwa zu dieser Zeit in seinem Tagebuch notierte: »Bobby – Engländer und Schotte. Compagnie Firma. An der Kassa fehlt Geld. Beratung. Engländer beantragt: Kassier sofort hinauswerfen. Schotte: Zinsen vom Gehalt abziehen. Engländer: Dauert zu lange – hat zu wenig Gehalt. Bobby: Ich hab's! – Gehalt erhöhen.« (Nachlass Hugo Meisl)

659 Reichspost, 24. Mai 1931, S. 28

660 Der Kicker, 1930, S. 910

661 Reichspost, 12. August 1931, S. 11

662 Der Kicker, 1931, S. 1244

663 Der Kicker, 1931, S. 1830

664 Sport-Montag, 4. April 1932, S. 13

665 Reichspost, 21. Januar 1932, S.12

666 vgl. Der Kicker, 6/ 1937, S. 29, 32

667 Einzige Ausnahme in dieser Hinsicht war der deutschböhmische Profi-Club FC Teplitz, der auf ausgedehnten Tourneen bewies, dass er zu den besten Vereinsmannschaften Europas zählte. Selbst prominente Wiener Spieler ließen sich von diesem Club engagieren. Zur allgemeinen Entwicklung des österreichischen Fußballs vgl. als Übersicht Binder, passim.

668 Reichspost, 27. März 1919, S. 8

669 Reichspost, 23. Juni 1919, S. 8

670 Reichspost, 17. August 1919, S. 7

671 So Schidrowitz, S. 254; ihm zufolge hatte Hugo Meisl die Stelle als Verbandskapitän niedergelegt wegen der Beschränkungen, die man ihm durch den Vorstand in seiner Funktion als Verbandskapitän auferlegt habe, also vor allem wegen der mangelnden Entscheidungsgewalt bei den Mannschaftsaufstellungen.

672 Reichspost, 28. August 1919, S. 7

673 Schmieger, S. 219

674 Es ist nicht auszuschließen, dass bei dieser Entscheidung auch politischer Druck eine Rolle spielte. Man bedenke, dass der österreichische Fußballbund, vor allem der Unterverband von Niederösterreich, im September eine Krise durchlebte, ausgelöst durch den Versuch der den Sozialdemokraten nahestehenden VAS, Einfluss auf die Verbandspolitik zu nehmen. Der Vorsitzende des ÖFB, Ignaz Abeles, trat am 1. September sogar zurück und kehrte erst nach einem Gespräch mit Vertretern der VAS am 6. September wieder in das Amt zurück. Der Inhalt der Gespräche ist nicht bekannt, aber da Meisl doch als den Sozialdemokraten nahestehend galt, lässt sich vermuten, dass hier auch die Rückkehr Meisls auf die Position des Verbandskapitäns gefordert wurde.

675 Reichspost, 30. September 1919, S. 9

676 Allgemeine Sportzeitung, 31. Juli 1920, S. 11

677 Sporttagblatt, 13. September 1920, S. 9

678 Vgl. z.B. Reichspost, 25. November 1922, S. 7; Reichspost, 14. März 1923, S. 5 und Reichspost, 10. April 1923, S. 6

679 ISB, 6. November 1920, S. 3

680 ISB, 1. Juli 1922, S.8

681 Reichspost, 29. August 1931, S.10

682 In einem längeren Zeitungsartikel eines nicht genannten Journalisten aus dem Jahre 1922 über den »Aufbau des Teams. Die Aufgaben des Verbandskapitäns« wird ausführlich dargelegt, dass die entscheidende Tätigkeit des Verbandskapitäns darin läge, die richtigen Spieler auszuwählen, um die verschiedenen Mannschaftsteile personell zu harmonisieren. Es ist immerhin bemerkenswert, dass taktisches und spielerisches Training im engeren Sine, sowie auch die konzeptionelle Entwicklung von Spielsystemen und Spielstrategien als mögliche Arbeitsfelder des Verbandskapitäns überhaupt nicht erwähnt werden. (Sport-Tagblatt, 3. Januar 1922, S. 1f)

683 Neues 8-Uhr Blatt, 3. Dezember 1924, S. 8

684 Sport-Montag, 9. März 1925, S. 14

685 Reichspost 28. Februar 1928, S. 11; die Leitung dieses Kurses übernahm ein Professor Zenker, der offenbar an der Hochschule für Körperkultur in Berlin studiert hatte.

686 Sport-Montag, 6. März 1933, S. 13

687 Reichspost, 6. April 1935, S. 14 Ganz im Sinne von Hogans Devise »Making friends with the ball«.
688 ISB, 7. Dezember 1912, S. 11
689 Reichspost, 15. März 1932, S. 10
690 Vgl. Reichspost, 22. Mai 1932, S. 18
691 Es finden sich zu diesen Vorbereitungen zahlreiche Hinweise in den zeitgenössischen Zeitungen. Vgl. z.B. Reichspost 20. März 1925, S. 10; Reichspost 23. September 1927, S. 13; Reichspost 27. September 1927, S. 11; Reichspost 23. März 1928, S. 14; 29. März 1928, S. 15; Reichspost 31. März 1928, S. 16; Reichspost 19. Februar 1931, S. 12; Reichspost 5. September 1931, S. 12; Reichspost 28. November 1933, S. 11.
692 Der Kicker, 1933, S. 713
693 Brief Hugo Meisl an Herbert Chapman, 21. März 1933, Nachlass Hugo Meisl
694 Der Kicker, 20/1934, S. 4
695 Sport-Telegraf, 19. Januar 1936, S. 4
696 Anhang zum Brief Meisl an Chapman, 25. Januar 1933, Nachlass Hugo Meisl; zum Trainerkurs vgl. Martin S. 65
697 Bei manchen aktuellen Abseitsentscheidungen hat man bisweilen den Eindruck, dass auch die Schiedsrichter diese Regel immer noch nicht verstanden haben: zwei Spieler, das schließt auch den Torwart ein!
698 Vgl. Willy Meisl: Soccer Revolution, S. 19
699 Studd, S. 119: »›The quicker you get to your opponent's goal the less obstacles you find‹, was his motto. There was no room for the trick that was merely ›showy‹. ›I want the best possible football, but … it must be purposeful, it must be effective.‹ He rejected the customary function of wingers of going down the line and crossing the ball. Instead, he wanted his wingers to beat the defender on the inside and go for goal themselves.«
700 Willy Meisl: Soccer Revolution, S. 20: »If we manage to keep the opponents from scoring we have one point for certain. If we manage to snatch a goal, we have both points.«
701 Biermann, Fuchs, S. 68
702 Biermann, Fuchs, S. 63ff
703 Zit in: Studd, S. 119: »I want the best possible football, but … it must be purposeful, it must be effective.«
704 Jimmy Hogan in Sport-Telegraf, 22. Dezember 1935, S. 2
705 Sport-Tagblatt, 5. November 1925, S. 4
706 ISB, 16. September 1911, S. 8
707 Der Kicker, 1929, S. 435
708 Zit. n. M. J. Leuthe in: Der Kicker, 1929, S. 474
709 Sport-Tagblatt, 5. November 1925, S. 4
710 Zit. in: Skocek, Weisgram: Das Spiel ist das Ernste, S. 51
711 Vgl. Brief Meisl an Chapman 19. April 1933, Nachlass Hugo Meisl
712 Sport-Montag 4. Januar 1934, S. 8
713 Sport-Montag, 4. Januar 1934, S. 8
714 So im Spiel gegen Frankreich am 12. Februar 1933 in Paris; Krenslehner, Leinweber, S. 269
715 Reichspost, 30. August 1935, S. 15
716 Wiener Neueste Nachrichten, 22. September 1931, S. 8
717 Herbert Chapman on Football, London 1934, S. 169 f
718 F. N. S. Creek: Association Football. Philadelphia o.J. [1937]. S. 71f: »›Running over the ball‹ is another device which is not practised to the full in this country (also in England). […] Members of the famous Austrian eleven which visited this country in 1932 frequently missed the ball deliberately in order to allow it to run on to a better-placed colleague. As their knowledge of one another's positional play was almost instinctive, they completely deceived the English defence on a number of occasions. Ground passing is obviously essential for the trick, and the object is a calculated mis-timing of the centre rather than a deliberate jump over the ball. The Austrians' favourite plan of campaign was for a wing-man to centre hard along the ground; then as the centre-forward, with his opposing centre-half, went for the ball, he would purposely allow it to roll on, for his inside to take it in his stride and shoot for goal.«
719 Herbert Chapman on Football, London 1934, S. 169f. »Defensively the sheme has changed since they first played in this country. They no longer retreat before an attack, to make a stand only when the goal area is reached. They have learned, too, to tackle and to go in and get the ball from an opponent. Indeed, they have approached much nearer the English and Scotish sytle. But the centre half still goes up with the attack, with the wing halves lying out on the opposing outside forwards and further in the rear. The backs, too, are positioned to give the utmost protection to the goalkeeper. They do not, however, seem to put the same trust in the goalkeeper as is usual in this country. They do not leave him to deal with the ball when, as we should say, it is ›his‹. They have also a good deal to learn in covering a free kick at goal, and they do not seem to appreciate the importance of marking opponents at a corner kick. In these respects their defence is still loose. In attack, however, their football is excellent. A succession of fast ground passes without the ball being stopped is a delight to watch, and they exploit one move which I think

we might profitably adopt. Presume that the ball is sent across from the left wing. In the ordinary way, one would expect it to be collected either by the inside left or the centre forward. At the same time the opposing backs would rush in to try to intercept the ball, or make a challenge for ist. But instead of the Austrian forwards I have mentioned ›sells the dummy‹ and leaves the ball for the inside or outside right, and so a great chance for a shot at once occurs.«

720 Zit. n. Der Kicker, 1933, S. 1868
721 H. J. Müllenbach in: Der Kicker, 1933, S. 1868; anzumerken bleibt, dass sich zu diesem Zeitpunkt Müllenbach, der immerhin Walter Bensemann auch wegen dessen jüdischer Herkunft als Herausgeber des Kicker verdrängt hatte, noch als vorbehaltloser Bewunderer Meisls präsentiert.
722 Sport-Montag, 2. Oktober 1933
723 Willy Meisl: Soccer Revolution, London 1955
724 Zit. n.: Der Kicker, 1933, S. 1867
725 Reichspost, 30. August 1935, S. 15; der vollständige Text ist im Anhang wiedergegeben.
726 Reichspost, 24. Januar 1936, S. 10
727 Sport-Montag, 20. Juli 1936, S. 8
728 Sport-Montag, 7. Dezember 1936, S. 9
729 Reichspost 13. Oktober 1926, S. 12
730 Tom Thorn, zit. in Reichspost 23. Mai 1930, S. 12
731 Reichspost, 8. Januar 1929, S. 10
732 Reichspost, 9. Januar 1929, S. 8
733 Zit. in: Reichspost, 27. Mai 1931, S. 11
734 Zit. in: Reichspost, 27. Mai 1931, S. 11
735 Reichspost, 15. September 1931, S. 11
736 Sportzeitung am Sonntag, 28. März 1937, S. 5
737 Reichspost, 6. Mai 1912, S. 5
738 Fox, S.79; Orth war sicher einer der auffälligsten Spieler der Ungarn zu Beginn der 1920er Jahre, in der von Meisl mitherausgegebenen Zeitung Neues Wiener Sportblatt wurde er nach einem Länderspiel Österreichs gegen Ungarn als »ein alle übrigen Spieler beider Mannschaften an Klasse überragenderFußballer« bezeichnet, der im übrigen »vom bekannten Trainer Jimmy Hogan zum vollkommenen Fußballer ausgebildet« wurde. (Neues Wiener Sportblatt, 15. November 1919, S.6)
739 Der Sport-Montag, 14. September 1925, S. 11
740 Der Sport-Montag, 21. September 1925, S. 10
741 Reichspost, 22. September 1925, S. 12;
742 Sport-Telegraf, 4. Oktober 1936, S. 1
743 Reichspost, 24. November 1933, S. 11
744 dieses Abenteuer wird sehr anschaulich von Erwin Müller im Wiener Sport-Tageblatt vom 13. November 1928 beschrieben, abgedruckt in: Der Kicker, 1928, S. 1936 f.
745 Neues Wiener Tagblatt, 19. März 1923, S. 12
746 Z.B. Illustrierte Wochenpost, 19. Dez. 1932, S. 5
747 Reichspost, 20. März 1932, S. 18
748 Nilsson, S. 193
749 M. J. Leuthe in: Der Kicker, 1937, S. 29
750 Brief Meisl an Chapman 12. September 1933, Nachlass Hugo Meisl
751 Mitteilung Georg Stefan Troller
752 Reichspost, 16. August 1923, S. 6
753 Reichspost, 24. Juli 1931, S. 11
754 Aus dem Nachlass Hugo Meisl, Musikverlag Ludwig Krenn, Wien 1933
755 Vgl. Jungmaier, Sonja: Wiener Fußball und Nationalsozialismus: »[…] und die Leute haben sich also wahnsinnig gefreut, wenn die ›Piefke‹ eine am Deckel bekommen haben.«
756 Vgl. Marschik, NS-Zeit, S. 371ff
757 Vgl. »Lehmann-Adressbuch« 1919, Stadt- und Landesarchiv Wien K22, dort ist für ihn als Berufsbezeichnung eingetragen: Journalist
758 Der Sport-Montag, 4. August 1930, S. 9
759 ISB, 22. April 1922, S. 6
760 Wiener Sonn- und Montagzeitung, 1. Februar 1924, S. 9
761 Z.B. Das Kleine Blatt, 17. November 1931, S. 8
762 Sport-Montag, 24. Oktober 1932, S. 11
763 Sport-Montag, 21. März 1933, S. 8
764 Sport-Telegraf, 19. Januar 1936, S. 4.
765 Willy Meisl: Soccer Revolution, S. 17
766 Wiener Sonn- und Montagzeitung, 22. Februar 1926, S. 12
767 Illustrierte Wochenpost, 16. Dezember 1932, S. 5f.
768 Wiener Sonn- und Montagzeitung, 29. Feuar 1926, S. 12.
769 Eggers: Hugo Meisl, S. 277
770 Eggers: Hugo Meisl, S. 277; es handelte sich um den Spieler »Wudi« Müller, der immerhin im Kicker als »fabelhafter Dribbler« bezeichnet wurde. Vgl. Der Kicker, 1930, S. 441
771 Egger, S. 57
772 Der Sport-Montag 8. November 1926, S.10
773 Wiener Sonn- und Montagzeitung, 10. November 1924, S. 13
774 Der Kicker 1933, S. 89
775 Ebenda
776 Reichspost, 16. Dezember 1932, S. 10; Der Kicker 1933, S. 153
777 Reichspost, 12. Januar 1933, S. 11
778 Reichspost 14. Januar 1933, S. 11
779 Reichspost, 17. Januar 1933, S. 11
780 Das Konzerthaus war trotz des Namens aber durchaus Austragungsort von Sportveranstaltungen, so fand z.B. dort am 13. April 1933 ein Boxkampf statt.
781 Reichspost, 22. Januar 1933, S. 18

782 Sport-Tagblatt 21. Januar 1933, S. 5
783 Reichspost, 22. Januar 1933, S. 18
784 Brief Meisl an Chapman, 14. April 1933, Nachlass Hugo Meisl
785 Zit. in: Reichspost, 24. Oktober 1933, S. 11
786 Sport-Montag, 9.Oktober 1933, S. 33
787 Reichspost, 24. Oktober 1933, S. 11
788 Reichspost, 10. Dezember 1933, S. 20
789 Sport-Montag, 1. Januar 1934, S. 10
790 Sport der W.M.Z. 10. Januar 1934, S. 4
791 Wiener Neueste Nachrichten, 28. März 1931, S. 10
792 Schidrowitz, S. 180; In diesem Zusammenhang soll Hugo Meisl, auf antisemitischen Anwürfe angesprochen, erklärt haben, für einen Juden seien »Distanz und ein Rechtsanwalt geeignete Mittel, um dem Antisemitismus zu begegnen«. (Jewish Chronicle 16. September 1934, S.2; zit. in Michael John: Aggressiver Antisemitismus, S. 207; allerdings konnte das Interview in der angegeben Zeitung Jewish Chronicle im Jahr 1934 durch die Autroren dieses Buches nicht aufgefunden werden, schon gar nicht am 16. September, weil es an diesem Tag keine Ausgabe des Jewish Chronicle gibt; auf Nachfrage bei Herrn Professor John konnte dieser auch keine Erklärung dafür geben und verwies darauf, dass er seine Unterlagen nicht mehr finden würde, dieses Zitat ihm aber von einem befreundeten Zeitzeugen mitgeteilt worden sei.)
793 ISB, 21. November 1925, S. 6
794 ISB, 8. März 1924, S. 3
795 Arbeitersport, 58/1924, S. 4 zit. in: Marschik: Arbeiterfußball, S. 76
796 Sport-Montag, 4. April 1932, S. 8; zum Prozess vgl. Sport-Montag, 9. Mai 1932 und Die Neue Zeitung, 5. Mai 1932, S. 7
797 Wiener Sonn- und Montagszeitung, 11. April 1932, S. 13
798 Sport-Montag, 11. April 1932, S. 8
799 Neue Zeitung, 5. Mai 1932, S. 7; vgl. Sport-Montag, 9. Mai 1932
800 Neue Zeitung, 5. Mai 1932, S. 7; vgl. Sport-Montag, 9. Mai 1932
801 Reichspost, 21. Oktober 1925, S. 11
802 ISB, 31. Oktober 1925, S. 5
803 Wiener Sonn- und Montagszeitung, 9. November 1925, S. 11
804 Der Tag, 8. November 1925, S. 10
805 Der Tag, 13. November 1925, S. 5
806 Das Neue 8-Uhr-Blatt, 9. November 1925, S. 8
807 Wiener Sonn- und Montagszeitung, 16. November 1925, S. 18; diese Skepsis gegenüber der Internationalität Meisl teilten auch andere Zeitungen, anders lässt sich die doch eher gehässige Polemik zum Beispiel im Illustrierten Sportblatt nicht erklären: »Herr Meisl war stolz auf seinen Sieg [im Vorstand eine Mehrheit für die Durchführung des Spieles bekommen zu haben] und Herr Gaßmann, der schweizerische Verbandssekretär, war ihm dankbar. Er mag weiter stolz sein und Herr Gaßmann mag jetzt voll Dankbarkeit überfließen. Die sportliche Öffentlichkeit Österreichs wird aber dafür wenig Verständnis aufbringen.« (ISB, 14. November 1925, S. 3)
808 ISB 14. November 1925, S. 3
809 Wiener Sonn- und Montagszeitung, 16. November 1925, S. 18
810 Illustrierte Kronenzeitung, 11. November 1925, S. 15
811 Wolfgang Maderthaner: Der »papieren Tänzer«, in: Horak, Reiter, S. 209.
812 Sport-Tagblatt, 10. November 1925, S. 2
813 Das »traditionelle Glück des Verbanskapitän« war so etwas wie ein Topos in der Beurteilung Meisls, jedenfalls aufseiten der meislkritischen Journalisten, um die unbestreitbaren Erfolge Meisls zu bagatellisieren. Dieser »Topos« zieht sich durch die gesamte Berichterstattung. »Der Feldherr Meisl hat wieder einmal Glück gehabt«, schrieb zum Beispiel die Wiener Sonn- und Montagszeitung (30. Juli 1925, S. 12) nach der sportlich überaus erfolgreichen Schwedentournee der Nationalmannschaft im Jahre 1925. Das Neue 8-Uhr Blatt überschrieb einen Bericht über das Länderspiel Östereich gegen Ungarn am 3. Mai 1925 kurz mit »Meisl-Masl« (6. Mai 1925, S. 8) und die deutschnationalen Wiener Neueste Nachrichten nannte es dann nur noch das »Meislsche Lotteriespiel« (WNN 4. April 1931, S. 7). Meisl selbst ironisierte diesen Topos, als er nach dem überragenden 5:1-Sieg gegen Ungarn im Jahre 1928 zum Spiel befragt sarkastisch erklärte: »Wir haben wohl wieder Glück gehabt.« (Sport-Montag, 8. Oktober 1928, S. 10)
814 Sport-Tagblatt, 12. November 1925, S. 2
815 Arbeiter-Zeitung, 11. November 1925, S. 9
816 Reichspost, 12. November 1925, S. 13
817 ISB, 16. Juni 1925, S. 5
818 ISB, 20. Februar 1926, S. 4
819 Sport-Tagblatt, 13. November 1925, S. 1
820 ISB, 21. November 1925, S. 6
821 Reichspost, 14. November 1925, S. 18
822 Ilse Scherzer erinnert sich noch recht gut an Bettauer und Meisls Freundschaft mit ihm.
823 Vgl. allgemein: Murray G.Hall: Der Fall Bettauer, Wien 1978; Troller, S. 73f
824 Neues 8-Uhr-Blatt
825 Hans Stoll in: Der Kicker, 1929, S. 50
826 W. Bensemann in: Der Kicker, 1929, S. 49
827 Dagens Nygeter-Stockholm, 7. Januar 1929, zit. n. Der Kicker 1929, S. 149

828 Das Kleine Blatt, 8. Januar 1929, S.12
829 Ebenda
830 Das Kleine Blatt, 8. Januar 1929, S.12
831 Hugo Meisl in: Der Kicker, 1929, S. 53
832 Sport-Telegraf, 13. Oktober 1935 S.1
833 Papa, Panico, S. 148
834 W. Schmieger, S. 286: »Die Lücken in der Mannschaft [der Amateure] wurden mehr schlecht als recht durch den Hertha-Mann Sindelar, dann durch Reiterer und Schneider von demselben Verein ausgefüllt«.
835 Die Verfasser des so aufwändig gemachten Buches »Das Spiel ist das Ernste« behaupten allen Ernstes: »Hugo Meisl schwor: ›Nie wieder Sindelar‹. Und es zeugt von eisernem Willen, eine geradezu übermenschliche Konsequenz, dass er diesen Schwur bis zum Mai 1931 durchgehalten hat.« Abgesehen von dem kleinen Fehler, dass es sachlich gar nicht stimmt, denn schon am 23. März 1930 hatte Meisl Sindelar ja wieder nominiert, klingt das martialisch wirklich schön, konstruiert aber allenfalls einen neuen Mythos: »Hugo der Eiserne«, oder so ähnlich. Glücklicherweise war Hugo Meisl weder »eisern« noch »übermenschlich«.
836 Reichspost, 24. März 1930, S. 5
837 Wiener Neueste Nachrichten, 4. April 1931, S. 7: »Das Publikum hat das Recht, zu verlangen, dass Fachleute, die frei von den Einflüssen der Vereinspolitik sind, vom Bundestrainer Meisl als Berater herangezogen werden […] Der Ruf der österreichischen Fußballklasse ist es wert, dass die Auswahl unserer Teamspieler für drei der wichtigsten Länderkämpfe mit dem nötigen Ernst und der erforderlichen Gründlichkeit vorbereitet wird. Aus neuerlichen Misserfolgen müsste unserer Meinung nach der Bundeskapitän Meisl unbedingt die Konsequenzen ziehen.«
838 Reichspost, 12. Mai 1931, S. 11
839 Sport-Tagblatt, 12. Mai 1931, S. 3
840 Sport-Tagblatt, 13. Mai 1931, S. 1
841 Ebenda, S. 2
842 Über diese psychologische Dimension des Problems lässt sich ein Kommentator im Sport-Tagblatt aus: »Es hatte sich in Wien [nach dem Spiel Süddeutschland – Niederösterreich in Nürnberg] die Anschauung durchgesetzt, dass Gschweidl und Sindelar nicht miteinander harmonierten […]. Immerhin eine solche Niederlage wie die damalige war ein böses Zeichen, und man traute sich nicht die beiden Fußballkünstler nebeneinander zu stellen, wobei man auch noch befürchtete, dass keiner der beiden die ›Degradation‹, als Verbindungsstürmer spielen zu müssen, ohne Einbuße an Kampfeslust ertragen werde.« (Sport-Tagblatt, 27. Mai 1931, S. 2)
843 Vgl. Anm. 320
844 Nilsson, S. 189 f.
845 Illustrierte Wochenpost 16.November 1932, S.6
846 Das wurde auch in der Presse diskutiert, immerhin tröstete man sich damit, dass Schottland »über einen genügenden Stab von Kräften verfüge, die das Land repräsentieren können.« Es sei schließlich klar, »dass der schottische Fußballverband weiß, was er seinem Prestige schulde.« (Sport-Montag, 11. Mai 1931, S. 8)
847 Sport-Montag, 18. Mai 1931, S. 11; berühmt ist das Zitat der Arbeiterzeitung zum Schottlandspiel, berühmt auch deswegen, weil die Arbeiterzeitung gegen den Profifußball im Allgemeinen und gegen Meisl im Besonderen immer wieder polemisierte: »War es elegisch, den Abstieg eines Ideals, das die Schotten bis gestern für uns gewesen sind, sehen zu müssen, so war es umso erquickender, Zeuge eines Triumphes zu sein, der einer wirklich künstlerischen Leistung entsprang: Elf Fußballer, elf Professionals – gewiß es gibt noch wichtigere Dinge auf der Welt, aber es ist schließlich doch ein Dokument wienerischen Schönheitssinnes, wienerischer Phantasie und wienerischer Begeisterung.« (Arbeiterzeitung, 17. Mai 1931, S. 7)
848 Bericht Helga Hafer
849 Sport-Tagblatt, 11. Juni 1931 S. 1-2
850 Sport-Tagblatt, 27. Mai 1931, S. 1
851 Wiener Neueste Nachrichten, 24. Mai 1931, S. 15; man dichtete den österreichischen Fußballern sogar eine doppelte Mission an: »Vor allem müssen sie durch ein tadelloses, ritterliches Auftreten trachten, das Freundschaftsbündnis mit den Sportlern des deutschen Bruderstaates, das sich bedauerlicherweise nach der Einführung des Professionalismus in Österreich gelockert hatte, neu zu festigen und zu vertiefen. Die österreichische Abordnung ist sich dessen bewusst, dass das Versäumte nachgeholt werden muss und dass sie vor allem dazu berufen ist, durch ein faires Spiel die Sympathien der vielen Tausenden zu gewnnen, die heute den Schauplatz des großen, fußballsportlichen Wettkampfes umsäumen werden. In diesem Sinne soll die heutige Begegnung zwischen Deutschland und Österreich auf dem grünen Rasen ein Fest des Friedens sein, eine Verbrüderung die in einem Herzensbedürfnis verankert ist, von dem wir schon seit vielen Jahren durchdrungen sind. Erst in zweiter Linie hat die österreichische Nationalmannschaft den Ruf der fußballsportlichen Großmacht Österreichs zu verteidigen und zu rechtfertigen.«
852 Reichspost, 15. September 1931

853 Berliner Blatt, 14.9.1931, zit. n. Reichspost, 16. September 1931, S. 11
854 Reichspost, 5. Oktober 1931, S. 6
855 Dr. Heinrich Fodor, in: Der Kicker, 1931, S. 1712
856 Hugo Meisl in: Der Kicker, 1931, S. 1757
857 Sport-Montag, 30.11.1931, S. 10
858 Der Kicker, 1931, S. 1913
859 W. Bensemann in: Der Kicker 1931, S. 1911
860 M. J. Leuthe in: Der Kicker, 1931, S. 1914
861 Der Kicker, 1932, S. 67
862 Sport-Montag, 25. Januar 1932, S. 10
863 Der Montag, 29. Februar 1931 S. 10
864 Sport-Tagblatt, 17. März 1932, S. 2
865 Reichspost, 22. März 1932, S. 11
866 Marschik, Sottopietra, S. 254f
867 Reichspost, 22. März 1932, S. 11
868 Der Kicker, 1932, S. 689
869 Reichspost, 26. April 1932, S. 11
870 Sport-Montag, 25. April 1932, S. 10
871 Arbeiterzeitung, 25. April 1932, S. 6
872 Sport-Montag, 25. April 1932, S. 11
873 Sport-Montag, 2. Mai 1932, S. 8
874 Das Kleine Blatt, 25. April 1932, S. 1
875 Deutschösterreichische Tageszeitung (DÖTZ), 25. April 1932, S. 1
876 O. Schimetschek in: Der Kicker, 1932, S. 914
877 M. J. Leuthe in: Der Kicker, 1932, S. 908
878 Der Kicker, 9/ 1934, S. 26
879 Reichspost, 2. Oktober 1932, S.20
880 Das kleine Blatt, 24. Oktober 1932, S.12
881 Das kleine Blatt, 25. Oktober 1932, S.14
882 Reichspost, 25. Oktober 1932, S.13
883 Der Sport-Montag, 24. Oktober 1932, S.8
884 Brief Hugo Meisl an Herbert Chapman, 26. Oktober 1932, Nachlass Hugo Meisl
885 Reichspost, 24.10.1932; interessant ist dabei auch die Titulierung dieses Pokals; offensichtlich wurde dieser Wettbewerb in der öffentlichen Wahrnehmung mit einer Europameisterschaft gleichgesetzt.
886 Reichspost, 29. 10. 1932, S. 12
887 Dieser Begriff fand Eingang in die europäische Fußballgeschichtsschreibung: »[...] definita la partita del secolo«, schreiben z.B. Papa und Panico in ihrer italienischen Fußballgeschichte (Papa/Panico, S. 168) über dieses Spiel.
888 Vgl. Skocek/Weisgram: Wunderteam, passim
889 W. Meisl Soccer Revolution, S. 57
890 Brief Frederick Wall an Hugo Meisl, 28. Juli 1913, Nachlass Hugo Meisl. Die Bücher befinden sich gleichfalls im Nachlass.
891 Reichspost, 7. März 1925, S. 9
892 Reichspost, 16. April 1926, S. 11
893 Reichspost, 10. Dezember 1927, S. 10
894 Reichspost, 25. Oktober 1929, S. 10
895 F.N.S. Creek: Association Football. Philadelphia o.J. [1937]. S.176: »...and our journey from train to hotel was little short of a triumphal progress!«
896 Reichspost, 25. Februar 1930, S. 10
897 Reichspost, 15. Mai 1930, S. 10
898 Zit. in Reichspost, 16. Mai 1930, S. 10
899 Reichspost, 30. Dezember 1930, S. 10
900 Reichspost, 20, August 1931, S. 12
901 Reichspost, 15. Dezember 1931, S. 12
902 Reichspost, 27. Januar 1932, S. 11
903 Willy Meisl: Soccer Revolution, London 1955, S. 61
904 Reichspost, 10. Februar 1932, S. 12
905 Ebenda
906 Brief Meisl an Chapman, 25. Februar 1932, Nachlass Hugo Meisl
907 Brief Hugo Meisl an Herbert Chapman, 11. November 1932. Nachlass Hugo Meisl
908 Briefe Herbert Chapman und Hugo Meisl, 1. und 14. Juni 1933. Nachlass Hugo Meisl
909 Brief Hugo Meisl an Herbert Chapman, 2. Januar 1934. Nachlass Hugo Meisl
910 Brief Hugo Meisl an Herbert Chapman, 28. Dezember 1932. Nachlass Hugo Meisl: »Every team of every city tries to get popular and to aquire credit by beating the leading Arsenal.« ...
911 Brief Hugo Meisl an Herbert Chapman, 25. Februar 1932, Nachlass Hugo Meisl: »Myself and all Vienna footballers are following with febrile interest the english Cup and League. We never thought that Arsenal will be able to overdo Huddersfield at their own ground. Well done and my heartiest congratulations to you, your much appresiated [sic!] Board and all the boys. We all were happy on Saturday evening. Between us to let me say that was to 80% your victory.«
912 Walsall liegt im Norden von Birmingham und spielte in der Saison 1932/1933 in der 3. Division (Nord). Der 2:0 Sieg am 14. Januar über Arsenal ist übrigens in Walsall noch unvergessen. In der offiziellen Homepage des Vereines wird darauf Bezug genommen: 11.150 glückliche Zuschauer hätten das Spiel gesehen und es war »the greatest win in the club's history«. www.saddlers.premiumtv.co.uk/page/HistoryDetail/0,,10428,00.html
913 Brief Hugo Meisl an Herbert Chapman, 17. Januar 1933. Nachlass Hugo Meisl
914 Brief Herbert Chapman an Hugo Meisl, 23. Januar 1933. Nachlass Hugo Meisl
915 Brief Hugo Meisl an Herbert Chapman, 29. April 1933. Nachlass Hugo Meisl
916 Brief Hugo Meisl an Herbert Chapman, 5. Februar 1933. Nachlass Hugo Meisl

917 z.B. Briefe von Hugo Meisl an Herbert Chamann, 17. Januar 1933, 5. Februar 1933, 21. März 1933. Nachlass Hugo Meisl.
918 Brief Hugo Meisl an Herbert Chapman, 5. Februar 1933. Nachlass Hugo Meisl
919 Brief Hugo Meisl an Herbert Chapman, 21. März 1933. Nachlass Hugo Meisl.
920 Brief Hugo Meisl an Herbert Chapman, 14. April 1933. Nachlass Hugo Meisl
921 Brief Hugo Meisl an Herbert Chapman, 3. Mai 1933. Nachlass Hugo Meisl.
922 Der Besuch Chapmans bei dem Länderspiel Italien gegen England am 23. Mai 1933, Teil der gemeisamen Reise Meisls und Chapmans, wurde in Italien, sicher auch nicht unberechtigt, anders wahr genommen, nämlich als Ausdruck der Anerkennung und des Resepektes gegenüber dem erstarkten italienischen Fußball. Vgl. Papa/Panico, S. 171
923 Brief Hugo Meisl an Herbert Chapman, 11. November 1932, Nachlass Hugo Meisl:
924 Brief Hugo Meisl an Herbert Chapman, 26. Oktober 1932, Nachlass Hugo Meisl
925 Brief Hugo Meisl an Mrs. Chapman, 9. Januar 1934, Nachlass Hugo Meisl
926 Ebenda
927 Brief Hugo Meisl an Herbert Chapman, 1932, Nachlass Hugo Meisl
928 Brief Chapman an Meisl, 9. August 1932, Nachlass Hugo Meisl
929 Brief Meisl an Chapman, 26. Oktober 1932, Nachlass Hugo Meisl
930 Brief Herbert Chapman an Hugo Meisl, 2. November 1932, Nachlass Hugo Meisl, »Mr. Oddino is going to pay particular attention to the choice of food you may desire, and I do not think you will have any reason to complain.«
931 Ebenda
932 Brief Meisl an Chapman, 26. Oktober 1932
933 Brief Hugo Meisl an Herbert Chapman, 26. Oktober 1932, Nachlass Hugo Meisl
934 Dass Hogans Deutschkenntnisse freilich durchaus begrenzt waren, wird aus einer kleinen satirischen Notiz deutlich, die Meisl in sein Tagebuch schrieb: »Jimmy als deutscher Vortragender: Meine sehr verkehrten Herren. Verzeihen Sie meine Fehler – ich bin aber kein Fussball sondern ein Sprachlehrer. Fussball ist nicht nur ein Spiel für die Buben, sondern auch für den Vorstand.« (Nachlass Hugo Meisl)
935 Reichspost, 30. Oktober 1932, S. 22
936 Brief Meisl an Chapman, 11. November 1932, Nachlass Hugo Meisl
937 Brief Herbert Chapman an Hugo Meisl, 2. November 1932, Nachlass Hugo Meisl
938 Brief Chapman an Meisl, 2. November 1932, Nachlass Hugo Meisl
939 Brief Chapman an Meisl, 8. November 1932, Nachlass Hugo Meisl
940 Brief Chapman an Meisl, 21. November 1932, Nachlass Hugo Meisl
941 Brief Herbert Chapman an Hugo Meisl, 8. November 1932, Nachlass Hugo Meisl
942 Brief Hugo Meisl an Herbert Chapman, 11. November 1932, Nachlass Hugo Meisl
943 Brief Meisl an Chapman, 11. November 1932, Nachlass Hugo Meisl
944 Brief Hugo Meisl an Herbert Chapman, 24. November 1932, Nachlass Hugo Meisl
945 Brief des Belgischen Verbandes an Hugo Meisl, offenbar die Antwort auf Meisls Anfrage am 6. November 1932, Abschrift im Nachlass Hugo Meisl: »Nous avons parfaitement compris vos considération auxquelles nous nous rallions volontiers et, par consequent, nous sommes d'accord de vous allouer une garantie minimum […] Nous sommes trés sensible de l'interêt que vous attacher à nos relations et dont nous pouvons vous assurer la réciprocité aussi, nous nous réjouissons dans l'attente du plaisir de recervoir votre amaible equipe et son sympathique directeur.« (Wir haben Ihre Überlegungen sehr wohl verstanden und sind konsequenter Weise damit einverstanden, Ihnen eine Mindessumme zu garantieren… Wir wissen Ihr Interesse, das Sie an unsren gegenseitigen Beziehungen äußerten, sehr zu schätzen und wollen Ihnen daher im Gegenzug versichern, dass es uns ein Vergnügen sein wird, Ihre wunderbare Mannschaft und deren sympathischen Kapitän bei uns begrüßen zu können.)
946 Brief Meisl an Chapman, 11. November 1932, Nachlass Hugo Meisl
947 Brief Chapman an Meisl, 15. November 1932, Nachlass Hugo Meisl
948 Brief Meisl an Chapman 28. Dezember 1932, Nachlass Hugo Meisl; dazu gibt es noch einen eigenartigen Nachschlag, denn die Kosten, die für die Nutzung des Arsenalsplatzes entstanden wurden zunächst mit einer Pauschale abgeglichen, anschließend genau ausgerechnet und ausgewiesen und es blieb eine Restsumme von etwa 162 Pfund übrig, die eigentlich dem ÖFB zustanden, diese sollte Chapman überweisen (was er denn auch tat) auf ein Konto der Lombardbank in Zürich zugunsten eines Herrn Viktor Steiner. (Brief Meisl an Chapman, 5. Februar 1933)
949 Brief Meisl an Chapman, 24. November 1932, Nachlass Hugo Meisl
950 Reichspost 22. Oktober 1932, S.11

951 Lanfranchi: Europäischer Fußball, S. 165
952 Brief Meisl an Chapman, 24. November 1932, Nachlass Hugo Meisl
953 W. Bensemann in: Der Kicker, 1932, S. 372
954 Reichspost, 2. November 1932, S.7
955 Reichspost, 9. November 1932, S.11
956 Wieso gerade Nachod? Natürlich könnte man assoziieren, dass Nachod nicht weit von Maleschau liegt, dem Geburtsort Meisl.
957 Reichspost, 24. November 1932, S.10
958 Reichspost 17. November 1932, S.11
959 Reichspost 20, November 1932, S.18
960 Reichspost 3. Dezember 1932, S.9
961 Alle Zitate aus. Artur Steiner: Das Londoner Wunderspiel, Wien 1932, S. 8
962 Steiner, S. 11
963 Ebenda
964 Steiner, S. 12
965 Steiner, S. 14
966 Wiener Sonn- und Montagszeitung 18. April 1932, S. 13
967 Willy Meisl: Soccer Revolution, S. 63
968 Reichspost 10. Dezember 1932, S. 9
969 Zit. in Reichspost 11. Dezember 1932, S. 22
970 Steiner, S. 24
971 Reichspost, 8. Dezember 1932, S. 7
972 Langenus, S.89 (»Diese Niederlage der Wiener erwies sich im Ende als grandioser Sieg«)
973 K. Sesta: Wunderteam, in: Das Kleine Blatt, 15. Dezember 1962
974 Artur Steiner: Das Londoner Wunderspiel, S. 28
975 Reichspost, 13. Dezember 1932, S. 5
976 Reichspost, 14. Dezember 1932, S. 11
977 Reichspost, 16. Dezember 1932, S. 10
978 Vgl. Reichspost, 30. Dezember 1932, S. 12 ; schon vor dem 19. Dezember gab es offenbar entsprechende Vorgespräche englischer Vereine mit der Admira, dem WAC und der Vienna, vgl. Sport-Montag, 19. Dezember 1932, S. 8
979 Brief Chapman an Meisl, 9. Januar 1933, Nachlass Hugo Meisl
980 Ebenda; Vienna hatte auch direkt, ohne Meisl zu informieren, einen Brief an Chapman geschrieben, in dem man sich als Spielpartner für Arsenal anbot, von dem aber Chapman Meisl in Kenntnis setzte. Brief Vienna an Arsenal, 12. Dezember 1932. Nachlass Hugo Meisl.
981 Der Kicker, 1933, S. 110
982 Brief Meisl an Chapman, 17. Januar 1933, Nachlass Hugo Meisl
983 Brief Meisl an Chapman, 11. Januar 1933, Nachlass Hugo Meisl
984 Brief Hugo Meisl an Herbert Chapman, 17. Januar 1933, Nachlass Hugo Meisl
985 Der Kicker, 1933, S. 189
986 Reichspost, 23. Januar 1933, S. 5 und 26. Januar 1933, S. 11
987 Brief Hugo Meisl an Herbert Chapman, 17. Januar 1933. Nachlass Hugo Meisl.
988 Reichspost, 31. Januar 1933, S. 11
989 Brief Hugo Meisl an Herbert Chapman, 5. Februar 1933, Nachlass Hugo Meisl; Meisl kündigte an bei seinem anstehenden Aufenthalt in Paris zu einem Länderspiel mit Hogan zu sprechen und ihn zu bitten, Admira in ihrem Vorhaben nicht zu unterstützen (Brief Hugo Meisl and Herbert Chapman, 5. Februar 1933. Nachlass Hugo Meisl).
990 Brief Herbert Chapman an den Sportclub Wacker, 30. Januar 1933: »I believe the usefulness of the Austrian's teams visit to Britain this season is already outlived. The impressions left by the famous Austrian International team in England, were good, but since then the First Vienna and Rapid Clubs had visited us, and now that the novelty has worn off, I know that in both cases, they have great difficulty in fixing up matches.«
991 Sport-Montag, 4. Mai 1936, S. 8
992 Der Kicker, 1933, S. 169
993 Urkunde vom 6. Februar 1933, Nachlass Hugo Meisl
994 Telegramm Chapman an Meisl, 25. Februar 1933, Nachlass Hugo Meisl
995 Meisl an Chapman, 21. März 1933, Nachlass Hugo Meisl
996 Nilsson S. 193; Nilsson erinnerte sich noch so genau an die Worte, weil ihm auch der Ort des Gespräches in Erinnerung geblieben war: die Schwedenbrücke.
997 Reichspost, 7. April 1933, S.9, der Kommentar der Reichspost: »Wie wir erfahren, wird Bundeskanzler Dr. Dollfuß, der allen sportlichen Fragen reges Interesse entgegenbringt und bekanntlich auch die österreichische Nationalmannschaft bei ihrer Rückkehr aus London begrüßt hatte, dem sonntäglichen Länderkampf Öetsrreich – Tschechoslowakei auf der Hohen Warte beiwohnen.«
998 Zitiert in: Reichspost, 12. April 1932, S. 11
999 Reichspost, 11. April 1933, S. 11
1000 Brief Meisl an Chapman, 14. April 1933
1001 Ebenda: »We played a weak first half and although having in the second half 6:1 scoring chances for us, we lost the first game at home after two years. The Cechoslovakians played very well, but we were very unlucky. That may happen, and I shall want still a few months in order to get a full team again.«
1002 Der Montag mit dem Sport-Montag, 10. April 1933, S. 1

1003 Zitiert in: Gustav Spann, S. 5
1004 Ebenda
1005 Reichspost, 10. April, S. 5; natürlich war die Reichspost empört, das Kleine Blatt hingegen äußerte Verständnis (10. April 1933, S16): »[es] kam gestern zu Demonstrationen des Publikums, als nach dem Betreten des Platzes der Österreicher die Bundeshymne gespielt wurde. Tausende Besucher protestierten laut und beruhigten sich erst, als der Hymnenzauber vorbei war. Diese Volksstimme sollte doch endlich erhört werden.« Vgl. Nilsson, S.193
1006 Sport-Montag, 10, April 1933, S. 1
1007 Sport-Tagblatt, 10. April 1933, S. 1
1008 Der Sport-Montag, 24. April 1933, S. 4; vgl. Reichspost 23. April 1933, S. 10, RP 25. April 1933, S. 12, RP 26. April 1933, S. 8 und RP 29. April 1933, S. 10. Das Stück hatte Mussolini unter der mehr oder weniger großen Mitarbeit von Giovachino Foczono geschrieben. Die Hauptrolle spielte kein Geringerer als Werner Krauß, Mussolini war so begeistert von der positiven Aufnahme des Stückes durch das Publikum, dass er medien- und massenwirksam auf seine Tantiemen zugunsten der arbeitslosen Wiener Arbeiter verzichtete und anschließend den Hauptdarsteller zur einer persönlichen Audienz nach Rom einlud. Das den Sozialdemokraten nahe stehende Kleine Blatt sah wenig Positives in dem Stück und bezeichnete es, sachlich gewiss richtig, aber auch mit dem Trotz der Mussolini-Gegner als ein »Durchschnittsstück«. (Das Kleine Blatt, 23. April 1933, S. 14)
1009 Sport-Montag, 2. Mai 1933, S. 9
1010 Zit. in: Sport-Montag, 2. Mai 1933, S. 12
1011 Sport-Montag, 12. Juni 1933, S. 9 und 11
1012 Sport-Montag, 12. Juni 1933, S. 11
1013 Reichspost, 19. September 1933, S. 11
1014 Reichspost, 27. September 1933, S. 11
1015 Sport-Montag, 2. Oktober 1933
1016 Reichspost, 2. Oktober 1933, S. 6
1017 Reichspost, 3. Oktober 1933, S. 11
1018 Sport-Montag, 2. Oktober 1933, S. 12
1019 Der Kicker, 1933, S. 1708, ; aber es gab auch andere Stimmen, so z.B: von einem Herrn Pfefferkorn, seines Zeichens ein bekannter Fußballkritiker des Pariser L'Auto, der vom Sport-Montag mit folgenden Worten zitiert wird: »Die Österreicher bilden ein schönes, uns technisch und taktisch noch immer sehr überlegens Team, aber keine Wundermannschaft mehr.« (Sport-Montag, 6. Nov. 1933, S. 15)
1020 Sport-Montag, 6. November 1933, S. 15
1021 Sport-Montag, 6. November 1933, S. 15
1022 Wiener Zeitung, 16. 12. 1933, S. 11
1023 Brief Chapman an Meisl 24. März 1933, Nachlass Hugo Meisl
1024 Reichspost, 8. November 1933, S. 11
1025 Brief Hugo Meisl an Herbert Chapman, 14. April 1933; darin schildert er, dass er ständig Angebote des Fußballverbandes der Republik Irland erhält, er legt seinem Brief sogar die Korrespondenz mit diesem Verband bei, vielleicht auch, um Chapman Argumente zu liefern, das bereits angedachte Spiel Arsenal gegen Wien zu einer günstigen Finanzierung gegenüber dessen Partnern in der FA durchzusetzen; jedenfalls suchte er den Rat Chapmans in dieser Frage.
1026 Briefe Herbert Chapman an Hugo Meisl, 6. April 1933 und 27. April 1933, Nachlass Hugo Meisl
1027 Brief Chapman an Meisl, 20. Juni 1933, Nachlass Hugo Meisl
1028 Brief Chapman an Meisl, 16. September 1933, Nachlass Hugo Meisl
1029 Brief Herbert Chapman an Hugo Meisl, 6. Oktober 1933, Nachlass Hugo Meisl
1030 Reichspost, 22. November 1933, S. 9
1031 Reichspost, 10. November 1933, S. 9
1032 Reichspost, 8. November 1933, S. 11
1033 Reichspost, 8. November 1933, S. 11
1034 Reichspost, 24. November 1933, S. 11
1035 Reichspost, 24. November 1933, S. 11
1036 In einem ganz anderen Zusammenhang und sehr viel später berichtete die Reichspost, dass die Österreichische Nationalmannschaft »unter Leitung des Verbandskapitäns Hugo Meisl« bei ihrem relativ kurzen Aufenthalt in London bei der Durchreise nach Glasgow (November 1933) von dem damaligen Außenminister Eden empfangen worden sei und dieser »persönlich die umfassende Führung durch das englische Parlament besorgt« habe. (Reichspost, 10. Januar 1936, S. 13).
1037 Wiener Zeitung, 27. November 1933
1038 Sport-Montag, 9. Oktober 1933, S. 12
1039 Brief Hugo Meisl an Herbert Chapman, 10. November 1933. Nachlass Hugo Meisl: »I think that our team, although yet not perfectly balanced, will try to give a very good display and that the critics will be again favourable ones.«
1040 Sport-Montag, 27. November 1933, S. 9
1041 Reichspost 29. November 1933, S. 11
1042 Sport-Montag, 20. November 1933, S. 9
1043 Reichspost, 28. November 1933, S. 11
1044 M. J. Leuthe in: Der Kicker, 1933, S. 1837
1045 Zit. in Reichspost, 1. Dezember 1933, S. 9
1046 Zit. in Reichspost, 2. Dezember 1933, S. 9
1047 Reichspost, 4. Dezember 1933, S. 5
1048 Der Kicker, 1933, S. 1838
1049 »Arsenal v Teams from Vienna Football Clubs« (Brief Herbert Chapman an Hugo Meisl, 16. September 1933. Nachlass Hugo Meisl
1050 Wie sehr man die Wiener als Gegner schätzte, vielleicht auch wie sehr man Hugo Meisl persön-

lich seine Wertschätzung entgegenbringen wollte, wird auch daran deutlich, dass als Schiedsrichter die englischen Spitzenleute herangezogen wurden, Tom Crewe als Schiedsrichter und Stanley Rous und Wood als Linienrichter! (Brief Herbert Chapman an Hugo Meisl, 7. November 1933 und Brief Hugo Meisl an Herbert Chapman, 10. November 1933. Nachlass Hugo Meisl)

1051 Wiener Zeitung, 4. Dezember 1933
1052 Reichspost, 8. Dezember 1933, S. 12
1053 Reichspost, 5. Dezember 1933, S. 11
1054 Zeitungsausschnitt, o.D. (12. Dezember 1933?). Nachlass Hugo Meisl: »It explains for example, why the visiting Austrians, who put up such a fine show against Arsenal failed to make the best use of their skilll. They adopted excellent tactics. Their passing was brilliant, but it did not lead to goal-scoring as often as it should have done.«
1055 M. J. Leuthe in: Der Kicker, 1933, S. 1823
1056 Wiener Zeitung, 11. Dezember 1933, S. 5
1057 12-Uhr-Blatt, 4. Dezember 1933, S. 7
1058 Wien-Korrespondent R.P.B. in: Der Kicker, 1933, S. 1967
1059 Sport-Montag, 4. Dezember 1933, S. 9
1060 Reichspost, 7. Dezember 1933, S. 12
1061 Die Neue Zeitung, 16. Dezember 1933, S. 9
1062 Reichspost, 16. Dezember 1933, S. 10
1063 Wiener Zeitung, 16. Dezember 1933, S. 11
1064 »Er werde sich Genugtuung zu verschaffen wissen«, zitiert Die Neue Zeitung Meisl, 16. Dezember 1933, S. 9
1065 John: Antisemitismus, S. 206
1066 Reichspost 19. Dezember 1933, S. 14
1067 Das Kleine Blatt, 19. Dezember 1933, S. 8
1068 I ricordi di Pozzo, 9
1069 Ebenda; »Non vale la pena, bisogna essere stupidi per rimanere a lungo in simile carica e Hugo stupido non lo è. Non capisco. Finirà che lo manderanno via come un cane, vedrà, dopo tutto quello che ha fatto.«
1070 Sport-Montag, 18. Dezember 1933, S. 9
1071 Wiener Sonn- und Montagszeitung, 18. Dezember 1933, S.13
1072 Wener Sonn- und Montagszeitung, 18. Dezember 1933, S.6
1073 Sport-Montag, 26. Dezember 1933, S. 10
1074 Dies wendet ein Redakteur der Wiener Neuesten Nachrichten polemisch gegen Meisl, indem er dazu auffordert, ihm die Entscheidungsgewalt über die Aufstellung der Nationalmannschaft zu entziehen, weil »der Bundeskapitänt sich gerade in den letzten Wochen bei den Verhandlungen über dieReform des Meisterschaftsbetriebes so sehr exponiert [habe], dass es ihm nur recht sein müsste, wenn seine Entschlüsse von unabhängigen Leuten aus dem Amateurlager kontrolliert werden.« Neuesten Wiener Nachrichten, 4. April 1931, S. 7.
1075 Sport-Montag, 8. Juni 1931, S. 11
1076 Sport-Montag, 22. Januar 1934, S. 8
1077 Reichspost, 16. Februar 1934, S. 13
1078 La Stampa, 12. Februar 1934, S. 4
1079 Zit. in: Reichspost, 14. Februar 1934, S. 12
1080 Hugo Meisl in: Sport-Montag, 5. Februar 1934, S. 9
1081 Reichspost, 16. Februar 1934, S. 13
1082 Hugo Meisl in Sport-Montag, 12. Februar 1934, S. 9ff
1083 Hugo Meisl in Sport-Montag, 12. Februar 1934, S. 10
1084 Sport-Montag, 19. Februar 1934, S. 12
1085 M. J. Leuthe in: Der Kicker, 8/1934, S. 27
1086 Sport-Montag, 12. Februar 1934, S. 9
1087 Sport-Tagblatt, 14. Februar 1934, S. 1
1088 Sport-Tagblatt, 14. Februar 1934, S. 1
1089 Pöge, S. 25
1090 Sport-Montag, 26. März 1934, S. 5
1091 Der Kicker, 16/1934, S. 27
1092 Nemzeti Sport, 15. April 1934, zit. in: Reichspost, 17. April 1934, S. 12
1093 Sport-Tagblatt, 17. April 1934, S. 1
1094 Der Kicker, 18/1934 S. 30
1095 FIFA-Minutes 1932, S. 10
1096 Ebenda
1097 Martin, S. 186
1098 Zit. in: Vigarello, S.8 (»Ich habe den Eindruck, dass während dieser Weltmeisterschaft der eigentliche Präsident der FIFA Mussolini war.)«; am Ende soll es sogar zu einem ausgesprochenen Eklat gekommen sein, jedenfalls wurde angeblich das geplante Schlussbankett abgesagt. (Wiener Neueste Nachrichten, 12. Juni 1934, S. 6)
1099 Reichspost, 31. Januar 1934, S. 13
1100 Reichspost, 4. Mai 1934, S. 13
1101 Reichspost, 5. Mai 1934, S. 11
1102 Das Kleine Blatt, 20. April 1934, S. 14
1103 Das Kleine Blatt, 26. März 1934, S. 12
1104 John Graves, ed.: Herbert Chapman on Football, London and Edinburgh 1934 – Dieses Buch findet sich im Nachlass Hugo Meisls und enthält als Widmungen die Unterschriften der Arsenal-Spieler Clifford Bastin, Frank Moss, Eddie Hapgood sowie des Trainers der englischen Nationalmannschaft Tom Whittaker.
1105 Reichspost, 11. Mai 1934, S. 10
1106 Sport-Montag, 5. Februar 1934, S. 12
1107 Ebenda
1108 WNN, 8. Juni 1934, S. 6
1109 Sport-Tagblatt, 22, Mai 1934, S. 4
1110 Vgl. Reichspost 23. Mai 1934, S. 13
1111 Das Kleine Blatt, 31. Mai 1934

1112 Hugo Meisl in: Das Kleine Blatt, 29. Mai 1934
1113 Sport-Montag, 28. Mai 1934, S. 7
1114 Sport-Tagblatt, 30. Mai 1934, S. 1
1115 Hugo Meisl in: Das Kleine Blatt, 29. Mai 1931
1116 Martin, S. 187
1117 Reichspost, 30. Mai 1934, S. 12
1118 Reichspost, 31. Mai 1934, S. 18
1119 Hugo Meisl in: Das Kleine Blatt, 1. Juni 1934
1120 Zit. in Sport-Tagblatt, 2. Juni 1934, S. 2
1121 Zit. in: Reichspost, 2. Juni 1934, S. 10
1122 Der Kicker, 1933, S. 872
1123 Zit. n.: Das Kleine Blatt, 6. Juni 1934
1124 Das Kleine Blatt, 10. Juni 1934
1125 Reichspost, 3. Juni 1934, S.21
1126 M. J. Leuthe in: Der Kicker, 1933, S. 1087
1127 Sport-Montag, 4. Juni 1934, S.9
1128 Zit. in: Das kleine Blatt, 6. Juni 1934, S. 14
1129 Der Kicker, 23/1934, S. 19
1130 Pöge, S. 25
1131 Zit. in: Reichspost, 5. Juni 1934, S. 13
1132 Interview mit Josef Bican in: Wiener Zeitung 1998; /www.wienerzeitung.at/DesktopDefault.aspx?TabID=3826&Alias=sport&cob=653&currentpage=0
1133 Sport-Montag, 4. Juni 1934, S.7
1134 Sport-Tagblatt, 7. Juni 1934, S.2
1135 Vgl. Sport-Tagblatt, 5. Juni 1934, S.1
1136 Erstaunlich, ja im Grunde unbegreiflich ist, wieso Meisl, der im Schiedsrichtergremium vertreten war, dieser Nominierung zustimmen konnte. Wurde er überstimmt? Oder spielten persönliche Verpflichtungen den Italienern gegenüber eine Rolle? Immerhin gehörte der italienische FIFA-Delegierte Mauro zu seinen engsten Freunden, und auch Mussolini gegenüber empfand Meisl mindestens tiefen Respekt. Leider gibt es zu diesem Komplex keine aussagekräftigen Quellen, so dass man auf Mutmaßungen angewiesen ist. Es soll dieser Entscheidung die Weigerung der Italiener vorausgegangen sein, den eigentlich für das Finale vorgesehenen Schiedsrichter Baert zu akzeptieren. Dieser soll daraufhin beleidigt abgereist sein. (Wiener Neueste Nachrichten, 12. Juni 1934, S. 6).
1137 Der Kicker, 24/ 1934, S. 9
1138 Ebenda, S. 12
1139 »Dopo la partita Italia Cecoslovacchia«, La Gazzetta dello Sport, 12. Juni 1934, S. 2
1140 Sport-Montag, 11. Juni 1934, S. 8
1141 »...di grande victoria nel nome e per il prestigio del Duce.« Zit. in: Grimaldi, S. 86
1142 Der Kicker, 25/ 1934, S. 18
1143 Sport-Tagblatt, 7. Juni 1934
1144 Zit. in Reichspost, 5. Juni 1934, S. 13
1145 Das Kleine Blatt, 8. Juni 1934, S. 14
1146 Reichspost, 9. Juni 1934, S. 13
1147 Das Kleine Blatt, 9. Juni 1934, S. 14. Ein gefundes Fressen für die Wiener Neuesten Nachrichten war, dass Meisl bei einer Zwischenstation den Besuch im Bahnhofsrestaurant offenbar zu lange ausgedehnt habe und daher den Zug, in dem seine Reisegenossen saßen, versäumte. Er kam also später in Wien an und die Zeitung vermutet dahinter einen »taktischen Kniff«, um dem nicht sehr liebenswürdigem Empfang zu entgehen. Vielleicht hat diese Zeitung in diesem Falle einmal recht. (Wiener Neueste Nachrichten, 14. Juni 1934, S. 6)
1148 Das Kleine Blatt, 14. Juni 1934, S. 11
1149 Reichspost, 9. Juni 1924, S. 13
1150 Wiener Montagsblatt, 11. Juni 1934, zit. in: Reichspost, 13. Juni 1934, S. 12
1151 Reichspost, 13. Juni 1934, S. 12
1152 Sport-Tagblatt, 9. Juni 1934, S. 2
1153 Natürlich gab Meisl damit Gelegenheit, gegen ihn das alte antisemitische Stereotyp der Geschäftemacherei als Vorwurf zu erheben; man müsse sich also wundern, schrieb in diesem Sinne ein Redakteur der Wiener Neuesten Nachrichten, »dass der Betreuer der österreichischen Mannschaft, Hugo Meisl, noch Zeit gefunden hat, sensationelle Erklärungen und einen einige Seiten langen Wettspielbericht für ein Wiener Montagsblatt zu verfassen. Wir gönnen Herrn Meisl diesen Nebenverdienst, aber wir können nicht begreifen, dass er, als er schon sah, dass es schief gehen werde, die Zeit fand, sich journalistisch zu betätigen, statt den Spielern ordentlich den Kopf zu waschen.« (Wiener Neueste Nachrichten, 5. Juni 1934, S. 8)
1154 Das Kleine Blatt, 12. Juni 1934, S. 14; gleichsam zum Beleg wird in dem Blatt Dionys Schönecker, der Sektionsleiter von Rapid zitiert, der bestätigt, dass seine Spieler vor einem Match immer eine Suppe und Wiener Schnitzel mit Kartoffeln zu essen bekämen. (Das Kleine Blatt, 22. Juni 1934, S. 14)
1155 Das Kleine Blatt, 22. Juni 1934, S. 14
1156 Reichspost, 21. Juni 1934, S. 14
1157 Tagebuch Hugo Meisl II, S.3v, Nachlass Hugo Meisl
1158 Vgl. z.B. Sport-Tagblatt, 15. Juni 1934, S. 2
1159 Reichspost, 22. Juni 1934, S. 10
1160 Reichspost, 18. September 1934, S. 12
1161 Reichspost 26. September 1934, S. 11; fast wortgleich wird er einige Wochen später im Sport-Telegraf zitiert:»Ich will schnellere, energischere und aufopferndere Spieler nominieren.« (Sport-Telegraf, 21. Oktober 1934, S. 2)
1162 Sport-Montag, 31. Dezember 1934, S. 7
1163 Reichspost 19. März 1935, S.13
1164 Reichspost 22. März 1935, S.5
1165 Zit. in: Reichspost 26. März 1935, S.13
1166 Sport-Montag, 25. März 1935, S.12
1167 Sport-Tagblatt, 14. Juni 1934, S. 1

1168 Hugo Meisl: Soll die Fußball-Weltmeisterschaft wiederholt werden? in: Sport-Telegraf, 24. Juni 1934, S. 1f (Vollständiger Abdruck im Anhang)
1169 FIFA-Minutes 13., 14. August 1936 Berlin, S. 9
1170 Sport-Montag, 19. November 1934, S. 5
1171 Reichspost, 16. November 1934, S. 13
1172 Sport-Montag, 19. November 1934, S. 5
1173 Sport-Abendblatt, 5. Dezember 1936, S. 3
1174 Lanfranchi: Europa, S. 169
1175 Neues Wiener Journal, 29. Mai 1935, S. 11; allg. vgl. Angela Eder: Lieber bin ich unter den vieren in Hollywood als unter den Vierzigtausend am Friedhof. Paul Abrahams Fußballoperette Roxy und ihr Wunderteam. www.kakanien.ac.at/beitr./fallstudie/Aeden.pdf
1176 Erinnert sei hier nur an die Freundschaft zu Hugo Breitner, dem Finanzstadtrat des »roten« Wien, die noch auf die gemeinsamen Zeiten bei der Länderbank vor dem 1. Weltkrieg zurück ging.
1177 Reichspost, 1. März 1934, S. 14; in der Reichspost wird das etwas hübscher ausgedrückt: »selbstverständlich sind die Klubleitungen der großen Arbeitersportvereine in ihrer bisherigen Zusammensetzung hinfällig geworden«.
1178 Steczewicz, S. 63
1179 Stecewicz, S. 65
1180 Reichspost, 1. März 1934, S. 14
1181 Vgl. Stecewicz, S. 69
1182 Stecewicz, S. 65
1183 Wiener Neueste Nachrichten, 1. Mai 1934, S. 10
1184 Schidrowitz, S. 209
1185 Sport-Telegraf, 26. April 1936, S. 1
1186 Reichspost, 3. November 1936, S. 11, und 4. November 1936, S. 11
1187 Reichspost, 22. Oktober 1936, S. 13
1188 Sport-Montag, 30. Dezember 1935, S. 6
1189 Reichspost, 23. Januar 1936 S. 13 und 5. Februar 1936, S. 15
1190 Reichspost, 12. März 1936, S. 13
1191 Reichspost, 11. Juli 1936, S. 12
1192 Vgl. Reichspost, 29. Juli 1936, S. 12
1193 Allg. Schidrowitz, S. 229
1194 Bericht Helga Hafer
1195 Michael John: kultureller Code, S.132
1196 Reichspost, 14. Januar 1936, S. 13
1197 Reichspost, 21. Januar 1936, S. 20
1198 Reichspost, 21. Januar 1936, S. 13
1199 Reichspost, 28. Januar 1936, S. 11
1200 Reichspost, 31. Januar 1936, S. 15
1201 Sport-Montag, 6. April 1936, S. 8
1202 Sport-Telegraf, 12. April 1936, S. 2
1203 Sport-Montag, 22. Mai 1933, S. 9
1204 Reichspost, 28. April 1936, S. 13
1205 Pöge, S. 23.
1206 Sport-Montag, 4. Mai 1936, S. 8
1207 Fox, S. 130
1208 So berichtet es zumindest Norman Fox, S. 130
1209 Sport-Montag, 20. August 1934, S. 8
1210 Fox, S. 128 (»muss für Meisl eine außerordentliche Genugtuung bedeutet haben«)
1211 Reichspost, 6. Mai 1936, S.11 und 7. Mai 1936, S. 14
1212 Reichspost, 7. Mai 1936, S. 15
1213 Der Chefredakteur der Nemzeti Sport, Dr. Badas, zit. in: Reichspost, 8. Mai 1936, S. 12
1214 Cante, S. 194
1215 Reichspost 17. Mai 1936, S. 22
1216 Starhemberg, S. 260.
1217 Vgl. Ableitinger, S. 13.
1218 Reichspost, 18. Mai 1936, S. 5
1219 Sport-Montag, 18. Mai 1936, S. 5
1220 Stecewicz interpretiert die Rolle Starhembergs und damit den Vorgang etwas anders. Starhemberg war am 13. Mai von Schuschnigg zum Rücktritt als Vizekanzler gezwungen worden, nachdem dieser sich gegen die Verhandlungen mit Deutschland ausgesprochen hatte. Der Fürst blieb aber, angeblich auf Wunsch von Schuschnigg, oberster Turn- und Sportführer. »Einen Tag nach seinem Rücktritt fuhr der oberste Sportführer mit großem Gefolge gemeinsam mit der österreichischen Fußballnationalmannschaft nach Rom. […] Die Reise nach Rom, zu seinen faschistischen Freunden, war ein klarer Affront gegen den Bundeskanzler und die Regierung.« (Stecewicz, S. 115f)
1221 Reichspost, 21. Januar 1937, S. 11
1222 Der Kicker, 4/1937, S. 24
1223 Sport-Montag, 15. Februar 1937, S. 11
1224 Sport-Montag, 15. Februar 1937, S. 11
1225 Totenschein, Nachlass Hugo Meisl
1226 Gemeint ist die Vermittlungstätigkeit Meisls im Konflikt zwischen Slavia Prag und dem FC Beerschot am 10. Februar 1937 in Zürich.
1227 FIFA Archiv, Zürich; freundlicherweise zur Verfügung gestellt von Frau Christa Bühler, Zürich
1228 Zitate aus: Reichspost, 19. Februar 1937, S. 9
1229 Zit. n. Sport-Tagblatt, 19. Februar 1937, S. 2
1230 Neue Zürcher Zeitung, 18. Februar 1937, Sportteil Blatt 5
1231 Zitate in: Sport-Telegraf, 28. Februar 1937, S. 1f
1232 Der Kicker, 1937, S. 30
1233 Aussage Dr. Martha Meisl
1234 Rolf Kinzel, Max Leuthe: Sportkamerad, bist du ein Deutscher. Sport-Tagblatt, 19. März 1938, S. 1
1235 Zit. in Sport-Telegraf, 7. März 1937, S. 4
1236 Sport-Telegraf, 7. März 1937, S. 4
1237 Testament Hugo Meisls vom 21. September 1934, aufgesetzt im Verbandsheim in der Berggasse 9; Nachlass Hugo Meisl
1238 Bauwens mag sich auch ganz besonders persönlich betroffen gefühlt haben, nicht nur wegen seiner

langjährigen Freundschaft zu Meisl, sondern auch deswegen, weil er selbst mit einer jüdischen Frau verheiratet war, die 1940 Selbstmord beging. Im Übrigen wird das Verhalten von Bauwens im Nationalsozialismus durchaus kontrovers beurteilt; vgl. A. Heinrich, passim, und N. Havemann, S. 244 ff
1239 Abgedruckt in: Der Sport-Montag, 22. Februar 1937, S. 3
1240 Der Sport-Montag, 22. Februar 1937, S. 2
1241 Sport-Montag, 22. März 1937, S. 8
1242 Sport-Montag, 10. Mai 1937, S. 8
1243 Sport-Telegraf, 13. Februar 1938, S. 1
1244 Sport-Montag, 5. April 1937, S. 5
1245 Sport-Telegraf, 15. März 1937, S. 3
1246 Sport-Montag, 22. März 1937, S. 5
1247 Fußball-Sonntag, 20. März 1938, S. 12
1248 Oswald: Judenverfolgung, S. 162
1249 Rudolf Kastl, Sport-Tagebuch, in: Wiener Neuste Nachrichten, 13. März 1938 S. 11
1250 Völkischer Beobachter, Wiener Ausgabe, 12./13. März 1939, S. 19
1251 Zit. in: Stecewicz, S. 130
1252 Sport-Telegraf, 27. März 1938, S. 4
1253 Ebenda
1254 Neues Österreich – Organ der demokratischen Einigung, 1. November 1945
1255 I ricordi di Pozzo, 9
1256 Zit. in: Stezcewicz, S. 164f.
1257 Müllenbach/Becker, Das Wunderteam, Verlag Der Kicker, Nürnberg 1941. Diese kurze, teilweise durchaus sachkundige, insgesamt aber unübersichtliche und sprachlich schwer verdauliche Darstellung wurde 1991 vom Kasseler Sportverlag unkommentiert neu aufgelegt und als preisgünstiger Nachdruck unter dem unverfänglichen Titel »Das Wunderteam« angeboten, ohne auf das tatsächliche Entstehungsdatum hinzuweisen. Zum ausgewachsenen Skandal wird diese Neu-Veröffentlichung dadurch, dass in dieser Broschüre der Name Hugo Meisl kein einziges Mal auftaucht. Allein diese Tatsache hätte den Kasseler Sportverlag zwingend von einem Nachdruck abhalten müssen – es sei denn man hätte der Broschüre eine sachkundige Kommentierung beigefügt. Aber das war dem Verlag offenbar zu teuer.
1258 So erklärte Sindelar öffentlich, dass er das von den Nazis gefeuerten jüdische Vorstandsmitglied Dr. Schwarz auch weiterhin mit allem gebotenen Respekt zu grüßen gedenke.
1259 Nur am Rande sei eine ganz spezielle deutsche Kontinuität erwähnt: Der Pokal, den die siegreichen Mannschaften im Rahmen des Tschammer-Pokals überreicht bekamen, wurde bis 1964 weiter verwendet, nach dem Krieg dann als DFB-Pokal.
1260 Zit. in: Stecewicz, S. 198
1261 Sport-Tagblatt, 8. Juni 1938, S. 1
1262 Fußball-Sonntag, 5. Juni 1938, S. 2
1263 Hinweis Patrick Barwise
1264 Schidrowitz, S. 318
1265 Sport-Telegraf, 26.April 1936, S. 1
1266 Alma Mahler-Werfel bezeichnete Eberstaller in einem Brief vom 11. Juli 1950 als »rasenden Naziführer« (www.ifs.ac.at/data/standard_1999/phrases/standq2_3799)
1267 www.ifs.ac.at/data/standard_1999/phrases/standq2_3799; zum Tod Eberstallers gibt es ansonsten keine genauen Angaben. Es existiert allerdings das Gerücht, dass seine Frau zuvor von russischen Soldaten vergewaltigt worden sei. Aber wahrscheinlich gehört dieses Gerücht auch in das Gebiet der Legendenbildung, die den eigentlichen Anlass der Selbstmorde Eberstallers und Molls, ihre tiefe realen oder geistigen Verstrickungen in die Verbrechen des NS-Regimes nicht wahrhaben will. Vgl. Natter, Frodl, S. 39.
1268 Zit. in: Murray G.Hall: Nachwort, in: Hugo Bettauer: Die Stadt ohne Juden, Frankfurt am Main, Berlin 1998, S. 109
1269 Brigitte Baller-Galanda: Die Opfer des Nationalsozialismus und die so genannte Wiedergutmachung. In: Emmerich Tálos u.a. (Hg.): NS-Herrschaft in Österreich. Ein Handbuch. Wien 2001, S. 884-901, hier S. 886.
1270 Vgl. Jugend-Sport, 2. Jahrgang (1976) 1, passim
1271 Der Sport-Montag, 10. August 1925, S. 9
1272 Sport-Telegraf, 24. Juni 1934, S. 1f
1273 Reichspost, 30. August 1935, S. 15
1274 In den Halbfinals spielten:
AGC Bologna gegen First Vienna FC Hinspiel 2-0; Rückspiel 0-1
SK Slavia Praha gegen Juventus FC Hinspiel 4-0; das Rückspiel wurde beim Stand von 2:0 für Juventus abgebrochen. Slavia hatte nach dem schnellen Rückstand das Spiel durch ständige Verzögerungsmanöver über die Zeit zu retten versucht. Das Publikum reagierte darauf mit Steinwürfen, dabei wurde Prags Torwart Planicka ernsthaft verletzt. Slavia verließ daraufhin unter Protest den Platz und weigerte sich, das Spiel fortzusetzen. Wütende Italiener belagerten daraufhin stundenlang die Umkleidekabine, bis die Prager Spieler von 1500 Soldaten hinausgeleitet werden konnten. Das Mitropa-Cup-Komitee entschied, dass beide Mannschaften gleichermaßen an den Ereignissen schuld seien und disqualifizierte beide. Bologna, der Sieger der zweiten Halbfinalbegegnung, wurde kampflos zum Pokalgewinner erklärt.

Literatur und gedruckte Quellen

Ableitinger, Alfred: Österreich zwischen den Kriegen. Beiträge zur historischen Sozialkunde, 3 (1973), 1, S. 12-13

Baar, Arthur: 50 Jahre Hakoah 1909-1959. Tel-Aviv 1959

Bachinger, Karl; Matis, Herbert: Die österreichische Nachkriegsinflation. Beiträge zur historischen Sozialkunde, 16 (1986) 3, S.83-91

Baer, C.H. (Bearb. und Hg.): Der Völkerkrieg. Eine Chronik der Ereignisse seit dem Juli 1914. 28 Bände. Stuttgart 1923

Beckmanns Sport Lexikon. Leipzig, Wien 1933

Beyer, Bernd-M.: Walther Bensemann – Ein internationaler Pionier, in: Dietrich Schulze-Marmeling (Hg.): Davidstern und Lederball. Die Geschichte der Juden im deutschen und internationalen Fußball, Göttingen 2003, S. 82-100

Beyer, Bernd-M.: Der Mann, der den Fußball nach Deutschland brachte. Das Leben des Walther Bensemann. Ein biographischer Roman. Göttingen 2003

Biermann, Christoph; Fuchs, Ulrich: Der Ball ist rund, damit das Spiel die Richtung ändern kann. Wie moderner Fußball funktioniert. Köln 2002

Binder, Christian Hans: Österreichs Fußballsport m Wandel der Zeiten. Dissertation, Karl-Franzens Universität Graz, 1999.

Boccali, Leone (Hg.): Storia illustrata della Nazionale di calcio. Fasciolo sesto: Coppa del mondo 1934 Italia. O.O. 1949

Brändle, Fabian; Koller, Christian: Goal! Kultur- und Sozialgeschichte des modernen Fußballs. Zürich 2002

Cante, Diego: Propaganda und Fußball. Sport und Politik in den Begegnungen zwischen den italienischen »Azzurri« und den »Weißen« aus Wien in der Zwischenkriegszeit. Zeitgeschichte 26 (1999) 3, S. 184-202

Chmelar, D.: Ballett in Violett, München 1986

Claussen, Detlev: Béla Guttmann. Weltgeschichte des Fußballs in einer Person. Berlin 2006.

Creek, F.N.S.: Association Football. Philadelphia. o.J. (1937).

Dahlmann, Dittmar; Heilbrenner, Anke; Lenz, Britta (Hg.): Überall ist der Ball rund. Zur Geschichte und Gegenwart des Fußballs in Ost- und Südosteuropa. Essen 2006

Delaney, Terence: A Century of Soccer. London et al. 1963

Dusek, P.; Weinzierl, E.; Pelinka, A.: Zeitgeschichte im Aufriss. Österreich seit 1918. Wien 1995

Dwertmann, Hubert: Sportler – Funktionäre – Beteiligte am Massenmord. Das Beispiel des DFB-Präsidenten Felix Linnemann. SportZeiten 5 (2005) 1, S.7-46

Eggers, Erik; Hafer, Andreas; Hafer, Wolfgang: Hugo Meisl. Der Vater des Wunderteams. In: Schulze-Marmeling, Dietrich (Hg.): Strategen des Spiels. Die legendären Fußballtrainer. Göttingen 2005, S. 64-75

Eggers, Erik: Willy Meisl, in: Schulze-Marmeling, Dietrich (Hg.): Davidstern und Lederball. Göttingen 2003, S. 288-299

Eisenberg, Christiane: Fußball als globales Phänomen. Historische Perspektiven. In: Aus Politik und Zeitgeschichte B 26/2004, S. 7-15

Eisenberg, Christiane: Von England in die Welt. Entstehung und Verbreitung des modernen Fußballs. In: *Schlicht, Wolfgang; Lang, Ernst (Hg.):* Über Fußball. Dein Lesebuch zur wichtigsten Nebensache der Welt. Schorndorf 2000. S. 59-84.

Eisenberg, Christiane (Hg.): Fußball, soccer, calcio. Ein englischer Sport auf seinem Weg um die Welt. München 1997

Eisenberg, Christiane; Lanfranchi, Pierre; Mason, Tony; Wahl, Alfred: FIFA 1904-2004. 100 Jahre Weltfußball, Göttingen 2004

Fox, Norman: Prophet or Traitor? The Jimmy Hogan Story. London 2003

Franta, Robert; Pöge, Alfredo W.: Hugo Meisl (Österreich). libero international 33 (2001), 2, S.40-48

Franta, Robert; Weisgram, Wolfgang: Ein rundes Leben. Hugo Meisl – Goldgräber des Fußballs. Wien 2006

Gedenkboek, uitgegeven ter Gelegenheid van het vijftigjarig Bestaan van Royal Antwerp Football Club, 1880 – 1930. O.O (Antwerpen). O. J. (1930)

Gerö, Josef: Mitropa-Zentropa. Das erste Kapitel der authentischen Entstehungsgeschichte der beiden Konkurrenzen. Österreichisches Fußballblatt. 5. Juli 1951, S. 7-11

German Football Archive (Hg.): 2. Fußball-Weltmeisterschaft 1934 in Italien. Rotenburg/F. 1990

Ghirelli, Antonio: Storio del calcio in Italia. Torino 1990

Gillmeister, Heiner: The Tale of Little Franz and Big Franz: The Foundation of Bayern Munich FC. Soccer and Society 1 (2000), 2, S.80-106

Glettler, Monika: Böhmisches Wien. Wien, München 1985

Graves, John (Hg.): Herbert Chapman on Football. London 1934

Green, Geoffrey: Soccer: The World Game. London 1953.

Grieser, Dietmar: Liebe in Wien. Eine amouröse Porträtgalerie. München 1989

Grimaldi, Mauro: Leandro Arpinati. Un anarchico alla corte di Mussolini. Roma 1999

Grimaldi, Mauro: Storia del calcio in Italia nel movimento sportivo europeo (1896-1998). Roma 1998

Gstaltner, Franz (Hg.): Österreichischer Fußballtaschenkalender. Korneuburg 1923

Gstaltner, Franz (Hg.): Österreichischer Fußballtaschenkalender. Korneuburg 1925

Hamann, Brigitte: Hitlers Wien. Lehrjahre eines Diktators. München 1996

Havemann, Nils: Fußball unterm Hakenkreuz, Frankfurt 2005

Heinrich, Arthur: Sekundäropfer – Peco Bauwens und die Nazizeit, in: SportZeiten 6 (2006) 1, S. 71-108

Herzog, Markwart (Hrsg.): Fußball als Kulturphänomen. Kunst-Kult-Kommerz. Stuttgart 2002

Hogan, Jimmy: Praktische Fußballlehre. Leipzig 1929

Horak, Roman; Reiter, Wolfgang (Hg.): Die Kanten des runden Leders: Beiträge zur europäischen Fußballkultur. Wien 1991

Horak, Roman; Maderthaner, Wolfgang: Mehr als ein Spiel. Fußball und populäre Kulturen im Wien der Moderne. Wien 1997

Huber, Josef: 100 Jahre Fußball. 90 Jahre Österreichischer Fußballbund. Wien 1993

Huber, Josef: Die Geschichte des Wiener Fußballs: 1923-1998. 75 Jahre Wiener Fußballverband. Wien 1998

John, Michael: Aggressiver Antisemitismus im österreichischen Sportgeschehen der Zwischenkriegszeit. Manifestationen und Reaktionen anhand ausgewählter Beispiele. Zeitgeschichte 26 (1999), 3, S. 203-223

John, Michael: Bürgersport, Massenattraktion und Medienereignis. Zur Kultur- und Sozialgeschichte des Fußballs in Österreich. Beiträge zur historischen Sozialkunde, 22 (1992), 3, S. 76-86

John, Michael: Ein *kultureller Code*? Antisemitismus im österreichischen Sport der Ersten Republik. In: *Brenner, Michael; Reuveni, Gideon (Hg.)*: Emazipation durch Muskelkraft. Juden und Sport in Europa. Götingen 2006, S. 121-142

John, Michael: »Körperlich ebenbürtig« – Juden im österreichischen Fußball. In: *Schulze-Marmeling, Dietrich (Hg.)*: Davidstern und Lederball. Die Geschichte der Juden im deutschen und internationalen Sport. Göttingen 2003, S. 231-262

John, Michael: Österreich, in: Christiane Eisenberg (Hg.): Fußball, soccer, calcio. Ein englischer Sport auf seinem Weg um die Welt. München 1997, S. 65-93

John, Michael; Lichtblau, Albert (Hg.): Schmelztiegel Wien – einst und jetzt: zur Geschichte und Gegenwart von Zuwanderung und Minderheiten. Wien, Köln, 1990

Jungmaier, Sonja: Wiener Fußball und Nationalsozialismus: »[...] und die Leute haben sich also wahnsinnig gefreut, wenn die »Piefke« eine am Deckel bekommen haben.« Salzburg, Universität, Diplom-Arbeit, 2003

Kastler, Karl: Fußballsport in Österreich. Von den Anfängen bis in die Gegenwart. Linz 1972

Keifu, R.: »La Coupe des Nations«. Fußball-Europa-Turnier 1930 in Genf. Kassel 1993

Kemminer, Karsten: Von sportpolitischer Isolation zur Begründung einer Fußballnation. Frühgeschichte des Fußballs in Böhmen und Mähren. In: Dahlmann et al. S. 97-117

Korff, Victor Hugo: Sportlexikon. Nachschlagewerk über alle Arten des Sportes unter besonderer Berücksichtigung des österreichischen Sportes. Wien 1932

Krenslehner, Erich; Leinweber, Wilhelm: Das Wunderteam. o. O. (Selbstverlag?, Wien?), 2005

Lanfranchi, Pierre: Fußball in Europa 1920-1938. Die Entwicklung eines internationalen Netzwerkes. In: *Horak, Roman; Reiter, Wolfgang (Hg.)*: Die Kanten des runden Leders: Beiträge zur europäischen Fußballkultur. Wien 1991, S. 163-172

Lanfranchi, Pierre: Il Bolgna che il mondo tremare fa! Una squadra di calcio durante il peiodo fascista. In: Azzrri 1990. Storia bibliographica emerografica iconografica della Nayionale Italiana di Calcio del Calcio a Bolgna. Roma 1990. S. 83-88.

Langenus, John: En sifflant par le monde. Cand 1942

Langisch, Karl: Fußball-Club Austria. Wien 1966

Linden, Peter; Schwind, Karl-Heinz: 100 Jahre. Die Highlights des österreichischen Fußballs. Wien 2004.

Ludwig, Alfred: Das Fußballmuseum. Ein Streifzug durch die Geschichte des ÖFB. Wien 1988

Maderthaner, Wolfgang : Ein Dokument wienerischen Schönheitssinns. Matthias Sindelar und das Wunderteam. Beiträge zur historischen Sozialkunde, 22 (1992), 3, S. 87-91

Marschik, Matthias: Arbeiterfußball im Austrofaschismus. In: *Horak, Roman; Reiter, Wolfgang (Hg.)*: Die Kanten des runden Leders: Beiträge zur europäischen Fußballkultur. Wien 1991, S. 197-216

Marschik, Matthias: Vom Herrenspiel zum Männersport. Die ersten Jahre des Wiener Fußballs. Wien 1997

Marschik, Matthias: Massen, Mentalitäten, Männlichkeit. Fußballkulturen in Wien. Enzyklopädie des Wiener Wissens. Band I. Fußball. Weitra o. J.

Marschik, Matthias: Mitropa. Representations of ›Central Europe‹ in Football. In: International Review for the Sociology of Sport 36/ 2001, S. 7-23

Marschik, Matthias: Vom Nutzen der Unterhaltung: Der Wiener Fußball in der NS-Zeit: Zwischen Vereinnahmung und Resistenz. Wien 1998

Marschik, Matthias: Sport als ›leerer Signifikant‹: Die Neutralisierung des Sportes als Bedingung seiner kulturellen Bedeutungen. Überarbeitung des Habilitationsvortrages an der Universität Linz am 16. Juni 2003, 4. Juli 2004, www.linksnet.de/artikel.php?id=1261

Marschik, Matthias: Wiener Austria. Die ersten 90 Jahre, Wien 1996

Marschik, Matthias: »Wir spielen nicht zum Vergnügen«: Arbeiterfußball in der Ersten Republik. Wien 1994

Marschik, Matthias; Sottopietra, Doris: Erbfeinde und Hasslieben: Konzepte und Realität Mitteleuropas im Sport. Münster 2000

Martin, Simon: Football and Fascism. Oxford, New York 2005

Meisl, Hugo: Die Fußballregeln. Aus dem Englischen übersetzt von Hugo Meisl. In: *Schmal, Felix:* Fußball Jahrbuch für Österreich pro 1910-1911. Wien [1910], S. 24-29

Meisl, Hugo: Fußballregeln des österreichischen Fußball-Verbandes, Football-Association bezw. der Fédération Internationale des Football-Association. Schiedsrichter und Spielerfragen nebst 23 Situationsskizzen. Wien. o.J. [zwischen 1920 und 1923]

Meisl, Willy: Das ABC des Fußballspiels. Wien 1921

Meisl, Willy: Soccer Revolution. London 1955

Meisl, Willy: Der Sport am Scheidewege. Iris-Verlag, Heidelberg 1928

Meysels, Lucian O.: »In meinem Salon ist Österreich«: Berta Zuckerkandl und ihre Zeit. Wien, München 1984

Milza, Pierre: Le Football Italien. Une Histoire à l'Échelle du Siècle. Revue d'histoire. 26 (1990) Numero spezial: Le Football, sport du siécle. April-Juni. S.49 – 58.

Missiroli, Antonio: European Football Cultures and their Integration: The ›Short‹ Twentieth Century, in: Culture, Sport, Society No. 1/ 2002, S. 1-20

Müllenbach, H.J.; Becker, Friedebert (Bearb.): Das Wunderteam. Aufstieg und Ruhm der berühmtesten europäischen Fußballmannschaft. Reprint der Ausgabe von 1941. Kassel 1991

Natter, G.Toias; Frodl, Gerbert: Carl Moll (1861 – 1945). Salzburg 1998

Nerz, Otto; Koppehel, Carl: Der Kampf um den Ball. Berlin 1933

Nilsson, Tore: Wunderteam. Laget som spelade fotboll i valstakt. In: Nillson, Tore (Hg.): »Riddarna av runda bollen«, Uddevalla 1981, S. 187 – 193

Oswald, Rudolf: »Ein Gift, mit echt jüdischer Geschicklichkeit ins Volk gespritzt«: Nationalsozialistische Judenverfolgung und das Ende des mitteleuropäischen Profifußballs 1938–1941, in: *Brenner, Michael; Reuveni, Gideon (Hg.)*: Emazipation durch Muskelkraft. Juden und Sport in Europa. Götingen 2006, S. 159-172

Papa, Antonio, Panico, Guido: Storia sociale del calcio in Italia. Milano 2002 (nuova edizione)

Pawlowski, Verena: Arbeitslosenpolitik im Österreich der dreißiger Jahre. Beiträge zur historischen Sozialkunde, 30 (2000), 1, S. 24-32

Planck, Kal: Fußlümmelei. Über Stauchballspiel und englische Krankheit. Stuttgart 1898.

Pöge, Alfredo: Interview mit Josef Bican, in: Fußball – Weltzeitschrift 31 (1996), S. 20-38

Poppovich, Alexander: Der Held meiner Jugend. In: *Gstaltner, Franz (Hg.):* Österreichischer Fußballtaschenkalender. Korneuburg 1923, S. 76-80

Pozzo, Vittorio: I ricordi di Pozzo, in: Calcio Illustrato, Mailand 1949/50, a cura di Davode Rota; http://calcio.datasport.it/rubiche.asp?soggeto=pozzo&puntata=9

Rabinovici, Doron: Instanzen der Ohnmacht. Wien 1938-1945. Der Weg zum Judenrat. Frankfurt am Main 2000

Reppé, Susanne: Der Karl-Marx-Hof. Wien 1993

Sappino, Marco (Hg.): Dizionario biografico enciclopedico di un secolo del calcio italiano. Milano 2000

Scheuble, Verena; Wehner, Michael: Fußball und nationale Identität. In: Fußball und Politik, Stuttgart 2006

Schmal, Felix: Fußball Jahrbuch für Österreich pro 1902-1903. Wien [1902]

Schmal, Felix: Fußball Jahrbuch für Österreich pro 1906-1907. Wien [1906]

Schmal, Felix: Fußball Jahrbuch für Österreich pro 1907-1908. Wien [1907]

Schmal, Felix: Fußball Jahrbuch für Österreich pro 1908-1909. Wien [1908]

Schmal, Felix: Fußball Jahrbuch für Österreich pro 1909-1910. Wien [1909]

Schmal, Felix: Fußball Jahrbuch für Österreich pro 1910-1911. Wien [1910]

Schidrowitz, Leo: Geschichte des Fußballsports in Österreich. Herausgegeben vom Österreichischen Fußballbund. Wien, Wels, Frankfurt am Main, 1951

Schmieger, Willy: Der Fußball in Österreich. Wien 1925

Schümer, Dirk: »Gott ist rund«, Frankfurt am Main 1998

Schulze-Marmeling, Dietrich: Der gezähmte Fußball. Göttingen 1992

Schulze-Marmeling, Dietrich (Hg.): Davidstern und Lederball. Die Geschichte der Juden im deutschen und internationalen Sport. Göttingen 2003

Schulze-Marmeling, Dietrich: Herbert Chapman. Der Erfinder des W-M-Systems. In: *Schulze-Marmeling, Dietrich (Hg.):* Strategen des Spiels. Die legendären Fußballtrainer. Göttingen 2005, S.76-83

Schulze-Marmeling, Dietrich (Hg.): Strategen des Spiels. Die legendären Fußballtrainer. Göttingen 2005

Schulze-Marmeling, Dietrich (Hg.): Die Geschichte der FIFA-Fußballweltmeisterschaft. Göttingen 2006 (4.)

Schwind, Karl Heinz: Geschichten aus einem Fußball-Jahrhundert. Wien 1994

Schwind, Karl Heinz: Menschen Tore und Millionen. Österreich und die Fußball-Weltmeisterschaften 1930-1982, Wien 1982

Siegman, Joseph: International Jewish Sports Hall of Fame. Jewish Sports Legends. Natanya 2005 (4.)

Singer, Peter: Mein Großvater. Die Tragödie der Juden von Wien. Hamburg, Leipzig, Wien 2003

Skocek, Johann; Weisgram, Wolfgang: Das Spiel ist das Ernste. Ein Jahrhundert Fußball in Österreich, Hg: Beppo Mauhart. Wien 2004

Skocek, Johann; Weisgram, Wolfgang: Wunderteam Österreich. Scheiberln, wedeln, glücklich sein. Wien, München, Zürich 1976

Skrentny, Werner: Von Serbien nach New York, von Budapest nach Stockholm: Die Odyssee der »Konrad-Zwillinge«. In: *Schulze-Marmeling, Dietrich (Hg.):* Davidstern und Lederball. Die Geschichte der Juden im deutschen und internationalen Sport. Göttingen 2003, S.369-389

Spann, Gustav: Fahne, Staatswappen und Bundeshymne der Republk Österreich; www.demokratiezentrum.org/pdfs/staatswappen/pdf

Starhemberg, Ernst Rüdiger: Memoiren, Wien, München 1971

Steiner, Artur: Das Londoner Wunderspiel. Wien 1932

Stecewicz, Ludwig: Sport und Diktatur. Herausgegeben von Mathias Marschik. Wien o.D.

Stiefel, Dieter: Wirtschaftspolitik und Arbeitsmarkt im Österreich der Zwischenkriegszeit. Beiträge zur historischen Sozialkunde, 30 (2000), 1, S. 17-23

Studd, Stephen: Herbert Chapman. Football Emperor. A Study in the Origin of Modern Soccer. London 1998

Tálos, Emmerich; Neugebauer, Wolfgang (Hg.): Austrofaschismus. Politik-Ökonomie-Kultur. 1933-1938. Wien 52005

Teichowa, Alice: Die Weltwirtschaftskrise (1929-1933) und die Nachfolgestaaten der Habsburgermonarchie. Beiträge zur historischen Sozialkunde, 30 (2000), 1, S. 4–7

Thies, Ralf: Wiener Großstadt-Dokumente: Erkundungen in der Metropole der k.u.k. Monarchie. Berlin 2001

Torberg, Friedrich: Die Erben der Tante Jolisch. Gesammelte Werke in Einzelausgaben, Band IX, Gütersloh 1978

Troller, Georg Stefan: Das fidele Grab an der Donau. Mein Wien 1918-1938. Düsseldorf und Zürich 2004

Uridil, Joseph: Was ich bin und wie ich wurde. Die Lebensgeschichte des berühmten Fußballspielers. Wien 1924

Vigarello, Georges: Les premiéres coupes du monde ou l'installation du sport moderne. Vingtieme Siecle. Revue d'histoire. 26 (1990) Numero spezial: Le Football, sport du siécle. April-Juni. S.5 – 10.

Vogel, Ernst III: Fußballdämmerung. Wien 1924

Walden, Fritz: Sindelar, der »papierene« Heerführer. Wien 1949

Wieland, Hans Werner: Die Geschichte des Niederösterreichischen Fußballsports von 1911-1986. 75 Jahre Niederösterreichischer Fußballverband. Wien 1986

Wittner, Andreas: Vittorio Pozzo. Der »schmutzige« und der »wahre« Weltmeister. In: *Schulze-Marmeling, Dietrich (Hg.):* Strategen des Spiels. Die legendären Fußballtrainer. Göttingen 2005., S. 84-95

Zanetti, G; Tornabuoni, G.: Il Giuoco del Calcio. Milano 1933

Zeitungen und Zeitschriften

Neues Acht-Uhr-Blatt, Wien
Deutschösterreichische Tageszeitung, Wien (DöTZ)
Fremdenblatt, Wien
Illustriertes Sportblatt, Wien (ISB)
Der Kicker, Nürnberg
Das Kleine Blatt, Wien
Der Montag mit dem Sport-Montag, Wien (Sport-Montag)
Neues Wiener Sportblatt, Wien
Reichspost, Wien
Das Sport-Tagblatt, Wien
Der Sport-Telegraf, Wien
Sportzeitung am Sonntag
Wiener Neueste Nachrichten
Wiener Sonn- und Montagszeitung
Wiener Zeitung, Wien

Amtliche Nachrichten des Österreichischen Fußballbundes und seiner Unterverbände, seit 1924 Verbandsnachrichten des Österreichischen Fußballbundes und seiner Unterverbände, ab 1929 Nachrichten des österreichischen Fußballbundes und seiner Unterverbände

Varia (einzelne Zeitungsartikel, die im Nachlass abgelegt wurden)

Andere Quellen

Nachlass Hugo Meisl (privat)
    Briefe (1916 – 1934),
Tagebücher (1918 und 1934-35),
Tagebuch und Fotoalbum des 1. Weltkrieges (1914 – 1918),
Urkunden, Fotos
Personalakte Hugo Meisl, Länderbank, Wien (Bank Austria)
Kriegsarchiv Wien, Belohnungsakten, Personalevidenzunterlagen und Qualifikationslisten
Militärarchiv Prag (Vojensky Historicky Archiv), Grundbuchblätter
Nachlass Emily Schossberger (Schossberger papers), University of Notres Dame, Ill.
FIFA: Minutes der FIFA-Kongresse 1925 – 1936

Register der Personen

Abeles, Ignaz 52, 56, 58, 63, 114, 116, 117 (Foto), 154, 318, 320
Adelbrecht, Josef 254, 260
Andrade, José 159, 160 (Foto)
Arpinati, Leandro 135
Baar, Arthur 74, 75, 81, 82
Barassi, Ottorino 97 (Foto), 275
Barlassina, Rinaldo 93, 175 (Foto), 176
Bastin, Clifford 266
Bauer, Eduard (Edi) 64, 188, 259, 271, 287, 301
Bauwens, Peco 103, 168, 179, 227, 275, 309, 311, 312
Becker, F. 107
Bednar 134
Beer, Rudolf 290
Beneš, Edvard 15
Bensemann, Walter 96, 97 (Foto), 111, 135, 136, 137, 152 (Foto), 181, 186, 200, 229, 244, 317
Bernhard, Thomas 13, 316
Bettauer, Hugo 215, 319
Bican, Alois 85, 90
Bican, Franz 87
Bican, Josef (»Pepi«) 189, 258, 260, 262, 263, 264, 266, 267, 271, 272, 273, 276, 278, 279, 281, 283, 298, 301, 302, 303
Bican, Otto 90, 92
Bican, Rudolf 40, 85
Binder, Franz (»Bimbo«) 112, 189, 256, 258, 263, 267, 271, 272, 298
Blaschke, Georg 162
Blum, Josef (»Pepi«) 158, 188, 222, 225, 230, 232, 256, 259, 267
Boas, W.S. 157
Bonnet, Georges 169, 179
Borjas, René 159
Braine, Raymond 182
Brandstetter, Josef 158
Braun, Georg 222, 256, 257, 260, 262, 265, 266, 267, 268, 276, 283
Braunsteiner, Karl 65
Breitner, Hugo 72, 124
Brum, Ignaz (»Nazi«) 224
Buchan, Charles 308
Bugno, Richard, 37 (Foto)
Cejnar, Frantisek 164
Cetnarowsky, Edward 164
Chapman, Herbert 60, 75, 91, 101, 102, 109, 128, 129, 174, 190, 191, 192 , 193, 194, 195, 196, 201, 206, 233, 234, 235, 236 (Foto), 238-241, 238 ff., 241 (Foto), 251, 252, 253, 254, 258, 259, 260, 261, (Foto), 265 (Fotos), 266, 267, 276, 291

Ciano, Galeazzo 303
Cisar, Franz 256, 260, 262, 265, 272, 276, 278
Colorado-Mansfeldt, Rudolf 65, 66
Conen, Edmund 284
Coppola, Eugenio 283
Creek, F. N. S. 236
Cutti, Wilhelm (Morocutti) 158
Ctyroky, Josef 283
Delaunay, Henri 149, 162, 169, 170, 311
Deutsch, Robert 55
Deutsch, Siegfried 114
Denis, Victor 257
Dollfuß, Engelbert 99, 191, 250, 253, 254, 255, 257, 262, 270, 280, 284, 293, 295 (Foto), 303
Ducat, Andy 266
Eberstaller, Richard 94, 104 (Foto), 119, 135, 151, 167, 172, 202, 227, 231, 262, 264, 269, 277, 294, 303, 304, 305, 306, 307, 312, 314, 315, 317, 318, 320
Eicher, Otto 233
Eklind, Ivan 281, 282, 304
Engel, Erwin 313
Ernst, Rosa, geb. Meisl 20, 30, 30 (Foto), 31
Ernst, Trude 30
Escher 125, 131, 176
Farkas, Karl 195, 312
Ferrari, Giovanni 279, 281, 282
Feretti, Mario 135, 150, 169, 179
Fischer, Hans 132, 244, 275, 311
Fischer, Moritz 97 (Foto)
Fischer, Richard 305
Fischl, Paul 63
Fodor, Heinrich 97 (Foto), 132, 133, 138, 165, 199, 228, 235, 311
Forster, Geoffrey 48
Franzl, Friedrich 276
Fraser, Georg 290
Frey, Josef 52, 63
Freud, Sigmund 27
Freund, Elsa, geb. Meisl 20, 30 (Foto), 31
Frithum, Fritz 223, 259
Fuchsberger, Franz 296
Gall, Karl 222, 225, 255, 267
Gassmann, Vittorio 103
Geiger, Gyula 114
Geiger, Ossi 114
Geiter, Rudolf 301
Gerö, Josef 100, 132, 151, 157 (Foto), 202, 262, 264, 285, 294, 306, 312, 318, 319, 320
Geyer, Karl 114
Götz, Harry 298

Goldberger, Paul von 34
Graziani, Paolo 135
Grois, Leopold 48
Gschweidl, Fritz 159, 218, 221, 223, 224, 225, 227, 229, 231, 233, 246, 248, 250, 254, 256, 258, 261, 267, 286
Gstaltner, Fritz 123, 124
Grünbaum, Fritz 105, 312
Guaita, Enrico (Enrique) 281, 283
Gruder, Ignaz 117, 118
Gussmann, Paul 57
Guttmann, Béla 107, 259
Habsburg, Franz Josef von 56, 85, 154
Häussler, Emanuel 106
Hahn, Viktor 125
Hahnemann, Wilhelm 189, 298, 299
Haldenwang, Hermann 315
Haller, Constantin 86
Hanreiter, Franz 189, 298, 299
Hansl, Franz 188, 277, 278, 286
Happel, Ernst 14, 34, 317
Hausmanninger, A. 69
Havlicek, Victor 189
Herberger, Sepp 168, 315
Heydrich, Reinhard 153
Hiden, Rudolf (»Rudi«) 126, 217 (Foto), 219, 220, 222, 226, 227, 245, 248, 252, 254, 255, 256, 268
Hiltl, Heinrich 254, 258
Hirschl, Fritz 90
Hirschmann, Carl August Wilhelm 46, 56 (Foto), 154, 161, 163, 164, 168, 170, 179, 180, 181
Hitler, Adolf 274, 314
Hofmann, Heinrich, 160
Hoffmann, Leopold 192, 225, 231, 276
Hogan, Jimmy 59-61, 62, 65, 66, 106, 187. 188, 189, 190, 191, 199, 241 (Foto), 242, 243, 245, 246, 249, 252, 260, 262 (Foto), 264, 285, 296, 297, 298, 303, 312, 320
Horthy, Miklós 118, 141
Horvath, Hans 222, 225, 233, 274, 276, 279, 280, 283, 284, 290
Howorka, Otto 141, 177, 214, 236, 300
Howcraft, James 59, 198
Hueppe, Ferdinand 23
Hussak, Ludwig 189, 298, 312
Hutter, Anton 75
Janda, Anton 260, 262, 264
Jerusalem, Camillo 146, 303, 304
Joachim, Walter 112
Jölles, J. 117
Johanson, Anton 97 (Foto), 152 (Foto), 155, 163, 164, 171, 179
Jünger, Karl 54
Juraczek, Franz 35
Kaburek, Matthias 271, 272, 273, 287

Kafka, Franz 42
Kaller, Otto 254, 255
Kanhäuser, Eduard 259
Kartini, Eduard 97 (Foto), 152 (Foto)
Kernstock, Ottokar 255
Kingscott, A. 167
Kohn, Heinrich 37 (Foto)
Kolisch, Artur 296
Konrad, Jenö 107, 111 112, 113, 184
Konrad, Kalman 107, 111, 112, 113, 126, 138, 184
Krankl, Hans 14
Krcil, Rudolf 283
Krenn, Anton 297
Kress, Willy 227
Kürschner, Dori 93, 175 (Foto), 176, 200
Kuthan, Richard 64
Kurz, Karl 188, 219
Langenus, John 135, 248, 250, 263, 301, 302
Lehner, Ernst 283, 284
Leinberger, Ludwig 193
Leopoldi, Hermann 114
Leuthe, Max Johann (»Mac John«) 35, 36, 37, 37 (Foto), 40, 49, 51, 52, 81, 111, 174, 180, 185, 229, 232, 263, 272, 280, 309, 310
Liegl, Josef 306, 314
Linnemann, Felix 153, 168, 169, 170, 179
Loos, Adolf 195
Löwenfeld, Victor 47, 49 (Foto), 86
Lotsy, K.J.J. 275
Luef, Johann 232, 233
Lueger, Karl 27, 32
Magath, Felix 14
Mahler, Gustav 28, 318
Mahr 296
Margulies 311
Mauro, Giovanni 97 (Foto), 103, 104 (Foto), 135, 152 (Foto), 164, 175, 175 (Foto), 176, 177, 179, 182, 274, 275, 288, 311, 312
Mauthner, Abraham 19
Mauthner, Fritz 22
Mauthner, Isaak 19
Mauthner, Isidor 19
Meazza, Giuseppe 140, 279, 281, 282
Meiklejohn, David 263, 264
Meisl, Barbora, geb. Stein 19, 26
Meisl, Karoline, geb. Mauthner 19, 20, 21. 30 (Foto)
Meisl, Elisabeth (Elsa) 20, 30 (Foto), 62
Meisl, Erich 31
Meisl, Leopold (Poldi) 20, 29, 30 (Foto), 31, 69 (Foto),
Meisl, Ludwig, 19 ff., 26, 28 ff., 30 (Foto), 35, 36, 39, 83, 88
Meisl, Maria, geb. Bican (Mizzi) 40, 41, 47, 71, 85-102, 85 (Foto), 88 (Foto), 91 (Foto), 95 (Foto), 96 (Foto), 97 (Foto), 103, 306, 311, 312, 320

378

Meisl, Mordechai 19
Meisl, Wilhelm, 19, 22, 24
Meisl, Willy (Sohn von Ludwig) 19, 20, 28, 30 (Foto), 31, 35, 47, 53 (Foto), 61, 69 (Foto), 70, 81, 88, 98, 103, 112, 130, 131, 158, 164, 173, 191, 195, 204, 206, 227, 248, 249, 268, 297, 311, 320
Meisl, Willy (Sohn von Leopold) 31
Mercet, René 272, 279, 280
Merkel, Max 14
Miklas, Wilhelm 252
Mock, Hans 188, 222, 225 f., 227, 254, 255, 260, 262, 265, 267
Moll, Carl 318
Molzer, Josef 233
Monti, Luisito 279, 280, 281, 282, 283, 289
Monzeglio, Eraldo 282
Müllenbach, H.J. 97 (Foto), 107, 195, 310
Müller, Erwin 52, 55, 111, 211, 214
Müller, Heinrich 48
Müller, Heinrich (»Wudi«) 188, 230, 233, 256, 258, 260
Münzenberg, Reinhold 226
Mussolini, Benito 99, 117, 134, 135, 136, 140, 151, 255, 273, 274, 279, 288, 289, 293, 303, 304
Mussolini, Edda Ciano 151, 303
Nausch, Walther 193, 199, 220, 225, 230, 256, 263, 265 (Foto), 267, 268, 271, 274, 300, 301, 302, 312
Nerz, Otto 196, 226, 298
Nicholson, M.D. 54
Nilsson, Birger 62
Nilsson, Tore 62, 108, 110, 111, 200 f., 223, 253, 308
Nogues, Alberto 279
Orsi, Raimundo 280, 281
Orth, Gyorgy 199
Ostricek, Karl 157
Pantucek, Eduard 116, 117, 118
Pavlicek, Robert 256
Pelikan, Rudolf 135, 167, 176, 179
Pesser, Johann 288
Planicka, Frantisek 142
Platen, Graf von 34
Platzer, Peter 189, 227, 254, 256, 261, 263, 276, 280, 281, 290
Poppovich, Alexander 35
Pozzo, Vittorio 47, 127 (Foto), 128, 157, 268, 273, 316
Puc, Antonin 254, 256, 282
Radacovic, Franz 257
Raftl, Rudolf 256, 263, 300
Rainer, Karl 225, 226, 230, 245, 267
Reschauer, Heinrich 63
Retschury, Heinrich 83, 184
Rilke, Rainer Maria 23
Rimet, Jules 152 (Foto), 153, 176, 178, 182, 275, 312
Roghi 288
Rosenzweig, Anna, geb. Meisl 20, 30 (Foto), 31

Rosenzweig, Franziska 31
Rosenzweig, Paul 31
Rous, Stanley 103, 302
Savoia, Maria di 303
Schaffer, Alfred (»Spezi«) 107, 112
Schall, Anton 222, 224, 227, 228, 229, 230, 231, 232, 248, 250, 255, 256, 257, 258, 259, 261, 263, 266, 273, 274, 276, 278, 279, 280, 281, 283, 290
Scheinost, F. 170
Scherzer, Aron 31
Scherzer, Ilse, geb. Freund 31, 208
Scherzer, Lily 31
Schiavio, Angelo 282, 283
Schidrowitz, Leo 113, 140, 296
Schimetschek, Otto 232, 254
Schlegel, Jakob 175, 177
Schmal, Felix 36, 47, 57
Schmaus, Willibald 189, 276, 300
Schmieger, Willy 34, 35, 63, 81, 113, 116, 123, 159, 161, 165, 211, 215, 220, 244, 264, 285, 294, 314
Schnitzler, Arthur 27
Schön, Helmut 60
Schönberg, Arnold 27
Schönecker, Dionys 63, 133, 184 (Foto), 185, 210, 251, 267, 268, 269
Schossberger Emily (Emmy) 102-104, 103 (Foto), 104 (Foto), 269, 306, 320
Schramseis, Roman 222, 225, 226, 230, 267
Schranz, Karl 161
Schricker, Ivo 152 (Foto), 181, 275, 306, 307, 309, 311
Schuschnigg, Kurt 304
Schwarz, Emanuel, (»Michi«) 174, 283 (Foto), 306
Seidl, Hans 105
Seipel, Ignaz 137
Sesta, Karl 108, 188, 220, 232, 245, 250, 255, 256, 260, 263, 264, 266, 267, 268, 271, 276, 284, 290, 300
Seyfferitz, Franz 300
Schönaug, Hermann 54
Sinek, Julius 55
Shires, Teddy 37 (Foto), 37
Sindelar, Matthias 15, 73, 107, 108, 112, 114, 125, 126, 198, 206, 217 (Foto), 218, 220-222, 221 (Foto), 223, 224, 226, 231, 232, 245, 248, 249, 250, 252, 255, 256, 258, 260, 261, 262, 263, 266, 268, 272, 273, 274, 276, 278, 279, 280, 281, 282, 283 (Foto), 286, 290, 296, 301, 302, 314, 315, 316, 317, 319
Smistik, Josef 108, 193, 222, 225, 252, 254, 255, 256, 260, 261, 262, 263, 266, 267, 271, 276, 281, 286, 300
Stanfield, Charley 40
Starhemberg, Ernst Rüdiger 298, 303, 304
Stecewicz, Ludwig 294, 316
Steiner, Artur 246, 249, 269
Steinhäusl, Otto 317
Stroh, Josef 301

Stuhlfauth, Heiner 195
Suvich, Fulvio 303
Svehla, Anton 149
Taglicht, Israel 311
Tandler, Wilhelm 135, 199, 218
Terwogt, H.A.M. 46, 155
Tiefenbacher 135
Torberg, Friedrich 317
Tornabuoni, Giuseppe 136
Troller, Georg, Stephan 110, 201, 289
Tschammer und Osten, Hans von 153
Urbanek, Johann 276, 278
Uridil, Josef 78, 107, 112, 120, 184
Vaccaro, Giorgio 273, 280, 285, 314
Van Brain, 263
Verdijk 97 (Foto)
Viertl, Rudolf 259, 263, 266, 276, 278, 281, 301, 304
Vogl, Adolf 189, 222, 224, 229, 231, 246, 248, 256, 261, 264, 298, 299
Wärndorfer, August 34
Wagner, Richard 318
Wagner, Rudi 35, 37 (Foto), 37, 51
Wagner, Theodor 260, 262, 263, 264, 267, 276, 298
Wall, Frederick 128, 158, 235, 243, 259, 260, 261 (Foto), 300, 302
Waller, Josef 198
Walter, Fritz 168
Weber, Albert 62
Weiss, David 130, 131, 251
Weiß-Teufel, 300
Werfel, Franz 23
Werner, Ernst 167
Wertheimer, Sigmund 82
Weselik, Franz 250, 252
Wessely, Ferdinand 264
Wieden, Heinrich von 71, 75
Wieden, Lilly von 75
Wieser, Gustav 108, 158, 184
Windisch-Grätz, Otto, 65
Wondrak, Karl 259
Woolfall, Daniel 56 (Foto)
Wreford-Brown, 302
Wright, Fred 46 (Foto), 47, 86
Zamora, Ricardo 279, 298
Zanetti, Giuseppe 127 (Foto), 135, 136
Zischek, Karl 189, 222, 224, 225, 227, 233, 248, 250, 252, 256, 260, 263, 271, 276, 279, 281, 298, 301

Register der Vereine und Verbände

Agram (Zagreb), Gradjanski 139
Arbeitersportklubs Österreichs (ASKÖ) 114
Barcelona, FC 130, 160
Beerschoot, FC 182, 305
Berlin, Tennis-Borussia 168
Blackburn Rovers 152
Bologna, AC 142, 144
Bolton Wanderers 60
Brigittenauer AC 125
Budapest, Ferencvárosi (FTC) 133, 138, 145, 147
Budapest, Hungaria 133, 138, 139
Budapest, MTK 45, 60, 66, 111, 133
Catania, S.S. 130
Česky Fotbalovy Svaz 24, 25
Chelsea, FC 237, 242, 245
Deutscher Fußball-Bund (DFB) 24, 60, 137, 139, 155, 162, 165, 167, 218, 226, 315
Deutscher Fußballverband für Böhmen 24
Düsseldorf, Fortuna 109
Everton, FC 56, 235, 243
Federacion Castellana de Futbol 130
Floridsdorfer AC 125
Frankfurt, FSV 317
Freie Vereinigung der Arbeiterfußballvereine/ Amateurfußballvereine Österreichs (VAFÖ) 119, 294
Fulham, FC 60, 297
Genf, Servette 271
Genua, FC 147
Glasgow Rangers 262
Grazer AK 56
Grazer ARTV 34
Grazer SC 315
Hamburger SV (LSV) 317
Hammarby, FF 112
Huddersfield, Town FC 239
Leicester City 251
Leipzig, VFB 24
Lille, Olympique 130
Linz, ASK 183
London, Arsenal 109, 129, 190, 196, 197, 235, 237, 238-241, 245, 251, 259, 260, 264, 266, 267, 268, 272, 276
London, Corinthians 48, 161
Mailand, AS Ambrosiana Inter 140, 280
Mulhouse, FC 129
Niederösterreichischer Fußballverband (NÖFV) 52, 57, 77, 114

Nürnberg, 1. FC 139
Österreichische Fußball-Union 54, 57
Österreichischer Fußball-Verband (ÖFV) 24, 45, 46, 52, 53-58, 62, 67, 110, 154
Österreichischer Fußballbund (ÖFB) 42, 94, 110, 111, 115-119, 120, 121, 125, 134, 135, 156, 159, 162, 165, 166, 172, 177, 181, 184, 185, 187, 202, 210, 212, 213, 216, 218, 226, 230, 231, 258, 259, 262, 268, 269, 284, 286, 290, 293, 295, 296, 297, 305, 306, 313, 314, 315, 317, 318, 319
Oxford Oxonians 154
Paris, Racing Sportclub 252
Plymouth Argyle (»The Pilgrims«) 235
Prag, DERC Regatta 23
Prag, Deutscher Fußball-Club (DFC) 23, 24, 32, 62, 63, 133, 140, 182, 244, 245
Prag, SK Slavia 24, 25, 45, 51, 125, 133, 141, 142, 257, 258, 271
Prag, AC Sparta 24, 25, 45, 133, 137, 138, 143, 145, 146, 257, 258, 305
Queens Park Rangers 252
Rudolfshügel, Sport-Club 120
Schalke, FC 04 168, 317
Sheffield Wednesday 129
Simmeringer Sportklub 120, 125, 225
Steyr, Amateure 315
Teplitz FK 03 183
Tottenham Hotspurs 56, 61, 235
Turin, AC 114
Turin, Juventus 114, 142, 276
Ujpesti TE 133, 138, 140, 141, 197
Urfahr, SV 296
Verband der Arbeiter- und Soldatensportvereinigungen (VAS) 115, 116, 123, 211, 215
Währing, Sportclub 45
Walsall, FC 239
Westham United 158
Wien, Athletikclub Victoria 45
Wien, Bewegung 20 174
Wien, First Vienna Football Club (Vienna) 33, 49, 54, 55, 56, 66, 120, 124, 130, 131, 133, 140, 141, 142, 213, 218, 223, 225, 230, 251, 252, 267, 305, 317
Wien, FK Austria 32, 34, 114, 122, 124, 126, 129, 131, 143, 145, 146, 147, 186, 190, 195, 197, 199, 209, 218, 220, 225, 251, 257, 258, 267, 280, 295, 300, 303, 315, 316, 317
Wien, Fußball-Club (Nicholson) 130, 225, 274
Wien, Fußballclub Hakoah 32, 50, 56, 114, 120, 122, 124, 126, 129, 133, 158, 219, 315
Wien, Hertha 56, 120, 124, 125, 220
Wien, Ostmark 315
Wien, SK Slovan (Roter Stern) 50, 56, 120, 124
Wien, Sportklub Admira 34, 121, 124, 126, 129, 130, 137, 144, 147, 190, 223, 225, 252, 277, 300, 315
Wien, Sportklub Rapid 49, 50, 63, 107, 112, 113, 114, 120, 121, 124, 129, 133, 137, 139, 140, 172, 190, 218, 225, 251, 257, 258, 263, 267, 268, 287, 300, 302, 303, 317
Wien, Sportklub Wacker 109, 120, 121, 190, 222, 252
Wien, Vienna Cricket and Football Club (Cricketer) 24, 33, 34, 35, 36, 40, 49, 49 (Foto), 50, 52, 54, 56, 86, 90, 111, 177, 186,
Wiener Amateur Sportverein (Amateure/ WAS) 32, 34, 50, 51 (Foto), 53 (Foto), 66, 83, 85, 90, 108, 111-115, 120, 122, 124, 129, 131, 133, 213, 220, 268
Wiener Associations-Fußballclub (WAF) 47, 52, 62, 63
Wiener Athletiksport-Club (WAC) 35, 45, 49, 50, 51, 54, 55, 56, 120, 124, 125, 126, 131, 142, 174, 225, 251, 300
Wiener Fußball-Verband (WFV) 293, 312, 318, 319
Wiener Sportklub 120
Wiener Neustadt, Reichsbahn Wacker 315
Zivkov, Victoria 139
Zürich, Grasshoppers 93, 125, 129, 131, 145

Bücher zur Fußballgeschichte

Berichte und Porträts über jüdische Spieler, Trainer und Mäzene vor allem in der Pionierzeit des deutschen und „Donau"-Fußballs.
„Eine absolut herausragende Veröffentlichung und ein Idealfall: Fußball- als Kulturgeschichte." (Die Zeit)

Dietrich Schulze-Marmeling
Davidstern und Lederball
Die Geschichte der Juden im deutschen und internationalen Fußball
512 S., gebunden, Fotos
ISBN 3-89533-407-3, 26,90 Euro

Fußballpionier und „Kicker"-Gründer Bensemann machte den Fußball in Deutschland populär, stritt sich mit dem DFB und mit rechten Sportideologen und starb 1934 im Exil. „Ein wunderbares, unbedingt lesenswertes Buch." (Deutschlandfunk)

Bernd-M. Beyer
Der Mann, der den Fußball nach Deutschland brachte
Das Leben des Walter Bensemann
544 S., gebunden, Fotos
ISBN 3-89533-408-1, 26,90 Euro

VERLAG DIE WERKSTATT
www.werkstatt-verlag.de

Die Autoren

Andreas Hafer (geb. 1951), Dr. phil., studierte Geschichte, Mathematik und Philosophie in Darmstadt, Frankfurt und Buffalo, N.Y. Lebt und arbeitet in Schorndorf bei Stuttgart. Zahlreiche Veröffentlichungen u. a. zur Stadtgeschichte und zur Geschichte der Technikwissenschaften. Zuletzt ein Theaterstück (»Eckermann in Wien«, 2004) und Co-Autor eines Beitrages über Hugo Meisl in: Dietrich Schulze-Marmeling (Hrsg): Strategen des Spiels. Die legendären Fußballtrainer. Göttingen 2005.

Wolfgang Hafer (geb. 1946), studierte Geschichte, Germanistik und Politologie in Frankfurt am Main und Berlin. Lebt und arbeitet in Frankfurt am Main. Verfasser eines mehrteiligen Lehrwerkes. Co-Autor eines Beitrags über Hugo Meisl in: Dietrich Schulze-Marmeling (Hrsg.): Strategen des Spiels. Die legendären Fußballtrainer. Göttingen 2005.

Bildnachweise

Alle Abbildungen stammen aus dem Nachlass Hugo Meisls oder aus dem Privatbesitz der Autoren, mit Ausnahme folgender Bilder:

Seite 37: Leo Schidrowitz, Geschichte des Fußballsports in Österreich, Wien, Wels, Frankfurt am Main 1951, S. 12
Seite 56: Lettura Sportiva, Mailand, 22. Mai 1910
Seite 79: Neues Wiener Sportblatt, 1. Jänner 1919
Seite 82: Neues Wiener Sportblatt, 1. Februar 1920
Seite 83: Neues Wiener Sportblatt, 1. Februar 1920
Seite 97: Der Kicker 21/1931, S. 808
Seite 97: Stiftung Dokumantationsarchiv des österreichischen Widerstandes, Wien
Seite 102, Sport-Telegraph, 7. Juli 1934
Seite 103: Archiv der University of Notre Dame, Indiana
Seite 132: La Coupe de'l Europe Centrale, Erinnerungsschrift zur Mitropakonferenz 1931
Seite 139: La Coupe de'l Europe Centrale, Erinnerungsschrift zur Mitropakonferenz 1931
Seite 147: Sport-Montag, 30. Juli 1936
Seite 149: Programm zum Länderspiel Österreich-Italien, 20. März 1932
Seite 150: Neues Wiener Sportblatt, 26. März 1921
Seite 184: Neues Wiener Sportblatt, 1919
Seite 185: Neues Wiener Sportblatt, 14. Februar 1920
Seite 194: F.N.S. Creek, Association Football, S. 72
Seite 221: Der Kicker 21/1931, S. 808
Seite 247: Artur Steiner, das Londoner Wunderspiel, Wien 1932, S. 16-18
Seite 275: Storia illustrata della Nazionale di calcio. Coppa del Mondo 1934, S.162
Seite 290: Österreichisches Theatermuseum, Wien
Seite 306: FIFA-Archiv, Zürich